チェ・ゲバラとキューバ革命

内藤陽介

えにし書房

はじめに

ブエノスアイレス、二〇一七年

二〇一七年十月、筆者はブエノスアイレスにいた。

今から三十年以上前の学生時代、元号がまだ昭和だった頃から、いつかは〝南米のパリ〟と呼ばれたブエノスアイレスの街並みを見てみたいと思っていたので、ブラジルの首都、ブラジリアで開催の世界切手展に自分のコレクションを出品することになったのを機に、あえてブエノスアイレス経由の航空券を手配し、ブエノスアイレス観光をスケジュールに組み込むことにしたのだ。

到着から一夜明けた土曜日の朝、市内中心部、七月九日通りのオベリスコ近くのホテルから、毎週行われているカサ・ロサダ（大統領官邸）の見学ツアーを申し込もうとしたのだが、ネットの画面は「受付不可」だった。当日の申し込みがダメなのか、はたまた、すでに定員になったので受付できないのか、画面だけではよくわからないので、ホテルのフロントに訊いてみたところ、実際に現地に行ってみれば何とかなるのではないかとのことだったので、午前中、ラ・ボカ地区のカミニートやエバ・ペロンの眠るレコレータ墓地、コロン劇場などの定番の観光地を巡り、いったんホテルに戻った後、午後からカサ・ロサダのある五月通りに向かった。

すると、カサ・ロサダに近づいたところで、突如、さまざまなデザインのチェ・ゲバラの旗を掲げ、太鼓を打ちならして行進する人々に出くわした（図1）。行進はかなり大がかりで、道路は自動車が通行止めとなり、カサ・ロサダの前も立ち入り規制が敷かれていた。なるほど「受付不可」の理由はこれだったのかとようや

図１　ゲバラの旗を掲げてブエノスアイレス市内中心部を練り歩くデモ隊。

く得心がいった。

さて、彼らのパフォーマンスだが、やはりラテンの血なのだろうか、打楽器の演奏は迫力があり、純粋に、見ごたえ・聴きごたえ十分で、カサ・ロサダ見学を諦めても十分におつりがくるだけの価値があるようにも思えた。

行進をしばらく見た後、老舗のカフェ、トルトーニに入り、サンドイッチと赤ワインを注文したついでに、店員に訊いてみた。

「今年はたしか、チェ・ゲバラの没後五十年だったと思うけど（実は、日本を出発する前、当時、レギュラー出演していたラジオの番組で、アルゼンチン出身の革命家、チェ・ゲバラの没後五十年の話題を取り上げたばかりだったので、記憶が鮮明だった）、今のはその記念のパレードかなにかなんだろうか？」

ところが、店員の答えは意外なものだった。

「いいえ。明日、選挙の投票があるので、労働組合の連中が政府に抗議するデモをやっているだけです。彼らはいつでもゲバラの旗を掲げてますよ」

言外に「困ったものですよ」とでも言いたげな店員の口調からすると、彼自身はデモもゲバラもあまり歓迎していないのは明らかだった。実際、ゲバラの没後五十周年に合わせて、彼の生誕の地であるアルゼンチンのロサリオでは記念行事も行われたが、地元では〝左翼ゲリラ〟を英雄視することに反発する声も強い、という記事をインターネットのサイトで読んだことがあったが、目の前の店員の生の声として、そうした反応に接したことは、ゲバラの旗を掲げた政権批判のデモが目の前を通り過ぎていったこととあわせて、彼が決して〝歴史上の人物〟として忘れ去られているわけではないことを改めて見せつけられ、新鮮な驚きだった。

アイルランドのゲバラ切手

翌日、ブラジリアに向かう飛行機の中で、ブエノスアイレスで撮影した写真のデータを整理しながら、筆者は、ふと、アイルランドで発行されたばかりの〝チェ・ゲバラ没後五十年〟の記念切手（図2）が物議を醸しているというニュース記事を思い出した。

図2　アイルランドが発行した"チェ・ゲバラ没後50周年"の記念切手。

ゲバラ没後五十年の記念切手は、二〇一七年十月五日（ゲバラの命日は八日）、発行されたが、そのデザイン性の高さもあって、用意された十二万二千シートは即日完売し、アイルランド郵政は、急遽増刷したが、こちらもすぐに完売した。インターネットの普及により通信手段における郵便の相対的な地位が低下し、全世界的に新発行の記念切手の売れ行きが芳しくないなかで、ゲバラ切手は異例のヒット商品になったといってよい。

ちなみに、初刷りの切手と増刷分とでは、シートから切り離した単片の状態では肉眼での識別はほぼ不可能だが、シートの状態であれば、初刷りの耳紙には1A、増刷分には1Bの表示があるので簡単に識別できる（図3、4）。

切手の発行にあわせてアイルランド郵政が制作した公式初日カバー（新切手が発行された日に、関連する絵柄

図3　ゲバラ没後50年の記念切手の初刷りシートの最上段。左の耳紙に" 1A"の文字が入っている。

図4　おなじく増刷分のシートの最上段。耳紙の文字は" 1B"になっている。

などが印刷された封筒にその切手を貼り、発行日の消印を押して作った記念品）の解説文には、この切手の発行の意義について、以下のように説明されている（図5）。

チェ・ゲバラ没後五十周年

二〇一七年十月五日、アイルランド郵政はチェ・ゲバラの没後五十周年を記念して切手を発行します。

エルネスト・（チェ・）ゲバラ・デ・ラ・セルナは、一九二八年六月十四日、アルゼンチンのロサリオで生まれました。チェの一家は裕福で上流階級の出身でしたが、社会主義の理想に満ちていました。彼の両親は、アイルランド系土木技師のエルネスト・ゲバラ・リンチと、スペイン系のセリア・デ・ラ・セルナです。ゲバラは医学を学んだ後、南米を旅してまわり、さまざまな状況を実地に見聞することでマルクス主義者としての信念を確固たるものとしました。

一九五〇年代後半、チェ・ゲバラはフィデル・

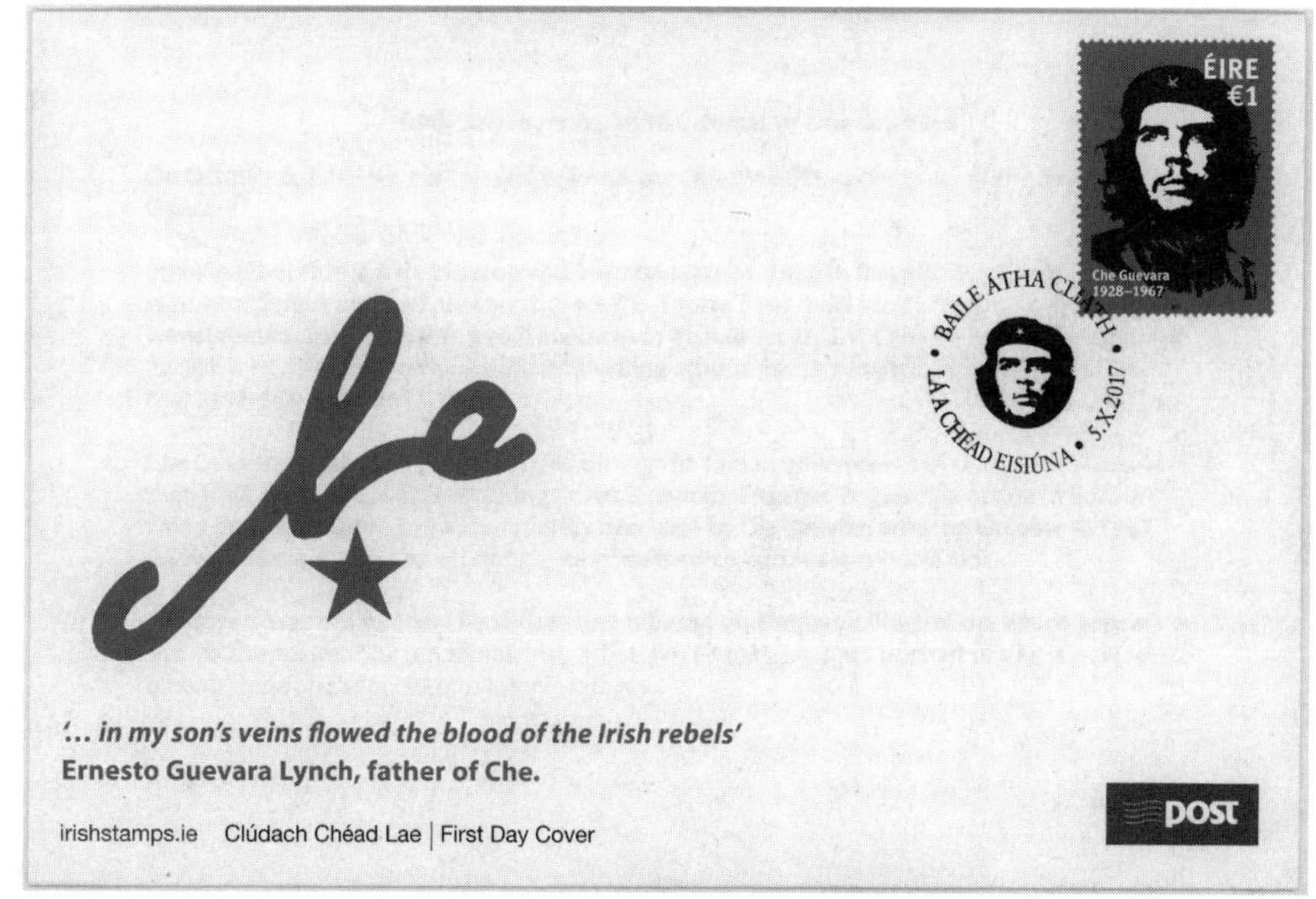

'... in my son's veins flowed the blood of the Irish rebels'
Ernesto Guevara Lynch, father of Che.

図5　ゲバラ没後50年の記念切手の初日カバーの封筒には、「私の息子にはアイルランドの反逆者の血が流れている」とのゲバラの言葉がしっかりと記されている。

カストロを援けてキューバ政府を転覆し、カストロ政権において重要な政治的役職に就きました。一九六七年十月九日、ボリビア軍によって逮捕され、すぐに処刑された時には、ボリビアでのゲリラ活動に従事していました。ゲバラはマルクス主義の革命家でしたが、文化的な偶像になりました。

この切手は赤色と灰色でデザインされていますが、著名なアイルランド人芸術家、ジム・フィッツパトリックが制作し、現在はいたるところでTシャツにもプリントされている象徴的なイラストを元にしています。ジムによるチェの肖像は、現在、世界で最も象徴的な図像十点のうちの一つに挙げられています。

短い解説文だが、アイルランド郵政としては、ゲバラがアイルランド系の血を引く人物であるだけでなく、Tシャツなどで世界中に知られている肖像画を制作したのもアイルランド人であることがはっきりと述べられており、そのことが切手の発行につながったことが含意されている。以下この二点について、少し詳しく見てみよう。

アイリッシュ・ディアスポラ

十七世紀のクロムウェルによる植民地化以来、アイルランドでは、英国国教会によるカトリックへの苛烈な差別と弾圧が続いていた。このため、十八世紀以降、多くのアイルランド人カトリック信徒が英国の弾圧を逃れて海外に移住し、〝アイリッシュ・ディアスポラ〟のコミュニティを形成していく。

ディアスポラは、もともとはギリシャ語で〝散らされている者〟の意味で、古代においてパレスチナの地を追われて各地に離散したユダヤ人・ユダヤ教徒やその集団を指す言葉だが、アイルランド人もまた、英国の弾圧を逃れて全世界に拡散した自らの歴史をそれに重ね合わせたのである。

二〇一六年のアイルランド共和国の人口が約四百八十七万人であるのに対して、全世界で〝アイルランド系〟を自称するアイリッシュ・ディアスポラの人口は八千万人以上と推定されている。そのうちのおよそ半分、四千万人以上が米国在住で、以下、英国に六百万人、オーストラリアに五百九十万人、カナダに四百三十五万人と続き、アルゼンチンには世界第五位、百万人のアイルランド系人口があると推定されている。

　ゲバラの父方の家系であるゲバラ家は、一七四〇〜四一年にかけて、ヌエバ・エスパーニャ副王を務めたドン・ペドロ・デ・カストロ・イ・フィゲローアにまで遡る。

　〝新スペイン〟を意味するヌエバ・エスパーニャ（図6）は、もともとは、パナマ地峡以北の新大陸のスペイン領すべてを指す概念で、大陸部分では、現在のメキシコの領域に加えて米国南西部（現在のカリフォルニア、ネバダ、ユタ、コロラド、ワイオミング、アリゾナ、ニューメキシコ、テキサスの各州）とフロリダ半島にまで広がり、カリブ海諸島や、さらには、フィリピンとマリアナ諸島を包括していた。ちなみに、〝副王〟というのは、君主の代理として植民地や属州などを統括する官職で、総督とほぼ同じものとイメージしてよい。

　スペインのヌエバ・エスパーニャ副王は、原則として、スペイン生まれのスペイン人上流貴族から選ばれ

図6　1804年、メキシコからバルセロナ宛の郵便物には、当時のメキシコを意味する“ヌエバ・エスパーニャ”の朱印が右上に押されている。

ており、ドン・ペドロも一六七八年にスペインで生まれ、スペイン・ボルボン（ブルボン朝）の祖、フェリペ五世に軍人として仕えていた経歴の持ち主である。

ドン・ペドロは副王在任中の一七四一年八月二十二日、メキシコで亡くなったが、その子孫は新大陸に留まった。

ゲバラの曾祖父にあたるファン・アントニオ・ゲバラは、もともと、アルゼンチンで生活していたが、一八三五〜五二年にブエノスアイレス州知事として強権的な統治を行ったファン・マヌエル・デ・ロサスと対立し、ゴールドラッシュ時代のカリフォルニアに逃れた。アントニオは、カリフォルニアでメキシコ出身の女性と結婚し、ゲバラの祖父、ロベルト・ゲバラ・カストロが生まれる。

このロベルトの結婚相手となったのが、アイルランド系のアナ・リンチだった。

アナの実家、リンチ家は、もともと、アイルランド西部のゴールウェイの名家だったが、十七世紀、クロムウェルの軍と戦って敗れたことで落魄。一七一五年生まれのパトリックは、一七四〇年代、故郷に見切りをつけて、スペイン・バスク地方のビルバオを経て、そこからブエノスアイレスに渡った。パトリックの孫、パトリコは一八二〇年に船舶会社を創立して成功を収め、コンキスタドールの子孫であるマリア・イザベル・デ・サバレータ・イ・リグロスと結婚。二人の間にアナが生まれる。

アナと結婚したロベルトは、父ファン・アントニオの故郷であるアルゼンチンに戻り、一九〇〇年、エルネスト・ゲバラ・リンチが生まれた。

エルネストは、裕福なバスク系アルゼンチン人家庭出身のセリア・デ・ラ・セルナと結婚し、アルゼンチン北東部のミシオネスでマテ茶園を経営していたが、一九二八年六月、最初の子供の出産のため、ブエノスアイレスに移動している途中、ロサリオで子供が生まれてしまった。この赤ん坊が、後にチェ・ゲバラの名で全世界に知られることになるエルネスト・ラファエルで、彼はアイルランド系クウォーターということになる。

ゲバラ本人は左翼コスモポリタンであり、生前、自分がアイルランド系であることを特に意識していた形跡はないのだが、彼の死後、父エルネストは「私の息子にはアイルランドの〝反逆者〟の血が流れている」と語っていた。アイルランド郵政の初日カバーの封筒の下にも、しっかりとこの言葉が刷り込まれている。

ただし、実際には、革命家としてのゲバラの人格形成には、アイルランド系の血を引く父エルネストではなく、母親のセリアの影響が大きかったとみられている。セリアは、もともとは敬虔なカトリックの信者だったが、後に自由主義に傾倒して無神論に転向。当時のブエノスアイレスでは、断髪して煙草を吸い、人前で足を組んだりする〝過激な進歩派〟の女性で、子供の教育にも、そうした彼女の性向が色濃く反映されていたからである。

それでも、父エルネストの語った「アイルランドの反逆者の血」発言が、幾度となく繰り返し引用されていったことで、いつしかゲバラは、彼が激しく対峙した米国の大統領、ジョン・フィッツジェラルド・ケネディと並ぶ二十世紀のアイリッシュ・ディアスポラの一方の雄として祭り上げられていくことになる。

ちなみに、長年にわたり英国と戦ってきた歴史のあるアイルランドでは、一九六四年の国連総会で〝(米)英帝国主義〟を厳しく指弾したチェに対して好感を持つ人も少なくなかったようで、チェの父方の祖母、アナ・リンチがアイルランドの旧家、リンチ家の出身であるということをテレビの報道等で知り、そのことをチェ本人に話しかけてくるケースもあったようだ。

ただし、チェ本人は、自分がアイルランド系の父親の子であることは知っていたものの、そのことを強く意識するということはなかったようで、世界各国を飛び回る過程で、経由地のダブリンから父親宛に出した手紙には、以下のような文言が見られる。

あなたの先祖の地、緑のアイルランドにいます。テレビで知ったと言って、リンチ家の系図を尋ねてくる人がいます。しかし、馬泥棒などだったら大変なので、あまり話していません。(三)

ジム・フィッツパトリック

一方、〝世界で最も象徴的な図像十点〟にも数えられるゲバラの肖像画「英雄的ゲリラ」を制作したジム・フィッツパトリックは、一九四六年、アイルランドのダブリンで生まれた。父親のジミーは、ダブリンを拠点に『アイリッシュ・インディペンデント』紙ならびに『アイリッシュ・タイムス』で活躍したフォト・ジャーナリストだが、子育てにはほとんど関わらなかったため、ジムは、母親や叔母など、親族の女性に囲まれて育った。

彼女たちはアイルランド人として保守的な考えの持ち主で、カトリックの信仰が篤かった。また、「英国の苦境はアイルランドの好機」との考えから、ホロコーストの実態が明らかになるまで、ナチス・ドイツに対してもさほど悪感情を抱かず、幼いジム少年には、毎晩、アイルランドのケルト神話を読み聞かせていた。

フィッツパトリックは十八歳でゴーマンストン・カレッジに入学。同カレッジはフランシスコ会が運営しており、(本人の弁によれば)〝カトリック右派原理主義〟の教育が行われていたが、その一方で、フランシスコ会が南米で熱心に宣教活動を行い、キリスト教社会主義の一形態とも呼ばれる〝解放の神学〟に親和的な姿勢を取っていたことに大いに感化されたという。この時期、彼はカトリックの信仰を捨てたわけではなかったが、リベラルな共和主義者として社会主義にシンパシーを感じており、さりとて、特定の政治団体には所属していないというスタンスを取っていた。

一方、グラフィック・デザインに興味を持っていたフィッツパトリックは、カレッジ在学中の一九六七年から、自らの作品を地元誌『シーン』に寄稿していた。初期の代表作としては、ベトナム戦争中に関する英国の対米従属路線を皮肉り、英首相のハロルド・ウィルソンを米大統領リンドン・ジョンソンの〝ペットのプードル〟に見立てたイラストなどがある。また、この時期には、ボリビアで闘うゲバラに感銘を受け、〝(本人いわく)ビアズレーを連想させるようなアールヌーボーのスタイルとサイケデリックをあわせたような〟ゲバラ像なども制作したという。

そうした中で、一九六七年十月、ゲバラの訃報を知ったフィッツパトリックは、ゲバラのポスター制作を決意。翌一九六八年、左派色の強いドイツの雑誌『スターン』に掲載されていたアルベルト・コルダ撮影の「英雄的ゲリラ」の写真（詳細は第12章を参照されたい）をもとに、目線を少し上方に修正し（これにより、ゲバラの表情は、十字架の上で天上を見上げるキリストを連想させるものとなった）、髪型も若干変更して、赤・黒二色のシルクスクリーンのポスターを制作した。ポスターは初刷り一千部で、帽子の黄色い星はフィッツパトリックが自らマーカーを使って彩色したという。

一千部のポスターは、当初、販売目的で英国全域に配布されたが、すぐに、英国、アイルランド、フランス、オランダ、スペインなどの左翼活動家向けに原則として無償配布されるようになった。特に、フランスでは、折からの五月革命で大いに人気を博し、彼の作品が全世界に拡散していく大きな契機となった。

なお、フィッツパトリックは、自らの「英雄的ゲリラ」をコルダの写真とは別の独立した作品として著作権を主張したものの、版権料などは請求しなかった。このこともまた、彼の作品が世界的に広まっていく大きな要因の一つであったことは間違いない。

こうして、フィッツパトリックの「英雄的ゲリラ」は、そのもとになったコルダの写真ともども、二十世紀で最も有名なポートレートの一つとなり、フィッツパトリックはその作者の一人として美術史にその名を残すことになったのである。

なお、その後のフィッツパトリックの作品は、「英雄的ゲリラ」とは大きく趣を異にし、アイルランドの神話や伝説を強く意識した画風が中心となっており、アイルランドの国民的なロックバンドとして一世を風靡したシン・リジィのアルバム・ジャケットなどが代表作として知られている。

〝大量殺人鬼〟の切手は犠牲者への侮辱

さて、〝チェ・ゲバラ没後五十年〟の記念切手を企画した時点で、すでに、西側諸国でもゲバラの切手を発行していた先例はいくつかあった。

たとえば、一九九七年には、ゲバラの母国であるアルゼチンが没後三十年の記念切手（図7）を発行しているし、一九九九年には、かつてコンゴ動乱でゲバラと戦ったベルギーからもゲバラの肖像切手（図8）が発行された。さらに、ゲバラをテロリストとして逮捕・処

図７　アルゼンチンが発行したゲバラ没後30周年の記念切手。

図８　ベルギーが発行した“20世紀の革命家”の切手のうち、ゲバラを取り上げた１枚。

刑したボリビアでも、没後四十周年にあたる二〇〇七年には記念切手が発行されている（一三六頁）。いずれも、そうした切手の発行に対して、内外から強い批判が寄せられることはなかった。

　したがって、アイルランド郵政が、二〇一七年にチェ・ゲバラ没後五十年の記念切手を発行することになんら問題はないと判断しても不思議はない。

　しかし、切手の発行にあたって、アイルランド郵政が、ゲバラの〝マルクス主義の革命家〟としての側面を肯定的に説明したことに対しては、保守派を中心に強い反発の声が上がった。

　その急先鋒となったフィナ・ゲール党の上院議員、ニール・リッチモンドは、ゲバラをカンボジアのポル・ポトやルーマニアのニコラエ・チャウシェスクと比較した上で「ゲバラは〝階級の敵〟と見なした何百人もの人を尋問し、投獄し、処刑した野蛮な男だ」、「彼は、（アイルランド国家の名を冠した切手に取り上げられるような）栄誉には最もふさわしくない人物だと、断固確信している」とアイルランド郵政を批難した。

　また、亡命キューバ人コミュニティを擁するマイアミではこの切手に対する反発が特に強く、地元紙は「アイルランド政府、大量殺人鬼のチェ・ゲバラを没後五十周年の記念切手で讃える」との見出しで切手発行のニュースを伝えたが、記事中、ゲバラに冠せられた形容詞は、〝共産主義の殺人鬼〟、〝キューバ革命の全体主義者〟、〝悪名高いポートレート〟などと、否定的なものばかりで、キューバ人コミュニティでは、アイルランド郵政に対して、抗議の手紙を送るキャンペーンも展開された。

当然のことながら、こうした市民の支持を受けてフロリダ州十八区から選出されている米下院議員（共和党）で下院外交委員長のイリアナ・ロス＝レイティネンもゲバラ切手には不快感をあらわにし、「（切手の発行は）ゲバラが〝屠殺〟した多くの人命に対するグロテスクな侮辱である」と激しく非難した。ちなみに、彼女は一九五二年にハバナで生まれ、一九五九年にキューバ革命が起きると、家族とともに七歳でフロリダに逃れた経験の持ち主で、カストロ政権打倒・民主化実現が政治家としてのライフワークであると公言しており、カストロ暗殺を呼びかけたことさえある。

このほか、ペンシルバニア州出身のポーランド系の右派政治活動家（リベラル派からは〝極右〟として毛嫌いされている）・コメンテーターのジャック・ポソビエックは、ゲバラ切手は「ティモシー・マクベイの記念切手を発行するようなものだ」とコメントした。ティモシー・マクベイは、子供十九人を含む一六八人が死亡、八百人以上が負傷した一九九五年四月十九日のオクラホマシティ連邦政府ビル爆破事件の主犯で、二〇〇一年に死刑が執行された人物である。ポソビエックとしては、ゲバラは〝大量殺人鬼〟だといいたかったのであろう。

郵便学的アプローチによる再構成

このように、没後半世紀を経てなお毀誉褒貶が激しいゲバラだが、それはそのまま、彼の存在感の大きさを物語っており、それゆえ、これまでにも数多の文献が発表されてきた。

そうした先達の成果を踏まえた上で、本書では、切手や郵便物を手掛かりに対象を再構成する郵便学の手法を用いて〝ゲバラ〟にアプローチしてみたい。

〝メディア〟という語は、現代の日本語では主に〝報道（機関）〟の意味で用いられることが多いが、本来の意味は〝（情報伝達などの）媒体〟である。その意味では、郵便は極めて興味深いメディアといってよい。

そもそも、通信手段としての郵便は、それ自体がメディアであるわけだが、郵便に使用される切手や消印なども、本来の郵政業務とは別の次元においてメディアとして機能しているからである。

日本の郵政は株式会社化（一般には〝民営化〟といわれることが多い）されてしまったが、歴史的に見ると（現在でも多くの国では）切手は国家の名において発行されてきた。政府というものは、ありとあらゆるチャンネルを使って自分たちの主義主張や政策、イデオロギーなどを宣伝しようとするのが本来の姿であるから、政府が切手を通じて、自己の政治的正当性や政策、イデオロギーなどを表現しようとするのは極めて自然なことである。

たとえば、多くの国は、戦時には国民に対して戦争への協力を求め、戦意を昂揚させるための切手を発行するし、領土紛争を抱えている国であれば、切手に取り上げられる地図は自国の主張に沿ったものとなるのが当然である。もちろん、オリンピックなどの国家的行事に際しては記念切手が発行される。日本では明治の元勲・伊藤博文を暗殺した〝犯罪者（ないしはテロリスト）〟として認識されている安重根が韓国では〝義士〟として切手に取り上げられているように、歴史上の事件や人物が切手に取り上げられる場合、そこには発行国の歴史観が投影される。特に当時のラテンアメリカ諸国の政治指導者たちは、切手にも肖像が取り上げられていることも多いので、日本ではなかなかなじみのない人物の肖像を知る上でも、切手の資料的価値は侮れない。

また、特段に政治プロパガンダ臭の感じられない切手であっても、その国を代表する風景や文化遺産、動植物を描く切手は盛んに発行されており、そうした切手が郵便物に貼られて全世界を流通することによって、全世界の人々はその国の片鱗に触れることができる。

一方、郵便料金前納の証紙として郵便に使用されるという面にも着目すれば、消印の地名から切手の使用地域を特定し、発行国の実際の勢力範囲を特定することが可能となる。郵便局という〝役所〟を設置し、官営事業としての郵便サービスを独占的に提供するということは、そのまま、権力の行使にほかならないからである。

『新約聖書』の「マタイ福音書」二十二章には、イエスがローマ皇帝の肖像が刻まれたコインを手に「カエサルのものはカエサルに、神のものは神に」と応えたという一節がある。これは、通貨（貨幣・紙幣）の発行と流通が国家権力の行使と密接に結び付いてきたことを示す言葉として知られているが、通貨の場合には、一部の特殊な例外を除き、いつ・どこで使用されたかという、その痕跡が残ることはまずない。

これに対して、切手の場合には、原則として再使用を防ぐために消印が押されるから、（地名・日時などの情報が明瞭に判別できる状態であれば、という条件はあるものの）資料として搭載している情報量は、通貨に比べて飛躍的に拡大する。

また、外国郵便では、相手国の切手の有効性は相手国そのものの正統性を承認することと密接に絡んでおり、非合法とみなされた政府の切手の貼られた郵便物は、受取を拒絶されたり、料金未納の扱いをされたりする。さらに、郵便物の運ばれたルートやその所要日数、検閲の有無などからは、当時の状況についてのより深い知識を得ることもできる。このような場合、郵便活動の痕跡そのものが、その地域における支配の正統性を誇示するためのメディアとして機能していると考えてよい。

切手・郵便物の読み解き方は他にもある。すなわち、印刷物としての切手の品質は発行国の技術的・経済的水準をはかる指標となるし、郵便料金の推移は物価の変遷と密接にリンクしている。そして、こうした切手上に現れた経済状況や技術水準についての情報もまた、その国の実情を、切手の発行国が望むと望まざるとに関わらず我々に伝えるメディアとなっている。

このように、切手を中心とする郵便資料は、さまざまな情報を、具体的な手触りを伴ってわれわれに提供してくれる。しかも、切手を用いる郵便制度は、十九世紀半ば以降、世界中のほぼすべての地域で行われているから、各時代の各国・各地域の切手や郵便物を横断的に比較すれば、各国の国力や政治姿勢などを相対化して理解することができる。

したがって、資（史）料としての切手や郵便物は、歴史学・社会学・政治学・国際関係論・経済史・メディア研究など、あらゆる分野の関心に応えうるものであり、そうした郵便資料を活用することで、複合的かつ多面的なメディアとしての〝郵便〟、すなわち、ポスタル・メディアという視点から国家や社会、時代や地域のあり方を再構成する試みが、筆者の考える〝郵便学〟である。

そうした郵便学の興味・関心からすると、そもそも、キューバ革命（ないしは革命キューバの体制）やゲバラの肖像は、ポスタル・メディアの領域においてもプロパガンダの宝庫として極めて興味深い。

ところで、ゲバラの生涯の大きな特徴として、彼は、同時代の国家指導者の中では他に例を見ないほど多くの国・地域を訪問している。

すなわち、医学生時代のゲバラは、友人のアルベルト・グラナードとともに、南米縦断の旅に出て、最終的にはマイアミ経由で故郷のアルゼンチンに帰った。その後も、一九五五年にメキシコでフィデル・カストロと出会うまでは南米各地を放浪している。

一九五九年の革命後は、キューバ使節団を率いて、一九五九年にはヨーロッパ経由でエジプト、インド、日本、インドネシアなどアジア・アフリカ諸国を歴訪し、翌一九六〇年には主要な東側社会主義諸国のほぼすべて（その中には、中国・北朝鮮も含まれる）を訪問している。さらに、キューバ政府の閣僚として数度の外遊を行い、一九六四年には国連総会で演説し、アジア・アフリカ・ラテンアメリカ諸国・地域の状況について、個別具体的な例を挙げながら詳細に述べた後、アルジェリアを皮切りにアフリカ諸国を歴訪した。

さらに、その後、キューバを離れ、コンゴ、ついでボリビアでのゲリラ戦を戦い、一九六七年に亡くなったが、こうして見ると、彼の足跡は世界のあらゆる地域に及んでいることがわかる。ゲバラはキューバ革命の英雄であったが、キューバやラテンアメリカの枠に留まらない、まさに〝世界史〟を生きた人物といってよいだろう。

そうしたゲバラの国際性を理解する上で、彼が実際に訪ねた国や地域、演説などで言及した指導者や事件などについて、当時の切手や郵便物からリアルなイメージを把握した上で、ゲバラの発言や日記の記述などと照らし合わせてみれば、ゲバラが見ていた世界と同時にゲバラを見ていた世界を双方向から俯瞰して眺めることも可能になるのではないかと思われる。

以上のような観点から、本書ではまず、第一章でキューバ革命の歴史的背景として、フィデル・カストロが歴史に登場する以前のキューバの状況について概観し、第二章では若きエルネスト・ゲバラがカストロと出会い〝チェ・ゲバラ〟になるまでの経緯をまとめた上で、第三章でカストロとゲバラを軸とする革命戦争の経緯をたどっている。

一九五九年のキューバ革命後については、時系列を追って、第四章ではキューバ国籍を得たゲバラが使節団を率いて行った最初の外遊を中心に、第五章では米国の圧力が強まる中で行われた東側諸国歴訪とプラヤヒロン事件について、第六章ではゲバラが工業相として担当した革命後の経済建設とその挫折について、そして、第七章では一九六二年のミサイル危機について、まとめている。

一九六四年の国連総会でのキューバ代表としての演説は、当時の世界情勢に対するゲバラとキューバ政府の認識がまとめられているので、独立したテーマとして第八章で検証し、ついで、第九章では国連総会後、アフリカ歴訪を経て、帰国後、「別れの手紙」を残してキューバを去るところまでを扱った。

そして、第十章ではコンゴでの戦いを、第十一章ではボリビアでのゲリラ戦で逮捕・処刑されるまでをまとめ、最後の第十二章では、「英雄的ゲリラ」の肖像がたどった歴史を中心に、ゲバラ亡き後の彼のイメージの変遷についてもまとめてみた。

ゲバラならびにキューバ革命という主題は実に奥の深いテーマで、そうであればこそ、これまでにも内外で無数の文献が発表されてきた。そうした中で、筆者の能力では、歴史の闇に埋もれていた新事実を明らかにしたり、従来の定説を根本から覆すような新説を提示したりすることは到底不可能だが、それでも、ポスタル・メディアという、従来とは違った視点からの再構成を試みることで、よりリアルな〝ゲバラ〟のイメージを提示できるよう、最大限の努力をしたつもりである。

最後になるが、本書を通じて、郵便に使う以外は、ともすると社会一般からは〝子供の遊び〟か〝好事家（オタク）の趣味の対象〟と見られがちな〝切手（と郵便物）〟が、いかに、大人の知的好奇心を満たす素材であるか、その一端だけでも感じ取っていただければ、筆者としては望外の幸である。

チェ・ゲバラとキューバ革命　目次

第1章　フィデルの登場

〝米国の砂糖農場〟の起源

一七七六年に独立宣言を発した米国は、はやくも、一八〇〇年代初頭にはスペイン領キューバの併合をめざすようになっていたといわれている。

ただし、当時の米国政府は、一八〇三年にフランスからルイジアアナ（現在のアイオワ、アーカンソー、オクラホマ、カンザス、コロラド、サウスダコタ、テキサス、ニューメキシコ、ネブラスカ、ノースダコタ、ミズーリ、ミネソタ、モンタナ、ルイジアアナ、ワイオミングの十五州にまたがる二一〇万平方キロを超える土地）を買収したという経験もあり、キューバ島の獲得には、武力ではなく、買収という手段が有効だと考えていた。実際、一八二三年には、ジョン・クインシー・アダムズ国務長官が、ラテンアメリカ諸国の独立により衰退したスペインは、いずれ、米国にキューバを売却せざるを得なくなるとの見通しの下、〝熟柿政策〟を打ち出している。

実際、スペイン領時代のキューバの経済を支えていた砂糖産業は、奴隷によるプランテーション経営に基づいていたために、国内市場がほとんどなく、海外市場に依存せざるを得なかったが、その中でも、近隣の巨大市場としての米国のプレゼンスは年を追うごとに増加。その結果、キューバの砂糖輸出先における米国の占める割合は、一八四〇年代には四割に達し、一八六〇年代には六割を超え、キューバと米国を結ぶ定期船がさかんに往来するようになった（図1）。

これに対して、ラテンアメリカの植民地を失ったスペインは、フィリピン、プエルトリコなどとともに〝最後の植民地〟としてのキューバを維持しようとしていた。その一環として、一八五五年には〝スペイン領

図1　1855年6月13日、ハバナからボストン宛の郵便物。ハバナからチャールストン宛の定期船で運ばれたことを示す“CHARLESTON S.C/ HAVANA”の印が押されている。

図2　1855年に発行された“スペイン領アンティル諸島〟の切手”キューバの地で使用するためのモノとしては最初の切手である。

アンティル諸島〟として、当時のスペイン女王、イサベル二世を描く最初の切手（図2）も発行され、キューバとプエルトリコで使用された。ただし、このとき発行された切手に表示された文字は、郵便を意味するスペイン語の〝CORREOS〟と、当時のキューバで流通していた通貨、スペイン植民地レアルでの額面表示のみで、〝キューバ〟はおろか〝スペイン領アンティル諸島〟の表示さえなかった。キューバであれプエルトリコであれ、あくまでもスペイン領土であり、地域としての独自性はいっさい認めないという意思の表れであろう。

しかし、キューバ島内の地主たちの中には、権威主義的で旧態依然たるスペインの植民地政府とその腐敗・無能に不満を持つ者も少なくなかった。一八六七年、彼らはキューバ使節団の本国国会への派遣を求めたが、スペイン側はこれを拒否。このため、一八六八年十月十日、急進派の中心人物で、キューバ島南東、オリエンテ州（現グランマ州）のヤラの地主で製糖工場を経営していたカルロス・マヌエル・デ・セスペデス（図3）

は、自らの工場の奴隷を解放して百四十七人の叛乱軍を組織し、スペインからの独立と奴隷の解放を宣言した。これは後に〝ヤラの叫び〟と呼ばれ、一八七八年まで続く〝十年戦争（第一次独立戦争）〟の開幕を告げる狼煙となった。

ヤラでの蜂起は数日間でほぼ鎮圧されたが、叛乱軍は州内のバヤモに移動して要塞を構築。オリエンテ州を拠点にキューバ東部全体に勢力を拡大していった。バヤモは一八六九年一月十二日に陥落したが、二月に入ると叛乱は中部カマグエイ州にも波及し、カマグエイ州で開催された議会は、四月十日に共和国憲法を発布し、十二日にセスペデスを初代大統領に選出した。

その後、セスペデスは独裁を批判されて一八七三年十月二十七日に解任されるが、独立派の抵抗は続き、一八七八年二月十日の停戦までの約十年間で、双方の死者二十万、物的損失七億ドルに上る凄惨な内戦が展開された。

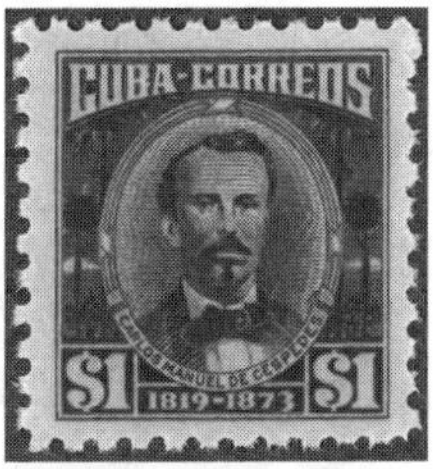

図３　セスペデス

図４　1874 年に独立派が発行を計画したものの、結局は発行されずに終わったキューバ独立派の切手。

十年戦争のさなか、在米キューバ人は独立派を支援していたが、その一環として一八七四年、フィラデルフィアを拠点に活動していたマルコス・モラレスは、キューバの〝国旗（一八四九年に発生した独立運動の際に作られた旗を元に、十年戦争中の一八六九年、共和国議会が国旗として採用）〟を描く〝切手〟（図４）を制作し、独立キューバの切手として提供することを考えていた。しかし、切手の表示で、〝自由キューバ〟を意味する〝CUBA LIBRE〟とすべきところを、誤って〝キューバ・ポンド（ここでいうポンドは重量ないしは通貨単位）〟を意味する〝CUBA LIBRA〟としてしまったため、日の目を見ることのないままお蔵入りになってしまったという。

一方、スペイン植民地当局は、十年戦争中の一八七三年から、キューバとプエルトリコで別の切手を使用するようになったが（図５）、この時点でも切手の国名表示は〝海外（領土）〟を意味する〝ULTRAMAR〟となっており、キューバを独自の地名として特定する表記はなかった。最終的に、スペインの支配下で、切手にキューバ（CUBA）の文字が入るのは、休戦前年の一八七七年のことである（図6）。

一八七八年に締結された停戦協定では、キューバ植民地の財務状況を改善するための諸改革が約束されたほか、スペイン国会へのキューバ代表権も認められた。

ところで、十年戦争以前のキューバの砂糖産業は、サトウキビ畑と製糖工場、奴隷の住居、家畜小屋、倉庫などが一ヵ所に集まった〝インヘニオ〟の形態が主流を占めていたが、十年戦争を経て、遠隔地の畑と工場、港湾を鉄道で結ぶ〝セントラル〟へと産業形態が徐々に変化していく。

上：図5　1873年に発行されたキューバの切手。

下：図6　キューバの表示が初めて入った1877年の切手。

その背景には、

①欧州市場で甜菜《てんさい》糖が増加して砂糖の価格が暴落したこと

②奴隷制の廃止（一八八六年）により従来型のプランテーション経営が困難になったこと

③疲弊したプランターたちが土地や生産施設を米国資本に売却し、土地の集約が進んだこと

④技術革新により、鋼鉄製の線路が安価につくられるようになったこと

などの要因があった。

こうして、一八九〇年から一八九四年の五年間でキューバの砂糖生産は五〇万トンから一〇〇万トンに倍増したが、キューバ産砂糖の九割以上が米国に輸出されるようになり、キューバ経済は完全に米属に従属することとなった。

そうしたなかで一八九四年、米国とスペインが関税をめぐって激しく対立。時あたかも、米国内の不況もあって、米国は一八九一年に結んだ互恵通商条約のうちのキューバ糖の特恵条項を破棄する。この結果、米国向けのキューバ産砂糖に対して四〇％の関税が課されることになったが、スペインは有効な対策を講じる

ことができず、キューバ経済は破綻に陥った。

　ここに至り、十年戦争後もキューバ内でくすぶり続けていた独立運動が再燃。ホセ・マルティ（図7）を指導者とする第二次独立戦争が勃発することになる。

図7　ホセ・マルティ

ホセ・マルティ

キューバの民族的英雄として、現在なお、キューバ人の間で絶大なる尊敬を集めているホセ・フリアン・マルティ・ペレスは、一八五三年、ハバナに生まれた（図8）。

図8　ハバナにあるマルティの生家。

　一八六五年、詩人で独立思想家のラファエル・マリア・メンディベが校長を務める公立学校に入学し、メンディベを通じて、文学者や独立活動家と交流を持つようになり、一八六七年にハバナの美術専門学校に入学した後は、愛国的な詩や戯曲をさかんに書くなど、早熟な少年であった。

　十年戦争勃発後の一八六九年、友人のフェルミン・バルデス・ドミンゲス宅がスペイン側の家宅捜索を受けた際、スペインの将校となった別の友人を〝裏切り者〟と罵倒したマルティの手紙が押収され、反逆罪の容疑で逮捕。懲役六年の判決を受け、収容所での強制労働に従事させられた（図9）。

図9　収容所で労働するマルティ。

　その後、父親の奔走により、一八七〇年末に釈放され、国外退去処分を受けてスペインへ渡る。

　スペイン到着後、航海途中に記した『キューバに於ける政治犯刑務所』をマドリードで出版。サラゴサ大学などで法律や文学、哲学などを学んだ。

　一八七四年末以降、フランス、ニューヨーク、メキシコ、グアテマラを経て、一八七八年、十年戦争休戦後のキューバに戻ったが、独立運動を展開したため、再び亡命を余儀なくされた。

　その後、メキシコ、ニューヨークなどを経て、ベネズエラのカラカスに渡り、雑誌「レビスタ・ベネソラーナ」を創刊したが、時の為政者グスマン・ブランコを批判したことで、国外退去を余儀なくされたため、一八八一年、当時多くの亡命キューバ人が滞在していたニューヨークに居を移した。

　ニューヨークでのマルティは、小説家、詩人、評論家、教育者、ジャーナリストとして活動し、知識人としての地位を確保する傍ら、パラグアイおよびアルゼンチンの駐米領事、ウルグアイの駐米領事・国際金融会議代表を歴任した。

　しかし、キューバ独立への思いは断ちがたく、一八九二年一月十日、すべての地位・役職を放擲し、独立活動に専念すべく、キューバ革命党（図10）を創立した。同党の基本原則は、

図10　創立時のキューバ革命党本部。

①〝キューバの完全独立の達成、プエルトリコの独立の推進・援助（併合主義の拒絶）〟のための戦争の準備
②在外独立諸勢力の統一とキューバ内の勢力との連絡の確立
③カウディージョ主義・軍国主義的逸脱の排除
④〝共和主義的精神・方法による戦争〟の実施に寄与するような民主的諸原則の順守

である。

　マルティの認識によれば、十年戦争の後、スペインはキューバに形式的な自治を与えたが、キューバを独立させる気は毛頭なく、キューバの独立は武力で勝ち取らねばならない。

　また、在米キューバ人の中には、富裕層を中心に、スペインからの独立後、〝進歩と民主主義の国〟にして、経済的な結びつきが強い米国への統合を求める者も少なくなかったが、マルティは、「米国に統合してもキューバ人は幸せにならない」「（ニューヨーク在住の）私は怪物の中に住んでいるので、その内臓をよく知っている」として、あくまでも独立を主張した。

一八九四年、革命の資金・武器調達のためにニューヨークを出発してメキシコに向かったマルティは、武器を満載した船三隻を得た後、一八九五年一月三十日、ドミニカ共和国のサント・ドミンゴに寄港し、十年戦争の英雄、マクシモ・ゴメス・イ・バエス将軍と合流。経済危機に陥ったキューバ各地で独立闘争が激化したのを確認すると、三月二十五日、マルティとゴメスはジャマイカのモンテクリスティで、事実上の独立宣言ともいうべきモンテクリスティ宣言を発表（図11、12）。四月一日、ジャマイカを出発し、ハイチを経て、四月十一日、キューバ島東部のプライータ海岸に上陸し（図13）、第二次独立戦争が始まった。

マルティらはキューバ各地で闘争を繰り広げるが、兵力に勝るスペイン軍を相手に独立派は苦戦を続けた。そして、五月十九日、ドス・リオス付近で戦闘に際して、「あなたは独立後に必要な人物なのだから、野営地に留まってほしい」とのゴメスの制止を振り切って進撃したところ、スペイン植民地軍の銃撃に遭い、死亡した（図14）。

ちなみに、マルティの遺体は、当初、スペイン側に

右上：図11　ジャマイカでのマルティ。

右下：図12　モンテクリスティ宣言のマルティとゴメスの署名部分。

左：図13　マクシモ・ゴメスとマルティのキューバ島再上陸120周年の記念切手。連刷切手の左にゴメス、右にマルティ、下に上陸の場面を配している。

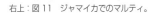

図14　ドス・リオス付近のマルティ終焉の地に立てられた記念碑。

よって共同墓地に投げ入れられたが、革命軍は彼の遺体を回収するために、スペイン軍と熾烈な戦いを繰り返して奪還に成功。後に、オリエンテ州第一管区総司令官の指示により、サンティアゴ・デ・クーバのサンタ・イフィエネ墓地に埋葬された。

マルティの死後もキューバ人による独立運動は粘り強く続けられ、マクシモ・ゴメス将軍率いる独立軍はスペイン軍をあと一歩のところまで追い詰めるところまで漕ぎつけた。

米西戦争

ところで、キューバで始まった第二次独立戦争は、急激に拡大しつつあった米国の新聞産業にとって格好の題材となった。

ここで、当時の米国の新聞事情についても簡単にまとめておこう。

一八七二年、ミズーリ州議会議員のジョーゼフ・ピュリッツァーは、地元セントルイスの地方紙、「ウェストリッヒ・ポスト」を買収して、本格的に新聞経営に乗り出した。

一八四七年四月十日、ハプスブルク帝国支配下のハンガリー南部のマコーで、ユダヤ人家庭に生まれたピュリッツァーは、南北戦争中の一八六四年、米国に移住し、北軍兵士としての従軍経験を経て、一八六八年、コロンビア大学を卒業。その後、ミズーリ州セントルイスでドイツ語の日刊紙「ウェストリッヒ・ポスト」で働き始めるとともに、共和党に参加し、一八六九年にはミズーリ州議会議員に選出された。

ちなみに、現在でこそ、米国の民主党はマイノリティの権利を尊重するリベラル派というイメージが定着しているが、これは、二十世紀のフランクリン・ローズベルト政権以降のことである。一方、共和党は、もともと一八五四年に奴隷制反対を掲げ、南部を牙城とする民主党に対抗するために結成されたという経緯もあって、十九世紀の時点では、民主党に比べると、人種間の平等という点では、はるかにリベラルな立場を取っていた。

さて、「ウェストリッピ・ポスト」を買収したピュリッツァーは、一八七八年には、ライバル紙の「セントルイス・ディスパッチ」を買収。二紙を統合して「セントルイス・ポスト・ディスパッチ」を創刊し、セントルイスのメディアを牛耳る存在となった。

ローカル紙で成功を収めたピュリッツァーは、全米制覇の足掛かりとして、〝泥棒男爵〟ことジェイ・グールドが所有していた「ニューヨーク・ワールド」（以下、「ワールド」）紙に目をつける。当時、米国内の鉄道を盛んに買収していたグールドにとって、年間四万ドルの赤字を垂れ流していた「ワールド」の売却話は渡りに船で、一八八三年、同紙は三十四万六千ドルでピュリッツァーに売却された。

「ワールド」を買収したピュリッツァーは、一八三三年に創刊の「ニューヨーク・サン」が大衆向けに犯罪報道や、自殺、死去、離婚といった個人的事件を報道して成功していたことに倣い、よりセンセーショナルなスキャンダル中心の編集方針を掲げた。彼の狙いは見事に当たり、一八八三年に一万五千だった部数は一八八五年には米国最大の六十万部にまで急増する。

ところで、一八九五年二月十七日、それまで雑誌「トゥルース」に連載されていたリチャード・F・アウトコールトの漫画『ホーガンズ・アレイ』（図15）が、「ワールド」に場所を移して連載を開始。「トゥルース」での『ホーガンズ・アレイ』はモノクロの不定期連載だったが、、「ワールド」では同年五月五日からカラー版が掲載されるようになり、ニューヨークではその人

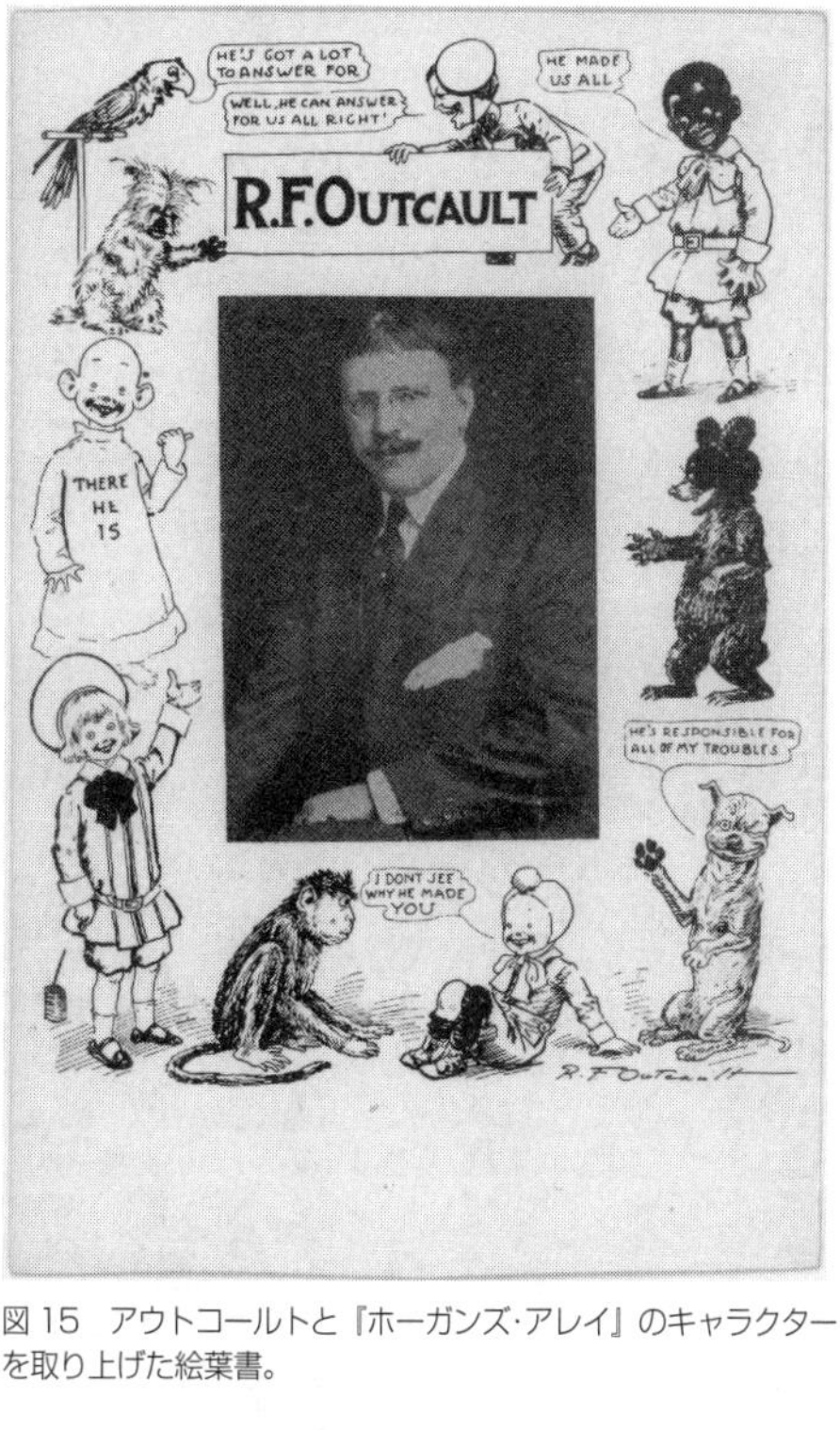

図15　アウトコールトと『ホーガンズ・アレイ』のキャラクターを取り上げた絵葉書。

気が沸騰した。

ところが一八九五年、「ニューヨーク・ジャーナル」紙（以下、「ジャーナル」）を買収したアイルランド系プロテスタントのウィリアム・ランドルフ・ハーストは、同紙の目玉として、アウトコールトを引き抜き、『ホーガンズ・アレイ』は主人公のイエロー・キッドにちなんで『イエロー・キッド』と改題の上、「ジャーナル」で新連載が始まる。

人気のコンテンツを横取りされた格好のピュリッツァーは、対抗措置として、画家ジョージ・ラックスにイエロー・キッド漫画の新シリーズを描かせ、連載を継続。この結果、イエロー・キッドの漫画が競合二紙で同時に連載されるという前代未聞の事態となった。

三流新聞を揶揄していう〝イエロー・ペーパー〟との表現は、「ワールド」と「ジャーナル」が、いずれもセンセーショナルな記事を特徴とした大衆紙だったことに加え、イエロー・キッド漫画を掲載していたことに由来する。

熾烈な競争を繰り広げていた「ワールド」と「ジャーナル」は、キューバの独立戦争を読者拡大のための好機ととらえた。両紙は、スペインの〝暴政〟をセンセーショナルに取り上げ、自由を求めて戦うキューバ人を救い、米国の権益を擁護するためにも、スペインを討つべしとの世論を誘導する。

こうした状況の中で、一八九八年二月、ハバナ港に停泊中のアメリカの戦艦メイン号が爆発し、将兵ら二百六十六名が死亡する事件が発生した。現在では、爆発はメイン号の内部機関のトラブルによるものとの説が有力だが、このことが明らかになるのはずっと後のことである。

ハースト系の新聞社は、事件をきっかけにより強烈な反スペイン・キャンペーンを展開。「風景は散文詩にしかならない。キューバに戦争はない」と報告してきた特派員からの電報に対して、ハーストが「君は散文詩を提供せよ。僕は戦争を起こす」と返電したというエピソードは、映画『市民ケーン』にも採用されているから、日本人にとってもなじみが深い。

案の定、加熱するキャンペーン報道に煽られた米国の世論は「メイン号を忘れるな」のスローガンとともに沸騰。四月二十五日、米国はスペインに対して宣戦を布告した。

米西戦争の勃発である。

キューバでの戦争の帰趨は、七月一日、義勇騎兵隊の〝ラフ・ライダーズ〟連隊を含む約一万七千の米陸上兵力が、エルカネーの戦いとサンフアン高地の戦いでスペイン軍を一蹴。さらに、七月三日、スペイン艦隊がサンティアゴ湾外に脱出したところ、米海軍に捕捉・攻撃され、全滅したサンチャゴ・デ・キューバ海戦により、米軍の勝利がほぼ確定した。

こうした状況の下で差し出されたのが図16の郵便物である。

日本人の感覚からすると違和感があるのだが、米国人の中には、さまざまな宣伝内容のイラストや文面の入った封筒を私信などに用いる人が少なくない。ここで、宣伝の対象となっているのは、新商品やイベントの案内などにとどまらず、政治的な主義主張にいたるまで、実に多種多様である。これは、郵便物が配達先に届けられるまでの間に、そうしたイラストや文言が多くの人の目に触れることで、一定の宣伝効果が挙げられるという発想に基づいている。実際この種の封筒

図16 〝メイン号を忘れるな〟のスローガンの入った愛国カバー。

は、広告カバー（advertising cover）と呼ばれており、メディアとしての郵便という発想が米社会で根付いていることがうかがえる。

さて、そうした広告カバーの中でも、特に戦時下において戦意を高揚させ、愛国心を鼓舞する目的で制作・使用されるものは、愛国カバー（patriotic cover）と呼ばれることがある。

図16もそうした愛国カバーの一例で、星条旗に〝メイン号を忘れるな〟のスローガンを組み合わせたイラストが印刷されている。すでに、米軍の勝利が確定していた一八九八年九月、インディアナ州内の郵便に使われたもので、このスローガンが社会的に広く浸透していたことをうかがわせるものといってよい。

一方、図17の郵便物も同時期のものだが、こちらは、米西戦争を題材とした書籍の広告が入っている。書籍は『自由を求めるキューバの戦い』と『スペインとの戦争』の二冊を一冊にまとめたものだが、このような書籍が販売されていたことからも、〝正義の戦争〟としての米西戦争に対する当時の米国社会のまなざしをうかがい知ることができよう。

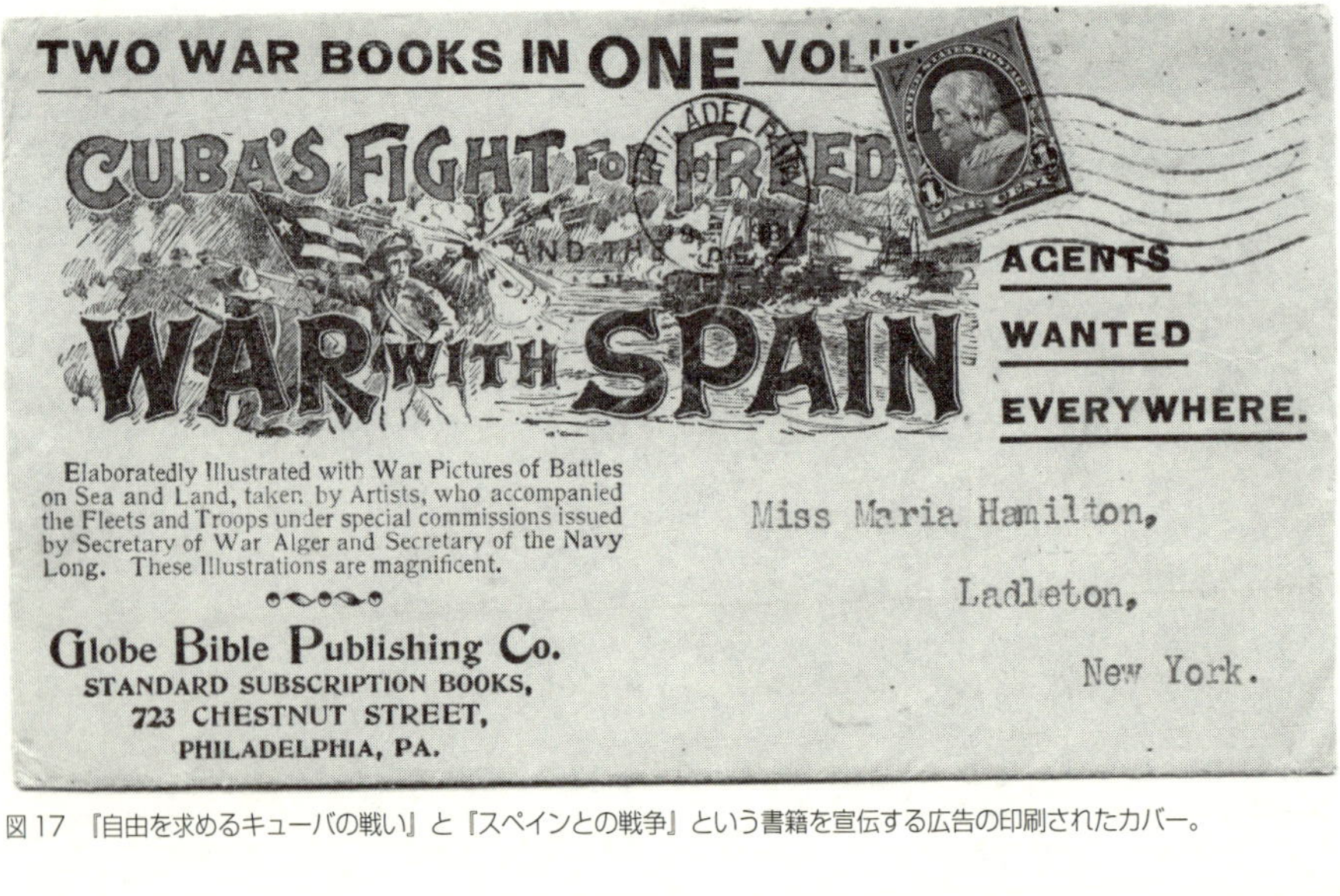

図17　『自由を求めるキューバの戦い』と『スペインとの戦争』という書籍を宣伝する広告の印刷されたカバー。

事実上の米国植民地

さて、米西戦争は、一八九五年から行われていたキューバの独立闘争を支援することが大義名分であった。このため、開戦にあたっては、戦後は独立派の革命政府を承認し、キューバを植民地化しないことが条件であった（テラー付帯決議）。

ところが、一八九八年八月十二日の停戦を経て、十二月十日に和平条約として米西間で結ばれたパリ条約により、キューバは保護国化されて米軍政が始まり、参戦の大義名分であったキューバの独立は、事実上、反故にされてしまう。

郵便に関しては、パリ条約の調印によりキューバに対するスペインの主権が否定されたことで、スペイン領時代の切手は無効になったが、新たな切手がすぐには手配できなかったため、十二月十九日、米軍政当局は、スペイン領時代の切手を接収し、キューバ島中部の交通の要衝で、ハバナの南東約五五〇キロの地点に位置するサンタ・マリア・デル・プエルト・プリンシペ（現カマグエイ）で〝（暫定的に）有効〟を意味する

図 18　キューバでの米軍政開始後間もない時期に発行された暫定加刷切手。

図 19　米軍政下で発行された最初の正刷切手

〝HABILITADO〟の文字と新額面を加刷した暫定切手（図18）を発行した。

その後、年末までにエステ・ラスボーン少佐がキューバにおける郵便の責任者に任じられ、一八九九年一月二日から（元日は日曜日だったため）スペイン時代の郵便局を接収して、米本国の切手に〝CUBA〟の文字と新額面を加刷した切手を用いて、郵便業務が本格的に再開された。なお、一八九九年後半には、キューバを象徴するデザインの正刷切手（図19）が発行されている。

さらに一九〇二年、キューバは〝独立〟を達成する

図20　グアンタナモの米海軍基地から差し出された葉書。キューバ領内だが、米軍基地内は治外法権地域であるため、米国の切手が貼られ、米国の消印が押されている。

図21　20世紀初頭のグアンタナモ米軍基地を取り上げた絵葉書

が、これに先立つ憲法制定の過程で、米国はキューバ制憲議会に対して、

①キューバの独立が脅かされたり、米国人の生命・財産が危険にさらされたりした場合には米国は介入できる

②キューバは（米国以外の）外国から資金を借りてはいけない

③キューバ政府は（米国以外の）外国に軍事基地を提供したりしてはいけない

④キューバ政府は米軍事基地を提供する義務を負う（この結果、設置されたのが、現在も存在するグアンタナモ米軍基地である。図20、21）

など八項目からなる付帯事項（提案した米議員の名前から、〝プラット修正条項〟と呼ばれている）を押し付けた。

当然のことながら、キューバ側はこれに抵抗したが、米国の強硬な姿勢の前に、最終的に、プラット修正条項を無条件で受け入れ、一九〇二年五月、キューバ共和国が発足し、米国の市民権を持つエストラーダ・パルマが初代大統領（図22）に就任した。

こうして、キューバは実質的に米国の支配下に置かれ、砂糖や煙草などの主要産品は米資本が独占するようになる（図23）。そればかりか、製糖所や煙草工場を動かすための電力、輸送のための鉄道、菓子や製薬などの副産物の生産などの関連産業を含め、米国はキューバの経済全体を支配した。

たとえば、カストロの革命が達成された一九五九年の時点で、米国系の砂糖会社が支配していた農地は全農地の四七・五％、耕作地の七〇～七五％を占めていた。米資本の土地では砂糖以外の作物の栽培は許されなかったため、キューバでは主食のコメのみならず、砂糖以外のほぼすべての食糧を輸入に頼らざるを得ず、

図22　キューバの初代大統領パルマ。

図23　1920年代のキューバの製糖工場を取り上げた絵葉書。

革命前の食糧自給率は二割以下であった。

さらに、一九二〇年、米本土でいわゆる禁酒法が施行されると、米国から至近距離にありながら、米国の法律が及ばないキューバは、〝カリブのモンテカルロ〟として、酒とギャンブル、性風俗を求める米国人のパラダイスとして、マフィアの活動拠点となる。

こうした状況の下、一九二四年十一月に行われた大統領選挙では、ヘラルド・マチャド・イ・モラレス（図24）が当選する。

マチャドは、一八七一年、カマフアニ生まれ。もとも

図24　1928年にハバナで開催された第6回汎米会議の記念切手は、米国地図とマチャドの肖像を描く。

図25　メリャ

とは精肉業を営んでいたが、独立戦争に際して反乱軍のため武器を密輸したことから頭角を現し、戦後は電気業界で実力者となった。大統領選挙に際しては、五十万ドルともいわれた潤沢な資金を背景に、「水道、道路、学校」を公約に掲げて大衆的人気を獲得し、当選を果たした。

しかし、大統領就任後まもなく、ハバナの有力紙がマチャドと電力会社との癒着を告発する記事を掲載すると、何者かが新聞社の編集長を暗殺。さらに、一九二五年九月、マチャド政権は左派系の活動家数百人を一斉逮捕した。キューバ共産党員で反マチャドの急先鋒だったフリオ・アントニオ・メリャ（図25）は逮捕・投獄の後、メキシコに亡命したが、一九二九年一月、メキシコ市内の路上でマチャドの放った刺客により射殺された。

この間、一九二七年の憲法改正により、大統領の再選禁止規定は撤廃され、軍部の支持を得たマチャドはキューバの独裁者として君臨した。

ところが、一九二九年十月に世界恐慌が発生し、キューバの対米輸出額は恐慌前に比べ、実に二割以下にまで急落。失業と飢餓が蔓延する中で、一九三〇年四月、大規模な反マチャド運動が発生すると、政権は力ずくで抗議集会を禁止した。これに対して四月十九日、最高裁が政府の集会禁止決定を違憲とする判断を下すと、反政府行動は一気に拡大し、ハバナでは五万を越す抗議集会が連日開かれ、労働組合は二十万人を動員して四十八時間のゼネストに突入した。

マチャド政権は国民の抗議行動を弾圧し、その指導者を次々に逮捕・投獄したが、そのあまりにも強圧的な姿勢は一般のキューバ国民の反感を招き、野党政治家を勢いづかせ、情勢は不安定化した。

これに対して、一九三三年二月、米国で発足したフランクリン・デラノ・ローズベルト政権は、ラテンアメリカ諸国に対して民族自決権を尊重する〝善隣政策〟を打ち出す。善隣政策は、伝統的な棍棒政策を見直し、貿易の自由化と経済発展により、穏健な親米政権を育成して民族主義の伸長を抑え、地域の安定化を図ろうというもので、米国大使のサムナー・ウェルズはマチャドに対して国民との宥和路線への政策転換を求めた。

そして、一九三三年八月二日、ハバナ市内の交通関係労働者が待遇改善要求に端を発して、キューバ全土にゼネストが拡大。首都ハバナでは、警官隊の無差別発砲により、退陣要求のデモ隊に数十人の死者が出ると、国民の怒りが爆発しただけでなく、米国の意を汲んだ軍も離反し、八月二十四日、ウェルズに引導を渡されたマチャドはバハマの首都、ナッソーに亡命した。

バティスタ政権

マチャドの亡命後、臨時政府の大統領にはカルロス・マヌエル・デ・セスペデスが就任したが、九月四日にはフルヘンシオ・バティスタ・イ・サルディバル軍曹を首謀者とする下士官がハバナ市内、コロンビア兵営で叛乱を起こし、軍の実権を掌握する（図26）。

バティスタは、一九〇一年、キューバ島北東のバネスで貧農の家に生まれた。高校卒業後の一九二一年、国軍に入隊したが、一九三三年のクーデターまでは目立った軍歴はない。

クーデターを起こしたバティスタらは、軍の旧首脳部の報復に対抗するため、左派系の学生幹部会と手を組み、〝キューバ革命連合〟を結成。革命連合は、当時、〝キューバの良心〟として声望の高かったハバナ大学教授のラモン・グラウ・サン・マルティンを取り込み、グラウを首班とする新政権が誕生した。

学生幹部会出身の左翼活動家が新政権に深く関わっていたことを憂慮した米大使のウェルズは「共産主義的傾向をもつ新政府の下、キューバ全島が無政府状態となった」として、本国政府に軍事介入を要請。ローズベルトは、三十隻の軍艦を派遣し、新政権に圧力をかけた。

図26　1933年当時のバティスタ。

はたして、学生幹部会の地下活動家から新政権の内相に就任したアントニオ・ギテーラスは、労働者の要求を認める立場から労働省の設立、八時間労働法、労働国有化法、最低賃金法などを相次いで打ち出したほか、民族主義的立場から五〇％法（雇用者の半分をキューバ人とし、総賃金の半分はキューバ人に支給することを義務づける法律）を制定。さらに、電力料金の四割引き下げを決定し、米国系電力会社がこれを拒否すると、電力会社の国有化を宣言した。このほか、ギテーラスは、米系砂糖会社の国有化や農地改革にも手を付けようとした。

これらの政策は、当然のことながら、キューバの利権を独占していた米国にとっては絶対に許容し得ないものであった。

なお、この間、バティスタは参謀総長に就任したものの、米国と対立する新政権は長くはもたないと考え、入閣の依頼には応じず、様子見の姿勢を取っていた。

一方、新政権を認めないウェルズは前陸相のフェレルに政権転覆の準備を指示。三百人の将校団がウェルズの宿泊するホテル・ナシオナル（図27）に集結。これ

図27　ハバナ市内中心部、メイン号事件の記念碑とホテル・ナシオナルを取り上げた1940年代の絵葉書。

に対して、左翼勢力は〝赤軍〟を組織し、各地で政府軍バティスタ派、将校団（政府軍内の反バティスタ派）、赤軍の三つ巴の闘いが展開された。

当初、ウェルズは将校団が他の二派を制圧しすぐに事態を収拾するものと期待していたが、優勢なのはバティスタ派で、政府軍がホテル・ナシオナルを攻撃すると、将校団はあっさり降伏してしまう始末だった。

将校団が当てにならないことを身をもって体験したウェルズは、バティスタを左翼勢力から切り離すことを決断。十月五日には記者会見を開いて、グラウ政権を「共産主義的で無責任な政府」と非難した上で、「（バティスタは）反共であることにおいてキューバを代表する唯一の人物である。この事実ゆえに、キューバの貿易、財政上の利害代表の大半はバティスタを支持している」と述べ、バティスタとの共闘方針を明らかにした。

これは、バティスタに対して、米国の意に背かない限り、米国が攻撃を加えることはないとの保障を与えるもので、米国の意を汲んだバティスタは、十一月一日、将校団四百人のデモ隊を襲撃。参加者ほぼ全員を捕らえ、兵営に連れ込んで射殺した。次いで、バティスタは赤軍の殲滅作戦に着手し、左派系の影響下にあった製糖工場が次々に陥落していく。

さらに、翌一九三四年一月十四日、グラウ政権が料金引き下げに応じない電力会社の接収を発表すると、米戦艦ワイオミングが威圧のためハバナ港に侵入。これを受けて、バティスタはグラウの辞任を要求し、有効な反撃手段を持たなかったグラウ政権は崩壊に追い込まれた。これを受けて、一月十九日、カルロス・メンディエタ・イ・モンテフール（独立戦争の英雄で、国民党の重鎮として、かつて大統領選挙でマチャドと戦ったこともある）を臨時大統領とする〝国民統一政府〟が発足する。

以後、バティスタは政権の陰の実力者として暗躍し、短期間で政権が目まぐるしく交替する時期が続いた。

それでも、この時代には、政治犯の釈放（一九三七年）、共産党の合法化、土地分配法の制定（一九三八年）などのリベラルな政策も行われ、砂糖および煙草産業の国家管理や社会保障政策も導入された。

一九三九年には憲法制定議会が招集され、国家主権の確立、全国民の平等（＝人種・性・階級による差別の禁止）、大統領の再選禁止、普通選挙、大地主制度（＝米系砂糖会社による土地の独占）の廃止、土地所有限度の設定などを定め、当時のラテンアメリカでは最も民主的と歌われた一九四〇年憲法が施行された。

新憲法の施行を受けて、一九四〇年七月に行われた大統領選挙では、民主社会主義同盟の候補者として立候補したバティスタが当選を果たす。

ところで、バティスタはその反共姿勢のゆえに、もともと、スペインのフランコ政権に親和的な姿勢を示していた。このため、第二次欧州大戦が勃発すると、米国はキューバが枢軸陣営に加わることを懸念していたが、バティスタ政権は、発足後すぐに膨大な量の砂糖を英国に無償で提供しただけでなく、一九四一年二月には独・伊両国の領事館員を追放。さらに、同年十二月の真珠湾攻撃を機に米国が第二次世界大戦に参戦すると、すぐさまこれに呼応して、十二月十一日には枢軸国に対して宣戦を布告し、米軍に対独戦用の海軍基地を提供した。いずれも、米国に対して忠誠を尽くすことで、自らの権力基盤を盤石なものとするためのものだった（図28）。

こうして、一九四四年までの大統領任期を乗り切ったバティスタは、後継者としてカルロス・サラドリガスを推したが、同年の大統領選挙では、反バティスタ勢力のキューバ革命党アウテンティコから元大統領のグラウが立候補し、当選する。ちなみに、キューバ革命党アウテンティコは、ホセ・マルティが一八九二年に創立したキューバ革命党の精神を真に（アウテンティコ）受け継ぐことを主張して、一九三四年に創立された。

グラウ政権の発足を受けて、不正の追及を恐れた彼バティスタはフロリダに逃亡する。そして、デイトナビーチでカジノを経営しながら、米国マフィアとのコネクションも強化しつつ、キューバ政界復帰のタイミングをうかがうようになった。

一方、グラウ政権下のキューバは、第二次世界大戦後の欧州で砂糖の需要が拡大し、それに伴い米国もキューバからの砂糖輸入割当を大幅に増やしたため、キューバ経済は空前の活況を呈していた。こうした状況下では、一九四〇年憲法に規定された大地主制度の

図29　1953年の選挙戦でのバティスタ。

図28　枢軸国への宣戦布告を受けてバティスタ政権が発行した戦意高揚切手。

廃止など、すっかり忘れ去られていたというのが実情で、政府要人や官僚は〝改革〟への興味を失い、権力の乱用と汚職による不正蓄財に熱心だった。

アウテンティコ内で現状を憂えた人々は、一九四七年、初心に帰り、腐敗を根絶することを掲げて与党から分裂し、キューバ革命党オルトドクソ（正統派）を創立したが、党首のエドゥアルド・チバスの自殺もあって党勢は伸び悩んだ。

こうした状況を見て取ったバティスタは、一九四八年の選挙で上院議員に立候補して政界に復帰する。

バティスタは、一九五二年の大統領選挙に立候補したが（図29）、オルトドクソ党のロベルト・アグラモンテの前に苦戦が続いていた。このため、同年三月十日、バティスタは軍事クーデターを決行し（図30）、力ずくで大統領に就任。親米派の政権復帰を歓迎した米国は、直ちに、バティスタ政権を承認した。

当然のことながら、クーデターによる政権奪取に対しては国民の批判も強かったが、バティスタは、米国政府・企業、カジノ経営時代に関係を築いたマフィアと結託し、キューバ国内における彼らの利権を保護する

図30　ハバナ市内を占拠するバティスタ派のクーデター部隊。

図31　1954年、バティスタは自らの名を冠した“バティスタ将軍療養所”をつくり、そのオープンに合わせて記念切手を発行している。

代償として、米国から巨額の支援を引き出し、それらを私物化（図31）した。この結果、キューバの農業や工業には、従来以上に米国資本が流れ込み、国民の貧困は放置されたまま、キューバ経済は米国に対する隷属の度合いを一層強めていった。

実際一九五三年の国勢調査によると、人口の五七%が都市部に住んでいたが、そのうち屋内にトイレがある住居に住む者は四〇%、水道のある住居に住む者は五〇%にすぎなかった。

農村部においては、ヤシで作った小屋〝ボイオ〟に住む者が七五%を占め、残りはそこにさえ住めない極貧層だった。農民に対する医療のケアはないに等しく、卵を食べられる農民は二%、パンを食べられる農民は三%である。

また、児童の未就学率は都市では三〇%、農村部では六〇%で、学校に通うことのできた子供でさえ、小学校六年間の課程を修了できるのは七割に満たなかった。

その一方、キューバの電気工業の九割、鉄道の五割、粗糖工業の四割が米国資本の支配下にあり、バンク・オブ・アメリカのキューバ支店は全銀行預金の四分の一を占め、極端な富の偏在は誰の目にも明らかだった。

一方、武力で政権を掌握したバティスタを相手に、アウテンティコをはじめとする既成政党は話し合いでの政権交代を要求するという軟弱振りであった。一九五三年一月にはオルトドクソ党の党大会が開かれ、政権奪取のための具体的な活動計画が討議されるはずだったが、党内対立から、反バティスタで党がまとまることもなかった。

皮肉なことに、一九五三年はホセ・マルティの生誕百周年にあたっていた。

マルティの創立したキューバ革命党の名前を受け継ぐ（と称する）アウテンティコ党もオルトドクソ党も、バティスタ政権を打倒して、キューバに真の独立を回復しようという気概に乏しく、国民の間には政治に対する閉塞感が蔓延していくなかで、同年七月、ついにフィデル・カストロが革命の狼煙を上げることになる。

フィデル・カストロの登場

キューバ革命の指導者、フィデル・カストロ・ルスは、一九二六年八月十三日、オリエンテ州マヤリ近郊のビランに、スペイン・ガリシア出身の移民で、八〇〇ヘクタールほどの土地を所有する農場主、アンヘル・カストロ・イ・アルヒスの二男として生まれた。後に彼の後継者となるラウルは三男である。

幼少時から秀才の誉れ高かったフィデルは、当初、マルカネにある公立のグラマースクールに入ったが、姉の家庭教師の勧めでサンティアゴ・デ・クーバに出て、修道会の学校〝ラサージュ〟で学び、中学はイエズス会のドローレス校、高校はハバナに出てイエズス会のベレン校で教育を受け、野球をはじめとする各種のスポーツに熱中した。一九四四年には最優秀高校スポーツ選手にも選ばれている。

一九四五年、フィデルはハバナ大学法学部に入学するが、当時の大学内は腐敗と暴力が蔓延していた。

最大の学生組織であった大学学生連合は、もともとは一九二〇年代にキューバ共産党の共同設立者、フリオ・アントニオ・メリャが創立し、一九三三年のマチャド政権打倒の際には大きな役割を果たしたが、カストロが入学した一九四五年の時点では、前年政権を獲得したアウテンティコ党の庇護を受け、教科書の販売を独占したり、試験問題を売って儲けたりするだけでなく、教育相から闘争資金を受け取って他の学生組織との暴力的な対立を繰り返していた。

ホセ・マルティを敬愛してやまなかったフィデルは、アウテンティコ党への批判から、オルトドクソ党系の革命反乱同盟に参加し、政治活動に関与していくようになる。

一九四七年、フィデルは隣国ドミニカ共和国からの亡命者グループとともに、トルヒーヨ政権打倒のための遠征隊に加わった。

一八六五年に独立したドミニカ共和国は、深刻な経済危機に陥ったため、一九〇六年、米国が五十年にわたりドミニカ共和国の関税徴収を行う代わりに債務返済の保証をするという提案を受け入れ、事実上の米国の保護領となり、一九一六年以降、米軍が進駐していた。こうした状況の中で一八九一年、サン・クリストバルに生まれたラファエル・レオニダス・トルヒーヨ・モリーナ（図32）は、米国の創設した国家警察隊に入隊して頭角を現し、一九二八年、陸軍参謀総長に昇進。軍の権力を背景に、一九三〇年の大統領選挙では不正の限りを尽くして九五％の得票で当選を果たし、以後、一九六一年に暗殺されるまで独裁権力を維持した。

図32　トルヒーヨ

トルヒーヨ政権下のドミニカ共和国では、年金制度の導入やインフラ整備などの近代化政策が進められ、経済は急速に発展して一九四〇年には外債の完済を達成したが、その反面、砂糖・コーヒー・ビール・タバコなど国家のめぼしい産業はすべてトルヒーヨ一族が独占的に支配し、トルヒーヨ本人が不正蓄財した個人資産は十億ドルにも及んだ。トルヒーヨに対する個人崇拝も強化され、首都サント・ドミンゴはトルヒーヨ市に改称され、市内のいたるところに彼の銅像が濫立した。そして、こうした国家の私物化を批判した者は、官憲による圧力を受けて亡命を余儀なくされるか、さもなくば、国外追放処分を受けた。

また、ハイチとの国境紛争（図33）の解決から間もない一九三七年、米資本が経営するサトウキビ農場でハイチからの出稼ぎ労働者がストライキを起こすと、トルヒーヨ政権は、これを奇貨として、ドミニカ共和国の〝白人化〟を宣言し、ハイチ系住民の〝掃討作戦〟を敢行。一万五千の兵を動員して、ハイチ系住民を多数（犠牲者数については一万七千〜三万五千まで諸説ある）虐殺した。

図33　イスパニョーラ島内におけるハイチ・ドミニカ共和国の国境に関して、1900年、ドミニカ共和国側の主張を表現した切手。この切手に描かれた国境線は両国間の外交問題化し、さらには武力衝突に発展した。なお、ハイチでは1915年から、ドミニカ共和国では1916年から米軍が進駐。米軍は両国の和解を促し、1929年、国境についての合意が成立。1935年2月27日に補足事項を加えて、最終的に現在の国境が画定された。

「自由の実現のために戦うことは人間にとって義務であり、また名誉でもある」と主張し、人種差別の撤廃を強く訴えていたホセ・マルティの思想を奉じるフィデルにとって、こうしたドミニカ共和国の惨状は決して看過できるものではなかった。

このため、一九四七年七月、フィデルは千二百人の遠征隊とともにカマグエイ州沖合の島、カヨ・コフィーテスに赴き、訓練を受けながら、ドミニカ共和国解放の戦いに加わることを夢見ていた。しかし、この時の遠征は、一九四七年九月、理由も明かされないまま、突如中止されてしまう。

ドミニカ共和国に次いで、フィデルが目を向けたのは、コロンビアだった。

コロンビアでは、一九三四年、自由党のアルフォンソ・ロペス・プマレホが大統領（図34）に就任し、部分的な土地改革などが行われた。大統領は一九三八年にいったんエドゥアルド・サントス・モンテホに交代するが自由党の政権は維持され、一九四二年、プマレホが政権に復帰。第二期プマレホ政権は一九四五年まで続いたが、政策の行き詰まりから一九四五年八月に退陣し、同じく自由党のアルベルト・ジェラス・カマルゴがプマレホの残りの人気の一九四六年まで大統領の職務を代行した。

　こうした状況の下で一九四六年五月に行われた総選挙では、自由党が元駐米大使のガブリエル・トゥルバイの右派と、元ボゴタ市長にして自由党政権下で文相、労相を務めたホルヘ・エリエセル・ガイタン（図35）の自由党左派に分裂したことに加え、左派勢力伸長を懸念した保守党右派や地主・軍部が一致して保守党穏健派のマリアーノ・オスピナ・ペレスを支援したことから、十六年ぶりに保守党政権が復活した。

　保守党政権の復活を受けて、自由党政権時代の農地改革で土地を失った保守系大地主は民兵組織の〝コントラチェスマ（窮民制圧隊）〟を結成し、自由党系農民への迫害と虐殺を開始。一九四六年夏以降、地主の暴力を逃れた農民たちが土地部に流入し、首都ボゴタには三万もの難民が殺到した。

　こうした中でガイタンは、一九四八年二月、ボゴタで二十万人の市民を集めて平和のためのデモを行い、「我々はただ生命と生活を保証してもらいたいとだけ望んでいるのだ」と演説。さらに翌三月、十万人の〝沈黙の行進〟を組織して、警察の暴力に抗議し、「平和を求める演説」を行った。

　その一方、一九四八年四月、ボゴタで第九回米州会議が開催され（図36）、反共を旨とするボゴタ憲章が採択される。

　これに対抗して、四月七日、民族主義派と反帝派の学生連合組織を結成すべく、ラテンアメリカ学生会議総会がボゴタで開催されるこ

図34　アルフォンソ・ロペス・プレマホ

図35　ガイタン

図36　第9回米州会議に際して、開催国のコロンビアが発行した記念切手。

とになり、フィデルもキューバ代表団の一員としてこれに参加した。

ボゴタに到着したフィデルらキューバ学生団は、四月九日、エル・ティエンポ新聞社でガイタンと会見することになっていたが、まさにその日、ガイタンは新聞社に向かう途中で暗殺されてしまう。

ガイタンの死を契機として、ボゴタでは大暴動（ボゴタソ）が発生。さらに暴動はオンダ、カルタゴ、バランカベルメハ、トゥルボにも波及し、バランキージャでは知事庁舎が暴徒に占拠された。ちなみに、二〇一三年にコロンビア・アルゼンチン合作で制作された映画『ＲＯＡ（邦題：暗殺者と呼ばれた男）』では、ガイタン暗殺事件に至る経緯を、犯人とされた青年、フアン・ロア・シエラ（暗殺の実行犯には諸説あるが、映画では、ロア冤罪説を取っている）の視点から描いたもので、ガイタン暗殺後のロアに対する民衆のリンチと暴動のすさまじさが余すところなく描写されている。

混乱の中で、フィデルはボゴタの警察署でライフルとサーベルを奪い、警察官の制服と帽子を身に着けて街に飛び出し、暴動に加わった警察官とともに市民の先頭に立って政府軍と対峙した。

しかし、四月十一日、政府と自由党の間で合意が成立し、自由党が武装解除に応じたことで、事態は一挙に沈静化の方向に向かう。

保守党政権は暴動を徹底的に弾圧し、その過程で、ボゴタでは百三十六軒の建物が全焼し、市民ら約二千人が死亡。さらに、その後の一週間で叛乱側と見なされた市民約五千人が虐殺された。

フィデルはアルゼンチン大使館とキューバ大使館の援助で辛くもボゴタを脱出し、ハバナに戻ったが、この時の経験から、フィデルは、自然発生的に市民の暴動が発生しても、誰かがそれを統御しない限り、結局、権力を打倒する革命へと昇華することはないことを感得。〝革命家〟へと飛躍する大きな契機となった。

ちなみに、コロンビアではその後も一九五七年末に自由・保守両党間でサンカルロス協定が締結されるまで、政治的混乱と暴力の連鎖が続く〝ビオレンシア（暴力の時代）〟に突入。およそ十年間の動乱で、十万とも二十万ともいわれる犠牲者が生じることになる。

モンカダ兵営襲撃

一九五〇年、大学を卒業したフィデルは弁護士資格を取得し、貧困者のために活動していたが、一九五二年の議会選挙にオルトドクソ党から立候補した。しかし、この時の選挙はバティスタのクーデターによって無効となってしまう。

憤慨したフィデルはバティスタを憲法裁判所に告発したが、裁判所はこれを握り潰した。また、既成政党は、アウテンティコ党もオルトドクソ党も、結果的にバティスタのクーデターを容認し、手をこまねいていた。もちろん、キューバの一般国民の生活は一向に改善される気配はなかった。

そこで、フィデルは、アベル・サンタマリーア、ニコ・ロペス（図37）、ヘスス・モンタネら同志とともに、バティスタ打倒のためには、既成政党とのしがらみのない若者を動員することが重要と考え、地下放送を通じて同志を募り、クレー射撃の練習を装い、ハバナ大学の施設を利用して、約千二百名の反バティスタの活動家を訓練した。

彼らが極秘裏に標的と定めたのは、キューバ第二の都市、サンティアゴ・デ・クーバのモンカダ兵営（その名は、キューバ独立戦争時の英雄、ギジェルモ・モンカダにちなんで命名された。図38）である。

当時のフィデルらにはバティスタ政権を一挙に打倒できるだけの実力はなかったため、彼らは兵営を占拠して政権に不満を持つ一般国民に民衆蜂起を呼びかけ、あわせて、兵営の一般兵士からも同調者を集め、地方に拠点を築くというのが現実的なプランだった。このため、首都ハバナにあるキューバ最大の兵営、コルン

図37　ニコ・ロペス

図38　襲撃事件60周年の記念切手に取り上げられたモンカダ兵営。

ビア兵営を襲撃して政権を打倒するというプランは採用されず、ハバナから遠く離れたモンカダ兵営を革命派の拠点として確保しようと考えたのである。

かくして、一九五三年七月二十五日、サンティアゴ・デ・クーバ郊外のシボネイ農場に反バティスタ派の若者百三十五人が集められた。

また、サンティアゴ・デ・クーバでは、毎年七月下旬の一週間、カーニバルが開催されているが、一九五三年は七月二十五～二十六日がその期間に含まれていた。

西方キリスト教会では、四旬節（復活祭の四十六日＝日曜日を除く四十日前）から復活祭（イースター）前日までの期間は、イエス・キリストの受難を思って肉や卵などの食事制限を行うことから、その直前に肉に別れを告げる祭りが行われる。これが〝謝肉祭〟で、カーニバルの語は、〝carne vale（肉よさらば）〟という表現に由来する。この断食の前の祝祭に、キリスト教伝来以前からのゲルマン人の春の到来を祝う祭りが融合し、街中を練り歩いたり、どんちゃん騒ぎをしたりする習慣が生まれた。

したがって、本来のカーニバルは毎年二月頃に行われるはずなのだが、キューバではそうした宗教的な色彩をもつ行事とは全く別に、スペイン植民地時代、年に一度、プランテーションの黒人奴隷を対象に行われていた夏祭りに由来するイベントもカーニバルと呼ばれることもある。

サンティアゴ・デ・クーバのカーニバルもその一つで、期間中はコンパルサ（コンガ＝キューバの踊り）と呼ばれるチームが、それぞれの振付けや衣装の華やかさを競い合い、電飾で彩られた巨大なカロッサ（山車）が市内を練り歩くのが見せ場となっている。

カーニバル期間中の市内の混雑は、フィデルらにとって、官憲の目をかいくぐって騒擾を起こすのに格好の機会であった。

さて、七月二十六日未明、シボネイ農場に集まった若者たちに、襲撃の目標（兵営の武器確保、軍通信機器の利用による情報の撹乱）が初めて伝達された。寝耳の水の計画に、二十一人が脱落し、フィデルが指揮する九十人がモンカダ兵営の襲撃を、アベル・サンタマリーア（図39）率いる二十一人が兵営に隣接するサトゥ

図39　市民病院を占拠したアベル・サンタマリーアは、政府軍に捕えられると、その場で生きたまま目をくりぬかれ、虐殺された（モンカダ事件4周年の記念切手）。

リーノ・ローラ市民病院を、フィデルの弟、ラウルが指揮する十人が裁判所広場を襲撃すべく出発した。また、ニコ・ペロス率いる二十二人（五人不参加）の別動隊は、サンティアゴ・デ・クーバから八〇キロ離れたバヤモのカルロス・マヌエル・デ・セスペデス要塞を襲撃して通信網を破壊し、政府軍とモンカダとの連絡を途絶させる計画だった。

一方、フィデルらを迎え撃つモンカダ兵営には、事件当時、将校八十八人、兵士二百八十八人、農村警備隊二十六人、計四百二人が勤務していた。これは、叛乱側の三倍弱にあたる。

午前四時四十五分、若者たちは政府軍を偽装した軍服に着替え、十六台の車に分乗してサンティアゴ市内に向かった。しかし、フィデルら指導部以外には極秘裏に計画を進めたことが裏目に出て、車を運転していたスタッフの中にはサンティアゴ市内の地理に不案内な者もおり、市内に入ったところでほぼ半数がはぐれてしまった。

図40　モンカダ兵営の襲撃場面を描く切手（1960年に発行された革命1周年の切手より）。

こうした中で、レナド・ギタルら三人の先遣隊がモンカダ兵営の第三検問所に到達し、軍服姿で敷地内に侵入することに成功したが、歩哨の一人が不審に思って警報ボタンを押す。このため、警備車両が兵営周辺を巡回し始めたところへ、フィデルら主軸部隊を乗せた車が検問所に向かう脇道に入ってきたため、警備兵との間でいきなり戦闘が始まった（図40）。

フィデルの計画では、武力で圧倒的に劣る彼らは兵営を急襲し、十分以内に制圧することになっていたが、兵営側からの攻撃は十五分以上続いた。この間、叛乱側の弾薬が尽きてしまったため、これ以上の襲撃が不可能になったと判断したフィデルは退却命令を出したが、戦闘で五人が犠牲になり、さらに、政府軍に捕えられた約五十六人が虐殺され、シボネイ農場にまで帰着したときには、叛乱側は六十人ほどに減っていた。

その後、あくまでも戦闘継続を主張して山へ向かったのは、フィデルら十九人。残りは解散し、帰宅したという。

フィデルらは政府軍の追及を逃れるべく、いくつかのグループに分かれて山中を彷徨していたが、八月一日、ついに捕えられ、サンティアゴ・デ・クーバの駐屯地に連行され、ボニアート監獄に収監された。ちなみに、駐屯地ではなく、兵営に連行された者たちは、その場で虐殺された。

歴史は私に無罪を宣告するであろう

バティスタ政権はフィデルらによるモンカダ兵営襲撃事件を闇に葬り去るべく、当初は裁判も行わなかった。ところが、襲撃事件に参加し、政府軍に虐殺された若者の多くは、家族に襲撃計画を全く話していなかったため（彼ら自身もシボネイ農場でいきなり計画を知らさ

図41　裁判所に臨むモンカディスタたちを見守る2人の女性を描く革命絵画≪モンカダの英雄たち≫を取り上げた絵葉書

れたのだから、当然である)、行方不明となった息子を探す親たちが続出したことから、政権が事件を隠蔽することは困難になった。

このため、急遽、緊急法廷第三十七号事件の名目で、一九五三年九月二十一日、サンティアゴ裁判所でモンカディスタ(モンカダ襲撃事件に加わり、生き残った人々)に対する裁判が始まった(図41)。

十月六日、ラウルら二十六人のモンカディスタは禁錮三年から十三年の有罪判決を受け、ハバナ州南方、ピノス島(一九七八年に〝青年の島〟と改称)のモデーロ監獄に収監された。

ピノス島は、キューバ本島

図43　ピノス島の領有権確定25周年の記念切手。

図42　ピノス島の風景を取り上げた1909年の絵葉書。

西部南岸のバタバノ湾から南西百キロの地点にあり、ハバナやピノール・デル・リオからほぼ真南に位置している(図42)。

米西戦争後のパリ条約では、スペインはキューバの領有権を放棄したが、ピノス島はキューバの領土を定めた覚書からその名が脱落していたため、米国とキューバの間で領有権をめぐる対立が生じていた。一九〇七年、米国最高裁がピノス島は合衆国に属するものではないとの裁定を下したため、米国政府は、それ以上の争いを断念。一九二五年、米国とキューバの間で取り交わされた覚書により、島の領有権はキューバのものと確定した(図43)。

スペイン領時代から政治犯の収容所が置かれており、ホセ・マルティも一時同島の収容所に拘留されていた。モンカディスタが収監されたモデーロ監獄はマチャド政権下で建設された堅牢な施設である。

なお、事件に加わった二人の女性、アイ

デー・サンタマリーアとメルバ・エルナンデス（叛乱側が着ていた偽の軍服は、彼女たちの手作りだった）はハバナから五〇キロ離れたグアナハイ監獄に送られた。

一方、事件の首謀者としてのフィデルの裁判は、十月十六日、事件現場の一つ、サトゥリーノ・ローラ市民病院付属の看護学校の一室で、百人の兵士が包囲する中で行われた。

フィデルの担当弁護士は入廷を拒否されたため、弁護士資格を持つフィデルは自らの弁護を担当し、事件後の軍による虐殺の実態を明らかにした。

その上で、クーデターで誕生したバティスタ政権は非合法であり、立憲主義に反していること、一九三三年のマチャド独裁政権崩壊以来、バティスタが米国政府・資本の走狗として国家を私物化してきたことを激しく非難。一九四〇年憲法に加え、トマス・アクィナス、マルティン・ルター等の宗教思想やロック、ルソー、モンテスキュー以来の近代政治思想史をも引用し、兵営の襲撃は人民の抵抗権によるものであるとして、その目的は兵士との戦闘にあるのではなく、兵営の占拠によって国民に蜂起を呼びかけることにあったと主張した。

さらに、革命達成の暁に実施すべき政策として、
①一九四〇年憲法の復活
②土地改革（小作人への土地分与、有償による土地接収）
労働者の企業利益への参加
④小作人の収益参加率の五〇％への引き上げ
⑤不正取得資産の返還
の五項目を掲げた。

フィデルが最終弁論を締めくくるにあたって述べた「歴史は私に無罪を宣告するであろう」との一文は、後に彼の獄中記の書名にも採用され（図44）、広く人口に膾炙することになる。

事件の審理に加わった最高裁判事のマヌエル・ウルティアは、あらゆる合法的手段が奪われているときには武装抵抗も憲法上許されると主張してフィデルに一定の理解を示したが、最終的に、フィデルは禁錮十五年の有罪判決を受け、一九五三年十月十七日。ピノス島のモデーロ監獄に収監された。

しかし、モデーロ監獄には、すでに二十六人のモンカディスタが収監されており、フィデルの闘志も衰え

図44　カストロの著書『歴史は私に無罪を宣告するであろう』。上がバティスタ政権下で密かに発行された初版本の表紙。下が革命後に発行されたもの表紙（1964年発行のモンカダ事件11周年の記念切手より）。

ることはなかった。

一九五四年二月十二日、バティスタが監獄の視察に訪れると、モンカディスタたちは革命歌で大統領を迎え、あらためて、独裁政権には屈しないとの意図を明らかにした。これに激怒したバティスタはフィデルを窓のない独房に移し、外界との接触を完全に遮断しようとした。

これに対して、フィデルはモンカダ裁判の弁論を再構成した〝モンカダ綱領〟を食事の際に供されるライムの汁で紙に記し、獄中の秘密ルートを通じて外部の協力者に渡した。一足先に釈放されていたメルバ・エルナンデスは、一九五四年十月頃、カストロからの秘密書簡を、アイロンを使った〝あぶり出し〟の手法で解読し、それを印刷して『歴史は私に無罪を宣告するであろう』の書名で地下出版した。その数は一万部にも達し、独立運動発祥の地であるキューバ島東部ではフィデルの声望が高まった。

一方、バティスタは、政権の正統性に疑問を呈するフィデルらの主張を打ち消すために、一九五四年十一月一日に大統領選挙を実施した。

選挙に先立ち、アウテンティコ党のプリオ元大統領は、米国の仲介でバティスタを排除することを掲げた〝モントリオール協定（襲撃事件以前の一九五三年六月、アウテンティコ、オルトドクソ両党の一部が締結）〟を理由に、選挙のボイコットを主張。しかし、米国の介入による独裁者の排除は、マチャドからバティスタへの交代の時と同様の結果をもたらすであろうことは明らかであった。そこで、フィデルはメルバを通じて協定には反対の立場を表明し、「七月二十六日運動のマニフェスト」を作成して、オルトドクソ党の党大会などで配布した。

十一月の選挙は、予想通り、バティスタの圧勝に終わった。発表されたバティスタの得票数は、選挙の投票総数よりも多かったというから、露骨な不正選挙である。それでも、バティスタは選挙によって政権の正統性が認められたと主張し、反対勢力への強圧的姿勢はそのままに、一九四〇年憲法の復活を主張するなど、宥和政策を打ち出した。

これに対して、野党側は選挙のやり直しや政治犯の恩赦、亡命者の帰国などを要求したものの、一九四〇年憲法の復活により、バティスタの再選は不可能になったとして、バティスタ打倒の武装蜂起路線は放棄してしまう。

腰砕けになった野党に失望した国民の間では、フィデルへの期待が否が応でも高まることになり、反バティスタ勢力のシンボルとしてのフィデルの恩赦を求める運動が広がった。

こうした状況を受けて、自らの独裁体制維持に絶対の自信を持っていたバティスタは、寛大なる為政者のポーズを示すべく、モンカディスタを除く政治犯の恩赦を決定したが、選挙区民を通じてフィデルの国民的な人気を肌で知っていた議員で構成される上下両院は、バティスタ退陣後の選挙のことも考えて、バティスタの反対を押し切って恩赦法を採択。これにより、一九五五年五月十六日、フィデルをはじめとするモンカディスタはモデーロ監獄から釈放された。

監獄のあるピノス島からハバナへ向かう船中、モンカディスタは革命運動組織の〝七月二十六日運動（M26）〟の結成で合意する。M26は、六月十二日、ハバナで秘密会合を開き、全国指導部を結成したが、バティスタはフィデルを物理的に排除すべく暗殺を計画した。

生命の危険を察知したフィデルは、六月二十四日、ハバナを発ってメキシコに亡命。M26の他のメンバーもメキシコで落ち合うこととして、前後してキューバを脱出した。

第2章　エルネストから〝チェ〟へ

アルゼンチンのチェ

兄のフィデルよりも一足先に、一九五五年五月下旬、ラウル・カストロはメキシコに到着し、モンカディスタの同志、ニコ・ロペスらと再会。ロペスから〝アルゼンチンのチェ〟を紹介された。

図１　ロサリオのチェの生家と母セリナに抱かれる幼子のチェ。

このときロペスが紹介した人物こそ、後に〝チェ・ゲバラ〟の名で世界中に知られることになるエルネスト・ラファエル・ゲバラ・デ・ラ・セルナだった。

エルネストは、一九二八年六月十四日、ブエノスアイレス北西三五〇キロ、パラナ川右岸の工業都市、ロサリオで、アイルランド系アルゼンチン人の父エドゥアルド・ラファエル・エルネスト・ゲバラ・リンチと、バスク系アルゼンチン人の母、セリア・デ・ラ・セルナ・イ・ジョサの第一子として生まれた（図1）。両親はアルゼンチン北東部のミシオネスで農園（所有者はセリナ）を経営する地主だったが、いずれもリベラルな思想信条の持ち主だった。父親はカトリックの信者ではあったが、教会はユダヤ人が投資し、イタリア人が経営している巨大企業だと考えていたし、母のセリアにいたっては、当時のアルゼンチンではごく珍しい無神論者で、社会主義の信奉者（後に、彼女はエルネスト宛の手紙で「全世界が社会主義になることを期待している老女」と自分のことを記している）だった。

さて、ゲバラ夫妻は、エルネストの出産を機に、農園の経営を他人に委ねて気候の温和なロサリオに転居。エルネストが生まれた後、一家は一時ミシオネスに戻ったが、すぐにブエノスアイレスに転居し、父親は造船業を始めた。

　ところが、もともと未熟児として生まれたエルネストは病弱で、二歳の時重度の喘息と診断された。このため、父親は造船業の持ち分を共同経営者に売却し、一家はブエノスアイレス西北西七〇〇キロの地点に位置するコルドバに転居し、郊外のアルタ・グラシアの丘の上に居を構えた（図2）。幼いエルネストは痙攣を伴う喘息の発作に襲われ、酸素吸入器を使用してなんとか回復することもしばしばだったが、健康状態は徐々に改善され、喘息の発作が出ないときには激しいスポーツを楽しめるほどになった。

図2　少年時代のチェと当時の彼が過ごしたアルタ・グラシアの住居“ビラ・ニディア”。

　一九三六年、スペインで共和国政府とフランコ派の内戦が始まると、スペイン語圏のアルゼンチンにはスペインからの亡命者が目立つようになった。エルネストの両親はスペインの共和派への同情を公言しており、そのことが、思春期に差し掛かったエルネストにも少なからぬ影響を及ぼしたことは想像に難くない。

　一九三九年、エルネストが十一歳の時、コルドバ州全域で鉄道のストライキが発生。これに対して、会社側は労働者を切り崩すためスト破りを動員した。多くの市民はストを打った労働者に同情的だったが、正面から会社を批判する者はほとんどいなかった。これに対して、義憤に駆られた少年エルネストは、近所の仲間を集めてパチンコ隊を組織し、街灯に一斉射撃を加えて、鉄道会社への抗議の意を示した。後の彼を彷彿とさせるエピソードで、まさに「梅檀は双葉より芳し」というべきか。

ペロン政権

　エルネストが六年制のハイスクールに進学した一九四一年、日本軍の真珠湾攻撃を機に米国は第二次世界大戦に参戦した。キューバが米国参戦の翌日、十二月九日に連合国の一員として参戦したのに対して、アルゼンチンは戦争末期まで（枢軸国寄りの）中立を保っていた。このため、農業国のアルゼンチンは欧州向けの食糧輸出を大幅に増加させ、戦争景気が到来する。その一方で、当時のアルゼンチンでは工業製品は英国からの輸入に頼っていたため、日用品の不足は深刻になった。

こうした時代背景の下、工業化によるアルゼンチン経済の構造改革を目指そうとしたのが、ファン・ドミンゴ・ペロン（図3）だった。

図3　ペロン。国民的な人気を誇った妻のエバ・ペロン（エビータ）没後の1955年に発行が予定されていたものの、同年のクーデターでペロンが失脚したために不発行に終わった切手の試作品。

ペロンは、一八九五年ブエノスアイレス郊外のロボスで生まれた。地元の小学校を卒業後、十六歳でアルゼンチン陸軍士官学校へ進学。一九一三年十二月に士官学校を卒業し、第十二歩兵師団に少尉として配属された。

一九二六～二九年に陸軍大学校で軍事史を研究して頭角を現し、一九三〇年には士官学校の軍事史の教授に就任。軍事理論や日露戦争の研究に基づき、ドイツ軍の総力戦思想に倣い、国家の工業化と国民統合の必要性を訴えた。

一九三九年に第二次欧州大戦が勃発すると、ペロンは一九四一年まで駐在武官としてイタリアに赴任。帰国後の一九四三年五月、陸軍次官に昇進する。

一九四三年十月、ペロンは国家労働局次長に就任。労働局が労働福祉庁に改組されるとペロンは同庁初代長官に任命され、労働法の制定や国家主導の労使協調政策を進める一方、共産党系の労働運動は厳しく弾圧するなど、労働政策に辣腕をふるった。

また、この年、ペロンは女優でラジオ・タレントのマリア・エバ・ドゥアルテ（エビータ）と恋愛関係になった。エビータは自分のラジオ番組でペロンの民衆向け政治宣伝を行い、ペロンの政治活動をサポートするようになる。

一九四四年、軍事クーデターでエデルミロ・ファーレルが大統領に就任すると、ペロンは陸軍大臣と副大統領に任じられた。

第二次世界大戦中のアルゼンチンは枢軸国寄りの中立の立場を取っており、その中軸を担っていたのがペロンだった。このため、米国は大使召還や経済制裁の発動などで揺さぶりをかけたが、ペロンは屈しなかった。ドイツの敗戦が確実になった一九四五年三月二十七日、ようやくアルゼンチンは枢軸国に宣戦を布告したが、これは、戦後、〝連合国〟としての立場を確保し、新たに発足する国際連合に原加盟国として参加するための方便である。この結果、ペロンは外圧に抵抗する国家主義者として国民の人気を集め、彼の主義主張は〝ペロン主義〟と呼ばれ、〝ペロニスタ（ペロン主義者）〟と呼ばれる熱心な支持者を集めるようになった。

大戦の終結後間もない一九四五年十月、米国の支援を受けたエドゥアルド・アバロスによる軍事クーデターが発生。ペロンはラ・プラタ島の監獄に拘束されるが、ペロン支持の労働組合はこれに抗議してゼネストを決行。さらに、大統領府前の五月広場にはペロンの釈放を求めて労働者が大挙押し寄せ、エビータはペロンの釈放のために奔走し、ラジオで国民に向かってペロンの釈放を呼びかけた（図4）。

図4　ラジオでペロンの釈放を呼びかけるエビータを取り上げた切手シート。

国民世論の前に、クーデターは失敗。十月十七日、ペロンは釈放され（図5）、同月二十一日、アバロス政権は退陣に追い込まれた。そして、同月二十六日、ペロンはエビータと正式に結婚。一九四六年三月の選挙でペロンはアルゼンチン大統領に就任した（図6、7）。

一九四六年に発足したペロン政権は、大戦中に蓄積された莫大な外貨を原資として、労働組合の保護や労働者の待遇改善（週四十八時間制と年間十三ヵ月分の給与支給など）、女性参政権の実現、外資系企業（英国資本の鉄道会社や米国資本の電話事業など）の国営化、貿易の国家統制などの政策を推進する一方、批判勢力に対しては厳しい言論統制を行った。また、ペロン本人はナチス・ドイツによるユダヤ人迫害を強く非難する一方、旧ドイツ軍やナチス親衛隊の戦犯を多数匿い、アルゼンチンの軍や治安機関の育成に当たらせている。こうしたことから、ペロン政権は〝左翼ファシスト〟とされることも

図5　ペロンが釈放された“10月17日事件”1周年の記念切手。

図6　ペロン大統領就任の記念切手。

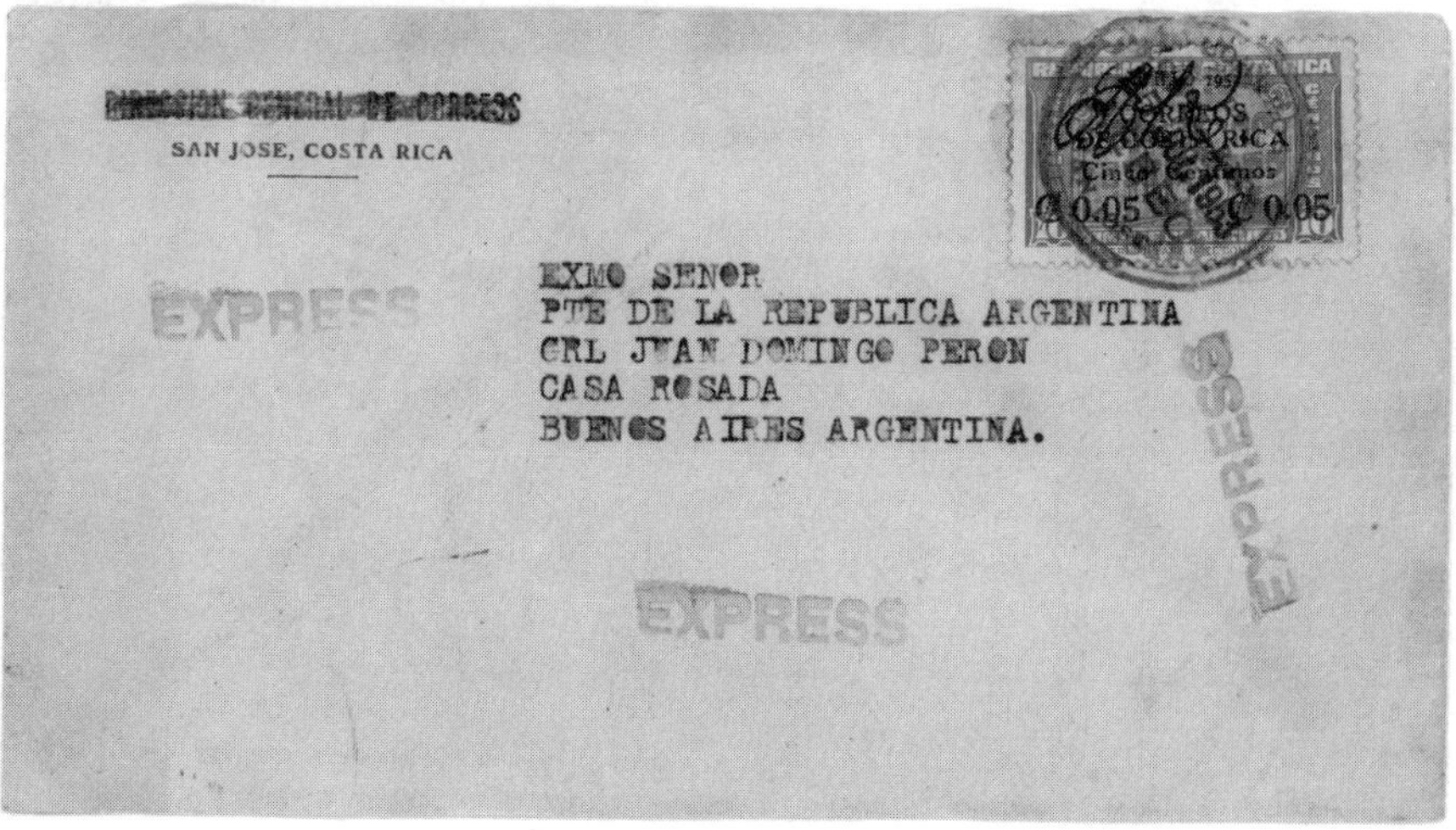

図7　コスタリカから“フアン・ドミンゴ・ペロン大統領”宛の郵便物。

ある。

ペロンの経済改革は、結果的にそれまでのアルゼンチンの主要産業だった農業に大きな打撃を与えることになった。

すなわち、第二次世界大戦中、アルゼンチンは欧州への食糧輸出による特需景気で潤っていたが、戦後はそうした有利な条件がなくなっただけでなく、欧州農業の復活もあり、国際市場で農産物価格は下落した。さらに、工業化の進展に伴い、労働力が農業から工業へ移転したことも、農業にとっては打撃となった。こうして、一九四一年に八五〇〇万トンだった小麦の生産量は、一九五一年には二三〇〇万トンにまで減少する。

農園主として収入を得ていたゲバラ家もこうした情勢の変化の影響をまともに受け、一九四七年、農園を手放さざるを得なくなり、両親は別居。エルネストは母セリナと暮らすことを選択し、同年、ブエノスアイレス大学医学部に進学した。ちなみに、セリナはペロンの社会改革については、自分の権力を守るための〝ムッソリーニ的ナショナリズム〟にすぎないと批判的だった。

図８　1951年、医学生時代のエルネスト。

モーターサイクル・ダイアリーズの旅へ

さて、大学在学中のエルネスト（図８）は、一九四九年末、自転車にクッチオーラのモーターを取り付け、アルゼンチン各地を放浪しながらその合間に医学生としての試験勉強をすることを思い立ち、一九五〇年の元日、両親の家があったコルドバ市内の病院の前で、帽子をかぶり、サングラスをかけ、革のコートを着て自転車にまたがって撮影した写真は、後に雑誌「グラフィコ」に掲載され、広告にも使用されたほか、二〇〇八年には、エルネスト生誕八十周年記念のキューバ切手にも取り上げられた（図9）。

この時の旅行は、大半は自らペダルを漕ぎ、時々モーターを使って移動しながら、途中、木陰で試験勉強をするというスタイルで、アルゼンチン北部の四五〇〇キロを走破し、ブエノスアイレスに戻るというものだった。

この時の経験で自信をつけたエルネストは、一九五二年十二月二十九日、ブエノスアイレス大学医学部を卒業してハンセン病の療養施設に勤めていた年長の友人、アルベルト・グラナード・ヒメネスとともに、グラナードが調達したオートバイ、ポデローサ号を使って、南米大陸縦断一万二〇〇〇キロの旅に出立した。

後に映画〝モーターサイクル・ダイアリーズ〟で有名になる放浪の旅（図10）の始まりである。

なお、エルネストと旅を共にしたグラナードは、一九二二年八月八日、アルゼンチンのコルドバ州エルナンド生まれ。エルネストよりは六歳年長である。

父のディオニシオは労働組合の戦闘的な活動家であったことから、一家はサンタフェ州ビラ・コンスティテュシオンに転居を強いられ、アルベルトはコルドバの祖父母の下に送られ、一九四〇年、コルドバ国立大学に入学した。一九四一年にはストライキを煽動した容疑

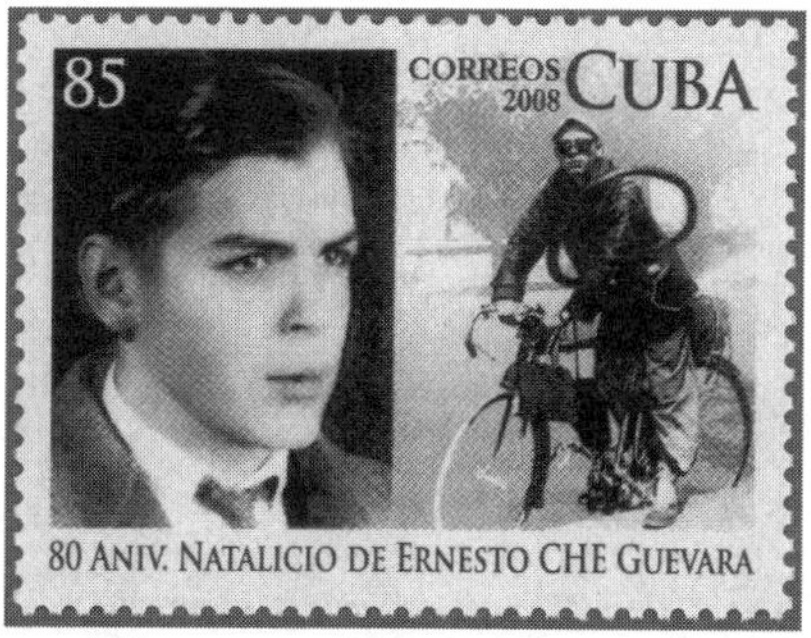

図９　コルドバから自転車旅行に出発するチェを取り上げた切手。

図10　チェとグラナードの南米縦断旅行52周年の記念印には、ポデローサ号のイラストと２人の旅のルートがデザインされている。なお、２人の旅が後に「モーターサイクル・ダイアリーズ」として映画化されたことを踏まえ、ルートはフイルムで示されており、映画のカメラも描かれている。

で警察に拘束されたが、差し入れと面会に行く弟のトマスに付き合って留置場に通ったのが、トマスの同級生、エルネストだった。

一九四五年、グラナードは薬学科を卒業した後、学士入学して生化学の授業を受け、一九四八年に卒業。大学の臨床研究室と、コルドバ州サン・フランシスコ・デル・チャニャールのハンセン病療養所で学んでいた。

①アルゼンチンからチリへ

コルドバを出発した二人は、一九五二年一月四日、ブエノスアイレスに入る。そこからビジャ・ヘマールまで南下した後、西へ向かい、ビジャ・ヘマール、ミラマール、ネコチェア、バイーア・ブランカ、ピエドラ・デ・アギラを経てアンデス山脈に入り、サンマルティン・デ・ロス・アンデスから〝七つの湖の道〟と呼ばれるルートを通ってナウエル・ウアピ湖を経由し、二月十一日、アルゼンチン側の国境にあたるサン・カルロス・デ・バリローチェ（バリローチェ）に到着した。

チリに入国するため、ポデローサ号とともに国境の湖水地のプエルト・ブレストを船で渡っているときに、二人は乗り合わせた巡回医とハンセン病について語り合った。この地域ではハンセン病の患者が稀であったため、巡回医たちは二人の話を興味深く聞いた上で、パスクア島（英語名イースター島、現地語名ラパ・ヌイ）にはハンセン病の治療施設があり、かなりな数の患者がいることを二人に話した。この話に興味を持った二人は、パスクア島を当面の目的地とする。

西進して太平洋岸に到達した二人は、オソルノを経て、バルディビア港に到着した。

チリ南部、ロス・リオス州の州都にあたるバルディビアは、一五四〇～四一年にチリを征服し、サンティアゴを建設したペドロ・デ・バルディビア（図11）が一五五二年に建設した。

図11　ペドロ・デ・バルディビア

エルネストとグラナードが訪れた時は、ちょうど、バルディビア市建設四百周年の節目の年にあたっていたこともあり（図12）、二人は歓待され、地元の郵便局ではバルパライソ市長宛にパスクア島行きの支援を求める手紙を書くパフォーマンスまで要求されたという。

図12　1950年代初めのバルディビア港（バルディビア市400年の記念切手）。

②小チェと大チェ

アルゼンチンから来た二人のことはいつしかチリ南部で話題となり、二月十八日に到着したテムーコでは、「アルゼンチンのハンセン病専門医二人　オートバイで南米の旅」との見出しで、二人のことが大々的に取り上げられるほどであった。記事は、二人が専門医で、アメリカ大陸のハンセン病の権威で、三千人の患者を治療したことがあり、大変豊かな経験を持ち、南米大陸の重要ないくつかの中心地を熟知しており、そこの衛生状態を調査している、といったように、かなり誇張された内容ではあったが、それゆえ、彼らはチリ滞在中、食事や宿泊などで現地の人々からかなりの便宜を受けることができた。

しかし、ロス・アンヘレスへ向かう途中、〝マジェーコの上り坂〟に差し掛かったところでポデローサ号は完全に動かなくなってしまった。そのため、以後、彼らはトラックをヒッチハイクしてロス・アンヘレスへ向かった。以後、徒歩とヒッチハイクが彼らの基本的な移動手段となる。なお、エルネストの旅行記によると、ロス・アンヘラスを出る際には、二人は、身長の大小から〝小チェ（グラナード）〟と〝大チェ（エルネスト）〟と呼ばれていたとの記述がある。

ブラジルを除く南米大陸諸国ではスペイン語が公用

語となっているが、アルゼンチンおよびウルグアイのラ・プラタ川流域などで日常的に用いられているリオプラテンセ・スペイン語は、イタリア語や先住民のケチュア語やグアラニー語等の要素が取り込まれていることもあって、他の地域のスペイン語とは異なる独自の語彙が少なからずある。

その最も有名なのが、呼びかけの「やぁ」「おい」、愛称の「お前さん」に相当する「チェ（che）」であろう。〝チェ〟の語源としては、〝私の〟を意味するグアラニー語、〝人〟を意味するマプーチェ語など諸説あるが、いずれにせよ、アルゼンチン人が日常的に頻繁に口にする特徴的な単語として、アルゼンチン人を〝チェ〟と呼ぶことが南米のスペイン語話者の間ではしばしば行われていたということなのだろう。

ただし、一九五二年にチリを放浪していた大学生の〝大チェ〟ことエルネスト・ゲバラの呼び名が〝チェ・ゲバラ〟として定着するのは、後述するように、彼がメキシコでフィデルら亡命キューバ人と巡り合った後のことである。

③パスクア（イースター）島行きを断念

グラナードとエルネストは、ロス・アンヘレスを経て、三月一日、首都のサンティアゴに到着。ペルー領事館でペルー入国のビザを取得して、パスクア島への船に乗るべくバルパライソへ向かった。

しかし、彼らがバルパライソに着いた三月七日の時点で、パスクア島行きの船便は運航シーズンが終わっており、飛行機も一ヵ月に一便しかないという状況で、彼らはパスクア島行きを断念せざるを得なかった。

ここで、パスクア島（イースター島。図13）についても少し説明しておこう。

モアイの島として知られるパスクア島は、七十五万年前に海底マグマの噴火によって造成された火山島で、全周は六〇キロ、面積は一八〇平方キロである。最も近い有人島の英領ピトケアン島まで二〇〇〇キロ余という絶海の孤島

図13　パスクア島とその位置を示した切手。

で、ポリネシア系先住民の言語では、古くは〝テ・ピト・オ・ヘヌア（世界のへそ）〟、〝マタ・キ・テ・ランギ（天を見る眼）〟などともいわれたが、十九世紀以降は〝ラパ・ヌイ（広い土地）〟の呼称が定着した。

ポリネシア系の先住民がこの地に移住してきたのは西暦八〇〇年頃のことで、花粉などの研究から、当時のラパ・ヌイは、巨大椰子の豊かな林が生い茂っていたと考えられている。

ラパ・ヌイに上陸したポリネシア人たちは、〝ラノ・ララク〟と呼ばれる噴火口跡から、軟らかく加工しやすい凝灰岩を採石し、玄武岩や黒曜石の石斧で加工して、七〜八世紀頃には石の祭壇〝アフ〟を作り始めた。ただし、青銅器や鉄器が使われた形跡はない。

モアイ像の制作は、遅くとも十世紀頃には始まったと考えられているが、制作年代によって像のスタイルには相違がみられる。

すなわち、最初期の第一期に作られた像は人間の姿に近く、下半身も作られているが、第二期以降は下半身がなくなる。また、第三期の像には、頭上に赤色凝灰石で作られた被り物の〝プカオ〟が載せられている。

しかし、一般的なモアイ像のイメージに近いのは第四期の像で、長い顔、狭い額、長い鼻、くぼんだ眼窩、伸びた耳、尖った顎、一文字の口などが特徴だ。

モアイ像は集落を守るように立てられているため、海沿いの像は海を背にしているが、内陸部の像には海を向いているものもある。なお、アフの上に建てられた像の中で最大のものは、高さ七・八メートル、重さ八〇トンにもなる。

モアイ像は十七世紀まで盛んに作られていたが、十八世紀以降は作られなくなり、その後は破壊されていった。そのきっかけは、急激な森林破壊（その原因については、人口が一挙に拡大したとの説や、外部から持ち込まれたネズミが天敵のない環境で大量に繁殖したとの説などがある）にあったと考えられている。すなわち、島内で人口が一挙に増加し、そのため、森林破壊が進行して沃土が海に流出し、農業不振から食糧不足が生じ、耕作地域や漁場を巡って部族間の武力闘争が発生。モアイは目に霊力が宿ると考えられていたため、敵対する部族を攻撃する場合、彼らはモアイ像をうつ伏せに倒し、目の部分を粉々に破壊したようだ。

いずれにせよ、島内での〝モアイ倒し戦争〟は五十年ほど続き、島民の生活は大いに疲弊し、生活水準も大きく後退したと考えられている。

こうした状況の下、一七二二年の復活祭（イースター）の夜、オランダ海軍のヤーコプ・ロッヘフェーンは西洋人として初めてラパ・ヌイを発見。その日付にちなんで、この島を〝イースター島〟と命名し、モアイ像の存在が西洋にも知られるようになった。ちなみに、スペイン語では、英語のイースターを〝パスクア〟と呼ぶ（図14）。

一七七四年には、英国の探検家、ジェームズ・クックもこの島に上陸。クックは倒壊したモアイ像を数多く目にしたが、それでも、この時点では半数ほどは直立しており、作りかけの像も放置されていたという。

その後、十八世紀後半から十九世紀にかけて、スペインのペルー副王領政府の命を受けた奴隷商人がイースター島を訪れるようになり、一八六二年にはペルー人による大規模な奴隷狩りが行われた。この結果、わずか数ヵ月間での内に当時の住民の半数に当たる約千五百人が島外に拉致された。そこへ追い打ちをかける

図14　ヨーロッパ人が来訪した当初の島の光景を描いた絵画を取り上げた絵葉書。

ように、外部から持ち込まれた天然痘や結核が蔓延し一八七二年には島民はわずか百十一人にまで激減した。その後、パスクア島は一八八八年にチリ領になり、本土から隔絶された絶海の孤島としてハンセン病の療養施設も設けられた。なお、現在、島内に立っている像は、基本的に、チリによる領有後、倒壊した像をクレーンなどで立て直したものである。

④チュキカマタ銅山

さて、パスクア島行きを断念したグラナードとエルネストは、バルパライソから貨物船サン・アントニオ号に勝手に乗り込み、船賃代わりに炊事や掃除などの雑役をこなしながら、三月十一日、アントファガスタに到着。そこからチュキカマタに向かう。

チュキカマタは、アンタファガスタの北東二〇〇キロ、標高二七〇〇メートルの砂漠の中の村で、世界屈指の銅輸出大国チリの中でも最大の露天掘り銅山があることで知られている。チュカキマタ銅山は、一九六九年に国有化されたが、それまでは、米国のアナコンダ社が所有・開発していた（図15、16）。

グラナードとエルネストが銅山を見学した際には一部でストライキが発生しており、ガイドは「（会社は）ストライキ一回で、毎日何千ペソも失います。貧乏な労働者に数センタボ（一ペソ＝百センタボ）やるのをケチったばかりに……」と説明。また、人力に頼った危険な作業を目の当たりにしたエルネストが作業中の事故について尋ねると、現場監督は「大勢の見学者は、技術的なことは訊いてくれますが、どれだけの命が犠牲になったかを知りたがるということはまずありません。私ではお答えできませんが、訊いてくださって、本当にありがとうございます」と応えた。これに対して、エルネストは次のような印象を書き記している。

「鉱山のこの大きさは墓の中の一万の死体の上に成り立っている」、「このような人々に対し弾圧手段が取られていることは実に悲しいことだ。ある集団の健全な生活にとって危険があるかないかは別として、その中から共産主義の蛆虫が孵化したとしても、それはより良い何かを求める自然の願望に他ならない」

チュカキマタを後にした二人は、イキーケでトコの硝石採掘会社、ラ・リカ・アベントゥラおよびプロス

図 15　チュカキマタ鉱山開発 100 周年の記念切手。

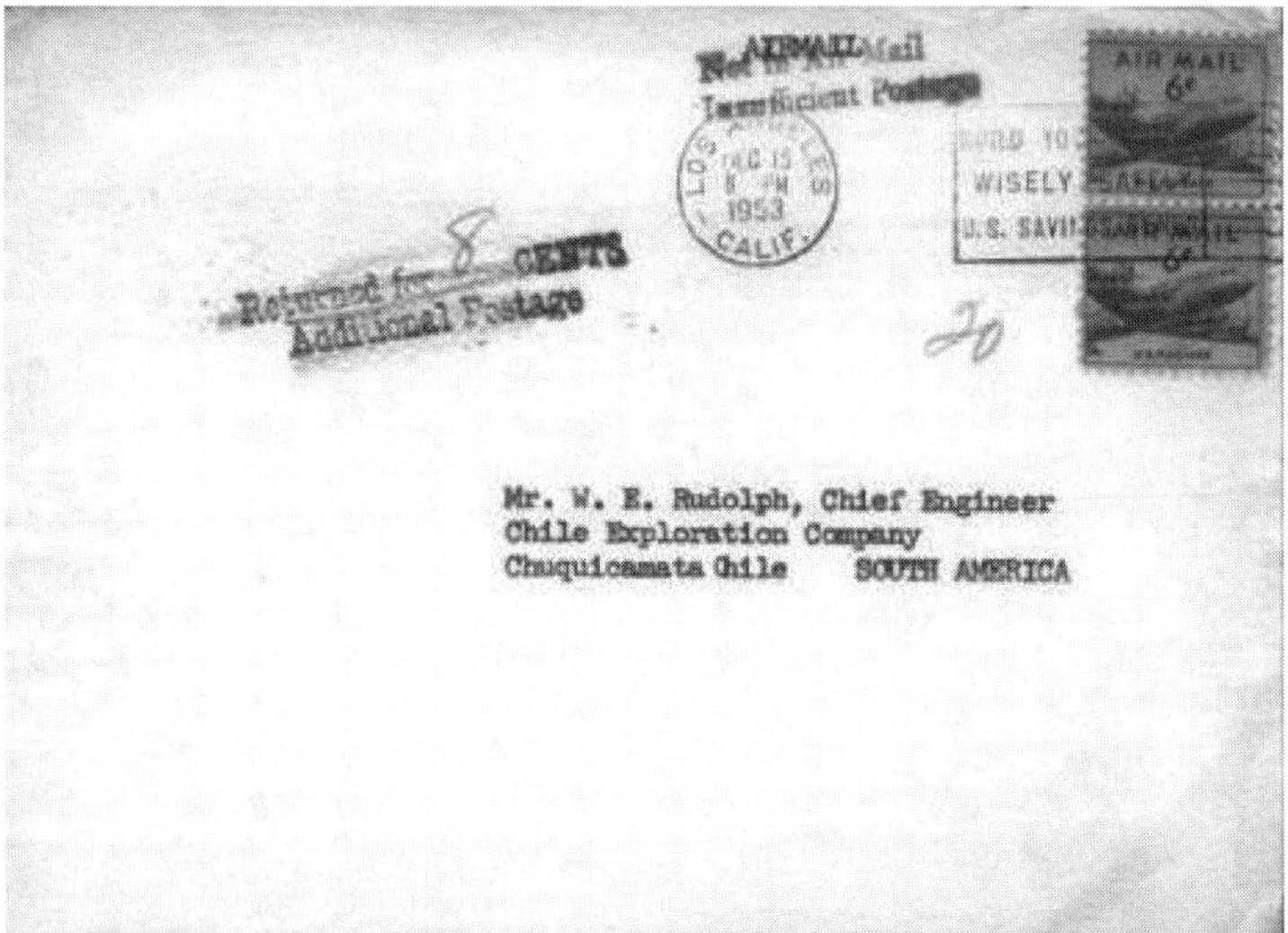

図 16　1952 年、米国からチュカキマタの鉱山探査会社主任技師宛の郵便物。エアメールとして差し出されたが、料金不足のため、船便で送られている。

ペリダーの硝石採掘会社二社を見学してから、かつてペルー、ボリビア、チリの三ヵ国が領有権を争った国境近くの町、アリカを経て、三月二十三日、チリを出国した。

⑤ペルーとインカ

アルゼンチンに比べると、チリ南部の一般国民の生活水準は貧しく、医療水準は低かったが、次に彼らが訪れたペルーの状況はさらに劣悪だった。

ペルーに入国した後、二人は夜中に山中を歩いてとある農家にたどり着く。そこで宿と食事を乞い、アルゼンチンから来たというと、地元の農民たちは「ペロンとエビータが住み、貧しい人も同じだけのものを持っていて、ペルーのようにインディヘナ（インディオ）が搾取されたり非道な扱いを受けたりすることがない」理想の国としてアルゼンチンに対する憧憬を口々に語った。二人は、三月二十四日から三十一日までチチカカ湖を回り、クスコへ向かったが、道中、いたるところでインディヘナに対する白人の差別や侮蔑的な態度を目にしている。

ペルーの人口はインカ帝国時代には一千万人を越えていたと推測されているが、スペインの過酷な植民地支配により激減し、独立直後の一八二六年には約百五十万人にまで落ち込んでいた。その後徐々に回復し、エルネストが訪れた一九五二年の時点で約八百万人になっていた（二〇一六年の人口は三千百七十七万人）。

また、現在の人種の構成は、先住民のインディヘナが三七％、メスティーソ（もとは先住民とヨーロッパ系の混血だが、混血一般をさすことも多い）が四五％、ヨーロッパ系が一五％、その他（アジア系、アフリカ系など）三％となっているが、一九五二年の時点では、インディヘナ五〇％、メスティーソ三七％、ヨーロッパ系一三％であり、インディヘナの占める割合が現在よりもかなり高かった。

それだけに、ヨーロッパ系が多数を占めていたアルゼンチンから来た二人にとって、ペルーは「スペイン人による征服以前の時代の思い出が滲み出ている」場所として、魅力的に映ったようだ。特に、クスコの町並みとマチュ・ピチュの遺跡はエルネストを大いに魅了した。

かつてインカ帝国の首都が置かれていたクスコは、アンデス山中の標高三四〇〇メートルの高地にあり、地名はケチュア語で〝へそ〟を意味する。

古くはキルケ人の居住地だったが、一二〇〇年代から一五三二年まで、インカ帝国の首都がおかれた。インカ皇帝パチャクテク（在位一四三八～七一）の時代に都市は大きく拡大された。インカ帝国では駅逓制度が高度に発達していたため（図17）、冷蔵技術が全くない中で、沿岸部からクスコの宮廷まで鮮魚を腐らせることなく運ぶことができたという。

一五三三年、インカ帝国はスペイン人によって滅ぼされ、スペイン人植民者はイン

図 17　インカ時代の飛脚を描いた切手。

図 19　マチュ・ピチュ

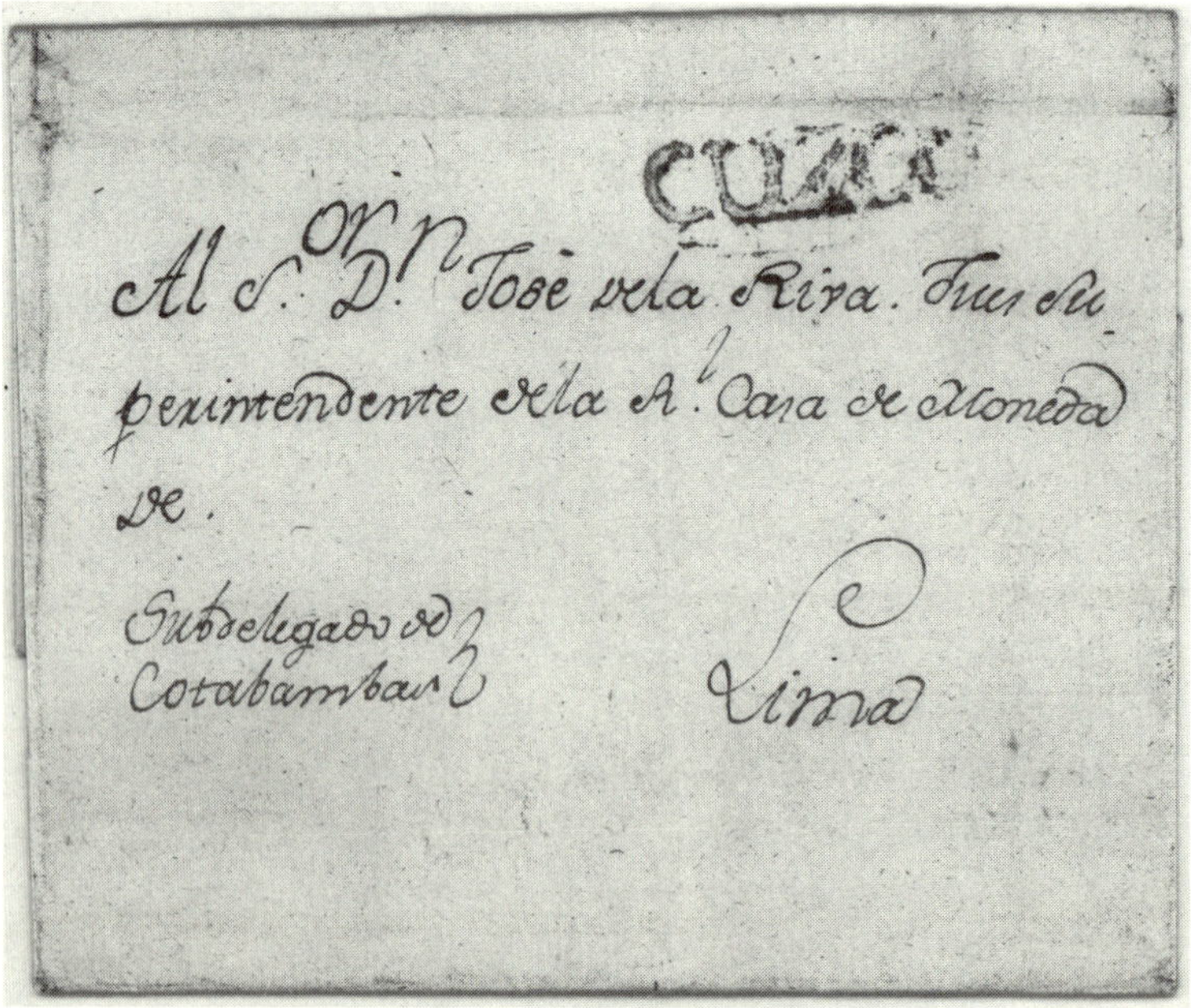

図 18　スペイン植民地時代の 1808 年、クスコからリマ宛の郵便物。

カ帝国の建造物、寺院、宮殿を破壊した後、残った壁を新都市建設の土台として使用し、多くの教会を建設。クスコはスペイン人によるキリスト教の布教の拠点となった。

なお、インカ滅亡後の一五三四年、スペインは、カルバハル家にペルー域内の通信を独占的に取り扱う特権を与えたが、一七六八年、ペルー域内の郵便事業はスペイン王室による官営独占となった。さらに、一七七二年、郵政長官に任じられたドン・ホセ・デ・ラ・リバ・イ・パンドはペルー域内をカバーする郵便網を構築した。クスコは教会の拠点にして、農業、牧畜、鉱山の中心地でもあったため、スペイン当局による郵便ネットワークの結節点として重要な位置を占めていた(図18)。こうしたクスコの都市としての重要性は、独立後のペルーにおいても継承されている。

一方、マチュ・ピチュ(図19)は、ケチュア語で〝年老いた〟を意味し、〝年若い峰〟を意味するワイナ・ピチュへと連なる標高二七九五メートルの尾根にある遺跡で、山裾からはその存在を確認できないことから〝空中都市〟とも呼ばれる。建設された年代は石段の組み方などから一四五〇年頃と推定されており、人が住んでいたのはそれからおよそ一世紀の間だったと考えられている。文字の記録がないため、建設の目的については諸説あるが、一般に、皇帝パチャクテクの時代に離宮や宗教施設として建設されたと考えられている。

エルネストとグラナードがマチュ・ピチュを訪ねた際、グラナードは廃墟の中の祭壇に寄りかかり、居合わせた他の観光客と、アンデス山中の鉱山労働者を組織すべきであるとか、文明の恩恵に浴していないインディヘナのために革命を起こすべきだとか、そうした議論をしていた。すると、黙って聞いていたエルネストがいきなり笑い出したので、グラナードが問い質すと、エルネストはこう応えた。

「一発も撃たずに革命をするなんて、頭がおかしいんじゃないか?」

⑥筏でペルーを出国

四月六日、二人はクスコを後にし、ウアンボのハンセン病療養施設に向かった。途中、川魚を食べたことによるアレルギー反応のため、エルネストは激しい喘息の発作を起こし、数日間、病院に入院せざるを得なくなった。

ようやく回復し、ウアンボのハンセン病療養施設にたどり着いたのは四月十四日のことだった。

アマゾンの奥地、ウアンボの病院に医師がやってくるのは二ヵ月に一度しかなく、日常的な病院の管理は地元のボランティアに頼らざるを得なかった。二人は数日間医局で働いたが、スタッフ・設備・薬品のいずれもが絶望的に不足している中では、彼らにできるのは、バスケットボールやピクニックを一緒にすることで、患者の気を紛らわせることしかなかった。

ウアンボを出発した後、彼らは、ウアンカラマ、アンダワイラス、ウアンタ、アヤクーチョ、ラ・メルセー、サン・ラモン、タルマを経て、五月一日、首都リマに到着した。

リマではハンセン病の研究者として有名だったウーゴ・ペスセと会い、ギーア・ハンセン病院に滞在した。ペスセはマルクス主義者にして看護騎士修道会のメンバーで、マラリアとハンセン病の研究・治療に生涯を捧げた人物だった。


二人はギーア・ハンセン病院の仕事を手伝ったりしながら、五月十七日までリマに滞在。そこから、セロ・デ・パスコを経てプカルパからアマゾン川支流のウカヤリ川を下り、イキートスへ、イキートスからはアマゾン川を下って、六月八日、サン・パブロのハンセン病院に到着。病院では数人の患者の診療を行った。サン・パブロには六月二十日まで滞在したが、この間の六月十四日、エルネストは二十四歳の誕生日を迎えている。

サン・パブロを出発する際、別れを惜しんだハンセン病患者たちは、二人のために〝タンゴ・マンボ〟号という名の筏を組み立ててくれた。筏は六畳ほどの広さがあり、真ん中には雨露をしのぐための小屋も付けられていた。

二〇〇八年にキューバが発行したエルネスト生誕八十周年の記念切手の一枚（図20）には、横縞のシャツを着てタンゴ・マンボ号に乗ったエルネストの姿が取り上げられているが、グラナードは描かれていない。

グラナードはキューバ革命後の一九六〇年、エルネストの招待を受けてキューバを初めて訪問し、翌一九

図20　チェとタンゴ・マンボ号を取り上げたキューバ切手。

六一年、ハバナ大学医学部で生化学の教授に就任。さらに、一九六二年にはサンチャゴ大学医学部の創設にかかわったほか、一九八六年にはキューバ遺伝学協会の創設にかかわり、一九九〇年まで会長を務めている。一九九七年には、キューバとの連帯、ゲバラ思想の国内外への普及を図る運動に参加し、二〇一一年にハバナで亡くなっている。

　したがって、二〇〇八年のキューバ切手にグラナードの姿が描かれていないのは、政治的な理由からトリミングで抹消されたわけではなく、グラナードがまだ存命だったため、切手に取り上げるのは物故者に限るという原則によるものだと思われる。

⑦ビオレンシアのコロンビア

六月二十一日、サン・パブロを筏で出発した二人は、アマゾン川をゆっくりと下り、二十三日、レティシアで三ヵ国目のコロンビアに入国した。

　レティシアでは、二人はアルゼンチンのサッカー選手と称し、地元のサッカークラブのコーチに就任。それまで、コロンビアではほとんど行われていなかったマンツーマンのマーク方式を取り入れるとともに、グラナードはフォワード、エルネストはキーパーとして試合に出場し、チームに勝利をもたらした。

　喜んだチームメイトは、そのまま二人にレティシアに残ることを望んだが、二人が首都ボゴタへ行くことを望んだため、七月二日、彼らは軍の輸送機でボゴタへ向かった。

　一九四八年のガイタン暗殺を機に〝ビオレンシア（暴力の時代）〟に突入していたコロンビアでは、一九五〇年八月、超保守派のラウレアーノ・ゴメスが大統領に就任。ゴメスは事態を収拾するためと称し、教会の政治的権利を復活させたほか、反共を掲げ共産党系と自由党系のゲリラを弾圧した。また、反共政策の一環として、ラテンアメリカ諸国で唯一、朝鮮戦争の国連派遣軍に参加し、フリゲート艦一隻（アルミランテ・パ

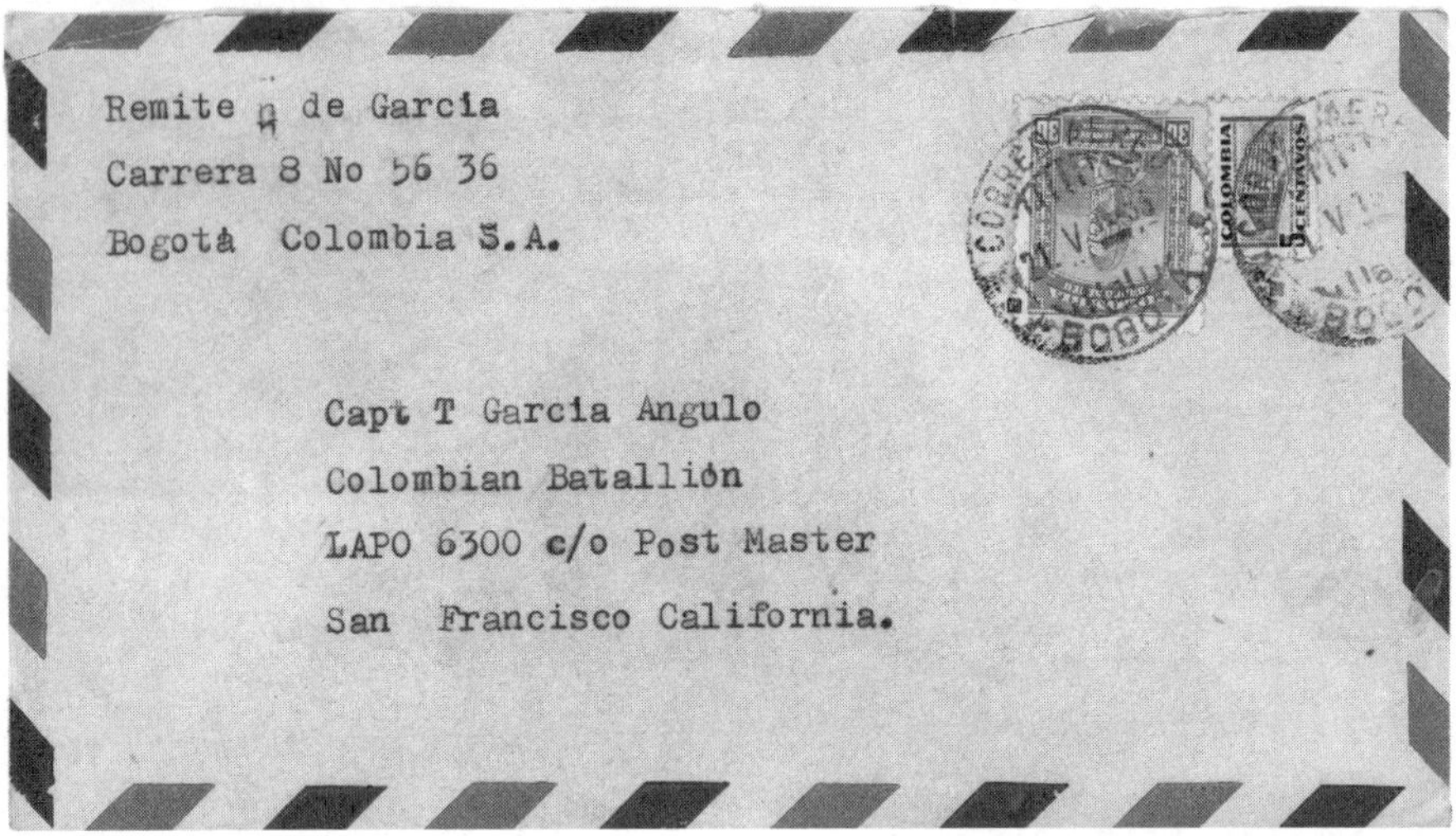

図 21　朝鮮戦争参加のコロンビア軍宛の郵便物。

図 22　コロンビア大隊凱旋帰国の記念切手。

ディラ）と歩兵一個大隊（通称〝コロンビア大隊〟）を派遣している（図21、22）。

一九五一年十一月、ゴメスは心臓発作のために大統領を辞職したが、後継の大統領にはゴメス政権の国防相だったロベルト・ウルダネタ・アルバレスが就任し、ゴメスはアルバレスを背後からコントロールする体制が構築されていた。

こうした状況の中で、グラナードとエルネストは〝外国人〟として警察に監視され、エルネストはナイフで地面に図を描いていたことを咎められ、逮捕された。アグア・デ・ディオスハンセン病院の訪問も許可されず、寝場所としていた病院からも退去を命じられたため、七月十四日、二人はタチラ川を渡って国境を越え、国境の町、サン・クリストバルからベネズエラに入国する。

⑧マイアミ経由で帰国

ベネズエラに入国した二人は、首都のカラカスへ向かった。カラカス（図23）には、グラナードの友人の医師がおり、グラナードにハンセン病院の仕事を世話してくれることになっていたからである。

ところで、エルネストの親戚にはブエノスアイレス＝カラカス＝マイアミ＝マラカイボ＝ブエノスアイレスを輸送機で巡回して競走馬の売買を行っている者がいたが、その人物とエルネストはカラカス市内で偶然に再開した。

そこで、エルネストは、グラナードがベネズエラで職を得られれば、自分は親戚に頼み込んで輸送機に乗せてもらい、ブエノスアイレスに戻ることを考えた。またグラナードも、エルネストに帰国して大学をきちんと卒業するよう強く勧めていた。

はたして、七月中にグラナードはカーボ・ブランコから三〇キロの地点にあるハンセン病療養所で無事に職を得ることができたため、エルネストも帰国を決断する。ただし、親戚の輸送機は、カラカスからはマイアミを回ってからブエノスアイレスに向かうルートを取っていたため、七月二十六日、エルネストは再会を約してグラナードと別れ、いったんマイアミに飛んだ。

当初の目論見では、マイアミへは純粋にトランジッ

図 23　1952 年のカラカス市内を取り上げた絵葉書。

トのためで、滞在もごく短期間の予定だった。ところが、飛行機のエンジントラブルのため、エルネストは二十日間ほどマイアミに滞在することになる。

マイアミでのエルネストは、市内中心部の下宿に逗留し、毎日のように図書館に通っていた。ところが、行きつけのカフェテリアで、トルーマン大統領の悪口をいったプエルト・リコ人の客と親しく会話をしたため、FBIからマークされてしまう。

現在のプエルト・リコ島は、ヨーロッパ人の到来以前は先住民のタイノ族の言葉でボリケンまたはボリンケンと呼ばれていた。一四九三年十一月十九日、ここに上陸したコロンブスはサン・ファン（現在の首府）に入港した際、その美しさに感銘を受けて、この島をスペイン語で〝豊かな、または美しい港〟という意味の〝プエルト・リコ〟と命名したという。

その後、プエルト・リコはスペインの植民地とされていたが、十九世紀後半、キューバの独立戦争が始まると、プエルト・リコでも独立運動が高揚。このため、一八九七年、スペイン当局はプエルト・リコの自治を認め、一八九八年三月には自治政府が成立した。

ところが、一八九八年四月、米西戦争が勃発すると、同年八月、プエルト・リコは米軍に占領され、戦後は米国に割譲された。

図 24 "PUERTO RICO" 加刷切手。

郵便に関しては一八九九年三月十五日以降、当初は米本土の切手に〝PORTO RICO〟、後に〝PUERTO RICO〟と加刷した切手（図24）が発行されたが、一九〇〇年七月、米主権下のプエルト・リコ民政府の設立（これにより、一八九八年の自治政府は解体）とその自治内容を定めたフォラカー法が成立すると、独自の加刷切手発行は停止され、米本国の切手がそのまま使われるようになった。

以後、プエルト・リコは米国大統領が知事を任命する米直轄領となったが、これを受けて、完全独立派、米国の州への昇格を求める州昇格派、現状のまま自治権の拡大を求める自治権拡大派の三潮流が生まれる。

世界恐慌下の一九三〇年代、プエルト・リコでは自治権拡大派が勢力を拡大し、一九三八年には自治権拡大派のルイス・ムニョス・マリンがプエルト・リコ人民民主党を結成した。ところが、ムニョスは、一九四六年、人民民主党の綱領から完全独立の目標を削除したため、これを不満とする独立派がプエルト・リコ独立党を結成する。

一九四八年に初めて実施されたプエルト・リコ知事の直接選挙では、ムニョスが当選したものの、これを機に、独立運動が激化。一九五〇年十月三十日には、急進独立派のペドロ・アルビス・カンポス率いるプエルト・リコ国民党の叛乱が発生し、ハユヤでは〝プエルト・リコ自由共和国〟の独立が宣言された。自由共和国は米軍の派兵により鎮圧されたが、首府サンファンではムニョスの暗殺未遂事件も発生。一連の反乱によって、二十八名が死亡し、四十九名が負傷している。さらに、一九五〇年十一月一日には、ワシントンDCで国民党員二名によるトルーマン暗殺未遂事件が発生している。

事態を重く見た米国は、一九五二年、プエルト・リコを〝コモンウェルス〟として内政自治権を付与。ムニョスも米国資本を誘致し、工業化が進められたが、それでも満足な雇用が確保できなかったため、多くの農村人口がニューヨークをはじめ米国の大都市に移住していくことになる。

外国人のエルネストが、トルーマンを批判したプエルト・リコ人の男と接触したことに米当局が神経をとがらせたのもこうした事情があったからだが、結果的に、エルネストはマイアミに居づらくなってしまった。

折しも、輸送機の修理も完了したことから、九月の新学期が始まる前に、エルネストは競走馬とともにブエノスアイレス郊外のエセイサ空港（図25）に降り立った。

かくして、八ヵ月間にわたり、一万キロにも及ぶ〝モーターサイクル・ダイアリーズ〟の旅は終わった。

この大旅行を通じ、彼は、飢えや貧困、病気、外国資本による経済支配や為政者の腐敗など、ラテンアメリカ諸国の現実に接し、ラテンアメリカを〝発見〟した結果、「僕は人民のために生きるだろう。僕にはそれがわかるのだ」との心境にいたったという。

医学生エルネスト・ゲバラは、革命家〝チェ・ゲバラ〟へと脱皮するための、跳躍台を踏み切ったのである。

図 25　1950 年代前半のエセイサ空港を取り上げた絵葉書。

図 26　開業後間もない 1920 年のレティーロ駅を取り上げた絵葉書。

医師ゲバラ、レティーロ駅から出立

一九五二年九月以降、エルネストはブエノスアイレスの国立図書館に通って試験の準備に取り組み、一九五三年四月十一日、医学部卒業のために必要な単位を取得し終えて、医師となった。

卒業後の一九五三年七月、エルネストは、すでにベネズエラのカーボ・ブランコのハンセン病療養所で働いていたグラナードのもとへ向かうべく、幼馴染のカルロス・カリーカ・フェレールとともに、ブエノスアイレスを出立することを決意する。

その背景には、グラナードとの個人的な友情に加え、ペロン政権下で軍医として徴用されるのは避けたいとの事情もあった。

一九五二年、ペロンは大統領に再選されたが、同年七月、国民的な人気を誇っていた妻のエビータが三十三歳の若さで病死すると、彼の人気は次第に下降していく。さらに、離婚法の制定により、カトリック教会との関係も悪化。これに対して、ペロンは独裁傾向を強め、反対派を逮捕・弾圧する強硬策で乗り切ろうとしていた。

もともと、ペロン政権に批判的だったエルネストは、アルゼンチン脱出を決意し、七月七日、ブエノスアイレスのレティーロ駅（図26）からボリビア・ラパス行きの列車に乗り込んだ。

レティーロ駅は、ブエノスアイレス北東部にあるターミナル駅。フレンチスタイルの駅舎は、英国人建築家のユースタス・L・コンダー、ロジャー・コンダー、シドニー・G・フォレット、技術者のレジナルド・レイノルズの設計で、一九〇九年六月に着工した。鉄骨構造は英リバプールで作られてアルゼンチンで組み立てられ、一九一五年八月一日に開業した。

図27　アルゼンチンの鉄道100周年の記念切手に取り上げられた最初の機関車。

ちなみに、アルゼンチンの鉄道は、一八五七年、英国資本によって、ブエノスアイレス市内のコロン劇場裏からフロレスタ地区までの九・八キロで開業したフェロカリル・オエステが最初で（図27）、一八六四年にはコンスティトゥシオン駅からの南方面鉄道（後のロカ線の一部）が開通。以後、主として英国資本によって鉄道建設が進められ、十九世紀末までには総延長一万六五〇〇キロに達した。こうしたこともあって、アルゼンチンの鉄道は長らく英国の強い影響下に置かれていた。首都の中央駅にあたるレティーロ駅が実質的に〝英国製〟だったのも、こうした事情による。

その後、ペロン政権下の一九四六年から一九四八年にかけてアルゼンチンの全鉄道は国有化され、国有会社アルゼンチン鉄道が誕生。エルネストも〝アルゼンチン国鉄〟に乗ってボリビアに向かったというわけである。なお、アルゼンチン国鉄は、一九九三年、カルロス・メネム政権下の新自由主義民営化路線にそって民営化・解体されたが、二〇一五年、左派系のクリスティーナ・キルチネル政権によって再び国営化され、現在に至っている。

さて、レティーロ駅は南米を代表する建造物として、一九九七年にはアルゼンチン歴史遺産に指定された。二〇一七年、筆者が現地を訪れた際には、残念ながらドーム屋根の外壁の修復工事中だったが（図28）、構内のコンコース（図29）は往時のままの優美なスタイルが残されていた。

一九五三年七月七日、このコンコースを抜けてホーム（図30）に向かって歩いていたエルネストは、いきなり、緑色のカンバス地の袋を高く掲げ、「われこそはアメリカ大陸の兵士なり！」と叫び、ボリビア・ラパス行きの二等列車に乗り込んだという。

ボリビア革命

ブエノスアイレスを出発したエルネストの目的地はグラナードのいるベネズエラの首都、カラカスで、ボリビアはあくまでも経由地でしかなかった。しかし、当時、左派政権の支配下にあったボリビアの状況は、エルネストにとっても大いに関心をそそられるものであり、結果的に、ボリビアでの出会いと経験は、エルネストの運命に大きな影響を及ぼすことになる。

一八二六年に独立したボリビアは、一八七九〜八四年、太平洋岸の硝石地帯をめぐって、ペルーと同盟を結んでチリと戦った（南米の太平洋戦争）が、チリに敗れて沿岸

上　図28　2017年秋のレティーロ駅の外観。
左下　図29　レティーロ駅の構内。
右下　図30　レティーロ駅の改札口からホームを臨む。

部の領土をすべて失い、内陸国となった（図31）。

ところで、ボリビアは隣国のパラグアイとの間では、スペイン植民地時代から、東はパラグアイ川から西はアンデス山脈に至る〝グラン・チャコ〟地域の領有権をめぐる対立があったが、内陸国になったボリビアにとっては、パラグアイ川の通行権を独占し、大西洋側への自由なアクセスを確保することは悲願となっていた。

そうした状況の下、アンデス山麓で油田が発見されると、ボリビア南東部のチャコ地方にも大量の石油が埋蔵されているのではないかとの憶測が広まり、グラン・チャコをめぐるボリビアとパラグアイの対立が激化。一九三一年七月、両国は国交を断絶し、一九三二年六月十五日、戦争状態に突入した。いわゆる〝チャコ戦争〟である。

チャコ戦争では、ロイヤル・ダッチ・シェルがパラグアイ政府を、スタンダード・オイルがボリビア政府をそれぞれ支援していたため、石油メジャーの代理戦争の様相も呈したが、一九三八年、周辺国と米国の仲介によりブエノスアイレス講和条約が結ばれて終戦と

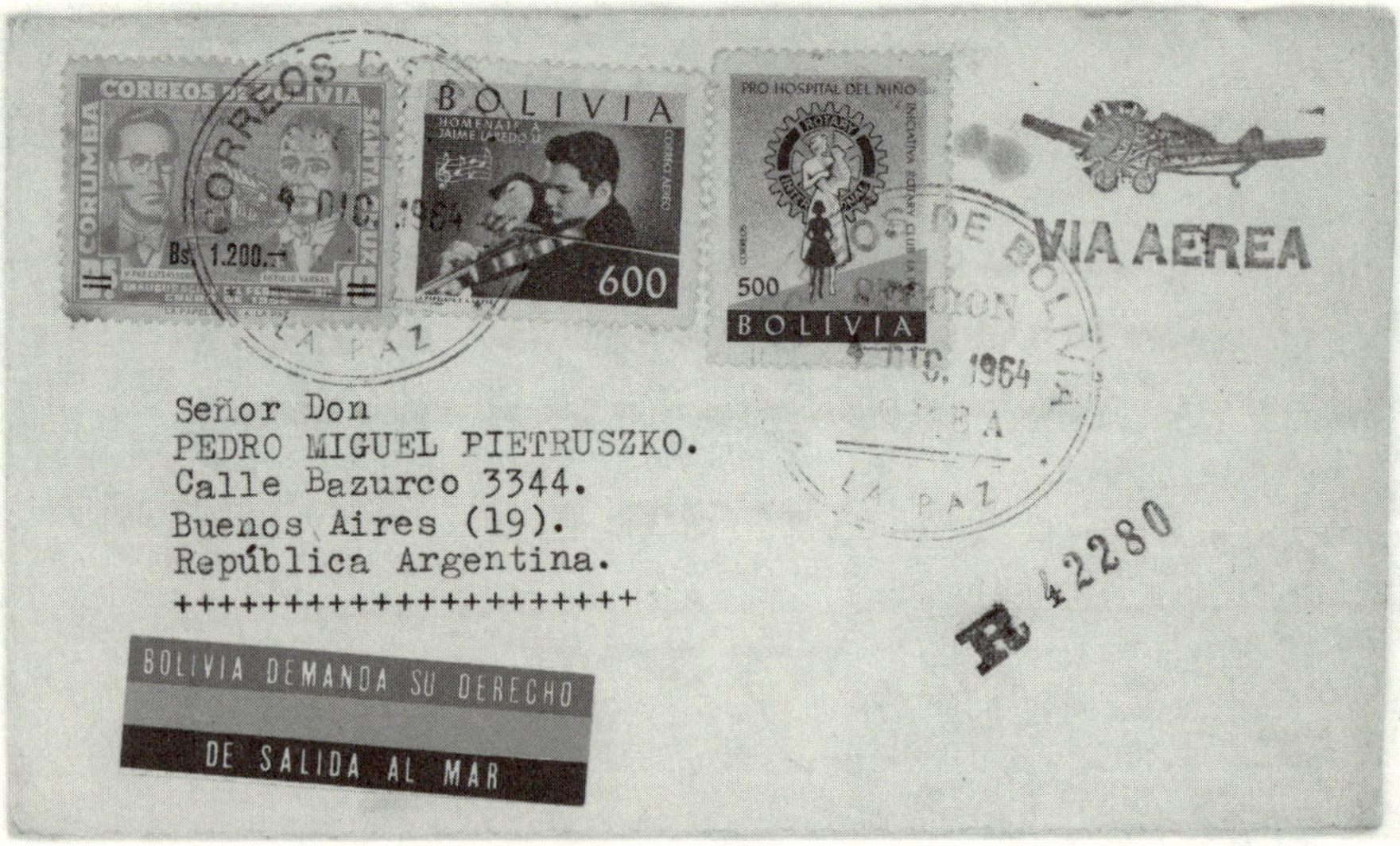

図31 「ボリビアは海に出る権利を要求する」とのスローガンが入ったラベルの貼られたアルゼンチン宛の郵便物。内陸国となったボリビアは、国民に対して「海を取り戻そう」キャンペーンを展開しており、毎年３月23日の“海の日”には大規模な啓発イベントも開催されている。

なった。その結果、パラグアイがグラン・チャコ全域の支配権を得て領土を拡張する一方、ボリビアはパラグアイ川への河川交通アクセス権を得て水運を確保した。

三百万の人口のうち、五～六万人の戦死者を出しながら、所期の目的を達することができなかったボリビアでは、戦後、敗戦の原因は国家・国民意識の欠如によるものとの認識が広まり、多くの新政党が誕生した。なかでも、一九四一年に結成された民族革命運動（MNR）は、ボリビアの主要輸出品目である錫の利権を、一般国民が財閥や外国資本から奪還することを訴えて支持を拡大していく。そして、一九四二年十二月、カタビ鉱山で軍による労働者七百人が虐殺される〝カタビの虐殺〟が起きると、MNRは鉱山労働者組合連合を背景に勢力を拡大。一九五一年五月の選挙で勝利を収めた。

ところが、この選挙結果を認めない軍部はクーデターを起こしてMNRを半非合法化したため、一九五二年四月、MNRは鉱山労働者や国家警察部隊とともに、事実上の首都であるラパス（憲法上の首都はスクレ）で武装蜂起し、ビクトル・パス・エステンソーロが大統領に就任した。ボリビア革命である（図32）。

エステンソーロ政権下では、インディオに選挙権や公民権が付与された新憲法（図33）が採択されたほか、国策として、サンタクルスを中心とする東部の低地地帯の開発が進められた。また、エルネストの滞在中の一九五三年八月二日には、農地改革が実施され、貧農に対する農地の分配も行われた。しかし、その一方で、MNRの内部は、革命後、右派のエルナン・シーレス・スアーソ（副大統領）、中間派のエステンソーロ、左派のフアン・レチン（鉱山労働者組合連合の創立者）の三

図32　ボリビア革命1周年の記念切手。中央が大統領のエステンソーロ、右が副大統領のスアーソ。

図33　新憲法の理念を表現するものとして、先住民の男性と抱き合うエステンソーロを描いた切手

つ巴に事実上分裂。革命後の混乱で治安は悪化し、連日、銃撃による死傷者が発生した。

なお、エルネストのボリビア滞在中の七月二十六日、キューバではフィデル・カストロ率いる若者たちがモンカダ兵営を襲撃しているが、この時点では、エルネストの関心は、キューバにはほとんど注がれず、眼前で進行しているボリビア革命に集中していた。

革命の混乱の最中、ラパスに到着したエルネストは、大統領官邸に近いヤナコーチャ街を拠点に市内を歩き回っていたが、その過程で、反ペロン主義者の富裕な農場主で、ボリビアに亡命していたイサイアス・ノウゲスの邸宅に出入りするようになり、そこで、同じく反ペロン派の急進公民連合に属する弁護士、リカルド・ロホと知り合った。

ロホの最終目的地はグアテマラで、この時点ではベネズエラを目指していたエルネストとは行き先が異なっていたが、ともかくも、八月に入り、エルネストとカリーカ、ロホの三人はペルーへ向けて、トラック便でラパスを出発した。

国境へ向かう途中、遺跡に関心のあるエルネストの意向もあって、一行はティウァナコ遺跡やチチカカ湖のイスラ・デル・ソル（インカ帝国発祥の地とも呼ばれる巡礼の島）にも立ち寄っている。

その後、一行はチチカカ湖沿いに国境を抜け、八月十七日、ユングーヨでペルーへの国境を越えた。

南アメリカの人民よ、過去を再征服せよ

ペルーへの再入国の際、エルネストは税関で止められ、ボリビアで入手した書籍、パンフレットの類を調べられ、そのうちの一冊を〝赤い〟との理由で没収された。その後、ペルー滞在中、エルネストはかの地の政治的雰囲気を「窒息しそうだ」と書き記しているが、これは、当時のマヌエル・アルトゥーロ・オドリーア・アモレッティ（図34）による軍事独裁政権下の息苦しさを指した言葉である。

オドリーアは、一八九六年、ペルーの首都リマの東二二九キロの地点にあるタルマで生まれた。一九一五年、リマ南部のチョリヨス軍事アカデミーを首席で卒業して国軍に入り、一九四一年、中佐としてエクアド

ルとの国境紛争（後述）に従軍して軍功を挙げ、少将に昇進した。

一九四五年、外交官のホセ・ブスタマンテ・イ・リベロは、社会主義勢力のアメリカ革命人民同盟（APRA）の協力を得て大統領に当選したが、すぐに、APRAの創立者、ビクトル・ラウル・アヤ・デ・ラ・トーレとの間に対立を生じ、APRAの閣僚を罷免して軍出身者と交替させた。反APRA派の急先鋒であったオドリーアも警察大臣として入閣する。

一九四八年、オドリーアら右派閣僚はブスタマンテ大統領に対してAPRAの非合法化を強く求めたが、受け入れられなかったため、辞職。同年十月二十七日、オドリーアは軍事クーデターを敢行し、自ら大統領に就任した。

図34　1953年のオドリーア訪伯時にブラジルが発行したオドリーアの肖像切手。

二年後の一九五〇年、オドリーアは〝軍事政権〟に対する批判をかわすため、いったん大統領の職を辞し、六月一日付で腹心の軍人、ゼノン・ノリエガ・アグエロを傀儡の暫定首班に据えた。その上で、オドリーアは〝民間人〟として七月の大統領選挙に立候補し、唯一の候補として当選を果たした。

一九五六年までの大統領在任中、オドリーアはアルゼンチンのペロン政権に倣い、好景気を背景とした労働政策や福祉政策を掲げて貧困層の支持を集めたが、実際には十分な公共事業が行われたとは言い難い。また、APRAをはじめとする反対勢力に対しては容赦のない弾圧を加えたため、市民の自由は大きな制約を受けた。また、そうした独裁政権の常として、汚職も蔓延していた。

エルネストがボリビアから持ち込もうとした〝科学関係の書籍〟が没収されたのも、こうした時代の空気を反映したものだったのである。

さて、ペルー入国後、一行はクスコに向かったが、エルネストが遺跡を再訪したのに対して、遺跡に興味のなかったロホとカリーカは首都のリマへ向かった。

一方、エルネストはマチュ・ピチュを再訪し、またもや感動して「南アメリカの人民よ、過去を再征服せよ」と記した。

その後、エルネストはリマに向かい、ウーゴ・ペスセと再会した。しばらく逗留した後、移動を再開し、国境近くのツンベスでロホらと再会し、エクアドルを目指した。

敗戦国エクアドル

九月二十六日、エルネストとロホ、カリーカの三人はエクアドルに入国し、プエルト・ボリバルを経て、エクアドル最大の都市にして南米有数の港湾都市であるグアヤキルに到着した。

グアヤキルといえば、日本人にとっては、一九一八年、ロックフェラー医学研究センターの要請で野口英世がこの地に派遣された場所としてなじみが深い。

野口はこの地で〝黄熱病の病原体〟を発見したとされたが、後に彼が発見したのは黄熱病ウィルスではなかったことが確認されている。ただし、彼の発見した病原体から作られたワクチンは、結果的に現地の人々の命を数多く救ったことから、野口はエクアドル軍の名誉大佐に任じられたほか、生誕百周年にあたる一九七六年には彼を讃える記念切手（図35）も発行されている。

一八二二年、スペインの支配から解放されたエクアドルは〝南部地区〟として大コロンビア（現在のベネズ

図35　エクアドルが発行した野口英世生誕100周年の記念切手。

エラ、コロンビア、エクアドル、パナマの全域と、ガイアナ、ブラジル、ペルーの一部に相当）に組み込まれた。しかし、大コロンビアは分裂し、一八三〇年にエクアドルも独立を宣言。これに伴い、ペルーとの間でペデモンテ＝モスケラ議定書が締結され、マラニョン＝アマゾン水系が両国の国境と定められた。

しかし、この国境線には両国ともに不満を持っていたため国境での小競り合いが続き、一九三六年になってようやく、当時の実効支配ラインを元にした国境が確定される。

ところが、その後も国境地帯では小規模な武力衝突が続いたため（図36）、一九四一年七月五日、マラニョン川以北のアマゾン地方の領有権を主張するペルー側は、エクアドルが一九三六年の協定に違反して国境を侵犯したとしてエクアドルに宣戦布告。エクアドルの防衛態勢が整わないうちに、アマゾン地方などを占領した。

翌一九四二年一月、日米開戦を受けてリオデジャネイロで米州外相会議が開催されると、これに合わせて、米国、ブラジル、アルゼンチン、チリの四ヵ国の調停

図36　1941年7月の開戦直前の同年6月、隣国ペルーと争っていたアマゾン地方の領有権を主張すべく「エクアドルはアマゾン国家だ」のスローガン印が押された葉書。キートからブエノスアイレス宛。

により、エクアドルとペルーの和平協定として「リオ議定書」が調印され、ペルーによるアマゾン地域の領有が追認された。ただし、その後もアマゾン地域をめぐるペルーとエクアドルの対立はくすぶり続け、一九九五年のセネパ戦争を経て、エクアドルがアマゾン地域を放棄することを承諾し、独立以来の国境紛争がようやく終結したのは一九九八年のことである。

一九四二年のリオデジャネイロ議定書により、エクアドルはアマゾン地域の二〇万から二五万平方キロの領土を喪失。当時のカルロス・アロヨ・デル・リオ政権は窮地に追い込まれ、一九四四年五月、軍、共産党、社会党を巻き込んだ民衆蜂起により崩壊。一九三九年の大統領選挙でアロヨに敗れた後、クーデターを企てて失敗し、コロンビアに亡命を余儀なくされていた元大統領、ホセ・マリア・ベラスコ・イバーラ（図37）が大統領に就任した。

しかし、第二次ベラスコ・イバーラ政権下では腐敗政治とインフレが進んだため、一九四七年に軍事クーデターが発生。ベラスコ・イバーラはアルゼンチンに亡命する。

図37　ベラスコ・イバーラ

翌一九四八年に行われた大統領選挙では、自由党系のガーロ・プラサが当選。プラサ政権の時代にも地震や軍の叛乱などはあったが、石油メジャーのシェル石油によって東部アマゾンの油田開発が進んだほか、一九四九年にはユナイテッド・フルーツ社（現チキータ）がエクアドルに誘致され、バナナはエクアドル最大の輸出品目となる。

こうした状況の下、ベラスコ・イバーラは一九五二年の大統領選挙にあわせて帰国。大統領選挙では勝利を収めて、同年九月一日、三度目の政権を獲得した。

第三次ベラスコ・イバーラ政権下のベネズエラは、バナナ・ブームと呼ばれる好景気に見舞われ、〝進歩の時代〟が到来する。すなわち、一九五二～五六年のベラスコ・イバーラ政権下では、三百十一の学校が建設されたほか、道路も一三五九キロが建設、一〇五七キロが改修されている。また、コスタ（太平洋岸の亜熱帯低地）では富裕層が生まれたが、農村部では階層分化が進んだ。これに対して、農地改革を求める農民も少なからずあったが、ベラスコ・イバーラ政権はこれを強権的に弾圧していた。

エルネストが到着した当時のグアヤキルは、まさに、進歩の時代とバナナ・ブームの真っただ中にあり、波止場にはユナイテッド・フルーツ社の船が溢れていた。

グアヤキルから先、当初の予定通り、グラナードのいるカラカスまで行くためには、首都のキート経由でコロンビアに入国し、ボゴタまで出て、そこからは前回の旅程をたどればよかった。

しかし、ロホの提案もあって、エルネストは、一九五〇年に社会主義政権が成立していたグアテマラへと行先変更を決意する。このため、カリーカはエルネストと別れて単身、ベネズエラに行くことになった。

英女王と同時期にパナマ訪問

グアテマラ行を決めたエルネストとロホは、グアヤキルで知り合ったアルゼンチン人学生のグアロ・ガルシーアらとともに、まずはユナイテッド・フルーツ社の経営する船でパナマに向かった。砂糖とバナナを軸に中南米の経済を支配していたユナイテッド・フルーツは、流通を支配するために交通網も傘下に収めており、その船はバナナや砂糖のみならず、旅客や郵便まで運んでいたのである（図38）。

さて、エルネストらが入手したのはユナイテッド・フルーツ社の船の無料チケットだったが、座席の都合から、一行が一度に乗船することはできなかった。このため、エルネストとロホはパナマでの再会を約し、十月九日にまずはロホが出発。次の便でエルネストが追いかけていくことになった。

もともと、パナマ地峡とその周辺は、もともとはコロンビアの自治領（図39）だった。

スエズ運河を設計したフェルディナン・ド・レセップスは、一八八〇年、大西洋と太平洋を結ぶパナマ地峡での運河建設を開始したが、黄熱病の蔓延や工事の技術的問題、資金調達の面などから、一八八九年、計画は放棄されてしまった。

その後、一九〇二年にパナマ地峡での運河建設を決定した米国は、運河を自らの管轄下に置くため、一九

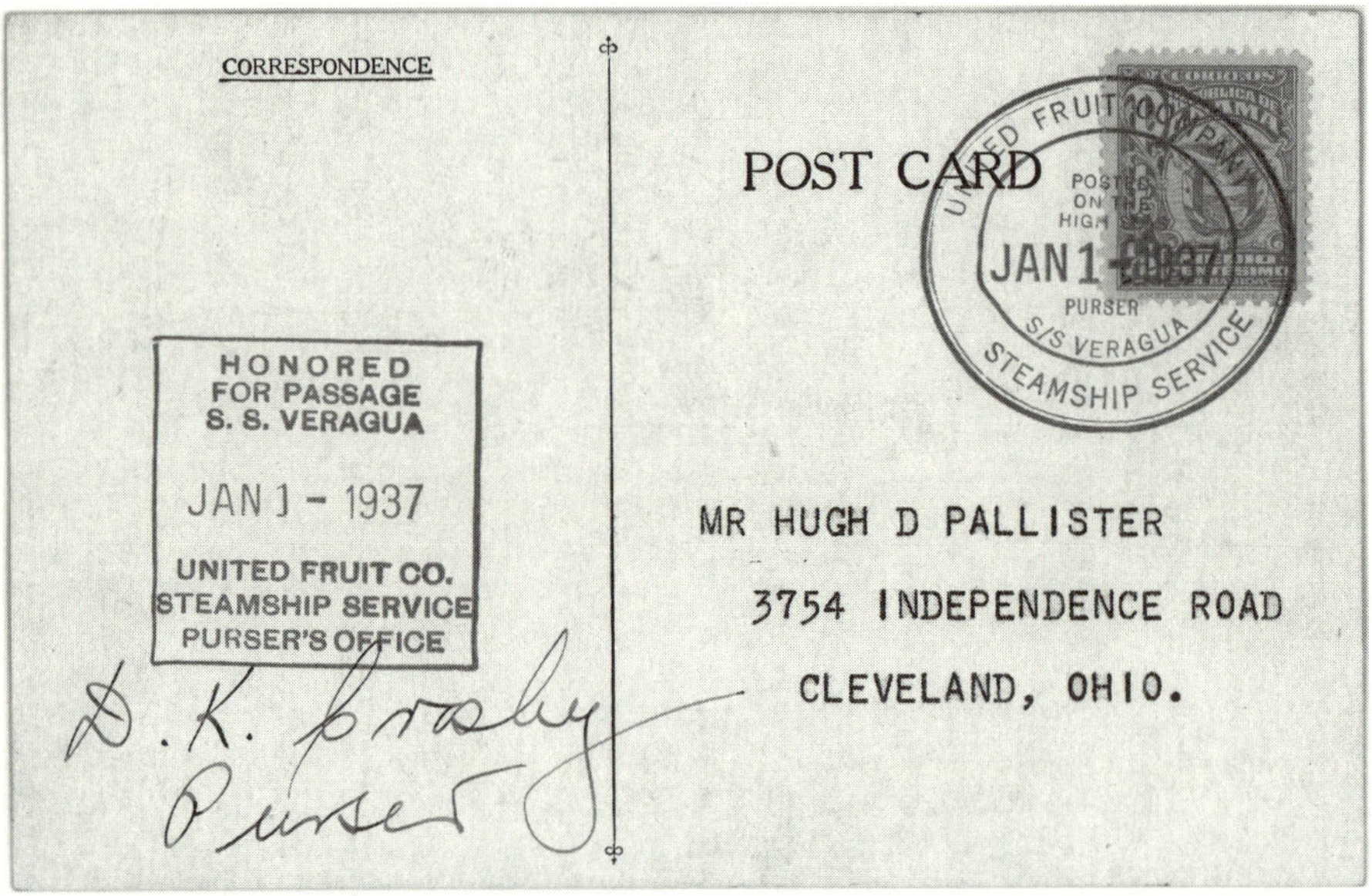

図 38　ユナイテッド・フルーツ社のパナマ＝米国路線の船の乗客が船内で差し出したことを示す “UNITED FRUITS COMPANY STEAMSHIP SERVICE” の印が押された葉書。出発地のパナマ切手が貼られており、絵面には同社の船が大きく描かれている。

○三年一月二十二日、コロンビアとの間に、
①コロンビアがレセップスの設立した新パナマ運河会社の運河建設権を米国に売却することを認めること
②運河地帯の排他的管理権等を米国に付与すること
③米国は一時金一千万ドルおよび運河地帯の年間使用料として二十五万ドルをコロンビアに支払うこと
等を規定したヘイ・エルラン条約を結び、運河の管轄権を握ろうとした。

しかし、コロンビア議会が条約を批准しなかったため、同年十一月三日、米国はコロンビアの支配に不満を持っていたパナマ住民を扇動して独立を宣言させた。こうしてパナマ共和国が発足すると（図40）、米国は十日後の十一月十三日に国家承認し、五日後の十八日にはパナマ運河条約を締結。運河の建設権と関連地区（運河地帯：カナル・ゾーン）の永久租借権などを取得した上で、建設工事に着手した。

これを受けて、一九〇四年六月二十四日、運河地帯内のアンコン、クリストバル、ガトゥン、クレブラ、ラ・ボカでは米国の郵便局が開設され、パナマ切手および米本国の切手に〝CANAL ZONE〟または〝CANAL ZONE PANAMA〟の文字を加刷した切手（図41）が使用されるようになる。

その後、三億ドル以上の資金と十年の歳月を投入し、運河は一九一四年八月十五日に開通（図42）。運河収入はパナマに帰属するものの、運河地帯の施政権と運河の管理権は米国に帰属することになった。さらに、運河地帯両岸の永久租借地には米軍施設がおかれ、ラテンアメリカにおける米国の軍事拠点と

図39　コロンビア統治下のパナマで発行された切手。

図40　パナマ独立後、コロンビア時代の切手の国名表示を抹消して「パナマ共和国」の国名を加刷した切手。

図41　カナル・ゾーン加刷切手。

図42　パナマ運河の開通直前の1914年8月11日、工事の難所であったクレブラ・カットを通行する船を描く切手。

して機能することになる。

一九四〇年、反米民族主義組織の〝共同行動〟の指導者であったアルヌルフォ・アリアス・マドリード（図43）が大統領に就任。アリアスは、米国に運河地域外の基地用地を貸与することを拒否したが、そのため、翌一九四一年、国家警備隊により追放され、キューバに亡命する。後継大統領に就任したデ・ラ・グアルディアは、一九四二年、米国に対する基地貸与協定を成立させ、連合国側として第二次世界大戦に参加した。

一九四二年の基地用地貸与協定では、大戦終了後一年以内に基地用地を返却することが規定されていたが、一九四六年、米国は当時のエンリケ・アドルフォ・ヒメネス・ブリン政権に貸与期間の延長を求め、一九四七年、ヒメネスはこれに合意する。

これに対して、第二次世界大戦を通じて民族意識が高揚していたパナマでは国民の反発が強まり、抗議運動も活発化したことから議会は協定の延長を認めず、米軍は運河地帯外からの撤退を余儀なくされた。

時あたかも、米ソの冷戦が本格化していったこともあり、ラテンアメリカの民族主義が反米に転化していくことを危惧した米国は、一九四六年、パナマの米南方軍本部内に〝米陸軍米州学校（SOA）〟を開設する。

SOAは、西半球（基本的にはラテンアメリカ）での親米政権（軍事独裁政権であってもかまわない）の樹立・維持と、反米左派政権の転覆に資するべく、諜報、拷問、尋問法など

図43　アルヌルフォ・アリアス生誕100年の記念切手。左端には、1941年、1951年、1968年の3度の大統領在任中の写真が取り上げられている。

を教育するための機関。修了者の中には反米運動家の暗殺にもかかわった者もあったため、SOAの頭文字は“School of Assassin（暗殺学校）”とも言われ、恐れられた。一九八〇年代に独裁者としてパナマに君臨したノリエガ将軍ことマヌエル・ノリエガ・モレノもSOAの出身である。

さて、運河地帯外からの米軍の撤退に伴い、パナマ経済は失速。大戦後の人口増加もあって、インフレと失業が昂進し、大統領が目まぐるしく交替する中で、一九四九年、国家警備隊司令官であったホセ・アントニオ・レモン・カンテラの支援を受けたアリアスが再び大統領に就任した。ところが、一九五一年、アリアスはレモンの意に反して国会を解散したことから、レモンはアリアスを追放。翌一九五二年、レモンは自ら大統領選挙に立候補して、当選を果たした。

レモンは経済再建と社会の安定化を最優先課題とし、一九五五年に暗殺されるまで、対外的には親米政策を採り、アルゼンチンのペロン政権に倣った教育ならびに税制等の改革を実施した。その一方で、反対派に対しては国家警備隊の暴力を背景にした力の政治を行っ

図44　1953年のエリザベス女王パナマ訪問時の記念カバー。

たのもまた、ペロンと同じであった。

こうした中で、レモン政権は社会秩序の回復をアピールすべく、一九五三年十一月二十九〜三十日、英女王エリザベス二世の訪問を受け入れる（図44）。

エリザベス二世は、オーストラリアとニュージーランド公式訪問の途上、ケニア滞在中の一九五二年二月六日、父王ジョージ六世の崩御に伴い、英国王として即位。一九五三年六月二日、戴冠式を行った。

即位後の最初の外遊は、一九五三年十一月二十四〜二十五日のバミューダ諸島、二十五〜二十七日のジャマイカ、二十九〜三十日のパナマというスケジュールだったが、このうち、バミューダ諸島とジャマイカは英領だったから（その後、ジャマイカは一九六二年に独立）、純然たる外国としては、パナマ（およびパナマ運河地帯）が最初の訪問国となった。

さて、エクアドルからパナマに移動したロホは三週間ほどエルネストの到着を待っていたが、エルネストが現れなかったためグアテマラへ向けて移動していた。

一方、遅れてパナマ入りしたエルネストは、現地の学生運動指導者、ロムロ・エスコバールの家に居候しながら、雑誌「シエテ」にマチュ・ピチュについての原稿を寄稿してジャーナリストとしてデビューするなど、のんびりと過ごしていた。そして、エリザベス女王のパナマ訪問を知ると、女王に会うまではパナマを去らないと言い出した。

当然のことながら、女王への拝謁はかなわなかったが、女王がパナマを離れた後、エルネストはペルー入国時に税関とトラブルになった書籍の詰まったトランクをエスコバールに託し、パナマを後にした。

内戦直後のコスタリカに到着

一九五三年十二月初旬、エルネストはコスタリカの首都、サンホセに到着する。

サンホセ到着後まもなく、エルネストは伯母のベアトリスに宛て「ユナイテッド・フルーツ社の領土を通る機会を得ました。この資本主義の蛸がいかに恐ろしいかを一度ならず確信しました。いまは亡き老スターリン（筆者註：スターリンが亡くなったのは一九五三年三月五日）の肖像に対し、この蛸が一掃されるまで休息はしないと誓いました」と認めた手紙を送っている。

パナマ地峡からコスタリカにバナナが導入されたのは一八七一年のことだった。同年、コスタリカ政府は、サンホセの北西一九キロの地点にあるアラフエラから、サンホセを経由し、カリブ海岸のプエルト・リモンまでを結ぶ鉄道建設の契約を結んだが、その相手は、後にユナイテッド・フルーツ社を創業してカリブ海のバナナ産業を独占するマイナー・キースだった。

鉄道は一八九〇年に全区間が開通したが、これを機にキースはコスタリカ経済に対する影響力を強め、二十世紀に入ると、ユナイテッド・フルーツの支配するコーヒーとバナナのモノカルチャーがコスタリカの経済基盤となった(図45)。

このため、一九二七年、国際市場でコーヒーとバナナが値崩れし、その価格が回復しないうちに一九二九年の世界恐慌が発生

図45 2008年にコスタリカが発行した"労働・社会保険省80周年"の記念切手。取り上げられた同省庁舎の壁画には、右端にコスタリカの主要産業であるバナナとコーヒーを収穫・運搬する労働者が描かれている。

すると、コスタリカ経済は深刻な打撃を受けた。一九二九年に一千八百万ドルあった総輸出額は、一九三二年には八百万ドルと半額以下に落ち込み、関税収入も激減。財政赤字は拡大し、失業者があふれる中、一九三三年にはサンホセで大規模な暴動が発生した。

このため、国家共和党のリカルド・ヒメネス＝オレアムノ(一九三二～三六)、レオン・コルテス・カストロ(任期一九三六～四〇、図46)の両政権は、コーヒー保護協会の設立(一九三三)、農業労働者の最低賃金制導入(一九三五)、銀行改革(一九三六)等を行ったほか、失業者対策のために公共事業費を三倍に増加。これ

図46　レオン・コルテス。大統領としてグアテマラを訪問した際、グアテマラが発行した記念切手。

により、コスタリカ経済にも復調の兆しが見え始めたのだが、一九三九年に第二次欧州大戦が勃発し、欧州市場が閉鎖されると、コスタリカは再び不況に見舞われる。

　このため、一九四〇年の大統領選挙では社会民主主義者のラファエル・アンヘル・カルデロン・グアルディア（図47）が当選。コスタリカ大学の創立（一九四〇）、社会保障制度の確立（一九四一）、生活保護と労働法の制定（一九四三）等が行われ、福祉国家の基礎が築かれた。

　ところが、カルデロン政権のリベラルな社会改革には富裕層が激しく反発。一九四四年の大統領選挙（コロンビアでは連続再選は禁止されているため、この時の選挙にはカルデロンは立候補できない）では、カルデロン路線の継承を掲げてテオドロ・ピカードが当選したが、

図47　カルデロン生誕100周年の記念切手の初日カバー。公式封筒の表記は、その後の彼の歴史的評価を反映して、カルデロンを元大統領としてではなく、“コスタリカ大学の創立者”と説明している。

反対派は選挙に不正があったと攻撃。以後、反政府勢力による爆弾テロが頻発するようになり、カルデロン以来の社会改革も頓挫してしまう。

カルデロン派と反カルデロン派の対立が激化する中で、元大統領のレオン・コルテスは何とか両者の調停を試みたものの、一九四六年、不調のうちに亡くなった。

時に暴力を伴う対立が解消されないまま、一九四八年の大統領選挙では、カルデロンと、反カルデロン派候補のルイス・ラファエル・オティィリオ・ウラテ・ブランコが争い、ウラテが勝利した。ところが、カルデロン派や共産党支持派はウラテの大統領選に不正があったとして、カルデロン派が多数を占める議会は大統領選挙の結果は無効と宣言する。

こうした中、カルデロン派と反カルデロン派の泥沼の対立に業を煮やした農業資本家のホセ・フィゲーレス・フェレール（図48）が、一九四八年三月十二日、民主主義的な国民選挙を守るという口実で、カリブ外人部隊を含む〝国民解放軍〟を率いて蜂起した。いわゆるコスタリカ内戦の勃発である。

以後、四月十九日まで続いた内戦では四千人以上

図48　既存の秩序を打破した改革者としてのフィゲーレスを表現した切手シート。

図49　コスタリカ内戦による"解放2周年"の記念切手。

の死者が発生。フィゲーレスの国民解放軍は政府軍を打倒、カルデロン派を追放し、共産党を非合法化した上で、五月一日、フィゲーレスを首班とする暫定政権が組織された（図49）。

　フィゲーレスは、社会的混乱の元凶と判断した既存の支配権力の排除に乗り出し、まず、銀行の国有化と資本利得に対する特別税の徴収を行った。次いで、翌一九四九年に新憲法を施行し、女性や黒人の政治参加を認めるとともに、過去の歴史から政治的混乱の要因でしかなかった軍隊を廃止し、それまで軍隊の担っていた役割を武装警察に移管した。これにより、コスタリカでは、ラテンアメリカ諸国の中では例外的に軍事クーデターが起こらない国となった。

　ただし、制度としての軍隊が廃止されたからといって、コスタリカの防衛力が弱体化されたというわけではなく、一九四八年十二月、ニカラグアの独裁者、アナスタシオ・ソモサ・ガルシアに支援された傭兵軍とともに旧政府軍が侵攻してきた際にはコスタリカ武装警察がこれを撃退したほか、一九四九年八月には、元公安大臣のエドゥガル・ガルドナのクーデターも鎮圧されている。

　こうして、体制変革に一応のめどをつけたフィゲーレスは、一九四九年十一月、ウラテの大統領就任を認め、自らはいったん退陣した（その後、フィゲーレスは一九五八年および一九七〇年の大統領選挙で当選する）。

ボッシュとベタンクール

　フィゲーレスの活躍により、コスタリカは政治的・社会的安定を取り戻し、経済状況も急速に改善された。これに伴い、サンホセにはラテンアメリカ諸国から亡命者たちが集まってきた。その中には、フィデルとともにモンカダ兵営の襲撃に加わり、辛くも逃れてきたキューバ人たちもおり、彼らはサンホセでエルネストと会っているという。

　サンホセでエルネストが出会った亡命者の中で、特に重要なのは、ドミニカ共和国出身のファン・エミリオ・ボッシュ・ガビノとベネズエラ出身のロムロ・エルネスト・ベタンクール・ベージョの二人だった。

ボッシュ（図50）は、一九〇九年、ドミニカ共和国中央のラ・ベガで、スペイン・カタロニア出身の父親とプエルトリコ出身の母親の下に生まれた。サントドミンゴ大学で学んだ後、作家活動のかたわら、民主主義者としてトルヒーヨ独裁体制を批判したため、何度かの

図50　ファン・ボッシュ

投獄体験を経て、一九三八年、プエルトリコに亡命した。

その後、キューバに移り、一九三八年七月、後に反トルヒーヨ政権の最有力組織となるドミニカ革命党（PRD：Partido Revolucionario Dominicano）を創設した。また、キューバではアウテンティコ党と協力関係にあり、その筆力が買われて、一九四〇年憲法の起草にも関わった。

キューバに亡命中、ボッシュは作家として旺盛な執筆・講演活動を行っていただけでなく、ドミニカ共和国の政治・社会についての研究でも優れた業績を残した。こうしたこともあって、彼はラテンアメリカ諸国からキューバに逃れてきた亡命者たちの間で声望を高めていった。一九四七年、若きフィデル・カストロがカヨ・コフィーテスで軍事訓練を受けながら、トルヒーヨ政権打倒・ドミニカ共和国解放の戦いに加わることを夢見ていた背景にも、ボッシュの存在があったのである。

しかし、ドミニカ共和国への義勇軍の遠征は実現せず、ボッシュは一時キューバを離れてベネズエラへ逃

れ、反トルヒーヨの戦いを継続した。

その後、アウテンティコ党の友人の依頼で再びキューバに戻ったが、一九五二年の軍事クーデターで政権を握ったバティスタはボッシュを危険人物として(短期間ではあるが)投獄したため、釈放後、コスタリカに亡命。PRDの活動を指導しつつも、積極的に作品を発表していた。

サンホセのボッシュの周囲には、自然と、ラテンアメリカ諸国の亡命者たちが集まり、街中のカフェや酒場で議論が展開されていたが、エルネストもそうした場に顔を出し、ボッシュの知遇を得るようになった。ボッシュとエルネストは二十歳近く年齢が離れていたが、二人は大いに意気投合したという。

なお、ボッシュは一九五八年にコスタリカからベネズエラに移るが、一九六一年、トルヒーヨが暗殺されると、直ちに帰国し、翌一九六二年の大統領選挙に立候補して当選。一九六三年には民主憲法を制定し、労働運動や農民運動の組織化を奨励するなど、リベラルな改革を推進したが、そのことが保守層からは〝社会主義的〟と見なされ、一九六三年九月、米軍の支援を受けた軍・警察のクーデターによりプエルトリコに亡命せざるを得なくなった。その後、一九六五年四月には、PRD党員が一九六三年憲法の復活を掲げて大規模なデモを敢行。これを機に民衆蜂起が発生し、ボッシュは政権に返り咲いたが、これを認めない軍・警察はボッシュ支持の民衆を戦車と爆撃機で攻撃した。さらに、米国が〝米国市民の保護〟の名目で海兵隊を派遣し、民衆蜂起は鎮圧された。

一方、ベタンクール(図51)は、一九〇八年、ベネズエラの首都、カラカス近郊に生まれた。

奇しくもこの年は、〝アンデスの暴君〟と呼ばれた副

図51　ベタンクール

図52　マラカイボ湖油田の上空を飛ぶ飛行機。

大統領のファン・ビセンテ・ゴメス・チャコンが、シプリアーノ・カストロ・ルイス大統領が病気療養のため渡仏した隙をついて軍事クーデターを起こし、大統領に就任した年であった。

ゴメスは、前政権下で悪化した財政を再建するため、外資を積極的に導入。さらに、一九一四年にはマラカイボ湖で世界最大級の油田（図52）が発見されるという幸運にも恵まれ、一九三〇年には世界最大（当時）の石油輸出国となった。ゴメス政権は、石油によって得られた豊富な資金を元に、産業振興や交通インフラの整備に努めた結果、中間層が形成された。その一方で、台頭してきた中間層・新富裕層の中には、旧態依然たるゴメス政権の軍事独裁体制に批判的な者も少なくなかった。

こうした状況の下で、カラカス中央大学の学生だったベタンクールは、一九二八年、共産主義者としてゴメス政権打倒を掲げ、学生暴動を組織したため投獄され、国外追放処分を受けてコロンビアに亡命した。なお、この時にベタンクールと行動を共にした活動家は、後に〝一九二八年世代〟と呼ばれることになる。

一九三五年十二月十七日、独裁者のゴメスが亡くなると、ゴメスの忠臣で軍出身のエレアサル・ロペス・コントレーラスが後継大統領に就任した。これを機に、ゴメス政権下で抑えつけられていた反ゴメス派は各地で暴動を起こしたが、コントレーラスはこれを鎮定。軍事政権は継続されたが、ゴメス時代に比べると、コントレーラスは反政府勢力に対する弾圧を緩めたため、ベタンクールはコロンビアから帰国し、非合法のベネズエラ選挙革命組織を結成。ベタンクールは一九三七年には共産党を脱党し、選挙革命組織を国民民主党として政党化したが、この時点では、国民民主党はいまだ非合法組織で、政府の圧力ゆえに、一九三九年、ベタンクールは再び亡命を余儀なくされた。

一九四一年、コントレーラスの後継として大統領に就任したイサイアス・メディーナ・アンガリータは軍人であったが、文民政治と改革を志し、労働者の懐柔を進めたため、ベタンクールも帰国。同年七月、国民民主党は民主行動党に改組されて合法化される。

メディーナ政権下で徐々に力を蓄えた民主行動党は、一九四五年十月十八日、マルコス・ペレス・ヒメネスらリベラル派将校を結んでクーデターを起こし、メディーナ政権を打倒。ベタンクールが臨時大統領に就任した（十月革命。図53）。

　ベタンクール政権は一九四八年二月まで続き、石油メジャーとの利益配分の見直し（石油開発に伴う利益を開発会社と油田の存在する国との間で五〇％ずつ配分するという〝ベネズエラ方式〟の導入）、農地改革、各種公社の創設、労働条件の改善など民主化政策を遂行した後、文学者のロムロ・ガジェーゴス・フレイレ政権と交替した。しかし、民主行動党のリベラルな政策に対して軍部は次第に不満を募らせ、同年十一月には軍事クーデターが発生。ガジェーゴス政権は崩壊し、権力を掌握した軍事評議会は民主行動党を非合法化した。これに伴い、ベタンクールも亡命する。

図53　ベタンクール政権を誕生させた10月革命1周年の記念切手。

図54　ペレス・ヒメネス（大統領としてのペルー訪問時にペルー側が発行した記念切手）。

　こうした経緯を経て、一九五二年の選挙では、反軍政を掲げる民主共和国連合が勝利を収めたが、軍の実力者だったマルコス・ペレス・ヒメネス（図54）はこれを無視して自ら大統領に就任。一九五八年まで軍事独裁政権を維持することになる。

　なお、ヒメネスは自らの大統領任期（五年）を延長すべく、一九五七年十二月、自らに対する信任投票を行い、選挙干渉によって圧勝したが、一九五八年一月、そのことに反発した政党と海空軍が叛乱を起こし、ヒメネスは亡命。ウォルガング・ララサーバル将軍の暫定政権を経て、同年十二月に行われた民主的選挙では、ベタンクールが大統領に当選した。ベタンクールは一九五九年二月から一九六四年二月までの任期を全うし、ベネズエラの大統領として、次の候補者へ民主的な手続きで政権を移譲した最初の人物となった。

　なお、ベタンクールは共産主義者として出発したが、後に社会民主主義に転じ、大統領としては、西側世界の一員としてラテンアメリカに民主主義を広げる〝ベタンクール・ドクトリン〟を提唱。極右と極左を排するとの立場から、トルヒーヨ独裁のドミニカ共和国やフィデルとエルネストの革命キューバとは敵対した。

一九五三年十二月、ベタンクールとエルネストはコロンビアの首都、サンホセで出会い、何度か会話を交わしている。エルネストはヒメネス政権下のベネズエラを実地に見聞した経験があり、二人はともに〝左派〟ではあったが、エルネストはベタンクールとはそりが合わなかったという。もちろん、この時点では、ベタンクールが政権に復帰する日が来るとは、ましてや、自分自身が革命キューバの政権中枢を担う日が来るとは、エルネストには想像すらできなかったはずだが、二人の不和は、後のベタンクール・ドクトリンとキューバ革命の関係を暗示しているようで興味深い。

パン・アメリカン・ハイウェイでニカラグアへ

グアテマラに向かってサンホセを発ったエルネストは、ラ・プラタから来たという学生、エデュアルド・グラシアを伴い、途中まではヒッチハイクで移動し、その後は、パン・アメリカン・ハイウェイを歩いてニカラグアに入国し、北進していく。

パン・アメリカン・ハイウェイは、南北アメリカ諸国を結ぶ各国の主要幹線道路のネットワークで（図55）、一九二三年、チリのサンティアゴで開催された第五回米州会議で整備構想が提唱され、一九四〇～五〇年代に、米国の大幅な支援の下、各国の道路建設・整備が進められた。

〝パン・アメリカン・ハイウェイ〟は、そういう名前の一本の道路が新規に建設されたわけではなく、既存の幹線道路を中心にネットワークが進められたため、その構成道路については諸説があるが、一般には、ハイ

図55　パン・アメリカン・ハイウェイ本線の路線図を示したエクアドル切手。

ウェイの北側本線は、米アラスカ州フェアバンクスから南下して、カナダ、米国西岸、同中西部を通ってメキシコから中米に抜け、パナマのカニータへ至るルートとされている。

そこから、パナマ＝コロンビア間のダリエン地峡一帯、約八七キロの中断を挟んで、コロンビア北西部を起点とする南側本線が始まり、エクアドル、ペルー、チリを経由して南米大陸の南端、アルゼンチンのフエゴ島ウシュアイアが終点となる。

エルネストが移動したルートは、サンホセからリベリアを経てペーニャス・ブランカスでニカラグアに入国し、十二月十八日、リーバスに到着した。

ニカラグアでは、一九二七年、国家主義自由党（以下、自由党）のホセ・マリア・モンカーダらが保守党のアドルフォ・ディアス政権に対して蜂起し、内戦が勃発した。

この内戦は短期間で停戦となったが、停戦後の選挙監視のため米海兵隊が上陸すると、これに反発した自由党軍の将軍、アウグスト・セサル・サンディーノ（図56）は、停戦に応じず、ニカラグア国民主権防衛軍を率いて米海兵隊を攻撃。いわゆる〝サンディーノ戦争〟が勃発する。

図56　サンディーノ

巨大な米国に対してゲリラ戦を展開するサンディーノ軍に対しては、ラテンアメリカ諸国の反米民族主義勢力が支援を寄せ、米海兵隊は予想外の苦戦を強いられた。このため、米国はニカラグア国家警備隊を養成し、海兵隊とともに、ジャングルの中でサンディーノ軍と戦わせた。

しかし、サンディーノ軍は〝侵略者〟に対するゲリラ戦を執拗なまでに展開し、戦況は膠着状態になる中で、海兵隊の駐留目的である選挙監視の任務が終わったこと、さらに、一九二九年に発生した世界恐慌の影響で米国はニカラグア駐留の経費を節減しなければならなくなったことなどから、一九三三年、米海兵隊の撤退をもってサンディーノ戦争は終結した。

ところが、米軍撤退後の一九三四年、サンディーノは、米国の内諾を得た国家警備隊長のアナスタシオ・ソモサ・ガルシア（タチョ）によって暗殺されてしまう。

米軍に〝勝利〟しながら非業の死を遂げたサンディーノは、まさにホセ・マルティが提唱した〝ラテンアメリカの精神的な価値〟を体現する存在として、以後、反米民族主義運動のシンボルに祀り上げられていく。後に、一九七九年のニカラグア革命で誕生したFSLN（サンディニスタ民族解放戦線）政権が、〝キューバ革命三十年〟の名目で、ラテンアメリカの〝解放者〟として知られるシモン・ボリバル、ホセ・マルティ、サンディーノ、フィデルの四人の肖像を並べて描く切手（図57）を発行したのも、そうした歴史認識を反映したものである。

図57　ニカラグアが発行したキューバ革命30周年の記念切手。

図58　タチョことアナスタシオ・ソモサ・ガルシア。大統領としての訪米記念に発行された切手で、米連邦議事堂とともに描かれている。

一方、サンディーノを暗殺したタチョ（図58）は、一八九六年、ニカラグアのサン・マルコスで、保守党の国会議員で中規模のコーヒー園主だった父親の下に生まれた。十代で米フィラデルフィアに留学。ニカラグア帰国後の一九二六年、自由党員になり、保守党政権を武力で倒した功績で将軍の肩書を授与された。

その後、英語力を発揮して外務次官に就任し、米国とのパイプを構築。サンディーノ戦争が終結した一九三三年、妻の伯父にあたる自由党のフアン・バウティスタ・サカサが大統領に就任すると、国家警備隊の長官に指名された。

一九三四年、サンディーノを暗殺したタチョは、国家警備隊を率いてニカラグア全土でサンディニスタ（サンディーノ支持者）狩りを行い、三百名を虐殺した。さらに、戒厳令を公布し、ファシスト団体〝青シャツ団〟を利用して、サンディニスタの残党とその家族を根こそぎ虐殺し、これを批判するジャーナリストも誘拐、暗殺した。

こうして国家警備隊を背景に国家の実権を掌握したタチョは、サカサを大統領の座から引きずり下ろし、一九三六年の大統領選挙で当選。翌一九三七年、大統領に就任した。

一九四一年、米国が第二次世界大戦に参戦すると、タチョは直ちに枢軸国に宣戦布告し、アメリカから百万ドルの軍事援助を獲得するとともに、ドイツ人・イタリア人の資産を接収。政府が接収した敵国人の資産はソモサ一族に格安で売却され、タチョは莫大な利益を得るとともに（第二次世界大戦の終結までに、タチョは牧場五十一、コーヒー園四十六など一億二千万ドルの資産を獲得し、ニカラグア最大のコーヒー生産者となった）、独裁者としてニカラグア政界に君臨した。

第二次世界大戦後、タチョによる国家の私物化はますます激しくなり、一九五〇年には国会の選出を経て二度目の大統領に就任したが、一九五六年、救国の情に駆られた詩人リゴベルト・ロペスはタチョを暗殺する。しかし、タチョの死後も、息子たちが大統領職を継承し、一九七九年までのニカラグアは実質的に〝ソモサ王朝〟の支配下に置かれていた。

さて、タチョの独裁政権下のニカラグアで、ペーニャス・ブランカスからパン・アメリカン・ハイウェイを徒歩で移動していたエルネストとグラシアは、リーバスまで差し掛かったところで、前が全く見えなくなるほどの豪雨に見舞われた。

そこへ、ロホがワルテル・ベベラッジ・アジェンデとドミンゴの兄弟とともに四十六年型のフォードに乗って現れた。

ロホは、エルネストがいつまで経ってもグアテマラに現れないのは、パナマで何かトラブルがあったに違いないと心配し、兄弟に頼み込んでフォードに乗せてもらい、パン・アメリカン・ハイウェイを走ってエルサルバドル、ホンジュラスを通過した。そして、ニカラグアに入国してコスタリカとの国境を目指していた時に、リーバスでエルネストとグラシアを発見したというわけである。

ロホとベベラッジ兄弟は、ともかくもエルネストとグラシアを車に乗せ、ニカラグアの首都、マナグアまで移動する。マナグアでは、ロホとワルテルはフォードを売るために残り、エルネストとドミンゴ、グラシアの三人は徒歩で国境を越え、クリスマス・イブの十二月二十四日、グアテマラ入国を果たした。

グアテマラの春

世界恐慌発生直後の一九三〇年、グアテマラでは軍出身のホルヘ・ウビコ・イ・カスタニェーダが米国の支持を背景に政権を掌握した。

世界的な不況の中で出発したウビコ政権は、経済再建を大義名分に極端な強権政治を展開して一定の成果を収めた。その政策としては、公務員給与の四割カットや大量解雇など、他国であればかなりの荒療治となるものであっても〝穏健〟とみなされるほどで、債務奴隷や強制労働制度の導入、さらに、地主に労働者への処刑を認める法律さえ制定している。さらに、人口の約四割を占めていたマヤ系の先住民族に対しては、彼らを〝文明化〟するためとして兵役の義務を課している。

その一方で、それまでもグアテマラに広大な農地を所有していたユナイテッド・フルーツ社に対して、鉄道建設と引き換えに、さらに数百万ヘクタールの土地と免税特権を与え、事実上の経済的支配権を許し、その見返りに巨額のキックバックを受け取っていた。

当然のことながら、国民はウビコの政策に不満であったが、ウビコは大統領直属部隊の〝国家警察軍〟を創設してスパイ・密告網を張り巡らし、一九三三年には共産党を壊滅させたのを皮切りに、反対勢力を徹底的に弾圧することで独裁権力を維持し続けた。

しかし、一九四四年六月二十五日、学生の反政府運動に知識人、専門職、若手軍人らが合流して大規模な反政府デモが発生。ゼネストと抗議行動はグアテマラ全土に拡大し、六月三十日米国もウビコの行動を批難したため、七月一日、ウビコは米ニューオリンズに亡命し十三年余に及んだ独裁政権は崩壊した。

当初、ウビコの亡命後、ブエネベンチュラ・ピニェダ大佐、エドゥアルド・ビジャグラン・アリサ大佐、フェデリコ・ポンセ・バイデス将軍の三名は、国民議会を開いて暫定大統領を選出することを約束した。

しかし、七月三日、実際に議会が招集されると、全議員は銃口を突き付けられ、ポンセへの投票を強要された。ポンセは、ウビコからの命を受け、ウビコ政権の閣僚の多くを留任させたほか、弾圧政策もそのまま継続させたため、反政府勢力が再び結集。十月二十日、前年まで士官学校の校長を務めていたハコボ・アルベンス・グスマンと、軍内改革派のフランシスコ・ハビエル・アラナ将軍を指導者とする兵士・学生グループが国民宮殿を襲撃し、ポンセを追放。アルベンスやアラナ、そして弁護士の

図59　グアテマラ10月革命1周年の記念切手。

図60　グアテマラ10月革命一周年の記念切手。

図61　アルベンス政権下で発行された〝革命記念日〟の切手。10月革命が起きた10月20日は〝革命記念日〟となり、以後、グアテマラの国民の祝日となった。

図62　1947年の労働改革1周年の記念切手。

ホルヘ・トリエリョが革命政権を樹立し、年末までに民主的選挙を実施することを確約した。

　これが、一九四四年のグアテマラ十月革命である（図59、60、61）。

　年末の選挙の結果、亡命先のアルゼンチンで大学の哲学教授をしていたフアン・ホセ・アレバーロ・ベルメホが大統領に選出され、アルベンスは国防相に任命された。

　アレバーロ政権は最低賃金法や教育予算の拡充、労働改革（図62）など一連の社会改革に乗り出した。その内容は比較的穏健ではあったが、米国やカトリック教会、ユナイテッド・フルーツ社はそれすらも〝容共的〟としてアレバーロを攻撃。一九五一年の任期満了までに二十五回ものクーデター未遂事件が発生した。特に、大統領選挙前年の一九四九年七月十八日には、次期大統領への当選が有力視されていたアラナが〝改革の行きすぎ〟を批判してグアテマラシティでクーデターを計画。これを察知した国防相のアルベンスは、クーデター防止のため、アラナを誘拐しようとしてグアテマラシティ郊外で銃撃戦となり、アラナは死亡。その後も暴動が発生し、政府軍がこれを鎮圧するという事件も発生した。

　こうした経緯を経て行われた一九五〇年の大統領選挙では、アルベンスは米国の干渉を跳ね除けて当選。一九五一年三月十五日の大統領就任式（図63）では〝極端に封建的な経済体制から、現代資本主義国家へと〟脱皮を図ると宣言し、国政に対する〝外資系企業（名指しこそ避けたが、ユナイテッド・フルーツ社のことである）〟の影響力を削ぎ、外国資本からの支援を受けずに、国内の社会資本を整備する方針を明らかにした。就任演説には、以下のような一節もあった。

図63　アレバーロ政権から民主的に交替したアルベンス政権の任期が1951年から1957年までであることを示す切手。

グアテマラの財産をすべて集めても、それは国民の中でも最も貧しい人々の生活や自由、尊厳、健康、そして幸福ほど大切ではありません。我々は、そうした財産を分配して、国民の圧倒的多数を占める、より貧しい人々がより多くの利益を得られるようにする必要があります。勿論、少数派である、より豊かな人々も利益を得るが、その利益は少なくなります。国民が直面している貧困や不健康、教育不足を考えれば、そうするより他にないのです。

アレバーロ時代の穏健改革でさえ〝容共的〟と非難していた米国からすれば、さらにリベラル色の強いアルベンス政権は〝危険な共産主義政権〟にしか見えなかった。

はたして、一九五二年六月、アルベンスは人口の二%と外国企業が国土の七〇%を独占していた状況を打破すべく、公約通り、〝布告九〇〇〟として、農地改革関連法を制定する。

この結果、六七二エーカー（約二七二ヘクタール）以上の未開墾の土地を収用する農業委員会を設置する法的な権限を得た政府は、十八ヵ月間にわたって延べ一五〇万エーカー（約六〇七〇平方キロ）の土地を補償金（一九五二年五月の土地評価額に基づき、年利三%の二十五年債券の形式を取った）を支払って収用し、約十万家庭に分配した。ちなみに、この農地改革により、アルベンス自身も一七〇〇エーカー（約六八八ヘクタール）の土地を手放している。

もちろん、一連の農地改革では、ユナイテッド・フルーツ社が所有していた広大な土地（耕作地・農場以外にも、グアテマラ国内の遊休地および未開墾地の八五%は同社の所有だった）も収用の対象となった。しかも、ユナイテッド・フルーツ社は、土地の評価額を低く見積もることで納税額を極端に抑制していたため、補償金も低額となったから、アルベンス政権と激しく対立した。

このほかにも、アルベンス政権は、グアテマラ労働党（左翼政党だが、もともとはソ連と無関係にグアテマラ国内で誕生した土着政党）の合法化、大衆に対する識字運動、それまで差別を受けていたマヤ系先住民の権利回復運動などを展開した。

一連の政策は、当時のラテンアメリカでは極めて急進的な内容であったため、〝グアテマラ革命〟とも〝グアテマラの春〟とも呼ばれた。国内の保守派や米国はこれを苦々しく思っていたが、ウビコ独裁政権の記憶も生々しかった国民の多くはアルベンスを支持し、一九五三年の国会選挙では、彼が率いる革命行動党が圧勝する。

エルネストは、まさに、そうした〝グアテマラの春〟の最中に、グアテマラシティに足を踏み入れたのだった。

ビザ更新のためエルサルバドルへ

グアテマラに到着したエルネストは、当初、ジャングルに入り、給料二百五十ケツァル（一九八七年まで、グアテマラの通貨ケツァルは米ドルとほぼ等価であった）、午後はフリーという条件で、ハンセン病の療養所で医師として働くことを希望していた。

ところが、エルネストがアルゼンチンで取得した医師免許はそのままではグアテマラでは通用せず、あらためて大学で一年間の教育を受けなければならなかった。

さらに、そうした制度上の問題とは別に、ジャングルで医師として働くには政府の職員にならなければならず、そのためにはグアテマラ革命党（アルベンス政権の与党）に入党しなければならなかった。

エルネストはアルベンス個人に対しては尊敬の念を抱いており、グアテマラ革命党の綱領にも理解を示していたが、外国人が職を得るために便宜上、入党するということにはどうしても抵抗がぬぐえず、結局、党員にはならず、医師として働くことも断念した。

このため、エルネストはグアテマラ在住の米国人にスペイン語の家庭教師をしたり、街頭で土産物のキリスト像を売ったりして、何とか糊口をしのいでいた。

ところで、〝グアテマラの春〟ただなかのグアテマラシティは、メキシコと並んで、左派系の政治亡命者が集まる土地になっており、グアテマラ政府も政治亡命者にはわずかではあるが生活の支援を行っていた。

そうした亡命者の中の一人に、ホンジュラス国籍の経済学者、フアン・アンヘル・ヌーニェス・アギラールがいた。

アギラールはアルゼンチン人の女性と結婚しており、アルゼンチン陸軍の学校に勤務していた経験があったほか、フアン・ペロンとも親交があった。また、同じくアルゼンチンでの教職経験のある元大統領のアレバーロとも個人的な友人であった。そして、アレバーロはロホの友人でもあり、そこから、エルネストとヌーニェスとの接点が生まれた。

グアテマラに到着してすぐに、エルネストはヌーニェスの紹介で、後に最初の妻となるイルダ・ガデアと出会う。

イルダは、一九二五年三月二十一日、ペルーのリマで生まれた。一九二八年生まれのエルネストよりも三歳年長である。

ペルー大学経済学部在学中からアメリカ革命人民同盟（APRA）の活動家として社会主義運動に身を投じ、オドリーア政権を批判していたため、政権の弾圧を受けグアテマラに亡命。グアテマラシティでは産業振興局で働いていた。ちなみに、産業振興局は、アルベンス政権下で、農業協同組合や農民を助成するために設けられた公的機関である。

さて、イルダとエルネストは、最初、お互いに詩に関心を持っているところから親しくなり、関係が深まっていった。エルネストがグアテマラ滞在中に社会主義により深く傾倒していくことになったのも、イルダの影響が大きい。

一九五四年三月頃、エルネストはイルダに結婚を申し込んだが、イルダは返事を先延ばしにしていた。そうしているうちに、エルネストの滞在ビザの期限が近付いてきたため、四月、彼はいったんエルサルバドルに出国し、グアテマラに再入国することになった。

エルネストの放浪癖を知っていたイルダは、出国したエルネストは二度と戻ってくることはあるまいと思っていたが、エルネストは必ず戻るとイルダに約束し、荷物をイルダの元に残して出立した。

一九三一年、エルサルバドルでは同国初の自由選挙による大統領選挙が行われ、工業化と税制改革を訴えたアルトゥーロ・アラウホ・ファハルドが、軍の実力者、マクシミリアーノ・エルナンデス・マルティネス将軍と労働党の支持を得て当選。エルナンデスは副大統領兼国防相に任命された。

同年三月、正式に大統領に就任したアラウホは、社会改革をめざす労働党の憲法草案を承認したものの、大地主と軍部は頑強に抵抗する。時あたかも、世界大恐慌の影響でコーヒーの国際価格が暴落。一八五八年以来のコーヒー・モノカルチャーに支えられていたエルサルバドル経済（図64）への打撃は深刻で、国家収入は四年前の半分、労働者の賃金は半分以下に暴落し、財政も崩壊した。

そうした中で、一九三〇年にエルサルバドル共産党を創立したファラブンド・マルティは、アルフレド・ルナ、マリオ・サパタらとともに農民の組織化を進めていった。一九三一年五月、ソンソナーテとサラゴーサで相次いで農民デモが発生し、警察との衝突で死傷者が出ると、保守派がアラウホへの攻撃を強める一方、腐敗を繰り返す政権与党の労働党に対する批判から、共産党が急速に影響力を拡大していく。

一九三一年十二月、労働農民運動が激化する中、左右両派からの突き上げに立ち往生したアラウホは政権

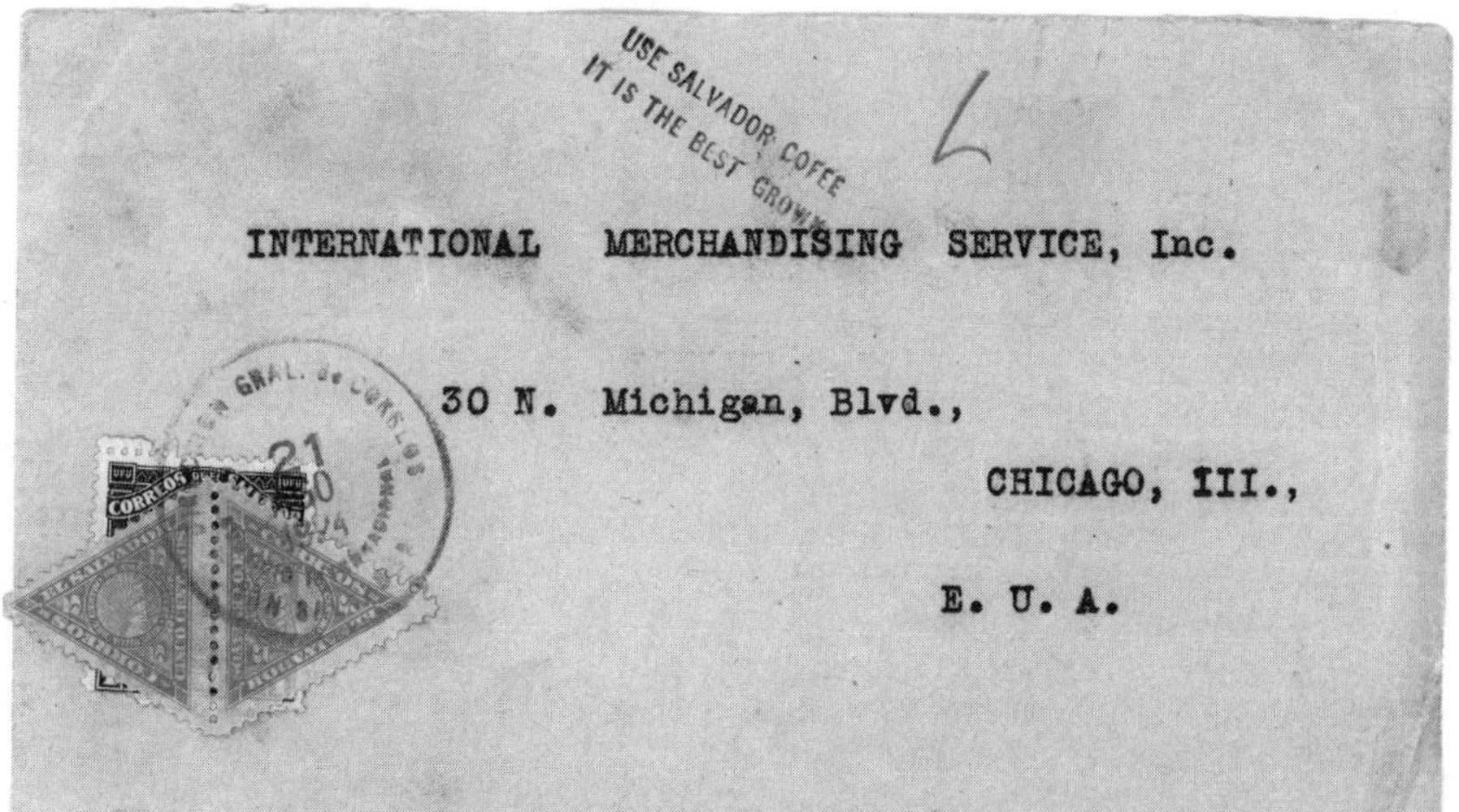

図64　エルサルバドル産のコーヒーを宣伝する標語 "USE SALVADOR COFFEE/ IT IS THE BEST GROWN" が押された1924年の米国宛の郵便物。

を投げ出し、後継者として副大統領のエルナンデスを指名。大統領代行となったエルナンデスは、翌一九三二年一月に地方選挙を実施すると公約する一方で、左翼勢力の弾圧を開始。これに対して、共産党は武装蜂起の準備を進め、学校教員を中心としてエルサルバドル赤軍を組織した。

　こうした中で、一九三二年一月五日に行われた地方選挙では共産党候補が大量に当選したが、政府はこれを認めなかった。さらに、二十日には、二十二日に計画されていた共産党による武装蜂起の計画が発覚し、共産党指導者が一斉に逮捕される。このため、追い詰められた左派農民は、サンタアナ、アウアチャパン、ソンソナーテで武装蜂起したが、エルナンデスはこれを徹底的に弾圧し、その後の軍部による報復でソンソナーテ県イサルコ地方を中心に三万人が犠牲となった。二月一日には、武装蜂起の首謀者としてファラブランド・マルティが処刑され、以後、十三年間にわたるエルナンデス独裁を含む軍政の半世紀が開幕する。

　エルナンデス政権は、コーヒー保護法を制定し、道路建設を中心としたインフラ整備（図65）を進めたため、経済は急速に回復した。その一方で、「人間の死よりも蟻の死の方が重いのだ。人間にとって死は転生の始まりだが、蟻にとって死は永遠であるから」との言葉に見られるように、人命を軽視した人権抑圧や神秘主義への傾倒による奇行などもあって、次第に国民の不満も鬱積していった。

図65　エルナンデス政権下の大規模公共事業により、パン・アメリカン・ハイウェイの一部として建設されたクスカトラン橋。

　こうした中で、一九四四年四月に発生したゼネストは、学生、知識人の支持を得て反政府運動に発展。五月八日、エルナンデスは退陣に追い込まれた。

　以後、エルサルバドルではクーデターが頻発し、政権は安定しない状況が続いたが、一九四八年十二月十二日、エルナンデス政権下で警察長官を務めたオスカル・オソリオ・エルナンデス少佐が軍事クーデターで政権を掌握した（図66）。

図66　1948年革命（オソリオによるクーデター）1週年の記念切手（上下とも）。

クーデター後の革命評議会を経て、一九五〇年の大統領選挙で、オソリオは翼賛政党の民主統一革命党から立候補して当選。新政権は、新憲法を公布し、労組の一部自由化、社会保障制度の開始などの社会改革を開始した。

しかし、一九五一年三月、オソリオは共産党によるクーデター計画が発覚したとして非常事態を宣言。社会改革を容共的とする米国の意向を汲んで、徐々に保守化し、労組再編委員会に対しては圧力が加わるようになる。そして、一九五二年九月二十六日、共産党幹部千二百名の一斉検挙が行われ、あらためて非常事態宣言が発せられた。

オソリオ政権下のエルサルバドルでの入国に際して、エルネストは持参した本のうちの何冊かを当局に押収された。これにより、入管当局は、エルネストを共産主義者ないしはそのシンパと認定することになったと思われる。

エルサルバドルに到着後のエルネストは、引き続き、隣国のホンジュラスにも入国すべく、現地の領事館でビザの申請を行った。あるいは、遺跡に強い関心を持っていたエルネストとしては、マヤ文明の遺跡として有名なコパン遺跡（図67）に行ってみたいという思いがあったのかもしれない。しかし、ホンジュラス領事館はエルネストの入国ビザを発給しなかった。

もともと、エルサルバドルとホンジュラスの国境（図68）は河川を起点としていたため、乾季と雨季では地形が変動し、境界線の画定をめぐって両国の間には対立があった。したがって（ホンジュラス当局の認識では）、〝危険な共産主義政権〟のグアテマラからやってきた〝共産主義者〟のエルネストを、潜在的な紛争地帯である陸路国境を通過させるわけにいかないというのも、至極当然の判断だったのだ。

ビザの審査を待っている間、エルネストは海岸に行

図67　コパン遺跡を取り上げた一九二七年のホンジュラス切手。

図68　コパン遺跡の位置と、ホンジュラスの主張する周辺諸国との国境を示した切手。

き、居合わせた人々と農地改革について語り、スペイン語の読めない人々には詩を読んでやった。ところが、そのことが外国人（の共産主義者）による政治活動と見なされ、エルネストは警察に拘束されてしまう。幸い、この時は彼が朗誦した詩には政治的な意味はなく、純粋に恋愛詩だったとの主張が認められ、すぐに釈放されたが、これもまた、ホンジュラス領事館に入国ビザの発給を拒否するための口実を与えるものとなった。

また、エルサルバドル滞在中、オソリオ政権による社会改革が不十分で、農民の生活が一向に改善されていないことを象徴的に示している事例として、グアテマラに戻った後、エルネストは「農場では、警察の介入に備えて、大地主に雇われた白人の武装ガードマンがいた」ことを挙げ、「エルサルバドルの状況は恐るべきものだった」と証言している。

いずれにせよ、エルネストのエルサルバドル滞在はわずか一週間で終わり、彼は約束通り、グアテマラシティのイルダの元へと戻ってきたのであった。

私はハコボ・アルベンス政権の崩壊を見た

さて、エルネストがビザの関係でグアテマラとエルサルバドルを往来していた頃、グアテマラ情勢はまさに風雲急を告げようとしていた。

すなわち、一九五二年、アルベンス政権下での農地改革で莫大な〝損害〟を被ったユナイテッド・フルーツ社は、すぐさま、政権転覆を目指してＣＩＡに対してロビー活動を展開する。

ただし、一九五二年は米国の大統領選挙の年にあたっていたため、実際にＣＩＡがホワイトハウスの承認を得て、世界各地で〝反米（と彼らが見なした）政権〟

の転覆に乗り出すのは、一九五三年にドワイト・アイゼンハワー政権が発足してからのことである。
彼らにとって、最初の標的となったのは、中東のイランであった。

第二次世界大戦後、いわゆるトルーマン・ドクトリンによって対ソ封じ込め政策が発動された際、米国は中東地域における同盟国としてイランを重要視する方針を固めたものの、一九五〇年代初頭のイランは政情が極めて不安定であり、そのことは米国にとって頭痛の種となっていた。

第二次世界大戦後、ベタンクール政権下のベネズエラで、石油開発に伴う利益を開発会社と油田の存在する国との間で五〇%ずつ配分する〝ベネズエラ方式〟が採用されると、これはすぐにサウジアラビア産の石油についても採用され、同様の分配方式が世界各地に広まっていった。

この流れを受けて、イランでも、従来、イラン産石油の利益の九〇%を独占していた英国系のアングロ・イラニアン石油会社に対して、相応の利益配分を求めるべきとの主張が浮上する。これに対して、アングロ・イラニアン石油会社側はベネズエラ方式を拒否して、イラン側の取り分を二五%とすることを提案。しかし、当然のことながら、イラン側はこの提案を拒否。当時のモサッデグ（図69）内閣は、一九五一年五月、石油国有化法を施行し、アングロ・イラニアン石油会社の資産を接収した。

図69　モサッデグ

これだけなら、欲をかいた斜陽の大英帝国が結果的に大損をしたというだけのことなのだが、当時は朝鮮戦争の真っ只中であり、世界的に石油需要が増大していた。このため、米国は、イランの〝反英（＝反西側）ナショナリスト政権〟が石油国有化に踏み切ったことに強い危機感を抱き、イランに圧力をかけるために世界市場でのイラン産石油の購入ボイコット運動を展開する。

これに対して、追い詰められたモサッデグ政権は、英国への対抗上、北の隣国、ソ連に接近せざるを得なくなった。しかし、十九世紀以来、イランは英国とロシアないしはソ連の角逐の場となってきたという歴史的経緯があったことから、米国は、モサッデグ政権がソ連に接近すれば、ソ連はイランに勢力を扶植するに違いないとの危惧を抱き、一九五三年八月、CIA主導のクーデターを敢行。モサッデグを追放し、イランに国王モハンマド・レザー・シャーを中心とする親米政権を樹立した。

ちなみに、問題の発端となったイラン産石油の問題については、結局、アングロ・イラニアン石油会社は解散され、米英蘭仏の合弁企業イラン石油コンソーシアムが一九五四年から四十年にわたってイラン国内の石油開発権を独占する代わりに、コンソーシアムの純益の五〇%がイラン政府に配分されるということで決着した。

イランでの政権転覆に成功した米国は、いよいよ、自国の裏庭にあたる中米の〝癌〟グアテマラのアルベンス政権の除去に向けて具体的に動き出す。

まず、一九五三年十月、ギリシャでの共産主義勢力の一掃に辣腕をふるったジャック・ピュリフォイが米国の駐グアテマラ大使に就任する。ピュリフォイは反アルベンス政権のプロパガンダ工作を展開するとともに、反アルベンス派の大地主、マリアン・ロペス・エラルテやグアテマラ軍内部の反アルベンス派に接触。反アルベンス派の兵士に破格の報酬を与えて秘密キャンプでの軍事訓練を開始した。

次いで、一九五四年二月十九日、CIAはニカラグア領内にソ連の武器庫に見せかけた施設を建設するWASHTUB作戦を開始し、アルベンス政権がソ連の支援を受けていると喧伝する。

こうした経緯を経て、一九五四年三月一日、ベネズエラの首都、カラカスで第十回米州会議（一八八九年以来、米国とラテンアメリカ諸国との間で開催されてきた国際会議）が開幕する（図70）。

会議に出席した米国務長官、ジョン・フォスター・ダレス（図71）は、当初、グアテマラに対して反共共同行動決議を採択しようとした。しかし、同決議案に賛成したのは中米三ヵ国とパラグアイの支持のみだったため、米国は「国際共産主義の干渉に対して米州諸国の政治的保全を維持するための連帯宣言」と題する決議案九十三号を提出。ダレスは「米州内のいかなる国にせよ、国際共産主義によって支配されるのは米州の脅威である。共産党による支配があれば、西半球全体の平和への脅威とみなし、リオ条約によって適切な行動」を取ることを要求した。

ちなみに、ダレスはユナイテッド・フルーツ社の顧問にして大株主だった人物で、実弟のアレン・ウェルシュ・ダレスは、アイゼンハワー政権でＣＩＡ長官に任命されていた。なお、ダレスの発言中にある〝リオ条約〟とは、一九四七年九月二日、リオデジャネイロにおいて調印された〝北米・中米・南米諸国間の防衛に関する相互支援条約〟のことである。同条約は、国連憲章第五十一条を援用した最初の地域防衛条約で、その第二条で「締約国相互間の紛争を、国連に付託するに先立って、米州機構の手続きにより解決するよう努める」ことを規定していた。

図 70　第 10 回米州会議に際して開催国のベネズエラが発行した記念切手。

図 71　ジョン・フォスター・ダレス

さて、ダレスは、三月四日の会議でも、米州会議の直前に発動したＷＡＳＨＴＵＢ作戦作戦を踏まえて「米州には相異なる政治制度を受け入れる余地はあるが、外国の主人に仕える者どもの場所はない」と発言。名指しこそ避けたものの、事実上グアテマラを〝共産主義〟と断じ、ソ連の影響下にあると圧力をかけた。

これに対して、七日の会議では、グアテマラ外相のギジェルモ・トリエージョが「グアテマラは共産党に支配されてはおらず、西半球への脅威ともなっていない」、「もし共産党が干渉すれば必要な措置をとる」と反論の演説を行ったが、九日には米国の意を汲んだドミニカ共和国外相のホアキン・バラゲールがグアテマラへの軍事的対抗措置をとるよう要求し、会議は紛糾した。

その後、決議案九十三号は米州機構加盟国の相互不可侵の原則を犯すものとするアルゼンチン、チリ、メキシコなどの反対もあったため、十三日になって、米国は「条約に基づく措置は相手国に対する主権の侵害を意味するものではない」との付帯条件をつけ、グアテマラに武力行使をしないことを約束。会議最終日の三月二十八日、決議案九十三号は賛成十七、反対一（グアテマラ）、棄権二（メキシコ、アルゼンチン）の圧倒的多数で採択された。

　米州会議後の四月になると、米国によるアルベンス政権批判はいっそう激しくなり、アルベンスの農業改革計画はモスクワで作成されたものとする『グアテマラ報告』をサミュエル・ゼムレー（ユナイテッド・フルーツ社主）が出版し、反アルベンスのキャンペーンを大々的に展開。米国のグアテマラ駐在大使のピュリフォイも「グアテマラは中米にマルクス主義の触手を広げている」と米議会で証言し、アルベンス政権にさらなる圧力をかける。そして、五月一日には、ついに米国はグアテマラと断交し、大統領のアイゼンハワーもCIAの介入計画を個人的に承認した。

　これを受けて、反アルベンス派の亡命グアテマラ人で、米国政府およびCIAからの豊富な資金支援を受けたカルロス・カスティージョ・アルマス（グアテマラの元陸軍大佐。図72）が、隣国エルサルバドルの首都、サンサルバドルで〃グアテマラ人民反共戦線〃の樹立を宣言。ホンジュラス領内では、CIA幹部のデビッド・フィリップスが管理する〃解放の声〃放送がアルマス軍は近日中にグアテマラへ侵攻するであろうと大々的に宣伝した。

図72　アルマス

　米国の圧力に対抗するため、アルベンスは軍備増強を図ろうとするが、米国の圧力で西側からの調達は事実上不可能となっていた。このため、アルベンスはチェコスロバキアから武器を調達することを個人の責任で決断。五月十五日、ポーランドを出港したスウェーデンの貨物船〃アルフェルム〃号がチェコスロバキア製の武器一九〇〇トンを積んでプエルト・バリオスに入港した。

　すると、米国はこれをとらえて「西半球の安全を脅かす独裁体制」のための武器であるとし、「共産主義への道がすでに耐えがたい段階に入った」とアルベンス政権を非難し、リオ条約違反と断定した。これに対して、グアテマラ外相のトリエージョは独立国としてどこからでも武器を調達する権利があると反論したが、米政府はグアテマラ包囲網として〝ホンジュラス、エルサルバドル、ニカラグア等の友邦国〟に武器の空輸を開始する。

一方、アルベンス政権は反アルベンス派を一斉摘発するとともに、ホンジュラスに対し不可侵条約の締結を申し入れたが、五月三十一日、ホンジュラスはこの提案を拒否した。

六月に入ると、アルマス派の飛行機がグアテマラ各地に侵入し、最初は伝単を散布。次いで、市民への空襲を開始した。

このため、エルネストはグアテマラの青年たちに銃を取って戦うよう呼びかけるとともに、自ら最前線に赴くことを志願するが、受け入れられなかった。この時点では、グアテマラ軍七千に対して、アルマス軍は六百人と大きな差があったため、アルベンス政権も事態を楽観視していたのである。

しかし、アルマス側は、自分たちの敵はグアテマラ軍ではなく、共産主義者のアルベンスとその一派であるとの宣伝戦を展開して、軍と政権の離間を図り、それはかなりの効果を上げた。

六月十七日、アルマス軍はアルベンスの辞職を求めて、ホンジュラスからサカパに越境進出し、〝共産主義に対する解放戦争〟を宣言。翌十八日、アルマス軍はチキムラで政府軍への攻撃を開始し、サカパの政府軍は無抵抗のまま首都へ撤退した。

勢いに乗るアルマスは、六月二十五日、サンサルバドルで〝反共臨時政府〟の樹立を正式に発表。米国は直ちにこれを承認する。

一方、アルベンスは市民の武装を提案し、軍に対して市民に武器を配るよう求めたが、軍はこれを拒否。軍の支持を得られなかったアルベンスは、六月二十七日、「米国が、共産主義撲滅を口実に、ユナイテッド・フルーツ社の権益を守るために攻め込んでいる。革命的理念に基づく熟慮の結果、わが国のために大統領を辞任する決意をした。しかし、いつの日か、わが国を隷属状態に陥れている暗黒の勢力は敗北するであろう」と演説して大統領を辞任し、メキシコ大使館に亡命を求めた。

こうして、当時のラテンアメリカで最もリベラルとされていたアルベンス政権は崩壊。暫定政権の首班となったカルロス・エンリケ・ディアス・デ・レオンは、共産党の非合法化と左派人士の国外追放を公約した。

これに対して、米大使のピュリフォイは〝抹殺すべき共産主義者〟のリストをディアスに渡したが、ディアスは〝抹殺〟は拒否したため、早くも二十九日には更迭され、エルフェゴ・エルナン・モンゾン・アギーレが軍事政権の議長としてアルマスと交渉。七月二日、アルマスとの間で、「共産主義勢力を根絶し、代議制民主主義を実現し、反乱軍を正規軍に編入する」こととした和平合意が成立。アルマスを含む革命評議会が組織された。

評議会は、七月五日、共産主義者と見なした二千名を逮捕したほか、すべての労働運動を禁止。アルベンス政権下で制定された労働法規をすべて破棄した上で、非識字者から投票権を剥奪し、前政権の指導的人物の資産を凍結した。

こうして、七月八日、評議会はモンゾン派の軍人を排除した上で、アルマスを暫定大統領に選出。アルマス政権は、直ちに、農民から八〇万エーカーの土地を取り上げ、ユナイテッド・フルーツ社に〝返還〟した。

政権を掌握したアルマスは、七月十九日、対共産主義防衛国家委員会を設置し、反対勢力に対する本格的な粛清を開始する。以後、四ヵ月間で、全人口の一・五％に当たる四万数千人が〝共産主義者〟と認定され、粛清の対象となった。

アルマス政権が〝共産主義者〟と認定した人物の中には、武器を取ってアルマス軍と戦うことを呼びかけた〝エルネスト・ゲバラ〟や、彼の恋人で、純然たる共産主義者のイルダ・ガデアの名前も含まれていた。

そこで、名門ゲバラ家のコネクションもあって、アルゼンチン大使館はエルネストに避難を勧める。当初、エルネストは残って戦うことを主張していたが、「ここで無駄死にしても誰も喜ばない」との大使の説得を受け入れ、大使館内に逃れた。大使館に逃れている間、エルネストは「私はハコボ・アルベンス政権の崩壊を見た」と題する十四ページの文章を執筆する。この文章はアルゼンチンの雑誌に送るつもりだったが、混乱の中で、結局、送らずじまいのまま、紛失してしまったという。

さて、八月末になると、アルゼンチンの亡命者をピックアップするための飛行機が数機、グアテマラシティに到来した。エルネストの家族はこれを利用して衣類とお金を送ってきたが、エルネストはアルゼンチンへの帰国は断った。

一方、イルダはグアテマラ当局に逮捕されたが、獄中でハンガー・ストライキを行い、釈放され、メキシコへの亡命が認められていた。

そこで、エルネストはアルゼンチンへは戻らず、一九五四年九月、メキシコへ行くことを決意。メキシコ領事館からのビザの発給を待って、鉄道でメキシコシティへ向かい、後日、イルダと落ち合うことにした。

メキシコシティのカメラマン

一九五四年九月二十一日、エルネストは列車内で知り合ったグアテマラ人のフーリオ・ロベルト・カセレス（その体型から、スペイン語で〝ずんぐりむっくり〟を意味する〝エル・パトーホ〟のあだ名が定着し、歴史書には本名よりもあだ名で登場することが多い）とともに、太平洋に面したタパチューラでメキシコに入国。そのまま、首都のメキシコシティに向かった。

アルベンス政権が崩壊し、中米で最もリベラルな国とされてきたグアテマラがその地位から滑落した後、メキシコシティは、ラテンアメリカにおけるほぼ唯一の〝亡命者の楽園〟となっていた。

メキシコに政治亡命者が集まるようになったのは、一九三四年に始まるラサロ・カルデナス・デル・リオ（図73）政権以降のことである。

カルデナスは、一八九五年、メキシコ中部のミチョアカン州生まれ。一九一〇～二〇年のメキシコ革命に参加して騎兵隊の指揮官として軍功を挙げ、革命後、チョアカン州知事、内務大臣、陸軍長官を歴任して、一九三四年、国民革命党（メキシコで圧倒的な力を持っている与党で、現在の制度的革命党のルーツ）から大統領選挙に立候補し、当選した。

当選後は、当時の政界の黒幕だったプルタルコ・エリアス・カジェス元大統領（任期一九二四～二八、図74）やその側近、労働組合幹部の腐敗を追及し、革命後も実

図73　ラサロ・カルデナス

図74　カジェス

行されないままだった農地改革に着手した。また、一九三七年には鉄道国有化、翌一九三八年には石油産業の国有化を断行。石油産業の国有化は米国からの猛反発を、財政危機に陥るほどの巨額の補償金を支払って乗り切り、国民の支持を得た。

大統領在任中の一九三六年、スペインでフランコ派と共和政府の内戦が勃発すると、共和政府支持の旗幟を鮮明にしたが、その一環として、カルデナス政権は、共和派の亡命者を大量に受け入れた。また、その流れで、一九三七年には、スターリンと対立したロシア革命の指導者、レオン・トロツキーの亡命も受け入れている。

スペインからの亡命者は言語が共通だったことに加え、メキシコの文化・芸術などに与える好影響も大きかったため、一九四〇年に大統領がカルデナスからマヌエル・アビラ・カマチョに交替した後も、亡命者の受け入れを許容する社会的な空気は維持されていた。

エルネストは、ひとまず、メキシコシティ中心部、ナポリ街四十番地の安アパートに小さな部屋を借りてエル・パトーホと共同生活を始め、カメラを借りて、通りすがりの旅行者などを撮影して金銭を得る街頭カメラマンの仕事で糊口をしのぐことになった。ちなみに、当時の彼が使っていたカメラは、一九五四年十二月に発売されたばかりのニコンS2で、革命後、彼は「司令官になる前、僕は写真家だった」と当時のことを回想している。（図75）。

一九五四年十一月、グアテマラを追放されたイルダがメキシコシティに到着した。エルネストはすぐにでも彼女と結婚したかったが、イルダは決心がつかず、レ

図 75　三脚にセットされたニコン S2 とゲバラを描く“チェ・ゲバラ生誕 90 周年”の記念切手。なお、ゲバラはグランマ号でのキューバ上陸作戦の際、同じ部隊のオスカル・フェルナンデス・メルが持っていたソ連製のカメラ、キエフとニコン S2 を交換。以後、外遊の際にもキエフを持ち歩いて多くの写真を撮影した。

図 76　メキシコシティで開催された第2回パンアメリカン競技大会の記念切手。

フォルマ通りの別の下宿でベネズエラ出身の女流詩人、ルシーラ・ベラスケスとルームシェアし、エルネストとは週に一～二度会うという関係が続いた。

そうしているうちに、エルネストはアルゼンチンの政府系通信社〝ラティーナ通信〟のコーディネーター、アルフォンソ・ペレス・ピスカイーノの紹介で報道カメラマンの仕事を得るとともに、大学の聴講生となり、病院でアレルギーの研究を行うことになった。

一九五五年三月、メキシコシティでパンアメリカン競技大会が開催された（図76）。

パンアメリカン競技大会は南北アメリカ大陸の国々が参加して四年に一度開催される総合競技大会。一九二〇年代に中米で行われた中央アメリカ・カリブ海競技大会に影響され、一九四二年にブエノスアイレスで第一回大会を開催する準備が進められていたが、第二次世界大戦の影響で延期となり、戦後の一九五一年にブエノスアイレスで第一回大会が開催された。一九五五年のメキシコシティ大会は、その第二回にあたる。

エルネストはラティーナ通信のスタッフとして大会に参加し、競技中の選手の写真も何枚か撮影した。この仕事でエルネストは総額六千ペソを稼ぎ、経済的にも一息つくことができるがはずだった。

ところが、突如、本国からの指令でラティーナ通信は閉鎖されてしまい、エルネストらスタッフに対する給与も約束の半額しか支払われなかった。

ちなみに、権勢を誇ったファン・ペロンがクーデターで政権を追われるのが一九五五年九月十六日のことである（図77）。パンアメリカン競技大会はその約半年前のことだから、通信社が突如閉鎖されたのも、政権の末期症状を示す兆候の一つだったのかもしれない。

図77　ペロンが追放された1955年9月16日の〝リベルタドーラ革命〟の記念切手。

フィデルとの出会い

パンアメリカン競技大会の仕事をしながらも、エルネストは病院での研究活動を続け、「半吸収食物抗原の皮膚に関する研究」と題する論文を仕上げている。この論文が一九五五年五月の『イベロアメリカ・アレルギー学雑誌』に掲載されたことで、彼は、ヘネラル病院で、無給ではあるが衣食つきの住込みの仕事を得ている。なお、生活費は書籍販売のセールスマンをして稼ぐことになった。

また、この頃になると、イルダもようやくエルネストのプロポーズを受け入れ、五月に結婚することになった。四月末にはイルダもＣＥＰＡＬ（国連ラテンアメリカ経済委員会）、次いでパンアメリカン公衆衛生事務所での職を得た。

五月一日、エルネストとイルダは、アルゼンチン人のリカルド・ロホとともにメーデーのデモを見に行ったが、デモは形骸化しており、エルネストは大いに失望。「メキシコ革命は死んだ。少し前に死んだ。だが、我々は気づいていない」と評している。

一九四〇年にラサロ・カルデナスの後を継いで大統領に就任したマヌエル・アビラ・カマチョは、前政権で実施された急進改革路線を軌道修正して対米関係の改善に努め、一九四二年五月には第二次世界大戦にも参戦。農地改革よりも工業化と経済開発を重視し、社会保障の充実や教育の拡充を行った。

次いで、一九四六年に大統領になったミゲル・アレマン・バルデス（図78）は、メキシコの産業化をさらに進め、国道や鉄道網の拡充を行い、学校建設に積極的だった。また、オアハカ州で洪水の制御と水力発電を目的としたミゲル・アレマン・ダムを着工（完成は一九五五年）。一九五一年にはレルマ川の水をメキシコシティに導水し、首都の水問題を解決した。さらに、後に世界的なリゾートに成長するアカプルコの観光開発が本格的に進められたのもアレマンの時代であった。

図78　ミゲル・アレマン・バルデス

こうした開発政策に必要な資金を調達するため、一九四七年、アレマンは米国からの融資を受け入れ、現職のメキシコ大統領として初めて訪米。以後、対米協調路線がメキシコ外交の基軸となった。また、巨額の資金が動く開発優先の政治は政治腐敗と癒着の温床となり、その後のメキシコ政治にもたらした弊害も少なくなかった。

エルネストとイルダがメキシコシティのメーデーを見に行った一九五五年の時点では、大統領はアレマンからアドルフォ・ルイス・コルティネスに交替していたが、政治の本質が大きく変わることはなく、デモに参加していたのは親政府系の労働団体のみで、共産党や反対派労働組合は排除されていた。

「メキシコ革命は死んだ」とのエルネストの言葉は、こうした事情を評したものだったのである。

さて、正式の結婚を決意したエルネストとイルダだったが、メキシコ移民当局での法的な手続きはあまりにも煩瑣であまりにも時間がかかりすぎたため、二人はともかくもリン通りのアパートで同棲を始め、結婚生活をスタートさせた。

五月十八日、二人はクエルナバーカに〝新婚旅行〟に行き、それが事実上の結婚記念日となった。ちなみに、クエルナバーカはメキシコシティ南方の高原都市で〝常春の街〟とも呼ばれている。また、アステカ時代の建築物を破壊した跡に建築されたコルテス宮殿や、世界遺産の〝ポポカテペトル山腹の十六世紀初頭の修道院群〟の一部であるクエルナバーカ大聖堂など、歴史的な建造物も少なくない。

ところで、エルネストとイルダが新婚旅行に出かける三日前の五月十五日、キューバでは、モンカダ兵営襲撃事件の首謀者として収監されていたフィデル・カストロが恩赦で釈放された。

エルネストは、当初、キューバでのフィデルらの活動にはそれほどの関心を持っていなかったが、モンカダ事件に参加したニコ・ロペスとグアテマラで出会い、また、イルダがキューバの情勢について熱く語るのを聞いて、次第に関心を持つようになった。

それでも、メキシコに来た当初のエルネストは、それまでラテンアメリカ諸国を実地に歩いて見聞してきた経験、特に、グアテマラのアルベンス政権が米国の介入によりあっけなく崩壊したのを目の当たりにしてきた経験から、キューバからの亡命者の多くは大言壮語するばかりで、彼らの語る〝革命〟には何ら現実味を感じられずにいた。

それでも、メキシコでのエルネストは亡命キューバ人との交流を続けていたが、そんななかで、一九五五年五月下旬、本章の冒頭で書いたように、ロペスは〝アルゼンチンのチェ〟ことエルネストをフィデルの弟、ラウル・カストロに紹介する。

ロペスを含め、亡命キューバ人たちはリオプラテンセ・スペイン語の間投詞、〝チェ〟の意味が分からず、〝チェ〟を連発するエルネストのことを、いつしか〝チェ〟のあだ名で呼ぶようになり、それがいつしか〝チェ・ゲバラ〟として定着したと言われている。

ただし、生前のエルネストと親交のあったゴンザロ・アルブエルネは、後に〝チェ・ゲバラ〟と呼ばれるようになるエルネストだったが、アルゼンチン出身者の使うリオプラテンセ・スペイン語ではなく、標準スペイン語で話すのが常で、自分で他人に呼びかける時には〝チェ〟とは絶対に言わなかったとも証言している。また、かつてエルネストとグラナードがチリを放浪していた際、二人が大チェ・小チェと呼ばれていたことを考えると、リオプラテンセ・スペイン語のチェは、アルゼンチン出身者を意味するシンボリックな単語としてラテンアメリカでは認識されていたということなのかもしれない。

したがって、〝チェ・ゲバラ〟という呼び名も、実際に彼は〝チェ〟と言っていたかどうかは別にして、もともとは、〝アルゼンチン出身のゲバラ〟を簡略化して言うための表現だった可能性もある。

それでも、結果的に、〝チェ・ゲバラ〟の名前は定着し、エルネスト本人も自らの署名に〝che〟と記すようになった（図79）。後に、エルネストは自分が〝チェ〟と呼ばれることについて、以下のように語っている。

僕にとって〝チェ〟とは人生で最も本質的な、愛すべき一面だ。どうして嫌いになれるだろう。人が生まれてすぐつけられた名前は大したことじゃない。個人的な、些細なことだ。それと対照的に、チェと呼ばれるのは、本当に好きなんだ。

さて、エルネストはラウルから、バティスタ独裁政権とモンカダ事件についてのリアルな証言を直接聞いて衝撃を受け、大学の図書館でモンカダ事件についての資料を読み漁ったという。

こうした中で、七月八日、フィデルがメキシコシティに到着する。

そして、七月第二週の〝メキシコのあの寒い夜〟（南半球では七月は真冬である）、亡命キューバ人の溜まり場になっていた、エンバラン街四十九番地にあるマリーア・アントニア・ゴンザレスの家で、ついにエルネストはフィデルとの邂逅を果たす。

夜の八時から明け方まで、二人は国際情勢について、ラテンアメリカについて、語り明かし、すっかり意気投合する。あるいは、その間、興奮したエルネストは、普段はあまり使わない〝チェ〟を連発していたかもしれない。

それから数日後には、新婚の妻イルダは、エルネストがフィデルら七月二十六日運動のグループと運命を共にするに違いないと確信した。

フィデルと会った翌日、エルネストは日記に「フィデル・カストロと知り合ったことは政治的な事件だ」と記したがその後の歴史は、たしかにそれが事実であったことを証明している。

かくして、カストロとゲバラの黄金コンビが誕生し、貧しい青年医師のエルネスト・ゲバラは、革命家〝チェ・ゲバラ〟としての第一歩を踏み出した。

以後、本書でも彼のことはエルネストではなく、〝チェ〟と呼ぶことにしよう。

図79　ボリビアが発行したチェの没後40周年の記念切手には、“チェ”のサインを取り上げられている

第3章　グランマ号の革命

グランマ号

一九五五年夏、メキシコでエルネスト・チェ・ゲバラを加えたフィデル・カストロら七月二十六日運動（M26）の同志たちは、一九五六年三月のキューバ島再上陸をめざして本格的な準備を始めた。

リーダーのフィデルは、ホセ・マルティの先例に倣い、一九五五年十月、ニューヨーク、テキサス、マイアミ、コスタリカなどを回り、アウテンティコ党やオルトドクソ党とも協力関係を築き、反バティスタの在外キューバ人の組織化と資金の調達に努めるとともに、モンカダ兵営の襲撃事件を〝冒険主義〟と批判していた人民社会党の一部とも連携を始めた。

人民社会党は、一九二五年、コミンテルンの指導下に結成されたキューバ共産党がその前身で、一九三〇年代後半にはバティスタとも協力関係にあり、政権に閣僚を送り込んだこともある。一九四四年、党名を人民社会党に変更。一九五二年のバティスタのクーデターに反対し、その後、非合法化されていた。

一方、一九五五年十一月は、チェはイルダとともにメキシコ国内を南下し、パレンケをはじめとするマヤの遺跡（図1）を見て回ったり、ベラクルスの沿岸部を船で旅したりするなど、比較的平穏な日々を過ごしていた。また、二人がメキシコシティに戻ると、チェの元には国立大学の生理学教授への就職の話が舞い込んできた。

しかし、結論から言えば、〝エルネスト・ゲバラ教授〟は幻に終わり、チェは他のキューバ人メンバーとともに、アルベルト・バーヨ将軍の指導の下、ゲリラ戦の訓練に熱中する。

図１　パレンケ遺跡。パレンケを見て大いに感動したチェは、以下のような詩を残している。
何世紀にもわたり君を支えているのはいかなる力か
まるで青年期のように生き生きと脈打つ
この仕事の最期にいかなる神が吹き込んだのか
君の石柱の生きた息吹を（以下、スペイン語の詩の日本語訳は、特記ない限り後藤政子の著訳書による）

バーヨは、一八九二年、キューバ中部のカマグエイ生まれ、米国とスペインで学んだ後、フランコの部下としてモロッコで軍務に就いたが、一九三六年にスペイン内戦が勃発すると、フランコと袂を分かって共和派に馳せ参じた。

一九三六年八月十六日、共和派は地中海に浮かぶマヨルカ島に上陸し、同島のフランコ派を一二キロ内陸まで押し込んだ。その際、大いに軍功があったのがバーヨだった。

しかし、フランコ派を支持するイタリアが空軍を派遣して共和派を攻撃したため、九月十二日までに共和派は同島から完全撤退を余儀なくされた。

その後も、バーヨはフランコ軍と戦ったが、一九三九年に共和派が敗退するとメキシコに亡命。メキシコの家具工場で働き、グアダラハラの軍事学校で教官を務めていたと言われている。

フィデルがメキシコに流れてきた一九五五年の時点で、バーヨはすでに六十三歳だったが、フィデルの理想に共鳴してM26の教官を引き受け、サンタ・ロサの農場で銃器の扱い方をはじめ、ゲリラ戦の基礎から教育した。

バーヨの訓練は厳しく、サンタ・ロサでは落伍者が続出。また、参加者の中には、敵と内通し、通信設備や武器を横流しし、その金を持って消えてしまう者さえいた。

さらに、フィデルによる資金の調達も困難を極めており、一九五六年三月の上陸作戦計画は予定通りには進まず、大幅に遅れていた。

この間、二月十五日にはチェとイルダの間の一人娘、イルダ・ベアトリス（イルディータ）がメキシコシティで生まれている。

一方、バティスタ政権の側は、フィデルがメキシコに到着した時点からフィデルを殺害するため、現地のキューバ大使館付き武官が一万ドルを支払って殺し屋を雇っていたが、この計画は失敗。このため、キューバ大使館はメキシコ当局に接近して関係者を買収し、フィデルらM26メンバーの居場所を突き止めたり、彼を告発したりするように依頼した。

一九五六年六月二十日、交通違反を理由にフィデルの車が捜索を受け、武器が積まれていたことを理由にフィデルらは武器不法所持で逮捕された、さらに、二十五日にはチェも逮捕される。

その後、フィデルらは元大統領のカルデナスの仲介により一ヵ月ほどで釈放されたが、チェは密入国のアルゼンチン人で、しかも、共産主義者と見なされた（チェの逮捕後、警察の発表に基づいて「ドクトル・ゲバラは長年、ロシアと関係がある」との記事が新聞に掲載されていた）ため拘留が長引いた。

官憲による逮捕の可能性を予期していたチェは、自分が逮捕された場合には、M26の同志は自分を置き去りにしてキューバへ向けて出発してほしいとフィデルに語っていたが、七月二十五日に釈放されたフィデルはチェを決して見捨てず、あらゆる手段を惜しまずにチェの釈放に奔走。その甲斐あって、チェは五十七日間の拘留の後、八月半ばに釈放された。チェの釈放には十日以内に出国すること、との条件が付けられていたため、以後、チェは地下活動に入ることになる。ごくまれに娘のイルディータに会えるときには、彼は、スペインの詩人、アントニオ・マチャードの詩をよく聞かせた。

山から海へ、これが僕の言葉
僕のペンが君のピストルだけの価値があったら
隊長として満足して死ぬだろうに

図2　フランク・パイス

図3　グランマ号
（1965年発行の革命博物館の記念切手より）。

生後七ヵ月のイルディータにこの詩の意味など分かろうはずもないのだが、それでも、彼女はこの詩の響きを気に入ったようで、チェの朗誦が終わると、もっと続けるよう泣いてせがんでいたという。

　一方で、フィデルは、出所後間もない八月、キューバ東部の反バティスタ勢力の中心人物、フランク・パイス（図2）と接触。フランクは都市部での革命運動を組織していた人物で、フィデルらのキューバ上陸にあわせて都市部で武装蜂起を行うことを提案した。フィデルもこれに賛同。十月末には、フィデルらの上陸地点はシエラ・マエストラの支脈、ニケーロ地域とし、上陸と同時にフランク率いる革命軍がサンティアゴ・デ・クーバで武装蜂起する計画が固められた。

　また、この間、フィデルは知人のエル・クアーテ・コンデが〝グランマ〟という名の古いヨット（図3）をトゥスパン港（図4）に係留していることを知る。

　ヨットは一九四三年製で、長さ一九・二一メートル。二五〇馬力のダイレクトエンジンが二基で、定員は十二人だが、無理をすれば何とか二十人は乗れるという規模だった。ただし、竜骨は前年のハリケーンで壊れていた。また、ヨットの代金は一万五千ドルだったが、

図4　トゥスパン港を取り上げた1950年代の絵葉書。

クアーテは代金を元の所有者、ロバート・エリクソンに支払っている途中だった。さらに、エリクソンとクアーテの間には、ヨットと併せて、トゥスパン川に面した小屋を二千ドルで買い取るという付帯条件が付いていた。

このため、クアーテは〝グランマ〟をフィデルに売ることを渋っていたが、フィデルは米国亡命中のキューバの元大統領、カルロス・プリーオ・ソカラスの支援を仰いで、なんとか〝グランマ〟を手に入れる。

そうしている間にも、M26に対するバティスタ政権の包囲網は日を追って狭められ、彼らがそのままメキシコで訓練を続けることは次第に困難になっていった。

こうしたなかで十月末には、後にチェと並んでキューバ革命の聖者とされるカミーロ・シエンフエゴス（図5）が仲間に加わる。

カミーロは、一九三二年、ハバナで生まれた。初めは画家を志していたが、学生デモに参加して負傷した経験がある。一九五三年のモンカダ兵営襲撃に参加した後、米国に亡命していたが、「メキシコでなにか大きなものが料理されている」とのうわさを聞きつけて、

図５　カミーロ・シエンフエゴス

フィデルの元に馳せ参じたのだった。

さて、十一月半ばにはメキシコ警察はＭ26の隠れ家二ヵ所が発見され、武器が押収され、主要メンバーの一人であったペドロ・ミレーが逮捕された。さらに、十一月二十一日、Ｍ26が訓練拠点としていたアバソーロの牧場からメンバー二人が脱走し、遠征計画が外部に漏れる危険が生じた。

このため翌二十二日、フィデルは急遽、各地の同志に動員令を発した。チェは寝ていたベッドや飲みかけのマテ茶もそのままに、また、喘息の持病を抱える身として必携の吸入器さえ持たずに出発したが、このことは、フィデルの動員令がいかに急なものであったかを雄弁に物語っている。

こうして、十一月二十四日、グランマ号が係留されていたトゥスパンに遠征隊員が集結。翌二十五日午前二時頃、フィデルが「一九五六年、我々は自由を勝ち取るか、さもなくば殉教者となるであろう」と力強く宣言し、五十五丁の銃と八十二人の隊員がグランマ号（本来の定員は八名）に乗り込み、大雨と大風の荒天の中、キューバ島東部のニケーロへ向けて出発した。

これで勝利できる

フィデルとフランク・パイスの立てた計画では、十一月三十日にフィデルがニケーロに上陸し、反バティスタの農民兵百人と合流した上で、マンサニージョからシエラ・マエストラ（クルス岬からマイシ岬まで東西二五〇キロのマエストラ山脈。図6）の山中を拠点にゲリラ戦を展開、これに呼応して、フランクがサンティアゴ・デ・クーバで蜂起するという段取りになっていた。

このため、グランマ号は夜陰に乗じてユカタン半島沿いを進み、沿岸警備隊に発見されないよう、なるべく早くメキシコの領海外へ出て、ジャマイカに沿って迂回し、ニケーロ周辺の海岸に到着するコースを予定していた。しかし、もともと老朽化していた船はエンジントラブルに加え、大幅な重量の超過と悪天候、さらに、ほとんどの遠征隊員が当初は船酔いでまったく活動できなかったことなどが重なり、予定の三十日になっても、グランマ号は海上を漂うばかりでキューバ島は全く見えなかった。

図6　シエラ・マエストラ

図7　グランマ号上陸 60 周年の記念切手には、グランマ号とその航路の地図が描かれている。

本来であれば、ここでフィデルらはフランクに上陸が遅れることを知らせ、作戦を中止すべきであったが、グランマ号には発信機はなく、フランクにはメキシコ出航時に無時出発した旨の電報が送られたきりであった。

　このため、十一月三十日、サンティアゴ・デ・クーバでは事前の打ち合わせ通りに武装蜂起が発生し、これに呼応して、キューバ内の他の都市でも発砲事件などが散発的に発生した。

　しかし、ニケーロにいるべきフィデルらは依然としてメキシコ湾上におり、同時蜂起とはならなかったため、政府軍は兵力をサンティアゴ・デ・クーバに集中し、叛乱はほどなく鎮圧されてしまった。また、ニケーロでグランマ号を待っていた農民兵も政府軍による取締りの危険が迫ったため、退避してしまった。

　ただでさえ理想主義者のフィデルは、革命の政治的効果を狙って、メキシコ出発前にグランマ号でキューバ遠征に向かうとの声明を発表しており、バティスタ政権側に迎撃の準備を整える余裕を与えていたが、到着がさらに遅れたことで、グランマ号が予定通りニケーロに向かうことは完全な自殺行為となってしまう。このため、行き先をニケーロ南西部のラス・コロラダスの海岸に変更し、そこから、トラックを奪ってシエラ・マエストラに向かうことになった。

結局、彼らがキューバ島に到着したのは、十二月二日の明け方のことで、到着場所はラス・コロラダス海岸の予定地点から二キロ離れた地点だった（図7）。

なお、ラス・コロラダス海岸のある州は、グランマ号の上陸地点という故事にちなみ、一九七六年、それまでのオリエンテ州から〝グランマ州〟に名称が変更され、現在に至っている。

また、ラス・コロラダス海岸を含むシエラ・マエストラ西側斜面の石灰岩段丘は、石灰岩の海岸段丘としては世界最大規模の高低差五四〇メートル（海抜標高三六〇メートルから水深一八〇メートル）があり、その景観と地学上の重要性、多様な動植物相から、一九八六年、四一八・六三平方キロの範囲が〝グランマ号上陸記念国立公園〟（図8）に指定された。さらに、そのうちのクルス岬を含む三二五・七六平方キロの範囲は、一九九九年、〝クルス岬の海岸段丘地形〟として世界遺産にも登録されている。

図８　グランマ号国立公園

図９　グランマ号から降りて上陸する反乱軍の兵士たち。

さて、ラス・コロラダス海岸に到着した一行はグランマ号から降りて、胸まで水に浸かりながらマングローブの海を進み（図

9)、ようやくキューバ島への上陸を果たした。以後、五日までの三日間、彼らは、昼間はサトウキビ畑などに隠れ、夜間にのみ行軍してシエラ・マエストラの主峰、トルキノ山頂を目指した。この間、一行は地元の農民たちから水と食料の供給を受けると、必ずその代金を支払ったが、それまで、政府軍による物資の徴発に対する代価を受け取ったことのなかった農民たちはそのことに驚き、叛乱軍が彼らの信頼を勝ち得る上で絶大な効果があった。

しかし、飛行機を通じて〝不審船〟の動きを探知していたバティスタ政府は、砂糖キビの食べかすなどから叛乱軍の足跡をたどり、十二月五日の昼頃、アレグリーア・デル・ピノで反乱軍を迎撃する。

この時の戦闘で叛乱側の兵士多数が犠牲になり（チェとカストロ兄弟を結びつけたニコ・ロペスもその一人だった）、捕虜となった者は虐殺された。ただし、バティスタ政権の圧政に苦しめられてきた農民の中には叛乱側を支持する者も少なからずおり、そうした農民の指導者の一人であったクレスセンシオ・ペレス・モンタノは、ラウルら叛乱側の兵士を保護。十二月十七日、ラウルら六人のグループは、元オルトドクソ党員のシンコ・パルマスの農場で、前日に同農場に逃れついていたフィデルらと合流する。

このとき、フィデルはラウルに会うや「銃は何丁あるか」と訊き、ラウルが五丁と応えると、「自分は二丁だ。これで勝利できる」と語った。

実は、これは第一次独立戦争の際、カルロス・マヌエル・デ・セスペデスが〝ヤラの叫び〟の蜂起で敗走した際に語った言葉をそのまま真似たものだったが、当時の同志たちは誰もこの時のカストロの言葉を本気にしなかったという。

こうして、フィデルら三人＋ラウルら六人の九人に農民三人が加わり、以後のゲリラ戦の母体となる〝伝説の十二人〟が形成された。

その後、チェ、フアン・アルメイダ、カミーロ・シエンフエゴスら七人が合流し、二十日には十七人が銃器八丁でゲリラ戦の訓練を開始。翌二十一日、農民の志願兵などを加えた計二十九人がシンコ・パルマスを出発し、本格的なゲリラ戦を開始する。

ニューヨーク・タイムズのインタビュー

シエラ・マエストラ山中でのゲリラ活動が始まって一月ほど経つと、叛乱側の兵士たちは、後に〝カストロひげ〟と呼ばれることになる顎鬚を蓄えるようになった。

彼らが鬚をはやしていたのは、山中で鬚を剃る余裕がなかったことに加え、マラリアなどの病気を媒介する蚊や虻から顔を守るため、そして、鬚の有無によって敵と味方を容易に識別するため、という理由が挙げられている。

虫除けという点でいえば、喫煙の習慣も効果があると考えられていた。

もともと、医師であり、自らもぜんそくの持病を抱えていたチェには喫煙の習慣はなく、メキシコでフィデルらと付き合うようになった際にも、健康上の理由から、彼らに禁煙を勧めていた。しかし、山中でのゲリラ生活を始めると、現地の農民の生活の知恵として葉巻が虫除けに利用されており、また、実際にその効果もあったため、チェを含むゲリラ全員に葉巻を吸う

図10　1958年11月、シエラ・マエストラ山中のラス・ビジャス付近を馬で移動中、葉巻をふかすチェを取り上げた絵葉書。

習慣が定着していった。
図10は、ゲリラ戦最中の一九五八年頃、シエラ・マエストラ山中を馬で移動するチェの写真を取り上げた絵葉書だが、チェの口にはしっかりと葉巻が咥えられている。やはり、ジャングルでの活動中は、虫除けとして常に葉巻が手放せなかったということなのだろう。
なお、ラテンアメリカ諸国では、スペインからの独立戦争を指揮したシモン・ボリバル以来、〝馬上の革命戦士〟というモチーフ（図11）が好んで用いられている。特に、アルゼンチンやウルグアイなどパンパやアンデス山脈東部でかつて牧畜に従事していたスペイン人と先住民などとの混血住民のガウーチョ（ガウチョとも。図12）、チリ中部の渓谷地帯のウアッソ（図13）などは、〝富と気高さを備えた自由な騎手〟にして〝洗練されていない無骨者〟のイメージで語られ、伝統的な男らしさの象徴とされてきた。現在でもチェの祖国、アルゼンチンなどでは、〝ガウーチョらしい〟という表現は、寛大で、他人のために自己犠牲を惜しまない人に対する褒め言葉となっており、ボリバル以来の革命家たちもそうした人物だったと認識されている。それゆ

上：図 11　ベネズエラの首都、カラカスのボリバル広場に置かれたボリバル騎馬像。

右下：図 12　ガウーチョを取り上げたウルグアイ切手。

左下：図 13　ウアッソを取り上げたチリ切手。

図14 “馬上のチェ”を題材とする革命絵画(1971年制作)を取り上げた絵葉書。

図15 ラ・プラタでの勝利30周年の記念切手

え、図10の絵葉書の元になった写真は、ラテンアメリカの革命に殉じたチェもまた〝ガウーチョらしさ〟を備えた革命戦士であったというイメージを見る者に喚起させることになり、チェの死後、彼を取り上げたキューバの革命絵画の題材にもなった。(図14)。

　さて、叛乱軍は一九五七年一月十七日、カリブ海に注ぐラ・プラタ川の河口の小さな兵営に夜襲をかけ、政府軍に死者七、捕虜五の損害を与え、武器・弾薬を確保した。これが、彼らにとって最初の勝利である(図15)。

　この時の戦果は数字的には微々たるものであったが、叛乱側の士気を上げる上では大いに効果があった。

　次いで、二月十七日、カストロは米「ニューヨーク・タイムズ」紙の記者、ハーバート・マシューズと会見し、グランマ号での上陸時の戦闘でフィデルは死亡したとのバティスタ政権側の発表を、身をもって否定した。

マシューズは、一九〇〇年、ニューヨーク生まれ。コロンビア大学を卒業後、一九三〇年代にはスペイン内戦やイタリアによるエチオピア侵攻等の取材記事で、著名記者の仲間入りを果たしていた。

一九五七年二月、彼はたまたま休暇でハバナを訪れていたが、その際、旧知のニューヨーク・タイムズのハバナ通信員、ハビイ・ハート・フィリップから、フィデルが生き延びてシエラ・マエストラ山中でゲリラ活動を展開していると聞かされた。実は、フィデルの命を受けたM26のメンバー、ファウスティーノ・ペレスはハバナに潜入し、フィリップに接触。そこから、マシューズに話がつながったというわけだ。

フィデル生存の話が事実であれば、バティスタ政権の公式発表を覆す一大スクープとなる。当然のことながら、マシューはこの話に飛びつき、シエラ・マエストラに潜入し、ロス・チョロスのエピファニオ・ディアスの農場でフィデルとのインタビューに成功する。

二月十七日のインタビュー内容は、二十四日付の「ニューヨーク・タイムズ」紙に掲載され、南北アメリカに大きな衝撃を与えた。バティスタ政権は記事内容を捏造として非難したが、山中でライフルを構えるフィデルの写真を見た人々はフィデルが生きていることを確信。キューバ国内の反バティスタ派は勢いづいた。

以後、外国メディアとの接触は叛乱側にとって重要な広報手段となる。

一九五七年三月、都市工作を行っていた〝ジャノ（直訳すると、シエラ＝山地に対する〝平野〟の意味だが、キューバ革命市では、都市部のM26系活動家をさす）〟指導部のフランク・パイスがリクルートした最初の新兵五十八人がシエラ・マエストラに到着し、チェを教官としての訓練が始まった。さらに五月には武器も補充された。

一方、三月十三日には、アウテンティコ党の影響下にある〝大学生連合〟を批判して、ホセ・アントニオ・エチェベリーアを中心に結成された学生運動組織〝革命幹部会〟がバティスタ暗殺を企ててハバナで大統領官邸とラジオ放送局を襲撃する事件（図16）が発生。事件そのものはすぐに鎮圧され、エチェベリーアも虐殺されたが、生き残った十七人はマイアミに逃れた後、一

図16　エチェベリーアの肖像を取り上げた大統領官邸襲撃事件40周年の記念切手。

図17　ウベロ兵営襲撃30周年の記念切手。

九五八年二月一日にはキューバに戻り、エスカンブライ山中を拠点に反バティスタの武装闘争を展開するようになる。

こうした状況を踏まえ、五月二十八日、叛乱側は八十名の部隊でシエラ・マエストラ山麓のウベロの兵営を襲撃した（図17）。

二時間四十五分の激戦の後、叛乱側は戦死六、重傷二、軽傷七の損害を出しながらも、政府軍に戦死十四、負傷十九の損害を与え、兵営を降伏させた。

ウベロでの敗北に衝撃を受けたバティスタ政権は、歩兵師団をシエラ・マエストラに派兵するとともに、叛乱側の糧道を絶つため、農民二千家族を山から退去させ、収容所に隔離した。ところが、現地に派遣された政府軍の兵士たちは横暴で住民の支持を得られなかったため、ゲリラ掃討作戦は早々に断念され、トゥルキーノ山周囲の孤立した兵営はすべて閉鎖された。

この結果、叛乱側はわずかな範囲とはいえ、トゥルキーノ山に根拠地を確保することに成功した。

コマンダンテ・ゲバラ

フィデルらがウベロで勝利し、トゥルキーノ山中に根拠地を築いたことは、反バティスタ勢力にとって大きな希望を与え、〝ポスト・バティスタ〟をめぐってさまざまな勢力が動き始めた。そうした中で、既成政党を中心に臨時政府樹立の動きがあることを察知したフィデルは、一九五七年七月、オルトドクソ党首のラウル・チバスとキューバ国立銀行元総裁のフェリーペ・パソスをシエラ・マエストラに招いて会談する。

その結果として、七月十二日、フィデルとチバス、パソスの三人は「シエラ・マエストラ宣言」に署名する。

同宣言の主な内容は、
①革命市民戦線を結成し、闘争を統一
②臨時政府首班の指名
③外国の干渉排除
④軍事評議会の拒否
⑤一九四〇年憲法の復活
⑥腐敗根絶
⑦遊休地の有償接収
などである。なお、②の首班指名はパソスの要求によって盛り込まれたもので、パソスは自らが〝大統領〟になる野心を持っていた。

シエラ・マエストラ宣言の署名後、フィデルは二百名近くに拡大した叛乱軍を二隊に分け、ラ・プラタを拠点とする総司令部の第一部隊とは別に、七十五名で構成される第四部隊を設け、その長にチェを任命。これに伴い、チェの階級はフィデルと並ぶ少佐（コマンダンテ）となり、外国人でありながら、フィデルに次ぐ叛乱側のナンバー2となった
部隊が二つしかなかったにもかかわらず、チェの部隊が第四部隊とされたのは、実際以上に叛乱側の勢力を大きく見せるためで、後に、第三の部隊として第六部隊（隊長はラウル）が、第四の部隊として第八部隊（隊長はアルメイダ）が設けられている。

七月三十日、サンティアゴ・デ・クーバで都市工作の中心を担っていたフランク・パイスが警察によって暗殺された。フランクの死は叛乱側にとって大きな痛手であったが、当時のサンティアゴ市内は自然発生的なストライキの最中にあり、反独裁の機運が急速に盛り上がっていた。

そうした中で翌三十一日、チェ率いる第四部隊は、最初の戦闘としてブエイシート兵営を攻撃。その後、エル・オンブリート渓谷を拠点に訓練を積み、八月三十日には七十二人の兵力で二百五人の政府軍を撃退する。一方、戦闘と並行して、第四部隊は活動の幅を広げていった。

一九五七年十一月には、一九〇三年製の印刷機を使い、ヘオネル・ロドリーゲスとリカルド・メディーナの二人を中心に、機関誌「自由キューバ人（El Cubano Libre）」の発行が始まった。チェは〝狙撃兵〟のペン

ネームで創刊号の論説を執筆し、農地改革、犯罪への対応（チェはスパイとして送り込まれた農民を容赦なく処刑した。キューバ人兵士が処刑をためらう場合には、自ら〝犯罪者〟を森の中に連れて行き、引き金を引いた）、農民の現状、最近のニュースなどの記事が掲載されたが、第一部隊を率いてラ・プラタの総司令部にいたフィデルの署名入り原稿は間に合わなかった。また、紙やインクなど、資材の制約から、発行部数は約七百部に留まっていた。

このほかにも、武器の補給・修理、パン釜の建設と住民へのパンの供給（山中の農民の中には、ごくまれにビスケットを食べることはあっても、パンを見たことがないという者もあった）、牛肉の分配、識字教育、煙草や軍服の製造、野戦病院なども第四部隊の仕事だった。

また、山中でのゲリラ活動の家庭で、チェは〝モロトフ・カクテル〟と呼ばれる火炎瓶も考案した。この火炎瓶は十六ミリ小銃の筒とガソリンの瓶を組み合わせて作られており、凄まじい轟音で敵をひるませる効果があった。

こうして、シエラ・マエストラ山中で着々と地盤を固めていくかのように見えた叛乱側だったが、十一月三十日、いわゆる〝マイアミ協定〟が結ばれ、冷水を浴びせられることになる。

シエラ・マエストラ宣言の後、既成政党は独裁打倒と臨時政府樹立に向けて具体的な活動を開始したが、彼らはフィデルらM26の関係者をそこから排除した。そして、十一月三十日、パソスはマイアミで既成政党や大学生連合などを集め、米州機構と国連の監視下でパソスを首班とする臨時政府を設立し、独裁政権崩壊後十八ヵ月以内に選挙を実施するとした〝マイアミ協定〟を締結した。

当然のことながら、フィデルら山中のM26指導部はこれを認めなかったが、ジャノの活動家の一部は同協定に署名していた。このため、フィデルとチェは、自らの実力を示すことによって、反バティスタ闘争の主導権を握る必要に迫られた。

こうした状況の下で、チェの第四部隊は政府軍の包囲攻撃によってエル・オンブリートからの撤退を余儀なくされ、基地やパン焼き釜も破壊された。このため、第四部隊は、十二月八日、シエラ・マエストラ山脈のなかに〝突き出た小山〟のアルトス・デ・コンラードで政府軍を待ち伏せ、チェが次のように語る〝ヒット・エンド・ラン〟戦術で攻撃した。その先陣を切るのは、攻撃開始のタイミングを見極める上で、天才的な才能の持ち主であったカミーロ・シエンフエゴスの役割だった。

隊員や予備兵力が不十分で敵が強力である際、ゲリラは常に前衛隊の破壊を狙うべきである。方法は単純である。一定の連絡行動が必要なだけだ。前衛が選ばれた地点——できるだけ険しい——に姿を現した瞬間、死の砲火を浴びせるのだ。ただし手頃な数の兵士を通過させた後である。そして、小グループで残余の敵を釘付けにしている間に、武器、弾薬、補給品をかき集めてしまうのだ。

コンラードの戦いは、シエラ・マエストラにおいて政府軍が最も深く侵攻してきた戦いであり、チェも味方のミスで左足に負傷したが、何とか政府軍を撤退させることに成功した。

しかし、ヒット・エンド・ラン戦術のみでは、敵に対して決定的な打撃を与えることはできない。

そこで、年が明けた一九五八年二月、フィデルはマエストラの中央、ピノ・デル・アグアにある政府軍の堡塁に大規模な攻撃を仕掛けた。叛乱側は、増援部隊に対する待ち伏せ攻撃と併せて、政府軍に大きな打撃を与え、十八日までに多数の武器弾薬を鹵獲する。

アグア堡塁での勝利から間もない二月二十日、叛乱側の放送局である〝ラジオ・レベルデ〟が誕生した。ラジオ・レベルデは、まず、ラ・メサでアマチュア無線の周波数にあわせた試験放送を行った後、チェの指示で〝放送局〟をアルトス・デ・コンラードに移し、アナウンスができるオレステス・バレーラとリカルド・マルティネスを加え、二月二十四日、「こちらは叛乱軍

図18　ラジオ・レベルデの放送でマイクに向かうチェ。

放送、シエラ・マエストラの声です。全キューバに二〇メートルバンドの周波数帯で、毎日、午後五時から夜の九時まで放送します」との第一声を送信した（図18）。

放送が開始された時のことを、チェは「局のすぐ前に住んでいる農民と野営地を訪問中のフィデル以外にいなかった」と自嘲気味に回想しているが、ラジオ・レベルデの周波数帯は長距離用だったため、キューバ国内よりも、むしろ、国外での聴取に適していた。このため、ラジオ・レベルデの放送は、まず、ベネズエラでキャッチされ、そこから同国のラジオ・ルンボスやラジオコンティネンタ、次いでコロンビアのラジオ・カラコルとネットワークを形成することで、キューバ国内にもリスナーを広げていった。

四月ゼネスト

ラジオ・レベルデの放送開始翌日の二月二十五日、ハバナではバティスタ政権後援の下、自動車レースのキューバ・グランプリ（図19）が行われた。

バティスタ政権は、政治的・経済的理由から、米国人観光客の誘致を重視しており、ハバナを〝ラテンアメリカのラス・ベガス〟にすることを夢想していた。その一環として、一九五七年、ハバナ市街地のコースを利用して行われた第一回キューバ・グランプリ（非選手権レース）は多くの観光客を集め、アルゼンチン出身のファン・マヌエル・ファンヒオが優勝した。

第一回大会の成功に気をよくしたバティスタは、首都ハバナが平穏であることを内外に強調するためにも、

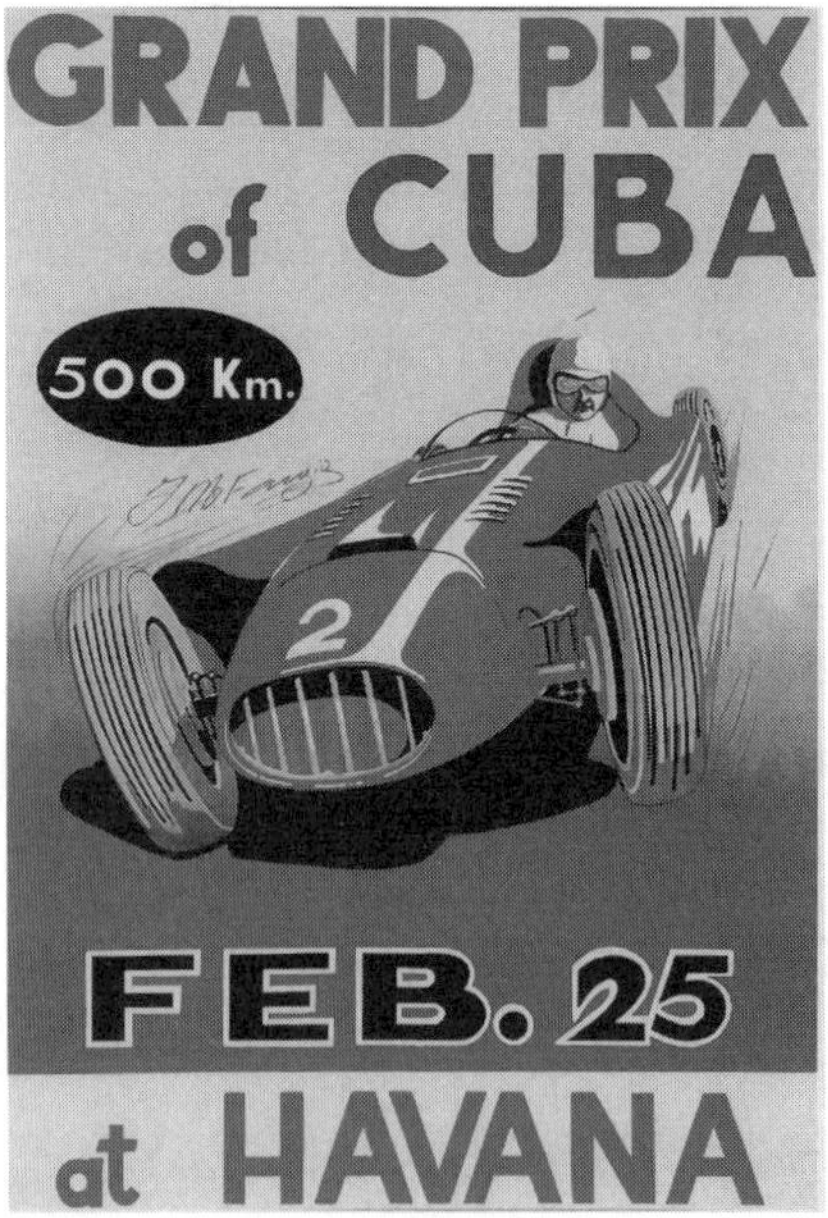

図19　キューバ・グランプリの宣伝ポスターを取り上げた絵葉書。

一九五八年二月の第二回大会の開催に力を入れていた。ところが、大会前日の二十四日、前年の優勝者、ファンヒオが宿泊先のホテル・リンカーンから、ジャノの活動家、ファウスティーノ・ペレスに銃で脅されて拉致されてしまう。

テロには屈しないとするバティスタは、予定通り、レースの開催を命じるとともに、警察の精鋭チームに捜査を命じたが、ファンヒオを発見することはできなかった。

さらに、翌二十五日に行われたレースでは、スタートこそ順調だったものの、先頭を走るスターリング・モスとマステン・グレゴリーが五周目に入った頃、サーキットのほぼ全コーナーがオイルまみれとなり、多くのマシンがコントロールを失ってレースは中止となり、六周の時点でトップだったモスが優勝者となった。なお、当初主催者側は反政府勢力による第二の妨害活動を疑ったが、こちらは、最終的に、ロベルト・ミエレスのポルシェがオイル漏れを起こしたことが原因と判明した。

惨憺たる失敗に終わったレース後間もなく、ファウスティーノは丁重な〝お詫び〟とともにファンヒオの身柄をアルゼンチン大使館に引き渡す。

バティスタの面目は完全に丸つぶれとなり、あわせて、叛乱側はその〝実力〟を内外に見せつけることとなった。

こうした状況を踏まえ、三月十~十一日、シエラ・マエストラでM26全国指導部の会議が開かれ、ラウルを指揮官とする第二東部戦線とファン・アルメイダを指揮官とする別働隊が組織された。その上で、ジャノの提案を受けて、四月九日、キューバ全土でゼネストを決行する旨の声明が発表された。

ところが、ゼネストの計画には不備も多く、肝心のジャノも決行当日まで開始か延期で逡巡していた。また、親米路線を採っていた最大労組の〝キューバ労働者連合（CTC）〟はゼネスト参加者を除名するとの通達を出していた。さらに、ジャノ指導部と人民社会党（共産党）の主導権争いから、交通・通信労組を掌握していた人民社会党系の労組はジャノ主導のゼネストには非協力的で、ゼネスト開始が宣言された後も情報・交通網は平常通り動いていた。

この結果、サンティアゴ・デ・クーバなど東部では散発的にストが始まったものの、ハバナでは労働者は動かず、〝ゼネスト〟は、政府の弾圧による死者百四十人を出して失敗に終わった。ゼネストと並行して、フィデルの命でカミーロがオリエンテ平原で行った示威攻撃も結果として徒労に終わった。

体制の立て直しを迫られたM26は、五月五日、シエラ・マエストラのモンピエであらためて全国指導部会議を開催。統一指令部をシエラ・マエストラに置き、フィデルを叛乱軍総司令官、M26書記長、人民民兵長官とすることが決定された。こうして、それまで、ジャノとシエラに分かれていたM26の闘争はようやく一本化された。

これに対して、ゼネスト失敗をM26掃討の好機ととらえたバティスタ政権は、ゲリラに対する最終攻勢として〝FF作戦〟を発動。十四大隊約一万人の兵力を動員して四方からシエラ・マエストラへの攻撃を開始し、五月二十八日、叛乱側の山麓の拠点、ラス・メルデセスを占領する。

さらに、政府軍は、六月二十五日、ラ・プラタの総司令部から徒歩四時間のラス・ベガスを占領。同二十八日には叛乱側の支配領域を最小になるまで追い詰めた。

しかし、翌二十九日、フィデルの率いる叛乱軍本隊はサント・ドミンゴ川で六百人の政府軍を迎撃し、政府軍に死者五十人、捕虜三十人の損害を与え、六万発の弾薬を奪う勝利を収めた。

これが戦局の転機となり、七月十日の戦いでも叛乱側は政府軍を破り、同二十九日にはチェとカミーロの指揮する第四部隊がラス・ベガスを再占領に成功した。そして、八月七日にはラス・メルセデスも再占領し、政府軍はシエラ・マエストラから完全に撤退した。

FF作戦が発動された際、政府軍が動員した兵力一万に対して、叛乱軍の総数は二百しかなかった。しかし、叛乱側はシエラ・マエストラの地形を熟知していただけでなく、その戦意は政府軍をはるかに凌駕していた。また、政府軍の捕虜に対しても、貴重な薬を使い、治療して解放するという叛乱軍の行動は、結果として、政府軍の兵士たちの間にも彼らに同調する空気を生み出すことになり、そのことが、圧倒的に不利な状況を跳ね返しての勝利につながったのである。

ちなみに、二ヵ月半の戦闘で政府軍の死者、負傷者、捕虜、脱走者は二千人以上。対する叛乱側の損失は五十人で、戦闘が終わったときには、新たに約六百人が合流していた。さらに、六百丁の銃、戦車一両、迫撃砲十二門、三脚架機関銃二十数丁が叛乱軍の手に渡った。

一方、ラジオ・レベルデを通じて政府軍の敗勢が伝えられると、一般国民の間にもフィデルによるバティスタ政権打倒への期待が次第に高まり、その結果、既成政党・政治家たちは、否応なしに、フィデルらを排除した〝マイアミ協定〟路線の見直しを迫られることになった。

かくして、チバスとパソスがあらためてシエラ・マエストラを訪れ、七月十二日、〝革命市民戦線〟の下、統一・臨時政府首班の指名、外国の干渉排除、軍事評議会拒否、一九四〇年憲法の復活、反腐敗、遊休地の有償接収などを盛り込んだ〝シエラ・マエストラ宣言〟が発表された。同宣言は、七月二十日、ゼネスト失敗の戦犯と見なされた人民社会党を除く十一団体によって〝カラカス協定〟として署名された。

革命の成就

八月七日の政府軍のシエラ・マエストラ完全撤退を受けて、八月十二日、マイアミでカラカス協定署名団体の会議が行われ、バティスタ打倒後の臨時政府首班指名についての議論が行われた。

臨時大統領就任への野心を隠さないパソスに対して、フィデルは、マヌエル・ウルティアを推薦した。ウルティアは、フィデルに対するモンカダ裁判で、非常事態下にあっては武装抵抗も憲法上容認されうるとの判断を示した最高裁判事で、既成政党の支持者にも受け入れやすい人選だったから（それゆえ、当時のチェはフィデルを〝プティ・ブル〟と批判したのだが）、この提案は賛成多数で承認された。

これを受けて、フィデルは叛乱軍を再編成し、チェをシロ・レドンド第八部隊（シロ・レドンドは、モンカダ事件以来のフィデルの同志で、マル・ベルデで戦死した）の指揮官に、カミーロを少佐に昇進させ、アントニオ・

マセオ第二部隊（アントニオ・マセドは十九世紀の独立戦争で戦死した黒人革命家）の指揮官に、それぞれ任命し、キューバ島中央部、ラス・ビジャス州の要衝、サンタ・クララの攻略を命じた。

八月二十二日、まず、カミーロの部隊がラス・メルセデスから北側のルートで出発。チェの部隊は武器弾薬の到着を待って八月三十一日に南側のルートを出発した（図20）。

チェの部隊は出発早々の九月一日、ハリケーンの直撃に見舞われただけでなく、政府軍の包囲と攻撃をかいくぐり、十月七日、エスカンブライのゲリラと接触。十月十五日、ついにラス・ビジャス州に到着し、カミーロの部隊とも連携して中央国道を完全に封鎖し、キューバ島の東西分断に成功する。

一方、フィデルは、ラウルとともに、キューバ島東部、オリエンテ地方の中心地であるサンティアゴ・デ・クーバを目指し、十一月十七日、最終攻勢を指示したあとシエラ・マエストラの本部を閉鎖。兵三百で〝ホセ・マルティ部隊〟を編成してサンティアゴ作戦を開始し、平原部に進出した。

サンティアゴ作戦の最初の山場となったグィサの戦闘は、十一月二十日に始まった。

グィサの兵営は、当時、政府軍の最精鋭、四個師団規模の兵力が駐留しており、バヤモからは増援の戦車部隊も派遣されてきたが、叛乱軍は地雷や塹壕を使って戦車を使用不能にするなどして、十一月三十日、激戦の末に政府軍を撤退させた。この戦闘で、政府軍は百十六名の死者、八十名の負傷者を出したが、叛乱軍側の死者はわずか十名前後にとどまった（図21）。

図20　チェとカミーロのサンタ・クララ攻略ルートを示した切手。

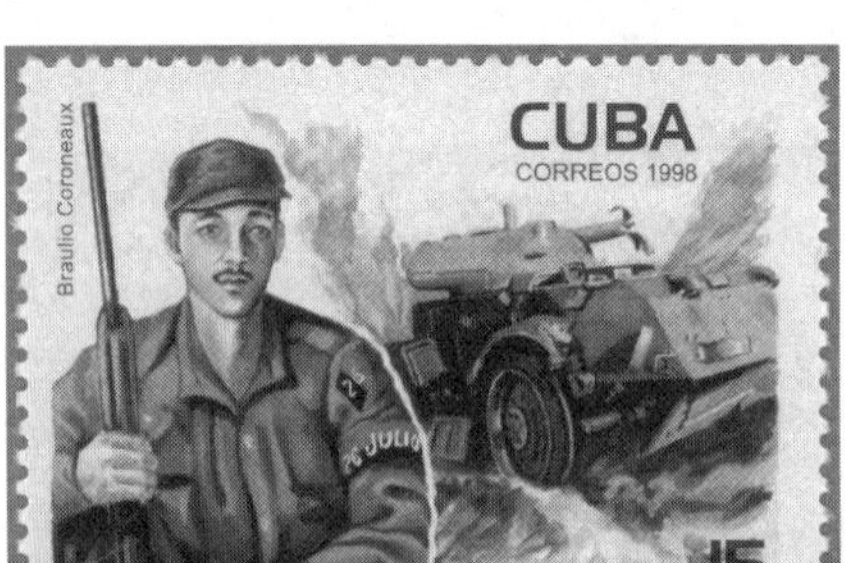

図21　グィサの勝利40周年の記念切手。

叛乱軍の戦果は、ラジオ・レベルデを通じて一般のキューバ国民にも知られようになり、そのことが、ますます叛乱軍が国民の支持を得ていくという好循環をもたらす。

ラス・ビジャス州内の各都市を次々に解放していったチェの部隊は、十二月下旬には、州都サンタ・クララ東南のカバイグアンを攻略。同二十五日にはラス・ビジャス中央大学に司令部を設置し、サンタ・クララ攻略戦を開始した。

これに対して、バティスタ政権は、サンタ・クララ市街を一望できるカピーロの丘の上に堡塁を建設し、二千の兵を動員して町全体を要塞化し、無差別爆撃を加えた。しかし、無差別爆撃に反発した市民は、叛乱軍に協力して政府軍の戦車を阻むバリケードを築いたり、火炎瓶を作ったりしただけでなく、チェの部隊に政府軍の情報を提供した。こうした市民からの情報を元に、チェの部隊は、十二月二十九日、レールに罠を仕掛け、四百の兵と武器弾薬を積んだ装甲列車を脱線させ（図22）、総攻撃を開始する（図23）。

戦闘は正午には終了し、戦意を喪失した政府軍は大

図22　サンタ・クララ攻略戦の象徴ともいうべき列車転覆の場面を描いた " サンタ・クララの勝利 25 周年 " の記念切手。

図23　サンタ・クララの戦闘（1960 年の革命 1 周年の記念切手より）。

図24　サンタ・クララでの勝利後、鹵獲した戦車の前に立つチェ。

図 25　革命達成の記念切手の初日カバーの封筒には、キューバから追放されるバティスタが描かれている。

図 27　キューバ大統領として最初の署名を行うウルティア。

図 26　革命達成の記念切手。

量の武器弾薬とともに降伏（図24）。その後も、市内で散発的な戦闘が続いたが、もはや政府軍に味方する市民はなかった。

　こうなると、もはや戦況は圧倒的に革命側に有利となり、長年の独裁体制のツケですっかり国民の支持を失っていたバティスタは、一九五九年一月一日、ついにドミニカ共和国に亡命（図25、26）。最後までビダール兵営に籠城して抵抗していた政府軍の最後の部隊も降伏した。

図28　革命軍のキューバ入城（1960年の革命1周年の記念切手より）。

図29　フィデルのハバナ入城に同行するカミーロ。

　同日、フィデルとラウルもサンティアゴ・デ・クーバを制圧。前年八月のマイアミでの協議に基づき、ウルティアが大統領就任を宣誓し（図27）、バティスタ亡命後の政府軍によるクーデターを防ぐため、フィデルは全国にゼネストを指令する。

　翌二日、チェとカミーロは首都ハバナに入城し（図28）、チェはカバーニア要塞に、カミーロはコロンビア兵営に入った。四日にはハバナで臨時革命政府が樹立され、五日には全国弁護士会会長のミロ・カルドを首相とする新内閣が発足し、M26からはアルマンド・ハーツ（教育相）とファウスティーノ・ペレス（不正取得資産回復担当相）が入閣。サンティアゴ・デ・クーバにいたフィデルは叛乱軍総司令官からキューバ人民軍総司令官になった。

　一方、フィデルは西部へ向けて進軍を開始。一月八日、市民の歓呼の中を鹵獲した戦車に乗ってハバナに入城し（図29）、「真の革命は、いまここに始まったばかりなのだ」とする勝利宣言を行った（図30）。

図30　勝利宣言を行うフィデル（革命50周年の記念切手）。演説の後、2羽のハトが飛んできてフィデルの肩にとまった。フィデルのハバナ入城時に放たれた伝書鳩がフィデルの元に戻ってきただけなのだが、集まった群衆には天が革命を祝福しているかのような印象を与えたという。

第4章　農業改革とキューバ親善使節団

第一次農業改革

一九五九年の革命と同時に発足した臨時革命政府では、当初、バティスタ政権時代の教訓から、「軍人は政治には介入してはならない」としてシビリアン・コントロールの原則を守るため、フィデルらゲリラの主要メンバーはあえて政府に参加せず、法曹出身のウルティアが大統領、同じくカルドナが首相に就任した。

とはいえ、当初から革命政府のなかで最も発言力を持っていたのがフィデルらゲリラ勢力であることは誰の目にも明白であった。

一方、首相のカルドナは、もともと、最後までバティスタとの話し合いによる政権交代を目指していた〝穏健派〟であり、対米協調路線の維持を主張するなど、フィデルらM26とはかなりの温度差があった。

このため、一九五九年一月十七日、カルドナは、大統領のウルティアが慰留することを想定して、辞表を提出し、大統領とM26に揺さぶりをかけて主導権を握ろうとした。ところが、政治的な駆け引きの機微に疎いウルティアは辞表を受理してしまい、あわてた大統領秘書官がカルドナに辞表を返却し、辞任劇はひとまず収まるという一幕があった。

こうした政治的混乱を収束させるため、M26を中心にフィデルの首相就任を求める声が上がるのも当然で、二月十六日、フィデルは「首相は政府の全般的政策を代表する」との条件つきで首相に就任した。

一方、チェは、一月十九日、ハバナを訪問したブラジルの新聞記者、アルマンド・ヒメネスのインタビューを受け、「キューバでの仕事を終えたら、今度はどこへ行きますか?」との問いに対して、「まだわからない。

おそらくニカラグアかドミニカ共和国、またはパラグアイへ。もしあなた方がブラジルで私を必要とするならお招きください」と応じていた。

　これに対して、二月九日、革命政府の閣僚会議は、「外国人であっても、少なくとも一年間革命過程に参加した叛乱軍司令官は〝生まれながらの〟キューバ国籍を取得できる」との政令を公布する。この条件に合致する〝外国人〟はチェしかおらず、チェにキューバ国籍を付与し、革命政府にチェが〝キューバ人〟として加わることを合法化するためのものであった（図1）。

　さて、首相に就任したフィデルは、公務員に対する空手当や幽霊公団の廃止、米国人しか入れなかった飲食店や海岸の一般市民への開放、電気料金の引き下げ、バティスタ派の資産接収、農民による占有地の所有権承認などの改革を矢継ぎ早に実施していった。

図１　キューバ革命 50 周年の記念切手の１枚は、革命後、チェが“生まれながらのキューバ国籍”を得たことを取り上げている。

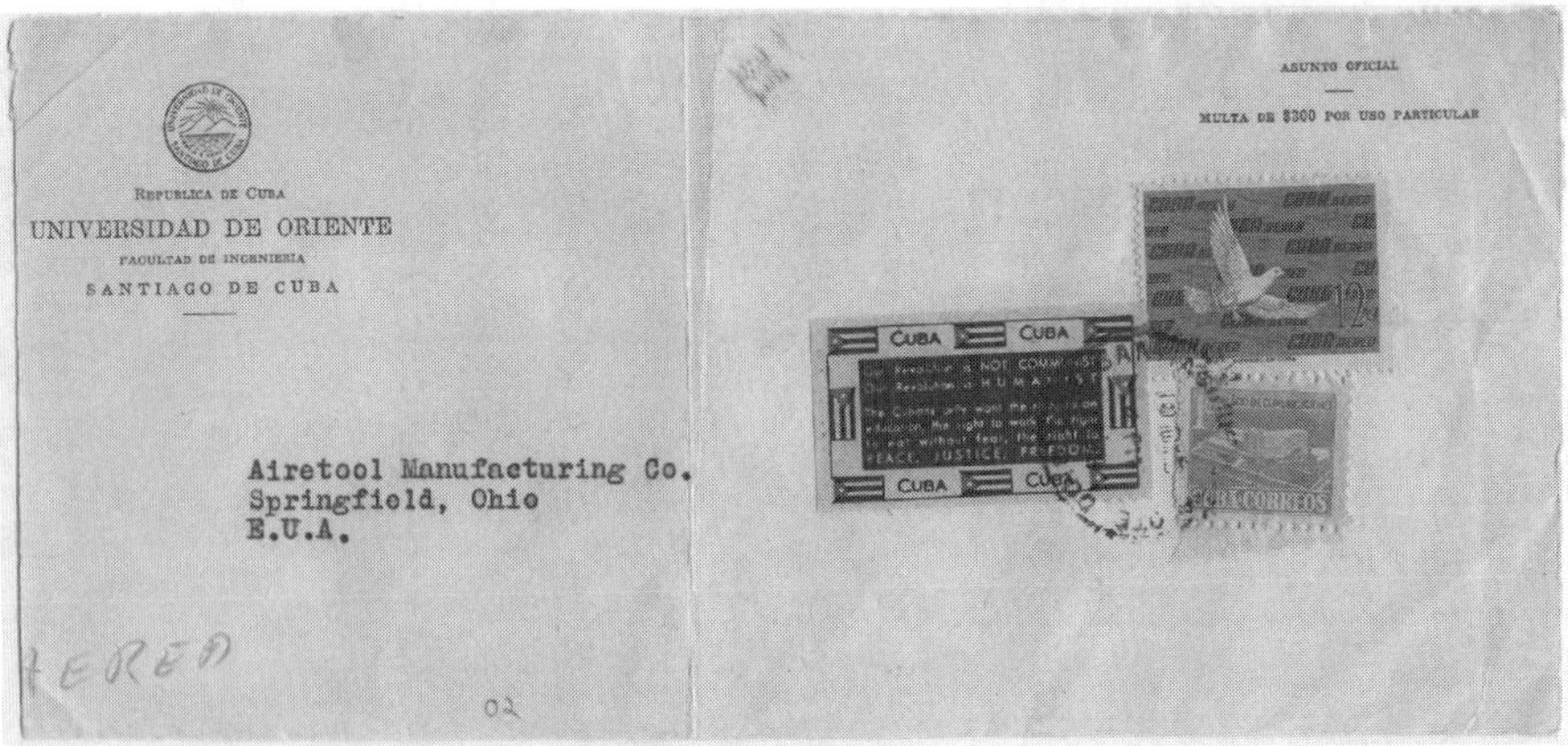

図２「我々の革命は共産主義ではない」とのスローガンのラベルが貼られたカバー。1959 年 12 月、サンティアゴ･デ･クーバからアメリカ宛。

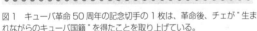

当時のフィデルは必ずしもソ連型の社会主義国家の建設を志向していたわけではなく、あまりにも極端な富の偏在を是正する〝改良主義〟の立場に立っていた。こうしたことを示しているのが、図2のカバーである。

このカバーは、革命の起こった一九五九年末に、米オハイオ州のスプリングフィールド宛に差し出されたものだが、切手と隣り合わせに、革命政権側が作成したラベルが貼られている。そのラベルの文面は、「我々の革命は共産主義者（によるもの）ではない。我々の革命は人道主義（によるもの）である。キューバ人は、ただ、教育の権利、労働の権利、安定した食糧を得る権利、平和、正義、自由を求める権利を求めているだけである。」となっている。

発足当初の革命政権側は、自らの革命に対する国際的な理解（特に、米国民の理解）を得るために、こうしたラベルを作成し、外国宛の郵便物に貼付していた。郵便物が宛先に届けられるまでに多くの人々の手を経ることに注目し、郵便物そのものをメディアとして活用しようとした事例といってよいだろう。

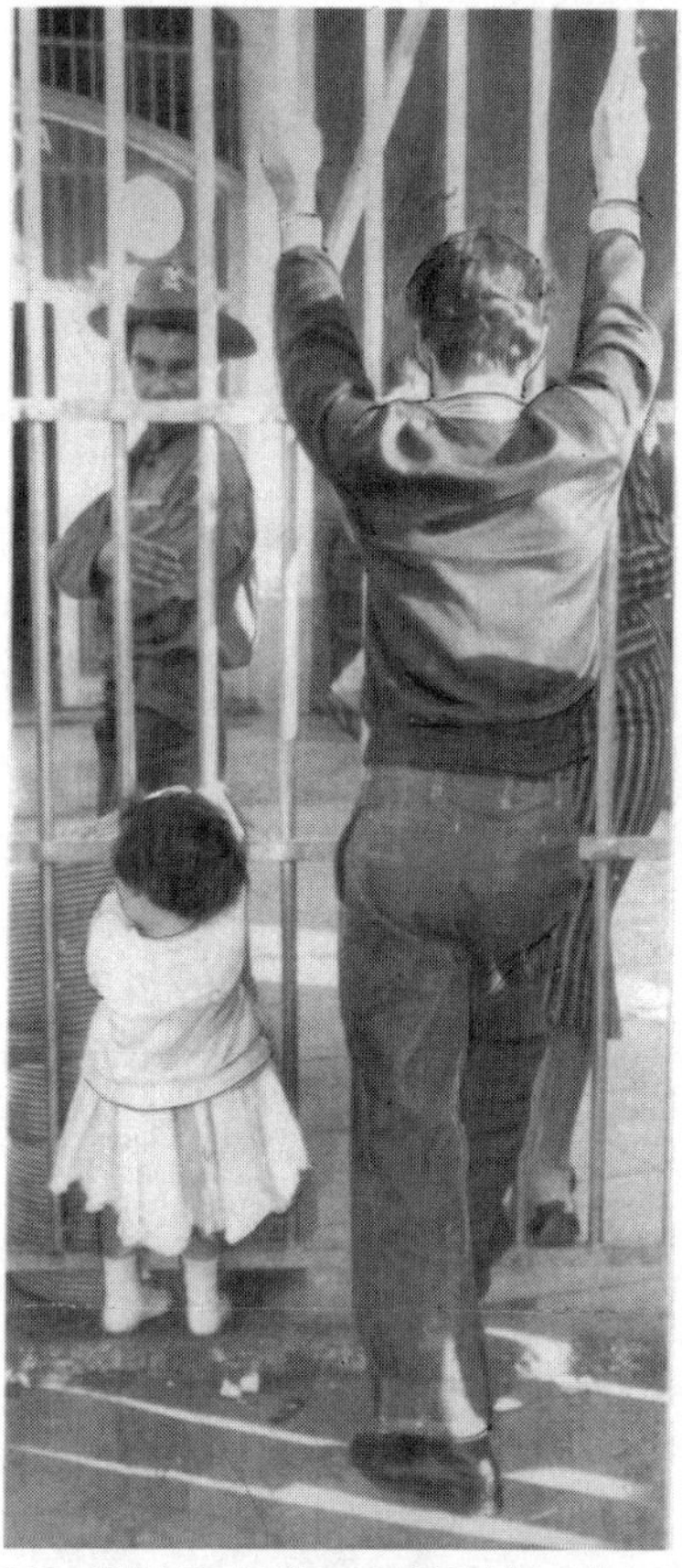

図３　裁判を待つ旧バティスタ派の被告と家族との面会風景。「帽子をかぶった看守は、被告の娘に鉄格子を越えさせ、被告とじかに接触させている」との説明が付けられ写真だが、監獄の内側（＝鉄格子を挟んで被告の側）から撮影されており、革命政権が、旧バティスタ派を“寛大に”扱っていることをアピールするためのものであった可能性が高い。

実際、大統領のウルティアは、当初、フィデルは共産主義者ではないとしてフィデルとは個人的に良好な関係を築こうとした。その一方で、チェをはじめM26の共産主義者をフィデルから引き離すべきだとも主張していた。

ちなみに、チェはメキシコ時代に逮捕された際に

〝共産主義者〟として新聞に報道されていただけでなく、革命後間もない一月二十七日、「叛乱軍の社会的任務」と題する演説において「キューバの工業化には原料と電力の確保が必要であり、そのためには、原料を一手に握っている外国資本の追放や、電力会社の国有化が必要だ」と主張していた。

さらに、革命の一ヵ月後、旧バティスタ派の人々に対する裁判が行われ（図3、4）、約六百人が処刑されたが、その責任者はチェであり、彼は即決裁判での大量処刑の理由を「グアテマラ革命の失敗は、軍内部にアルベンスへの裏切りがあったため」と説明した、さらに、政治犯収容所の建設もチェの指揮下で行われた。

これらはいずれも、当時の米国ないしはラテンアメリカの親米勢力の目から見れば〝共産主義者〟の言動に他ならない。

さて、図2のラベルが主張する〝改良主義〟の最大の目玉が、五月十七日に制定された第一次農業改革法であった。

モンカダ兵営襲撃後、フィデルが獄中で執筆した手記には、すでに革命後の土地改革についての言及があ

図4　裁判で旧バティスタ派の悪行を証言する証人。画面右手前、イスに座る被告人は元警察官でこの裁判で有罪判決を受けた。

り、土地改革が成功すれば、キューバ経済は自然と成長軌道に乗るであろうとの見通しが述べられていた。

その後、土地改革の実施はM26の公約とされ、革命戦争の最中、叛乱側の支配していたシエラ・マエストラ山中の解放区やオリエンテ州のラウル指揮下の第二戦線、カミーロとチェが勢力下においたシエンフエゴスなどでは、二カバジェリーア（約二六・八ヘクタール。一カバジェリーアは約一三・四ヘクタール）までの土地を農民に対して無償で分与する農地改革が実施されていた。

革命後の一九五九年二月十日の閣僚会議では、こうした農地改革をキューバ全土で実施するための農業改革法のための委員会の設置が決定され、ウンベルト・ソリ・マリン農相が委員長に就任する。しかし、グアテマラのアルベンス政権がユナイテッド・フルーツ社と対立して一九五四年に崩壊に追い込まれたこともあって、政権内には、米国との対立を招きかねない農業改革には消極的な閣僚も少なくなかった。

そこで、フィデルはチェをはじめM26の〝社会改革派〟とともに農業改革法案を作成。法案は四月二十八日の閣議提出を経て、五月五日、閣議で承認された。

図5　1959年5月、農業改革の実施直前に発行された宣伝切手（上下とも）。

これを受けて、七日には農業改革の宣伝切手（図5）も発行されている。切手は、農業改革の意義として〝工業を支える農業〟を象徴する図案となっており、農地改革を実施するのに必要な費用を集めるための寄附金が上乗せされて発売された。

さらに五月十七日には、革命戦争中に総司令部の置かれていたシエラ・マエストラ山中のラ・プラタで、大統領のウルティア、農相のソリ・マリンも出席して、カストロが法案に署名する記念式典も行われ、（第一次）

上：図6　業改革法の文面と農業改革のイメージを表現した農業改革10周年の記念切手。
下：図7　署名するフィデルと土地を得た農民を取り上げた革命50周年の記念切手。

農業改革法は正式に公布された（図6、7）。

この時の農地改革では、土地の最高所有限度面積は三〇カバジェリーア（約四〇三ヘクタール）とされ、それを超える土地は有償で接収された。その上で、二カバジェリーア以下の土地しか持たない零細農民や小作人、あるいは営農希望者には、二カバジェリーアまでは無償で、二〜五カバジェリーアまでは有償で土地が与えられた。ただし、それまで、米系企業による大規模プランテーションが農業の中心を占めていたキューバでやみくもに農地の細分化を行えば生産性が著しく低下することから、政府主導で大規模な国有農場や協同組合農場の形成が促進された。また、富の偏在の象徴となっていた外国人・外国企業による土地の所有も併せて禁止された。

前述のように、革命以前のキューバでは、可耕地の七〇〜七五％、農地面積の三分の一は米系企業の所有地となっていたから、外国人の土地所有を禁止した農業改革は米国によるキューバ支配の前提を根本から否定するもので、米国をいたく刺激した。

すなわち、米国政府は、一九五九年一月七日、とりあえず革命政府を承認した上で、その方向性を見きわめようと事態を静観していたが、農地改革が実行に移されるや、キューバ政府に抗議。アイゼンハワーは「カストロは共産主義者ではないが、共産主義者から引き離す必要がある」との認識を示し、キューバ国内でも、それに同調する声が少なからず上がるようになった。

ここで、フィデルから〝引き離されるべき共産主義者〟、〝国際共産主義の手先〟の筆頭と目されていたのが、キューバ国籍を与えられていたとはいえ、アルゼンチン出身の（元）外国人のチェであったことは言うまでもない。

そこで、同志としてのチェを失いたくなかったフィデルは、チェを団長（通商大使）とする〝親善使節団〟の各国歴訪を命じる。

使節団の目的は、キューバ革命に対する国際社会の理解を得るとともに、最大の貿易相手国である米国との関係悪化を踏まえて、他国との貿易ルートの多角化・拡大を図ることにあったが、同時に、しばらくの間、チェがキューバを離れることによって、ほとぼりを冷まそうという意図もあった。

一方、チェは、最初の妻イルダと正式に離婚し、六月二日、革命戦争中にラス・ビリャスで出会ったアレイダ・マルチ・デ・ラ・トーレと再婚していたが、六月十二日、カストロの命を受けて各国歴訪の旅に出発する。

最初の訪問国はＵＡＲ

一九五九年六月十二日、ハバナを出航したチェを団長とするキューバ親善使節団は、マドリードを経由して、六月十六日、最初の訪問国であるアラブ連合共和国（ＵＡＲ）の首都、カイロに到着した。

一九二二年、エジプト王国は英国から形式的に独立したが、その後も、エジプトは英国による事実上の植民地支配下に置かれ続けていた。

一九五二年のエジプト革命で発足したマール・アブドゥン・ナーセル（以下、ナセル）の民族主義政権（図8）は、対英自立を果たすため、一九五四年十月、スエズ運河地帯から英国軍を撤退させる協定を成立させ、一九五六年六月二十日までに駐留英軍を撤兵させた。もっとも、この段階では、ナセル政権は自立した近代国家を建設するという意味で英国の影響力を排除しようとしていたが、西側諸国と敵対することを望んでいたわけではない。エジプトの経済的自立のための国家プロジェクト、アスワン・ハイダムの建設（ナイル川上流に巨大なダムと発電所を建設し、それを利用した

図８　エジプト革命直後、王制時代の国王の肖像を抹消した暫定切手と革命政府の発行した切手が同時に貼られた郵便物。

灌漑により大規模な農地を開拓することが計画された）を遂行していくためには、米英両国と世界銀行の資金援助が不可欠だったからだ。

このため、英軍の運河地帯からの撤退に際しては、運河の所有権は英仏両国を大株主とする国際スエズ運河株式会社が保有することとされ、運河の自由な航行を保障する国際協定（一八八八年十月締結）も引き続き有効であることも確認されていた。

しかし、英軍が運河地帯から撤兵すれば、エジプト軍がシナイ半島を北上するのではないかと恐れたイスラエルは英軍撤兵を妨害すべくさまざまな破壊工作を展開。一九五五年二月には、イスラエル軍の攻撃によりエジプト軍兵士三十八名が犠牲になった。そこで、イスラエルへの対抗上、軍の近代化を計ろうとしたエジプトは、米国をはじめとする西側諸国から最新兵器を購入しようとしたが、米英仏の三ヵ国は、中東への武器供与を制限する三国宣言を理由にこれを拒絶。このため、ナセルはソ連に接近し、一九五五年十月、チェコスロバキア経由での通商協定という名目で、綿花（エジプトの主力輸出品）とのバーター取引を成功させ、大量のソ連製兵器を獲得した。

　ところが、アラブの盟主を自認するエジプトがソ連に接近することで、他のアラブ諸国もこれに追随するのではないかとの懸念を抱いた米国は、これに強く反発し、エジプトの封じ込めに乗り出す。その一環として、一九五六年七月十九日、国務長官のジョン・フォレスター・ダレスがアスワン・ハイダム建設への資金援助の約束を突如撤回。英国と世界銀行も同様の声明をエジプトに対して発し、ナセルの悲願であったアスワン・ハイダム計画は、資金不足から中止の瀬戸際に追い込まれた。

　そこで、追い詰められたナセルは、七月二十六日、年間一億ドルのスエズ運河の収益をアスワン・ハイダム建設の資金に充てるべく、運河の国有化を宣言。管理会社である国際スエズ運河株式会社を接収して全資産を凍結した（図9）。

　一方、スエズ運河の国有化宣言に激怒した英仏は、エジプトによるチラン海峡の封鎖で経済的なダメージを受けていたイスラエルと同調し、武力による運河国有化の阻止を計画し、

図9　スエズ運河国有化宣言の記念切手。

①イスラエル軍が国境を越えてシナイ半島に侵攻
②それに対して英仏が〝スエズ運河の安全な航行を確保するため〟として、兵力引き離しのためにエジプト・イスラエル両軍にシナイ半島から撤退するように通告
③エジプトがこれを拒否したら、制裁のために英仏軍が介入し、エジプト軍をスエズ運河以西へ追い払った上で、平和維持としてスエズ運河地帯に駐留する

というプランを立案する。

　この計画に従い、十月二十九日、イスラエル軍がシナイ半島侵攻作戦を開始し、第二次中東戦争が勃発。予想通り、エジプトは英仏の通告を拒否したため、英仏

図10　スエズ運河はエジプトの不可分の領土であるとの標語印が押された郵便物。

軍が軍事侵攻を開始し、英国軍の落下傘部隊はポートサイド（スエズ運河の地中海川の出口）を急襲した。

図10の郵便物は、そうした最中の一九五六年十一月二十一日にカイロからアメリカ宛に差し出されたもので「スエズ運河はエジプトの不可分の領土である」との内容のスローガンが入った消印が押されている。英仏の理不尽な圧力に屈しないというエジプトの姿勢を、広く国際社会に訴えようとする意図がストレートに現れた消印である。

結局、英仏によるスエズ侵攻作戦は、米ソを含む国際社会の厳しい非難を浴び、英仏両国は十二月二日には作戦を中止せざるを得なくなった。

これにより、ナセルの権威はアラブ諸国でゆるぎないものとなり、彼の唱えるアラブ民族主義は大きな影響力を持つようになった。

ちなみに、いわゆるアラブ民族主義は、アラブ諸国が西欧の植民地主義によって分断されているとの認識の下、そうした現状を打破するためには、各国で共和革命を起こして西欧諸国におもねらない独立の民族主義政権を作り、そうした国々が連帯してアラブを再統合し、その力をもってパレスチナ問題を解決する、というイデオロギーである。ただし、当時の東西冷戦の文脈では、アラブ民族主義は〝ソ連寄り〟というレッテルを貼られ、西側諸国は、民族主義政権のエジプト・シリアの封じ込めを狙うようになる。特に、一九五七年、シリアの支援を受けたヨルダンの民族主義者が共和革命を目指してクーデターを起こすと、ヨルダン王室は米国の支援を受けてこれを鎮圧。米シリア関係は極端に悪化した。

このため、外圧に抵抗する必要に迫られたシリアは、同じく民族主義政権のエジプトとの国家連合によって事態を乗り切ろうとし、一九五八年二月、エジプトとシリアの国家連合による〝アラブ連合共和国（UAR）〟が発足する（図11）。

大統領にはエジプトのナセルが就任し、シリアの大

図 11　UAR 創立の記念切手。エジプトとシリアの地図を " アラブ連合共和国 " の文字の入ったアーチでつなぎ、新たな時代の夜明けを象徴する太陽を背後に配したデザインである。国家連合の表現として、両国ともに同じデザインの切手となっているが、通貨の統合は行われなかったため、エジプトのミリーム（切手上の表示はM）、シリアのピアストル（切手上の表示はp）は、従来どおり使われている。

統領だったアサリは副大統領に就任。新国家は、米英への対抗上、ソ連からの支援を受けて、経済建設を進めようとした。

UARの誕生は、当初、アラブ民族主義の理想が実現に向けて動き出した第一歩として高く評価されたが、政権内の指導権争いや、経済的な格差に起因するシリア側のコンプレックスとエジプト側の尊大な態度などが絡み合い、一九六一年九月、シリアでクーデターが発生し、国家連合は解消されてしまった。

さて、カイロに到着したキューバ使節団の一行は、一九五二年の革命で追放されたファールーク国王の夏の宮殿に滞在し、ナセルとも会談した。民族主義者としてのナセルはキューバの革命に対しても一定の理解を示していたが、農地改革をめぐっては、チェとの間に激しい議論があったと伝えられている。

ナセル政権下での農地改革は、〝民主的協同的社会主義〟に基づいて、〝制限された私的所有権〟と〝協同組合〟の原則による農地の再分配および〝協同組合による生産と所得の増大〟を基本方針としているとされる。なお、ここでいう〝社会主義〟とは、一般にイメージされているマルクス・レーニン主義のことではなく、重要産業の国有化と計画経済に基づく体制という意味である。

改革の中心となる農地の再分配に関しては、一九五九年の時点で、エジプト（UARとしては南部州）では五六万エーカー（約二二六六平方キロ）の農地が収容され、約二九万エーカー（約一一七四平方キロ）が農民に分配され、シリア（UARとしては北部州）では、一七〇万ヘクタールの強制買上と農民下の分配および八〇万ヘクタールの国有地の分配が完了していた。ただし、大地主は〝農地改革〟によって国外に追放されるべきとするチェからすると、農地改革後もエジプト国内にとどまる地主が多かったエジプトの現状は極めて不十分なものと映り、ナセルとは議論になったという。こうしたこともあって、貿易交渉に関しては、キューバ産の砂糖に関する商談はなく、キューバがエジプト産の野菜を買い付ける話がまとまったのみであった。

ナセルとの会見後、チェらはダマスカス、ポートサイドとスエズ運河、アレクサンドリアを訪問。ポートサイドでは一九五六年の第二次中東戦争の犠牲者追悼の式典に参加したほか、アレクサンドリアでは海軍の演習にも参加し、滞在期間は十六日間にもおよんだ。

サンピエトロ寺院を参拝

UARでの日程を終えた一行は、カイロを発ってローマに向かう。使節団にとって、ローマは純然たる中継地でしかなく、滞在時間もわずか十四時間だったが、チェはローマ駐在のキューバ大使館員の案内でバティカンのサンピエトロ寺院を参拝している。

チェは、サンピエトロ寺院参拝の理由について、ミケランジェロの作品を見たかったためと説明している。それはそれで一面の事実ではあろうが、チェがバティカンに立ち寄ることをフィデルが認めていたということは記憶にとどめておいてよい。

すなわち、共産主義者としてのチェは、使節団の旅程として中華人民共和国への訪問も提案したが、フィデルは中国への訪問を認めなかった。フィデルがチェを外遊させた背景に、農業改革に対する〝共産主義〟との批判を和らげようとの意図があった以上、自ら共産主義者であると公言しているチェを、〝移動大使〟として共産中国に訪問させることは「革命政権は共産主義ではない」とのフィデルの主張と矛盾するものと受け取られかねない。

さらに、チェら使節団がハバナを出発したのは一九五九年六月だったが、この時点では、一九五八年に中

図12　毛沢東が劉少奇に国家主席を譲った後の1959年5月27日、“大躍進”政策の目標を超過達成したとして中国が発行した切手。1958年の鉄鋼生産が1108万トンを超過したことが誇示されているが、実際には粗悪な鉄鋼が濫造されただけに終わった。

国で発動された急進社会主義路線の〝大躍進〟政策（図12）が惨憺たる失敗に終わり、大量の餓死者が発生したことが明らかになっていたし、一九五九年四月二十七日、毛沢東は大躍進政策失敗の責任を取って国家主席を退任していた。フィデルがどこまでそうした中国の状況を理解していたかは不明だが、このタイミングで使節団が中国を訪問しても、共産主義とは距離を置いていることになっている革命政権にとっては得るものがない。

　いずれにせよ、使節団の中国行に否定的なフィデルの意を汲んだチェは、中国に対する個人的な興味とは別に、道中、日本訪問のついでに中国へも足を延ばしたらどうかと使節団のメンバーから提案された際にも、これを即座に却下している。

　こうしたチェの姿勢を考えると、バティカンへの訪問はフィデルの意にかなう（少なくとも、フィデルには反対されない）という確信があったものと考えるのが妥当だろう。

　キューバはもともとスペインの植民地だったこともあり、革命が起きた一九五九年の時点では国民の七割以上がカトリックの信者だった。革命の指導者であるフィデルは無神論者であり、革命以前のカトリック教会がバティスタ政権と結託していたこともあり、革命政権とカトリック教会の関係は当初から良好とは言い難かったが、それでも、当初、革命政権はカトリック教会の活動に対しては静観の姿勢を取っていた。

　フィデルとしては、仮に使節団がバティカンとの正規の外交的な接触を行わなかったとしても、彼らがバティカンに〝観光客〟として立ち寄ることで、革命政権は宗教界を敵視していない、すなわち、〝共産主義〟ではないということを対外的に示すことができる。その意味では、「コミュニストがどうしてサンピエトロ寺院に入れるのか？」とのローマ駐在のキューバ大使館員（革命当初、キューバの在外公館の多くは、バティスタ政権時代のスタッフがそのまま勤務を継続していた）の問いに対して、「たとえサンピエトロ寺院に入ったとしても、キリストは私の心の中から共産主義を取り上げることはできない」とチェが応じたというエピソードは、極めて象徴的である。

ちなみに、革命政権とカトリック教会の関係は、一九六〇年八月、カトリックは共産主義とは併存しえないとの教書に署名した聖職者数人に対して、フィデルが公開の場で批難の演説を行い、彼らを〝（スペインの独裁者）フランコの手先〟と罵倒したことで暗転。革命政権は司祭や尼僧ら約三百人を国外追放した上、教会が所有していた学校をすべて国有化するなどの弾圧政策を推進したため、キューバとバティカンの形式的な国交は維持されたものの、両国関係は極度に冷却化する。

さて、個人としての信仰の有無は別としても、チェの祖国、アルゼンチンもカトリックが国民の多数派を占めており、それゆえ、バティカンの宗教美術は彼にとっても幼少時からなじみのあるものだったということなのかもしれない。なお、チェがブエノスアイレス大学医学部の学生だった一九五一年には、慈善団体〝エバ・ペロン財団〟の活動資金を集めるため、ミケランジェロのピエタ像を取り上げた寄附金つき切手（図13）も発行されている。

図13　エバ・ペロン財団の活動資金を集めるため、1951年にアルゼンチンが発行した寄附金つき切手。額面の2.45ペソに対して、3倍強の7.55の寄附金が上乗せされている。

第二次世界大戦以前、アルゼンチンにおける慈善活動の中軸はブエノスアイレス慈善協会が担っていた。同協会は上流家庭の老婦人八十七名によって運営されており、その議長には現地駐在のバティカンの外交官もしくは大統領夫人が就任するのが慣例だった。

ところが、一九四五年にフアン・ペロン政権が発足した際、エビータは〝若すぎる〟ことを理由に協会の議長に就任できなかった。そこで、彼女は教会の権威主義を批判し、一九四八年七月八日、「いまや真の社会正義を実現する時がきた」としてマリア・エバ・ドゥアルテ・デ・ペロン財団を創立する。

エバ・ペロン財団は、一九四〇年代後半には、アルゼンチン政府の全面的な支援の下、三十億ペソ（当時のレートで二億米ドル）の寄附金を集めて一万四千人を雇用し、ミシン、毛布、靴、食糧などを貧困層に配ったほか、住宅、学校、病院、孤児院などを多数建設するなどの実績を上げた。自らも貧困層の出身であったエビータは「豊かな人々による貧困層への支援は、発想が貧困だ」として、財団は貧困層が本当に必要とする支援を行っていると強調し、ペロン政権と彼女自身に対する国民の人気を盛り上げることに成功した。

しかし、良くも悪くも、財団はエビータ個人のキャラクターに依存する面が大きかったため、一九五二年にエビータが亡くなると、その影響力は急速に失われた。

エバ・ペロン財団とバティカンには、直接的な関係はなかったが、財団支援の寄附金つき切手にミケランジェロのピエタ像が取り上げられているのは、それが、〝慈悲〟の象徴として、カトリックを基盤とするアルゼンチン社会で広く認識されていたからに他ならない。そうした社会的な背景で生まれ育ち、ラテンアメリカの貧困に心を痛めていたチェが、ピエタの実物を見てみたかったというのも十分に理解できる話ではある。

ネルーとの会見

わずか十四時間のローマ滞在中、サンピエトロ寺院の参拝を慌ただしく済ませた一行は、セイロン（現スリランカ）を経由し、七月一日、インドに到着。チェは、首相のジャワルハル・ネルーと会見する。ネルー主催の晩餐会では、彼の娘で後のインド首相となるインディラ・ガンディーも同席し、使節団一行はエビ料理に大いに満足したが、席上、チェはネルーに対して共産中国や毛沢東についての感想を尋ねるという〝失態〟を演じている。

現在の中印国境（の一部）は、一九一四年、チベット政府と英領インド帝国の間で取り決められた国境線の

図14　チベット政府が独自に発行した切手。現在のチベット亡命政府は、1951年のチベットで独自のチベット切手が発行されていたことを、チベットが独立国家だったことの根拠の一つとしている。

″マクマホン・ライン″が元になっている。当時のチベットには中国中央政府の統制は完全には及んでおらず、チベットは実質的に独立国の様相を呈していたが（図14）、チベットが清朝の宗主権下にあったことを根拠として、チベットは中国の一部分だと主張する中華民国は、マクマホン・ラインよりもさらに南側をインドとの国境と主張。一九四九年に中国大陸の大半を制圧した中華人民共和国もこの主張を継承し、一九五一年には″平和解放″と称して中国人民解放軍がチベットに軍事進駐した。

一方、一九四七年に独立したインドは、ラサ（チベットの首都）の英領インド外交部を継承し、チベット―英国間の条約も継承。チベットを″国″として認め、チベット外務省に対して「インド政府は、今後新たな協定を結ばない限り現状の関係を維持したい、という貴国の意向を歓迎いたします。インド政府が英国政府から継承した条約関係につきましては、他の国もすべて、そのまま継承していただいております」との書簡を送っていた。

このように、中印の国境問題にかかわるチベットの帰属をめぐって、中印両国は対立関係にあったが、一九五〇年代前半の中印関係は全般的に見れば極めて良好で、一九五四年には周恩来とネルーの会談に基づき、領土保全・内政不干渉などを旨とする″平和五原則″も発表された。周恩来は、インドに対して、チベットが中国の支配下にあることを認めさせるための方便として領土保全・内政不干渉の原則を持ち出したのだが、ネルーはその意図に気付かず、国際関係上の一般原則としてこれを理解した。そして、翌一九五五年、インドネシアのスカルノが主催したバンドン会議で″平和十原則″として拡大され、ネルーと周恩来は″非同盟諸国″を代表する指導者として国際的に認知されるようになった。

アジア情勢について、必ずしも最新の動向を詳細に理解しているわけではなかったチェは、平和五原則ないしは十原則に見られる表面的な中印蜜月のイメージから、ネルーとの会見で共産中国のことを話題にしたのであろう。

しかし、バンドン会議以降、〝領土保全・内政不干渉〟の言質を取った中国は、次第にチベットを拠点にインド方面に勢力を拡大する姿勢を見せるようになったため、一九五〇年代後半になると中印関係は急速に悪化していく。

チベットともに、両国関係の焦点となっていたのが、ブータン問題だった。

一九一〇年、ブータン国王ウゲン・ワンチュクは、プナカ条約を締結してブータンを英領インド帝国の保護国とし、国土防衛を英国に委ねるとともに、鎖国体制を維持しようとした。一九四七年に英領インド帝国が解体されると、一九四九年八月、ブータンは独立インドとあらためて友好条約を締結。同条約では「インドはブータンの内政には干渉しないが、外交に関しては助言を行う」とされ、ブータンがインドを事実上の〝宗主国〟として、インドに依存する関係が構築された。

こうした背景の下、ブータンは隣国チベット（ブータンの認識では、チベットは中国領ではなく、独立国である。図15）に対して中国が統制を強化していくことに脅威を感じていた。そこで、一九五八年、ネルーはブータンを訪問し（図16）、ブータンに対して、同国の独立維持を支援すると約束。さらに、帰国後、インド議会で「ブータンに対する攻撃は、いかなるものであっても、インドに対する攻撃と同等とみなす」と演説し、ブータンの事実上の〝宗主国〟としての責任を果たす意思を明確にした。

はたして、一九五九年三月十日、中国がダライ・ラマの監禁ないしは誘拐をたくらんでいると察知したチベットの人々は、ダライ・ラマが宮殿から連れ出されるのを防ごうと宮殿を取り囲んだが、中国側はこれを

図15　チベットを独立国として描いたブータンの地図切手。

図 16　1958 年にブータンを訪問したネルーを取り上げた切手シート。

武力で鎮圧。ダライ・ラマはインドに亡命した。

この混乱に乗じて、中国がチベット域内にあったブータンの飛び地領八ヵ所も占領すると、ネルーは「ブータンの領土保全はインド政府の責任」と明言。この時点で、中印の蜜月は完全に終了し、両国関係は緊迫の度合いを強め、一九五九年九月には、両国間で小規模な国境紛争が発生。一九六二年には大規模な中印国境紛争に発展する。

チェとネルーの会見は、中印間で最初の小規模な衝突が発生する二ヵ月前のことで、この時点では、両国の緊張はすでに相当高まっていた。したがって、アジアの情勢に疎かったチェが無遠慮に中国についての感想を訊いてきたとしても、ネルーとしては応えようがなかったというのが実情だろう。ただし、老練なネルーは賓客に対する配慮を欠かさなかったため、チェは「ネルーはまるで祖父のように気さくに歓迎してくれ、僕たちに対して無条件に共感してくれた」との無邪気な感想を書き記している。

ネルーとの会見翌日の七月二日、使節団一行は、デリー市内中心部、ジャムナ川沿いのラージ・ガート

（一九四八年にガンディーの葬儀が行われた場所に立てられた記念碑）に参拝し、献花を行った。チェは、少年時代、父親の書斎でガンディーについての本を読み、ガンディーについての漠然とした敬意を抱いていた。しかし、革命戦争の経験から、インド訪問時には〝非暴力〟の抵抗運動には疑問を持っており、使節団のメンバーに対して「ラテンアメリカでは受け身の抵抗は役立たない。我々の抵抗は積極的でなければならない」と語っている。

その後、一行は、カルカッタ（コルカタ）、ラクナウ、核エネルギー施設、砂糖研究機関、繊維工場、ミシン工場などを精力的に視察した。

この間、チェは七月十一日にカルカッタで日本大使館と接触し、東京で首相・通産相・外相との会談や、軽兵器工場、小型飛行機工場、漁船工場、製鉄、ガラス、化学肥料、工学機械、住宅建設工業の見学、輸出入品の総計などの統計資料の提供などの希望を申し入れている。ちなみに、チェはハバナ出発時には、日本の首相、岸信介宛のフィデルの親書を預かっていなかったが、必要に応じて、フィデルの名義で岸宛の親書を書く権限を与えられており、そのことを〝正直に〟日本大使館に話して、大いに驚かれたという。

ビルマで米国大使館と接触

七月十二日、一行はインドを出発し、ビルマに到着した。ビルマでは、ラングーン（現ヤンゴン）駐在の米国大使、ウォルター・パトリック・マコノーイーJrが一行の滞在するホテルを訪ね、チェに対して「キューバは革命後どうなっているか」と尋ねるという出来事があった。これに対して、チェは「米国務省の一員であるあなたは、私以上にキューバのことをよく知っているはずです。そんなことを質問されるまでもない、と思いますが……」と応じると、マコノーイーは言葉に詰まり、チェの非礼に対して顔を赤く染めたという。

マコノーイーは、一九〇八年生まれで、一九三〇年に米国務省に入省。中国問題の専門家として、中華人民共和国成立後間もない一九五〇年、香港に赴任し、中国共産党のプロパガンダ分析の任にあたった。その後、帰国してワシントンの国務省で中国問題を担当した後、一九五七年五月、ビルマ駐在大使に任命され、一九五九年十一月までラングーンに滞在した。その後は、駐韓大使（一九五九～六一年）、駐パキスタン大使（一九六二～六六年）、駐台湾大使（一九六六～七四年）を歴任した。

中国問題の専門家であったマコノーイーがビルマ大使としてラングーンに赴任していた背景には、独立後間もない時期のビルマならではの事情があった。

ビルマは、八大部族（カチン族、カヤー族、カイン族、チン族、モン族、ビルマ族、ラカイン族、シャン族）とそのサブグループとしての百三十五民族で構成される多民族国家で、人口の半数以上はビルマ族が占めている。第二次世界大戦以前の英領ビルマでは、〝辺境地区（高原・山岳地帯を中心とした地域で、英領ビルマ政庁による間接統治がなされていた行政区域）〟と〝管区ビルマ（平野部を中心とした地域で、英領ビルマ政庁が直接的に統治責任を負った行政区域）〟に大別されていた。

第二次世界大戦後の一九四七年、アウンサン将軍を総裁とするパサパラ（反ファシスト人民自由連盟、AFPFL）は、ビルマの完全独立達成のため、英国と交渉を開始し、一九四七年一月のアウンサン＝アトリー協定により、英国政府にビルマ独立を認めさせた（図17）。

図17　アウンサン

ところが、これとは別に、英国の植民地統治下で、分割統治政策により比較的優遇されていた辺境地区のカレン族（上記のカヤー族の一民族）などは、アウンサンのビルマ行政参事会代表団とは別にロンドンに代表団を派遣し、カレン族の独立国家樹立を目指していた。

このため、一九四七年二月十二日、アウンサンはシャン州の州都タウンジーの東方にあるパンロン（ピンロンとも）で、辺境地域（管区ビルマ外）の少数民族の代表らと会談。独立後、少数民族に自治権を与えることを約束し、辺境地域と管区ビルマを合わせた〝英領ビルマ〟の全域を連邦制国家として独立させるとのパンロン協定の調印に成功する。

ところが、同協定に調印した少数民族の代表は、シャン、カチン、チンの三民族に限られており、カヤー、カレン、モン、アラカンからは、カヤーとカレンから数名のオブザーバーしか認められていなかった。このため、〝連邦制〟に反対するカレンは、一九四七年四月の制憲議会選挙をボイコット。これに対して、一九四八年の独立後、連邦政府はパンロン協定で保障された諸民族の自治権を事実上剥奪するとともに、シャンやカレンに認められていた独立後十年目以降の連邦からの離脱権を剥奪したため、少数民族による独立闘争が展開されるようになった。

一九四九年十月一日、中華人民共和国の成立が宣言され、同年十二月、蔣介石の国民政府は台湾に遷移したが、雲南省一帯で人民解放軍と戦っていた国府第二十七集団軍隷下の〝第九十三軍〟は台湾へ逃れることができず、国境を越えてビルマ領内のシャン州やカチン州に逃亡し、雲南省反共救国軍として反中共のゲリラ戦を展開するようになった。また、この地域を中共に対する大陸反攻の拠点とみなしていた米CIAは、ビルマ中央政府を半ば無視するかたちで、公然と国民党部隊に軍事援助を行ったほか、タイへのアヘンの運び出しも行った。

当初、ラングーンのウー・ヌ政権は〝第九十三軍〟の活動を黙認していたが、彼らが国内の少数民族の反政府勢力と連携していることが判明すると態度を硬化させ、台湾政府による〝領土侵犯〟を国連に提訴し、米国にも抗議。中国人民解放軍とも連携して中緬国境作戦を発動。シャン州一部に国軍部隊を展開して国民党軍の残存勢力と戦ったため、一九五三～五四年には国府軍とその関係者のうち約六千五百名が台湾へ引き揚げた。ただし、その後も国府軍の一部はビルマに残り、そこからさらにタイ領内に逃げ込んだほか、シャン州にはさまざまな反ラングーン勢力が流入し、中央政府の統制が及ばない状況が続いた。

こうした状況の下、一九五八年十月二十九日、ウー・ヌ政権で国防相を務めたネ・ウィンがウー・ヌの意を受けて暫定政権の首相に就任。旧ビルマ国民軍（第二次世界大戦中の日本占領時代に日本軍の訓練を受けた部隊）の出身者を優先的に起用してビルマ族を中心に国軍を再建し、独立を求める民族勢力（麻薬産業を背景にする北部シャン州と、独立志向の強いカレンなど南部諸州が二大勢力である）、国民党軍残党、共産党勢力との武力闘争を通じて着々と実力を蓄え、一九六〇年四月、ウー・ヌに政権を返還した。その後、ネ・ウィンは一九六二年に軍事クーデターを起こして、独裁権力を掌握する。

中国問題の専門家だったマコノーイーはこうした状況に対応すべく、ビルマ大使として派遣されたわけだが、国府軍によるゲリラ活動が行われていたこともあって、山岳ゲリラが政権を獲得したキューバ革命に対しても個人的な関心を持っていたものと思われる。

なお、一九五九年のキューバ使節団の動静は、訪問先の米国大使館の情報担当者が監視を続け、大使館を通じて本国国務省にも報告されていたから、必ずしも、大使が使節団と直接会見して情報を収集する必要はない。それにもかかわらず、マコノーイーが、招かれもしないのに、使節団のホテルを自ら訪ねるという異例の行動に出たのは、彼の個人的な好奇心の故と考えるのが自然であろう。

チェの対応を不快に感じたマコノーイーは、そのことをビルマ政府に伝えたようで、以後、予定されていた政府要人との会食はキャンセルされている。また、キューバ産砂糖とビルマ産コメの貿易をめぐる交渉でも、ビルマ側は決裁権を持つ役職者を出席させなかったため、通商大使として、チェはビルマではなんら成果を上げることなく出国せざるを得なかった。

原爆慰霊碑での献花

ビルマに三日間滞在した後、キューバ使節団は、七月十五日、タイを経由して東京・羽田空港に到着した。滞在先のホテルは、有栖川公園の近くにあった麻布プリンスホテル（現在、その跡地はフィンランド大使館になっている）である。

翌十六日、チェは、記者団の質問に対して、今回の訪日の主な目的は日本との通商条約を結ぶための調査ならびに下交渉、キューバ産砂糖に対する関税引き下げ交渉にあると説明している。また、あわせて「キューバにはなお十万人の失業者があり、当分日本からの移民は考えられないが、教育関係者の滞在や使節団の受け入れ、キューバ国内旅行などの面であらゆる便宜を図っている」とも語っている。

キューバ島を訪れた日本人の記録としては、一六一四年七月二十三日、仙台藩主伊達政宗の命を受けてスペインおよびローマに派遣された支倉常長らがハバナに立ち寄ったのが最初である。明治維新後、日本から北米の移民が始まったが、ほどなくして米国では黄禍論に基づく日系移民の排斥が始まったため、その代替地の一つとして、一八九八年、キューバへの日系移民が始まり（図18）、一九〇八年以降はピノス島（現青年の島）に移住して果物・野菜の栽培に従事する日本人も現れた。

図 18　キューバにおける日本人移民 100 周年の記念切手。

第一次世界大戦の勃発後間もない一九一五年の時点で、キューバに居住する日本人は六十人以下だったが、戦時下で砂糖の国際価格が上昇したことを受け、一九一六年以降、二百十六人の日本人がカルメリーナ地区を中心に移住し、サトウキビ農園で働いた。

キューバへの日系移民は一九一九年から一九二六年頃が最盛期だったが、この時点では両国間に正規の国交はなく、一九二九年の通称暫定取極締結により、ようやく、外交関係が樹立された。

一九四一年十二月八日、日本が米英に宣戦を布告すると、翌九日、キューバは日本に宣戦布告し、以後、一九五二年にサンフランシスコ講和条約が発効するまで両国の外交関係は途絶する。この間、一九四一年十二月十二日、キューバ在住の日本人は〝敵性外国人〟として、その一部は逮捕・国外退去処分となり、約三百五十人の男性が一九四六年三月までピノス島のプレディシオ・モデーロ監獄（図19）に抑留された。

一九五二年、日本とキューバの国交は回復したが、一九五九年の革命で親米バティスタ政権が打倒されると、少なからぬ日本人が混乱を嫌って、キューバを去った。ちなみに、一九五〇年代後半は、日本からブラジルを中心とするラテンアメリカ諸国への移民がさかんに行われていた時期で（ちなみに、キューバで革命が起きた一九五九年の日本からブラジルへの移民は年間七千人を超え

図19　プレディシオ・モデーロ監獄を取り上げた1950年代の絵葉書。

ていた)、そうした中で、キューバは日系移民社会が縮小していた例外的な国だった。チェは、日本の新聞記者に対して「日本からの移民は考えられない」と述べたが、日本人の側も、キューバを移民先の選択肢と考える可能性はほとんどなかったのである。

さて、通商大使としてのチェは、マリオ・アルスガライ駐日大使を伴い、七月十七日には外務大臣の藤山愛一郎、次いで通産省経済局長の牛場信彦と、キューバ産砂糖の輸入問題について交渉を行った。

ところが、翌十八日、キューバ本国でフィデルが首相を辞任するという衝撃的なニュースが飛び込んできたため、使節団もこのまま外遊を続けられるかどうか微妙な情勢となり、交渉は一時中断してしまう。

すなわち、五月に制定された第一次農業改革法をめぐっては、政権内部にも、これを共産主義的と批難する勢力が少なからずあり、空軍総司令官のディアス・ランスはフィデルに抗議してその職を辞し、マイアミに亡命した。こうした状況の下、大統領のウルティアも米国との対立を恐れてフィデルの急進主義を批難し、M26メンバーの閣僚辞任を要求。大統領官邸に引きこもってフィデルとの接触を断ったため、政府は機能不全に陥った。

そこで、七月十六日、フィデルは国民に向けて、大統領との対立について説明し、改革を実行しようとする上で、大統領が阻害要因となっており、このままでは外国勢力の介入を招くことになるとテレビ演説で訴え、首相を辞任する意向を表明した。

フィデルの演説が放送されると、国内世論は、辞任すべきはフィデルではなくウルティアであるとの声が支配的になり、ハバナではウルティア退陣を求める大規模なデモ（M26が煽動したともいわれる）が発生。ウルティアは辞任に追い込まれた。これを受けて、フィデルは辞意を撤回して首相の座にとどまり、後継大統領にはオスバルド・ドルティコス・トラド（革命以前からのM26の協力者で、一九五七年にはシエンフエゴスでの武装蜂起により逮捕され、メキシコでの亡命生活を送っていた経験がある、図20）が指名された。こうして、革命政府におけるフィデルとM26の権力基盤が確立された。

キューバから遠く離れた東京で、英字新聞の記事でしか情勢を知り得なかった使節団の一行は、当初、大いに不安を感じ、チェもすぐに帰国すべしと主張したが、その後、本国との連絡がつき、ラウルとの電話会談でフィデルの復帰は確実であることを知らされたため、そのまま、東京に留まって通商大使としての仕事を続けることになった。

図20　ドルティコスを取り上げた絵葉書。

事態が一段落した七月二十一日、チェは外務省経済局米州課長の須磨未千秋をはじめ大蔵、農林、通産の各省の担当者と、キューバ産砂糖の輸入問題について交渉を行った。

外務省での会見で、チェは「キューバの経済はモノカルチュアで、砂糖がその主体である。米国はその砂糖を毎年大量に買ってくれていたが、いまキューバは砂糖の対米輸出の割当削減の危機に見舞われている」「米国とは農地改革問題で対立した。そのため、一連の脅威を受けている。キューバとしては砂糖の輸出がうまくいかなければ、共産圏諸国と双務協定を結び、また、産業開発のために、これらの国と提携する必要に迫られるかもしれない。すでに共産圏諸国からは、砂糖と資本財のバーター取引や将来のキューバ工業製品を引き取るという申し出がある」などと述べ、共産圏への接近の可能性をほのめかしている。

そもそも、フィデルがチェに長期間の外遊を命じたのは、農業改革法の施行にあたって〝共産主義者〟のチェをあえて政権の中枢から外し、革命政権は共産主義とは一線を画すものであることを示すためであった。したがって、通商大使としてのチェに、相手国との交渉に関して大幅な自由裁量権が認められていたとはいえ、こうした発言は勇み足とも思えるが、ウルティアが辞職してM26が革命政府の実権を掌握した以上、もはや遠慮はいらないと考えたのだろうか。はたして、一行が離日した後の八月十一日、ソ連はキューバ産砂糖一七万トンの購入を発表し、結果的に、チェが述べたようにキューバは共産圏諸国へ接近していくことになる。

また、同じく七月二十一日、チェは農林省を訪問し、大臣の福田赳夫と会見。始まったばかりのキューバの農業改革の参考とするため、第二次世界大戦後の占領下で行われた、日本の農地改革についての資料の提供を要請。あわせて、日本から米作（スペインの植民地だった歴史から、キューバではパエージャに類するコメ料理の習慣がある）の専門家または技術者を受け入れたいとの希望を伝えている。

これを受けて、農業技研の長重九を団長とする四名の技術団がキューバに派遣されることになり、一九五九年十一月十八日から約一年間、現地に滞在して米作指導を行った。

その後、七月二十二日、チェは通産大臣の池田勇人と十五分間の短い会談を行い、東京での日程を終了。翌二十三日から西下し、二十五日までの間に、富士山登山、愛知県のトヨタ本社工場、新三菱重工の飛行機政策関係施設、久保田鉄工堺工場、丸紅飯田、鐘紡の見学、大阪商工会議所主催のパーティーへの出席や繊維業者との懇談（日本側はキューバからの砂糖の輸入拡大の見返りとして、キューバ側に繊維製品の輸出拡大を求めていた）などのハードなスケジュールをこなした。

七月二十四日、大阪に宿泊した際、チェは広島が大阪から遠くないことを知り、翌二十五日、神戸の川崎造船所を視察した後に、予定を変更してオマール・フェルナンデス大尉とマリオ・アルスガライ駐日大使を伴って全日空機で岩国空港に飛んだ。

第二次世界大戦中、ハイスクールの学生だったチェは「日本の帝国主義的侵略に憤慨していたものだった。それで原子爆弾（以下、原爆）によって日本が降伏したと聞いたときには快哉を叫んだものであった」と回想している。おそらく、これが原爆投下当時の連合諸国の人々の標準的な感想であったろう。

ところが、第二次世界大戦後、東西冷戦が進行していく中で、次第に、東側諸国と左派勢力は、広島への原爆投下を、米国の残虐性、非人道性の象徴として、対米批難の手段として使い始める。

特に、一九四九年九月、ソ連が原爆の保有を明らかにし、米国による核兵器独占の体制が崩壊すると、翌一九五〇年一月、米大統領のトルーマンは水爆製造命令を出して対抗するなど、米ソの核軍備競争は次第に激化し、緊張が高まっていた。

こうした中で、一九五〇年三月十六～十九日、スウェーデンのストックホルムで平和擁護世界大会（World Congress of Partisans of Peace）第三回常任委員会が開催された。

平和擁護世界大会は、国際平和の実現と擁護を目的とする国際組織ということになっていたが、東側諸国による西側へのプロパガンダ機関といった色彩の濃厚な団体だった。このため、一九四九年四月にパリで第一回大会が開かれた際には、フランス政府が東側諸国代表の入国を拒否したため、チェコスロバキアのプラハで会議が同時に行われたほどである。

こうした経緯を経て、一九五〇年三月に開催された平和擁護世界大会第三回常任委員会は、

⑴原子兵器の無条件使用禁止
⑵原子兵器禁止のための厳格な国際管理の実現
⑶最初に原子兵器を使用した政府（＝米国）を人類

に対する犯罪者とみなす

とする〝ストックホルム・アピール〟を採択し、全世界に署名を呼び掛けた。

図21は、一九五〇年七月二十六日、ポーランドで差し出された国内宛の郵便物だが、ポーランド語とフランス語で「我々は原子兵器の絶対禁止を要求する。核兵器を最初に使用した国は人道の名において裁かれるだろう。」という、ストックホルム・アピールの内容を反映したスローガンの印が押されている。

また、この郵便物の右側には〝ピカソの鳩〟を取り上げた切手も貼られている。

第二次世界大戦中の一九四四年、フランス共産党に入党したパブロ・ピカソは、共産主義者として一九四九年四月の第一回平和擁護世界大会のポスターを制作した。そのポスターは鳩を大きく取り上げたもので、大いに人気を博したものであったため、その後も、ピカソは平和運動のシンボルとして好んでハトを描くようになり、その多くは、著作権フリーの素材として、切手のみならず、さまざまな場所で用いられた(図22)。現在、鳩を平和のシンボルとするイメージが世界的にも

図21　ストックホルム・アピールの文言が入った印の押された郵便物。

定着するようになったのは、ピカソの影響も大きかったといわれている。

そして、一九五〇年十一月十六〜二十二日、ワルシャワで開かれた第二回平和擁護世界大会には八十一ヵ国から二千六十五人が参加。日本と西ドイツの〝再軍備〟を非難し（ただし、組織の性格上、東ドイツやポーランドの〝再軍備〟は全く問題視されなかった）、米国に対して（のみ）核兵器の使用禁止を訴えている。

こうした状況の下で、十一月三十日、米大統領のトルーマンが、（当時進行中だった）朝鮮戦争の戦場で〝保有するあらゆる兵器〟を使用する用意があり、「原爆の使用についても、常に積極的な考慮が払われている」と発言すると、東側諸国と左派勢力は、これをとらえて、野蛮な〝米帝国主義〟がその本性を剥き出しにしたとして、一斉に攻撃。特に、第三次世界大戦の勃発をおそれるヨーロッパにおいては、〝反核〟の名の下に反米感情が大いに煽動された。

こうした時代の空気の中で、思春期を過ごしたチェは、母親の影響もあって次第に左翼思想に傾倒していったこともあり、広島と原爆の惨禍に対しても強い

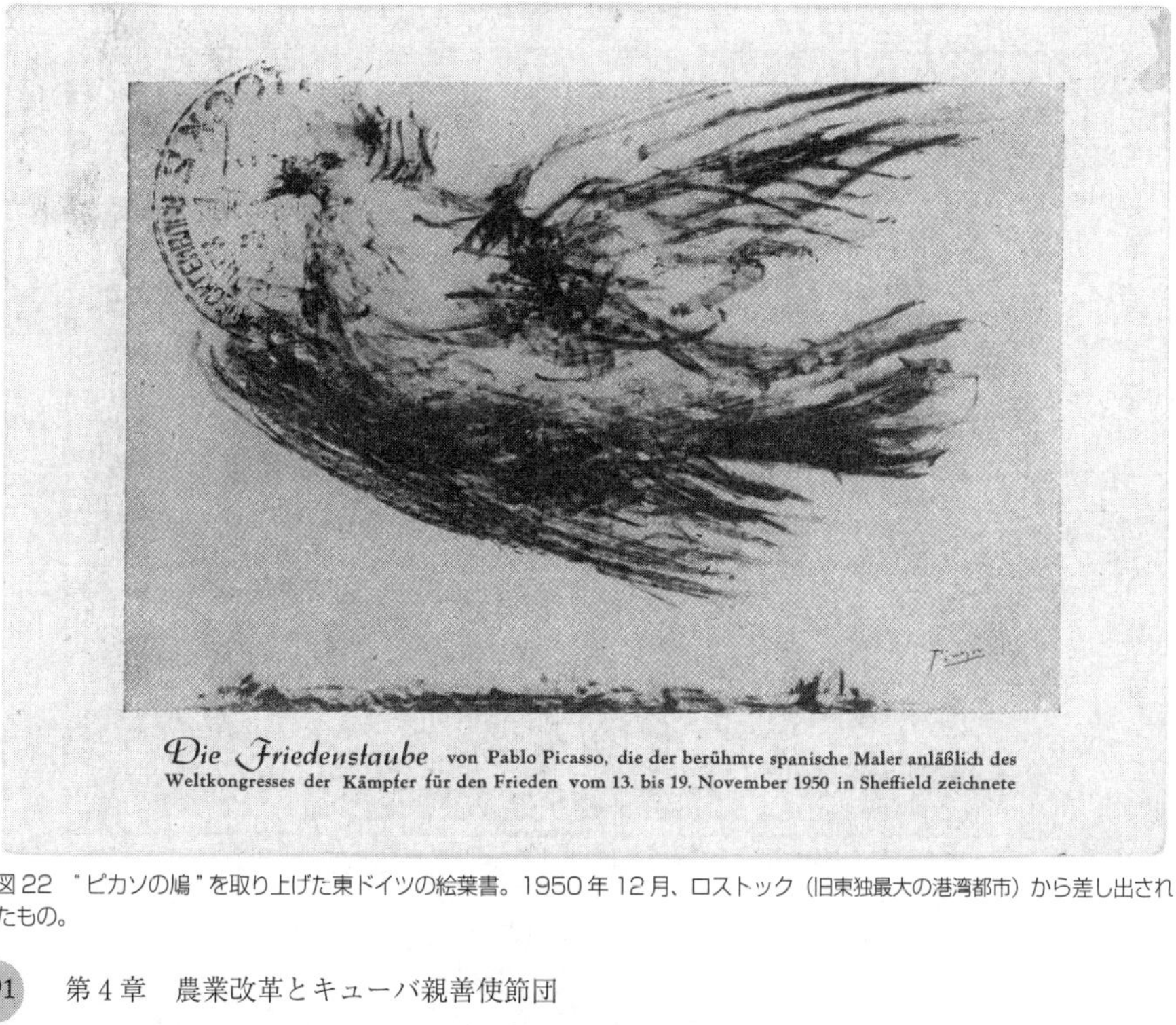

図22 〝ピカソの鳩〟を取り上げた東ドイツの絵葉書。1950年12月、ロストック（旧東独最大の港湾都市）から差し出されたもの。

関心を持つようになったと考えられる。

　また、キューバ使節団がハバナを出国したのとほぼ時を同じくして、一九五九年六月、被爆地広島を舞台に、第二次世界大戦で心に傷を負った男女の恋愛を描いた劇映画『ヒロシマ・モナムール（アラン・レネ監督。公開時の邦題は『二十四時間の情事』。図23）』が公開された。映画は一般公開に先立ち、同年のカンヌ国際映画祭にフランスから正式出品されるはずだったが、（おそらく米国への配慮から）〝時宜を得ない〟との理由で却下され、コンクール非参加作品として特別上映されたことが物議をかもした。結局、『ヒロシマ・モナムール』は、カンヌで国際映画批評家連盟賞を、翌一九六〇年のニューヨーク映画批評家協会賞外国語映画賞を受賞し、作品として高い評価を受けたが、一連の出来事は、あらためて、原爆と広島の政治的な象徴性を多くの人々に印象付けるものとなった。

　革命直後の多忙を極める生活の中で、チェが映画に関心を向ける余裕があったか否かは定かではないが、彼の広島訪問が、結果的に、世界の人々の関心が広島に集まる中での出来事となったことは間違いない。

図23　映画『ヒロシマ・モナムール』の宣伝ポスター。メキシコでの公開にあわせて制作されたもので、スペイン語表記となっている。

さて、チェら三人を乗せた全日空機は、皮肉なことに、米軍機の隣に着陸。そこから、一行は広島県外事担当職員、見口健蔵の案内により、宮島口を経由して、午後二時すぎに広島平和記念公園近くの新広島ホテル（図24）にチェックインし、花束を受け取った。

その後、一行は原爆死没者慰霊碑に献花している。献花の後、原爆資料館を見学したチェは「君たち日本人は、米国にこれほど残虐な目にあわされて、腹が立たないか」と語ったという。その後、一行は原爆病院を訪問し、広島県庁で知事の大原博夫と会談。日帰りのつもりだったが、帰りの飛行機が満席だったため、新広島ホテルで一泊した後、翌二十六日、列車で大阪へ戻り、そこから空路、東京へ移動した。

図24　チェらが宿泊した新広島ホテルの1959年のクリスマス・カード。近隣の“観光名所”として原爆慰霊碑と資料館の写真が印刷されている。なお、同ホテルは広島平和公園内にあったが、1972年都市公園法違反が指摘され翌1973年に閉館した。

東京では、麻布プリンスホテルでの〝七月二十六日運動〟記念パーティーに出席。翌二十七日、外務省で最後の交渉を行った後、同日夜、羽田を発って次の訪問国、インドネシアに向かった。

なお、彼らの訪日の成果として、一九六〇年には、日本とキューバの通商協定が成立している。また、チェは、帰国後の報告会で「広島を訪ねてみて、戦争というものの悪、原爆の残虐さをつくづくと痛感し、これを使用した米国に憎しみを感じた」と述べており、これを受けて、以後、キューバでは現在にいたるまで、初等教育で広島と長崎への原爆投下が取り上げられるようになったほか、一九六六年にキューバ主導で三大陸人民連帯機構（OSPAAAL）が創設されると、広島の原爆忌にあたる八月六日は〝日本人民との連帯の日〟に指定された。

年老いた好色男

使節団の一行がジャカルタに到着した際、空港で彼らを出迎えたのは外務省のあまり地位の高くないスタッフのみで、政府高官は一人もいなかった。これは、当時、バンドン会議（第一回アジア・アフリカ会議。図25）を開催した実績により、非同盟諸国の指導者を自任していたスカルノ（図26）とインドネシア政府が、アジアでもアフリカでもないカリブ海の小国、キューバを軽く見ていたということもあったが、その直前に議会解散と憲法停止という重大事件があり、喫緊の外交課題がない使節団を受け入れる精神的な余裕がインドネシア側になかったという面もあった。

現在のインドネシアに相当する地域は、第二次世界大戦以前はオランダの植民地支配下にあったが（オランダ領東インド）、大戦中は日本軍の占領下に置かれた。日本の敗戦を受けて、一九四五年八月十七日、独立運動の指導者だったスカルノとムハンマド・ハッタは、

図25　バンドン会議の会場を描くバンドン会議10周年の記念切手（中国発行）と、実際の建物の外観。

オランダ植民地政府が戻ってくるまでの間隙を縫って、インドネシア共和国の独立を宣言する。

これに対して、戦後のオランダ領東インド復活を目論むオランダは、周辺に植民地を持つ英国やオーストラリアなどの支援を受けて軍を派遣。この結果、スカルノらインドネシア共和国との間でインドネシア独立戦争が勃発した。

四年以上にも及ぶ独立戦争の結果、一九四九年十二月、ハーグ協定の締結によって、十六の国・自治政府から構成されるインドネシア連邦共和国の独立が正式に承認された。

その後、連邦構成国は順次、最大の構成国であるインドネシア共和国（ジャワの約半分とスマトラの大部分を有し、連邦共和国四千六百万のうち三千百万の人口を占めていた）に合流し、一九五〇年八月十五日、単一国家としてのインドネシア共和国に統合された。

これに伴い公布されたインドネシア共和国暫定憲法（一九五〇年憲法）では、単一国家制への移行を受けて、全インドネシア国民の宥和を図るため、国民の権利を大幅に拡大し、議院内閣制を規定して大統領の権限を制限していた。

図26 スカルノ

しかし、もともと、〝オランダ領インドネシア〟という枠組は、英蘭の事情で、現地の民族、言語、宗教などの分布とは全く無関係に設定されたため（図27）、独立後の〝インドネシア〟では国家としての統一的なアイデンティティを形成することが困難だった。

このため、一九五五年九月二十九日に行われた第一回インドネシア国民議会の総選挙では、インドネシア国民党（大統領スカルノの与党）、マシュミ（イスラム政

BINNENLANDSCHE POSTWISSEL.

No. W 4.

-50- Gld. Roepiah. Cts. Sen

lime poeloeh roepiah

Guldensbedrag in letters.-Wang roepiah dengan hoeroef. Cts.-Sen.

Naam: Hasan Hoesin

no: 48.

Adres: Pasarweg S i g l i .

di.

S I G L I .

Kantoor van storting.

Nummer. 739

No. W 15. 2gi

Handteekening postambtenaar.

ST—6237—40

図27　日本占領下のアチェ州クタラジャ（現バンダアチェ）郵便局で、"DAI NIPPON 2602 MALAYA（大日本　皇紀2602年　マラヤ）" と加刷されたペラ州の占領加刷切手を貼って使用した為替証書。もともと、スマトラ島は民族や言語、文化などの面ではマレー世界の一部であったが、列強による東南アジア分割の過程で、英領マライから切り離されて、オランダ領東インド（蘭印）に組み込まれた。このため、第二次世界大戦中、英領マライと蘭印がともに日本の占領下に置かれると、スマトラ島の郵便業務は1942年5月31日付で昭南（シンガポール）に設置された郵政総局の下、北部（メダン）、中部（パダン）、南部（パレンバン）の各電政処を中心に運営されることになった。その結果、スマトラの一部では、ここに示すように、マライの占領加刷切手が持ち込まれて使用されている。

党）、ナフダトゥル・ウラマー（マシュミから分裂した別のイスラム政党）、インドネシア共産党（中国からの支援で勢力を拡大していた）の四大政党が票を分け合う結果となり、各党の対立から議会は空転し、短命内閣が続いて政情は不安定化した。議会制民主主義の機能不全と並行して、政党政治家たちの腐敗も目に余るものがあった。

また、中央での政治的混乱が続けば、当然、地方に対する統制も不十分にならざるを得ず、イスラム国家の樹立を主張するアチェをはじめ、西ジャワ、南スラウェシ、西スマトラなどでは反ジャカルタの叛乱が発生する。

こうした状況であったから、一九五五年のバンドン会議の主催者として、国際舞台で華々しく脚光を浴びていたのとは裏腹に、憲法上の制約もあって、インドネシア国内政治におけるスカルノの権力基盤は盤石とは言い難い状況にあった。

そこで、一九五九年七月五日、スカルノは大統領布告によって一九五〇年憲法を停止し、大統領に大きな権限を与えた一九四五年憲法（独立宣言翌日の一九四五年八月一八日に公布）への復帰を宣言した。また、国会もほぼ同時期に解散され、議員は任命制となり、政党の活動も大きく制限された。いわゆる〝指導される民主主義〟体制の発足である。

〝指導される民主主義〟の下で、スカルノが強調したのが、民族主義（Nasionalisme）、宗教（Agama）、共産主義（Komunisme）の各勢力の挙国一致で国難を乗り切ろうという〝ナサコム（NASAKOM）〟のスローガンである。

以後、スカルノは国軍と共産党の対立を利用し、両者の調停役として振る舞うことによって、自らのリーダーシップを維持しようとした。

また、一九五〇年代のスカルノは西側諸国との友好関係を維持していたが、国内の求心力を維持するため、徐々に民族主義を鼓舞するようになる。そして、ナサコムの一環として、一九六一年にはインドネシア共産党書記長のディパ・ヌサンタラ・アイディットを閣内に招き入れて中国との関係強化を強化。〝反帝国主義〟を強調して、米英や台湾など西側諸国との対立姿勢を強めると同時に、西側諸国との関係が深い近隣諸国との対立を深めていった。

チェがジャカルタの空港に到着した一九五九年七月末は、まさに、こうしたインドネシア政治の転換期にあたっていた。また、おそらく使節団側も事前にインドネシア側と十分な協議を行わなかったため（七月十五日からの訪日に関しての具体的な打ち合わせが、直前の同月十一日、カルカッタの日本大使館で行われたことは、キューバ使節団の〝段取り〟を考える上で極めて象徴的である）、国内情勢に忙殺されていたインドネシア側は、使節団の来訪を〝忘れていた〟とさえいわれている。さすがに、インドネシア外務省がほんとうに移動大使と使節団の来訪を〝忘れていた〟とは信じがたいが、使節団とスカルノをはじめ政府要人との会見がセットされていながら、彼らにあてがわれたのはシャワーも満足にない安宿だったというアンバランスな対応は、インドネシア側の接遇がいかに準備不足なものであったかということを雄弁に物語っている。

宿泊先のホテルでシャワーが出なかったことに対して、チェは「シャワーを浴びる人はあちらへ。僕はシエラで悪臭を取っておくことを学んだ」と受け流していたが、やはり、内心は面白かろうはずはなく、七月三十一日、スカルノと会談してもあまり好印象はもたず、〝非同盟諸国の旗手〟に対しては〝年老いた好色男〟としか評していない。なお、一九〇一年六月六日生まれのスカルノは、チェとの会見当時、五十八歳だったから、三十一歳のチェから見れば年上には違いないものの、〝年老いた〟との表現が妥当か否かは議論が分かれるだろう（図28）。

なお、スカルノ政権は、独立後一貫して日本との経済関係を重視しており、チェと会見した一九五九年には、インドネシアへの開発援助の一環として、日系商社の〝東日貿易〟の秘書という名目で、赤坂の高級クラブ〝コパカバーナ〟で働いていた十九歳（当時）の日本人女性、根本七保子を愛人として迎え入れている。彼女は一九六二年にスカルノの正式な第三夫人となり、ラトナ・サリ・デビ・スカルノのインドネシア名を得て〝デビ夫人〟と呼ばれるようになる。彼女がジャカルタでチェに直接会ったか否かは定かではないが、〝好色男〟というチェのスカルノ評に彼女の存在が影響を及ぼしていた可能性は否定できまい。

図28　スカルノとチェを取り上げた“キューバ=インドネシア修好50周年”の記念切手。ただし、2人の写真はチェのジャカルタ訪問時ではなく、1960年にスカルノがハバナを訪問した際に撮影されたもの。

なお、インドネシア側で、使節団に対して実務的な対応したのは、外相のスバンドリオだった。

スバンドリオは、一九一四年、ジャワ東部のマラン生まれ。ジャカルタで医学を学び、日本占領時代は抗日レジスタンス活動に従事した。一九四五年の独立宣言後はスカルノに従い、一九四七年、欧州に派遣され、ロンドンに独立派の情報発信拠点を開設した。正式独立後の一九五四～五六年にはソ連大使としてモスクワに赴任し、在任中、共産主義に感化された。

一九五六年に帰国すると、外務次官を経て、外相に就任。スカルノ側近として第二副首相等も兼任し、政権内の左派の重鎮として、中国を後ろ盾としてマレーシア敵視政策を展開し、米英との関係を悪化させた。一九六五年の〝九・三〇事件〟のクーデターでスカルノが失脚すると、翌一九六六年、外相辞任に追い込まれ、〝九・三〇事件〟に関与した疑いで死刑判決を受け、一九九五年まで二十九年の長きにわたって投獄された。二〇〇四年、ジャカルタで没。

思想的に共鳴する点も多かったのか、チェはスバンドリオとはウマが合ったようで、スバンドリオの紹介で製糖工場、煙草工場などの視察を精力的にこなし、バリで一息ついてから、シンガポールへ向けて出発した。

暗殺一月前の大統領と会談

インドネシアを出国した使節団は、中継地のシンガポール、香港を経て、八月六～七日の両日、セイロンを訪問した。セイロンへの入国は、インド訪問前に次いで二度目だが、前回は単に中継地として立ち寄っただけで、本格的な訪問としてはこの時が最初である。

ところで、キューバ使節団が上陸した一九五九年夏、セイロン国内は不穏な空気が充満していた。

一八二五年に始まる英領時代、セイロン島の人口構成は、約七四%がシンハラ人（主として仏教徒）、約一三%が英領時代以前からのスリランカ・タミル人（主としてヒンドゥー教徒）、約五%が英領時代に来島した

図29　アナガーリカ・ダルマパーラ

インド・タミル人（同）となっており、植民地当局は、分割統治の一環として、少数派のタミル人を優遇していた。

これに対して、シンハラ人の間には、アナガーリカ・ダルマパーラ（図29）による仏教改革運動を契機に、印欧語であるシンハラ語に誇りを持ち、仏教を復興することで民族の独立を回復しようとするシンハラ仏教ナショナリズムが広がり、タミル人との溝が深まった。

独立に先立ち、タミル人は、独立後も一定の権利が擁護されるよう求めたものの、これは認められず、一九四七年の議会選挙の際には、マイノリティに対する優遇措置のない一人一票制が採用され、シンハラ人が多数派を獲得。一九四八年、英連邦王国としてセイロンが独立すると、インド・タミル人は、同年のセイロン市民権法により公民権を、翌一九四九年の国会選挙法により選挙権を剥奪されてしまった。

一九五一年、セイロンはサンフランシスコ講和会議

に〝戦勝国〟の一員として参加し、同国代表のジュニウス・リチャード・ジャヤワルダナ（図30）は「日本の掲げた理想に独立を望むアジアの人々が共感を覚えたことを忘れないで欲しい」と述べ、また、「憎悪は憎悪によって止むことはなく、慈愛によって止む」という法句経の一節を引用して、対日賠償請求を放棄する旨の演説を行い、日本の国際社会への復帰を後押しした。

このことは、道義的には高く評価されたものの、賠償金を国家建設の原資とする道は断たれてしまい、セイロン経済は低迷が続くことになる。

　こうした中で、一九五六年に発足したスリランカ自由党のソロモン・バンダラナイケ政権は国民の不満をそらすべく〝シンハラ・オンリー政策〟を掲げ（図31）、シンハラ語を公用語とし、仏教を国教にしようとした。さらに、一九五六～五七年には、政府主催で〝仏陀入滅二千五百年祭〟が大々的に開催され（図32）、シンハラ仏教ナショナリズムが大いに称揚された。

　しかし、これに対するタミル人の反発は強く、各地で暴動が発生。妥協を迫られたバンダラナイケは地方行政にタミル語の使用を認める法案を成立させたものの、今度は、シンハラ民族主義者から〝弱腰〟を批判され、政情は大いに不安定化した。

図30　ジャヤワルダナ

図31　シンハラ・オンリー政策が導入される以前の1954年に発行された3セント切手（上）では、国名表示（上から英語・シンハラ語・タミル語）以外は英語表記になっているのに対して、同政策導入後の1958年発行の切手（下）ではシンハラ語を筆頭とする国名表示に変更され、それ以外の部分では英語表示が廃された。

図32　セイロンが発行した仏陀入滅2500年祭の記念切手。

キューバ使節団のセイロン訪問は、こうした状況の中で行われたが、チェはバンダラナイケとの会見を果たし、キューバ産砂糖二万トンを輸出する協定の調印に成功した。また、短期間の滞在ではあったが、地方の仏教遺跡を見学できたのも、遺跡や考古学に関心のあるチェにとっては、嬉しい出来事であったろう。

ただし、セイロン国内の不穏な状況は収まらず、協定調印から間もない九月二十六日、バンダラナイケはシンハラ民族主義強硬派の仏教僧により、暗殺されてしまった。

パキスタンの基礎的民主制度

次いで、八月八日、使節団はパキスタンに移動し、ムハンマド・アイユーブ・ハーン大統領（図33）と会見した。

図33　アイユーブ・ハーン

アイユーブ・ハーンは、一九〇七年、英領インド帝国北西辺境州（現パキスタン、カイバル・パクトゥンクワ州）生まれ。英国サンドハースト陸軍士官学校で訓練を受けた後、第二次世界大戦では英印軍の司令官を務めた。一九四七年、インドとパキスタンが分離独立すると、パキスタンの東ベンガル総司令官に就任。一九五一年、軍総司令官に任命された。

もともと、パキスタンは「インド亜大陸のヒンドゥーとムスリムは互いに異なった民族である」とする〝二民族論〟を建国の理念として、インドとは別のムスリム国家として独立したという経緯があるため、インドに併呑されることの脅威を常に感じてきた。このため、東西冷戦下で、インドが親ソ路線を採り、中華人民共和国と友好関係を築くと、パキスタンは対抗上、米国に接近。一九五四年五月には米国と相互防衛援護協定を結んだことを皮切りに、同年九月にはSEATO（東南アジア条約機構）の一員となった。さらに、一九五五年には、中東でのアラブ民族主義封じ込めのMETO（中東条約機構）にも加盟した。

一方、国内的には、一九四八年に〝建国の父〟ムハンマド・アリー・ジンナーが、一九五一年には初代首相のリヤーカト・アリー・ハーンが相次いで亡くなった後、不安定な政局が続いていたが、一九五八年十月、国軍総司令官のアイユーブ・ハーンが軍事クーデターを起こして実権を掌握した（図34）。

当初、アイユーブ・ハーン政権は、それまでの政権同様、親米英のスタンスを採り、中国・ソ連と対立していた。このため、キューバとしては、ネルーに次いでアイユーブ・ハーンとも会見することで、外交上のバランスを取ろうとしたとも考えられる。ただし、使節団の帰国後、中印間の緊張が高まったことで、アイユーブ・ハーン政権は〝敵の敵〟である中国へ接近していくことになるが……。

図34　1958年革命（=アイユーブ・ハーンの政権掌握）1周年の記念文字を加刷したパキスタン切手。

なお、アイユーブ・ハーン政権は、クーデターから一年後の一九五九年十月、〝基礎的民主制度令〟を布告。同令は、行政機構を五段階のピラミッド構造とし、最底辺の市町村評議会は一般国民が選挙権を直接行使できるものの（ただし、評議会は民選議員十人と官選議員五人をあわせて構成される）、その上部機構である郡評議会は、民選議員の互選で選ばれる市町村の評議会議長と官選の任命議員で構成される。以後、同様の方法で、県評議会、地方（群）管区評議会が順次選出されるが、上部機構になるに従い、官選議員の割合が高くなるように設定されている。

ちなみに、革命直後のキューバでは議会が停止されていたが、一九七六年二月の新憲法公布に伴い、ようやく、国会・州議会・地区議会で構成される議会制度が発足したが、その制度は、結果的に、アイユーブ・ハーン政権下の〝基礎的民主制度〟ともよく似ている。

すなわち、一九七六年のキューバ憲法では、一般国民による直接選挙制度が採用されているのは地区議会選挙のみで、州議会と国会の議員は地区議会が中心になって選出するものとされていた（現在では、一応、州議会と国会の選挙でも直接投票となっている）。

また、地区の候補者委員会が議員定数の四分の一超の〝プレ候補者〟を選び、州議会と国会の候補者委員会が独自の候補者を加味した候補者リストを作成し、地区議会がそれぞれ被選挙権を満たしているかどうか審査した上で、定数と同数の候補者を決定するという方式である。

ティトーとの会見

さて、パキスタンを出国した一行は、カイロ、アテネを経由して、八月十二日、今回の訪問国のうち、東欧社会主義国としては唯一の国であるユーゴスラビアに到着した。

第二次世界大戦後のソ連は自国の周辺を自分たちの意のままになる衛星国で固め、西側からの攻撃を防ぐための防波堤とすることを基本政策としていたが、それが可能であったのは、第二次世界大戦中、枢軸国の支配下に置かれていた東欧諸国の多くが、ソ連によって〝解放〟されたという過去があったからである。

ところが、バルカン半島南西、イタリアの対岸に位置する旧ユーゴスラビア王国の地域では、ヨシップ・ティトー（図35）率いるパルチザンが自力で国土の解放を進め、早くも一九四三年十一月には、ソ連とは無関係に臨時議会と臨時政府を樹立していた。その後、一九四四年十月に首都ベオグラードを解放したティトーは、翌一九四五年三月、独自の人民政府を樹立（図36）。同年十一月には王制の廃止とユーゴスラビア人民共和国連邦（以下、ユーゴ）の成立を宣言した。

こうした経緯もあって、ティトーの権威は国境を越えて周辺諸国にも及んでおり、ユーゴには他の東欧諸国のようにソ連に従属する必然性はなかった。このた

上：図35　ティトー

下：図36　ティトーの樹立した人民政府の最初の切手。ナチス占領下のセルビア切手に加刷して発行された。

め、一九四六年、ソ連はユーゴを資源供給国として位置づけるため、石油・鉄鋼開発のための両国合弁企業の設立を提案したが、ティトーはこれを自国に不利として拒絶。さらに、ソ連とパルチザンが全土を解放したアルバニアに対して、ユーゴスラビア人民共和国連邦への加盟を要求していた。こうしたティトーの姿勢はスターリンをいらだたせ、一九四八年、ユーゴはコミンフォルムから追放され、ソ連との関係も事実上断絶する。

一九五三年三月、スターリンが亡くなると、フルシチョフが共産党第一書記としてソ連の権力を掌握。フルシチョフは、スターリン時代に悪化したユーゴとの関係改善に乗り出すべく、一九五五年五月、首相のブルガーニンとともに、ベオグラードを訪問。その結果、ユーゴとの和解のためにはスターリン路線との決別が不可欠と考えたフルシチョフは、一九五六年初、ソ連共産党第二十回大会でスターリン批判を行った。

ところが、フルシチョフのスターリン批判は、〝スターリン主義者〟の圧制に苦しんでいた東欧諸国の国民の反ソ感情に火をつけることになり、一九五六年十月には、ハンガリーで、かつてソ連の圧力で失脚した改革派の元首相、ナジ・イムレの復権を求める大規模な反ソ・反共騒乱が発生した。いわゆるハンガリー動乱である（図37）。

図37　ハンガリー動乱60周年の切手シート。デモ隊中央の帽子の男性がナジ。

結局、動乱はソ連軍の軍事介入によって鎮圧され、一時的に復権したナジも逮捕され、一九五八年六月には処刑された。この間、ソ連は軍事介入へのユーゴの支持を得るべく、対ユーゴ宥和政策を推進しようとしたが、ナジの改革路線を支持していたティトーはソ連軍によるハンガリー動乱への介入を非難しており、フィデルとチェはその独自外交路線に対して、大いに関心を持っていた。

さて、チェと使節団の一行は、八月十八日、アドリア海のブリオーニ島で、ユーゴ外相のコチャ・ポポビッチ、国防相のイバン・ゴシュニャクらユーゴ側要人同席のもと、ティトーとスペイン語で会談した（ティトーはスペイン内線に従軍経験があり、スペイン語で会話ができた）。その時の会談録は、二〇〇七年、チェの没後四十年を機に、セルビア外務省によって公開された。革命の当事者としてのチェの認識と、ティトーに見られる国際社会の認識との違いなど、いろいろ興味深い内容も多いので、以下、少し長くなるがその概要を紹介してみたい。

会談では、冒頭、ティトーが、キューバ革命の成功に祝意を述べるとともに、質問があれば喜んで応えると述べて始まった。

これに対して、チェは「ユーゴの経験を実地に見聞し、そこから学ぶためにユーゴに来たのです」「もし我々がもっと早くユーゴのような国に巡り合っていれば、我々はずっと以前から革命を始めていたでしょう」と応じ、農業改革をめぐる議論が始まる。

そこで、ティトーは〝革命〟の先輩として、「権力は奪取するよりも維持することの方が難しい。改革は少しずつ進めていくべきで、体制の安定がまずは重要だ。あくまでも私見だが、一挙に農業改革を完成させようとするのは危険で、段階的に行うべきだ」「ユーゴでは、まず、反国家分子や戦犯の土地を没収し、それから、順次、一般の地主に手を付けた。キューバの大土地所有制度については詳しく知らないが、おそらく、地主にも大中小があり、大半は中小の地主だろう。まずは最も悪辣な地主に手を付けるところから始めたらどうか」と助言した。

ティトーの人民政府が一九四五年に行った農地改革では、土地所有の上限は二五ヘクタールとされており、一九五三年に上限が一〇ヘクタールまで引き下げられている。ただし、この間の一九四八年六月、コミンフォルムがユーゴを除名した時の理由は「ユーゴでは農業部門の国有化が進展してない」というもので、共産主義諸国の中では、ユーゴの農業改革は穏健で漸進的なものと見られていたと言っていいだろう。

ティトーの助言に対して、チェは「キューバでは、耕作地に関しては一三〇〇ヘクタールの所有が認められており、農業改革はかなり穏健な内容です。ただし、我々の農業改革では大土地所有者の九九％の土地を接収しています。大土地所有の大半は米国系五大企業で、彼らは五十万ヘクタールを所有しています」と説明した。農業改革は国内問題というだけでなく、対米関係の問題というわけだ。

以下、ティトーとチェの会話は以下のように続く。

ティトー：政府として、対象となる企業に対して、土地は無償で接収するのではなく、きちんと対価を支払うことを公式に宣言すべきだろう。そうしたケースは世界的に見ればよくあることだ。

チェ：実際、我々が行おうとしているのは、土地の没収ではなく、正当な補償を伴う土地収容です。補償の金額は税額に応じて決めています。

ティトー：それはナセルがやったのと同じだな。

チェ：米国企業は、キューバ政府に対して、補償金を即座に払うよう要求していますが、我々は、金利四・五％、二十年賦で支払うと提案しています。また、米国に逃れて潜伏中の〝戦犯〟を引き渡せば、すぐに補償金を支払ってもいいとも提案しています。

ここで、同席していたラテンアメリカ問題の専門家、グルグル・クビリチチェビチが「キューバ憲法によれば、すぐに補償を支払わなければならないようだが……」と問うと、チェは次のように応えた。

チェ：我々はすでに憲法を改正したので、二十年賦での支払いは（法的には）問題ありません。米国の要求は旧憲法を根拠としています。キューバの農業改革と（第二次世界大戦後、事実上の米占領下での）日本の農業改革、どこが違うというのでしょう。日本の場合は、金利二～三％、二十年賦での補償金の支払いが認められたというのに。

ティトー：状況が全く違うよ。キューバは米国に近いし、キューバでの出来事は周辺諸国に与える影響も大きい。キューバの事例が先例になって、周辺国でも混乱が生じることを米国は懸念しているのだ。

チェ：それはわかっています。米国は日本では土地を所有していませんが、キューバでは所有しているという大きな違いがあります。また、農業改革に関しては、ラテンアメリカ諸国の共産主義者と我々との間にも見解の相違があります。われわれは、ただ、大土地所有を制限したいだけで、それ以上の農業改革を即座に実行しようとは思っていません。しかしながら、我々は農民と向き合いながら、そうした農業改革を実行しなければならないのです。一部からは、農業改革はもっと慎重に進めるべきだとの意見があることは承知していますが、実行したのです。

農業改革に続いて、話題は、キューバをめぐる国際環境に移る。

ユーゴ側は、クビリチェビチが、ティトーに対して「革命キューバは周辺諸国から孤立しており、ベネズエラだけがキューバに同情的です。ベネズエラの大統領は個人的にはキューバ革命を敵視していますが、国民の間には反米感情が浸透しているので、大統領としてもキューバに対して厳しい態度に出られないのが実情です」と説明。これを受けて、チェはキューバが置かれている国際環境について、以下のように、ティトーに説明する。

グアテマラ革命の時代、アルゼンチン、メキシコ、ブラジルなど、ラテンアメリカの大国はグアテマラの進歩勢力に味方しました。これらの国々は、現在、国内事情からキューバ革命を支援してくれませんが、ベネズエラ、エクアドル、そしておそらくチリが我々に対して宥和的です。ただし、これらの国々は先ほどの大国ほどラテンアメリカにおいて重要性があるわけではないのですが……。

米国は（一九六〇年の大統領）選挙を控えているため、現時点ではキューバに対してこれ以上の措置は取れないでしょう。米国としては（反共姿勢の鮮明な）ニカラグアとドミニカ共和国がキューバを攻撃してくれればよいと思っているでしょうが、この両国は国内の革命運動に対処しないとならないため、その余裕はないでしょう。両国の革命勢力は、現時点ではごく小さなものですが、すでにしっかりとゲリラ戦を展開しています。

チェの説明を聞いたティトーは、「米国はキューバだけを相手にしているわけではないが、全体としてはそんなところであろう」と応じ、次いで、話題は国連に移った。

ティトー：現在、国連の場でキューバのためにできることは何かあるか。

チェ：我々は、国連においてより良い状況を確保できるよう、常に心がけておかねばなりません。当面の課題としては、まず、米国の意のままになっている米州機構を無力化しなければなりませんが、それが無理なら、国連の場に助けを求めなければなりません。国連の場では、バンドン会議の参加国、非同盟諸国、さらには東側諸国からの協力が期待できます。ラテンアメリカ諸国からの支援は期待できませんが、彼らとて、他の国々がキューバを支持することに表立って反対はできないはずです。

ティトー：現在のキューバの国連大使は誰だ？

チェ：（バティスタ時代に任命された）オルトドクソ党員です。非常に問題のある人物なので、交代させないといけません。

国連大使交代の話題が出たところで、ユーゴ外相のポポビッチがチェに対して「あなたが後任になるのですか？」と訊いたが、チェはこれには応えず、続けた。

チェ：我々は、もっと有力な人物を国連に送り込む必要があります。その人物は精力的に職務をこなし、独立のために戦っている国々の代表たちと連絡を取り合うことになるでしょう。

次いで、一九五九年の革命後、フィデルが雑誌『タイム』から攻撃を受けていることが話題となり、ティトーも「『タイム』はいつでも敵側の筆頭だな」と応じた。また、『タイム』は全世界で読まれているが、ユーゴでは発売されていないようだが……というチェに対して、大統領補佐官のフリエンド・マテスから現地語版が刊行されていると報告があった。そこで、チェはキューバの農業改革について説明した英文原稿をマテスに託し、現地の編集部に原稿を届けてもらうよう頼んでいる。

続けて、ティトーは革命キューバの兵器事情についてチェに尋ね、チェは、バティスタ政権から鹵獲した米国製兵器のほか、ベルギー製の地雷や銃器も使用しているが、対空砲や戦闘機は少ないと応えた。また、バティスタ政権の崩壊とともに、パイロットの多くは国外に亡命してしまったため、パイロットの不足は深刻だとも述べている。これを受けて、以下のような会話が始まる。

ティトー：精強にして思想的・政治的に堅固な軍隊を持つことは極めて重要だ。キューバは島国なので敵が上陸するのは容易ではないだろうが、空からの攻撃ははるかに危険だ。

チェ：空から攻撃を仕掛けてくるのは米国しかないでしょう。ただ、国民は、特に農民は固く団結しており、米国の攻撃はそれほど恐れていません。

ティトー：それは重要なことだ。

チェ：米国の落下傘部隊が上陸しても、彼らはキューバの地勢を知りません。おそらく、農民に発見されれば攻撃されるため、彼らは海岸からそう遠くへはいけないでしょう。その間に、我々は反撃に出て、すぐに彼らに打撃を与えることができるのです。

ここで、使節団のフェルナンデス大尉が、「米国がラテンアメリカ諸国に介入する時は、その国の軍事組織を活用するが、革命キューバの国軍は他のラテンアメリカ諸国とは異なり、革命を支持しているので、グアテマラのようなことは起きない」と補足。これを引き取るかたちで、ティトーはこう述べた。

ティトー：そうであればこそ、農民を味方につけておくことが重要だし、そのためには、農業改革が必要だ、農民は革命を堅固にし、さらに前進させるための原動力だからだ。我々は、キューバが困難を克服し、大いなる成功を手にすることを期待している。ユーゴ国民は独立を求めて戦うすべての人々に共感を抱いている。キューバが統一を維持し、たとえ小さくとも精強な軍隊を保持するなら、外部からの干渉は困難になるだろう。

かつてのユーゴはほとんど最悪な状態にあった。大戦中、我々は全欧州を支配下に置いた最強の軍事力、ヒトラーのドイツと戦った。イタリア、ブルガリア、ハンガリーのファシストや、国内の親独傀儡政権とも戦った。彼らの戦力は、当初、我々をはるかに凌駕していた。

チェ：ベオグラードの博物館に行きました。大戦でのあなた方の勝利は、まさに英雄叙事詩だと思います。我々の革命が二万人の命で贖えたのは幸運でした。貴国民は、一回の戦闘で二万人が亡くなるほどの犠牲を払ったことを知ったからです。ユーゴはすでに多くの問題を解決しており、我々が、あなた方の成功と経験の重要性を認識しております。それらをキューバの国民に、より相応しいかたちで移入していくつもりです。外交政策においては、独立の道を歩む国々とともに、非同盟中立路線を採るつもりです。

ティトー：国連の場で支援や協力は必要なときは、我々のことを当てにしてもらって良い。我々は、独立を求めるすべての国を支援するから、キューバについても必ず支援する。

その後、話題は経済協力に移り、大統領補佐官のマテスから、ユーゴ使節団がキューバで一四万トンの砂糖買い付けについての交渉を始めていること、その後、革命の混乱もあり、一時中断の後、米ワシントンの大使館で交渉が再開されたことなどを報告。チェも具体的な数字などを練り直しての交渉の継続を求めた。

また、ティトーは使節団に対してユーゴ国内での視察の予定を尋ね、ユーゴ側のスタッフから、リエカの〝五月三日造船所〟とリュブリャナの製鉄所が予定されているとの報告があった。また、チェの希望を受けて、マリボルの家電製品工場と、オシエクのトラクターおよび農業機械工場の視察、ラデ・コンチャル工場での電気製品の購入、ザグレブの雑貨製造企業〝ゴラン〟が訪問先に加えられた。

このほか、両国の首都にお互いの大使館が開設されていなかったことから、チェは帰国後、ベオグラードに大使館を開設するよう、キューバ政府に提案することを約束した。

最後に、チェはキューバ軍将兵をユーゴの士官学校に留学させることを検討したいが、言語の面で不安があると述べると、ユーゴ側は、スーダンやインドネシアなど、アジア・アフリカ諸国からも軍事留学生を受け入れているが、彼らもすぐにコミュニケーションを取れるようになったと説明し、留学生の受け入れに前向きな姿勢を示した。

こうして、一時間以上にわたる会見を終えた後、一行は、六日のユーゴ滞在の日程をこなして、八月二十一日、ベオグラードを出国し、カイロ経由でスーダンの首都、ハルトゥームへ向かった。

アフリカ三ヵ国の歴訪を経て帰国へ

キューバ使節団は、カイロに一日滞在した後、スーダンに向かった。

一八八一～九九年にエジプトの南に存在していたマフディー王国は、現在のスーダンと南スーダン（二〇一一年に旧スーダンから分離独立）をあわせた地域にほぼ相当していた。一八九九年、マフディー王国は滅亡し、その領域は〝スーダン〟としてエジプトと英国の両国による共同統治下に置かれる（英埃領スーダン。図38）。

英埃領スーダン内部では、イスラム・アラブ系・アラビア語を中心とする北部と、アニミズム・キリスト教・アフリカ系・英語を中心とする南部の相違が大きかったこともあり、一九二四年以降、南北分割統治が行われていた。その際、マラリアなどの予防の名目で北緯八度以北の者が南へ、同十度以南の者が北に行くことはどちらも違法とされたことなども、南北の分裂が加速される。

第二次世界大戦後、植民地再編の過程で、スーダン南部を支配していた英国は南部スーダンとウガンダの統合を望んだが、一九四七年のジュバ会議で南北スーダンの統合が決められ、一九五四年の自治政府発足を経て、一九五六年一月一日、旧スーダン国家が独立した（図39）。しかし、その過程で、一九五五年、南北の内戦が勃発。一九五八年十一月にはイブラヒム・アブード将軍がクーデターを起こし、アブード政権が誕生するなど、スーダンの政情は安定しなかった。また、政治的混乱の中で、スーダン産コットンの市場価格は暴落し、スーダン経済は苦境に見舞われていた。

このため、使節団はアブード大統領と会見したものの、早々にスーダン滞在を切り上げ、〝アフリカ独立運動の父〟として知られるクワメ・ンクルマ（図40）の国、ガーナに向かった。

ンクルマは、一九〇九年九月二十一日、英領ゴール

図39　旧スーダン国家独立50周年の記念切手。中央の軍服・軍帽姿で国旗を手に持っているのがアブード。

図38　エジプト切手に“スーダン”の地名を加刷した英埃領スーダンの切手。

図40　ンクルマ

ド・コーストのンクロフルで生まれた。生家は裕福ではなかったが、ンクルマは幼少時から神童の誉れ高く、一九三五年、親族に借金して渡米し、リンカーン大学に入学した。

同年起きたイタリアのエチオピア侵攻を契機に植民地制度の打倒を志し、苦学しながら、一九四二年、ペンシルベニア大学で教育学の修士号を、翌一九四三年には哲学の修士号を取得するとともに、汎アフリカ主義を標榜して、北米のアフリカ人留学生の組織化に努めた。

一九四五年五月、ンクルマは渡英してロンドンで西アフリカ学生同盟の副会長に就任。アフリカ出身のエリート留学生（その多くが、後にアフリカ独立運動の指導者となる）を集め、同年、マンチェスターで開かれた第五回汎アフリカ会議では書記を務めた。さらに、一九四七年、彼の出身地である英領ゴールド・コーストで植民地エリートや伝統首長を中心に連合ゴールド・コースト会議が結成されると、同年十二月、ンクルマは帰国し、連合ゴールド・コースト会議（以下、連合会議）の事務局長に就任する。

英領ゴールド・コーストでは、一九四八年、大戦後の物価高騰に対する不満から首府アクラで暴動が発生。植民地当局はンクルマを含む連合会議幹部を逮捕したが、このことはかえって連合会議の人気を高めたため、英国は妥協策として自治の拡大とアフリカ人主体の立法評議会の設置を提言した。

連合会議主流派はこれに賛成したが、ンクルマら急進派は即時完全自治を要求して一九四九年に会議人民党を結成。〝ポジティブ・アクション〟の名の下、ストライキやボイコットを展開し、下層住民の支持を拡大していった。この結果、ンクルマ本人は逮捕されたが、一九五一年二月の選挙で会議人民党は改選三十八議席中三十四議席を獲得して第一党となり、ンクルマは政府事務主席に就任した。

以後、ンクルマは交渉による平和的独立に方針を転換。一九五二年には政府事務主席を首相と改称し、一九五四年には新憲法を制定して国内の自治を英国に認めさせた。そして、同年の選挙で、会議人民党は百四議席中七十二議席を獲得して圧勝。これにより、英領ゴールド・コーストの独立はほぼ確定し、一九五七年、

図41　1957年、独立直後のガーナで英領ゴールド・コースト時代の地図を描く切手に新国名と独立の日付を加刷して発行された切手。

英領ゴールド・コーストは隣接する英領トーゴランドと共に英連邦王国内の立憲君主国、ガーナとして独立する（図41）。

ちなみに、ガーナという国名は、八～十一世紀、サハラ越えの金と岩塩の隊商貿易の中継地として繁栄した黒人王国のガーナ王国にちなんで命名された。ただし、かつてのガーナ王国の領域は、現在の国名でいうとマリとモーリタニアにまたがる地域で、現在のガーナ共和国の領域とは全く重なっていない。

さて、独立後のンクルマ政権は、汎アフリカ主義を掲げ、アフリカ諸国の独立支援と連帯に力を注ぎ、一九五八年四月、白人国家の南アフリカ連邦を除く当時のアフリカの全独立国家八ヵ国の首脳をアクラに招き、アフリカ独立諸国会議（CIAS）を開催した。また、一九五八年十月に独立したギニアが旧宗主国のフランスと対立して苦境に陥ると、ギニアに対する経済支援を行った。インドのネルーやユーゴスラビアのティトーとも協力関係をとり、非同盟主義の旗手の一人となった。

このように、アフリカ諸国に絶大な影響を持っていたンクルマのガーナと友好関係を築いておくことは、国連を舞台に、非同盟諸国の支持を得て米国の圧力に抵抗しようという外交戦略を描いていたキューバにとって重要な意味を持っていた。このため、すでにニューヨークでンクルマと会見していたフィデルは、あらためて、チェをガーナに派遣してンクルマと会見させ、両国の友誼を再確認しようと考えたのである。

なお、ンクルマ政権は、内政面では中央集権を進め、〝差別廃止〟の下に、人種、出身、宗教を基盤とする政党を禁止。これに反発した伝統首長が野党・統一党を結成して抵抗すると、ンクルマは一九五八年に予防拘禁法を国会で通過させ、批判勢力を力ずくで抑え込んでいたが、革命キューバがそうしたンクルマの独裁傾向を批判することは全くなかった。

ンクルマとの会見を終えた使節団は、ローマ、マドリード経由でモロッコに入国する。

モロッコもまた、ガーナと並んで、当時のアフリカ諸国の中では非同盟勢力の中核になる国とみられていた。

現在のモロッコ国家の領域を含む北西アフリカの一帯は、長らく、一六六〇年に成立したアラウィー朝（現王朝）の支配下に置かれていたが、一九一二年、フランス保護領、スペイン保護領、タンジールに三分割され、事実上の植民地に転落した。

第二次世界大戦中の一九四〇年、フランスがドイツに降伏すると、当初、モロッコはビシー政権の支配下に置かれたが、一九四二年に連合軍がモロッコに上陸し、自由フランスがモロッコを奪還。その後、一九四三年一月にはカサブランカでチャーチルとローズベルトの首脳会談が開催されたほか、同年六月にはローズベルトとスルターン（地方君主）のムハンマド五世（図42）が会談し、ムハンマド五世は、ローズベルトに対してモロッコ独立運動への理解を求めた。

これを機に、一九三〇年代以来の独立運動が活発化。このため、大戦後の一九四七年、フランス第四共和政は妥協策として共同主権案を提示したが、事態は沈静化しなかったため、一九五三年八月二十日、フランス当局は独立派のシンボルとなっていたムハンマド五世を廃位してコルシカに追放した。後継スルターンには、ムハンマド五世の親戚で親仏派のムハンマド・ベン・アーラファを擁立。しかし、このことはモロッコ人の憤激を買い、モロッコ各地で反仏武装闘争が本格化したため、フランスはムハンマド五世をモロッコからより遠ざけるため、一九五四年にマダガスカルに追放したが、そうした対応は、モロッコ人の反仏感情をさらに刺激することになった。

結局、一九五四年にはインドシナ戦線のディエン・

図42　ムハンマド5世

ビエン・フーの戦いでフランスが敗北し、仏領インドシナが解体されたこともあって、フランスはモロッコ問題でも譲歩を余儀なくされ、一九五五年十月三十日、フランスはムハンマド五世の復位を認め、ムハンマド・ベン・アーラファは退位。十一月十六日に帰国したムハンマド五世は、二日後の十八日、〝モロッコの将来〟について演説し、モロッコ独立の方針を明らかにした。

その後、フランスとの交渉を経て、一九五六年三月二日、独立協定が調印され、モロッコは独立を回復する。ちなみに、独立時のモロッコの君主の称号は〝スルターン〟だったが、一九五七年八月十四日に王制が宣言されてムハンマド五世は〝モロッコ国王〟となった。

一九五六年のモロッコ再独立に際して、スペインはセウタ、メリリャ、イフニ（いずれも飛び地）とモロッコ南部保護領（タルファヤ地方）を除いてスペイン領の領有権を放棄し、国際管理都市となっていたタンジールも十月にモロッコ領に復帰する。

一方で、フランスの植民地支配下では現在のモーリタニアに相当する地域はフランス保護領モロッコから分離されていたが、モロッコは再独立に際してモーリタニアもモロッコに再統合されるべきと主張。モーリタニア国内にもモロッコの主張に同調する勢力が一定数存在していたことに加え、北アフリカ諸国の加盟するアラブ連盟もモロッコを支持していた。

このため、モロッコは反仏民族主義が強く、それゆえ、反西側の非同盟諸国とは親和性が高いとみられていた。

実際、一九六〇年十一月二十八日に独立を宣言したモーリタニアが、モロッコへの対抗上、フランスおよび穏健外交路線を採る旧仏領諸国（いわゆるブラザビル・グループ）との関係を強化すると、ムハンマド五世は、フランス共同体（一九五八年に成立したフランスおよび旧仏領植民地などの連合体）への参加を拒否したギニアや、セネガルとの連邦が破綻した後、汎アフリカ主義者として急進化したモディボ・ケイタのマリ、旧英領アフリカ諸国で独立運動の中心となったガーナなどと連携し、ブラザビル・グループに対抗して急進派諸国を糾合して、カサブランカ会議（図43）を開催した。

こうしたことから、一九五九年八月にモロッコを訪問したキューバ親善使節団も、反帝国主義・反植民地主義でモロッコと連帯し、革命キューバに対する支援が期待できると考えていたようだ。

　ところが、案に相違して、モロッコ側は一行の滞在中、モロッコ王室は使節団とキューバ革命に対して〝奇怪な目〟を向け続けていたという。この点について、チェは、モロッコ（の一部）が旧スペイン領であり、それゆえ、フランコ体制（図44）の残滓があったためと理解していたが、そもそも、王制国家であり、無神論者を蛇蝎のごとく嫌うムスリムが多数派を占めるモロッコでは、〝共産主義者〟のチェを団長とするキューバ使節団の〝親善訪問〟には大いに戸惑いがあったと考えるのが妥当であろう。

　モロッコ滞在は、チェにとって居心地の良いものではなかったが、それでも、首相主催の晩餐会で、アラブ風の羊肉が供され、それを手とナイフで食したことは〝ほんの一瞬の幸せな瞬間〟として記録されている。

　こうして、すべての日程を終えたキューバ使節団は、マドリードを経由して、九月八日、ほぼ三ヵ月ぶりにハバナに帰着。飛行場では、ラウルと新婚の妻アレイダ、アルゼンチンからやってきた母のセルナがチェを出迎えた。

図43　ムハンマド５世の肖像とカサブランカ会議参加国の地図を描くマリ（会議参加国）の切手。

図44　スペイン領モロッコで発行されたフランコの肖像切手。北アフリカで障碍を負った兵士のための資金を集めるため、郵便物への貼付が義務づけられていたもの。

第5章　プラヤ・ヒロン

カミーロの死

一九五九年九月九日、キューバに戻ったチェは、十月七日、農業改革局（ＩＮＲＡ）の工業部長に任命された（図１）。

ＩＮＲＡは、農業改革の一環として一九五九年三月に創設された組織で、農業協同組合と農業推進地区の創設を推進することを目的としていた。それらは、改良主義的な農業改革を推進するものとされたが、農業協同組合の定款についての規定はなく、組合に対してはＩＮＲＡがすべてを管理し、資金を供給するとして、革命政府に強大な権限を認めていた。このため、米国との対立を通じて、革命政府が社会主義化すれば、農業改革も社会主義諸国で見られる農業集団化に転化する危険性をはらんでいた。

図１　工業部長としてテレビ討論に参加するチェを取り上げた絵葉書。

また、ＩＮＲＡの傘下には〝不正取得資産を取り戻したもの、第六四七号法で（経営に）介入したもの、所有者が文字通り引き渡したもの、（革命政府が）買い上げたもの、新設したもの〟等で構成される小規模企業や工場があった。革命直後のキューバには六十万人ともいわれた失業者がいたが、ＩＮＲＡの工業部門は、雇用状況を改善するためにも、企業を生産部門ごとに組織し、それぞれの企業・工場の調整を図ることを目的としており、統制経済の色彩が強かった。

しかし、それ以上に問題となったのは、ＩＮＲＡの創設を定めた法律に「ＩＮＲＡは（旧）叛乱軍と協力してその機能を果たす」との一項目があったことだった。これは、米国の侵略を阻止するためには〝農村軍〟を組織しなければならないとの建前によるものだったが、シエラ・マエストラ山中でゲリラ戦を戦ってきた（旧）叛乱軍のメンバーからすれば、自分たちとは別の軍事組織が政府によって創設されることに対する不満と（自分たちが〝用済み〟として排除されるのではないかとの）不安を感じるのも当然であった。

実際、一九五九年八月、カミーロ・シエンフエゴスがフィデルに対して「〝解雇された〟（旧）叛乱軍の兵士たちがしかるべき保証を得られなければ、参謀本部長の職を辞する」と迫り、兵士たちへの年金の支給を訴えると、フィデルは（旧）叛乱軍兵士への〝配慮〟を約束する一方、「米国の侵攻に逆襲する準備をしなければならない。そのために必要なのは、素人のゲリラではなく、規律正しい実効性のある兵士だ」と応えている。はたして、その数日後、フィデルは（旧）叛乱軍の兵士に無償の鉄道切符三千枚を支給し、彼らを除隊させてしまった。

かくして、ゲリラ戦の勇者たちの間からも、ＩＮＲＡに対する抵抗感から、農業改革そのものに異議を唱える者が出てくる。その筆頭格が、ゲリラ戦の英雄で、カマグエイ州知事として人望が高かったウベール・マトスだった。

十月十七日、ＩＮＲＡ推進派の筆頭であったラウル（図2）が国防大臣に就任すると、同二十日、マトスはカマグエイの駐屯地からフィデルに辞表を送った。

マトス本人はフィデルに対して武装蜂起を起こす意図はなかったが、彼の辞職は反ＩＮＲＡ派を勢いづか

図2　国防相就任当時のラウルを取り上げた絵葉書

図3　刑期満了後の1959年、釈放された際のマトス。

せ、軍の離反を招きかねなかった。

このため、フィデルはラジオを通じて「カマグエイの裏切者たちが革命に対する謀反を企てている」と批難し、やはり、ゲリラ戦の英雄だったカミーロをカマグエイに派遣し、マトスとその部下を武装解除し、マトスを逮捕させせた。このとき、フィデルは、カミーロがマトスと組んで叛旗を翻すことを恐れる一方、INRAに否定的な二人が互いに戦って共倒れになることを望んでいたともいわれる。

しかし、実際にはマトスとその部下は武装蜂起を行ったわけではなく、カミーロとマトスの部隊が刃を交えることもなかった。したがって、マトスの逮捕は、革命の路線をめぐる対立が生んだ冤罪だったわけだが、最終的に、マトスは政府転覆を企てたとして、十二月十五日、禁錮二十年の刑を宣告されることになる（図3）。

一方、マトスの逮捕を受けて、十月二十六日、フィデルが革命市民軍の創設（それは、事実上、旧叛乱軍の解体を意味していた）を発表すると、カミーロもそれを擁護せざるを得なくなった。

後悔にさいなまされたカミーロは、十月二十八日、あらためてカマグエイを訪れて事件の関係者から事情を聴いた。そして、午後六時、ハバナに戻るべくカマグエイを離陸した直後、カミーロを乗せたセスナ三一〇はレーダーから姿を消し、行方不明となった。

その後、約二十日間、国を挙げての大捜索が行われたが、結局、機体の残骸や遺体等は発見されず、カミーロは亡くなったものとされた。

現在のキューバ政府の公式見解では、カミーロのセスナは、嵐を避けるために進路を変えて海の方向に向かい、遭難したと結論付けている。その一方で、カミーロのセスナは、予定の航路を外れた飛行機の救出に向かうよう偽の指示を受けて進路を変更したところ、海上で空軍機（マイアミ方向から飛来した小型機がサトウキビ畑に放火しているから撃墜せよとの命令を受けていたという）に撃墜されたとする証言もある。

ただし、カミーロの死は、その真相がいかなるものであったにせよ、彼とマトスに象徴される（旧）叛乱軍による革命のロマンが終焉を迎えたことを意味していた。

カミーロの遭難を受けて、フィデルはカメラの前で涙を流し、絶望に身をゆだねてはならないと国民を督励し、歴史はカミーロを忘れないであろうと演説した。チェも次のように演説している。

敵が殺したのだ。彼の死を望んだがために殺したのだ。安全な飛行機がなかったために殺されたのだ。パイロットに必要とされる経験をすべて持っていなかったために、仕事が多すぎてハバナにすぐに戻らなければならなかったがために、（中略）彼の性格のゆえに殺されたのだ。カミーロは危険を顧みない。危険を楽しんでいた。それを弄び、あしらい、操っていた。彼のゲリラ戦士のメンタリティにおいては、雲があるからと言って決まった路線を取りやめたり、回避したりすることはできないのだ。

かくして、カミーロは、その独特の風貌も相まって、シエラ・マエストラ山中のゲリラ戦の時代を象徴するイコンの一つとして、革命の聖人に祀り上げられることになる。

革命後のキューバでは、バティスタ政権時代の反省から､個人崇拝が社会的に忌避され､存命中の人物のモニュメントを公式の場に飾ることを禁じる法律も制定された。また、フィデル本人も、自身の肖像がTシャツにプリントされたり、絵画に取り上げられたりするのを極端に嫌っており、現役時代のフィデルの肖像が切手に取り上げられたケースは皆無ではないが、毛沢東やホーチミン、金日成・正日父子、サダム・フサインなど、他の独裁者と比べると、驚くほど少ない。

しかし、イデオロギーを前面に掲げる国家であればあるほど、抽象的な理念に人々を動員するためのわかりやすいイコンを必要とする。その役割は、後に、チェが主として担うようになるが､チェの存命中は、カミーロこそがまさに〝革命の聖者〟として最適の存在だった。

図4　カミーロ・シエンフエゴス死後1周年の追悼切手。

遭難から一年後の一九六〇年、カミーロの肖像を描く追悼切手（図4）が発行されているが、これは、一九五九年革命の元勲の肖像が切手に取り上げられた最初の事例となった。その後も、カミーロの肖像切手は、遭難から数えて節目の年に発行されている（図5）が、最初の切手では〝逝去一周年〟となっているのに対して、その後は、〝失踪XX周年〟となっているのが興味深い。おそらく、「カミーロは死んでいない。彼はすべての愛国者の胸の中に生きている。彼は革命青年の永遠の象徴だ。彼は永遠に生き続けるだろう」という、チェの追悼演説の一節を踏まえたのだろうが、一九六七年にチェが亡くなり、フィデルの権威は革命キューバにおいて比類なきものとなるなかで、〝神の言葉〟と矛盾しないように修正が加えられたということなのかもしれない。

ちなみに、カミーロの没後五十周年にあたる二〇〇

図5　カミーロの没後周年記念の節目にあわせて発行された切手の例。

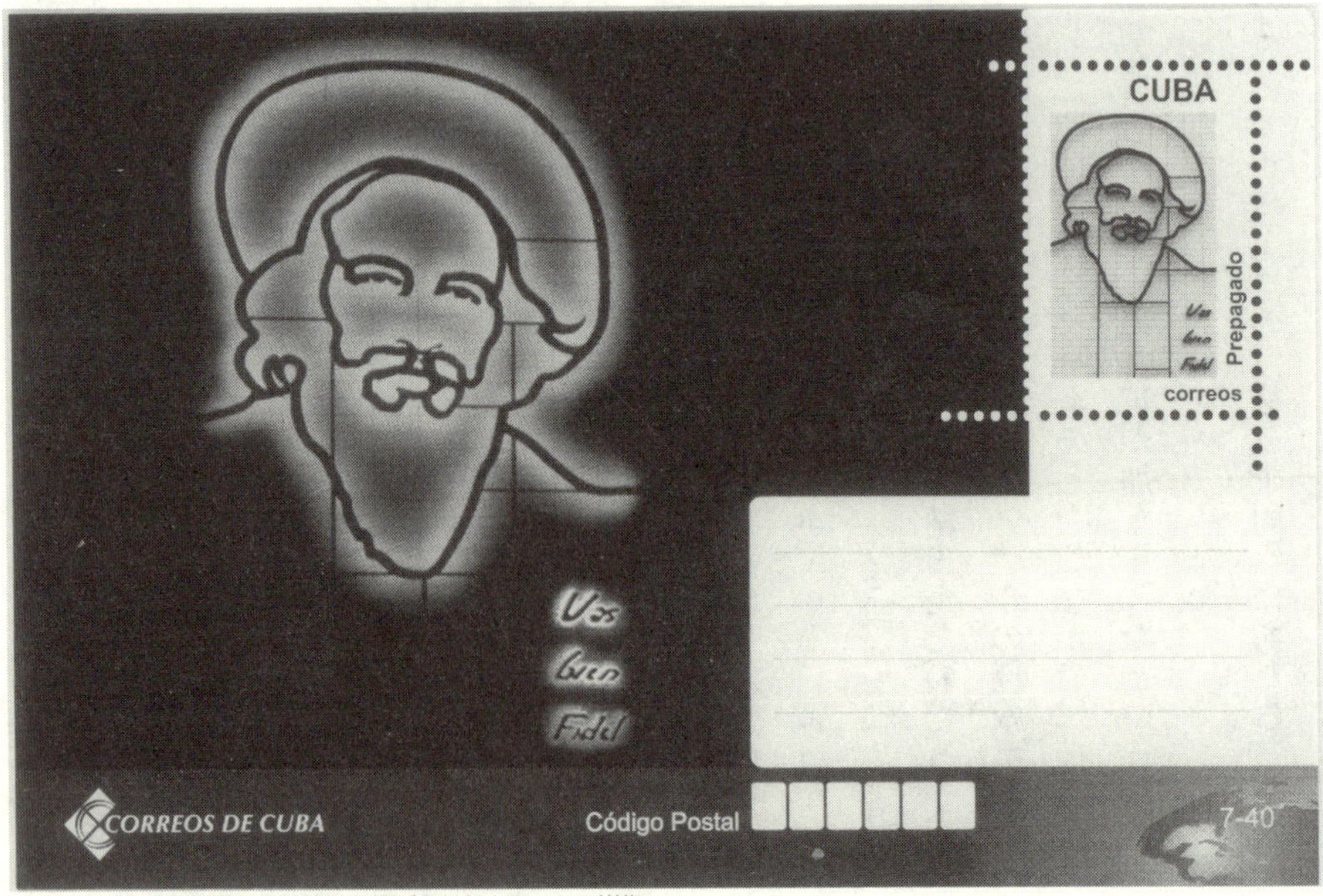

図６　ハバナの情報通信省の外壁に掲げられたカミーロの肖像。

九年、ハバナの革命広場に面した情報通信省の外壁には彼の巨大な肖像が掲げられた（図6）が、その右下には、"Vas bien, Fidel（いい調子だよ、フィデル）"とのカミーロの言葉が記されている。これは、演説中のフィデルが「カミーロ、私はうまくできているか？（"Voy bien, Camilo?"）」と確認した際に、カミーロが応えた言葉とされているが、（旧）叛乱軍の時代の幕引き役となったカミーロがその後のキューバの歴史と現状を見ても、はたして同じセリフを吐けるかどうか、筆者には大いに疑問である。

キューバ国立銀行総裁に就任

カミーロ失踪の衝撃が冷めやらぬ中、一九五九年十一月二十七日、チェはフェリーペ・パソスに代わり、キューバ国立銀行の総裁に就任する（図7）。

図7　歴代のキューバ国立銀行券（紙幣）を取り上げた国立銀行25周年の記念切手。下から2番目の切手に国立総裁としての"チェ"のサインが印刷された紙幣が取り上げられている。一般国民の間には、総裁としての署名が、本名ではなく、ゲリラ戦士としての愛称の"チェ"になっていることへの批判もあったが、チェは「（紙幣を）神聖なものとして扱うのはおかしい。形式主義はとらない」と応じた。なお、革命政府に批判的な人々は、"che"の署名の前に"Cru"と鉛筆で書込み、ソ連書記長のフルシチョフになぞらえた"Cruche"とすることで、共産主義化への抵抗の意思を示したという。

チェの総裁就任に関しては、とある会合で、フィデルが銀行総裁の職を引き受けてくれる〝エコノミスタ（経済学者）〟はいないかと問うたのに対して、居眠りをしていたチェが〝コムニスタ（共産主義者）〟と勘違いして手を挙げたとのアネクドートが人口に膾炙している。これがそのまま事実だったというわけではないだろうが、チェが金融に関しては全く予備知識のないままに国立銀行総裁に就任したことは紛れもない事実だった。

さて、総裁に就任したチェは、一九五四年には四億ドルあった外貨が、一九五九年には四千八百万ドルにまで激減したことを知る。このため、輸入ライセンス、外貨による支払いのための融資、外貨取引、特にドル売却に関して統制措置を発動した。さらに、失われた外貨の一部が金塊としてフォート・ノックス（米ケンタッキー州北部にある軍保留地で、米国金銀塊保管所の所在地。当時の米国は金本位制を取っていたため、莫大な量の金を保有しておく必要があった）に保管されていたため、米国による接収を免れるべく、これをすべて引き揚げるよう手配した。

ところで、革命以前、キューバの主要な輸出商品である砂糖の生産量は五五〇〜六〇〇万トンで、このうち、米国は一九五七年には二八八万トン、一九五八年には三一九万トンを買い付けていた。革命の起きた一九五九年の買付量は、革命以前からの契約に基づいて二九〇万トンである。

米国は国際価格よりも一ポンド（四五四グラム）あたり一〜二セント割高な価格でキューバ産の砂糖を引き受ける代償として、年間二千万ドルの米国製品を特恵関税でキューバに輸出していたから、一九五九年の貿易収支としては、キューバ側が一億二千七百ドルの赤字であった。こうした赤字分は米国系銀行による輸入借款によって補填されていたから、キューバ経済は米国の支えなしには成り立たない構造になっていた。

したがって、米国側としては、借款の停止など、経済的な圧力をかけることで、革命政府の左傾化に歯止めをかけようと考えるのも当然のことであった。

これに対して、国立銀行総裁としてのチェは、ウォールストリートジャーナルのインタビューに応えて「欧州と米国の融資先はキューバに対して門戸を閉ざしつつある。そうなれば、我々はロシアに代替を求めざるを得なくなるだろう」と語り、あくまでも対米自立という革命の大義を貫く姿勢を示している。

実際、チェが外遊していた一九五九年七月の時点で、早くも農業改革の担当者の一人であったヌニェス・ヒメネスがニューヨークでソ連副首相のアナスタス・イバノビチ・ミコヤンと会談。十月にはKGB幹部のワディム・ワディモビチ・リストフが極秘裏にハバナを訪れている。

さらに、一九五九年秋以降、KGBのアレクサンドル・アレクセイエフがソ連国営タス通信のジャーナリストという名目でキューバ入りし、フィデルやチェ、ラウルなどキューバ側の要人と接触していた。

こうした根回しの上に、一九六〇年一月、ミコヤンがメキシコを訪問したタイミングに合わせて、革命政府からメキシコに派遣されたエクトル・ロドリーゲス・リョンパルトがミコヤンに招待状を渡す。その結果、一九六〇年二月四日、ソ連科学技術文化博覧会の開会式に出席するとの名目で、ミコヤンはハバナを（西側の目から見ると電撃的に）訪問。約十日間の滞在の後、十五日にはフィデルとミコヤンの間で貿易協定が結ばれた（図8）。

図8　フィデルとの会談を終えてキューバからモスクワに戻ったミコヤン（左）。

同協定では、ソ連は、年間一〇〇万トンの砂糖その他の農産物をキューバから買い付けるとともに、キューバの年間原油必要量の三～五割を引き受け、一億ドルの長期開発援助をキューバに供与するものとされた。もっとも、この〝開発援助〟が曲者で、その実態は、ソ連が「設備・機械・資材の獲得に対して一億ドルの借款を供与する」、すなわち、キューバ側からすれば、砂糖の輸出と引換にソ連製の機械を輸入するという〝物々交換〟を押し付けられるというものであった。これでは、本質的に、革命以前の対米依存経済が対ソ依存に代わっただけにすぎず、経済的な自立という革命の大義は大きく損なわれてしまうのだが、米国との緊張が高まる中で、背に腹は代えられないというのがキューバの実情だった。一九六〇年五月二十日、ハバナで開催された産業見本市の開会式で、チェは「私のほぼ唯一の課題は……わが国の工業化である」と演説したが、これは、安い原料の生産に依存し、工業製品を輸入に頼っている限り、米ソのいずれが相手であっても本質的な差異はなく、キューバの経済発展もないという現実を喝破した、まさに魂の叫びだった。

　一方、一九五九年の革命以前、米国の〝裏庭〟であるラテンアメリカ諸国では、ソ連と外交関係を結ぶことはおろか、経済的な関係を持つことさえタブー視されていたから、キューバとソ連の貿易協定調印を目の当たりにした米国は、キューバがついに〝赤化〟したと判断し、カストロ政権打倒のための経済封鎖に着手。直ちに、キューバからの果実輸入を禁止するとともに、砂糖の割当カットないしは全面禁輸の用意があることを明らかにし、キューバに揺さぶりをかけた。

クーブル号事件と雑誌『タイム』

　こうして事態が緊迫する中、一九六〇年三月四日、ハバナ港で、ベルギーから購入した武器を積んでいたフランスの貨物船クーブル号で、船荷の下に仕掛けられた地雷が爆発。さらに、埠頭も爆破で破壊され、港湾労働者七十五人が即死し、負傷者も二百人に達した。事件は、CIAの〝作戦四十〟によるものとされている。

　事件当日、チェは公用車で国立銀行に向かう途中で港の方から立ち上る煙に気づくと、急遽、運転手に命じて現場に駆けつけ、居合

図9　クーブル号爆発事件55周年の記念切手。左側には炎上するクーブル号が、右側には抗議のデモ行進（中央にはチェの姿も見える）が取り上げられている。

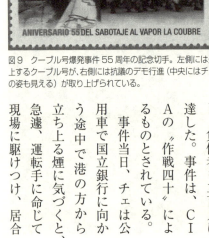

わせた市民に指示を与えるとともに、自らも先頭に立って被災者の救助活動に当たった。しかし、彼らの奮闘むなしく、即死のほか、治療の甲斐なく亡くなった労働者の数は約百八十人にも上った（図9、10）。

翌五日、ハバナ市内ベダド地区中心部の交差点に巨大な演壇が組まれ、事件に対する抗議のデモ行進に続き、追悼集会が始まった。チェは政府要人の一人として式典に参加し、ひな壇二列目の席に座っていたが、途中、集まった群衆と犠牲者の棺の列を確認するかのように立ち上がった。その瞬間をとらえた写真が、チェの肖像写真として最も有名な「英雄的ゲリラ」である。

ただし、「英雄的ゲリラ」のイメージが広く知られるようになるのは、一九六七年にチェが亡くなった後のことで、当時は、「英雄的ゲリラ」の存在を知る者はほとんどなかった（このあたりの事情については第十二章で詳述する）。というよりも、この時点では、キューバ革命の元勲としてのチェの名声はキューバ国内では隅々まで轟いていたが、全世界レベルでみると、チェはまだ無名の存在だった。

たとえば、米国のグラフ誌『ライフ』にチェが初め

図10　デモ行進の写真。切手に取り上げられたものとは、背景やメンバーの姿勢などが異なっている。

て登場するのは、ソ連副首相のミコヤンがキューバを訪問し、キューバ政府の要人が出迎える場面を撮影した写真が掲載された一九六〇年二月二十二日号である。この時の写真には、閣僚の一人としてチェの姿も写っているが、キャプションにも本文記事にもチェの名前はない。

欧米において、チェの名前を特定した上で、彼の肖像が流布するようになったのは、英誌『タイム』の一九六〇年八月号の表紙（図11）に、中央にチェ、背後にフルシチョフと毛沢東を配したイラストが掲載されたのが最初とされている。ただし、この時のイラストでは、編集部は、制作過程では耳が隠れた状態のチェの写真しか入手できなかったため、印刷直前、チェが散髪して耳が見える状態になったという情報が入ると、急遽、デザイナーは架空の耳を元の絵に描き加えたのだという。いずれにせよ、この時点では、チェの存在や顔は、西側世界ではあまり知られていなかったことがうかがえる。

図11 『タイム』1960年8月号表紙

なお、チェの端麗な容姿と革命家としての行動については、しばしば、ジョン・レノンが〝ハイスクール時代〟を回想して「あのころ世界で一番カッコいいのがエルネスト・チェ・ゲバラだった」と語ったとのエピソードが紹介されるが、ジョン・レノンが日本の中学・高校に相当するグラマー・スクールのクオリー・バンク校を卒業し、リバプール・カレッジ・オブ・アートに入学したのが一九五八年九月、チェとカミーロ、ついでフィデルがハバナに入城してキューバ革命が達せられるのは一九五九年一月のことだ。ジョンがカレッジを卒業するのは一九六〇年七月の頃で、件の『タイム』一九六〇年八月号が発行されたのは、その頃である。

当時の英国社会では、よほど強い関心を持ってキューバ情勢をフォローしていない限り、チェのことは『タイム』の表紙で初めて知ったというのが一般的だったろう。もちろん、ジョンもその一人だったと考えるのが自然だと思われる。

なお、チェのことを〝世界で一番カッコいい〟と評したジョンの発言が広く巷間に流布していたこともあってか、ジョンの没後二十周年にあたる二〇〇〇年十二月、ハバナにジョン・レノン公園が開設され、現代キューバを代表する彫刻家のホセ・ビージャ・ソベロンによる銅像（図12）が設置された。

図12　ハバナのジョン・レノン公園のジョン・レノン像。

かつて、共産主義諸国ではビートルズは〝頽廃的な西側の商業音楽の典型〟として、公の場での演奏などは忌避されていたが、ジョンの場合は、ベトナム反戦運動へのシンパシーや、代表作の一つとされる『イマジン』が左派リベラル色の強い〝反戦歌〟となっていることも考慮されて、キューバ政府の評価は悪くない。ちなみに、ジョンの像が腰かけているベンチには、「人は僕を夢見る人というかもしれない。けれどそれは僕だけじゃない」という「イマジン」のフレーズが刻まれている。

また、フィデルの側近で、革命後のキューバ外交の第一線でキャリアを積み、国連大使、外相などを歴任し、二〇〇〇年当時は人民権力全国会議（国会）議長の地位にあったリカルド・アラルコンが個人的にジョンのファンだったという。

こうした事情も考慮されて、ハバナのジョン・レノン像は〝革命のキリスト〟としてのチェの神格化を側面から補強する意味合いも込めて、設置されたと考えることも可能であろう。

さて、ハバナ港でのクーブル号爆発事件は、一八九八年二月、米西戦争の発端となったメイン号の事件を想起させるものだった。フィデルはこのことを踏まえ、追悼式典で「キューバは決してひるまない。キューバは退かない。革命の妨害は許さない。革命派勝利に向かって進むのだ」と獅子吼し、米国を仇敵と名指しした上で、「祖国か死か！　勝利するのだ」との有名なスローガンを叫んだ。

また、追悼式典には、偶然、キューバ訪問中だったジャン・ポール・サルトルとシモーヌ・ドゥ・ボーボワールも、殉職したフランス人船員を弔うため、急遽フランス代表として参列している。

この時期、西側社会の〝進歩的知識人〟の中にはキューバ革命を好意的に評価する者が少なくなかったが、サルトルとボーボワールはその筆頭格だった。

ある時、サルトルが海辺でフィデルからレモネードを振る舞われた際、それがぬるかったため、フィデルが店の者を呼んで〝手順の欠陥〟を追求し、冷えたレモネードを持ってこさせるという出来事があった。どうでもいい些事だが、フィデルにすっかり心酔していた哲学者は「フィデルが戦略地勢学的問題だけでなく、一杯のレモネードの温度にも手を抜かないのは素晴らしい」と感心しきりという始末だった。

また、ある時、フランスの著名な記者のイゴール・バリエールとエティエンヌ・ラルーが、サルトル同席のもと、フィデルに「なぜ革命後のキューバでは選挙が行われないのか？」と訊いたところ、フィデルは「実は選挙は毎月やっている。ただし、公共広場での選挙だ。奴隷制支持者も奴隷も被搾取階級も存在しない。選挙をしたい時は公共広場に百万人の市民を集める。これほど直接的で民主的な選挙があるか」と詭弁を弄して煙に巻こうとした。ところが、サルトルはフィデルの不誠実な態度をたしなめるどころか、〝国民投票の熱帯版〟を褒め讃えてしまう。

エスカレートする報復合戦

サルトルのような著名な知識人たちが、キューバ訪問から帰国し、安易にフィデルの革命を賛美する執筆・講演活動を展開していったことは、革命キューバに対する米政府の怒りを増幅させる結果しかもたらさなかった。

かくして、一九六〇年三月十七日、アイゼンハワー政権は「フィデル・カストロ政権に対する秘密行動計画」に署名。一方、キューバは米国の果実禁輸に対抗して、四月四日、農業改革法に基づいてユナイテッド・フルーツ社の農場を接収した。

ところで、二月十五日にソ連と結ばれた貿易協定では、ソ連はキューバに対して原油を売却することが定められていた。このため、キューバ政府からの要請を受けたテキサコ、ジャージー・スタンダード、シェルなどの石油メジャーは、当初、ソ連産原油がハバナに到着すれば、精製を引き受けるとしていたが、直前になって突如、キューバ政府に対して精製拒否を通告してきた。当然のことながら、米政府の意向を受けての対応である。

そこで、キューバ政府は、六月十日、鉱山法および石油法を公布し、製油所を接収して国有化したが、今度は、米国系の電力会社がソ連原油による操業を拒否して、電気料金を三〇％値上げした。さらに、七月五日、米政府は砂糖の輸入割当停止を決定した。

一方、米国によるキューバ産砂糖の輸入停止に対しては、米国が買い付けを拒否したのと同量の砂糖をソ連が国際価格で買い取ることを申し入れたため、米国側が期待していたような効果を挙げることなく終わってしまう。これを受けてキューバ政府は、米国を挑発するかのように、「我が国が侵略されるようなことがあれば、ソ連の好意を受け取る以外の道はなくなるだろう」との声明を発表した。

この声明に激怒した米国は、ついに、実力で革命政権を転覆させることを決意し、八月十六日、ＣＩＡによるフィデル暗殺計画を実行に移した。しかし、この秘密工作は失敗に終わり、同月十九日、米国はキューバに対する経済封鎖を発動する。これに対して、フィデルは米国資本の工場や農園を次々に接収するとともに、九月二日には〝第一ハバナ宣言〟を発し（形式的には、八月にコスタリカの首都、サンホセで開催された米州機構外相会議で、中ソ両国のキューバ支援を内政干渉と批難する〝サンホセ宣言〟が採択されたことへの反論として行われた）、キューバは米州における〝自由の地〟であることを表明し、中国に対して外交関係の樹立を呼びかけた。ソ連との経済関係の強化を決定。両者の対立はエスカレートし、八月から十月にかけて、電力、銀行、鉄道、繊維、食品、煙草など、あらゆる業種の米

図13　革命の成果として、農業改革と米系企業の国有化を表現した切手。

系企業と大手企業が次々と国有化されていった（図13）。

事態が緊迫化していくなかで、国内の統制も次第に強められていった。

すなわち、一九六〇年五月、自由主義的な立場から、革命政府に批判的だった「ディアリオ・デ・ラ・マリーナ」と「プレンサ・リブレ」の二紙が〝反革命的〟として政府の介入を受け、報道機関に対する統制が本格的に始まった。また、六月には、賃上げを求める労働者に対して、チェはインフレ抑制のために賃金を凍結する方針も打ち出している。さらに、九月二十八日には国民の相互監視組織として革命防衛委員会（CDR）が設置された。

その一方で、この間、チェは多忙な職務の間を縫って『ベルデ・オリーボ』誌を中心に執筆活動もかなり精力的にこなし、一九六〇年四月には、一九五九年二月の論文「ゲリラ兵士とは何か」に大幅に加筆して、ゲリラ戦の戦略と戦術についてまとめた『ゲリラ戦争』を国防省教育局から出版した。同書は、シエラ・マエストラでの革命戦争を通じてゲリラ戦士として学んだことをまとめたもので、前年亡くなったカミーロに捧げられた。

その要諦は、同書冒頭の「人民の勢力は政府軍に対する戦闘に勝利できる。革命の条件が熟すまで待ってはならない。蜂起の核（フォコ）がその条件を作り出す。そしてラテンアメリカにおいて武装闘争の場は基本的には農村でなければならない」との文章に要約されるが、革命の初期段階においては、まず何よりも行動を起こして〝核〟を作ることが重要だとすることから〝フォコ理論〟とも呼ばれた。

十月十三日、米国政府はついにキューバに対して全製品の禁輸を宣言し、経済封鎖に乗り出した。これに対抗して、キューバ政府は十三・十四両日で四百の銀行、製糖工場、その他工場を国有化し、製糖工場と鉱業所の大半がＩＮＲＡ工業局の管理下に置かれることになった。

十月二十日、チェは米国のボイコットや経済封鎖の影響と現状について、テレビで国民に説明した。その際、経済封鎖は米国によるキューバ侵攻の前兆ではないかという国民の不安やグアテマラに反革命派の軍事基地が建設されつつあるとの情報について「たしかに、多くの皆さんと同じように、私もそうなると思っている。（中略）しかし、彼らに成功はないだろう。最終的な結果はどうなるか？　革命の確立だ！」と締めくくっている。

ソ連・東欧歴訪

一九六〇年十月二十日、国立銀行総裁としてテレビ出演を終えたチェは、二十二日、キューバ経済の生き残りをかけ、エクトル・ロドリーゲス・リョンパルト、アルベルト・モラ、ラウル・マルドナードらを率いて、マドリード経由で東側諸国歴訪の旅に出た。

①最初の訪問国チェコスロバキア

今回の外遊の最大の目的は、言うまでもなく、モスクワでソ連指導部と直接交渉することにあったが、一行は経由地として、まず、十月二十四日、チェコスロバキアの首都プラハに到着。チェは「キューバの成功は他の国民が同じような成功をなすための始まりである」と演説した。

チェコスロバキアでは、一九四八年二月の政変で共産党が実権を掌握。同年六月、チェコスロバキア共産党の創設メンバーだったクレメント・ゴットワルト（図14）が大統領に就任した。

図14　ゴットワルト

ゴットワルトは純然たるスターリン主義者で、すべての生産設備を国有化し、農業集団化を強行しただけでなく、議会制度を完全に放棄し、体制に批判的な人物は容赦なく粛清した。一九五三年三月十四日、スターリンの葬儀から帰国して五日後に亡くなったのは、〝小スターリン〟として本家のコピーに徹しきった彼の生涯を象徴するような幕引きだったといえよう。

ゴットワルトの死後、共産党第一書記に就任したアントニーン・ノボトニー（図15）はゴットワルトの路線を継承しつつ権力基盤を固め、一九五七年には大統領職も兼務した。

図15　ノボトニー

ときあたかも一九五六年二月のフルシチョフによるスターリン批判を機に東欧諸国ではソ連支配への反発が強まっており、同年十月には隣国ハンガリーで大規模な反ソ暴動（ハンガリー動乱もしくはハンガリー一九五六年革命）が発生したが、ノボトニーは国内の反ソ世論を封じ込めることに成功。ソ連の軍事介入を積極的に支持した。

一九五七年十月、ソ連は世界最初の人工衛星、スプートニク一号の打ち上げに成功するが、これに関して、「スプートニク号の仕組みは？」という質問に対して「一　チェコのウラン、二　ドイツの技術、三　ソ連の犬」と応えるという共産圏ジョークが流行ったことがあった。

チェコ・ボヘミア地方のヤーヒモフ（ドイツ語名ヨアヒムシュタール）は、神聖ローマ帝国マクシミリアン

図16　ヤーヒモフでのラディウム抽出100周年の記念印が押された郵便物。

二世統治下の十六世紀以来、銀山の開発が行われていたが、当初から、銀以外にも、輝く黒い鉱物の存在が知られていた。それらは〝ピッチブレンド〟と呼ばれており、鉱山労働者に健康被害をもたらす一方で、関節炎などの病気の治療にも使われていた。このピッチブレンドから、一七八九年、化学者のマルティン・クラプロートが新しい元素を抽出し、天王星（ウラヌス）を発見したウィルヘルム・ハーシェルに敬意を表して、〝ウラン〟と命名した（図16）。

一九三八年、ドイツがチェコスロバキアを併合すると、ヤーヒモフ鉱山もドイツ領となり、同年、オットー・ハーンがここから産出されたウランの研究をもとに、ウランの核分裂を発見。ヨアヒムシュタールは、原爆開発の観点から、注目を集めた。

第二次世界大戦後、チェコスロバキアはソ連の衛星国となり、一九四六年以降、ヤーヒモフ鉱山で生産されるウランは、すべてソ連に輸出され核開発及び原子力発電所用核燃料として使用されていた。

さて、実際のスプートニク一号の打ち上げに使われたR7ロケットの燃料は液体酸素とケロシン（石油を分留して作られる液体の炭化水素。ナフサよりも重く軽油よりも軽い）であって、チェコのウランが重要な役割を果たしたわけではない。しかし、ノボトニー政権は事実と異なるジョークが流布していても、あえて訂正しなかった。それにより、自分たちが東側諸国の〝優等生〟としてソ連の宇宙開発を支えており、自分たちに敵対する者に対してはソ連によって鉄槌が下されるであろうことを暗示させる効果を狙ったのである。

このように、当時のノボトニー政権はソ連の中心としての役割を完ぺきに演じ切っていたから、ソ連としては、様子見を兼ねて、まずはチェコスロバキアと交渉させてみたということだったのだろう。

さて、十月二十九日までのチェコスロバキア滞在中、一行はノボトニーと会談し、運輸業向けの二千万ドルの借款を獲得。まずまずのスタートを切った。

②十月革命記念日の式典に参加

次いで、十月二十九日、一行はプラハからモスクワへ向かい、二日後の三十一日、レーニン博物館への訪問の後、ソ連の経済商業部門の幹部らと最初の懇談を行った。

初日の会談で、フルシチョフは「キューバが望むものはすべて与えられる」と口火を切ったが、肝心のキューバ側は要望を具体的に整理できておらず、チェは「さまざまな社会主義国のうち、どの国に何を要請すべきかわからない」と釈明せざるを得なかった。

このとき、一週間後に迫った革命記念日の式典に参加するため、すでに東側諸国の代表団がモスクワ入りし始めていたため、チェは急遽〝キューバ代表団〟を組織。ソビエツカヤ・ホテルの一フロアを借り切って、交渉相手国ごとに一室を割り当て、モスクワに到着した各国代表団と順次交渉を行った。その過程で、十一月一日にはチェコスロバキアのノボトニーがチェにレオン・ブランコを授与したほか、三日にはソ連側の案内で強化コンクリートの製造工場も視察している。

十一月七日、一行は十月革命四十三周年（図17）の記念パレードに招待され、チェの席は最高会議幹部会用の場所に設けられた。これは、国賓級の待遇を意味しており、ソ連としては、米国の喉元に位置するキューバを、なんとしても、自分たちの陣営に引き込んでおきたいという意思表示だった。もちろん、チェが姿を現すと、場内からは万雷の拍手とともに「キューバ萬歳」の大歓声が上がるという、お決まりの演出も行われた。

図17　チェのモスクワ滞在中に発行された10月革命43周年の記念切手。

ソ連との交渉では、キューバ側は砂糖の輸出先と、既存の工業を維持するための石油と部品、輸入代替のための小規模な工業を求めたが、交渉には、値段や条件面以外にも、米州と欧州での電圧の違いや度量衡の違い（ソ連がメートル法を採用していたのに対して、キューバでは長年に及ぶ米国の影響もあってポンド・ヤード法だった）など、さまざまな困難が伴った。

また、キューバ側には、ソ連は東側諸国の盟主であり、米国に匹敵する大国というイメージがあったが、実際のソ連製品の技術水準や生活水準は、米国に比べて大きく劣っていた。たとえば、熱帯のキューバでは制汗・消臭剤が必需品で、革命以前、それらは米国からの輸入品がごく当たり前に使われていた。革命後、それらの輸入が途絶したため、チェはそのことをモスクワで話したが、これに対して、ソ連側は「デオドラント？　君たちはあまりにも快楽に慣れすぎている」と一蹴したという。キューバとモスクワでは気象条件が違うということもあるだろうが、やはり、彼らとの生活水準の差は大きかったのである。

革命記念日の記念式典の後、八日にはクレムリンでのレセプションがあり、十一日にはミコヤンとの会談もセットされた。そして、十五日のモスクワ駐在キューバ大使のレセプションでフルシチョフとの会合を終えて、十七日、一行はモスクワを発って中国へ向かった。

③周恩来に籠絡される

前年の外遊に際しても、チェは中国を訪問国の一つに加えることを望んでいたから、今回の中国訪問はその希望がかなったものということも可能であろう。

しかし、キューバの革命政府がソ連への傾斜を強めていく中で、ソ連とは徐々に関係が冷却化しつつあった中国への訪問は、チェの個人的な感情とは別に、微妙な問題をはらむものであった。

一九四九年に中華人民共和国が建国されると、毛沢東は「向ソ一辺倒」を打ち出し、中ソ友好同盟相互援助条約（中ソ同盟条約）を調印した。抗日戦争に続き、国民党との血みどろの内戦を戦った共産党政権にとって、米国による中国封じ込め政策に対抗するためには、軍事的にも経済的にもソ連の支援が必要であり、社会主義陣営の有力メンバーという金看板は対外的にも重要な意味を持っていたからである。

一九五〇年八月にソ連が発行した社会主義陣営の団結をアピールする切手（図18）には、ソ連、中国、チェコスロバキア、ルーマニア……といった順番で各国の国旗を掲げて歩く人々の姿が取り上げられているが、この切手が示しているように、この時期の社会主義陣営は、ユーゴスラビアのような例外はあっても、基本

図18　1950年に発行された「社会主義陣営の団結」をアピールする切手。国旗の並びでは、中国はソ連に次ぐ第2位の序列に位置づけられている。

的には、ソ連を盟主とした一枚岩の団結を誇るというのが建前だった。

　もっとも、伝統的な中華思想の思考回路が根底にある中国人にとって、建前ではソ連を〝兄〟として尊重していたものの、本音の部分では、〝夷狄〟のソ連から〝弟〟扱いされることは耐えがたいことでもあった。

　また、一九五〇年六月に始まる朝鮮戦争は、同年十月に中国が人民志願軍を派遣したことで、実質的に米中戦争として展開された。朝鮮戦争への参戦は中国に多大な犠牲を強いたが、同時に、犠牲を厭わず〝米帝国主義〟と戦った中国に対する社会主義陣営内の評価を高める結果をもたらした。実際、一九五三年一月、全世界の社会主義者たちの〝首領〟として君臨してきたスターリンが亡くなると、中国は次第にソ連との対等の立場を目指すようになる。

　もっとも、スターリンの死後、数年間の中ソ関係は良好に推移した。中国は一九五三年から一九五四年にかけて第一次五ヵ年計画を策定してソ連の経済モデルに倣った社会主義建設を目指し、ソ連も中国の戦後復興を支援していたからだ。

　ところが、一九五六年二月、ソ連共産党書記長のニキータ・フルシチョフは、帝国主義国との戦争（＝第三次世界大戦）は不可避としていたスターリンを批判し、西側との平和共存に向けて一歩を踏み出した。この時点ですでに、米ソの経済力および軍事力には絶望的な格差があり、まともに米国と戦っても勝ち目は全くないという現実を見据えての判断である。

　しかし、ソ連の路線転換は、中国の目には〝修正主義者〟による変節としか映らなかった。北朝鮮や北ベトナムが東西冷戦の最前線で（駐留）米軍と対峙している状況の中では、西側に対して弱腰の姿勢を示すべきではないというのが、わずか三年前まで米国と直接戦っていた中国の基本的な認識だったからである。

　このため、一九五七年十一月十八日、モスクワで行われた共産党・労働者党代表者会議に参加した毛沢東

図19　1957年12月に開催された「社会主義諸国閣僚会議」の記念切手。会議後の1958年になってから発行された。

は、「東風は西風を圧す」、「米帝国主義は張子の虎」と演説。米国との核戦争を恐れるべきではないと主張し、平和共存を進めるフルシチョフを批判した。

もっとも、こうした中ソの亀裂は、当時、西側に対しては表向き秘匿されていた。たとえば、一九五七年十二月にモスクワで行われた「社会主義諸国閣僚会議」の記念切手（図19）では、参加各国のうち、中ソ両国の国旗は同じ高さに掲げられており、両国が対等な関係の友好国であることが改めて強調されている。

このため、平和共存という方針を維持しつつも、米国に対する軍事的な劣勢を挽回する必要に迫られたソ連は、中国から軍事部門での協力を求められていたこともあり、中ソ同盟の文脈に沿って中ソの軍事力を一体化すべく、一九五七年から翌年にかけて、長距離無線基地の設置と中ソ共同の潜水艦艦隊の創設を中国に提案する。

しかし、毛沢東は、ソ連の提案は中国を支配しようとするものと激しく反発。このため、フルシチョフは一九五八年七月末に北京を訪れて説得を試みたが、毛の態度は頑なだった。

一方、内政面では、一九五七年十一月、フルシチョフが「ソ連は工業生産（鉄鋼・石油・セメント）および農業生産において十五年以内に米国を追い越すだろう」と宣言したことに刺激され、毛沢東ら中国指導部は、一九五八年から始まる第二次五ヵ年計画において、当時世界第二位の経済大国であった英国を十五年で追い越すという無謀な計画を立案。その一環として、一九五七年に約五三五万トンであった鉄鋼生産高を一九五八年には倍の一〇七〇万トンにするとの目標が掲げられ（大躍進政策）、一九五八年十月以降、原始的な溶鉱炉（土法炉）を用いた製鉄が全国の都市、農村で大々的に展開された。

土法炉とは煉瓦製の原始的な小規模溶鉱炉で、燃料としては木炭ないしはコークスが用いられた。しかし、銑鉄一トンを生産するのに、近代的高炉では二トンの石炭で済むところを、土法炉では、四〜六トン、場合によっては八〜一〇トンもの石炭が必要とされたうえ、生産される鉄の品質も極めて粗悪なものだった。

また、そもそも前年の倍の量の鉄鋼を生産するという計画自体が無謀なもので、材料の鉄を確保するために都市部では鉄製の各種設備・構築物を解体し、農村部では鉄製の農機具・炊事用具を供出させることが行われたほか、農村部では燃料の確保のために森林・樹木が無計画に乱伐され、多くの農民が強制的に製鉄現場に動員されたため、農村は荒廃し、食糧生産も激減。国民生活は大きな打撃を受けた。

結局、鉄鋼大増産政策は、使い物にならない粗悪な鉄鋼を大量に作り出しただけで惨憺たる失敗に終わり、翌一九五九年、毛沢東は政策の失敗を自己批判し、国家主席の座を劉少奇に譲らざるを得なくなった。

さらに、大躍進政策が大きな混乱を招いている中で、一九五八年八月二十三日、中国人民解放軍が金門島（福建省・厦門の沖合数キロメートルの位置にある島。台湾が支配していた）に向け大規模な砲撃を開始。このとき、毛沢東は本気で米国との全面対決を望んでいたわけではなく、対外的な緊張をもたらすことで国内の統制を強化するのが目的だったが、米国には台湾問題に関して中ソが共同歩調をとっていると誤解させておきたいと考えていた。

ところが、フルシチョフは台湾問題にソ連が巻き込まれることを懸念。さらに、ほぼ時を同じくして、台湾軍機の落としたＡＩＭ－９ミサイル（米国製）の不発弾について、同盟国であるはずの中国がソ連に対して技術情報を不完全なかたちでしか渡さなかったことから、中国に対して不信感を強めた。

もっとも、ソ連としては、対西側政策の必要から、そうした中国との亀裂をなんとか糊塗し、両国が友好関係にあるという体裁を取り繕おうとした。その結果、逆説的になるのだが、一九五〇年代末、中ソ関係が緊張の度合いを高めていく時期になって、ソ連は中国の文化的伝統を讃え、あるいは、アジアの〝平和勢力（米国を〝戦争勢力〟と規定する社会主義陣営の自称）〟の代表としての中国を尊重する姿勢を示している。

たとえば、一九五八年十二月、ソ連は「関漢卿七百年」を記念する切手（図20）を発行した。関漢卿に関しては、同年六月に本家の中国で記念切手が発行されており、ソ連の記念切手発行はこれに追随するものだっ

図20　ソ連が発行した「関漢卿700年」の記念切手。関漢卿は13世紀の金末から元初にかけて活躍した戯曲家で、庶民生活に題材を取った雑劇の祖といわれている。

図21　ソ連が発行した「世界平和運動10周年」の記念切手。アジア系と思しき男性の背後に"和平"の文字が見える。

た。先述の姿勢を示演出の一手段として、国家のメディアである切手が活用された典型的な事例といってよい。

さらに、一九五九年四月に発行された「世界平和運動十周年」の記念切手（図21）では、平和のプラカードを掲げて行進する三人種の人々が描かれているが、アジア系の男性の背後には〝和平〟という漢字がしっかりと書かれており、中国がアジアの〝平和勢力〟を代表する存在であるとのソ連当局の公式見解が表現されている。

しかし、〝平和勢力〟の盟主を自任していたソ連は、米国との核実験禁止の合意に基づき、アジアの非核構想を実現するため、一九五九年六月二十日、中国に対して核技術の供与は行えないと通告。これは原子爆弾製造の技術的情報を与えるとの中ソ国防用新技術協定（一九五七年十月締結）を一方的に破棄するもので、中国としては納得できるものではなかった。

結局、一九五九年九月三十日、中華人民共和国の建国十周年にあわせてフルシチョフが北京を訪問し、毛沢東と首脳会談を行ったものの、あらゆる問題で両者の意見は噛み合わず、両国の共同声明が出せないという異常事態に終わっている。

フルシチョフの訪中にあわせてソ連が発行した中華人民共和国建国十周年の記念切手には、〝友好〟の文字の入った本を一緒に読む両国の若者（図22）や、国旗を背景に握手を交わす両国の労働者（図23）が取り上げられているが、この頃になると、もはや、中ソの亀裂は修復不可能なものとなっていた。

その後も、一九六〇年三月八日の国際婦人デー五十年の記念切手（図24）に、各国語で〝平和〟を意味する旗（もちろん、その中には中国語の〝和平〟も含まれている）を掲げる中国服の女性を取り上げていることからもうかがえるように、ソ連は社会主義陣営の盟主として中国の説得を試みてはいた。

しかし、フルシチョフの掲げる平和共存路線への中国側の抵抗は強く、業を煮やしたソ連は、一九六〇年七月、中国の政策転換を促すため、中国からの技術者の引き揚げと物資・軍事援助の大幅削減を決定。こうして、中ソ対立はますます先鋭化することになる。

一方、毛沢東は、こうしたソ連の技術者引き上げを、一九五八年に発動した〝大躍進〟の失敗を糊塗する口実として利用。この結果、中国国内では、ソ連との対立は権力闘争の道具となり、一九六六年に始まる文化大革命では〝修正主義者〟とされた人々が苛烈な弾圧の対象となっていく。

その意味では、一九六〇年九月の第一ハバナ宣言で、キューバが中国との国交樹立を呼びかけていたのは、フィデルらの意図とは別に、結果として、中ソ対立のデリケートな部分に触れるものであった。それゆえ十一月のチェの訪中も、社会主義世界の主導権争いに巻き込まれ、中国はソ連以上に一行を歓待し、キューバ

図 22　ソ連が発行した「中華人民共和国 10 周年」の記念切手のうち、中ソの若者を描いた 10 コペイカ切手。左側の若者が読んでいる本の表紙には“友好”の漢字が見える。

図 23　おなじく、「中華人民共和国 10 周年」の記念切手のうちの 40 コペイカ切手。中国の経済建設にソ連の支援が重要な役割を果たしたことを示すべく、国旗を背景に握手する両国の労働者が描かれている。

図 24　1960 年に発行された「国際婦人デー 50 年」の記念切手。中国服の女性に各国語で“平和”と書かれた旗を持たせるなど、中国を尊重している姿勢が見える。なお、この切手を最後に、中国語の“和平”が入った切手は発行されなくなる。

を自らの陣営に引き込もうとした。

たとえば、十一月十八日、北京に到着した彼らは大群衆による歓迎を受け、二十二日の〝中国・米州友好協会〟のレセプションでは歓迎の拍手が数分間も続き、中国の少女がチェに花束を渡し、接吻している。チェは、あまりの歓待ぶりに戸惑いを隠せず、そのストレスからか、毛沢東との会見中には喘息の発作に襲われ、失神してしまったほどだ。

その後、一行は、二十三日に天津、二十六日に上海に向かったが、ここでも一万人の群衆が出迎えて、彼らを〝熱烈歓迎〟した。

かくして、十二月一日、チェは中国との経済協力協定に署名したが、その内容は、十五年間無利子の六千万ドルの借款とキューバ産砂糖の輸出というものだったが、〝借款〟という表現はあくまでも形式的なもので、返済が滞っても全く問題はないという破格の内容だった。さらに、協定には、当初、〝無私の援助〟との文言があったが、周恩来は「この表現は誤りである。援助には利害が絡んでいる。金銭的な意味ではなく政治的にそうだ。キューバは反帝国主義闘争の最先端に立っているからだ」と語り、チェを感動させている。

その一方で、周恩来はチェとの会談で、中国が朝鮮戦争中に購入した武器の代金を、ようやく、ソ連に支払い終わったばかりだとさりげなく述べることで、チェに対して、ソ連への不信感を煽っている。

若く生真面目なチェは、まんまと周恩来に籠絡され、すっかり〝親中派〟になってしまい、帰国後の報告では「まさに中国は、キューバ革命だけが革命ではないことを発見する国の一つだ」と述べるほどだった。

④北朝鮮は死でできている国だ

中国との協定を調印した使節団は、十二月二日、二手に分かれ、一部は北ベトナムへ向かったが、チェは北朝鮮に向かい、平壌で数千の群衆に歓呼のうちに迎えられた。

チェが行き先として北朝鮮を選んだのは、以前から、読書経験を通じて北朝鮮に興味を持っていたということに加えて、当時の北朝鮮当局が、朝鮮戦争からの復興が順調に進み、経済的に韓国を凌駕していると大々的に宣伝していたという事情もあったろう。使節団の

図25　朝鮮戦争の休戦に際して、北朝鮮が発行した"祖国解放戦争勝利記念"の切手。

目的が経済支援を獲得することにあった以上、いまだ第一次インドシナ戦争の傷跡が癒えぬ北ベトナムよりも、そうした主張を展開する北朝鮮を優先したのも、団長のチェとしては当然の選択だった。

一九五三年七月二十七日の朝鮮戦争休戦（図25）後、北朝鮮の戦後復興に際しては、ソ連四八・八%、中国三〇・九%、東欧二〇・三%の割合で、総額五億五千万ドルの直接無償援助（ただし、西側諸国の推計では、七億千九百万ドルのローンを含む十億四千万ドル）が行われたとされている。また、これとは別に、中国人民志願軍の無償労働による鉄道復旧事業も行われた。

復興援助の開始にあたって、一九五三年九月、金日成はソ連を訪問し、ソ連から受けることになっていた十億ルーブルの経済援助の使途と、過去にソ連から受けていた借款の償還問題について話し合った。

その結果、ソ連からの経済援助のうち、かなりの部分が、戦争によって被害を受けた旧設備の復旧・拡張に加え、〝以前はわが国になかった新工場〟として消費財生産のための工場建設に充てられることになった。これは、国際分業路線を採用していた当時のソ連の意向に沿ったものであったが、重化学工業建設を優先したい金日成の意向とは必ずしも一致するものではなかった。とはいえ、戦後復興のために、ソ連などからの援助が不可欠であった北朝鮮は、当面、自立的民族経済論と社会主義的国際分業とは必ずしも矛盾せず、むしろ、自立的民族経済を建設することが国際分業に参加できる道であることを強調して、ソ連との対立を回避しようとしていた。

こうした事情を踏まえて、北朝鮮が策定した〝戦後復興三ヵ年計画〟は、重工業を優先した上で、同時に軽工業と農業を発展させるとの方針の下、造船、製鉄、鉱業、電力、化学、建設などの分野に重点的な投資が行われ、（公式の統計数字によれば）石炭の生産は一九五三年の七〇万トンから一九五六年には三九〇万八〇〇〇トンに、鋼鉄の生産は同じく一二万二〇〇〇トンから三六万五〇〇〇トンに、発電能力も同じく一〇一万七〇〇〇キロワットから五一二万キロワットへと、飛躍的に向上した。これにより、北朝鮮は戦後復興を達成したとされるが、一般国民の生活水準は〝復興〟の名とはほど遠く、低いままに留め置かれた。

ところが、計画最終年の一九五六年、フルシチョフによるスターリン批判を契機として、北朝鮮においても金日成個人崇拝に対する批判が起こると、事態は一変。同年八月には、ソ連国籍をもつなどソ連と関係の深いソ連派の朴昌玉が、中国共産党と関係の深い中国派の崔昌益らとともに、党全員会議で公然と金日成批判を行う〝八月宗派事件〟が発生する。事件の背景には、自立的民族経済建設のために重化学工業路線を優先する金日成ら抗日パルチザン出身グループと、軽工業・消費財生産を優先し、ソ連を中心とする国際分業体制への積極的参加を主張するソ連派・中国派との路線対立があった。

結局、八月宗派事件は金日成らの勝利に終わり、朴・崔の二人は逮捕され、党から除名された。その後、ソ連第一副首相のミコヤンと中国国防部長の彭徳懐が訪朝し、朴・崔に対する除名処分は撤回されたが、金日成は、一九五六年末からソ連派・延安派に対する本格的な粛清を開始。一九五八年までに中ソ両国と関係のある〝反党分派〟勢力は根こそぎ弾圧され、北朝鮮は中ソとの関係は冷却化した。

八月宗派事件を機に、北朝鮮はソ連・中国の援助を当てにせず、自力で社会主義建設を行う必要に迫られたことから、金日成は、一九五七年に始まる五ヵ年計画の発動を前にした一九五六年一二月の党中央委員会総会で、「最大限の増産と節約」とのスローガンを掲げ、重工業（中でも製鉄と機械）優先路線の大衆動員運動として〝千里馬運動〟（図26）を展開した。さらに、五ヵ年計画実施の過程で強調されたのが〝農業協同化（集団化）〟だった。

図26　キューバが発行した“朝鮮民主主義人民共和国（北朝鮮）建国65年”に取り上げられた平壌の千里馬銅像。千里馬は一日に千里を走るという朝鮮の伝説の天馬で、その勢いにあやかって増産を目指そうというのが大衆動員運動としての命名の由来である。なお、切手に描かれている平壌・万寿台の銅像は1961年4月に完成したもので、チェが平壌を訪問した時には存在しなかった。

北朝鮮における農業協同化（集団化）は、朝鮮戦争休戦後の労働力不足に対処するものとして始められたものといわれている。

すなわち、休戦協定成立直後の一九五三年八月、朝鮮労働党中央委員会第六回総会は、農業の技術的改造に先立ち経営形態を社会主義的に改造する農業協同化政策を決定した。従来のマルクス・レーニン主義理論では「農業の社会主義化には、農業への機械・資材・電力などを供給することが必要であり、その前提として工業が一定水準以上に発達していなければならない」とされていた。これに対して、北朝鮮は、工業生産が回復していない状態であっても、経営形態の上で社会主義化することは可能であるとして農業協同化に踏み切ったのである。

一九五四年一月、農業協同化に関する党中央委員会指令が発令されたのを受け、

①経験的段階（役畜・農機具の共同利用に基づいて農作業を共同化し、生産物は土地所有者のものとなる段階。金日成が、一部の地域で経験的に農業協同組合を組織すべきであると述べたことに由来する）

②大衆的段階（土地を協同組合の管理下に統合して労働日数と土地の出資面積に応じて生産物を分配する段階）

③完成段階（土地を含むすべての生産手段を協同組合のものとし、労働に応じて生産物を分配する段階）

という三段階を経て行われた。

北朝鮮当局にとって、農業協同化運動の真の目的は、資本不足に悩んだ北朝鮮当局が、重工業の育成に必要な資金を農民から徴収することにあった。このことを裏付けるかのように、農業協同化は、北朝鮮がソ連・中国と距離を置き「自力更生」を強調するようになった一九五六年以降、急ピッチで進められたが、農民の生活を無視した過酷な収奪や強制的な大規模移住が強行されたことで、一九五〇年代末には十万人規模の餓死者が発生するなど、農村の荒廃は深刻なものとなった。

こうした状況の下で、金日成が目を付けたのが在日朝鮮人の存在である。

第二次世界大戦が終結した一九四五年八月の時点で、日本本土には約二百万人の朝鮮人がいたが、一九四八

年までに、そのうちの約百四十万人が朝鮮半島に帰国し、約六十万人が残留したといわれている。

こうした状況の中で、はやくも一九四五年八月には在日朝鮮人のためのさまざまな団体が発足。同年九月十日の〝在日本朝鮮人連盟中央準備委員会結成〟を経て、同年十月十五日、〝在日本朝鮮人連盟（朝連）〟が結成された。当初、朝連は帰国斡旋や生活相談、朝鮮語講習などを行う民族的社会事業団体としてスタートし、政治色は薄かった。

しかし、朝連は、敗戦により出獄した日本共産党（日共）幹部の指導により、急速に左傾化。これに反発した民族派は建国促進青年同盟（建青）や新朝鮮建設同盟（建同）などを結成した。その後、朝鮮半島における南北・左右の対立を反映して、一九四六年十月、建同を発展的に解消した〝在日本朝鮮人居留民団（現在の在日本大韓民国居留民団）〟が結成され、朝連は分裂。以後、朝連と民団の激しい対立・抗争が展開された。

その後、朝連は一九四八年四月に〝四・二四教育事件〟と呼ばれる騒擾事件を起こしたほか、北朝鮮支持の姿勢を鮮明にして占領当局と対立。このため、一九四九年九月、傘下団体の民主青年同盟とともに、団体等規制令による暴力団体に指定され、解散・財産没収・幹部追放などの処分を受けた。

朝連の解散に伴い、その活動は、一時期、日共の民族対策部の指導で、朝鮮学生同盟、朝鮮女性同盟、朝鮮解放救援会などの傘下団体が継承したが、一九五〇年六月、全国組織を復活させるため、「在日朝鮮民主民族戦線全国結成準備委員会」が発足。朝鮮戦争勃発後、「在日朝鮮統一民主戦線（民戦）」が結成された。この時期の民戦は、祖国防衛隊の結成など、日共の武装革命方針の尖兵として、朝鮮戦争の後方撹乱を目的とした武装闘争を展開していた。

このように、朝連および民戦は日共の強い影響下に活動を展開していたが、朝鮮戦争の戦後復興のため、在日朝鮮人（の資金と労働力）を直接掌握したかった金日成は、一九五五年、突如、国際指令というかたちで、内政不干渉の原則を理由に在日朝鮮人の日共からの離脱を決定する。これに伴い、日共民族指導部の「指導」を排した北朝鮮系の在日朝鮮人団体として、一九五五年五月、現在の在日本朝鮮人総聯合会（朝鮮総連。図27）

図27　朝鮮総連結成15周年の記念切手。

が発足する。

朝鮮総連は、北朝鮮の在日代表組織として、在日朝鮮同胞を共和国政府の周囲に結集、南半部同胞との連帯・団結強化、外来侵略者の撤収と手先傀儡の孤立化による平和的統一独立、在日子弟に民主民族教育実施、などの八大綱領を掲げている。

この方針の下、朝鮮総連は在日朝鮮人の帰国運動を展開。一九五九年八月、北朝鮮赤十字会と日本赤十字社との間で〝在日朝鮮人の帰国に関する協定〟が結ばれ、同年十二月二十四日、第一次帰国船（このときの船舶はソ連船籍）が新潟港を出港した。

帰国者たちの帰国の動機はさまざまだったが、その多くは、朝鮮人を差別する日本での生活苦から逃れたい、日本では発揮できない自分の能力を祖国の発展に役立てたい、故郷は〝南〟だがまもなく統一されるのだろうからとりあえず〝北〟に行こう、などというものが多かったといわれている。また、北朝鮮当局が自らの体制を「教育も医療も無料の社会主義祖国」「地上の楽園」などと宣伝していたことや、親北朝鮮の立場を取っていた日本国内の〝進歩的知識人〟が盛んに北朝鮮の体制を礼賛していたことも在日朝鮮人の帰国を促す要因となったことは間違いない。

金日成は帰国運動を「わが党と人民の大きな勝利」と賞賛したが、事前の宣伝とは裏腹に、農業協同化によって荒廃した北朝鮮の生活環境は劣悪であった。さらに、帰国者たちは潜在的な反体制分子もしくはスパイとみなされ、社会的にも苦しい状態に置かれ続けた。

たとえば、第二十四次帰国船で北朝鮮に渡った（元在日）朝鮮人が、一九六〇年六月二十八日に北朝鮮の咸鏡北道鏡城郡から日本宛に差し出した郵便物（図24）には、以下のような記述がある（仮名遣いなどは、いずれも原文のまま）。

たべものは非常にまずしいです。……昨年は不作だったたし統一した時の事を考えてたくわえもせねばなりませんし、するので、現在は日本の終戦当時の生活です。

ここで一番こまる事は世界の動きをはやくつかむ資料が全ぜんないのでめくらのようです。それから古典音楽、現代でも同じ、こちらにきて一度もきけませんでした。これだけは本当にかなしい事です。

帰った人達の中で男の人わ、わりあい今の政策を理解している人が多いようですが、婦人わ全部といっていいほどだめです。だから「こんな所え連れて来た」と夫婦ゲンカのたえまがありません。

紙がないと云う話でしたが本当にありません。

石ケンがあるにわありますが、高くて一寸と買えないようです。

図28　帰国事業で北朝鮮に渡った（元）在日朝鮮人が日本宛に送った郵便物。

こうした実態が知られるようになったため、一九六〇年には四万九千三十六名、一九六一年には二万二千八百一名もいた帰国者数は、一九六二年には三千四百九十名に激減した。

もちろん、北朝鮮は上述のような国民生活の実態を絶対に外部に漏らさぬよう、厳しい情報統制を敷いており、チェをはじめ外国人は、平壌中心部など、革命のショウウィンドウとして北朝鮮当局が許可した場所しか訪れることはできなかった。

それでも、一九六〇年十二月二日に平壌入りし、翌三日に金日成と会見、六日には協定を調印してモスクワに戻るという慌ただしい日程の中で、チェは「(北朝鮮の)都市には何もない」「工業は破壊され、動物は死に、一軒の家も残っていない」「北朝鮮は死んできている国だ」と、北朝鮮の実態を見抜いていたのは、慧眼というべきだろう。

ただし、チェは、北朝鮮荒廃の主たる原因が、金日成体制の失政でなく、朝鮮戦争にあると理解したため、「(北朝鮮は)灰の中から再生している」として、北朝鮮の現状と将来について楽観的な見通しを示している。

⑤〝壁〟建設前の東ベルリンへ

十二月六日、キューバ使節団は再びモスクワで合流し、ソ連との交渉を再開。その合間に、十二月八日、モスクワの労働組合会館で演説し、「ソ連の大地を踏みしめて以来、ソ連が地上における社会主義の祖国であることを感じた」「一九一七年十月に発する革命精神はソ連人民の中に生き続けている」とソ連を礼賛した。

次いで、十二月十三日、一行は東ベルリンへ向かった。

当時、東ドイツの実権を掌握していたのは、ドイツ社会主義統一党(共産党)中央委員会書記長、ワルター・ウルブリヒト(図29)だった。

図29　ウルブリヒト

ウルブリヒトは、一八九三年六月三十日、ライプチヒの仕立屋の家に生まれた。両親はともにドイツ社会民主党(ＳＰＤ)の熱心な活動家で、小学校を卒業したウルブリヒトも親の活動を手伝わされている。門前の小僧よろしく左翼少年として成長した彼は、第一次世界大戦が始まると兵士として召集されたが、戦争反対を唱えて一九一七年に脱走。あっけなく捕まって投獄されたが、一九一八年のドイツ革命の混乱に乗じて出獄した。

第一次世界大戦後のウルブリヒトは、穏健左翼の社会民主党に物足りなさを感じ、一九二〇年にドイツ共産党に入党。モスクワにわたって共産主義者としての修業を積み、帰国後は、ザクセンの州議会議員を経て国会議員に当選した。

当時のドイツでは、ナチスの突撃隊や共産党員の民兵組織が各地で暴力事件を起こしていたが、共産党は一九三一年に警察が共産党のデモ隊員を一人殺すごとに報復として警官を二人殺すことを決定。現職の国会議員だったウルブリヒト本人も、共産党幹部の仲間と共謀して警官の殺害計画をたてて、部下の党員に実行させている。

一九三三年にナチスが政権を獲得すると、ナチスは共産党員の追放を開始し、当時のドイツ共産党のトップ、エルンスト・テールマンも逮捕された。また、残りの有力党員たちもソ連に呼び出されて粛清されたため、ウルブリヒトは消去法でドイツ共産党の指導者に祭り上げられることになる。とはいえ、ナチスが共産党員を追放しなくても、複数の殺人事件の首謀者であったウルブリヒトがドイツ国内にいづらくなるのは当然で、彼は一九四五年まで各地を転々として亡命生活を余儀なくされた。

一九四一年、独ソ戦が勃発すると、ウルブリヒトはソ連のプロパガンダ文書をドイツ語に訳して宣伝放送を行ったり、ドイツ人捕虜への尋問や洗脳活動を行ったりするなど、積極的に祖国ドイツを裏切ってソ連に忠誠を尽くしている。

第二次世界大戦に敗れたドイツは米英仏ソの四国によって分割占領されたが、その後、東西冷戦の進行に伴い、西側地区と東側地区の分断が進んだ。

ただでさえ、西ドイツに比べて東ドイツは鉄鉱・石炭などの資源に乏しかったが、東ドイツを占領したソ連は、ドイツとの血みどろの戦争で甚大な犠牲を払ったこともあり、工場を大々的に解体し、〝賠償〟と称して略奪の限りを尽くし、東ドイツ経済に甚大なダメージを与えた。

こうした中で、中東欧でのソ連の勢力拡大に危機感を抱いた米国は対ソ封じ込めに乗り出し、その具体策として一九四七年六月、全ヨーロッパ諸国への経済援助計画（マーシャル・プラン）を発表した。

この時点では、占領下のドイツでは、戦前からのライヒスマルクが共通通貨としてそのまま使われていたが、昂進するインフレ対策として、一九四八年五月、米英仏の三国占領地区では通貨の切り下げを計画。六月十八日、ベルリンを除く西側占領地区で、同二十日以降、戦前から使用されていたライヒスマルクとさらにそれ以前のレンテンマルクを新規のドイツマルクへと強制的に切り替えることが発表されると、ソ連占領地区へは使用禁止となった旧マルクが大量に流入。インフレのさらなる悪化は避けられなくなった。

そこで、ソ連は東西ベルリンの往来を禁止し、橋の破壊や国境の封鎖などにより、西ベルリンと外部の交通も遮断。その過程で、西側地区で使用停止となったライヒスマルク額面の切手が流入することを防ぐため、従前からの郵便局の在庫に、局名と額面を加刷した暫定的な切手（図30）も発行された。

図30　1948年、西側占領地区でのドイツマルク導入に対抗して、ベルリンのソ連占領地区で3ペニヒの額面を加刷した暫定切手。

さらに、新マルクが実際に発行されると、二十三日、ソ連は、対抗措置として、自らの占領地区と全ベルリン地区の通貨改革を発表。二十六日以降、ソ連占領地区と全ベルリンで旧マルクと西側の発行したドイツマルクを無効にし、ソ連側が用意した証紙付き紙幣を流通させようとした。

これに対して、米英仏は、ソ連の措置はベルリンの共同管理に違反すると抗議したが、ソ連はこれを無視し、西ベルリンへの送電を停止し、物資の流通も禁止。西ベルリンの住民数十万を人質として、米英仏に譲歩を迫った（図31）。

いわゆる（第一次）ベルリン危機である。

米国を中心とする西側占領軍当局は、西ベルリン地区住民を救済するため、ただちに食糧・物資の〝ベルリン空輸〟を行った。このため、封鎖は一九四九年五

図31　ベルリン封鎖解除後の1949年12月1日、西ベルリンで発行された「通貨改革の犠牲者のために」の寄付金つき切手。

月に解除されたものの、東西両陣営の対立は決定的となり、西側地区では、一九四九年五月二十三日のドイツ連邦共和国基本法施行を経て九月七日に第一回連邦議会が開催されてドイツ連邦共和国（西ドイツ）が発足。これに対抗して、東側地区では、同年十月七日、ドイツ民主共和国（東ドイツ）が成立した。

ソ連の〝忠犬〟ウルブリヒトは、この間、ソ連軍占領下のドイツに派遣されて同地のソビエト体制化に奔走。その功績により、東ドイツ国家が正式に発足すると、ドイツ社会主義統一党（共産党）の中央委員会書記長（後に第一書記）に就任している。

こうして成立した東ドイツの経済発展は西ドイツに比べて大幅に遅れ、西ドイツでは一九五〇年に廃止された食糧の配給制が、東ドイツでは一九五八年まで継続された。

また、ウルブリヒトは、スターリンに倣った秘密警察網を全土にはりめぐらした上で、一九五二年七月の党大会で〝階級闘争の強化〟を宣言し、農場集団化や工場・建設労働者のノルマを一〇・三％増やし、ノルマ未達成者の賃金をカットするなど、強引な社会主義化政策に乗り出す。東西ドイツはいずれもドイツ人国家であるから、東ドイツが西ドイツに対してレゾンデートルを主張するためには、社会主義の体制とイデオロギーを堅持し続ける必要があったためである。

　当然のことながら、こうした政策は一般の東ドイツ国民の猛反発にあい、一九五三年六月十六日、スターリン大通り（現カール・マルクス大通り）での建設労働者のストライキを契機に、東ベルリンで大規模な暴動（東ベルリン暴動。図32）が発生。これに対して、ウルブリヒトはソ連に〝保護〟を求め、ソ連の武力介入によりデモ隊を容赦なく鎮圧した。

図32　西ベルリンでは、東ベルリン暴動を支持し、東ドイツ政府とソ連による弾圧に抗議する切手も発行された。

　以後、ソ連は東ドイツへの賠償請求を放棄し、東ドイツ国内にあったソ連法人を国営企業へと変えるなどして財政援助を行った。このことによって物資不足は緩和され、ウルブリヒト政権も安定。東ドイツ経済は東側諸国の優等生となり、一九五八年、ウルブリヒトは「必要なすべての食料品、生活用品（の消費）は、近いうちに西ドイツの全国民の一人あたりの消費を超える」という目標を掲げた。しかし、ウルブリヒトの〝目標〟とは裏腹に、東西ドイツにおける一般国民の生活水準の格差は歴然としていた。

　ところで、東西ドイツ国家の成立後、東ベルリンは東ドイツの首都となったが、西ベルリンは地理的に西ドイツと離れていたことから、形式上〝ドイツ連邦共和国（＝西ドイツ）国民が暮らす、米・英・仏三ヵ国の信託統治領〟となった。ただし、当初、東西ベルリン間の往来は一般の住民にも可能で、一九五〇年代には東に住んで西に出勤する者や、その逆のケースも少なくなかった。

　しかし、東西の往来が自由であるがゆえに、ベルリン経由で東ドイツから自由で豊かな西ドイツへの亡命が後を絶たず、そのことが、東ドイツ経済のさらなる停滞の原因となっていた。

　こうした東ドイツ経済の実情を、否応なしに見せつけることになったのが、キューバと東ドイツの貿易協定がまとまり、テレビを前に両国代表が署名するセレモニーが行われた時のことであった。

まず、署名のために用意された協定の文書は、儀式で使うものとは思えないほど粗末な紙に印刷されていた。さらに、署名のため、代表のチェが紙の上にペンを置いたところ、大きなインクの染みが広がり、協定の文言まで汚れてしまった。

東側諸国の優等生、東ドイツでさえ、上質の紙を手配できなかったとは夢にも思わなかったチェは、彼らがキューバのことを〝援助を乞いに来た小国〟として粗略に扱っていると感じ、カメラの前にもかかわらず「これは何だ！　ここにいる連中は人間か！」と激怒。代表団はいったんホテルに引き上げて、新たに最後のページを書きなおすことになった。

もちろん、東ドイツ側はキューバ使節団を軽んじていたわけではなかった。それどころか、東ドイツは甜菜糖の一大生産国であったにもかかわらず、西ドイツに対して社会主義国としてのレゾンデートルを誇示するため、キューバの砂糖を輸入する協定を結び、〝反米国家〟に対して純粋な連帯の意思を示していた。また、彼らは、キューバ沿岸、一万キロに及ぶ石油探査のため、一千万ドルの借款も供与していた。東ドイツとしては、あくまでも、誠意をもって署名の用紙を用意したのだが、それでさえ、インクが滲んでしまう品質のものでしかなかったのである。

ソ連でのデオドラントの一件とともに、東側諸国の経済実態を雄弁に物語るエピソードと言ってよい。

ちなみに、西側への人口流出に悩んだ東ドイツが、東西ベルリンの交通を遮断する目的で〝ベルリンの壁〟を建設したのは、チェの訪問から一年と経たない一九六一年八月十三日のことである。

⑥モスクワでの最終協定調印

東ドイツでの協定調印を終えた一行はモスクワに戻り、一九六〇年十二月十八日、最終協定の締結にこぎつけた。

その中核となる砂糖協定では、キューバに対する支援の意味を込めて、国際相場より割高の一ポンドあたり四センターボの料金で、東側諸国が四〇〇万トン（このうち、ソ連が二七〇万トン、中国が一〇〇万トン）のキューバ産砂糖を引き受けることとされた。また、将来的に米国が全面的にキューバとの取引停止に踏み切った場合には、追加で、北朝鮮が二万トン、北ベトナムが五万トン、モンゴルが一〇〇〇トン、買い付けるということも決められた。

また、ミコヤンのハバナ訪問時に決定された一億ペソの借款を使い、鉄鋼業設立のための協定が結ばれたほか、ソ連の地質学者が地質調査を行い、銅、ニッケル、マンガンの鉱業投資計画もまとめられた。しかし、これらの協定は結果的に失敗に終わる。チェとしては、革命以前、キューバで創業していた米系企業のニカロやモアの施設を使っての操業再開を期待していたが、ソ連の技術者は米国の近代施設に適応できなかったからである。

その後、一行はプラハを経由し（プラハでは、自動車、トラクター、オートバイ、トラック用エンジンの組み立て工場への追加の借款を加え、借款の総額が二千万ドルから四千万ドルに増額された）、十二月二十三日、帰国した。

革命派のメディアは使節団の外遊成功を大々的に報じていたが、帰国後の一九六一年一月六日、キューバのテレビでチェが行った報告演説中の次の一節は、極めて示唆に富んでいる。

この二十世紀においては、帝国主義は都市をあらゆる快楽で取り巻いてきた。その中で生きてきたキューバ人にとって、これらの諸国（＝今回、チェが歴訪した東側諸国）は文明のない国とすら映るかもしれない。発展のために最後の一センターボまで生産に費やさなければならない国なのだ。（ソ連でのデオドラントをめぐる体験を紹介して）いずれにせよ、石鹸は食べられない。まず第一に国民の食糧を確保しなければならない。なぜならば、現在、われわれは戦争状態にあるからだ。

ちなみに、一九六一年に始まるケネディ政権の特別補佐官（外交問題担当）だったアーサー・メイア・シュレジンジャーは、革命直前の一九五八年末の時点では、ラテンアメリカ諸国におけるキューバの地位は、人口一人当たりの収入では第四位、工業生産で第五位、自動車とラジオの普及率では第一位であるとした上で、次のような認識を示している。

キューバが深刻な経済問題を抱え、米国に比べて生活水準が低かったとしても、ハイチやボリビアに比べればずっと裕福であった。革命の背後にある直接の動機は、経済同様、政治にもあり、革命の指導者たちも農民や労働者ではなく、中産階級の人々であった。

キューバ革命に対する評価は、チェとシュレジンジャーとでは正反対だったが、どちらも、革命前のキューバの国民生活が物質的にはそれなりに満たされたものであったという事実関係についての認識は共通している点が興味深い。

JFK政権の発足

チェが使節団を率いて東側諸国を歴訪していた一九六〇年十一月八日、米国で大統領選挙が行われ、ジョン・F・ケネディが大統領に当選した。

政権移行期間の一九六一年一月三日、米国はキューバと断交し（図33）、ラテンアメリカ諸国の大半がこれに追随した。そうした中で、チリの詩人、パブロ・ネルーダ（図34）がチェを訪ねてきた。

ネルーダは、一九〇四年、チリのパラルでバスク系チリ人の家庭に生まれた。一九三四年、外交官としてスペインに赴任。在任中の一九三六年にスペイン内戦が勃発すると、共産主義に傾倒して共和国を支援した。一九四五年に上院議員に当選し、チリ共産党に入党し

図33　キューバとの国交断絶に伴い、ハバナの米大使館から退去する米大使館員。

図34　パブロ・ネルーダのノーベル文学賞受賞20周年の記念切手。

たが、一九四八年に共産党が非合法化されたため、イタリアに亡命した。

その後、一九五八年に共産党は再び合法化されたことを受けて帰国。一九六一年にはキューバの詩人、フェルナンデス・レタマールの紹介で、チェに会うため、ハバナの国立銀行総裁室にやってきたというわけだ。

なお、ネルーダは一九七〇年のチリ大統領選挙で社会党のサルバドール・アジェンデが当選し、社会主義政権が誕生すると駐仏大使に任じられ、在任中の一九七一年にノーベル文学賞を受賞した。

しかし、一九七二年、病気のために帰国。さらに、翌一九七三年九月十一日、ピノチェトのクーデターでアジェンデ政権が崩壊すると、軍事政権によってネルーダの家は荒らされ、病状も悪化。九月二十三日には危篤状態に陥り、病院に向かう途中の軍の検問で救急車から引きずり出されるなどして、病院に到着した時には既に死亡していたとされる。彼の死については謎も多く、一部では毒殺説もささやかれている。

チェは高校時代にスペイン内戦をテーマにしたネルーダの詩に深い感銘を受け、以後、ネルーダの詩を愛読していた。若き日の〝モーター・サイクル・ダイアリーズ〟の南米旅行やシエラ・マエストラ山中でのゲリラ闘争の際にも、チェはネルーダの詩集を携行していたという。

ネルーダとの会話の中で、チェは、米軍のキューバ侵攻は避けられないとの見通しを示し、ネルーダもそれに同意していた。

実際、大統領選挙を通じて、民主党のケネディ、共和党候補のリチャード・ニクソンの両候補はいずれもキューバに対して〝弱腰〟ではないことを示すため、（その時期は明言しなかったものの）政権獲得後は軍事介入する意向を明らかにしていた。

また、大統領選挙後間もない一九六〇年十一月十七日、大統領当選者のケネディに対して、ＣＩＡ長官のアレン・ダレスは、亡命キューバ人がグアテマラ国内でキューバ上陸作戦のための軍事訓練を受けていることを報告。ケネディも計画をそのまま進めるよう指示を出した。

この時までに、革命を逃れてフロリダに渡ったキューバ難民の数は十万に達していた。ＣＩＡの計画は、そうした亡命キューバ人の中から有志を募り、革命政権転覆の尖兵として利用というものだったが、実は、フィデルはその中にスパイを潜り込ませ、ＣＩＡの動きをかなり正確に把握していた。

はたして、一月二十日、ケネディが正式に米国大統領に就任すると、キューバ政府は警戒態勢に入り、チェはキューバ最西部のピナール・デル・リオに移動し、同軍管区を担当することになった。侵攻が西側から、すなわち、大陸に最も近い海岸から行われるとすれば、チェの担当地域が最初に敵を迎え撃つことになる。

ピナール・デル・リオに着任したチェは、「ソ連をはじめ、すべての社会主義国が我々の主権を守るために戦争に入る必要があることは広く知られている」とした上で、「我々は皆、我々がこれまで最も憎んできた敵、アイゼンハワーの後継者がわずかでも知的であることを望む」とケネディ宛のメッセージを発した。特に、社会主義政権との共闘というくだりは、東側諸国歴訪の経験を踏まえての発言と見てよいだろう。

日本は嘘をつかなかった

一九六一年四月初旬、フィデルは在米亡命キューバ人の中に潜入したスパイからの情報で米国の侵攻がいよいよ間近に迫っていることを察知し、潜在的な反政府勢力と見なした人々の一斉摘発に乗り出した。後にフィデルはテレビ演説で「すべての容疑者、何らかの理由で事を起こす可能性のある者、反革命運動に与する行動あるいは動きを示す可能性のある者を逮捕するしかなかった。こうした手段を取る場合、いくらかの不当な行為があるのは当然だ」と弁明したが、非常時を口実に、正規の法的手続きを踏まずに、体制にとって害をなす〝可能性のある者〟を逮捕した恐怖政治の先例は、その後、常態化していくことになる。ただし、この時点では、その点について米国以外の西側〝進歩的文化人〟が警鐘を鳴らすことは全くなかった。

また、当時のキューバ島内では、中部エスカンブライ山中を拠点に、反政府勢力（その中には、フィデルらとともに反バティスタの革命を戦ったものの、革命政府の〝左傾化〟に反対して、フィデルと袂を分かった人々も少なからずいた）がゲリラ闘争を展開していたため、フィデルは、大規模な掃討作戦を展開し、エルカンブライ山中の反政府勢力を完全に包囲した。キューバ島に上陸した敵が、山中の反政府勢力と提携する可能性を事前に摘んでおくためである。

さらに、グアテマラ南西部のレタルレウでは、反カストロ軍の〝二五〇六部隊〟にキューバの工作員が訓練キャンプに潜入し、隊長のペペ・サン・ロマンに対する叛乱も煽ったため、CIAによる上陸計画には遅延が生じ、その間、フィデルはじっくりと対策を練ることができた。

一方、CIAのプランでは、まず、キューバの空軍基地を爆撃して制空権を確保した上で、米空母エセックスの掩護を受けた二五〇六部隊二千人がエスカンブライ山麓のサパタ地区に上陸。橋頭保を築いた上で、フロリダを拠点とする〝革命評議会（その首班は、元首相のカルドナである）〟が上陸し、臨時政府の樹立を宣言。米国と他のラテンアメリカ諸国が承認するという段取りになっていた。

こうして、一九六一年四月十日、CIAに率いられた亡命キューバ人部隊約千五百人はグアテマラからソモサ独裁政権下のニカラグアに移動。十五日には、「カストロの鬚をお土産に」とのソモサの軽口を聴きながらニカラグアを飛び立ったB26戦闘機八機がキューバを爆撃し、コルンビア、サン・アントニオ・ボラーニョスとサンティアゴ・デ・クーバの空軍基地が爆撃されたほか、首都ハバナでは住宅密集地への爆撃により、病院の入院患者に死者が出た。ただし、事前に攻撃を予想していたキューバ側は、滑走路にダミーないしは廃棄寸前の飛行機を置き、飛行可能な戦闘機は各地に分散して隠しておいたため、キューバの空軍兵力はほとんど無傷のままであった。

空爆のあった当初、米政府は「爆撃は米国への亡命を希望する元キューバ空軍のパイロットによるものだ」と説明していたが、真相はすぐに明らかになり、米国の事件への関与も明らかになってしまう。

翌十六日、フィデルは「真珠湾攻撃の時、日本政府は〝攻撃していない〟という嘘はつかなかった」として米国を非難。そして、米国との対決姿勢を鮮明に示すため、「キューバ革命は社会主義革命である」と宣言したのである。

これに対して、国際的な非難を恐れたケネディは、二回目以降の空爆を中止するよう、軍とCIAに命令したが、キューバ側の防衛力を過小評価し、事態を楽観視していた彼らは、当初の予定通り、四月十七日、キューバ島中部南海岸のプラヤ・ヒロン（米側の呼称はピッグス湾）に二五〇六部隊を上陸させた。

いわゆる〝プラヤ・ヒロン侵攻事件〟である。

しかし、連絡の不備から、エセックスの艦載機が現場に到着したのは二五〇六部隊の上陸から一時間後のことで（CIAは攻撃時間をニカラグアの現地時間で伝えたが、米海軍はそれを一時間の時差があるワシントン時間で伝えるというミスを犯した）、その間、キューバ側は虎の子のT33ジェット練習機四機で制空権を確保しつつ、民兵を動員して敵の侵攻を食い止めた（図35）。上陸部隊とキューバ側民兵の士気の差は歴然としており、十九日午後五時半、革命軍はプラヤ・ヒロンを確保し、二五〇六部隊は撤退した。

図36は、プラヤ・ヒロンで戦った農民兵を取り上げた絵葉書だが、帽子や服装などがまちまちなところが、いかにも民兵らしいと言えようか。葉書の裏面には農民兵について次のような説明文がある。

> 農民兵は、兄弟たる労働者とともに、プラヤ・ヒロンの勝利の戦いを敢行した。彼らは、侵略者の傭兵たちが、革命によって彼らが得た土地を奪い、学校を破壊し、彼らを立ち退かせ、飢えと屈辱を与えるためにやってきたことを知っていた。必

図35　プラヤ・ヒロンの民兵に題材を取った絵画『1961年、ハバナ防衛』を取り上げた絵葉書。

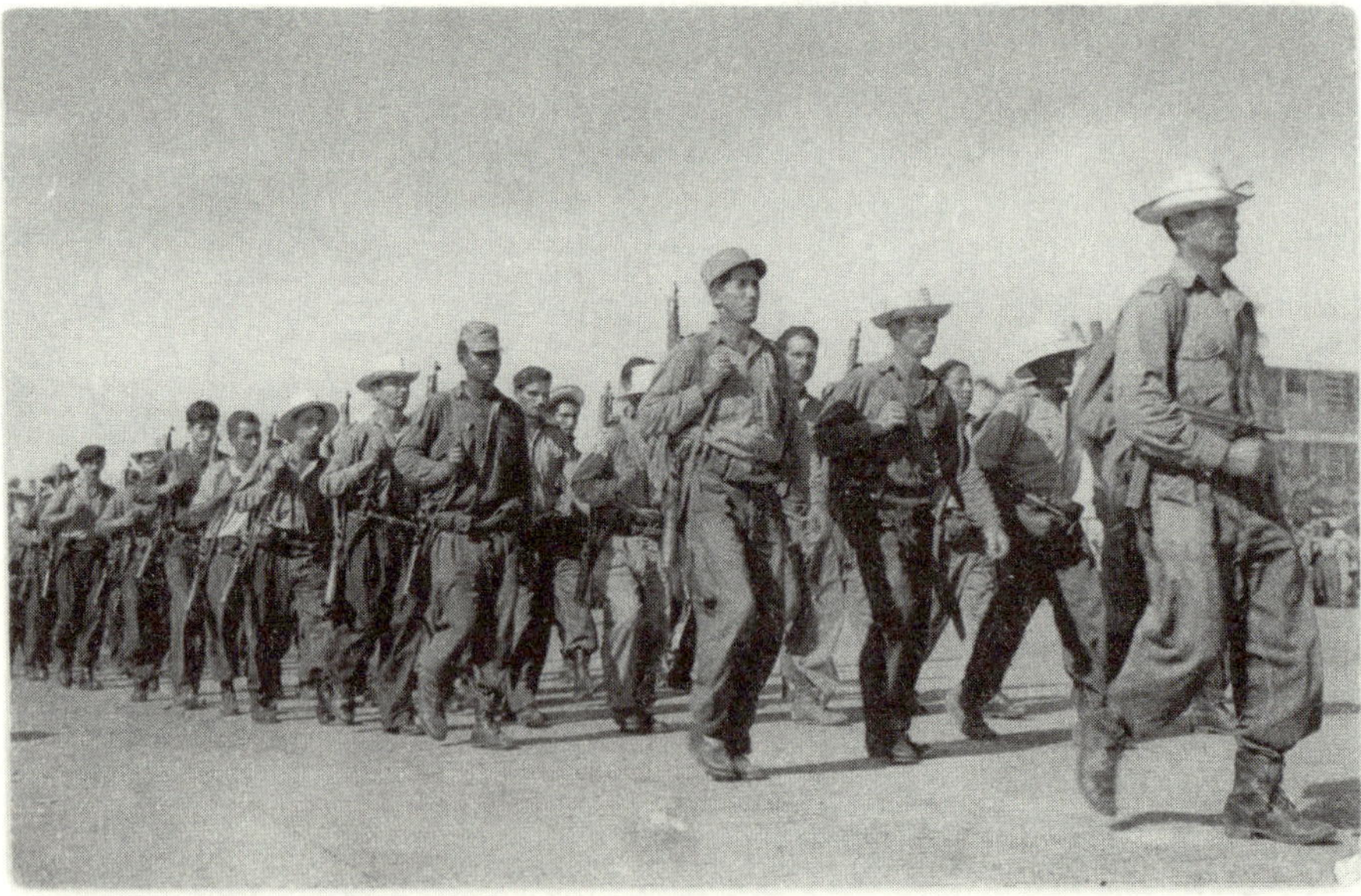

図36　プラヤ・ヒロンでの勝利に貢献した農民兵を取り上げた絵葉書。

要ならば、血の最後の一滴まで、革命を守らなければならなかった。そして、我らが勇敢な農民たちは、侵略者を全滅させることで、祖国と革命への愛をあらためて証明したのである。プラヤ・ヒロンで帝国主義の野望は潰え、キューバ革命は不滅であることが証明された。

反革命軍の完全撤退を受けて、四月二十四日、フィデルはテレビに出演して、勝利演説を行ったが、その中には、次のようなフレーズもあった。

　ケネディは「わが国の海岸から一六〇キロのところで社会主義革命が起きるのを許すことはできない」といったが、我々は海岸から一六〇キロのところに資本主義国家があることに耐えている。

　国が大きいからといって小国との紛争を解決するのに実力を用いる権利があるわけではない。

プラヤ・ヒロン湾侵攻事件は、〝アメリカ大陸における帝国主義の初めての敗北〟であり、米西戦争以来、百年の恨みを晴らしたフィデルの権威は、キューバ国内のみならず、全世界の反米＝左派勢力にとって揺るぎないものとなった。同時にそのことは、キューバ国内において、フィデルに対する異論・反論を完全に封

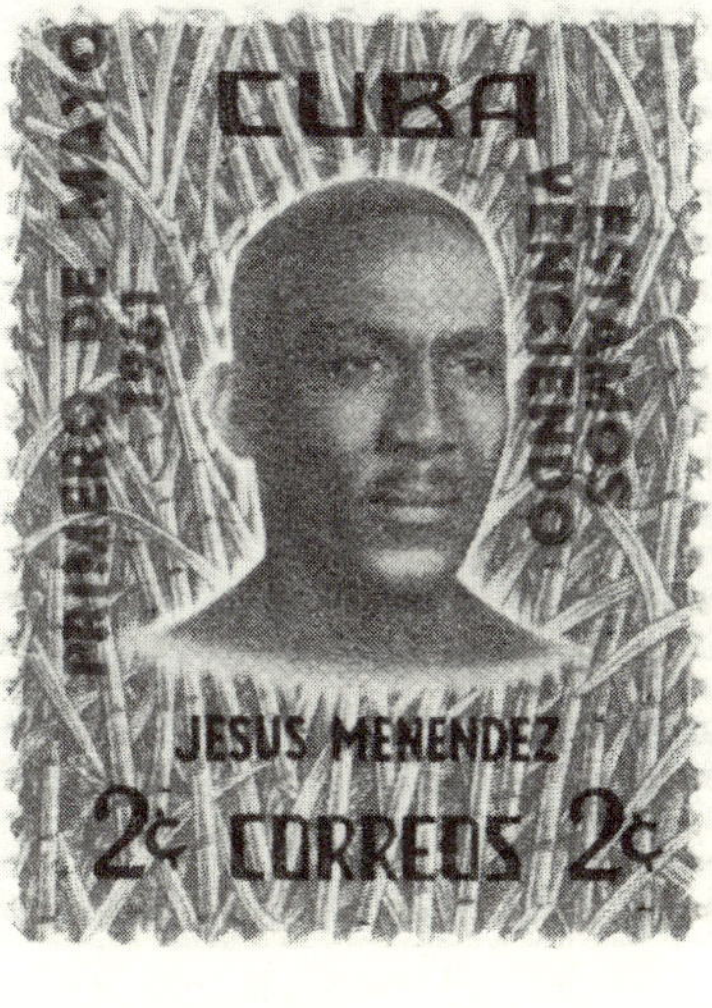

図 37,38　ヘスス・メネンデス生誕 50 周年の記念切手（右）と " 我々は勝ちつつある " の文言を加刷したメーデーの記念切手（左）。

じ込める結果ももたらした。

当時の高揚した雰囲気は、たとえば、図37、38の切手にもよく表れている。

これは、プラヤ・ヒロン事件から間もない一九六一年五月一日、同年発行の〝ヘスス・メネンデス生誕五十周年〟の記念切手に、メーデーの記念加刷をして発行された切手である。

切手の題材となったヘスス・メネンデスは、一九一一年十二月十四日、キューバ島中部ラス・ビリャス州北岸のエンクルシハダで解放奴隷の家系に生まれた。生家は貧しく、小学校を四年生で中退し、サトウキビ畑で働き始め、生活のため、鉄道員や製糖工場の工員なども経験した。

一九二五年八月十六日、〝コミンテルン・キューバ支部〟としてハバナでキューバ共産党が結成されると、これに参加。活動家として頭角を現し、一九二九年には勤務先の製糖工場の労働組合書記長に就任。翌一九三〇年四月二十日に行われた四十八時間のゼネスト（キューバ全土で二十万労働者が参加）では、故郷エンクルシハダの共産党組織に参加し、その闘争ぶりから〝サトウキビ畑の将軍〟と称された。

一九三二年には全国組織の製糖労働者組合を結成。一九三四年には、やはり黒人のラサロ・ペーニャらとともにキューバ労働総同盟の結成に関わり、以後、ペーニャの片腕として活動する。さらに、一九三九年には製糖労働者全国連合の議長となり、一九四〇年にはラス・ビリャス州から国会議員に当選。戦時下での賃上げ凍結を決めた政府に対する反対闘争を指揮した。

一九四四年、米国共産党が「革命は国民の分裂をもたらし、結果的に、最も反動的な勢力にのみ利益をもたらすことになるから、共産党を解党して二大政党制の中で〝進歩的な勢力〟を前進させるため活動すべし」とするブラウダー主義を提唱すると、キューバ共産党はこれを支持して、民主集中制を放棄し、党名を人民社会党（ＰＳＰ）に変更する。

こうして、ＰＳＰは穏健路線を採択したものの、第二次世界大戦後の東西冷戦が進行する中で、米国の強い影響下に置かれていたキューバでも反共政策が推進されることになり、一九四七年七月、当時の内相、ブリオは労働勢力切り崩しのため、労働組合評議会を結成。労働総同盟の内紛を口実に総同盟本部を占拠し、〝総同盟正統派〟がこれを管理することとした。さらに、同年十月、ブリオは「総同盟は違法であり、その権利は停止され全権が正統派に委ねられる」と発表。これに抗議する総同盟の活動家千人以上が逮捕される中で、各地で抗議集会を展開していたメネンデスは、一九四八年一月、マンサニーリョ駅頭で反共主義の軍人により射殺された。

ちなみに、メネンデス暗殺事件当時、フィデルはPSPに対しては批判的だったが、メネンデス個人に対しては敬意を抱いており、彼の追悼集会にも参加している。

メネンデス生誕五十周年の切手は、一九五九年の革命後、フィデルの政権が農地改革を経て米国との対立を深め、ソ連に傾斜していく中で発行されたものだったが、プラヤ・ヒロン事件を経て社会主義宣言が出されると、キューバを代表する左翼活動家としてのメネンデスにはさらなる意味が付与されることになり、五月一日、メーデーの日付とともに「我々は勝ちつつある（ESTAMOS VENCIENDO）」の文言を加刷した切手が急遽発行されることになったのである。

なお、プラヤ・ヒロンでの勝利は、キューバ革命の栄光の一コマとして、一九六二年の事件一周年を皮切りに（図39）、しばしば切手上にも取り上げられている。

特に、撃沈される反革命勢力とキューバを支持するラテンアメリカの人民の姿が描かれている革命十周年

図39　プラヤ・ヒロンでの勝利1周年の記念切手。

図40　革命10周年の記念切手には、"プラヤ・ヒロンでの勝利"と題して、撃墜される反革命勢力とキューバを支援するラテンアメリカの人民が描かれている。

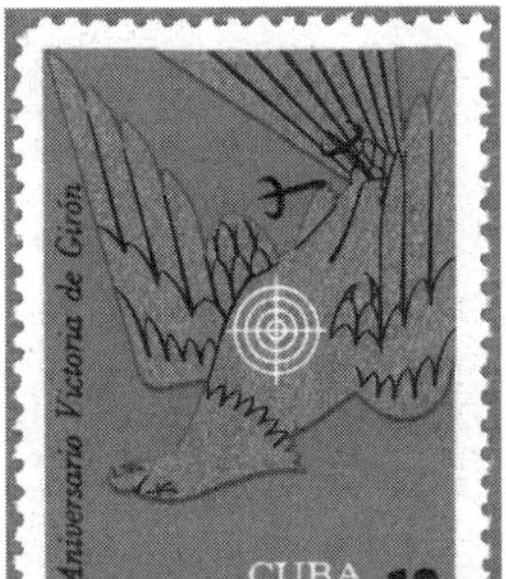

図41　プラヤ・ヒロンでの勝利3周年の記念の1枚。撃ち落とされる鷲を描くことで、米国に対する勝利が表現されている。

国に対する勝利を表現した事件三周年の記念切手（図41）などは、米国との対決姿勢を鮮明に示したものとして、興味深い。

第6章　サルサはノー

進歩のための同盟

プラヤ・ヒロン事件は、武力で物理的に革命キューバを解体しようとするものだったが、これと並行して、政治的・経済的にキューバを締め上げるため、一九六一年三月十三日、ケネディ政権は米政府の正式な政策として〝進歩のための同盟（the Alliance for Progress. 図1、2）〟構想を発表する。この構想は、翌四月、プラヤ・ヒロンで反革命軍が撃退されたことで、ケネディ政権のラテンアメリカ政策における最重要課題となった。

　上院議員時代の一九五八年十二月、すでにケネディは、プエルトリコで開催された民主党大会で、ラテンアメリカ諸国の人々の年来の要求に応え、一次産品の価格協定の改定や土地改革、教育交流の発展を訴え、彼らと連帯することで共産主義と戦うべきであると演説していた。

図１“進歩のための同盟”を宣伝する米国切手。

図２“進歩のための同盟”への感謝の意を示したエクアドル切手。1961年の同盟スタートから2周年を記念して発行されたもの。

　一九六〇年の米国大統領選挙では、キューバ革命への対応を中心としたラテンアメリカ問題が争点の一つになったが、その過程で、ケネディはコロンビア大学教授で弁護士のアドルフ・A・ベルレの助言を受け、〝進歩のための同盟〟構想をまとめていくことになる。

　ここでいう同盟は、英語では“alliance”スペイン語では“alianza”だが、英語とスペイン語では単語のニュアンスが微妙に異なっている。すなわち、英語の“alliance”は政治的な同盟関係というニュアンスが強いが、スペイン語の“alianza”には、そうした意味に加え、〝結びつき〟、〝婚姻〟、〝結婚指輪〟、さらには〝神との契約〟という意味もある、したがって、〝進歩のための同盟〟の意義をアピールする場合には、それだけで、自然と〝共産キューバ〟へのカウンターというニュアンスを伴うことになるのであった。

選挙戦終盤の一九六〇年十月十八日、キューバからの難民も多いフロリダ州のタンパでの演説で、ケネディは、一九五三年に始まるアイゼンハワー共和党政権の八年間で米国とラテンアメリカ諸国との信頼関係が損なわれてしまったのは、米国が自由のために戦うことよりも共産主義を打倒することに熱中した結果、独裁政権を容認・支援し、一般国民の生活向上のための支援を怠った結果であると指摘。その上で、ソ連のラテンアメリカ進出を防ぐための方策として、

①ラテンアメリカの発展を援助することを目的に、ローズベルト政権下の〝善隣政策〟の水準を上回る〝グッド・パートナー政策〟を採る
②独裁者支持を止め、民主主義を支持する
③道路、発電所、学校など、相手国のニーズに応じて長期的発展に必要な資金を提供する
④商品価格の安定化のため具体的な行動を起こす
⑤大土地所有制度による貧富の格差が大衆の最大の不満であり、革命の背景になっていることを理解し、土地改革を進める
⑥民間投資の活発化
⑦技術援助（技術者派遣と研修生受け入れ）の拡大、
⑧学生交流プログラムの向上、
⑨能力の高い人々をラテンアメリカ外交に振り向ける
⑩軍備縮小

を上げ、米国とラテンアメリカが〝進歩のための同盟〟に力を注ごうと訴えた。

一九六一年三月十三日に発表された〝進歩のための同盟〟構想は、こうした経緯を踏まえてまとめられたもので、ケネディは、米国が貧困、非識字、絶望というラテンアメリカの人々の苦しみに十分な関心を向けてこなかったことを過ちとして学んだ上で、大胆なアプローチを取らねばならないとして、ラテンアメリカ諸国に同盟への結集を呼びかけた。また、南北アメリカは〝新世界〟という共通性を持っており、外部（＝

ソ連）からの専制に対して結束して立ち向かうことを訴え、キューバとドミニカ共和国（当時はトルヒーリョ独裁政権下にあった）に〝自由な人々の社会〟に戻るよう呼びかけた。

その上で、ラテンアメリカ諸国の自助努力を前提に、

①ヨーロッパ復興に匹敵する資本の提供
②米州経済社会理事会の強化と長期的開発計画の立案
③大規模米州間開発基金として議会への五億ドルの要求
④地域共同市場の支持
⑤商品価格協定に向けての協力
⑥〝平和のための食糧〟計画
⑦科学的成果の共有
⑧平和部隊の派遣など、経済開発に必要な人材訓練の拡大
⑨米州諸国の防衛
⑩文化交流の活発化

の十項目からなる「米州諸国のための新十ヵ年計画」を提唱。「アメリカ（大陸）を再び革命的な思想と努力の地とし、自由と進歩が同時に進行するという例を世界に示そう」と呼びかけた。

プンタ・デル・エステ会議

〝進歩のための同盟〟構想の正式な発表から約一ヵ月後の四月十七日、プラヤ・ヒロン侵攻作戦は完全に失敗した。

さらに、六月三〜四日、ケネディはオーストリアの首都ウイーンでフルシチョフと会談し、大国同士の〝誤算〟が戦争を引き起こすとの持論を展開。これに対してフルシチョフはキューバ問題を例に「バティスタを支持したことが、キューバ国民の怒りが米国に向かっている原因だ。キューバ上陸作戦はキューバの革命勢力とカストロの地位を強めただけである。わずか六百万人のキューバが米国にとって脅威なのか？　米国は他国の国内問題に介入する先例を作ってしまった。この状況は誤算を引き起こすことになる」と応じている。

結局、ケネディはキューバの状況に関して判断ミスがあり、プラヤ・ヒロン事件は誤りであったことを認め、

両者は〝誤算を生む可能性を排除すること〟に同意した。

　こうしたこともあってケネディ政権は、武力以外でキューバを屈服させるための手段として、〝進歩のための同盟〟を早急に具体化する必要に迫られることになる。

　そこで、同年八月、ウルグアイのプンタ・デル・エステ（ウルグアイ南東部にある南米有数のビーチ・リゾート）で米州機構経済社会理事会（ＣＩＥＳ）が開催され（図3）、チェはキューバの首席代表としてこれに参加した。

　チェは、八月三日にキューバを出発したが、濃霧のため、いったん飛行機がブラジルのリオ・デ・ジャネイロに着陸したので、ウルグアイの首都、モンテビデオへの到着は五日になった。

図３　プンタ・デル・エステでの米州機構経済社会理事会開催の記念切手。“進歩のための同盟”の理念を表現するものとして、富・正義・教育を象徴する３人の女神が描かれている。

図４　ホセ・バッジェ・イ・オルドーニェス

　十九世紀末後半以降、ウルグアイは畜産業の発展と鉄道網の拡大により、順調な経済成長を続けたが、その反面、貧富の差も拡大した。このため、一九〇三〜〇七年と一九一一〜一五年の二期、大統領を務めたホセ・バッジェ・イ・オルドーニェス（図4）は、好調な経済を背景に、労働組合の結成、最低賃金の設定、各種保険・年金制度の創設などの社会保障政策や教育の無償化など、スイスを模範としたリベラル改革を進め、〝南米のスイス〟とも呼ばれた福祉国家を実現した。

　バッジェは一九二九年に亡くなるが、その後もウルグアイ経済は好調な畜産業に支えられて好況が続き、潤沢な資金を背景にした高福祉路線は維持され、政治的にも安定していた。その反面、現状維持の空気が横溢したため、工業化には失敗し、大土地所有制度にも手が付けられず、牧畜産業主体の経済構造を変えることができなかった。このため、一九五五年を境に、羊毛や畜産品の国際価格が低迷すると、ウルグアイ経済も徐々に衰退し始める。

ケネディの提唱した〝進歩のための同盟〟は、そうしたウルグアイにとって渡りに船の支援政策だったが、経済的・社会的な不満を吸収するかたちで左派勢力も伸長していた。八月五日、モンテビデオのカラスコ国際空港で多くの群衆がチェらキューバ代表団を出迎え、港から町の中心部までは一万人の群衆が旗を打ち振りながら「クーバ・シー（＝キューバ・イエス）、ヤンキー・ノー」と叫んでいたのは、そうした空気を反映したものだった。

さて、八月八日から始まった米州機構経済社会理事会は、キューバを封じ込めようとの姿勢が露骨で、議案第五項には、以下のような文面もあった。

> 我々の文化の本質的な価値を、たゆまずにそしてまた妥協することもなく守るために、民主主義的な報道媒体についての義務を果たすことが遅滞していれば、それは民主的な社会にとって、取り返しのつかぬ損害であるだろう。そして、現在享受している自由を失うという差し迫った危機に、これらの媒体を置くことになるだろう。まさに、キューバにおいては、そうした事態が起こっている。かの国では、現在、新聞、ラジオ、テレビ、映画が政府の絶対的な支配下に置かれているのである。

実際、この議案が指摘しているように、当時のキューバでは言論統制が急激に強められつつあった。

たとえば、『レボルシオン』紙の附録誌『ルネス』は、主宰者である作家ギジェルモ・カブレラ・インファンテの下、フランスの実存主義者や米国のビートジェネレーションの作家の作品を紹介するなど、多様な言論を発信する場として人気を集めていた。

図5　1962年のハバナのカーニバルの観覧チケット。道化が米国を打倒する“革命的に正しいイラスト”が描かれている。

これに対して、緊迫した情勢の下、禁欲的に革命を追求しようと考えていたチェは、『ルネス』の執筆陣は〝真の革命主義者には決してならない特権階級〟と批判しており、フィデルに対して〝反革命の巣窟〟を封鎖した方が良いと意見していた。また、『ルネス』の執筆陣には、作家・詩人のビルヒリオ・ピニェラをはじめ、同性愛者が少なからずいたが、フィデルやチェは革命派の文化雑誌が同性愛を擁護している（ように見える）のは重大な問題だと考えていた。

こうした背景があったところへ、一九六一年六月初め、『ルネス』編集長のオルランド・ヒメネス・レアルがドキュメンタリー映画『P.M.』（監督はギジェルモ・カブレラ・インファンテの弟、サバである）の編集に出資した。

『P.M.』は、キューバのカーニバルを題材に、白黒映像によって黒人の文化的特性やカリブの官能を表現した作品で、政治的な要素は一切なかったが、フィデルはこれを〝猥褻〟と判断し（図5、6）、映画の制作・上映を管理するキューバ芸術・映画産業庁（ＩＣＡＩＣ）は『P.M.』を上映禁止処分とした。

『ルネス』の編集部は上映禁止処分に抗議し『P.M.』の内容を称賛する記事を掲載したが、この〝反抗〟に激怒したフィデルは、六月二十日、『ルネス』の廃刊を決定し、国内の主な芸術家・知識人を前に次のように言い放った。

革命派あるいは反革命派の作家や芸術家の権利の権利とは何か？　革命の中にいれば彼らはすべての権利を持つ。革命に反すれば、いかなる権利も持たない。

『ルネス』は、キューバ国内のみならず、全世界で二十五万部が販売されていたため、その廃刊は革命政府の非民主的な性格を示すものとして、大きなインパクトがあった。当然のことながら、『ルネス』以外にも、革命政府の意に沿わない言論が大きな制約を受けているであろうことは、誰の目にも明らかだった。プンタ・デル・エステ会議での議案の文言も、こうした事情を踏まえてのものだったのである。

これに対して、八月九日、演壇に立ったチェは、「自由でありたいと願う人民は取引においても自由であれ」とのホセ・マルティの言葉を引用して反撃を開始する。

チェは、「この会議の目的の一つはキューバを裁くこ

図６　2010 年に発行されたカーニバルの切手。カーニバルとしてはごく普通の光景を描いたデザインだが、革命当初は、こうしたデザインは“反革命的”として排除されており、1990 年代以降の自由化の進展によって、ようやく日の目を見るようになった。

とにある」と指摘した上で、プラヤ・ヒロン侵攻事件を頂点とする米国による革命への干渉を列挙し、農業革命・反封建革命・反帝国主義革命であったキューバ革命は〝その発展の力学〟により社会主義革命に転化したと語った。さらに、革命の成果として、農地改革、性別・人種による差別の撤廃、識字運動の成功などを挙げた上で、〝進歩のための同盟〟について、十年間で二百億ドルの支援を謳っているが、それについて米国は何ら義務づけられておらず、また初年度の十億ドルについても五億ドル分しか議会の承認が得られていないではないかと指摘した。そして、次のように演説を締めくくった。

借款供与から我々を除外することには反対しない。しかし、我々を脇に追いやり、ラテンアメリカ諸国の人民の文化的、精神的生活に干渉することには反対する。我々にとって決して認められないのは、世界のすべての国々と取引し、関係を結ぶ自由を妨げることだ。

この演説は、心の奥底では、米国に対するアンビバレントな感情を持っていたラテンアメリカ諸国の代表たちに感銘を与え、キューバを除外することを条件にしていた一部の決議案は修正を余儀なくされた。ラテンアメリカ諸国の中には、独裁国家ないしは権威主義的な体制の国も多く、〝言論の自由〟を理由にとした米国のキューバ批判はインパクトが薄かったということなのかもしれない。

米州機構経済社会理事会は八月十七日に会期を終了したが、その前日の十六日、チェは再び演壇に立ち、キューバは〝進歩のための同盟〟の採決を棄権することを明らかにした。その理由として、チェは「〝進歩のための同盟〟の方式では、低開発国の一人あたりの所得が先進国に追いつくまでに五百年かかってしまう」ことを挙げ、仮にキューバが〝進歩のための同盟〟の資金を得る権利を得たとしても、「同盟者が全く参加できないような同盟は支持を得られない」とした。

会議最終日の十七日、チェはブラジル人実業家シウバの仲介でケネディのブレーンの一人であったリチャード・グッドウィンと私的に会っている。

この時、グッドウィンが「私には米国を代表する権限はないが、米国政府にあなたの見解を伝えることはできる」と述べたのに対して、チェは、以下のように述べて従来からの立場を繰り返した。

キューバは話し合いに応じる用意はあるが、あくまでも両国は対等の立場でなければならない。紛争は好まないが、侵略があれば徹底的に戦うつもりだし、その意思も能力もある。キューバはラテンアメリカの一員であることを望んでいるが、同時に、それは全世界のどの国とも友好関係を結べる権利につながっている。

翌十八日、チェは首都に戻り、モンテビデオ大学で開かれた反帝国主義デーの集会に参加し、キューバの農業改革について講演を行った。

講演は「食べる権利はあらゆる人間の権利である」との前提から、米国による経済封鎖のため、キューバで導入された配給制について説明するところから始まった。そして、工業化によって経済的自立をめざしていることを説明し、革命後の情勢の変化により、急激な国家建設が可能になった反面、その後遺症も大きく、治療も必要であることを述べた。「我々はそれを実行しなければならなかったのであり、それを後悔していない」というのが、講演の結びの言葉である。

講演には各国の左翼組織の代表者も招かれていたことから、これに抗議する右派グループが臭素爆弾で襲撃したほか、講義終了後は警察の発砲により、モンテビデオ大学の教授一人を含む数人の死者がでるなど、集会は騒然とした雰囲気の中で行われた。また、そのことによって、チェは〝政治的集会〟で話をしたことをウルグアイ側から批判を受けることになる。

図7　アジェンデ

また、この日の集会には、後にチリの大統領になるサルバドール・アジェンデ（図7）も招かれて参加していた。

アジェンデは、一九〇八年、チリの港町バルパライソでバスク系移民の家庭に生まれた。チリ国立大学医学部を卒業した後に医師になり、一九三三年、チリ社会党の結成に参加した。

一九三八年、チリでは左翼諸政党が人民戦線を結成し、急進党のルイス・アギーレ・セルダが大統領に当選。アジェンデも保健大臣として入閣した。その後、人民戦線が崩壊すると、アジェンデは社会党・共産党・左翼小党派を糾合して人民行動戦線（FRAP）を組織して一九五八年の大統領選挙に出馬した。

このときの大統領選では二八・八％の票を得たものの、独立系右派候補のホルヘ・アレッサンドリとわずか三万票、得票率で三ポイント足らずの僅差で落選した。選挙期間中、共産党と連携するアジェンデが善戦していることに脅威を感じた米国がCIAを通して対立候補を密かに援助する一方、ソ連はアジェンデを支援するなど、選挙戦は米ソの代理戦争の様相を呈した。

その後、アジェンデは一九六四年の選挙にも出馬して落選したが、一九七〇年の大統領選挙で当選。自由選挙による社会党政権の誕生成立は、「共産主義国は暴力革命によってしか生まれない」と主張していた米国

図８　チリ出身の画家、ロベルト・マッタの「生命　アジェンデ　死」。ピノチェトによる軍事クーデターに対する抗議の意を示すために制作された作品で、アジェンデ生誕100周年の小型シート（2008年発行）に取り上げられた。

に大きな衝撃を与え、一九七三年九月十一日、米国の支援と黙認の下、アウグスト・ピノチェトが軍事クーデターを起こし、アジェンデは殺害される（図8）。

さて、チェは、グラナードとともに〝モーターサイクル・ダイアリーズ〟の南米放浪をしていた一九五二年、大統領選挙期間中のチリでアジェンデの演説を聞いたことがあった。この時は、一介の医学生と大統領候補との接点はなかったが、キューバで革命政権が誕生した直後の一九五九年一月二十日、アジェンデはハバナでチェと会見する。

ハバナに到着したアジェンデは、市内でのパレードをマイアミの警官が警護しているのを見て、フィデルの革命政権も対米従属のバティスタ政権と大同小異に違いないと失望し、すぐに帰国することを考えた。ところが、たまたま出会った古参の共産党員で旧知のカルロス・ラファエル・ロドリゲスの紹介で、カバーニア要塞にチェを訪ね、そこから二人の親交が始まった。その際、チェは、一九五二年にアジェンデの演説を聞いたことがあると話し、自分よりも二十歳年長の大物政治家に対しても何ら臆することなく、二回聞いたうちの一回は良かったが、後の一回は良くなかったと率直な感想を伝えている。

モンテビデオでは、チェとの久闊《きゅうかつ》を叙《じょ》したアジェンデが、集会終了後、一緒に会場を出ようと声をかけると、チェは「別々に出た方がいい。一発の弾丸で二人がやられることはないから」と応じた。アジェンデは性質の悪い冗談と笑ったが、はたして、発砲事件が発生し、実際に死者が出たことで大いに肝を冷やすことになった。ちなみに、その晩、チェはブエノスアイレスから呼び寄せた母親をアジェンデに紹介し、夕食を一緒に囲んでいる。

なお、モンテビデオでのチェの講演との直接の因果関係は不明だが、ウルグアイでは、講演翌年の一九六二年、チェの影響を受けたとされる社会主義者のラウル・センディックら二十人によって、左派運動組織の〝トゥパマロス〟が結成された。

組織の名前は、ウルグアイの独立指導者で共和派のカウディージョ、ホセ・アルティーガスの率いた解放軍の名前を引き継いだものだが、これは、一七八〇～八二年のペルー大叛乱の指導者、トゥパク・アマル二世（トゥパマロ、図9）にちなむ命名である。

当初、センディックはウルグアイ北部の砂糖労働者を率いてモンテビデオまで平和的に行進し、その窮状を訴えようとしたが、世間はこれを無視したため、武力革命を目指す路線に転換した。そして翌一九六三年、射撃クラブを襲撃して一ダースの銃を奪うことから作戦を開始し、一年半の準備の後、社会主義革命を目指すとして、政府機関への襲撃、要人の誘拐や暗殺、外国企業や銀行への襲撃などのテロ活動を開始した。以後、一九六〇年代から一九七〇年代にかけて、トゥパマロスのテロは猛威を振るい、一九七三年、政府の掃討作戦により壊滅状態に追い込まれるまで、彼らは南米最強の都市ゲリラとして恐れられた。

図9　トゥパク・アマル2世

図10　フロンディシ

最後の帰郷

モンテビデオ大学での講演翌日の八月十九日、チェはアルゼンチン大統領のアルトゥーロ・フロンディシ（図10）からの極秘の招待を受けて、小型機でブエノスアイレスに飛んだ。

フロンディシは、一九〇八年、アルゼンチン北部、ブラジルとの国境に近いコリエンテス州のパソ・デ・ロス・リブレスで生まれた。一九三〇年にブエノスアイレス大学法学部を卒業後、政治活動を開始。一九三〇年、イポリト・イリゴージェン（一九一六年に男子普通選挙で選出された初の大統領）が軍部のクーデターで退任に追い込まれ、いわゆる〝忌まわしき十年〟の時代が開幕すると、フロンディシも一九三一年に短期間、逮捕・投獄される。出所後、イリゴージェン政権時代の与党だった〝急進市民同盟（UCR：Unión Cívica Radical）〟の機関誌編集部員になった。一九三二年に法学博士号を取得して弁護士となり、UCRを支持したことで投獄された政治犯三百人の釈放に尽力した。

一九三六年、アルゼンチン初の人権団体となるアルゼンチン人権連盟の結成を指導するなど、人権派弁護士としての活動を経て、一九四六年、国会議員に初当選。一九五一年の大統領選挙では現職のフアン・ペロンに対して、UCRが大統領候補としてリカルド・バルビンを擁立するとフロンディシは副大統領候補に指名されたが、ペロンの圧倒的な人気の前に惨敗した。

一九五五年九月の軍事クーデターでペロン政権が退陣すると、軍事政権はペロン政権時代の与党、正義党（ペロニスタ）の活動を禁止し、多くの旧政権幹部や労働組合関係者を逮捕した。異議を唱えるペロン派の軍人は〝叛乱軍〟として銃殺刑に処せられたため、ペロニスタの活動は地下活動となり、軍事政権に対する一種のレジスタンスが発生した。

もっとも、ペロン政権の政策には、労働者の権利拡大や外資による資源開発の規制など、積極的に評価すべきものも少なからずあったため、フロンディシらUCRの一部は是々非々で評価すべきと主張していた。

そこで、一九五八年、民政復帰の大統領選挙では、フロンディシは、UCRから分裂した右派グループのUCRI（Unión Cívica Radical Intransigente）の候補として立候補し、パラグアイに亡命中のペロンの支持も得て、当選を果たした。

フロンディ政権の発足時、アルゼンチン経済は不振の中でスタートしたが、フロンディシは経済再建のため、大企業の投資を呼び込む外国投資法を制定。労働組合の反発に対しては強硬な姿勢で臨んだ。

また、〝進歩のための同盟〟とケネディ政権には同調するものの、革命キューバへの制裁には同調せず、それゆえ、米国とキューバの仲介役を担おうとした。米国の了解の下、チェを極秘裏にブエノスアイレスに招待したのも、そのための地ならしという面があった。

さて、大統領官邸での会談では、主に三つの論点がが話題となった。

まずは、キューバの経済発展について。この点について、チェは、「米国は投資以上のものを奪っていくので、何の役にも立たない」として、あらためて〝進歩のための同盟〟への参加を否定した。

次いで、フロンディシは、キューバに〝アメリカ大陸以外の国家〟と軍事条約を結ぶ意思があるのかどうか、チェに尋ねる。回りくどい言い方だが、キューバがワルシャワ条約機構に加入するようなことがあれば、米国との和解は絶望的になるとの懸念の表明である。これに対して、チェは「我々にその気はない。キューバの側からそのようなことは求めていない」と応じたが、ソ連の側から手を差し伸べてくれれば……という含みのある回答だった。

最後に、フロンディシは、キューバで憲法と議会が停止されている現状について、西側流の選挙を通じた議会制民主主義が復活する可能性について訊いたが、チェは、当面、その可能性はないと即答した。いわば、キューバ革命が社会主義化の道から引き返すことはないとの宣言である。

会談後、チェは大統領一家とステーキの昼食をとった後、伯母のマーリア・ルイサを訪ね、モンテビデオに戻った。

こうして、チェにとって生涯最後となった故郷、アルゼンチン訪問はわずか四時間で終わった。

コスモポリタンとして生きたチェは、アルゼンチンが〝(元)祖国〟であることをことさらに否定しようとしていた。

たとえば、米州機構経済社会理事会の会期中、モンテビデオでの記者会見で、「自分は基本的にはアルゼンチンで生まれ育った。しかし、普通のキューバ人と同じくらい、キューバ人であると思っている」と応えたが、これに納得しなかったアルゼンチンのジャーナリスト、ルイス・ペドロ・ボナビスタがあらためて〝元祖国〟について尋ねると、チェは怒気を含んだ声でこう応じている。

私にはもっと大きな祖国はある。あなたの祖国よりずっと大きく、ずっと価値のあるものだ。それは全アメリカ大陸だ。あなたにはそういうことがわからない。

あるいは、この記者会見の時点では極秘の計画だったブエノスアイレス行の情報がどこかから漏れたのではないかとの懸念から、こうした発言になったのかもしれない。

チェのブエノスアイレス訪問は、アルゼンチン国内の右派の反発を考えて、大統領のフロンディシとその周囲のごく少数の者しか知らない、完全な隠密行動だった。このため、当日、チェの乗った小型飛行機が到着した首都近郊のドン・トルクァート空港に駆り出された大統領親衛隊の士官は、飛行機から降りてきた戦闘服姿の人物が「ゲバラ少佐です」と挨拶して握手の手を差し伸べてきたとき、呆然としたという。

また、チェの到着はすぐに新聞記者の知るところとなったが、そのことを事前に知らされていなかった外務大臣のアドルフォ・ムヒカは、記者団の質問に対して「そんなことはあり得ない」と即答したが、チェが実際に大統領と会見したことが確認されると、完全に面目丸つぶれとなり、会見翌日、辞表を提出した。

一方、チェとの会見は、アルゼンチン国内で賛否両論を巻き起こした。フロンディシの志向する中立外交に対しては、反共の色彩が強かった軍部や党内保守派が激しく反発する一方、地方選挙では左派とも親和性の高いペロニスタが勢力を伸長する。こうして政権が不安定化する中で、一九六二年三月十八日に投票が行われた国会議員選挙では、与党のＵＣＲＩが第一党になったが、選挙後の三月二十九日、〝中立外交〟に不満を持つ軍部によるクーデターが発生し、フロンディシは政権の座を追われることになる。

ブラジル訪問

ブエノスアイレスからモンテビデオに戻ったチェは、翌八月二十日、リオ・デ・ジャネイロに飛び、ブラジ

図11　ブラジル1930年10月3日革命の記念切手に取り上げられたバルガス。当初、寄附金つき切手として発行が計画されたが、実際には、印面に表示された寄附金の部分は無視して販売された。

ル大統領、ジャニオ・ダ・シウバ・クアドロスと会見した。

第二次世界大戦を挟んで、一九三〇年代から一九五〇年代前半にかけてのブラジルは、良くも悪くも、ジェトゥリオ・ドルネレス・バルガス（図11）の時代だった。

バルガスは、一八八二年、ブラジル南部のリオグランデ・ド・スル州サン・ボルジャ生まれ。ポルト・アレグレ法科大学卒業後、政界入りし、州議会議員、連邦議会議員、大蔵大臣、リオグランデ・ド・スル州知事等を歴任した。

当時のブラジルは、コーヒーの産地として知られるサンパウロ州（＝カフェ）と畜産・酪農で知られるミナスジェライス州（＝レイテ、ポルトガル語で〝牛乳〟の意）の二州出身者が大統領をほぼ独占する〝カフェ・コン・レイテ〟体制が続いていた。

一九三〇年大統領選挙でも、カフェ・コン・レイテ体制の慣例に従い、ミナスジェライス州出身のアントニオ・カルロスが出馬の準備を進めていたが、現職のワシントン・ルイス大統領は慣例を破ってサンパウロ州知事のジュリオ・プレステスを与党の大統領候補に指名。このため、後継指名を逃したカルロスを中心に反サンパウロ勢力を糾合した〝自由同盟〟が結成され、バルガスが大統領候補として擁立された。

三月一日に行われた大統領選挙では、百九万七千票を獲得したプレステスが当選し、バルガスは七十四万四千四百票で敗れたが、選挙後の一九三〇年七月、自由同盟の副大統領候補だったジョアン・ペソアが暗殺されると、カフェ・コン・レイテ体制に対する国民の批判が殺到。それを背景に、同年十月三日、リオグランデ・ド・スルとミナスジェライスで青年将校らによる叛乱が発生する。

以後、叛乱はブラジル南部を中心に拡大し、十月二十四日、大統領のワシントン・ルイスは辞任。バルガスはリオグランデ・ド・スルから鉄道でリオ・デ・ジャネイロ入りし、十一月三日、臨時大統領に就任した。

バルガスは行政権のみならず立法権も掌握し、一八九一年に公布された共和国憲法を停止。連邦議会と州議会は解散を命じられ、全国の州知事は罷免され、各州には臨時政府の任命する執政官が派遣されることに

図 12　バルガスの肖像を取り上げた" エスタード・ノーボ " 1周年の記念切手。

なった。

これに対して、一九三二年七月九日、サンパウロで反バルガスの〝護憲革命〟が発生したが、サンパウロ側は圧倒的な兵力を有する政府軍の前に敗退。一九三三年五月には制憲議会選挙が実施され、バルガスは正式に大統領に就任した。

バルガスは、任期満了を控えた一九三七年九月、共産党によるクーデター計画（コーエン計画）が〝発覚〟したことを理由に、〝戦時令〟を布告して連邦議会を停止。新憲法を発表し、イタリア・ファシズムに倣った〝エスタード・ノーボ（新国家）〟体制を成立させ（図12）、自らを〝貧者の父〟との家父長イメージで演出するとともに、ナショナリズムを前面に押し出し、多種多様な出自の国民を〝ブラジル人〟として統合すべく、権威主義体制を構築した。

以後、バルガスは第二次世界大戦中も独裁政治を続けたが、戦争の終結により独裁体制への国民の不満が爆発。バルガスは一九四五年末にエスタード・ノーボ体制下の最初の選挙を実施することでガス抜きを図ろうとしたが、その前に、十月末、軍事クーデターが発生していったん下野を余儀なくされた。

その後、バルガスは一上院議員として隠然たる勢力を維持していたが、一九五〇年の大統領選挙でブラジル労働党から立候補し、社会進歩党と連立して当選する。

図13　ペトロブラス設立5周年の記念切手にもバルガスの肖像が取り上げられている。

政権に復帰したバルガスは、都市プロレタリアートや左翼からの支持を集めるため、左派ポピュリスト的な政策を推進し、石油国有化と精製事業の独占のため、一九五三年、半官半民の石油公団〝ペトロブラス〟を設立した（図13）。また、工業化の進展に伴い、インフレが進行したことに対応して、一九五四年のメーデーには労働者に対して一〇〇％の賃上げを発表した。

しかし、右派勢力は左傾化したバルガスを激しく非難し、米国もバルガスの独裁を批難した。こうした中で、バルガス批判の急先鋒だったジャーナリスト、カルロス・ラセルダの暗殺未遂事件が発生する。

ラセルダ自身は軽傷で済んだが、その場に居合わせた空軍少佐が殺害され、バルガス本人も事件への関与が疑われて大統領辞任の圧力はかつてないほど高まった。こうした中で、一九五四年八月二十四日、バルガスはピストル自殺した。

バルガスの死により、状況は一変。バルガス批判を展開していた新聞社や米国大使館は焼打ちに遭い、ラセルダは国外に逃亡を余儀なくされる。

バルガスの死後も、カフェ・フィリオ（一九五四～五五年、進歩社会党）、カルロス・ルズ（一九五五年、社会民主党）、ネレウ・ラモス（一九五五～五六年、社会民主党）、ジュセリーノ・クビチェック（一九五六～六一年、社会民主党）の左派ポピュリスト政権が続き、基本的には、バルガスの政策路線が継承された。

ところで、一九五六年に発足したクビチェック政権は、日本、米国、ドイツなどからの外資導入と工業化を積極的に推進するとともに、内陸部の開発を目的として、新首都ブラジリアの建設に着手した。新首都建設事業は彼の任期中に間に合うよう、急ピッチで進められ、一九六〇年四月二十一日、わずか四十一ヵ月後

図14　ブラジリアの連邦議会議事堂。1959年、オスカー・ニーマイヤーの設計により、ブラジリア中心部・プラーノピロット地区の先端部に建てられた。

にはリオ・デ・ジャネイロからブラジリアへの遷都が行われた（図14）。

しかし、新首都建設のための無理な借款と首都移転にかかる膨大な資金の過重な負担とインフレの進行、リオ・デ・ジャネイロをはじめ沿岸部の主要都市から遠く離れ、陸上交通手段も確立されていないブラジリアに首都を移転したことによる効率の低下、さらには一連のプロセスが十分な国民のコンセンサスも得られないまま強引に推進されたことなどから、経済的・社会的には大きな混乱が生じた。また、新首都建設と遷都に伴う巨大利権をめぐって、汚職の蔓延も問題となった。

こうしたこともあって、一九六〇年十月の大統領選挙では、サンパウロ州知事のクアドロスが、国民民主同盟から「汚職の追放」をスローガンに出馬し、ブラジル社会党選出の候補を破り、地滑り的な勝利を収めた。

一九六一年一月三十一日に発足したクアドロス政権は、対米関係を重視した前政権からの路線転換を印象付けるとともに、貿易の拡大を経済再建の一助としたいとの思惑もあって、アフリカの新興独立諸国（ちなみに、大統領選挙のあった一九六〇年はアフリカ大陸で新たに十七ヵ国が独立し、〝アフリカの年〟と呼ばれた）との関係を重視すべく、非同盟諸国に接近する姿勢を示した。

モンテビデオでブラジルの実業家、シウバが米国のグッドウィンとチェの会談をセッティングしたことに加え、チェをブラジルに招いたのも、その一環であった。

八月二十日、リオ・デ・ジャネイロに到着したチェは一般市民の熱烈な歓迎を受け、クアドロスはチェに南十字星勲章を贈り、諸国民の自決権に関してキューバを支持するとの声明を発表した。

勲章を受けたチェは、「この栄誉は自分自身に対するものではなく、キューバ革命およびその人民に対して与えられたものと考える」と応じ、ブラジルを後にした。

国賓ないしはそれに準じる立場で来訪した外国人に勲章を授与すること自体は、通常の外交儀礼の範囲であり、チェの応答もそれに沿ったものではあったのだが、キューバの社会主義革命を煽動した〝危険人物〟のチェに対する叙勲は、ブラジル内の保守派のみならず、米国からすれば、キューバの社会主義政権を礼賛したものとして、西側民主主義諸国の一員として許しがたい暴挙と受け止められた。

このため、米国はクアドロス政権に猛烈な圧力をかけ（一説によると、米国は大統領を辞職しなければ生命の保証はしないと脅迫したという）、これに屈したクアドロスは八月二十五日、突如、辞職を発表した。当時、そうした舞台裏は一般には明らかにされなかったため、就任後わずか七ヵ月で辞任したクアドロスは〝最も国民の期待を裏切った大統領〟として、国民の軽侮の対象となった。

いずれにせよ、アルゼンチンのフロンディシとブラジルのクアドロスという、南米二大国の大統領が、チェとの会見後、相次いで辞任に追い込まれたということは、当時のアメリカ大陸の状況を考える上で、極めて示唆的である。

〝進歩のための同盟〟は、結局のところ、実質的に急進的な革命キューバと米国との二者択一を迫るものであり、そのための踏み絵にはチェの顔がしっかりと刻まれていたと考えてよい。

サルサはノー

プンタ・デル・エステ会議とアルゼンチン、ブラジル訪問を通じて、ラテンアメリカ諸国は、あらためてチェがキューバ革命の指導者の一人であることを確認した。しかし、彼がキューバに戻ってみると、配給は強化されており、鶏肉、牛肉、野菜、バターなどの食糧不足が慢性化していた。

現実の厳しさにあらためて直面したチェは、八月二十六日、ハバナで経済関係の幹部が集まった会議に参加する。

席上、フィデルは「革命は生産の低下に直面することはない。それどころか、生産は増え続けている」と主張し、革命政府の経済顧問で経済企画中央議会議長のレヒノ・ボティは「キューバ経済が計画通りに成長すれば、一九六五年に国民の靴と繊維の消費量はスウェーデンと肩を並べ、食糧供給は西ヨーロッパの先進国と同等のレベルになるだろう」「四ヵ年計画の終わりには、キューバは〝ラテンアメリカ最大の工業国〟になる」と楽観的な見通しを語ったが、これに対して、チェは以下のように猛然と反論した。

いま、歯磨きが不足している。その理由について考えてみよう。歯磨きの生産は四ヵ月間止まっていたが、在庫はまだかなりあった。まさにそれがわかっていたために、緊急措置は何一つ講じられなかった。それから在庫が底をつき始めたが、原料は相変わらず手に入らなかった。そうなってからやっと幹部があわてて腰を上げ、さまざまな材料を探し始めた。やっと亜硫酸カルシウムが入荷したものの、従来の規格に適合しないことがわかった。そこで工場の技師は発奮し、かろうじて白くちゃんとした、見た目には綺麗な歯磨きを作ることに成功した。しかも、それがしばらくすると固まる傾向があった。

チェの発言は、キューバの工業が置かれている現状と問題点を具体的に説明するものだったが、すでに〝反革命〟と見なされた者に対する弾圧が常態化していたこともあり、出席者は、キューバの技術者が歯磨きの国産化に成功したという部分のみを取り上げて、立ち上がって拍手をし始めた。

そこで、チェは「拍手している場合ではない」と聴衆を一喝した上で、次のようにつづけた。

技師たちは意図的にそういう風に作ったのではない。いまから四ヵ月経てば、チューブ入りの石を売りつけたという苦情が出るに違いない。（ここで、スタッフがチェにメモを渡す）失礼。歯磨きが固まるのは四ヵ月後ではなく五週間後だ。だから、消費者には、購入後一ヵ月以内に歯磨きを使い切るよう、断っておかねばならない。

一九五九年十月、ＩＮＲＡの工業部長に就任したチェは、一九六一年の東側諸国歴訪から帰国した後の一九六一年二月二十三日、新設された工業省の初代大臣にチェが任命された（図15）。

図 15　キューバ革命 50 周年の記念切手のうち、チェの工業省就任を題材とした 1 枚。

大臣就任後最初の演説で、チェは「キューバ革命は工業化を推進する段階に完全に到達した」と宣言する。

当時、社会主義者の間では、社会主義国家の建設方針として〝二段階革命論〟が一般的だった。まず資本主義を開花させた後、社会主義段階（を経て、最終的に共産主義段階）に移行すべきであるというのが、その基本的な考え方である。したがって、キューバのように生産力の低い発展途上国が社会主義に直接移行することを目指すのは無謀であり、ましてや、中央集権的な共産主義体制を一足飛びに目指すことなど、経済法則を無視した暴挙であるというスタンスである。

これに対してチェは、一国の経済制度が生産力に即応したものでなければならないことを認めつつも、資本主義から社会主義への移行期は分離独立したものではなく、社会主義への移行を目指すかぎり、当初から、社会主義的な要素の〝萌芽〟は存在しているのであり、それらを意識的に進めなければならない、と主張した。いわば、『ゲリラ戦争』においてチェが提唱した〝フォコ理論（革命の初期段階においては、まず何よりも行動を起こして、核＝フォコを作ることが重要だとする理論）〟を経済建設に応用し、わずかでも社会主義的な要素があれば、ともかくも、それを梃に社会主義化を推進していくことは可能であるというのである。

チェをはじめ革命指導部の認識では、革命直後のキューバでは圧倒的多数の国民が貧困にあえいでおり（その責任の一端は、革命によって米国の資本と技術が流出したことにもあったのだが……)、生活の向上が急務であった。実際、米国による経済封鎖という状況を受け、輸入代替のための工業化は急務とされており、市場原理にまかせて、限られた資源や資金、人員を空費することは許されない状況にあった。その反面、米国による経済支配の結果として、キューバは経済規模が小さいにもかかわらず（キューバの企業数はモスクワ市よりも少ない）米国による経済支配の結果、比較的交通手段が発達しており、それゆえ、中央集権的な経済運営が不可能ではないと考えたのである。

一方、制度的な問題とは別に、チェが強調したのが、個人の利益ではなく、社会の発展のために働く〝新しい人間〟の創造であった。

一般に、生産性や労働意欲を向上させるためには〝物質的刺激（＝経済的利益）〟が重要とされるが、チェは、それと同時に〝精神的刺激〟がなければ、〝新しい人間〟の形成が阻害され、共産主義社会への移行に際して禍根を残すと考えていた。

チェによれば、労働時間に生産手段として働き、余暇の時間に〝人間らしさ〟を回復するため、文化・芸術に没頭するようなあり方は、物質的刺激のみを重視した資本主義的人間の姿であり、〝真の人間らしさ〟を欠いている。これに対して、〝新しい人間〟は、大義への献身、自己犠牲の精神、高いモラル等を備え、自らと共同体のために働き、労働そのものが喜びとなった存在であり、物質的刺激と精神的刺激のバランスがとれた、誰もが人間らしい生活を享受できる社会でのみ実現できるという。

チェは、自ら〝新しい人間〟の理想に近づこうと、文字通り寝食を忘れてストイックなまでに革命に献身した。「何キログラムの肉が食べられるか、あるいは一年に何回休みの日に海岸に遊びに行けるか、あるいは現在の給料でどれほどの美しい輸入品を買えるか、それ

図16　工業省創立55周年の記念切手には、工場で機械を動かすチェの姿が取り上げられている。

図 17　肉体労働に汗を流すチェの姿を取り上げた絵葉書

は問題ではない」との言葉の通り、金銭や物質的な報奨に対しては極端に淡白で、閣僚としての多忙な職務の合間を縫って、週末は早朝から自ら工場で働き、あるいは、サトウキビを刈り取る労働奉仕に汗を流した(図16、17)。

しかし、こうしたチェの超人的な献身は、あくまでも、彼にしかできないことだった。

チェの奮闘にもかかわらず、キューバの工業化が結果的に失敗に終わった原因としては、さまざまなものが挙げられる。

そもそも、革命以前のキューバ経済は米国に完全に依存しており、必要な物資は、製品であれ、工業製品の原材料であれ、対岸の米国に注文すればすぐに届けられていた。革命後の経済制裁によりその途が断たれた後、プラヤ・ヒロン事件を経てフィデルは社会主義化を宣言し、反革命軍を撃退。キューバに対するソ連の支援は本格化したが、米国の穴を埋めるには程遠いものだった。ソ連や中国からの物資は注文から一月以上経たなければハバナには到着しなかったし、その品質も米国製品とは比べ物にならないくらい劣悪だったからである。

さらに、革命による人材流出で、工場の技術者や運営スタッフは深刻な人材難となり、東側諸国から派遣されてきた技術者たちは革命以前から稼働していた米国製の機械をうまく扱えなかった。

しかし、そうした物質的な要因に加えて、何よりも深刻だったのは、労働者の能力・資質の問題である。

キューバに限らず、ラテンアメリカ諸国では、時間にルーズで勤勉に働く習慣に乏しく、(少なくとも標準的な日本人の感覚から見れば)仕事と遊びの区別のつかない労働者も多く、フィデルとチェは彼らを教化しようと大いに骨を折ったが、長年にわたる習慣・習性は一朝一夕に改まるものではなかった。

たとえばあるとき、フィデルは「遊んでいないで仕事をしろ」という意味で、労働者を集めて〝¡Trabajo sii Salsa no!(労働はイエス、サルサはノー)〟というスローガンを唱和させたことがあった。ところが、唱和が二度、三度と続くと、いつの間にか、労働者たちはサルサのリズムに合わせて(!)手を叩き、歌い、踊りだしてしまった。〝サルサはノー〟というスローガンは、彼らにとっては、全く無意味なスローガンにすぎなかったのである。

また、仮にまじめに働く労働者であっても、十分な訓練も受けぬまま、不慣れな分野の労働奉仕に動員されたのでは、効率が上がるはずもなかった。

たとえば、キューバの主要産業であるサトウキビの刈り取りだが、ベテランの作業員が一日八時間の労働で平均三〜四トン、人によっては七トンを刈り取ることができるのに対して、都市部出身者は最大で五〇〇キロ、肉体労働の経験がほとんどないインテリ層は二五〇〜三〇〇キロしか刈り取れないというのが現実だった。

結局、一九六一年のキューバ国民の生活水準は、革命の起きた一九五九年に比べると六〇%上回ったとされたが、一〇〜一五%という成長目標は達成できず（目標の設定自体が無謀ではあったが）、物資の不足は全く解消されなかった。

図18　葉巻を吸うチェを取り上げた没後40周年の記念絵葉書。

図 19　キューバを代表する葉巻のモンテクリストとロメオ・イ・フリエータ（ロミオとジュリエット）を取り上げた絵葉書。

図 20　キューバと敵対するアンクルサム（米国の象徴）が、カストロと同じ葉巻を吸っていることを皮肉った漫画絵葉書

コイーバは吸わなかった

少し後のことだが、一九六三年、日本の技術協力でキューバ島北東部、オルギン州のヒバラに有刺鉄線工場が建設された際、日本人技術者たちが工業省にチェを表敬訪問したことがあった。その際、日本側はお土産に卓上ライターを贈ったが、それを手にしたチェは「キューバの工業が発達して、こういう製品が贈り物にできるような時代が来るといいのですが、残念ながら、いまはまだ、我々は工業製品を贈り物にすることができないのです。せめて、これを代わりに……」といって、葉巻を百本贈ったという。これもまた、工業化が思うように進展しない現実に苦悩するチェの姿だった。

シエラ・マエストラ山中での革命戦争の時代から、チェは葉巻を愛用していたが、工業大臣在任中は、キューバの特産品をアピールする意図を込めて、写真撮影の際には積極的に葉巻姿で応じたという（図18）。

葉巻大国のキューバではさまざまな銘柄の葉巻が生産されているが、チェが最も愛好したのは〝モンテクリスト〟だったと言われている（図19）。

モンテクリストは、アレクサンドル・デュマの小説『モンテクリスト伯』にちなんで命名されたブランドで、一九三五年にH・アップマン工場で製造が開始された。

H・アップマンは、一八四四年、ドイツ人のヘルマンおよびアウグストのアップマン兄弟が創業したブランドである。キューバ産葉巻の中では最古参の一つで、比較的軽めのミディアム・ライトの味わいが英国市場で人気を博し、世界的なブランドとしての地位を確保した。

かのジョン・F・ケネディは、一九六二年、キューバ製品の禁輸措置法案が議会を通過し、大統領として署名する前夜、報道官を内々に呼びつけ、「どんな手段を使ってでもいい。少なくともH・アップマンを千本確保するように」と厳命。はたして、翌朝、ホワイトハウスに千五百本のアップマンが集められたのを確認してから、ケネディは法案に署名したという。明らかな職権濫用だが、逆に言えば、それほど、H・アップマンは魅力的な葉巻だったのである（図20）。

もっとも、ブランドとしてのH・アップマンの経営は必ずしも順調ではなく、一九二二年以降、業績の悪化により、何度か経営母体が変わっている。そのなかで、一九三五年にH・アップマンを買収したアロンソ・メネンデスが経営再建の切り札として売り出したのが、モンテクリストだった。

なお、当時の葉巻工場では、単調な作業でスタッフの集中力が途切れるのを防ぐため、作業中にさまざまな物語を朗読するのが習慣だった。一九三五年に売り出された新ブランドの葉巻の場合、製造過程で人気のあった読み聞かせの物語が『モンテクリスト伯』だったため、それが命名の由来となった。ちなみに、モンテクリストとならんでキューバを代表する葉巻の一つとされる〝ロメオ・イ・フリエータ（ロミオとジュリエット）〟もまた、同じ理由による命名である。また、モンテクリストのブランドのロゴは、『モンテクリスト伯』の著者、デュマの別の代表作『三銃士』をイメージしたデザインとなっている。

メネンデスは、新ブランドの投入とあわせて、工場を近代化することで、経営を立て直し、モンテクリストをキューバ三大シガーの一つといわれるまでに成長させた。現在では、〝チェが愛好した葉巻〟というイメージ戦略も当たって、モンテクリストはキューバ産葉巻輸出の約二五％を占めるほどになっている。

モンテクリストは代表的な銘柄の№一～五以外にも、キューバ産葉巻としては最大サイズの〝A〟から、小さめのペティコロナサイズ、ミニシガリロまで種類は豊富だが、いずれも、やや濃厚で深みがあり、樹木やナッツを思わせる香ばしい香りが感じられるのが特徴となっている。

なお、チェが愛好した葉巻として、キューバを代表するブランドのコイーバを挙げている文献が散見されるが、これは、歴史的に無理がある。

革命後間もない時期、フィデルは自分の護衛が吸っていた〝ランセロス〟に感銘を受けたが、この葉巻は、市販品ではなく、チーチョの友人だったエドアルド・リベラが個人的にブレンドしたものだった。そこで、一九六八年、フィデルは新たに建設した葉巻工場〝エル・ラギート〟の責任者としてリベラを迎え、政府要人用ないしは外交的な贈答用の高級葉巻の生産を開始した。これが、コイーバの原点である。

したがって、リベラの個人的なブレンドはともかく、一九六七年十月にボリビア山中で亡くなったチェが、一九六八年から生産が開始されたコイーバを嗜むことは不可能である。

チェス

修道僧のように禁欲的な日々を過ごしていたチェだが、そんな彼にとって、ほとんど唯一の娯楽になっていたのがチェスである（図21）。工業省での仕事が終わると、チェは妻のアレイダに電話をかけ「ガールフレンドの家に行くよ」といい、アレイダが「わかってるわ、チェスをしに行くんでしょ」と応えるのが日常的な会話だったというエピソードもある。

図21　チェスを楽しむチェを取り上げた2004年の切手。

ラテンアメリカはチェスが盛んな国が多いが、なかでも、キューバは不世出の天才、ホセ・ラウル・カパブランカ（図22）の出身地ということもあって、チェスは国民的な娯楽として定着している。

図22　カパブランカ

カパブランカは、スペイン領時代の一八八八年十一月十九日、ハバナ生まれ。四歳のときに父親が友人とチェスをしているのを見て指し方を覚え、ルールを覚えてから三日後に父親を負かし、十三歳の若さでキューバチャンピオンとなった。

十八歳の時、米コロンビア大学に留学し、化学を専攻したが、チェスに没頭し過ぎて中退。一九〇九年、当時、米国最強を謳われていたフランク・マーシャルに勝ったことで一躍有名となった。その後、キューバ政府から外交官に任命されたものの、任地でもチェスばかりで、外交官としての仕事はほとんどしなかったという。

一九一四年、当時の世界チャンピオンでユダヤ系ドイツ人のエマーヌエール・ラスカーに挑戦状を送ったが、第一次世界大戦が勃発したこともあって、対局が実現したのは七年後の一九二一年のことだった。この時、二十四番勝負のうち、十四局を終了したところでラスカーが棄権し、四勝十分け無敗でカパブランカが世界チャンピオンとなった。その後、一九二七年にロシア系フランス人のアレクサンドル・アレヒンに敗れて王座を失ったが、その後も、一九四二年三月八日、ニューヨークで亡くなるまで、国際大会で活躍した。

一九二八年生まれのチェは、カパブランカがチャンピオンだった時代の対局を直接見聞する機会には恵まれなかったが、それでも、ラテンアメリカ出身の（元）世界チャンピオンのことは知っていたはずだ。

伝説によると、チェは二歳の頃にはチェスの駒を握っていたとされているが、これは、文字通り駒を手に握っていたというだけで、プレイしていたわけではなかろう。ただし、幼少時から彼が父親の手ほどきを受けてチェスに親しんでいたことは事実で、十二歳で地元のチェス・トーナメントに参加している。

工業相に就任した後の一九六一年、チェは地方のチェス大会に参加して、自分なりにアレンジした手（友人たちの間では〝ゲバロフスキ〟と呼ばれていた）で勝利を収めている。この時のチェの試合について、プロ棋士のホセ・ルイス・バレーラスは「大胆、積極的、守りではなくいつも勝負をかけている」と評している。

また、一九六一年十月七日、チェは『レボルシオン』紙に寄稿し、バレーラスが同紙のチェス欄に出題した問題は易しすぎると嘆いた。このため、バレーラスは「次回には三手で王手となる難問を出題する」と予告。すると一週間後、バレーラスの元に、正しい回答とともにさまざまな手を記した匿名の手紙が届けられ、その直後に、チェから電話がかかってきたという。

また、一九六三年、ソ連との友好イベントとして、ソ連のグランド・マスター（国際チェス連盟が付与する称号で、世界チャンピオンを除く最高位）をハバナに招いてのトーナメント戦が行われた。

その際、チェは、グランド・マスターのビクトール・コルチノイとの多面指しの相手を務めた。無事、全勝を達成したコルチノイは、チェについて「プロならだれでも知っているカタラン・オープニング（定跡の一つ）への対処法さえ知らなかった」と評しているところを見ると、チェはアマテュアとしてはそれなりに強かったが、あくまでも自己流だったようだ。

また、チェは、ポーランド生まれのアルゼンチン人グランド・マスター、ミゲル・ナイドロフとも親善試合で戦っているが、チェとの実力差が大きいことを瞬時に悟ったナイドロフは、序盤早々、革命の元勲の顔を立てて〝引き分け〟を提案している。

さて、革命後のキューバは、他の社会主義諸国同様、スポーツのステイツ・アマを育成したが、チェスもその対象となった。特に、フィデルがチェスの愛好家だったことに加え、伝説のチャンピオンであるカパブランカが米国チャンピオンのフランク・マーシャルを破って世に出たことから、チェスは大いに奨励された。

こうした背景の下、グランド・マスターとの対局やナイドロフとの引き分けという〝実績〟から、革命の象徴でもあったチェには、チェスの名手というイメージも付加されることになり、それが広くキューバ国民の間に流布することになった。

第7章　ミサイル危機

ベルリンの壁とマングース作戦

プンタ・デル・エステ会議開催中の一九六一年八月十三日、ヨーロッパでは、東ドイツが突如、ベルリンの壁の建設を開始した（図1）。

第5章でも述べたように、一九五〇年代、東西ドイツの経済格差は拡大する一方で、大量のドイツ市民、特に高い技能を持った熟練労働者や知識人が、東ドイツに囲まれた西側の孤島、西ベルリン経由で西ドイツに脱出し、そのことが、東ドイツ経済を悪化させるという悪循環となっていた。

図1　東ドイツが発行した“ベルリンの壁建設10周年”の記念切手。

こうした中で、一九五八年十一月二十七日、フルシチョフは「西ベルリンを半年以内に非武装の自由都市にする」と西側に通告する。これは、西ベルリンを東西ドイツのどちらにも属さず、どちらからも干渉を受けない地域にした上で、六ヵ月以内に東ドイツとの間に米英仏ソの四ヵ国と平和協定を結ぶというもので、協定が締結できなければ戦勝四ヵ国は、ベルリン問題に関して持っている契約及び権利を失う、ともされていた。

当然のことながら、ソ連の一方的な通告に対して西側は反発し、米ソの対立が激化。一九六一年六月にウィーンで行われた米ソ首脳会談（図2）では、フルシチョフは、米国が東ドイツを国家承認し、平和条約を結ぶよう求めたが、ケネディはこれを拒否。そこでフルシチョフは、ソ連が単独で東ドイツと平和条約を結ぶことで、西ベルリンの占領統治は終わり、東ドイツに返還しなければばならないと主張した。

緊張が高まる中で、六月十六日、東ドイツ国家評議会議長のウルブリヒトは、ソ連との単独平和条約が結ばれ、西ベルリンへの通行管理権が東ドイツに引き渡されれば、航空機による難民輸送（それまで、西側諸国は、東ドイツから西ベルリンに脱出した難民を航空機で西ドイツに輸送していた）を停止することができる、と発言した。

これを機に、西ベルリンに脱出する東ドイツ市民は激増。このため、六月末から七月初めにかけて、ウルブリヒトはソ連に対して東西ベルリンの境界線を封鎖するよう求めた。

一九六一年八月のベルリンの壁建設はこうした経緯の下に行われたもので、これにより東ドイツから西ベルリンへの難民の流出は激減したが、壁の存在は、それ自体、東西間の経済・生活格差を東側自らが認めた

図2　1961年6月の米ソ首脳会談を記念してつくられた記念カバー。

ことを意味するものに他ならなかった。

さらに、十月二十二日、ベルリンの壁の唯一の境界検問所となったチェックポイント・チャーリーで、西ベルリン駐在の米国公使のアラン・ライトナー夫妻が占領軍ナンバープレートを付けた車で東ベルリンの劇場に向かおうとしたところ、東ドイツ側に止められ、パスポートの提示を求められる〝事件〟が発生。これに対して、米大統領顧問（西ベルリン担当）のルシアス・D・クレイ陸軍大将らが、「米国側の決意のほどを見せつける」として、複数回にわたり、境界付近で外交官の車両を走らせるという〝実験〟を行ったため、十月二十七日、三十三台のソ連軍戦車がブランデンブルク門へ出動。これに対して、米軍の戦車も出動し、実弾を積載した戦車がにらみ合う一触即発の事態となった。

この時は、フルシチョフとケネディが連絡を取り、ソ連側が先に戦車を引くという条件と引き換えに、以後ベルリン市内におけるソ連側の行動について大目に見るということで妥協が成立し（ソ連側はこれを外交上の勝利と受け止めた）、翌二十八日の午前十一時頃、両軍の戦車が撤退して武力衝突は回避された。以後、結果的に、ベルリンの壁の存在は両陣営の武力衝突を回避し、冷戦の状態を維持する役割を果たすことになる。

こうして、ベルリンの〝現状維持〟が固定化されていく中で、ケネディ政権は、キューバ問題の〝解決〟を目指して、同年十一月、革命政権を物理的に打倒すべく、エドワード・ランスデール空軍少将を中心に、極秘計画の〝マングース作戦〟を開始する。

マングース作戦では、マングースには三十三の種があることにちなみ、一九六二年十月までに革命政権を転覆させることを目標として、三十三の計画が練られた。その中には、フィデル暗殺計画に加え、米軍特殊部隊を利用して、キューバにおける砂糖の生産を壊滅に追い込み、港に機雷を敷設する計画まであったという。

さらに、一九六二年一月、ウルグアイのプンタ・デル・エステで米州機構外相会議が開催され、ブラジルなど六ヵ国の反対を押し切ってキューバ非難・除名が決議されると、翌二月、ハバナで開催された第二回全国人民大会で、キューバ側は革命の正当性を主張し、社会主義的改革の遂行とラテンアメリカにおける米国の

図３　革命広場に集まった大群衆を前に“第2ハバナ宣言”を打ち上げるフィデルを取り上げた絵葉書。

図４　第2ハバナ宣言と前後して、ハバナの革命広場で行われた軍事パレード。革命広場に面した内務省ビルの壁面には、フィデルとレーニンの巨大な肖像が掲げられ、「社会主義萬歳！」のスローガンも見える。

干渉政策を非難した〝第二ハバナ宣言〟を採択。米国に対する対決姿勢をより鮮明にした（図3、4）。

こうした状況の下で、フルシチョフは、米国は必ずキューバに再侵攻するであろうとの見通しの下、プラヤ・ヒロン事件の経験を踏まえ、米軍が次に侵攻する場合には、米軍は直接、軍と大量の武器を投入し、数ヵ所からキューバ島に上陸すると考えていた。その場合、キューバが米軍を撃退することはもちろん、ソ連が通常兵器でキューバを防衛することも不可能なことは誰の目にも明らかであった。

ところで、当時、ソ連による宇宙開発の成果が華々しく報じられていたこともあって、西側世界はソ連の軍事力を過大評価していたが、実際には、ソ連は米国に対して軍事的にはるかに劣勢に立たされており、特に、ミサイル・システムにおいて両者の隔たりは大きかった。

すなわち、一九五九年からソ連は新型ＩＣＢＭの開発に取り組んでおり、当初の目論見では、一九六二年一月の時点で新型ミサイルが配備されれば、〝米国に対して ベルリン問題の解決を強いるためには、十分に強力〟なものとなることが期待されていた。

しかし、実際に一九六二年初の段階で開発に成功していた新型の中距離ミサイル、Ｒ16ＩＣＢＭはわずか一発のみであり、性能面でも米国の新型ＩＣＢＭ〝ミニットマン〟（図5）と比べてはるかに劣っていた。さらに、米国は一九六二年末までに約二百発のミニットマンを配備する計画を着々と実行に移していた。

こうした状況下の一九六二年四月、黒海を挟んで隣接するトルコに米国のジュピター型中距離ミサイルが配備され、使用可能となったことは、ソ連にとって深刻な脅威となった。

さらに、四月九日、米国はノースカロライナとプエルトリコのビエケス島で〝一九六二年大西洋上陸訓練1（Antphibel-62）〟と銘打って、キューバ島への上陸を想定した大規模な軍事演習を行った。また、翌十日には、ホセ・ミロ・カルドナが反革命派の指導者として、秋の上陸作戦に備えて、四万人規模のキューバ兵を動員するよう、ケネディに要請している。

そこで、一九六二年四月末から五月初めにかけて、フルシチョフは対抗措置としてキューバ島に米国本土

図５　ミニットマン・ミサイル第一号の打ち上げ成功記念カバー。カシェには、フロリダ州ケープカナベラルの長距離ミサイルの発射実験用の統合長射程試験基地から発射されるミニットマンのイメージが描かれている。

をほぼ射程に収める中距離ミサイル（ＭＲＢＭとＩＲＢＭ）を配備することを決断する。これにより、米国のキューバ侵攻を抑止できるだけでなく、最小限のコストで米国に対する核戦力の劣勢を一挙に挽回しようというのが狙いだった。

アナディル作戦

一九六二年四月、タス通信ハバナ特派員の肩書でキューバに派遣されていたＫＧＢ幹部のアレクサンドル・アレクセイエフが急遽、モスクワに呼び戻された。フルシチョフはアレクセイエフを駐キューバ大使に任命した上で、「キューバを支援し、キューバ革命を守るため」核弾頭ミサイルをキューバに配備することを決定したことを告げ、フィデルを説得するよう命じた。

これに対して、アレクセイエフは、キューバの独立にこだわるフィデルが核ミサイルの配備を受け入れることはあるまいと反対したが、フルシチョフはミサイル配備のための〝アナディル作戦〟を決定し、キューバ政府に〝提案〟を伝えるための高レベル使節団（団長はシャララ・ラシドフ中央委員補佐兼ウズベキスタン共産党第一書記）を派遣した。

五月二十九日、ハバナに到着した使節団は、直ちにフルシチョフの提案をキューバ側に伝えた。

キューバ側は、アレクセイエフの予想通り、「核の導入はモラルに反し、キューバ（革命）のイメージを損なう。キューバは国民の最後の一人になるまで断固戦う」と抵抗したが、ソ連側は、米軍の侵攻が目前に迫る中で他に選択肢はないことを強調。このため、フィデルは「一日待ってほしい」と猶予を求め、大統領のオスバルド・ドルティコス・トラド、統一革命組織全国委員兼『オイ』編集長のカルロス・ラファエル・ロドリーゲス、弟のラウル、そしてチェと相談した。

席上、チェは「米国を止められることは、すべてやるだけの価値がある」としてミサイル受け入れに積極的な姿勢を示したが、フィデルは逡巡した。

キューバ革命は、経済的な利益を犠牲にしてでも、米国からの従属を脱して、国家としての自立を目指したことで、ラテンアメリカ諸国から一定の心情的な理解を得ていたが、ソ連の核配備を受け入れることは、米国に代わってソ連に従属し、その衛星国となることに他ならず、革命の正統性の根拠を根本から揺るがしかねなかったからである。その一方で、国際政治の現実の力学を考えるなら、キューバにはソ連の提案を受け入れる以外の選択肢はなかった。

そこで、翌三十日、フィデルは条件付きで核ミサイルの配備を受け入れた。

すなわち

①ミサイル設置は社会主義圏の強化のためというのがソ連の大義名分だが、キューバにミサイルを設置しても世界的な軍事バランスの大勢には変化がない以上、ミサイル設置の目的（の一つ）がキューバの防衛にあることを明確にすべきである

②米国の侵攻から自国を守るのは主権の問題であり、国際法に則ったものである以上、ミサイルの設置は航海の上で行うべきである

の二条件である。

フィデルとしては、事前に情報を公開した上でミサイル基地を設置することで国際問題化し、事態が切迫

していることを明らかにして米国の侵攻を抑止しようという目論見である。

キューバ側がミサイル受け入れの意向を示したことを受けて、ソ連は直ちにアナディル作戦を開始。五月末にはソ連の専門家がミサイル設置用地の選定を始め、キューバのレーダー探知や無線通信のシステムをソ連軍が使用可能なものに変更した。また、六月十八日、には中距離核ミサイルR12を積んだ貨物船が黒海からキューバへ向けて出航。マングース作戦が十月に実行される予定であることを察知していたソ連としては、なんとしてもそれまでにミサイル配備を完了し、機先を制して侵攻作戦を中止に追い込む必要があったためである。

その後、核ミサイルの配備に法的な根拠を与えるため、七月三日から十六日まで、ラウルがモスクワを訪問して両国間の権利・義務・責任を確認して「キューバ駐留ソビエト軍に関する協定」を結んだ。その際、ラウルは、キューバ側の要求したミサイル設置の公開についてフルシチョフを問い質したが、ソ連側の反応は芳しいものではなかった。

この間、七月十五日には、ハバナ西のマリエル港から、装甲車両、可動式発射台、戦略ミサイルを備えた四連隊が上陸を開始し、ソ連軍参謀本部情報総局のメシチェリャコフ大佐がフィデルと面談し、作戦が最終段階に入りつつあると報告。この頃になると、シートをかぶせた大型トラック（その全長は二〇メートルにもなることさえあった）が轟音を立ててあちこちを走り回り、ソ連がキューバに基地を建設していることは公然の秘密となりつつあった。ちなみに、ソ連側の計画では、最終的に、ミサイル発射台は二十四基、R12ミサイルは四十二機、核弾頭四十五発、兵員四万五百、これに、ミグ戦闘機や関連する軍事物資がキューバ島に運び込まれることになっていたが、これらを人知れず移動させることなど物理的に不可能である。

はたして、八月十日、CIA長官のジョン・マッコーンがケネディに対して、ソ連がキューバにミサイル基地を建設していることを示す動きがみられると報告。これに先立つ八月八日には、〝叛乱抑止特別委員会〟はマングース作戦が〝効果〟を上げておらず、キューバ国内の政情不安を高める必要があるとして、作戦の拡大を決定していたが、ケネディはミサイル基地の問題について、この時点では具体的な対応措置を取らなかった。ソ連によるキューバへのミサイル配備への対抗措置として、対キューバ海上封鎖も検討されたが、この時点では、キューバ封鎖は報復としてのベルリン封鎖をもたらすとの理由で見送られている。東西冷戦の文脈では、キューバ問題はあくまでもベルリン問題とリンクして考えられていたのである。

一方、ソ連が、基地の設置を公開してほしいとのキューバ側の要求を無視し続けていたにもかかわらず、その行動が外部から丸見えの状態では、キューバ側の面目は丸つぶれとなる。このため、八月末、フィデルはチェと民兵隊長のエミリオ・アラゴネスをソ連に派遣。七月の協定を再調整し、あらためて〝軍事協力協定〟を結ぶことになり、八月三十日、二人はクリミア半島ヤルタの別荘でフルシチョフと会談した。

従前からの要望通り、ミサイル設置の軍事協定は絶対に公開してほしいとのキューバ側の立場を説明したチェに対して、フルシチョフは「とんでもない！」とこれを一蹴。「米国には事前に警告はしない。ケネディには（同年秋の中間）選挙に集中してもらわないと」、「（米国の攻撃については）心配はない。米国に関してそういう問題は一切起きないだろう。もし起きたら、バルティック艦隊を派遣する」などと応じ、チェを唖然とさせている。その上で、フルシチョフは、基地の設置を公開するという協定の付属文書の調印については「何ヵ月か後、キューバに行ったときに署名しよう」と逃げている。

結局、チェは九月二日にモスクワからチェコスロバキアに向かい、ブルノで工業見本市を視察した後、九月五日にキューバに戻った。

こうした経緯を経て、九月九日、ミサイルの本体がキューバに到着。十一月初旬の準備完了を目指して、十月初旬には核弾頭も到着し始めた。これにより、キューバの東部・中部ではミサイル発射の準備が整い、クレムリンからはミサイルの発射禁止を伝える命令も届けられた。まさに、キューバは〝米国の目の前で錨を下したソ連の空母〟になりつつあった。

これに対して、九月初め、米国政府要人が相次いでソ連の駐米大使、アナトリー・ドブルイニンと接触し、キューバへの核ミサイル配備が事実かどうかを確認。これに対して、ミサイル配備計画についてモスクワから何も知らされていなかったドブルイニンは、いずれの会談でも、核ミサイル配備の事実はないと断言した。その上で、九月十一日、ソ連政府は、ソ連には同盟国キューバを防衛する〝権利〟があるとの声明を発表した。

図6は、この時期にソ連で制作されたプロパガンダ絵葉書で、キューバ国旗を背景に銃を持つ男性二人とサトウキビを持つ女性を描き、「キューバの人民は挫けない！」とのロシア語の文言が入っている。キューバの人民には祖国防衛の権利があり、ソ連が同盟国としてそれを支援するのは当然という認識を示したものであろう。

九月十三日、ケネディは、キューバがソ連のミサイル基地になった場合には、米国は「自国とその同盟国の安全を防衛するため、必要なあらゆる手段を取る」との声明を発表する。米国政府としては、現時点ではキューバにはミサイル基地が存在しないとの前提に立っているが、ミサイル基地が発見された場合には、

図６　1962年にソ連で制作されたプロパガンダ絵葉書。「キューバの人民は挫けない！」との文言が記されている。

それを除去するための行動を起こす、と国民に誓約したかたちである。ただし、ケネディは、この時点でも、ソ連はカリブ海で米国を挑発し、キューバに介入させることで、その対抗措置としてソ連が〝ベルリンを壊滅させる〟ことを正当化するのではないかと怖れていた。

こうした経緯を経て、九月下旬、ソ連を刺激しないよう、八月二十九日以来停止されていた偵察機U２による査察が再開され、十月四日、米議会はキューバ共同決議を採択。キューバの革命政権打倒のために武力を含むあらゆる手段を取ること、ならびに、キューバの軍事力形成を阻止することを決定する。また、同日、マングース作戦拡大特別グループも、フィデルの暗殺、労働者を煽動してのサボタージュの実施、U２機を含む航空機による偵察の強化を決定した。

こうした状況の中で、東ドイツでは〝キューバから手を引け！〟とのスローガンの入った消印（図7）が使用されている。ソ連によるキューバへの核ミサイル配備の計画が一般には公表されていない状況下では、米国によるキューバ共同決議の採択は、キューバ侵攻が

図７　“キューバから手を引け！”とのスローガンの入った東ドイツの消印。

間近に迫っているかのような印象を多くの人々に与えるものであった。したがって、東ドイツとしては、米ソ両国がキューバ問題とベルリン問題をリンクさせている以上、キューバでの衝突がベルリンに飛び火しかねないという懸念を抱くのは当然のことであり、そうした危機を回避するためにも、〝キューバから手を引け！〟と訴えなければならなかったのである。

サーティーン・デイズ

駐米ソ連大使ドブルイニンの発言とは裏腹に、ソ連がキューバで秘密裏にミサイル基地を建設中であることが偵察機U2によって確認され、ケネディに対して正式に報告されたのは、一九六二年十月十六日のことであった。

これが、いわゆる〝ミサイル危機（ないしはキューバ危機）〟の開幕となる。

米情報部によれば、ソ連が運び込んだMRBMおよびIRBMの射程距離は、それぞれ、一九〇〇キロメートルおよび四一〇〇キロメートルと推定された。これは米国内の主要都市をほぼすべて射程圏内に収めていただけでなく、カナダやラテンアメリカ諸国も核攻撃の標的となったことを意味する。

このため、ケネディはただちに国家安全保障会議最高執行委員会（エクスコム）を設置して対応を協議した。

エクスコムでは、ミサイル基地に対する軍事攻撃とキューバに対する海上封鎖のいずれを選択すべきか、三日にわたって激論が戦わされたが、最終的に、キューバ周辺に封鎖網を設置し、ソ連が更なるミサイルを搬入することを阻止するとともに、すでにキューバに存在しているミサイル基地を撤去するよう圧力をかけるという方針が決定された。

十月十九日、ケネディは「問題はキューバだけではない。同時にベルリンも問題なのだ。……もしそうでなければ、答えは非常に簡単だった」と発言し、キューバでの軍事行動はソ連の報復を招く可能性が高く、危険であると判断。まずは、軍事行動よりも穏健な海上封鎖でソ連側の出方を探ることにしたのである。

かくして、十月二十二日、ケネディはキューバ近海

U.S. IMPOSES ARMS BLOCKADE ON CUBA ON FINDING OFFENSIVE-MISSILE SITES; KENNEDY READY FOR SOVIET SHOWDOWN

ANNOUNCES HIS ACTION: President Kennedy speaking to the nation last night on radio and television. He told of moves to keep offensive equipment away from Cuba.

図８　キューバ危機に際して米国で作られた“記念品”。1962年10月22日のケネディのテレビ演説の内容を取り上げた用紙に切手を貼り、翌23日の消印が押されている。

AREA OF CRISIS—The Caribbean area, and the quarantined Soviet Cuba.

OUR ULTIMATUM

President Kennedy, in a momentous decision that may be interpreted as a hostile act by the Soviet Union, last night ordered a blockade of offensive weapons bound for Cuba.

With American warships already steaming eastward into the Atlantic to meet oncoming Soviet vessels and to enforce the blockade, East and West were suddenly confronted with perhaps the direst crisis of the nuclear age.

In a historic 17-minute televised speech from the White House, starting at 7 p. m., Mr. Kennedy declared:

"All ships of any kind bound for Cuba from whatever nation or port will, if found to contain cargoes of offensive weapons, be turned back."

の封鎖を指令すると同時に、テレビを通じてキューバに核ミサイルが配備されつつある状況を全世界に公表。「大量破壊兵器のキューバへの配備は、合衆国の平和と安全に対する明白な脅威である。我々は、不必要に核戦争の危険を冒すつもりはないが、必要とあらば、そのような危険を前にしてひるむことはないであろう」として、この件に関しては毅然たる態度をとることを宣言し、世界中の米軍は〝戦争に次ぐ〟緊急体制に入った。

図8は、そのケネディのテレビ演説を受けて作られた〝記念品〟で、表紙には「攻撃ミサイル基地を発見したため、合衆国はキューバに対して武力を伴った封鎖を発動。ケネディはソビエトとの対決を準備」との見出しの下、ケネディの写真が大きく印刷され、「昨晩、国民に対してラジオとテレビで語りかけるケネディ大統領。大統領はキューバに攻撃施設を設置させないための措置について語った」とのキャプションがつけられている。

内側を開くと、左側のページにはキューバとその軍事的な配置の地図が掲載されており、右側のページには〝我々の最後通牒〟と題する文章が掲載されている。そして、その文章の下には切手が貼られ、ケネディのテレビ演説の翌日、十月二十三日の消印が押されている。

もともと、米国では、歴史的な事件のあった日には封筒などに切手を貼って消印を押した記念品を作ることがさかんに行われている（当然、それらは商品として売買されている）が、多くの市民が核戦争の恐怖におののいている中で、こうした記念品を作った業者の商魂には、あらためて驚かされるばかりである。

一方、十月二十三日、フルシチョフはソ連全軍に対して戦闘態勢を取るよう指示し、航行中の船舶に対しても米国の封鎖に従わないよう命じた。その上で、ケネディに対して

①テレビ声明は平和や安全に対する脅威であり、内政干渉である

②ミサイル防衛はキューバ防衛のためであり、封鎖は侵略と見なす

との内容の書簡を送った。

しかし、そうした強硬姿勢とは裏腹に、米国の強硬

な姿勢を目の当たりにしたソ連は、核戦争の瀬戸際で米国と交渉することで、有利な条件を引き出して事態を収拾する方策を模索しはじめる。ソ連側が望む条件は、米国がキューバを侵攻しないことの保証とトルコのミサイル基地の撤去である。

これに対して、二十三日付のフルシチョフ書簡の内容を知ったキューバ政府は、それを字義どおりに解釈し、ソ連は米国に譲歩しないだろうと判断した。その上で、キューバ国内では戦闘警報が発令され、チェは西部軍の総司令官としてピナール・デル・リオに向かい、サンディエゴ河畔、ロス・ポルタレスの洞窟に司令部を設置し、戦闘準備を整えた。米軍が侵攻し、海岸に橋頭堡を築いた場合には、チェの部隊はシエラ・デ・ロス・オルガノスでゲリラ戦を展開する予定だった。彼は、キューバが核攻撃を受ければ、その報復としてワシントンとニューヨークは〝地上から消滅させられるだろう〟と周囲にも語り、戦意を煽っていた。

さらに、二十六日、フィデルはフルシチョフに対して緊急のメモを送り、「侵攻は差し迫っている。二十四ないしは七十二時間以内に起こるだろう。最も可能性が高いのは、彼らが破壊したいと考えている目標への空爆だ。次いで侵攻の可能性がある。われわれはいかなる攻撃にも抵抗する」と訴え、核攻撃が行われたら核で報復するよう示唆した。さらに、二十七日には、駐留ソ連部隊と協議のうえ、偵察機の撃墜を決定。実際に、ドルフ・アンダーソン少佐の操縦するU2機がソ連軍の高射砲によって撃墜されている。

一方、キューバ側の強硬姿勢は、かえって、ソ連側を自制させる結果をもたらし、フルシチョフは米国から不侵攻の約束を取り付けることで、事態の妥結を急ぐようになった。キューバ側の要請で中部のミサイル基地に輸送された核弾頭には燃料が搭載されておらず、実際の発射は不可能な状態だったのは、そうしたフルシチョフの姿勢を反映したものであった。

結局、米国側がトルコからのミサイル基地の撤去とキューバに侵攻しないことを密約することで、十月二十八日、ソ連はキューバのミサイル基地を撤去することを米国に通告。こうして、世界が核戦争に最も近付いたとされた十三日間（この間の経緯を米国側の視点から扱ったのが映画『サーティーン・デイズ』である）が過ぎ去った。

かくして、ワシントン時間十月二十八日午前九時、フルシチョフ首相がモスクワ放送でミサイル撤去の決定を発表し、同時に米国でもラジオで放送されて伝わった。

一方、事前にフルシチョフから何も聞かされていなかったフィデルは、ソ連の〝降伏〟を知って激怒した。彼に限らず、これまで米国の直接的な脅威にさらされ続けてきたキューバ側にとっては、自国の安全保障が頭ごしに取引の材料にされたことに他ならず、耐え難い屈辱であった。フルシチョフはカストロ宛書簡で、自制を求めるとともに。米国の攻撃が差し迫っていたというカストロの考えを肯定した上で、ケネディによるキューバ不侵攻の確約は大きな勝利であり、これによりキューバの安全が確保されたという評価を押し通して協議する時間がなかったのだと弁明したが、トルコのミサイルの撤去とキューバのミサイルの撤去が交換条件となっていたことには触れなかった。このため、米ソの交渉当事者以外の、他のすべての人々と同じく、キューバ側は、ミサイル危機が（形式的には）ソ連の〝一方的な譲歩〟によって解決されたかのような印象をあらためて強く持つようになった。

ところで、米ソ間の合意では、キューバからのミサイル撤去に際しては、国連監視下での兵器撤去の査察が行われることになっていたが、この査察条件について事前に知らされていなかったフィデルは、十月三十日、ウ・タント事務総長代行との会談で現地査察についての取り組みを拒絶。米国に対して

①領空侵犯の全面的停止
②海上封鎖および禁輸措置の解除
③体制転覆活動の停止
④海賊行為の中止
⑤グアンタナモ米軍基地の返還

の要求を突き付けた。

米国はこれを無視したが、フィデルの挑発的な態度にあわてたフルシチョフは、米国を宥めるため、キューバから撤退するソ連船の積み荷を外海で検査する権限を米海軍に与えるよう命じた。

この間、ハバナでは、ソ連の〝裏切り〟に憤ったキューバ国民が街頭で「ニキータ、マリキータ（〝ホモ

野郎〟を意味する罵倒語)」と叫んで気勢を上げた。チェもフィデルに対して、「ヤンキー帝国主義の核の脅威であろうと、自分はたった一人でもあらゆる危険と戦う決意だ」と訴えた。

十一月五日、キューバの反発を宥めるため、ソ連副首相のアナスタス・ミコヤンがハバナに急派され、フィデル、ラウル、オスバルド・ドルティコス・トルド（大統領）、エミリオ・アラゴネス・ナバーロ（フィデルの首席秘書官）、カルロス・ラファエル・ロドリーゲス（土地改革委員長）、そして、ソ連大使のアレクセイエフと会見したが、ソ連との手打ちの場ということもあって、対ソ最強硬派のチェは呼ばれなかった。

図9 〝中国人民の友〟として、中国切手に取り上げられたアンナ・ルイーズ・ストロング。

一方、ソ連と対立を深めていた中国がソ連の〝弱腰〟を批難し、キューバとの連帯を訴える中で、十一月九日、チェは北京在住の米国人ジャーナリストで、実質的に中国の対外プロパガンダを担っていたアンナ・ルイーズ・ストロング（図9）をキューバに招待すべく手紙を書き、その中で次のように述べている。

キューバは戦闘準備体制下にあります。国民は侵略に備えています。誰一人として譲歩することを考えておりません。全員がその義務を果たそうとしております。もし、我々が全滅することがあろうとも、それは我々の生命を高値に売りつけた後に限られるのですが、あなたはこの島のいたるところで、テルモピュライのそれのような言葉をお読みになるでしょう。

いずれにせよ、我々は最後の身振りを試演しているわけではないのです。生きることを望んでいますし、それを守り抜くでしょう。

祖国か死か、我々は勝つ！（図10）

図 10　1962 年のキューバ危機を題材にしたスシェンコの革命絵画「キューバ万歳！」（1981 年制作）は、「祖国か死か、我々は勝つ！」のスローガンを背景に、子供や女性を含む全キューバ国民が最後まで戦う意思を持っていることを表現している。

文中のテルモピュライとは、紀元前四八〇年、ギリシャ中東部のテルモピュライで、スパルタを中心とするギリシャ軍とペルシャ軍が戦い、スパルタ軍とテスピアイ軍は全滅したものの、ペルシャ軍を三日間に渡って食い止めた故事を指している。チェとしては、ストロングに対しても、キューバは最後まで戦うということを強調したかったのだ。

しかし、リアリストのフィデルは、革命ロマン主義者のチェとは異なり、テルモピュライの再現を望んでいなかった。

十一月七日、ハバナのソ連大使館で行われたロシア十月革命記念日の式典で、ミコヤンはようやく「ソ連はキューバを見捨てない。ケネディの約束が反故にされることはない」とのフルシチョフの伝言を渡し、「その代わり、あなた方は、我々がともかくもあなた方を救ったのだということをよく考えていただきたい。我々の努力によって、あなた方は米国の侵略から救われた。我々は、まさに誇り高い任務をあなた方のために果たしたのだ。もっと柔軟な態度で我々の奉仕に報いていただきたい」と説いた。

フィデルも、ソ連の存在なしには、米国のマングース作戦が成功し、革命政府が打倒されかねなかったという現実は理解していたから、そろそろソ連と和解すべきタイミングだと考えるようになっていた。

結局、十一月二十日、フルシチョフは軽爆撃機の撤去に同意し、ケネディはその同意をもって海上封鎖の終了を宣言した。米国防総省は軍の警戒態勢を解き、フィデルも対外的には沈黙を守ることで、キューバ危機は幕を下ろす。

なお、後にチェは「ラテンアメリカ革命軍の戦術と戦略」と題する小論を書き、一連のミサイル危機について以下のように総括している。

身の毛もよだつような模範だった。人民は核を賭してでも身を捧げる覚悟だったのだ。その灰が新しい社会の礎になることを願ったのだ。相談もなく協定が結ばれ、核弾頭が撤去された時も、安らぎにほっと息をつくこともなく、停戦に感謝することもなかった。この人民は唯一の声を発し、自分の唯一の戦士としての立場を示し、たった一人でも闘う決意を明らかにするため、闘技場に飛び出す。

自力更生

キューバをめぐるミサイル危機は、形式的にはソ連の〝一方的な譲歩（実際には、上述のように、米国も一定の譲歩をしていたが）〟によって解決されたかのような印象を与えたことで、ソ連の平和共存路線、すなわち〝修正主義〟に対する中国の批難がいっそう激しいものとなった。その一環として、彼らは、〝修正主義の犠牲者〟としてのキューバとの連帯を強調することで、頼りにならないソ連に代わって、自分たちこそが社会主義世界の真の盟主に相応しいと主張するようになる。

ミサイル危機の記憶が生々しかった一九六三年一月一日、キューバ革命四周年の記念日に合わせて、中国が〝革命的社会主義キューバ万歳！〟の切手（図11）を発行したのも、最後の一兵まで米国と戦う姿勢を示したキューバは、修正主義のソ連と異なり、〝革命的社会主義〟の国として自分たちと連帯することができる（し、そうすべきである）との主張を表現しようとしたからに他ならない。

また、中国のように、ソ連と対立関係にあるわけではないにせよ、軍事境界線を挟んで在韓米軍と対峙している北朝鮮や、北ベトナム（米軍が本格的に軍事介入するのは一九六四年のトンキン湾事件以降のことだが、ケネディ政権は、一九六一年五月以降、〝軍事顧問団〟の名目で、米軍特殊作戦部隊を派遣し、南ベトナム解放民族戦線に対する掃討作戦を展開していた）からすると、いざという時には、ソ連は自分たちを見捨てて米国と妥協するのではないかとの不信と不安はぬぐいがたいものがあった。

図11　中国が発行した〝革命的社会主義キューバ万歳〟の記念切手

このため、例えば、北朝鮮では、一九六二年十二月に開催された朝鮮労働党第四期中央委員会第五次全員会議において

①全人民の武装化
②全国土の要塞化
③全軍装備の現代化
④全軍の幹部化

の四項目からなる〝四大軍事路線〟が採択されている。

すなわち、一九六一年に開始された（第一次）七ヵ年計画では、当初、「人民生活を画期的に向上させること」に重点を置いた経済建設計画が建てられていた。しかし、韓国における朴正熙政権の成立（一九六一年）や中ソ対立の激化、キューバのミサイル危機など、国際環境が大きく変化し、北朝鮮は国防においても中ソ両国に頼らない自力更生路線を採らざるを得なくなった。

こうした事情を踏まえ、一九六二年末の中央委員会全員会議では、「国防建設と経済建設の併進路線」が採択され、すでに開始されていた七ヵ年計画を後退させても、国防力を増強することが決定される。北朝鮮当局は〝併進〟の建前の下、国防建設によって国民経済を犠牲にするわけではないと強調していたが、実際には、経済建設を犠牲にして国防建設を優先させるため、上述の四大軍事路線が採択されたのである。

　当時、北朝鮮はソ連との関係に配慮して、四大軍事路線とキューバのミサイル危機についての関連についてはほぼ沈黙していたが、事件から十年近くが経過し、ほとぼりが冷めた一九七一年には、〝キューバ革命の獲得物を守ろう！〟と題する切手（図12）を発行しており、キューバとの連帯（と修正主義への異議）が表現されている。

図12　北朝鮮が発行した〝キューバ革命の獲得物を守ろう！〟の切手。キューバの地図と革命を防衛するキューバ兵が描かれている。

図13　北ベトナムがキューバとの連帯の意思を示すために発行したフィデルの肖像切手。

　また、北ベトナムでも、一九六三年の四月十七日（ピッグス湾侵攻事件の記念日）、フィデルの肖像を描く切手（図13）を発行し、ともに米国と戦う同志、キューバとの連帯の意思を表明している。

　こうした〝自力更生〟路線は、チェの考えとも親和性が高かった。

　すなわち、ミサイル危機の後、工業相としての職務に復帰したチェは、危機の期間中、厳戒態勢の下、民兵が動員され、軍事優先の輸送体制が敷かれていたにもかかわらず、工業部門での生産性が上昇しているとのデータを受け取った。もともと、革命における精神論を強調し、〝偉大な発電機は社会的意識〟と考えていたチェは、危機に際して労働者の意識が高まり、〝（革命精神を体現した）新しい人間〟が形成されつつあったからだと理解した。

　こうしたことを踏まえ、一九六二年末、チェが閣僚会議に提出した文書「一九六三年の基本的事業」では、

①省の事業固めに集中し、投資政策を放棄する
②賃金政策に関する意見の対立を解消する
③官僚主義と戦う
④職業技術訓練に力を注ぎ、品質のための戦いを展開する

ことを提案した。

このうち、①の〝投資政策を放棄する〟とあるのは、ソ連からは新しい工場を買わない（ただし、東欧諸国とすでに契約済みのものは計画を継続する）ということで、事業計画全体として、ソ連からの自立と〝自力更生〟が最終的な目標とされていた。

自力更生のための具体的な実践として、この時期チェは、主要産業である砂糖の生産効率を上げるため、トラクター（図14）の改良と刈取機の開発に力を注いだ。そして、改良車両ができあがるとサトウキビ農場に出向き、自ら試運転や性能・耐久テストを行った。そして、多いときには、一日に六～七台のトラクターを乗り換えて刈り入れ作業を行い、不具合があれば、技術者に直接、具体的な指示を出した。

キューバの主要産業であるサトウキビの刈り取りは、

図14　当時のトラクターを取り上げた絵葉書。

革命後も、マチェーテと呼ばれる山刀（図15）を用いた人力作業が中心だった。このため、一九六二年頃から、チェは作業の効率化を目指して、刈り取りの機械化プロジェクトを進め、一九六三年二月以降、カマグエイの農場で盛んに実験を行った。

刈取機は五十馬力のトラクターに装着して使うようになっており、実験初日の二月三日、九時間半の作業で刈取機は約六千アローバ（二十五ポンド＝十一・五キロ）のサトウキビを刈り取ったが、うち三時間半は故障で動かなかった。その後、機械の不具合などを修正して、ほとんど故障のなかった二月十二日には、収穫量は二万千四百アローバに達した。

二月十七日まで行われた実験の結果、チェは刈取機を使って、目標としていた十万アローバをはるかに上回るサトウキビを刈り取ることに成功した。しかし、休む間もなく刈取機を運転し続けるチェに付き合うことは、同行した労働者にとってはあまりにも過重な負担であった。無理な使い方により、刈取機のブレーキは擦り切れてしまい、事故も発生した。また、刈取機の性能は不安定で、平均すると活動時間の三分の一は何らかの機械トラブルがあり、安定した作業のためには、常に整備士が控えていなければならないという状況だった。

図15　マチェーテを使ってのサトウキビの刈り取り作業を取り上げた切手。

このため、華々しい実験成果とは裏腹に、一九六三年四月、チェは「サトウキビ収穫期は本来あるべきかたちでは十分に進まなかった」ことを認めざるを得なかった。

ただし、失敗の理由は、機械の性能の問題だけではない。

革命後に実施された農業改革の結果、土地を所有する農民が増え、そこから、食糧自給を目指す革命政府の方針に従ってサトウキビ以外を生産する農家が生まれ、キューバの農業は多様化した。ところが、サトウキビをつぶしてコメや野菜、果樹などを生産するにしても、政策判断が優先されて、その土壌に合わない作物が栽培されることも少なくなかった。また、今まで栽培経験のない作物を育てることには、当然のことながら、多くの困難が伴ったし、農繁期が重なり合う（たとえば、サトウキビの収穫時期は一月から四・五月頃、煙草は一～二月、コメは三～八月、芋類は三月に植え、五月に収穫）などの問題も生じた。

さらに、労働力の不足も深刻な問題だった。

熱帯のキューバでは、サトウキビは収穫後、すぐに製糖所に運んで搾らなければ、醗酵してしまう。このため、サトウキビの収穫期には、サトウキビ農場と製糖所に重点的に労働者を投入し、フル稼働しなくてはならない。サトウキビの収穫を増やしても、それを処理できるだけの労働力を確保できなければ、多大なロスが生じる。

もちろん、できあがった砂糖は、そのまま工場に山積みしておくわけではなく、港まで運んで輸出しなければならないから、その分のための期間労働者も必要となる。革命以前は失業率が高かったため、失業者が期間労働者として働くことで調整が可能だったが、革命後は、そもそも、キューバから脱出した人が少なくなかったことに加え、非常事態ゆえに国防や建設業などに労働力が吸収されてしまい、収穫期の労働力不足は深刻なものとなった。

こうした要因が積み重なって、革命直前の一九五八年に五八〇万トンだった砂糖の生産量は、チェの奮闘もむなしく、一九六二年には四八〇万トンに、一九六三年には三八〇万トンにまで落ち込んでいった。そして、その結果としてソ連への砂糖の輸出は滞り、債務も累積していった。

フィデルのリアリズム

一方、ミサイル危機以降のフィデルは、慢性化しつつあった経済的苦境から脱出するためにも、米ソ両国との妥協の道を選ぶ意思を固めていた。

すでに、ミサイル危機以前の一九六二年八月末から、米国の弁護士、ジェームス・ブリット・ドノバンがハバナでキューバ政府とプラヤ・ヒロン事件の捕虜解放交渉にあたっていた。

ドノバンは、一九一六年二月二十九日、ニューヨーク生まれ。一九四〇年にハーバード大学を卒業した後、一九四二年には戦時科学研究開発局の共同法律顧問となった。また、第二次世界大戦後はドイツのニュルンベルク裁判でロバート・ジャクソン判事の助手を務めた。

一九五七年、多くの弁護士が拒否したソ連のスパイ、ルドルフ・アベルの弁護を引き受け、死刑判決を回避することに成功して有名になった。当時のアール・ウォーレン司法長官は、彼がこの訴訟を引き受けたことに対して、すべての法廷を代表して感謝の意を表明している。

一九六二年、ドノバンはソ連のスパイと、ソ連領内で撃墜されたU２機のパイロットフランシス・ゲーリー・パワーズの人質交換交渉を担当し、収監中のアベルとパワーズの人質交換に成功した。

こうした実績を見込まれて、ドノバンはプラヤヒロン事件でキューバ側の捕虜となった千百十三人の解放交渉を担当することになったのである。

交渉は、ミサイル危機によって一時中断されたが、ドノバンはフィデルの個人的な信頼を得ていたため、危機の収束後に交渉は再開され、一九六二年十二月二十一日、千百十三人の捕虜と五千三百万ドル相当の食糧および薬品（これらは免税処置を受ける予定の個人および会社から提供された）の交換に調印した（図16）。米国の経済封鎖により、経済的に苦境に陥っていたキューバにとって、人質の〝身代金〟として得た食糧と薬品は、まさに干天の慈雨というべきものであった。さらに、一九六三年七月三日には、ドノバンは、キューバに勾留されていた九千七百三人の男性、女性と子供の解放を確約させている。

ドノバンの交渉が成果を上げていることを受けて、

米国政府は、ミサイル危機でソ連に裏切られたフィデルは、いずれソ連とは距離を置き始めるだろうとの認識の下、キューバとの関係改善を模索しはじめる。

一九六三年一月には国務省内にキューバ問題調整委員会が設置され、反キューバ活動は大統領の管轄下で調整されることになった。これに対して、CIA長官のマッコーンは侵攻作戦の継続を主張したが、マングース作戦の実質的な責任者だったランスデールはフィデルと共産主義を引き離す方が効率的と反論。ソ連との断交と、ラテンアメリカの反政府ゲリラを支援しないことを条件に、関係改善に向けて、キューバ側との秘密裏の交渉も開始された。

一方、キューバ政府は、一九六三年に入ると、ソ連との関係改善を模索し始めていたが、その一環として、同年二月二十六日、ソ連の宇宙飛行士を讃える切手（図17）を発行している。

一九六一年四月十二日、世界初の有人宇宙飛行に成

図17　1963年にキューバが発行した“ソ連の宇宙飛行士”の切手のうち、ガガーリンを取り上げた1枚。

図16　捕虜解放交渉に際しての米側の担当者とフィデル。

功したユーリィ・ガガーリンは、宇宙からの帰還後、ソ連の広告塔として世界各地を訪問した。その過程で、一九六一年七月二十四日にはハバナを訪問し、フィデルやチェとも会見している（図18）。この時点で、フィデルはすでに社会主義宣言を行っており、ソ連との経済協定も調印されていたが、キューバ政府はガガーリン訪問の記念切手を発行しなかった。

これに対して、一九六三年二月のガガーリン切手の発行は、〝輸出商品〟として、世界的に人気を集めていた宇宙飛行士の切手を発行し、世界中の切手コレクターに販売するという意図があったにせよ、キューバ政府としてガガーリンを顕彰するタイミングとしては、唐突な印象がぬぐえない。したがって、この場合のガガーリン切手の発行は、ソ連の宇宙開発の成功を讃えるというかたちをとって、ソ連に歩み寄る姿勢を示したものとみるのが妥当と思われる。

こうしたキューバの軟化を受けて、ソ連としても、フィデルを宥めてキューバとの関係を改善すべく、一九六三年五月、彼をソ連に招いた。そして、フィデルの訪ソ直前の四月二十五日には、革命キューバを讃え

図18　ハバナ訪問時、革命広場の群衆を前に演説するガガーリンを取り上げた絵葉書。

図20　キューバとの関係改善を進めるべく、フィデルの訪ソ直前にソ連が発行した記念切手

る切手（図20）を発行し、歓迎ムードを盛り上げている。三種の切手のうち、四コペイカ切手はフィデルらの革命闘争を讃えるものだが、最高額の十コペイカ切手ではソ連によるキューバへの（さらなる）経済支援をイメージさせるデザインとなっているのがミソである。

フルシチョフはフィデルを歓待し、群衆を動員しての歓迎イベントを行い、ソ連邦英雄称号、レーニン勲章などの栄誉を与えた。そして、ミサイル危機の最中に、ケネディと交わした書簡をフィデルに読ませ、キューバにおけるフィデルの地位を保証することを約束した。

これに応えて、五月十九日（ホセ・マルティの命日である）、フィデルはモスクワの赤の広場に集まった十万の観衆の前で、以下のように宣言する（図21）。

> 昨年十月のミサイル危機では、ソ連の介入で米国はようやくキューバ侵攻を断念した。危機の解決をめぐって、キューバの敵側ではさまざまな論争が起こった。しかし、何はともあれ、戦争を回避することはできたのだ。

こうして、フィデルとフルシチョフの和解が成立。キューバは中ソ論争においてはソ連を支持するという立場を明確にした。しかし、そのことは、あくまでも〝自力更生〟を目指そうとするチェとの関係を微妙なものとすることになる。

図21　赤の広場でのフィデルとフルシチョフを取り上げた絵葉書。

アルジェリア独立一周年の記念式典に参加

一九六三年七月一日、アルジェリアの首都、アルジェで開催の同国独立一周年の記念式典に出席するため、チェはハバナを出発した。

一八三〇年以降、フランスの支配下に置かれていたアルジェリアは、第二次世界大戦中の一九四〇年六月、フランス本国がドイツに降伏すると親独ビシー政府の支配下に入ったが、一九四二年十一月に連合国が上陸。一九四三年六月にはドゴールの自由フランス政府がアルジェに本拠を構えた。

ドゴールに協力したアラブ系およびベルベル系の住民は、戦後、戦争協力の代償として戦後の自治・独立を要求したが、既得権の維持をはかろうとするフランス人入植者はこれに抵抗。こうした状況の下で、一九五四年七月、ジュネーブ協定で曲がりなりにもインドシナ諸国の独立が認められると、これに刺激を受けたアルジェリアでも同年十月、それまでの独立運動を統合するかたちでアルジェリア民族解放戦線（FLN）が結成され、翌十一月、独立戦争が勃発した。

独立運動を力ずくで弾圧しようとするフランス側に対して、FLNはアルジェを中心とした都市でのゲリラ戦術で抵抗する。

図22は、アルジェリア独立戦争時に女性活動家として逮捕、死刑判決を受けたジャミーラ・ブーヒールドに対する減刑嘆願を求めて、当時のフランス大統領、ルネ・コティ宛に差し出された葉書である。

ジャミーラは、一九三五年、アルジェ生まれ。学生時代からFLNに参加し、西洋人風の風貌を生かして、FLNの指導者、ヤセフ・サーディの連絡係としてフランス兵の屯所に潜入するなどの活動を行っていた。

独立戦争中の一九五七年四月、フランス軍部隊との戦闘で負傷して捕えられ、過酷な拷問を受けた後、死刑判決を受けたが、フランス人弁護士ジャック・ベルジェスらのメディアを通じての運動により、刑の執行を停止されている。なお、アルジェリア独立運動の女性闘士としては、ほかに、カフェに爆弾を仕掛けた容疑で逮捕され、死刑判決を受けたジャミーラ・ブーパシャ（ウルトラマンの怪獣〝ジャミラ〟の名前の由来となったとされる女性）がいて、しばしば混同されている

図22　アルジェリア独立運動の女性闘士、ジャミーラ・ブーヒールドの減刑嘆願を求める葉書

図24　アルジェリア独立当初の“E.A.”加刷切手

が、全くの別人だ。

結局、アルジェリア独立戦争は七年半にも及んだが、一九六二年三月十八日、FLNとフランス政府との間でエビアン協定が結ばれ、同年七月一日の国民投票を経て、同五日、〝アルジェリア民主人民共和国〟が独立。八月四日にはムハンマド・アフマド・ベン・ベッラ（以下、ベンベラ。図23）が初代首相に就任した。

七月五日の独立を受けて、アルジェリア各地の郵便局ではフランス時代の切手に〝アルジェリア国（Etat Algerien）〟を意味する〝E.A〟の文字を加刷し、〝フランス共和国〟の文字を抹消した切手（図24）が使用された。また、十一月一日には、〝アルジェリア民主人民共和国〟を意味するアラビア語の国名表示と、アルジェリアの地図と国旗をデザインした寄附金つき切手（図25。寄附金は独立戦争の孤児のために使用された）も発行されている。

アルジェリア独立戦争末期の一九六一年十月、フィデルはジャーナリストのホルヘ・リカルド・マセーティをチュニス

図25　アルジェロア独立戦争の孤児のための寄附金付き切手

図23　“アルジェリアの民主主義のために　ベンベラとともに”と訴えたチラシ。アルジェリア国旗を背景にベンベラの肖像が取り上げられている。

に派遣し、FLNへの支援を申し出た。これを受けて、翌一九六二年一月、マセーティは〝ニペ湾号〟を率いて迫撃砲とライフルをFLNの野営地に運ぶとともに、戦闘で負傷したFLNの兵士と孤児を乗せてキューバに戻っている。

こうした独立戦争への支援に感謝するため、ベンベラ政権はキューバに記念式典の招待状を送り、それに応えるかたちで、チェがアルジェに派遣されたのである。

さて、七月一日にハバナを出発したチェは、翌二日、経由地のプラハでチェコスロバキア首相のビリアム・シロキーと会談し、三日にはパリ経由でアルジェに向かった。

アルジェでのチェは、五日の記念式典に参加した後、八日、ベンベラと会談する。

ベンベラは、一九一八年、アルジェリア西部の小都市マグニアの農家に生まれた。一九三六年、フランス軍に志願兵として加わり、第二次世界大戦中は自由フランス軍兵士としてイタリア戦線に従軍し、軍功により勲章も授与された。

しかし、大戦後、アルジェリアに復員し、地方警察官に応募したものの登録を拒否されたほか、母親が雑貨商の開業許可を申請したものの受理されなかったことから、フランスによる植民地支配に反発し、独立運動組織の〝民主主義と自由の勝利運動〟に参加した。

ベンベラは〝民主主義と自由の勝利運動〟の地方議員にも選出されたが、フランス植民地当局によって同運動に対する解散命令が発せられると、一九四九年、オランのフランス軍駐屯地を襲撃し、翌一九五〇年、逮捕された。

その後、ブリダ（首都アルジェの南西四五キロの都市）近郊の刑務所に収監されていたが、一九五二年に脱獄。一九五四年に独立戦争が勃発すると、FLNの幹部の一人となり、エジプトやリビアから独立運動を指揮した。一九五六年十月二十二日には、チュニス発ラバト行きの航空機をハイジャックし、アルジェのメゾン・ブランシュ空港（現フワーリー・ブーメディエン空港）に強制着陸させてフランス当局に逮捕され、一九六二年まで獄中で過ごした。この間、独立運動のカリスマ的闘士として、一九五八年、カイロでFLNの亡命政権に相当する〝アルジェリア共和国臨時政府〟が創設されると、その副首相に選ばれている。

臨時政府の首班は、一九六一年まではフェラ・アッバース、一九六一〜六二年はベニュセフ・ベンヘッダだったが、独立後の社会主義路線を志向するベンベラは、一九六二年後半、フワーリー・ブーメディエン大佐指揮下の〝アルジェリア民族解放軍(ALN:FLNの軍事部門)〟を背景に、FLN政治局の実権を掌握。一九六二年七月の独立後、ブーメディエンの臨時政府の大半はFLNの拡大政治局に吸収され、ベンベラが首相に就任して革命派内部の権力闘争は決着した。

ベンベラと会談したチェはすっかり意気投合。この時の出会いは、後の二人の運命に大きな影響を及ぼすことになる。

さて、ベンベラとの会談翌日の七月九日、チェは地中海沿岸の山岳地帯、カビリア地方を視察した。もともとはベルベル人の居住地で、独立戦争時にはFLNの拠点としてフランス側の攻撃で大きな被害を受けた地域である。

さらに、十日以降、オラン、コンスタンティーヌなどを視察した後、アルジェに戻り、〝計画経済セミナー〟で、以下のように〝キューバの経験〟を語っている。そこには、〝兄弟国〟としてのソ連に対する批判も暗に含まれていた。

我々は、工場、農業、輸送を自分のものとしなければならなかった。それも借款なしで、農業用殺虫剤なしで、主要原料なしで、予備部品なしで、技術者なしで、組織なしで。

この期間を通じて、無法者が米国に支援されて国内で活動し、破壊や侵略行為を犯した。常に侵略の脅威にさらされていたので、年に二、三度は国民を動員せざるを得ず、そのために国家を麻痺状態にしたのである。

それにもかかわらず、我々は誤りを正すことで革命を推進した。誤りにはさまざまな種類があるが、基本的には計画化の分野であった。我々は調和できないふたつの矛盾したことを同時に行った。一方で、兄弟国から助けに来てくれた専門家の計画課の技術を過度に忠実に模倣した。他方で、分析に時間をかけず、特に政治の一部門では即決主義を採り続けた。それは、政治においては常に必要ではあったのだが。

我々は統計とか歴史的経験に欠けていた。他国の客観的な経験を無視して、やみくもに直進すれば望みがかなうとでもいうように、主観的には自然にふるまおうとした。

我々は兄弟国を機械的に模倣し、そのために、それほど大きくはないし、最も重大というわけではないが、過ちを犯している。しかも、それは我々の力の自由な発展にブレーキをかけ、社会主義革命にあっては最も戦わなければならないはずの現象の一つ、すなわち官僚主義に貢献した。

さらに、二十三日の記者会見では、アルジェリア革命とキューバ革命は、同じ勝利と障害に直面しているとして両国の連帯を訴え、帰国した。

ベトナム民族解放戦線との会見

ハバナに戻ったチェは、一九六三年七月下旬、工業省の大臣室で南ベトナム民族解放戦線（以下、解放戦線）の代表団と会談した。

一九四五年九月二日、ホーチミンが独立宣言を行ったことで勃発した第一次インドシナ戦争は、一九五四年七月二十一日、ジュネーブで和平協定が結ばれ、ベトナムは北緯十七度線を軍事境界線として、ベトナム民主共和国（北ベトナム）とベトナム共和国（南ベトナム）に分断された。

ジュネーブ協定後、南ベトナムに親米政権を樹立させた米国は、協定の調印から二ヵ月後の一九五四年九月、ヨーロッパでの北大西洋条約機構にならった東南アジア条約機構を結成。南ベトナム・カンボジア・ラオスのインドシナ三国は、その〝保護地域〟とされ、共産中国封じ

図26　バオ・ダイ

図27　ゴ・ディン・ジエム

込めのための最前線と位置づけられた。

しかし、当時のベトナム内の状況では、ジュネーブ協定の規定通り一九五六年七月に南北統一選挙が実施された場合、ホーチミンの勝利はほぼ確実視されていた。このため、米国は、一九五五年十月、国民投票で南ベトナムの国家元首だったバオ・ダイ（旧阮朝の廃帝。図26）をひきずりおろして、少数派のカトリックを地盤とするゴ・ディン・ジエム（図27）をベトナム共和国の初代大統領として擁立。このジエム政権に対して大量の援助を投下し、支えようとした。一方、ジエム政権は、体制内の政敵を排除して独裁化を進めていく。

図28を見ていただこう。

このカバーは、一九五五年七月二十九日、南ベトナムの首都であったサイゴン（現・ホーチミン）から南西部のロンスエン（アンザン州）宛に差し出された書留便で、翌三十日にロンスエンに到着したことを示す郵便印が押されている。

ここでご注目いただきたいのは、裏面に押された角型の印で〝Đã Đạo Việc̣ông phân đối Hiệp định Genève（ジュネーブ協定に抵抗するため、共産主義者を打倒しよう）〟の標語が入っている。南北統一選挙を定めたジュネーブ協定に対するジエム政権の露骨な敵意が伝わってくるような内容である。

なおこのスローガン印で述べられているVietcongは、一九六〇年に結成される南ベトナム解放民族戦線（いわゆるベトコン）のことではなく、ジエム政権が共産主義者一般に敵意を込めて用いていた呼称である。

さて、米国からの多額の援助を得て独裁体制の基礎を築いたジエム政権だったが、反対派に対する苛烈な弾圧は国民の反発を招き、安定した政権の支持基盤を作ることはできなかった。このため、ジエム政権は、土地再配分計画を行い、地主制を農村支配の柱として復活させようとする。この計画は、表向きは、大土地所有を制限し、小作人に土地を分配するというもので、一九五八年には、ジエム政権はこの計画を宣伝するための切手（図29）も発行している。

しかし、第一次インドシナ戦争時、共産主義勢力の支配地域では、都市に逃げ出した大地主の所有地に対して、すでに〝土地改革〟が行われており、小作人たちは実質的に土地を自分たちのものとして耕していた。

図28 “ジュネーブ協定に抵抗するために、共産主義者を打倒しよう！”とのスローガンの入った印が押された南ベトナムの郵便物（部分）。

図29　南ベトナムで発行された土地改革の宣伝切手。森林を切り開いての開拓と、トラクターに代表される近代的農業の導入という土地改革の理念が表現されている。

したがって、ベトミンの行った土地改革を無効とするジエム政権の政策は、かつての抑圧的な大地主の農村への復帰ともあいまって、農民たちからは土地を取り上げられるものと受け止められた。

さらに、ジエム政権が高圧的な政治姿勢で反対派を抑え込もうとしたことで、首都のサイゴンをはじめとする都市部でも、政権に対する不満が醸成されていった。

当然のことながら、南ベトナムの不安定な社会状況は、南北ベトナムの統一を国是とする北ベトナムの労働党政権にとって好都合であった。ただし、一九五〇年代後半の北ベトナムにとって、戦後復興を進めつつ国家建設を行うことは容易ではなく、南ベトナムの情勢に積極的に介入するだけの余裕はなかった。

図30　反仏レジスタンスの女性闘士、ボー・チ・サウを顕彰した北ベトナム切手

しかし、ジエム政権に対する南ベトナム国民の不満が強まり、農村では半ば自然発生的に抵抗運動がおこるようになると、北の労働党政権も南の情勢を傍観しているわけにはいかなくなった。

とはいえ、北ベトナムの労働党とすれば、インドシナ戦争の再燃と米国の本格的な介入だけはなんとしても避けなければならず、それゆえ、南ベトナムの問題に関してはあくまでも脇役に徹しなければならなかった。その結果、北ベトナムとしては、南ベトナムの〝解放〟はあくまでも〝南の人民の任務〟であり、労働党は南の人民の闘争をあくまでも側面から支援しているだけとの主張を展開することになる。

こうした文脈に沿って発行されたのが、図30の切手である。

これは、一九五八年九月、〝南ベトナム人民の抵抗運動〟という題名の下に発行されたもので、ボー・チ・

サウが大きく取り上げられている。

ボー・チ・サウは、当時、南ベトナムの支配下にあったバーリア・ブンタウ州の出身で、一九五二年一月、爆弾テロ事件の犯人として、十七歳の若さでベトナムの南海上、コンダオ島にあった監獄で処刑された。すなわち、ベトナム人にとって、〝南〟を強くイメージさせる人物である。

それゆえ、この切手は、当時の南ベトナムにおける反ジエム政権の抵抗運動を鼓舞する意図が込められているのと同時に、あくまでもそうした抵抗運動の主体は〝南の人民〟が担うべきであるとの意図も込められていたと見ることができよう。

いずれにせよ、南ベトナムでの反ジエム闘争の盛り上がりにあわせて、一九五九年一月と五月の二度にわたって開催された第十五回労働党中央委員会では、南ベトナムにおいて南ベトナムの人民が武装闘争を発動することを承認する。そして、それにあわせて、一九五九年五月、北ベトナムは、フーロイ収容所事件（一九五八年十二月一日、サイゴン北方三三キロの地点にあるフーロイの捕虜収容所で、およそ千名の収容者が毒殺されたとされる事件）を取り上げた切手（図31）を発行し、切手という国家のメディアの上でも、公式に、ジエム政権に対する本格的な非難を展開する。

図31　フーロイ収容所事件を取り上げた北ベトナム切手

ただし、この段階では、北ベトナムの切手において非難されているのは、あくまでも南ベトナムのジエム政権であって、背後からそれを支えている米国への直接的な批難は慎重に避けられている。これもまた、反ジエム闘争はあくまでも〝南の人民の任務〟であり、労働党はそれを脇役として支えているに過ぎない（＝北ベトナムとしては本格的に米国と全面戦争を戦う意志はない）という彼らのロジックを反映したものといってよい。

さて、北の労働党が南ベトナムでの武装闘争を承認したことで、南の各地では大規模な反ジエム政権蜂起が発生する。事態は、労働党の予想をはるかに越えるスピードで展開し、一九六〇年九月、労働党は南の闘争を支援することを正式に決定。そして、十二月には、南ベトナム各地で反政府闘争を行っていた諸派が結集して〝南ベトナム解放民族戦線〟いわゆるベトコンが結成された。

こうして、南ベトナムではジエム政権に対する反対闘争がますます激化し、危機的な状況が続くなか、米国のケネディ政権は、一九六一年五月十一日、南ベトナム支援のために特殊部隊四百人と軍事顧問百人を派遣することを決定。小規模ながら、ベトナムへの軍事介入を開始する。宣戦布告なき〝特殊戦争〟の開幕である。

以後、解放戦線の予想を上回る活動に接した米国は、なし崩し的にベトナムへの軍事介入を強化。軍事顧問の数は一九六一年末に三千人に、さらに一九六二年末には一万千人にまで拡大していった。

一方、北ベトナムの労働党政権も、この段階では、そもそも、自分たちベトナムはあくまでも〝辺境〟でしかなく、米国の世界戦略の中では些末な問題でしかないとの認識であり、米国との全面戦争は想定していなかった。したがって、彼らは米軍事の介入をあくまでも〝特殊戦争〟の枠内に押さえ込みつつ、南の人民の活動の結果としてジエム政権を退陣に追い込み、ラオスで成立していたような〝中立政権〟(ベトナム同様、ジュネーブ協定により共産政権と親米政権に分割されていたラオスでは、一九六一年三月、共産軍と中立派軍が親米派軍を攻撃し内戦の危機が発生したが、米国をはじめとする関係諸国の圧力により、同年五月、内戦はひとまず収拾され、翌一九六二年六月に中立政権が成立していた)をサイゴンに樹立することを当面の目標としていた。

ところが、ジエム政権の庇護者である米国は、そうした労働党政権の本音を正確に把握していたわけではなく、反ジエム政権の運動の背後には北ベトナム、そして中国やソ連が控えており、彼らはインドシナ半島の速やかなる赤化を企図しているものと考えていた。それゆえ、そうした赤化の圧力を食い止めるためにも、米国は特殊戦争政策と併行して、ジエム政権に対して社会的な安定を回復するための〝民主化〟を要求する。

しかし、米国の傀儡という解放戦線からの非難に神経質になっていたジエム政権は、かえって、米国の圧力に反発し、独裁的な傾向を強めていった。

たとえば、図32のカバーは、一九六二年四月、チュックザンからサイゴン宛に差し出されたものだが、中央やや左下方に〝Nỗ lực hy sinh để bảo vệ quốc gia là nhiệm vụ của toàn dân（祖国のために犠牲を払うことはすべての国民の義務である）〟との標語が入った印が押されており、この期に及んでも、ジエム政権が国民に対して献身的な協力を強要しようとしていた様子がうかがえる。

こうしたジエム政権の抑圧的な統治に対して、一九六三年五月、中部ベトナムの古都フエで仏教徒による大規模な反政府デモが発生。デモはたちまちベトナム全土に波及した。その過程で、六月八日、一人の僧侶がサイゴンで抗議の焼身自殺を行うと、これに対して、ジエムの弟で大統領顧問であったゴ・ディン・ヌーの夫人が〝坊主のバーベキュー〟と発言。ジエム政権は世界的規模で激しい非難を浴び、その崩壊は秒読み段階に突入する。

当然のことながら、こうした状況を受けて、北ベトナムもジエム政権後の南ベトナムにおける主導権を獲得すべく、反ジエム政権闘争の中核を担ってきた解放戦線の庇護者としての立場を強調していくようになる。

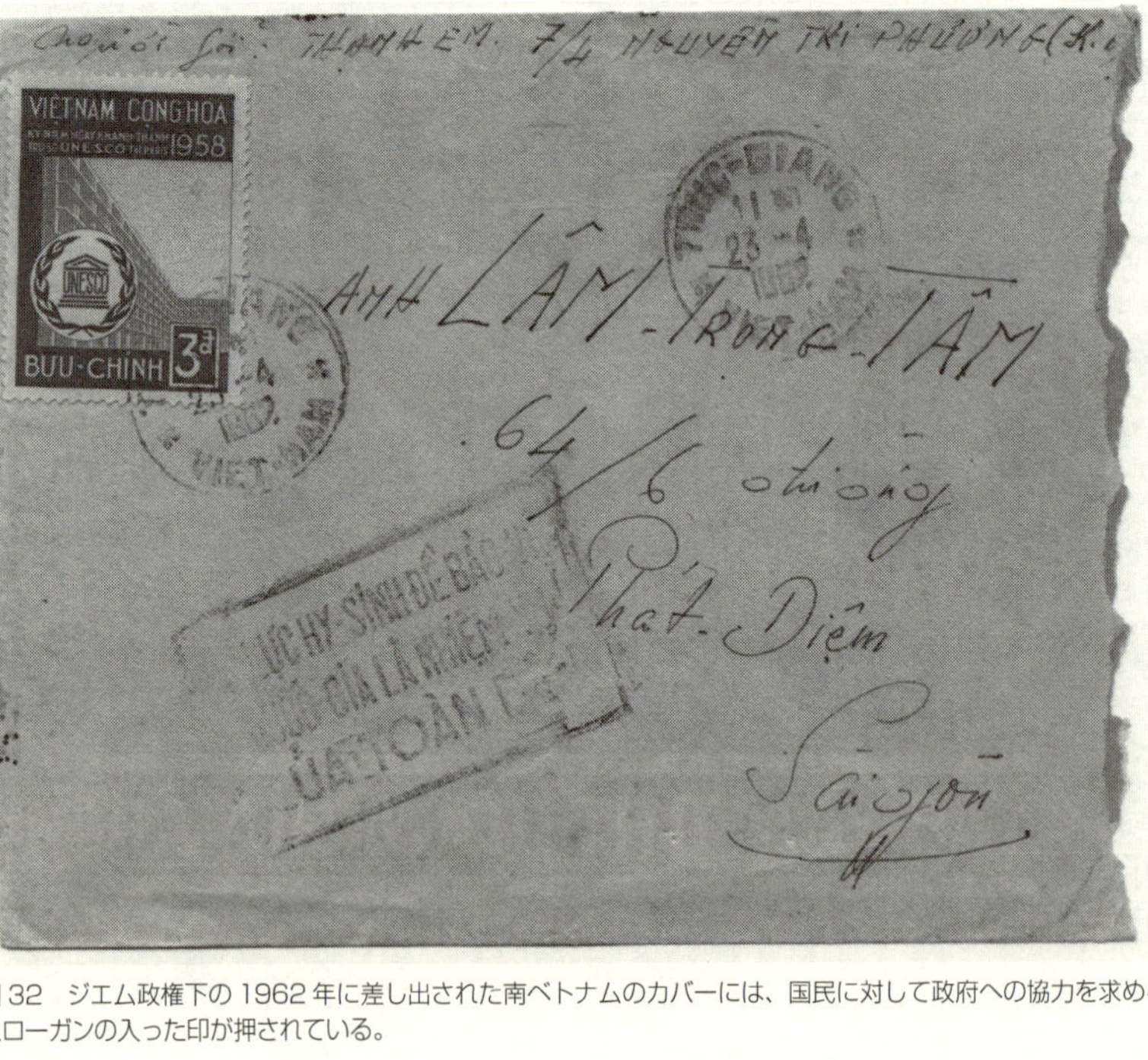

図32　ジエム政権下の1962年に差し出された南ベトナムのカバーには、国民に対して政府への協力を求めるスローガンの入った印が押されている。

図33　ホーチミンと抱き合うグエンバンヒュー（解放戦線書記長）

こうした文脈において、北ベトナム郵政は、一九六三年七月二十日、〝ベトナムの日〟に合わせて、ホーチミンと抱き合うグエンバンヒューを描いた切手（図33）を発行している。このデザインによって、労働党政権は、自らが解放戦線を支援し続けてきたことをアピールしようとしたのはいうまでもない。

ただし、おそらく、当時の報道写真を元に作られたと思しき切手のデザインを見ると、喜色満面のグエンに対して、抱きつかれたホーの困惑気味の表情が印象的である。やはり、予想以上のスピードで南の情勢が進んでいることに対して、労働党政権としては困惑を隠せなかったということなのだろうか。

解放戦線のメンバーがキューバを訪問し、チェと会見したのは、まさに、このように解放戦線側が攻勢を強めていった時期にあたる。

解放戦線側との会見で、チェは「帝国主義に対する闘争は国際的規模の戦いであり、他の第三世界のさまざまな地域に多くの〝核〟を作ることによってのみ可能である」とする持論、〝フォコ理論〟を力説した。その際、チェは、〝多くの核〟の意味で〝多くのベトナム〟との表現を幾度か使ったという。チェの晩年、一九六七年四月十六日に三大陸人民連帯機構で公表されたメッセージ「二つ、三つ、さらに多くのベトナムをつくれ。これが合言葉だ」は、チェの名言録には必ずといってよいほど採録される有名なフレーズだが、その初出はこの時の会談だったのかもしれない。

ちなみに、米国は、一九六三年の秋までにはジエム政権を完全に見放し、ジエム政権に代わる新たな親米政権を樹立して、あらためて共産主義者と対決する方向を模索するようになる。その結果、ＣＩＡも協力したクーデター計画が立案され、一九六三年十一月一日、南ベトナム軍の将軍たちによるクーデターが発生。ジエム兄弟は逮捕・射殺され、九年以上に渡って続いた

図34　南ベトナムの発行した"11月1日革命1周年"の記念切手

独裁政権はあっけなく幕切れとなった（図34）。

　もっとも、米国はジエム政権を崩壊させれば、南ベトナムに安定的な親米政権が樹立されると期待していたが、後継のズオン・バン・ミン政権も安定せず、以後、サイゴンでは将軍たちによるクーデターが繰り返され、南ベトナムの状況はますます動揺し、解放戦線は攻勢を強めていくことになった。

　こうした状況の中で、解放戦線は自らの支配地域（彼らは〝解放区〟と呼んだ）において独自の切手を発行しはじめ、解放区の実効支配者としての存在を内外に主張しはじめる。

　解放戦線の最初の切手は、一九六三年十二月二十日（十月五日には発行されていたとの説もある）に発行された〝解放戦線三周年〟の記念切手だが、そのうちの二十スー切手（図35）は、解放戦線の国旗に、「独立・民主（主義）・平和・中立」のスローガンを配したもので、このスローガンが英語のものとフランス語のものとスペイン語のものの三種類がある。もちろん、各切手とも、上記のスローガンに関しては、ベトナム語の表示が共通して書き込まれている。

　国際的に通用度が最も高い英語と、旧宗主国の言語でベトナム国内でも理解することの多いフランス語はともかく、スペイン語の切手までも発行されていたのは、この切手のプロパガンダが、ラテンアメリカをも対象としていたためと考えるのが妥当だろう。あまり

図35　同じく、解放戦線三周年の切手より、国旗とスローガンを書いた20スー切手

接点のなさそうなベトナムとラテンアメリカが、切手という場において結び付いた背景には、解放戦線のメンバーが、ハバナでフォコ理論を熱く語るチェと接したという経験が影響を及ぼしていたのかもしれない。

労働キャンプは〝休暇〟だ

一九六三年八月、キューバの工業部門ではチェの提案による〝予算融資制度〟が始まった。これは、政府から各企業に資金が配分され、企業は国の計画に従って生産活動を行い、収益はすべて国立銀行を通じて国庫に組み込まれるというもので、極めて中央集権的な統制色の強い制度である。

ちなみに、当時のキューバの賃金体系は、農業労働者、非農業労働者、技術者、管理職・官僚の四カテゴリーがあり、規定上、一月あたりの最低賃金は八十五ペソ、最高賃金は四百五十ペソ（実際には三百ペソ）、農業労働者の平均は二百二十ペソ、非農業労働者は三百六十ペソ、政府の高級官僚は二百二十～二百五十ペソとなっており、格差は非常に小さかった。

無私の心境で革命国家建設のために邁進する〝新しい人間〟の育成を目指すチェからすれば、経済運営も、中央の指導と平等の徹底という共産主義の原則に則って進められるべきであった。

これに対して、キューバ支援のために欧州諸国などからやってきた外国人顧問のシャルル・ベトレームや、ルネ・デュモンらは、工場の数が少なく、幹部の育成も進んでいない状況下では〝独立採算制度〟が現実的であると主張して、チェと対立した。彼らの言う〝独立採算制度〟とは、増産のための必要な手段として、銀行の融資、企業の一定の自主性、労働意欲を掻き立てるようなインセンティブを大幅に活用し、生産性に応じて賃金に格差を設けるというもので、具体的には、ユーゴスラビアで行われていた自主管理体制（労働者自身による企業管理を基本理念とする社会経済システム）がイメージされていた。

結局、工業部門に関しては、工業相であるチェの意向に沿って予算融資制度が導入されたが、農業部門では、ＩＮＲＡ（全国農業改革局）の下で、自主管理体制に近い〝独立採算制度〟を採用することで妥協が図られた。
もっとも、現実の工場労働者の中に、チェの期待するような〝新しい人間〟の理想に合致する者はほとんど存在しなかった。八月一日、チェは、キューバ訪問中の米国人学生五十八人と会見した際、次のように述べて、工業労働者の〝革命意識〟が低いことを嘆いている。

解放戦争は全体の自覚の触媒を形成するのだ。いかなる国においても後進的な階級があるが、それは収奪された大衆であり、工業労働者ではない。農業労働者であり、貧農であり、ラテンアメリカにおける田畑の奴隷である。それこそが革命の大きな酵素である。

もっとも、工業労働者の多くは、通常の労働以外にも、革命後の経済封鎖による原料や部品の不足に対応し、革命政府の動員によって政治集会に参加し、軍事訓練も受けなければならず、心身ともに限界に達しつつあった。

こうした中で、一九六二年夏、チェは工場の管理者に基礎教育を修了するよう課題を出し、一年後の一九六三年八月、その成果を測るために試験を行ったが、受験した九百八十六人のうち百三十二人が不合格となった。また、そもそも、二百六十十人は試験を欠席している。このため、労働者の怠慢に怒ったチェは、再試験で五点（十点満点中）に満たない者は解雇、五点から六点の者は再々試験を受けるチャンスを与える、欠席者は直ちに受験しなければ、給与の支払いを凍結する、と公の場で申し渡した。
思い通りに進まない工業政策でのストレスを解消するため、チェは憑かれたように、自発的労働奉仕に参加した。一九六三年八〜九月だけでも、
①八月中旬にラス・ビジャス地区の工場での労働奉仕
②八月二十五日、輸出用煙草工場での労働奉仕で二千五百箱を包装
③九月二日、瓶詰工場での労働奉仕
④オズワルド・サンチェス部隊の労働奉仕に参加した記録が残されている。

こうしたなかで、一九六三年十月、ハリケーン・フローラがキューバ島を直撃し、オリエンテ州ならびにカマグエイ州では洪水により五百戸の家屋が破壊されるなど、甚大な被害が生じた（図36）。

工業部門の被害は比較的軽かったが、農業復興のためにも、また復興資金を確実に捻出するためにも、一九六四年の工業投資は前年比一八％減の一億八千万ペソに抑制され、サトウキビ農場用の道路や倉庫など、農業インフラの整備に重点が置かれることになった。社会主義諸国に対する貿易赤字が急速に拡大していく中で、背に腹は代えられなかったのである（図37）。

こうした状況の中で、一九六四年二月二十三日、マリエルのオルランド・ノダルセ農場でのサトウキビ刈取の奉仕作業に参加したチェ（図38）は、運転手が日陰のトラックの車内にいたことを見咎めて、次のように叱責したという。

同志、君のマチェーテはどうした？
私は刈り取り作業に来たのではなく運転手です。
馬鹿者！ ここでは運転手であろうとなんであ

図36 ハリケーン・フローラの被災写真（ハイチで撮影されたもの）

図37 「より少ないコストで、より多くの収穫を！」とのスローガンとともに、サトウキビの増産を呼びかけた内務省壁面の巨大壁画。

図38 マチェーテでサトウキビを刈り取るチェを描いたキューバの紙幣

ろうと関係ない。マチェーテを探してきて、みんなと一緒に働くか、さもなくば今すぐ帰れ。トラックのことは心配するな。私が帰りに運転していく。

この時の運転手が、その後、どのような処分を受けた（あるいは受けなかった）かはわからない。ただ、当時のキューバには、問題があるとされた公務員や幹部などを再教育するための労働キャンプがグアナアカビーベス等に設けられていたから、彼もそうしたキャンプに送られたのかもしれない。

また、さまざまな点で問題があるとされた部下たちは、グアナアカビーベスはじめ、各地の労働キャンプに送られた。

グアナアカビーベスのキャンプは、もとは軍の労働キャンプとして使われていた施設を、革命後、労働キャンプとして使用するようになったもので、現地では、木材工場を中心に自給自足の生活を送るというのが建前である。

工業省の場合、風紀の乱れ、モラルの欠如、職務上の過誤があった者に対して、数週間の制裁としてグアナアカビーベスでから数ヵ月の働かせることになっており、制裁を受けた者はその諾否について提訴できるほか、キャンプから戻れば職場に復帰できることになっていた。

グアナアカビーベスのキャンプについてのチェの基本的な認識は以下の通りである。

グアナアカビーベスは封建的な制裁の場ではない。グアナアカビーベスに送るのは監獄に入れるためではない。グアナアカビーベスに送られたのは、大なり小なり、革命のモラルという点で罪を犯し、地位を追われた者である。労働はきついが酷使はしない。

泥棒が盗みをしたときは監獄へ行く。幹部が同じようなことをしたらグアナアカビーベスに行く。私の見るところ、キャンプから出てくるときに気持ちが荒んだり、憤りを感じていたりする者は誰もいない。結論として、グアナアカビーベスには行きたい者が行く。行きたくない者は省を去る。

しかし、一般の労働者や幹部たちにとっては、グアナアカビーベスなどの労働キャンプはスターリンの収容所のイメージでとらえられており、忌まわしいものでしかなかった。彼らからすれば、グアナアカビーベスでの労働を一種の〝休暇〟ととらえ、週末には自らグアナアカビーベスに出向いて収容者とともに労働作業を行うチェの姿は、明らかに理解の範囲を超えていた。

ちなみに、ソ連留学中の恋愛問題を理由に、六ヵ月間のグアナアカビーベス送りを宣告された共産主義青年同盟のフランシスコ・マルティネス・ペレスが、処分はあまりに過重であるとチェに不服の申し立てを行ったことがある。これに対して、チェは「そうはいっても、あの体験は革命家としての成長にとって貴重な経験になるとは思わないか」と応じたため、ペレスは沈黙せざるをえなかったという。

ジュネーブの国連貿易開発会議に参加

一九六四年三月十八日、チェはジュネーブで開かれる国連貿易開発会議（UNCTAD：United Nations Conference on Trade and Development）に参加のため、キューバを出発した。

一九六一年の国連総会では、ケネディ米大統領の提唱に基づき、一九六〇年代を〝開発の十年〟とすることを宣言した上で、発展途上国全体の経済成長率を年五％とする目標を設定し、先進国による援助の増大を決議した。その一環として、途上国の貿易振興をはかり、経済開発を促進する目的で開催されたのがＵＮＣＴＡＤで、チェの参加した一九六四年の会議がその最初の開催となった（図39）。

図39　UNCTADの開催を踏まえて、1964年に国連が発行した“貿易と開発”の切手

三月二十日に現地入りしたチェは、二十六日の総会で、資本主義の先進諸国と社会主義国、途上国の間の格差がさまざまな矛盾の原因となっており、先進諸国は〝従属世界の飢えと搾取〟の上に経済的繁栄を享受しているとの前提の下、〝過半数（を占める途上国）の満足

できる解決策にたどり着く〟ことが重要だと主張した。「現時点における人類の問題にとって唯一の正しい解決は、先進資本主義諸国による従属国の搾取の絶対的廃絶である」と。

しかし、そのためには、途上国の側も「有事の際に冷淡に差し伸べられる支援の誘惑に抗うことができるようになり、ここで甘えを断ち切り新しいタイプの関係を打ち出すように」ならなければならない。それにもかかわらず、「彼らの後進性につけこむ先進諸国の甘い餌に途上国が応じ、世界の覇権の狂宴からパンくずを得るために不毛な内部抗争に明け暮れ、圧倒的多数の途上国勢力の足並みを乱すことになれば、あるいは、どうにでも解釈できる免責条項を抜きにして、明確な主張を押し通すことができないならば、また、単に大国の意向に委ね、気まぐれな協定に甘んじるなら」今回の会議は徒労に終わり、現状は何も変わらないだろう。

また、UNCTAD会議の約一月前、一九六四年二月十八日、米国がキューバと貿易を行う国には援助を打ち切るとの声明を発表し、キューバ経済封鎖不履行を理由に英、仏、西、モロッコ等への軍事援助を停止したことを例に挙げ、「国際機構というものは、結局は米帝国主義の道具でしかない。IMFは資本家のためのドルの番犬であり、世界銀行は米国資本が発展途上国に進出するための露払いであり、米州開発銀行はその米国版である」と批難した。

対米批難はともかく、先進国と途上国の関係を根本から見直すべきだとのチェの主張は多くの参加国の賛同を得るところとなり、途上国側は〝七十七ヵ国グループ（G77）〟を結成。

①途上国の対外債務の帳消し
②ODAの増大
③一次産品（砂糖、コーヒー、ココア、バナナ、綿花、木材、ボーキサイト、銅、錫の九品目）の価格の安定

という三つの課題を先進国に要求するとともに、十二月の国連総会ではUNCTADを総会直属の常設機関とする決議第一九九五号が採択された。

また、〝進歩のための同盟〟のモデル国家として、革命キューバに対して冷淡な態度を取っていたコロンビア政府は、UNCTAD派遣の代表団に対して、〝外

交関係のない諸国〟の行事には参加してはならないと通達を出していたが、代表団の一人、カルロス・ジェラス・レストレポ（図40）は、チェの演説に感銘を受け、彼を〝個人的に〟食事に招待している。この時、二人の間でどのような会話が交わされたかは不明だが、あるいは、レストレポはキューバの土地改革について、チェからヒアリングを行ったのかもしれない。

チェとの会食から二年後の一九六六年、レストレポはコロンビアの大統領に就任し、農地改革に着手する。レストレポの改革は、輸出産業を強化するため大農場および農業企業の近代化を促すとともに、小作農や土地なし農民にも土地を分配して生活の改善を図ろうというもので、借地に対する小作農の権利の拡大が盛り込まれていた。また、レストレポ政権は、一九六八年には農民が農業政策のプロセスに参加するための仕組みとして、全国農民使用者協会を設立している。しかし、大土地所有者は小作農を切り捨てることで権益の維持を図ったため、農地改革は頓挫。一九七〇年にレストレポが任期満了で退陣すると、後継大統領には大土地所有者を支持基盤とする保守党出身のミサエル・

図40　ローマ教皇パオロ4世とコロンビア大統領レストレポの会見記念カバー。カバーのイラスト、右側の人物がレストレポ。

パストラーナが選出されたため、レストレポ政権による一連の改革も骨抜きにされてしまった。

なお、スイス出身の貧困問題の研究者・活動家で、後に世界的なベストセラーとなった『世界の半分が餓えるのはなぜか』の著者ジャン・ジグレールは、UNCTAD総会時は三十歳の青年で、キューバ革命に憧れ、ジュネーブに滞在中のチェとも面会し、革命への参加を志願したが、チェは「君の戦うべき相手は多国籍企業である」と諭したという。その後、ジグレールは研究者としての研鑽を積み、一九八〇年代には、ブルキナファソの政策顧問として、〝ブラック・ゲバラ〟と呼ばれたトマス・サンカラの改革を支えた。

ジュネーブに三週間ほど滞在した後、チェは四月十三日にスイスを出国し、友人でもあるベンベラの招きに応じてアルジェに二泊滞在した後、四月十八日、ハバナに帰着した。

チェの帰国後まもなく、中央計画委員会（JUCEPLAN）が前年度の工業生産に関する決算を発表した。それによると、計画の達成率は八四％、コストは四％減と数字上はまずまずの結果だったが、製品の品質は明らかに劣化していた。

決算発表を受けて、チェは工業省の運営委員会の席上、さまざまな粗悪品を幹部の前に並べて叱責した。たとえば、少女をデザインしたはずが歪んで〝老婆のように見える〟人形、釘を八本以上打たねばならないのに二本しか打っていないために踵がなくなった靴、髪の洗えないシャンプー、濾過しなければ使えないアンモニアなど、不良品は〝他に二万点以上ある〟とチェは指摘し、訪問してきたばかりのスイスでは製品の品質管理がいかに高いレベルで行われていたかを強調した上で、品質が低いのは企業の管理者が国民を蔑ろにした結果であるとまで言い切った。

五月十七日、キューバ島中部、ビジャ・クララ州のサグア・ラ・グランデで点火プラグ工場が完成し（図41）、そのオープニングセレモニーが行われた。

同工場のプランは、一九六〇年の東側諸国への経済使節団の交渉の結果、建設されたものであったが、開所までにかかった四年という年月は、工業化が急務とされているキューバの現状に照らして、あまりにも悠長なものであった。

図 41　チェの尽力によって創設された企業グループ 50 周年の記念切手のうち、点火プラグ工場を取り上げた 1 枚

図 42　同様に冷蔵庫など家電製品の工場を題材とした切手

点火プラグ工場と前後して、一九六四年には、鉛筆、有刺鉄線、自転車、家庭用品、冷蔵庫などの工場（図42）が相次いで稼働を始めた。しかし、それらの工場の一部は製造工場ではなく、組立工場であったため、〝気づかないうちにたくさんの部品を輸入しなければならない〟工場として、キューバはソ連を頂点とする東側の経済ブロックに組み込まれることになった。これは、自立のための工業建設という基本方針と根本的に矛盾している。

十月二十八日、カミーロ・シエンフエゴスの没後五周年の追悼集会に出席したチェは、死者の追悼があたかもルーティーン・ワークのようになってきたことについて、「同志についての回想はもうやめようと思った」とした上で、当時のペシミスティックな心境を以下のように語っている。

革命の歴史というのはほとんど人に知られないものであり、一般の目には触れない。革命は絶対的に純粋な運動ではない。人間によって実行されるものであり、内紛、野望、相手の否定という状態の中で展開される。そして、そのようなものが徐々に克服され、歴史の一コマとなる。良かれ悪しかれ、道理があろうとなかろうと、それは沈黙し、消え去る。

アンデス計画の挫折

チェがジュネーブからアルジェリアを経由してハバナに帰着した四月十八日、アルゼンチンで左派ゲリラのグループが摘発された。その背後には、チェが深く関与していた〝アンデス計画〟があった。

　キューバからラテンアメリカ全体への〝革命の輸出〟を考えていたチェは、はやくも一九六〇年から、アンデス山脈における武装闘争のためのグループの組織化や条件の整備についての構想を練り始めていた。一九六二年末には、キューバ内務省内に〝解放〟と呼ばれる組織が作られ、ラテンアメリカの革命グループへの支援と連帯についての具体的なプランが動き始める。

図43　フォンセカ

図44　FSLN 創設20周年の記念切手

図45　プラード（左側の人物）

チェは「(アンデスは)アメリカ大陸のシエラ・マエストラとなるべく求められている」と主張し、アルゼンチンとペルーを工作の中心と定め、キューバ革命に影響を受けて、一九六一年にニカラグアでトマス・ボルへ、カルロス・フォンセカ（図43）らが創設したサンディニスタ民族解放戦線（FSLN：Frente Sandinista de Liberación Nacional 図44）などとも協力関係を構築していた。

　一九六二年末、チェは、ペルーでインディオ農民運動の指導者であるウーゴ・ブランコを支援すべく、エクトル・ベハルやハビエル・エラウドらペルーの左翼活動家とハバナで会談した。

　ペルーでは、一九五六年にオドリーア政権が退陣した後、第二次マヌエル・プラード政権（図45）が誕生していた。

　プラード政権は、中道左派政党の〝アメリカ革命人民同盟(APRA：Alianza Popular Revolucionaria Americana)を取り込んだが、APRAが保守支配層との協調路線に転じたことの波紋は大きく、路線転換に反対する党内左派は、フェルナンド・ベラウンデ・テリーの人民行動党、キリスト教民主党、革新的社会運動に分裂した。

一方、プラード政権は輸入代替工業化政策を本格的に推進したが、そのことは、ペルー経済における多国籍企業の影響力を強めるとともに、山岳地帯の伝統的な農村共同体が解体する結果をもたらした。こうした背景の下、ウーゴ・ブランコは、南部クスコ県のラ・コンベシオンを中心に、インディオ農民の闘争を指導していたが、警察署襲撃事件の首謀者として官憲に追われる身となっていた。

さらに、一九六二年には大統領選挙が行われたが、APRAによる選挙不正が発覚すると、これに抗議して軍事クーデターが発生。任期終了直前だった大統領のプラードは追放され、ペレス・ゴドイ将軍を首班とした軍事政権が発足する。

軍事政権は、ウーゴ・ブランコの農民運動を封じ込めるべく農地改革法を施行し、一九六三年に選挙を実施し、軍部およびキリスト教民主党と結んだ人民行動党のフェルナンド・ベラウンデ・テリー（図46）が大統領に当選したのを見届けて解散した。

図46　ベラウンデ

チェは、こうしたペルー国内の混乱に乗じて左翼ゲリラを組織化し（これが、後の民族解放軍＝ELN：Ejercito de Liberacion Nacional の原型となる）、ボリビア国境からペルー入りさせて、活動させようと考えた。このため、一九六三年一月九日、ペルーのゲリラたちはボリビアに入り、ボリビア政府（当時のパス・エステンソロ政権は、ペルーの軍事政権と対立関係にあった）の黙認の下、ボリビア領内を進み、プエルト・マルドナード地区から国境を越えてペルーに潜入した。

これに対して、ペルー警察は警戒態勢を整えてゲリラを撃退。ハビエル・エラウドが戦死したこともあって、ゲリラ側は作戦を中止し、敗残兵はボリビア領内に逃れた。

一方、アルゼンチンに関しては、チェは、フロンディシ政権の崩壊後、政情が不安定化していた点に注目していた。

すなわち、一九六二年三月二十九日、フロンディシ政権は軍事クーデターによって崩壊し、軍部の意向を受けた上院議長のホセ・マリア・ギドが暫定大統領に就任する。

これに対して、クーデターに異議を唱えたコルドバ州知事、アルトゥーロ・ウンベルト・イリア（図47）が軍の圧力により辞任に追い込まれると、ペロン派労働者二百万人が抗議のゼネストを敢行し、共産党がそれを支持するという構図が生まれた。さらに、軍事政権の方向とペロン派の扱いをめぐり、陸・海軍が対立。段階的な民主主義への復帰を説く青派と、選挙に反対し軍事独裁を続けようとする赤派の対立が表面化し、九月十八日には、軍強硬派に反対するファン・カルロス・オンガニア将軍ら青年将校、カンポ・デ・マーヨの陸軍部隊、騎兵連隊などが、ギド暫定大統領の退陣を求め、ブエノスアイレス郊外で叛乱を起こした。叛乱は九月二十二日に鎮圧されたが、軍首脳部は事件の責任をとって辞任し、叛乱を率いたオンガニアが陸軍司令官に就任する。ちなみに、叛乱後間もない十月、キューバでミサイル危機が発生すると、アルゼンチン軍は駆逐艦二隻を派遣して米国の封鎖作戦を支援している。

さらに、翌一九六三年四月二日には、元副大統領のイサーク・ロハス提督率いる海軍の赤派がギドの辞任を求めて叛乱を起こした。これに対して、陸軍司令官のオンガニアは、現政権支持の立場から反乱を鎮圧し、ロハスを逮捕するとともに、民政移管と選挙実施を発表した。

その上で、オンガニアは共産党とペロニスタの封じ

図47　イリア

込めに乗り出し、五月には反共法（共産党の非合法化。マルクス主義の宣伝も禁止）を公布。これに対して、アルゼンチン労働総同盟（CGT）は強く反発し、選挙を前にした六月には、五百万人を動員してゼネストを行った。

こうして世情が騒然とする中で、七月七日に行われた大統領選挙では、元コルドバ州知事のイリアが二百四十万票を獲得して当選した。ただし、この時の選挙では、ペロニスタと左派急進党革新派が連携した〝全国連合戦線〟は参加を認められなかったため、ペロン派は白紙投票を指示。この結果、イリアの得票率が二五%だったのに対して、白票は全体の二一%に達し、同年十月十二日に発足したイリア政権の基盤は脆弱だった（図48）。

図48　イリアの大統領就任と民政復帰を記念して発行された記念切手には、大統領官邸の"カサ・ロサダ（ピンクハウス）"が取り上げられている。

すでに、一九六一年の時点で、チェの個人的な友人でアルゼンチン人ジャーナリストのリカルド・マセーティは、チェの協力の下、アルゼンチン国内に革命の〝核〟をつくる〝セグンド・ソンブラ〟作戦（リカルド・グイラルデスが一九二六年に発表したガウチョ文学の傑作『ドン・セグンド・ソンブラ』にちなんだ命名である）に着手していた。

マセーティの計画には、モーターサイクル・ダイアリーズの南米旅行でチェと行動を共にした医師のアルベルト・グラナード（当時はキューバに移住していた）、グラナードの紹介でチェと知り合ったアルゼンチン出身の画家、シロ・ブストス、そしてチェの四人が関与し、四人は〝人民ゲリラ軍（EGP:Ejército Guerrillero del Pueblo）の結成で合意し、一九六三年六月、シロとグラナードはアルゼンチンに戻って組織の結成準備を開始。ボリビア国境に近いアルゼンチン北西部山岳地帯のサルタ州、フフイ州を拠点に軍事訓練を行った。さらに、七月に入ると、チェの腹心でキューバ内務省のホセ・マリーア・マルティネス・タマーヨ大尉がボリビアに潜入し、アルゼンチン活動家のアルゼンチンでのゲリラ活動開始に備え、九月までに南部のサルタ山岳地帯に根拠地を建設した。

そして、十月十二日のイリア政権発足を受けて、翌十一月、マセーティらはボリビアからアルゼンチン北部に侵入し、ＥＧＰの成立を正式に宣言した。

しかし、曲がりなりにも民政移管が達せられた直後のアルゼンチンで、ＥＧＰの武装闘争路線が一般のアルゼンチン国民の支持を得られるはずもなく、一九六四年一月、イリア政権はゲリラ対策のための国家保安法を制定。翌二月には〝アルゼンチン軍は西半球南半の民主主義の擁護者〟とする軍事協定を米国と結び、三月、ＥＧＰに対する越境掃討作戦を展開し、組織を壊滅させるとともに、マセーティを殺害した。

かくして、チェの主導したアンデス計画はいったん頓挫する。

ソ連再訪

一九六四年十一月四日、チェはロシア十月革命四十七周年の記念式典（図49）にキューバ代表として出席するため、モスクワへ向けて出発した。


ミサイル危機以降、チェがソ連と公式に接触するのはこれが最初のことで、フィデルとしては、これを機会にチェがソ連と和解することを望んでの派遣だった。

チェがハバナを出発する直前の十月十四日、ソ連ではフルシチョフが集団指導体制を無視した独断専行を理由に〝宮廷クーデター〟で失脚し、レオニード・ブレジネフ（図50）が権力を掌握していた。フルシチョフを〝冒険主義〟として排除したブレジネフにとって、ゲバラの主張する世界革命路線は絶対に許容できないもので（彼が積極的に関わっていた〝アンデス計画〟など、もちろん、論外である）、キューバがソ連からの援助を

図49　10月革命47周年記念のソ連切手。

図50　ブレジネフ

図51　ジョンソン

継続的に得たいのであれば、〝属国〟として宗主国であるソ連の意思（＝米国との平和共存路線）に従うべきであると考えており、チェに対しても当初から厳しい目を向けていた。

モスクワに到着したチェは、さっそく、ウルグアイ・モンテビデオの『エル・ポプラール』紙の記者から、十一月三日に投票が行われた米大統領選挙で、現職のリンドン・ジョンソン（ケネディは前年の一九六三年十一月に暗殺され、副大統領のジョンソンが昇格していた）が共和党候補のバリー・ゴールドウォーターに勝利したことについての感想を求められ、「ゴールドウォーターはジョンソン（図51）より悪い。しかし、私の知る限りではジョンソンもそれほど良いというわけではない。不幸中の幸いだと喜ぶのはおめでたい」と応じている。

一九六三年十一月二十三日、ケネディが暗殺された時、キューバの関与を疑う者もあった。キューバは米国と敵対関係にあり、フィデルは平素からケネディを罵倒していただけでなく、一九六三年九月にはハバナのブラジル大使館で「米国の指導者がキューバの幹部を狙った暗殺計画にこだわり続けるなら、彼ら自身の安全が脅かされることになる」と発言していたからだ。フィデルは、米国がこうした発言の片言隻句をとらえて、キューバが大統領を暗殺したとみなし、軍事攻撃を仕掛けてくることを恐れていた。

しかし、大統領に昇格したジョンソンは、「大統領暗殺事件が外国の遠隔操作によって起きた可能性は少ない」と公言し、キューバは〝容疑者〟から外された。ジョンソンもまた、核ミサイルのないキューバは米国にとって重大な脅威とはならない以上、東西冷戦の文脈の中で、キューバの現状を固定することを望んでいたのである。

フィデルは米ソのそうした思惑を正確に理解していたが、チェはそうではなかった。むしろ、ミサイル危機で米国に譲歩したフルシチョフが退陣した以上、ブレジネフら新指導部は、ラテンアメリカ全体に革命を輸出したいという自らの理想に理解を示してくれるのではないかとさえ考えていたふしがある。

かくして、チェはモスクワでユーリ・アンドロポフとビタリ・コリオノフを前に自説を述べたが、ソ連側は、チェが〝(ソ連と敵対する)中国路線〟の人物であることを再確認して不機嫌になるだけだった。

また、モスクワのキューバ大使館では、チェはキューバ人留学生と議論し、ソ連で使われている『資本論』のハンドブックの記述の一部には「危険なほどに資本主義的主張で、そこから修正主義的傾向が出てくるものがあった」、「(ソ連のシステムには)大衆と指導者のつながりが全くない」、さらには「ヨーロッパの西側ブロックの諸国は人民民主主義ブロックよりも早いリズムで進んでいる」が、「(東側ブロックは問題の)根源を突き止めることなく、物質的刺激や競争や賃金格差へと逆行している者が(幹部になるほど)多い」と批判した。

こうしたチェの姿勢は、ソ連からすれば〝喧嘩を売った〟以外の何物でもなかった。このため、チェは〝トロツキスト〟とさえ呼ばれた。ここでいう〝トロツキスト〟は、トロツキーの思想や革命的労働組合主義の継承者という意味ではなく、マルクス・レーニン主義の〝異端児〟に対する罵倒語である。キューバの革命指導部直でも、ソ連と親和性の高かったラウルは、チェの姿勢に激怒し、彼を〝親中派〟とさえ呼んだという。

モスクワでの式典後、キューバに戻ったチェは、十二月五日、工業省で一九六四年を振り返っての挨拶で「(労働環境整備のため)犠牲を払うべきことには犠牲を払うべきだ」と述べ、「われわれには責任があり、それによって将来救われるという誤った考えは捨てなければならない」との一文で締めくくった。

こうして、現状のままでは、自分が救われることはないと考えていたチェは、十二月九日、国連総会出席のためニューヨークへ向けて出発する。

第8章　国連総会での演説

一九六四年十二月九日、チェはキューバ代表として国連総会に出席すべくハバナを出立し、翌十日、ニューヨークに到着した。

もともと服装には頓着しないチェだったが、出発前には穴の開いていない靴下を持っておらず、深いブーツを履いてごまかさざるを得なかった。また、他国の代表がスーツもしくは民族衣装で出席する中、洗いざらしの戦闘服にジャンパーで常に葉巻を手放さないチェの姿は、否が応でも、異彩を放っていた。

図１　国連総会で演説するチェを取り上げた革命 50 周年の記念切手

さて、十二月十一日、チェは国連総会で最初の演説を行ったが（図1）、その内容は、チェの世界観を最もよく表したものとして知られている。そこで以下、その文面を紹介しながら、随時解説してみたい。（以下、演説の訳文は、原則として、「チェ・ゲバラ国連演説全訳」Re: Writing Machine —— Teoreamachine の小説ブログ http://teoreamachine.hatenablog.com/ に拠っているが、一部の表記などは改めている）

冒頭、ザンビア、マラウイ、マルタに言及

チェの演説は次の一節から始まった。

特別使節より国家の代表たる皆様へ

この総会へ招かれたキューバの使節としてまず第一に、世界の問題について議論するこの国連へ三ヵ国の新たなメンバーを歓迎する役目を仰

せつかったことを喜ばしく思う。ザンビア、マラウイ、マルタからお越しの大統領及び首相の方々、そして国民の皆さんにご挨拶を申し上げる。そして三ヵ国の皆さんには、帝国主義、植民地主義、そして新植民地主義に対して闘いを挑む、いまだ非加盟である国々とも連帯していただきたいと私は思っている、そのことをまずはじめに申し上げておきたい。

数ある国連加盟国の中から、ザンビア、マラウイ、マルタの名前が特に挙げられているのは、この三国が一九六四年に独立し、この時の総会が最初の参加となったためである。

このうち、ザンビアとマラウイは、ローデシア・ニヤサランド連邦（英領中央アフリカ連邦）の解体により独立した国である。

一八八四年、英領ケープ植民地政府（現在の南アフリカ共和国の一部）の財務相になったセシル・ローズ（図2）は、アフリカ南部に大英帝国の広大な植民地を建設し、カイロ＝ケープタウンの間を電信と鉄道で結ぶ

図２　セシル・ローズ

図３　英国南アフリカ会社の支配地域用に発行された切手

図４　英国南アフリカ会社の切手に“ローデシア”の地名を加刷した切手

図５　英国南アフリカ会社の切手に“英領中央アフリカ”を意味する“BCA”の文字を加刷した切手

ことを計画。一八八九年、ケープ植民地北方への進出を企図して英王室の勅許状を得て英国南アフリカ会社を設立した（図3）。

南アフリカ会社は一八九四年までに南東アフリカ地域の広大な土地を支配下におさめ、その支配地域はローズにちなみ、〝ローデシア〟と命名される（図4）。

一方、マラウイ湖の南にあるシーレ高原と湖の西側のエリアは、一八八〇年代以降、商業的目的から英国人が入植し、シーレ高地保護領が設定される。同保護領は、一八九一年、地域を拡張して〝ニヤサランド地区保護領〟となり、一八九三年には〝英中央アフリカ保護領〟となった（図5）。

さて、南アフリカ会社はローデシアでの鉱山開発を目指していたが、思うように収益が上がらなかったため、農場中心の開拓と植民地経営に方針を転換。大規模な遠征隊が組織され、ローデシア南部では一九二三年までに一二万平方キロ以上の土地が白人に分与された。しかし、南アフリカ会社はローデシアにおける植民地経営の一環として、鉄道建設等のインフラ整備に加え、ローデシアの防衛も担当していたため、その累積赤字は膨大で、そのことが英本国の株主たちの不満を招いていた。

そこで、南アフリカ会社は、赤字解消のため、ローデシアの行政権を南アフリカ連邦（一九一〇年発足の英自治領。現南アフリカ共和国）に移譲しようとしたが、これに反発したローデシア南部の白人は、一九二三年、住民投票を行い、単独での自治政府樹立を決定。この結果、現在のジンバブエに相当する地域に英自治領としての南ローデシア（図6）が誕生する。

これに対して残った北部地域（現在のザンビアに相当）も、一九二四年、英国政府へ移譲されて英領植民地としての北ローデシア（図7）が発足。南アフリカ会社は一万六〇〇〇平米の土地と鉄道、鉱山を残して商業活動に専念することになった。

図6　英自治領としての“南ローデシア”の切手

図7　英領北ローデシアの切手

ところが、一九二五年、北部の国境付近で銅の大鉱脈（カッパーベルト）が発見されると、一九二九年、ローデシア・アングロ・アメリカン社（AAC）とローデシア・セレクション・トラスト社（RST）が銅山開発を開始。その直後に世界恐慌が発生し、一九三一年十一月には銅の国際価格が暴落したが、英領北ローデシアはなんとかその苦境を乗り切り、そのことが、南ローデシア在住の白人入植者の注目を集めることになった。

第二次世界大戦後の一九五三年、北ローデシアは南ローデシア、ニヤサランド（現マラウイ）とともにローデシア・ニヤサランド連邦（図8）に改編された。しかし、連邦の経済政策が白人入植者の集中する南ローデシア偏重であったため、黒人民族主義者の不満は根強く、一九六三年に連邦の維持は不可能となり、翌一九六四年七月にニヤサランドがマラウイとして独立を達成（図9）、これに続き、北ローデシアも同年十月二十四日にザンビアとして独立（図10）した。なお、この日はちょうど十月十日に開幕した東京五輪の閉会式にあたっており、〝北ローデシア代表〟として開会式に参加した選手・役員は、〝ザンビア代表〟として帰国することになった。

チェの演説に登場したもう一国のマルタは、地中海のシチリア島の南に位置する島国で、一五三〇年、ロドス島を追われた聖ヨハネ騎士団（後のマルタ騎士団）の

図８　英領ニヤサランド・ローデシアの切手

図９　マラウイ独立の記念切手。国章と初代大統領のヘイスティングズ・カムズ・バンダを描く。

図10　ザンビア独立の記念切手。同国のランドマーク、ビクトリア瀧を眺める初代大統領のケネス・デビッド・カウンダを描く。

所領となった。ナポレオン戦争中、一時的にフランスに占領されたが、一八〇〇年、ネルソン提督率いる英国艦隊に占領され、一八一四年のパリ条約により正式に英領となり、地中海を経由しインドに至るシーレーンの重要拠点となった。

第一次世界大戦後、マルタは英自治領となり、ジョゼフ・ハワードが自治政府の初代首相に就任した。

第二次世界大戦中、マルタはエジプトおよび北アフリカへの英海軍の輸送拠点となっていたため、枢軸国側の激しい空襲に晒された。このため、戦後、英国王ジョージ六世は戦時下の国民の努力と忍耐を讃え、〝マルタの国と国民すべて〟を対象にジョージ十字勲章を授与している。

図11　マルタ独立の記念切手

第二次世界大戦後の一九四七年、大戦中は停止されていた自治が復活するとともに、英国への統合か独立かをめぐってマルタ内の議論は分かれたが、最終的に一九六四年九月、英連邦自治領マルタ国として正式に独立。一九七四年十二月には英連邦内のマルタ共和国となり現在に至っている（図11）。

初のアフリカ黒人議長

次いで、チェは、総会の議長を務めたガーナのアレックス・カイソン＝サッキーについても言及する。

我々はこの総会の議長殿にもお祝いを申し上げる。（ガーナ人である）議長閣下がその高い地位まで登りつめたということはとりわけ重大なことなのだ。それは歴史が新たな段階に達したことを反映しており、そこでは最近に到るまで帝国主義の植民地構造に支配されていたアフリカの人々の凱歌が鳴り響いている。今日、彼らのうちの大部分であり、膨大な数にのぼる各国民たちは、自己決定権の正当なる行使によって主権国家を建ち上げた。植民地主義の刻んできた時は最後の瞬間を迎え、アフリカ、アジア、ラテンアメリカに暮らす幾百万の人々が新しい人生を求めて蜂起し、自己決定と自国の自律的発展について干渉されない権利を求めている。
私たちが閣下に望むことは、国連加盟諸国より委ねられた仕事を、かつてない成功に導くということだ。
キューバの使節として私がここへやってきているのは、キューバが論争の中で最も重要な位置を占めていると表明するためである。十全の責任感をもってこの演説を行い、はっきりと率直に述べるという義務を全うしよう。

国連総会の議長は、一九四六年第一回のベルギー以下、第二回ブラジル（第二回特別総会はアルゼンチン）、第三回オーストラリア、第四回フィリピン、第五回イラン、第六回メキシコ、第七回カナダ、第八回インド、第九回オランダ、第十回チリ（緊急特別総会を含む）、の各国が務めた後、一九五六年の第十一回以降は、地域の偏りを防ぐため、加盟国を（サハラ以南の）アフリカ、アジア太平洋、西欧、中南米・カリブ海、東欧ラテン、中東に分け、各グループから順番に議長国を選ぶことになった。また、事務総長同様、安保理の常任理事国

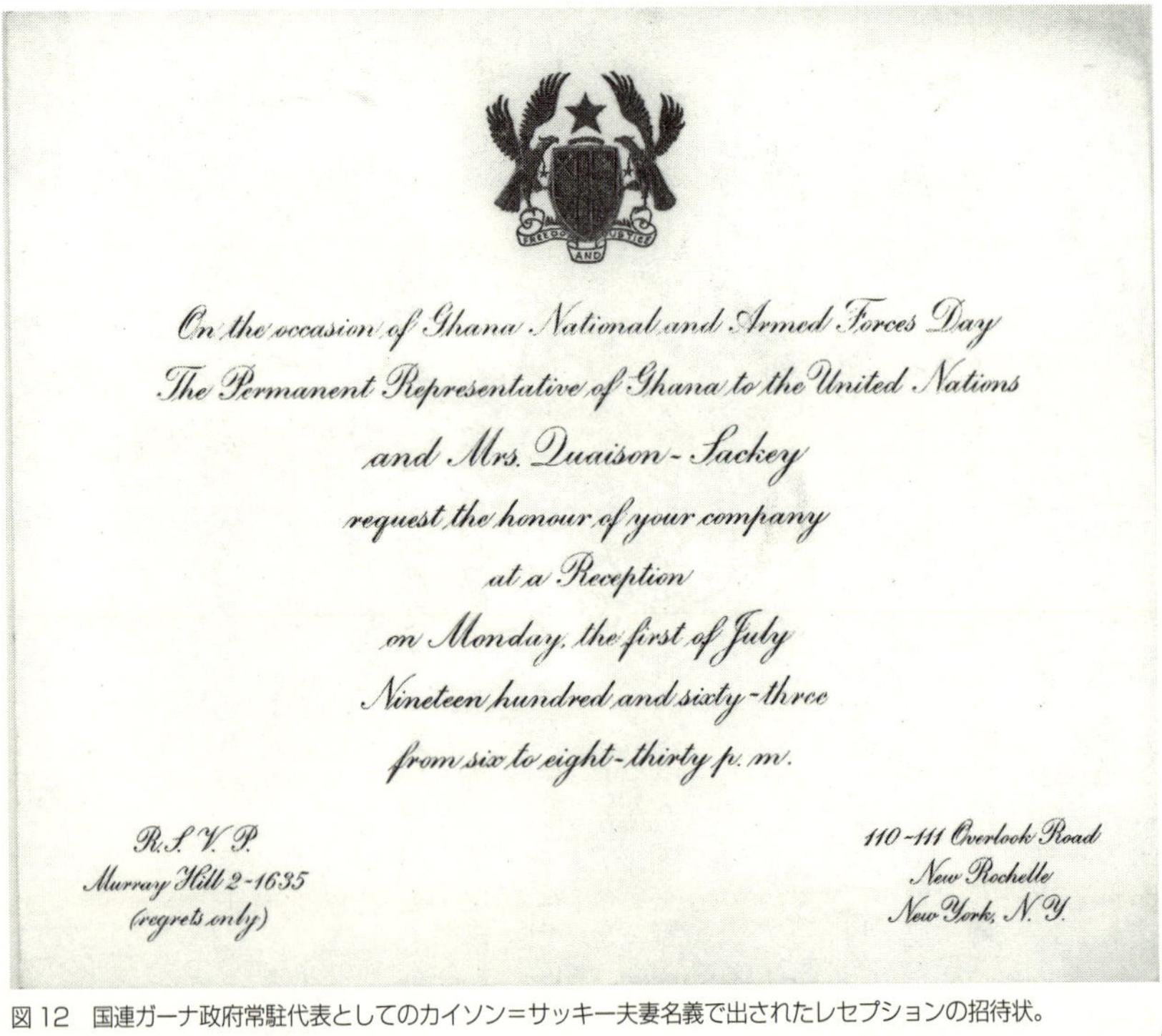
On the occasion of Ghana National and Armed Forces Day
The Permanent Representative of Ghana to the United Nations
and Mrs. Quaison-Sackey
request the honour of your company
at a Reception
on Monday, the first of July
Nineteen hundred and sixty-three
from six to eight-thirty p.m.

R.S.V.P.
Murray Hill 2-1635
(regrets only)

110-111 Overlook Road
New Rochelle
New York, N.Y.

図12　国連ガーナ政府常駐代表としてのカイソン＝サッキー夫妻名義で出されたレセプションの招待状。

や大国からの選出は避けるのが原則である。

こうした方法で、一九六四年第十九回総会で、アフリカ出身の黒人として初の議長に選出されたのが、ガーナ出身のアレックス・カイソン＝サッキーであった。チェの演説で「歴史が新たな段階に達した」、「アフリカの人々の凱歌が鳴り響いている」と述べているのは、こうした事情を反映している。

議長に選ばれたカイソン＝サッキーは、一九二四年、英領ゴールド・コースト時代の港湾都市、ウィネバ生まれ。英オクスフォード大学エクセター・カレッジへの留学を経て、外交官として任官した。一九五九〜六五年まで国連ガーナ政府常駐代表（第二大使相当。図12）を務めるとともに、一九六一〜六五年はキューバ大使、一九六二〜六五年はメキシコ大使を兼任した。

一九六四年末からの国連総会で議長を務めた後、一九六五年に帰国して外務大臣に就任したが、翌六六年二月のクーデターで大統領のンクルマが失脚すると大臣の職から解任された。その後、一九七八年に復権し、駐米大使に任じられている。一九九二年、アクラで没。

非同盟諸国会議との関係

一九六四年の国連総会の最大の課題は、東西冷戦下での〝平和共存〟の問題であった。そこで、議論の前提として、チェは平和共存が米ソの間だけでのお題目になっており、米国にはキューバと平和共存する意思がなく、それゆえキューバは社会主義陣営の協力を得て、防衛力を増強せざるを得ないのだと主張する。

この総会を自己満足から振るい出して、前進を始めるようにしたいというのが我々の思いだ。委員会が仕事を始め、一つ対立が起きたくらいで止まらないようにしたいというのも我々の思いだ。帝国主義者たちはここで世界の深刻な問題を解決しようという気がなく、この総会を論点の定まらない演説合戦にしたがっているが、そんなことは絶対にさせない。この総会を、ただ単に第十九回目の会議を開いたというだけで終わらせてはならないのだ。我々は、解決を目指して尽力している。

我々にはそれをやる権利と義務があるはずだ。我々の国は最も摩擦が生じやすい場所の一つなのだから。そしてまた我々の国は、小国が主権を持つことの正当性を支持する原則が毎日でも毎分でも試練に晒されている場所の一つでもあり、この世界の中で行われる自由を求める戦いにおける前線の一つでもある。我々は米帝国主義との間合いを保ちながら、民族というものが自らを解放し自らの自由を守るという現代に生きる人間にとって当然のことを、そして常よりそこにあるその実例を、行動によって示しているのだ。

今我が国に駐留している社会主義国の基地が日増しに拡大し、戦いに備えた強力な兵器を保有しているということは承知している。だが、刻一刻と変化する状況に、生き残りのために手を尽くすことを迫られているのだ。そのためには、内部の結束を維持し、自らの運命を信じ、断固たる決意を持って、祖国と革命を守りぬくために命を賭けて闘わなければならない。キューバはそのような状況に置かれているのであり、そういった国の顕著な見本となっている。

この総会で取り扱うべき数々の過熱した問題の中でも、我々にとってとりわけ重要で、誰の頭にも疑問の余地が残らないような解決策を真っ先に見つけなければならないのは、異なった経済社会システムを持つ国々が平和的に共存できるようにするということについてだ。これに関しては、今までも世界は大きな進歩を見せてきた。だが、帝国主義、特に米帝国主義は、その平和的共存の実現が地上の覇者にこそ許されている特権なのだと世界中の人々に信じ込ませようとしている。ここで、我々が第二回非同盟諸国首脳会議の行われたカイロで述べたこと、そしてその後に採択された宣言が何を訴えているのかということを申し上げておきたい。世界平和を確実なものにしたいと我々が望むなら、それを強国だけの意向に左右されないようにできる。国の大小を問わず、過去の歴史における互いの関係性にもよらず、その時その時にいくらかの国の間に揉め事があったとしてもそれは脇に置いて、平和的共存はすべての国々によって実現されなければならない。

演説中にある〝非同盟諸国首脳会議〟は、〝非同盟主義〟を提唱したインドのネルーが、ユーゴスラビアのティトー、エジプトのナセルとともに、一九五六年七月、非同盟外交政策を採る国の首脳会議を開催することを決めたのが原点で、その第一回会議は、一九六一年九月一〜六日、ユーゴスラビアの首都、ベオグラードに二十五ヵ国の代表を集めて開催された（図13）。

図13　第１回非同盟諸国首脳会議の開催に際して、開催国のユーゴスラビアが発行した記念切手。

会議は、一九五五年のアジア・アフリカ会議（バンドン会議）の理念を継承し、参加国をアジア・アフリカ以外にも拡大して米ソ二大国の覇権に対抗しようというもので、「いかに平和を実現するか」を論じたネルーに対して、植民地主義および帝国主義に断固反対する立場から武力闘争も辞せずとするガーナのンクルマが異議を唱える場面もあったが、最終的には、米ソ両国に対し戦争の危機の回避を強く訴えるとともに、中華人民共和国への国連代表権の付与や、革命キューバの体制の尊重なども掲げた〝ベオグラード宣言〟が採択された。

ベオグラードでの会議終了後、一九六二年七月、「非同盟諸国がすべての発展途上国に呼びかけて、発展途上諸国の経済的、社会的発展を実現するため共通の問題を討議し対策を打ち出そう」とのベオグラード宣言に基づき、カイロで〝経済発展の諸問題に関する会議〟が開催され、先進国と途上国の間の格差を取り上げた〝南北問題〟が提起された。

しかし、ベオグラード会議を主導した指導者のうち、ネルーは一九六二年に勃発した中印紛争とその敗戦処理に、インドネシアのスカルノは中ソ対立で中国を支持する旗幟を鮮明にして、中国がテコ入れする第二回アジア・アフリカ会議の開催準備に、それぞれ追われていた。また、アフリカでは、西側に対して強硬姿勢を取る急進諸国のカサブランカ・グループと、穏健外交路線を掲げるブラザビル・グループの対立もあり、第二回非同盟諸国会議の開催については、具体的な準備が進められない状況が続いていた。

　こうしたなかで、一九六三年五月、アフリカ三十ヵ国の元首、政府首脳がエチオピアの首都アディスアベバに集まり、主権平等、内政不干渉、領土・主権の尊重、紛争の平和的解決、未解放地域の民族解放運動への絶対的献身などの七原則を掲げる〝アフリカ統一機構（OAU）〟が創設され、ともかくも、アフリカ諸国が非同盟運動に参加する余地が生まれた。さらに、同年十月、セイロン（現スリランカ）首相のシリマボ・バンダラナイケ夫人（図14）がエジプトを友好訪問し、ナセルと会談した結果、一九六四年中に第二回非同盟諸国首脳会議を開催することが必要との合意に達し、共同コミュニケを発表。これに、ネルーとティトーも賛意を示したことから、一九六四年三月、コロンボでの準備会議を経て、同年十月五～十日、カイロで第二回非同盟諸国首脳会議が開催された（図15）。

図 14　シリマボ・バンダラナイケ。夫で首相のソロモン・バンダラナイケが 1959 年に暗殺された後、与党のスリランカ自由党を率いて 1960 年の議会選挙で勝利を収め、首相に就任した。

カイロでの会議には四十七ヵ国が参加し、「平和と国際協力のための綱領」が採択された。同綱領では、インドシナ問題について新たなジュネーブ会議の開催を要求するとともに、「平和共存は帝国主義、新植民地主義が廃絶されない限り、全世界で全面的に達成されない」とし、一九六五年の創立二十周年を期してこれを宣言すべきことが謳われていた。

図 15
カイロで第 2 回非同盟諸国首脳会議に際して開催国のエジプトが発行した記念切手

カンボジアと王制社会主義

カイロで採択された「平和と国際協力のための綱領」

では、インドシナ問題について言及されていたことから、演説はインドシナ情勢を話題として取り上げる。まずは、カンボジアについて。

今現在、我々が望みを抱くような形の平和的共存はしばしば踏みにじられている。カンボジア王国などは、ただ単に中立的態度を貫いて米帝国主義の謀略に屈しなかったために、南ベトナムにいる米兵によってありとあらゆるやり方で不実で残酷な攻撃に晒されることになった。

図16　フランス保護国時代の切手に取り上げられたシハヌーク

第二次世界大戦末期の一九四五年三月、いわゆる明号作戦を発動してインドシナ半島に進駐した日本軍がフランス軍を駆逐すると、カンボジア王のシハヌーク（図16）は、日本軍の影響下でカンボジアの独立を宣言。同年六月には、コーチシナの約半分の領有を主張し、日本へ仲介を依頼した。

図17　1953年4月、フランス連合内での形式的な独立国だった時代の航空切手。フランス連合内の国家であることを示すため、左上にUFの文字が入っている。切手に描かれたキンナリーは、もとはヒマラヤに住む精霊の一種で、一般には、上半身が人間、下半身が鳥の姿で表現されることが多い。歌と踊りで神々に仕え、古典文学では美人の象徴として女性の姿で登場する。

一九四五年八月の日本の敗戦後、ベトナムではホーチミンがベトナム民主共和国（ベトミン）の独立を宣言するが、フランス支配以前、歴史的にベトナムの圧迫を受け続けてきたカンボジアは、ベトミンの侵略を恐れて、いったんフランスの帰還を制限つきで承認。シハヌークも米国はじめ諸外国を歴訪してカンボジアの現状と独立を国際世論に訴えた。

その後、カンボジアは一九四九年にフランス連合内での独立を認められたが、フランス当局は警察権・軍事権を手放さなかったため、シハヌークは離宮に立て籠もり「完全に独立が達成されるまで首都・プノンペンには戻らない」と宣言。これを機にカンボジア国内では反仏デモが盛り上がり、一九五三年十一月九日、カンボジア王国（図17）の完全独立が達せられた。

独立後の一九五五年三月、立憲君主国の象徴的な元首としての〝国王〟の地位にあきたらなくなったシハヌークは退位し、父親のノロドム・スラマリット（図18）を国王として即位させた。退位後のシハヌークは〝殿下〟の称号を使いつつ、政治団体〝社会主義人民共同体（サンクム・リアハ・ニヨム）〟を結成。同年の総選挙では社会主義人民共同体が全議席を制して圧勝し、シハヌーク本人も首相兼外相に就任した。さらに、一九六〇年三月、国王が崩御すると、王位を空位とし、自身は新設の国家元首となり、〝王制社会主義〟を推進した（図19）。

王制社会主義というのは一種の語義矛盾だが、仏教の保護と王室（実質的にはシハヌーク）の指導の下、対外的には中立政策を守り、国内では社会主義的な政策を進めるというもので、東寄りないしはリベラル色の強い開発独裁体制と言ってよい。

実際、隣国ベトナムでの戦争に関して、シハヌーク政権は、ベトナム解放民族戦線の補給基地や北ベトナムから南ベトナムへの人員物資補給路であるホーチミンルートの存在を黙認し、その結果として、米軍ならびに南ベトナムの攻撃対象となったことを、チェは演説で取り上げたのである。

図18　シハヌークの父親で、完全独立後、カンボジア国王となったスラマリットの追悼切手

図19　独立後の"国家元首"としてのシハヌーク。彼が率いる社会主義人民共同体（サンクム・リアハ・ニヨム）の創立10周年の記念切手に、"インドシナ人民会議"の記念銘が加刷されている。

分断されたラオス

カンボジアに続いて、チェは、ラオスについても以下のように言及する。

> 分断されたラオスなども、あらゆる種類の帝国主義による侵略の標的となっている。そこにいる

人々が空爆で虐殺されているのだ。それはジュネーブで結ばれた条約に違反する行為であり、その領域は帝国主義国の軍隊により絶えず繰り返される卑劣な襲撃の危険に晒されている。

現在のラオス国家の領域に相当するメコン川中流域は、歴史的には〝百万頭の象の王国〟を意味するラーンサーンと呼ばれており、ルアンパバーン王国、ビエンチャン王国、チャンパーサック王国、シエンクアーン王国が分立していた。その後、これらのラーンサーン諸王国はシャム（現タイ）のトンブリー王朝に征服されてその属領となったが（図20）、一八九三年、いずれもフランスが保護国化（図21）した。このため、タイにとっては、ラオスなど〝失地〟の回復は国民国家としての悲願となっていた。

こうした背景の下、一九三九年九月、第二次欧州大戦が勃発し、翌一九四〇年六月、ラオスの宗主国フランスがドイツに降伏。さらに、アジアでは日中戦争を戦っていた日本が、同年九月、中国との国境封鎖を求めて仏印の北部に軍事進駐すると、その機会をとらえて、タイは仏印に対して国境紛争を挑む。この結果、タイは大きな犠牲を出しながらも、翌一九四一年一月二十八日、日本の調停により、ラオスの一部とカンボジアの北西部を領土として回復した（図22）。

これに対してフランスは、仏印防衛のための拠点として、自らの支配下に残ったルアンパバーン王国を強化することで対抗しようとし、ルアンパバーン域内各地に小学校を新設。親独ビシー政権のスローガンでも

図20　タイ属領時代のルアンパバーンで使用されたタイの切手

図21　フランス領インドシナ（仏印）に編入された後、ルアンパバーンで使用された仏印切手

図22　フランスからの失地回復を記念してバンコクに建立された“戦勝記念塔”を描くタイの切手

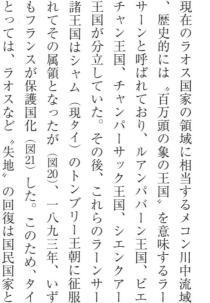

図23　仏印切手に取り上げられた、フランス保護下のルアンパバーン王としてのシーサワーン・ウォン

ある「勤勉・家族・祖国」を掲げて、ルアンパバーンの住民に対して〝母なる祖国・フランス〟への奉仕を強調。このことは、結果的に、現在の〝ラオス〟という枠組みでのナショナリズムを生み出すことになる。

その象徴的な存在が、ルアンパバーン王のシーサワーン・ウォンだった（図23）。

シーサワーン・ウォンは、一八八五年六月十四日生まれ。一九〇四年に仏領保護国としてのルアンパバーンの王として即位した。このため、シーサワーン・ウォンは親仏傾向が強く、一九四五年三月九日、日本軍が明号作戦を発動し、仏印を軍事占領した際にも、当初はこれを信じなかった。しかし四月七日、日本軍が実際に進駐してきたのを目の当たりにして、ようやく日本領事の渡辺耐三の説得を容れて、翌八日、ラオス王国の独立を宣言した。

しかし、もともと（最大の敵であるタイに対抗するために）親仏的な傾向が強かったこともあって、一九四五年八月の日本敗戦後、インドシナ支配の復活を目論むフランスが再進駐して第一次インドシナ戦争が勃発すると、シーサワーン・ウォンは独立を撤回。これに不満を持つ民族主義者はラーオ・イサラ（自由ラオス）を結成して、同年十月、臨時政府を樹立してシーサワーン・ウォンと対立した。

その後、一九四六年四月、フランス軍はラオスを再制圧し、ラーオ・イサラの指導者はタイ王国に亡命して抵抗を続ける。これを受けて、同年八月、フランスはシーサワン・ウォンに対し、フランス連合における〝統一ラオス王国〟の王として内政の自治権を与え、一九四七年五月、ラオスは立憲君主国の体裁を取った。

一九四九年七月十九日、第一次インドシナ戦争の戦況が不利になりつつある中で、フランスは親西側のベトナム国（同年六月成立）の正統性を強調し、かつインドシナ全域に影響力を残すため、あらためて、ラオス王国をフランス連合内の協同国として独立（図24）させた。ただし、ラオス王国の独立は名目的なもので、外交権・軍事権は従来通りフランスが掌握していた。

一方、タイに逃れたラーオ・イサラの指導層は、シーサワーン・ウォンと妥協して帰国する者と、あくまでも妥協を拒否する強硬派に分裂し、後者のスパーヌウォン王子らは一九五〇年八月、北東部のサムヌア省を拠点に左派のネオ・ラーオ・イサラ政府を樹立。一九五一年にはホーチミン率いるベトミン等とインドシナ合同民族統一戦線を結成し、抗仏闘争を展開した。

シーサワーン・ウォンのラオス王国は、一九五三年十一月に完全独立を達成したが（図25）、ネオ・ラーオ・イサラも、ラオス北東部のサムヌア省を拠点に、ベトミンと連携してラオス北部をほぼ支配。そして、翌一九五四年にジュネーブでインドシナ停戦協定が調停されると、

①全外国軍隊はラオス領内から撤退する

②ネオ・ラーオ・イサラ軍は中南部十県から撤収し北部二県に結集する（＝北部二県の実効支配は認める）

③国際休戦監視委員会による停戦監視を行う（図26）

図25　完全独立後のラオス王国の切手に取り上げられたシーサワーン・ウォン。晩年の肖像で老眼鏡をかけている。この切手が発行された1959年10月29日、シーサワーン・ウォンは崩御する。

図24　フランス連合内・ラオス王国の切手に取り上げられたシーサワーン・ウォン。国名表示には"UNION FRANCAIS（フランス連合）"と入っている。切手は、ラオスの万国郵便連合への加盟を記念したもので、「郵便は世界を結ぶ」という同連合のモットーを表現した記念碑が描かれている。

図26　インドシナ停戦監視のために派遣されたインド軍用の切手

ことが決められた。

一九五七年にはシーサワーン・ウォン政府とパテート・ラーオ（一九五六年にネオ・ラーオ・イサラが改称。図27）、さらに中立派の三派による統一政府が樹立されたが、一九五八年に発足した親米右派のプイ・サナニコーン政権は左派系の政治家を追放したため、パテート・ラーオ派の兵士が王国軍から集団脱走。一九五九年にはスパーヌウォン自身が一時政府に軟禁され、パテート・ラーオ軍と政府軍の間で内戦が勃発した。

チェの演説にある〝分断されたラオス〟の状況はこうして生まれた。

その後、一九六〇年八月九日、落下傘部隊の司令官コン・レーが、右派政権に対するクーデターを起こして首都ビエンチャンを制圧。スワンナ・プーマを首班とする中立派政権を樹立する。

しかし、プーマは政権にパテート・ラーオを取り込もうとしたため、ノーサバン率いる軍の親米派が米国とタイの支援を受けて反攻。タイがラオスへの物資輸送を凍結したこともあって、プーマ政権は一九六〇年十二月には崩壊し、プーマ自身もカンボジアに亡命し、親米派のブン・ウムが首相となった。ただし、プーマは首相辞任を拒否し、一九六一年二月にはカンボジアから帰国してジャール平原のカンカーイでコン・レー軍と合流して抵抗。三月九日からの戦闘では、パテート・ラーオと中立派の連合軍がノーサバン率いる親米派に大打撃を与え、首都ビエンチャンは陥落寸前に追い込まれた。

図28は、こうした状況の下で、パテート・ラーオ側が発行した切手で、ジャール平原の兵士たちを描くことで、同地での勝利を表現している。ちなみに、内戦

図27　ラオス人民軍設立60周年の記念切手に取り上げられた、初期のパテート・ラーオ。

図28　パテート・ラーオが1961年に発行した切手。

の勃発に伴い、パテート・ラーオ側は王国政府の正統性を認めないという立場から従来の切手の使用を拒否し、自らの支配地域においては独自の切手を発行していたが、指導者のスパーヌウォンが王族であったこともあり、自分たちこそが〝ラオス王国〟の正統な後継者であるとの意を込めて、切手の国名表示は〝ラオス王国〟を意味する〝ROYAUME DU LAOS〟としていた。

さて、親米派が危機に陥ったことで、一九六一年一月に発足した米ケネディ政権は、「もしラオスが共産主義者の手に落ちたら、タイ、カンボジア、南ベトナムに信じられないほどの大きな圧力をもたらすであろう」との〝ドミノ理論〟をアイゼンハワー前政権から継承していたこともあって、米軍のラオス出動準備を発令。第七艦隊がシャム湾に急派され、ビエンチャンからも近いタイ国内のウドーン空軍基地内に秘密裏にヘリコプター部隊用の基地が設置された。その上で、三月二十三日、ケネディは「ソ連や北ベトナムに支援されたラオス共産軍の大攻勢に対して、米国はラオスの中立を守るため何らかの対応策を取る」と述べ、ラオスへの軍事介入を示唆。四月に入ると、ラオスの隣国、タイのサリット政権から「航空管制システムを確立するために」との要請を受けたことを理由に米空軍の先遣隊がバンコク近郊のドーンムアン空港に到着。さらに、フィリピンのクラーク空軍基地から第五〇九要撃飛行隊からF－102戦闘機もドーンムアンに派遣され、自力での防空が難しかったタイ空軍の防衛力を補完している。

米国の強硬姿勢を受けて、一九六一年五月三日、ラオス国内では三派の停戦合意が成立。同月六日から、タイを含む関係十四ヵ国会議がジュネーブで開かれ、米ソ両国が〝ラオス人により選ばれた政府の下での、中立で独立したラオス〟を支援することで合意し（チェの演説にある〝ジュネーブで結ばれた条約〟は、このことを指すと思われる）、六月二十三日、中立派のプーマを首班とする連合政府が発足し、内戦はいったん収束した。

しかし、翌一九六二年五月には、パテート・ラーオが、ラオス北西部の親米派五千の軍が駐留していたナムターを攻略。このため、五月十一日、米国が第七艦隊をシャム湾に派遣し、五月十五日には海兵隊千八百人をタイに派遣すると、パテート・ラーオが攻撃を止めて親米派と妥協するなど、その後も、ラオスの内戦は一九七五年まで間欠的に続いていく。こうした状況は、チェの演説では「帝国主義国の軍隊により絶えず繰り返される卑劣な襲撃の危険に晒されている」と表現されている。

トンキン湾事件直後のベトナム

一方、ベトナムに関しては、国連総会の四ヵ月前に起きたトンキン湾事件を踏まえて、以下のように述べている。

ベトナム民主共和国は侵略の歴史のすべてを知るこの地上で数少ない民族の一つである。そして彼らはまたしても目にすることになったのだ。国境線の侵犯、外敵による爆撃、戦闘機による軍事基地の襲撃、米国による戦争、領海の侵犯、海軍拠点への襲撃といったことを。今回ベトナム民主共和国に襲いかかった脅威は、米国の戦争屋たちが南ベトナムの人々に対して仕掛けてきた長年の戦争を北ベトナムの領域内でも積極展開するかもしれないということだ。ソビエト連邦と中華人民共和国は米国に対して真剣に警告を行っていた。我々が直面しているのは、世界平和が危機に瀕しているという事態である以上に、アジアの中に生きる数百万の人々の生命が絶えず脅かされ、米国の侵略者のほんの出来心に弄ばれているという事態なのだ。

一九六四年七月末、南ベトナム軍の奇襲部隊がトンキン湾内の北ベトナム支配下の二つの島への上陸作戦を敢行。これに連動して、米軍の駆逐艦が北ベトナム沿岸でのパトロールを展開していたところ、八月二日になって、北ベトナムの哨戒艇との間で戦闘が発生した。米軍はその後もパトロールを続け、八月四日には再び、北ベトナムの魚雷艇から米駆逐艦への攻撃が行われたと米軍は主張した（ただし、後に四日の攻撃は北ベトナムへの〝報復爆撃〟を行うための捏造であったことが後に明らかになったが……)。

これが、いわゆるトンキン湾事件である。

八月五日、ジョンソン米大統領は「北ベトナムの攻撃に対して、直ちに反撃のため北ベトナムを爆撃した」と発表。議会に対し「米軍に対する攻撃を退け、さらなる侵略を防ぐために必要なあらゆる手段をとる」権限を大統領に与えるという決議を要請した。これを受けて、下院は四百十対〇、上院は八十八対二という圧倒的多数の支持で〝トンキン湾決議〟が採択された。これは、米国による事実上の北ベトナムに対する宣戦布告となり、北ベトナム本土に対する爆撃(北爆と呼ばれた)が開始された。

翌一九六五年、米国は北ベトナムによる解放戦線への援助阻止を主張して北爆が恒常化し、四月四日の北ベトナム軍との最初の交戦(北ベトナム空軍のMiG-17戦闘機が米空軍F-105戦闘爆撃機二機を撃墜)を経て、米国はベトナム戦争の泥沼に突入することになる。

一方、北ベトナムの労働党政権もトンキン湾事件を経て米国との全面戦争を覚悟したことが、切手からも確認できる。

北ベトナムの切手において、米国を直接的に非難したのは、一九六四年十一月に発行された〝ベトナム人民との団結の世界会議〟の切手(図29)が最初である。

この切手は三種のセットで発行されたが、そのうちの一種類は、〝USA〟の文字の入った爆弾を押さえ込んでいる世界の人民が描かれており、米国による北爆が世界的な非難を浴びていることが表現されている。この切手のほぼ中央に描かれている帽子をかぶった人物はラテンアメリカのイメージだが、これだけでは

図29 〝ベトナム人民との団結の世界会議〟の切手。北ベトナムの切手としては、アメリカを直接非難した最初のものとなった。

図30 〝米帝国主義の侵略に反対する各国人民の団結〟の切手

キューバ人か否かは特定できない。

これに対して、〝米帝国主義の侵略に反対する各国人民の団結〟と題された切手（図30）には、米軍のものと思しき軍艦と戦闘機を前に、各国の国旗が散りばめられた抗議の拳が描かれているが、手首にはキューバ国旗がしっかり見えており、キューバと北ベトナムとの連帯が表現されている。

キプロス問題

インドシナ情勢に次いで、チェが取り上げたのはキプロス問題だ。


平和的共存の理想はキプロスで容赦ない試練に晒されている。トルコ政府とＮＡＴＯからの圧力により、キプロスの国民と政府は英雄的で断固たる姿勢によってその主権を死守することを迫られているのだ。

こういった世界のあらゆる場所において、帝国主義は自らの思い描く共存のあり方を押し付けようとしているのだ。社会主義陣営と同盟する抑圧された人々こそが、真の共存とは何かを示さなければならない。そして、それを支援することは国連に課せられた義務である。

図31　英本国の加刷に“CYPRUS”と加刷したキプロス最初の切手。

図32　キプロス独立後最初の切手。英領時代の切手に“キプロス共和国”を意味するギリシャ語とトルコ語が加刷されている。

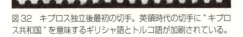

東地中海に浮かぶキプロス島は一八七八年に英国の支配下に置かれた（図31）。当初は、英国が同島をオスマン帝国から賃借するという形式が取られていたが、一九二五年に英国の直轄統治領になり、一九六〇年八月十六日にキプロスとして独立が承認された（図32）。ただし、キプロス島は地中海における戦略上の拠点であったため、英国は、キプロス国家の独立を認めた後も、新政府と協定を結び、島内の英軍基地を手放さず、基地周辺のアクロティリとデケリアは、英国の〝主権基地領域〟として、英国の統治が継続された（図33）。

もともと、同島にはトルコ系住民とギリシャ系住民が並存しており、それぞれ、トルコないしはギリシャとの併合を求める声が根強かったため、独立時の憲法では、大統領はギリシャ系から、副大統領はトルコ系から選出されると規定されており、初代大統領にはキプロス正教会首座主教であるマカリオス三世が、副大統領にはファーズル・キュチュクが就任する。

しかし、キプロスの総人口に比して、公務員におけるトルコ系の占める割合が高かったことから、これを是正するため、一九六三年には憲法修正が検討される

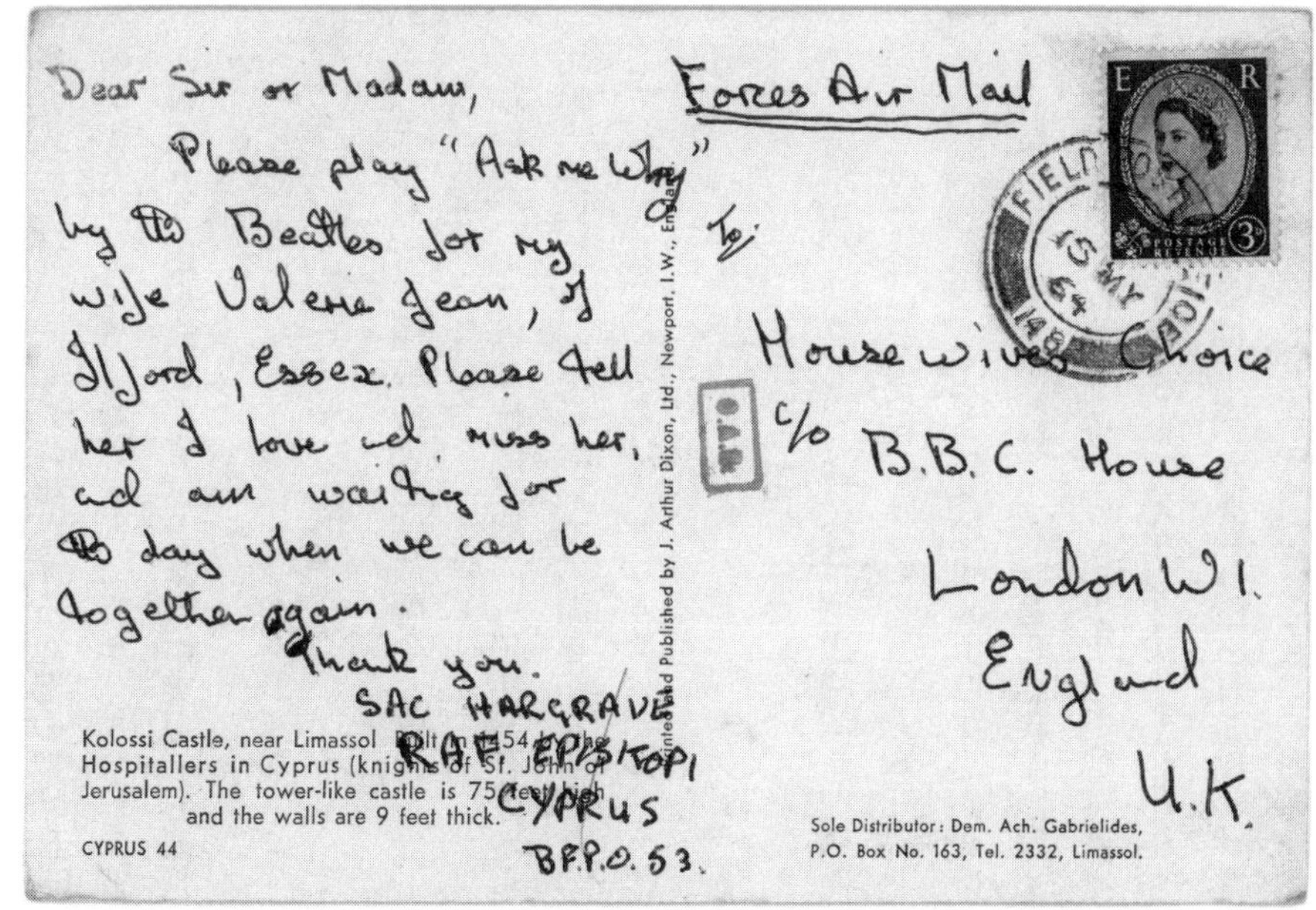

図33　独立後の1964年、キプロス駐留の英軍基地内・野戦郵便局（Field Post Office）から差し出された葉書。英国の統治下に置かれている地域のため、英本国の切手が貼られている。

ようになる。これに対して、既得権を失うことになるトルコ系は、憲法改正はキプロスのギリシャへの併合につながるとして強く反発。さらに、ギリシャ系過激派によりトルコ系国会議員三人が殺害される事件が発生すると、キプロスは内戦状態に陥ったが、米国の介入と国連平和維持軍の派遣により、同年末には停戦が成立した。

キプロス問題に関して、チェは「トルコ政府とNATOからの圧力により」を批判しているが、トルコとギリシャは、いずれも、一九五二年にNATOに加盟しており、西側陣営に属している。したがって、内戦へのNATOの介入という点でいえば、トルコのみならず、ギリシャもまた批判対象となっていいはずなのだが、トルコのみがやり玉に挙げられているのは、トルコが反共国家として対ソ包囲網の最前線となっていたことを意識していたのであろう。

ちなみに、キプロスでは、一九七四年七月（この時、すでにチェは亡くなっている）、当時のギリシャ軍事政権の支援を受けたギリシャ系治安部隊のクーデターを契機に、トルコ系住民の保護を名目としてトルコが軍事介入。全島の三七％に相当する北部の地域はトルコの実行支配下に置かれ、一九七五年、キプロス連邦トルコ人共和国を成立が宣言され、事実上の分裂状態に陥っている。

ポルトガル領植民地の解放闘争

続いて、チェは主権国家間の〝平和共存〟から、植民地の民族解放闘争について議論を転じる。その例として挙げられているのは、アフリカのポルトガル領植民地である。

平和的共存という概念は、主権国家間の関係性だけにおいて定義を確定させるべきものではない、ということも我々は申し上げておかなければならない。マルクス主義者として我々は国家間の平和的共存を維持してきたが、それは搾取する側と搾取される側の共存を許容するものではなかったし、抑圧する側と抑圧される側の共存を許容するものでもなかった。そして、あらゆる形態の植民地支配からの完全な独立という権利は、この連帯にとって基盤となる原則である。これこそが、我々がポルトガル領ギニアとか、アンゴラとか、モザンビークとか呼ばれている植民地の民族との団結の意を表明する理由なのだ。彼らは自らの自由を訴えるということを犯罪視され、そのことによって虐殺された民族である。そして我々には、カイロ宣言の協定に基づく自らの権能の限りにおいて、彼らを支援する用意がある。

図34　ギニアビサウ独立の記念切手。同国の地図と国旗、初代大統領のアミルカル・カブラルが描かれている。

以下、演説中で挙げられた地域の状況について、順に見ていこう。

①ポルトガル領ギニア

ポルトガル領ギニアは、現在のギニアビサウ（一九七三年に独立。図34）である。

西アフリカにおけるポルトガルの植民地は、一四四四年、ポルトガル人のディアゴ・ディアスがアフリカ大陸西端のベルデ岬（カーボベルデ）から約五〇〇キロ沖合の島々を〝発見〟したことに始まり、その後、西アフリカの沿岸部にも拡大した。当初、それらは一括して〝ポルトガル領カーボベルデ〟と呼ばれていた。

ポルトガル領カーボベルデの首府は、一五五八～一六九七年は大陸のカシェウに置かれていたが、その後一七七〇年まではサンティアゴ島のリベイラ・グランデ（現シダーデ・ベーリャ）、一八七九年までは同島のプライアが首府となっていたことが示すように、あくまでも、植民地経営の中心は大西洋上の島々にあった。

一七九二年以降、英国は、西アフリカ進出の拠点を築くため、ジェバ川およびグランデ川の河口沖合に位置するビジャゴ諸島のボラマ島への上陸を繰り返したが、これに対してカーボベルデを領有していたポルトガルは危機感を抱き、一八三〇年、ボラマ島の領有を宣言。しかし、英国はこれを認めず、ポルトガルとの間で領有権争いが発生した。

さらに、一八六〇年、英国はボラマ島の英領シエラレオネへの併合を宣言したため、ポルトガルがこれに猛抗議し、軍事衝突の危険が高まった。そこで、一八七〇年、ユリシーズ・グラント米大統領（図35）が仲裁に乗り出し、ボラマ島をポルトガル領とすることが正式に確定した。

一連の英国との対立を通じて、アフリカ大陸西岸の植民地防衛に不安を感じたポルトガルは、一八七九年、従来の〝ポルトガル領カーボベルデ（現在のカーボベルデとギニアビサウをあわせた領域に相当）〟からアフリカ大陸部分とその沿岸のビジャゴ諸島を分離して、〝ポルトガル領ギニア（現在のギニアビサウに相当する部分。図36）〟を創設した。なお、ポルトガル領ギニアの最大都市はビサウだったが、ポルトガルは、ボラマ島が自国領であることを示すため、あえて、ビサウではなく、

図35　英葡間の対立を調停したグラント大統領を讃えるポルトガル領ギニアの切手

図36　カーボベルデ切手に加刷されたポルトガル領ギニア初期の切手

図37　ビジャゴ諸島の先住民の抵抗を鎮圧していた時期に、ポルトガルと先住民の協調関係を訴えたプロパガンダ絵葉書。

ボラマをポルトガル領ギニアの首府としている。
以後、ポルトガル当局は道路や港湾施設、金融機関など、ボラマのインフラ整備を進めるとともに、ここを拠点に、ビジャゴ諸島の他の島々でポルトガルの支配に抵抗していた先住民の鎮定を進め（図37）、一九三六年までかかって同諸島に対するポルトガルの領有権を確定していった。ただし、ボラマ島内には淡水の水源がなく、ビサウから飲料水などを輸送する必要があり、島内での生活は非常に不便だった。そこで、ビジャゴ諸島の領有権が他国から侵される可能性がほぼなくなったことを確認した上で、一九四一年、ポルトガル領ギニアの首府は、経済的な中心地のビサウに移された。

ポルトガル領ギニアの独立運動は、中部バファタ出身のアミルカル・カブラル（図38）が、リスボンの農業経営学院（現リスボン工科大学）在学中の一九四五年、アンゴラ出身の医学生アゴスティーニョ・ネト（後のアンゴラ初代大統領。図39）に出会ったことから始まった。

一九五二年、ポルトガル領ギニアに戻ったカブラルは、一九五四年、独立運動を行ったかどで一時アンゴラに追放されたが、一九五六年九月、独立運動団体としてギニア・カーボベルデ独立アフリカ党（ＰＡＩＧＣ）を、さらに、同年十二月、ネトとともにアンゴラ解放人民運動（ＭＰＬＡ）を設立。ポルトガルの平和的な撤退を求める穏健な独立運動を展開していた。

図38　カブラル

図39　ネト

しかし、一九五九年八月三日のピンジギチ虐殺事件（ポルトガル軍がビサウの港湾労働者のストライキを武力で弾圧した事件。図40）を機に、ＰＡＩＧＣは農村を根拠地とした武装闘争路線に転換する。

一九六二年、ＰＡＩＧＣはカーボベルデの首府プライアを攻撃したものの失敗。以後、ゲリラ活動は大陸

図 40　ピジギチ虐殺事件のモニュメントを取り上げた切手

のギニア側が中心となり、一九六三年一月、ＰＡＩＧＣがポルトガルに宣戦を布告してポルトガル軍基地を攻撃。ギニアビサウ独立戦争が勃発し、チェが演説を行った一九六四年十二月は、そのさなかにあった。

②アンゴラ

次いで、一九二〇年代にポルトガルの支配が確立したアンゴラでは、第二次世界大戦後の民族主義の高揚を反映して、一九五三年、アンゴラの独立を唱える初の民族主義政党として〝アンゴラのアフリカ人のための統合抗争党（ＰＬＵＡ）〟が結成されたほか、一九五四年に結成された北アンゴラ人民連合は、アンゴラ外周部を含む歴史的コンゴ王国の独立を主張した。さらに、一九五五年、ジョアキムとマリオのピント・デ・アンドラーデ兄弟がアンゴラ共産党（ＰＣＡ）を結成。一九五六年十二月、ＰＬＵＡとＰＣＡは統合して、〝アンゴラ解放人民運動（ＭＰＬＡ）〟が結成される（図41）。

一九六一年一月三日、マランジェ州のバイサ・デ・カッサンジェ地方の小作農達が労働条件の改善を求めて、コトナング（英独の投資の下、ポルトガル人が経営していた企業）の綿農園でボイコットを起こした。翌四日、ポルトガル軍はナパーム弾を用いて現地住民を四百人以上殺害し、叛乱を鎮圧した。

これに対して、二月四日、アゴスティーニョ・ネト、マリオ・ピント・デ・アンドラーデによって率いられ

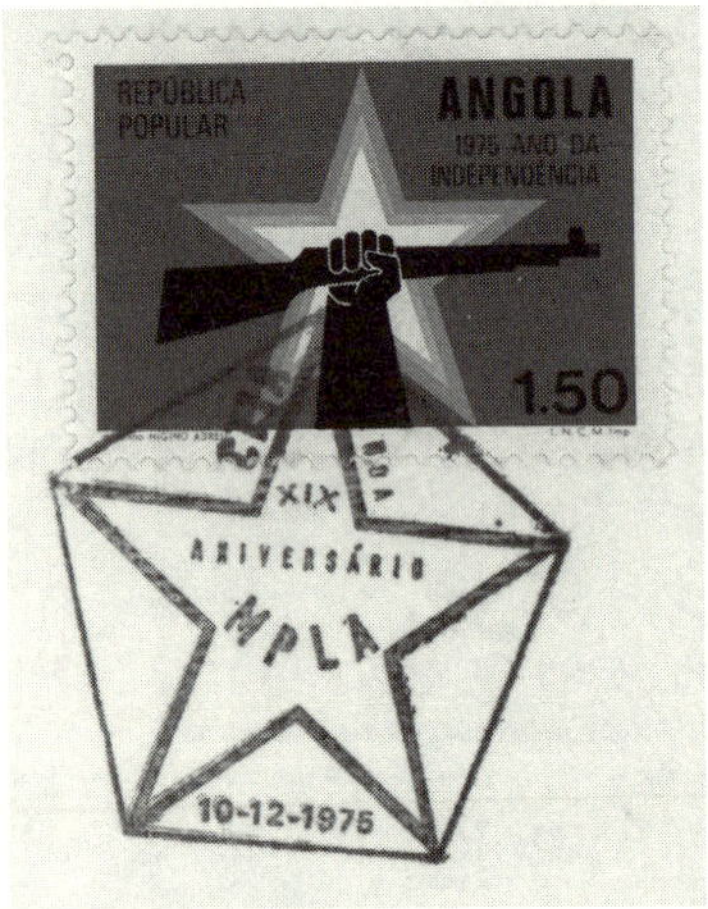

図 41　MPLA 創立 19 周年の記念印

たMPLA五十人が政治犯の解放を求めて首都ルアンダの刑務所を襲撃。MPLAは四十人が死亡し、四人の解放には失敗したが、七人の警察官が殺害された。

さらに、三月十五日、反共を掲げるアンゴラ人民同盟（UPA：União das Populações de Angola 主体は北部のコンゴ人）は、ホールデン・ロベルトの下、四〜五百の軍がコンゴからアンゴラに侵入し、彼の軍隊は農地や植民者居留地、商業地域を奪い公務員や市民を殺害した。その犠牲者は、大半が中央高地から来たオビンブンド人の契約労働者だったとされる。

以後、アンゴラ独立運動が本格化。一九六一年だけで二〜三万人のアンゴラ人市民が殺害され、四〜五十万人がザイールに避難した。

ポルトガル側の掃討作戦により、UPAはアンゴラから逃れ、コンゴ共和国軍の実力者モブツ・セセ・セコと米国、さらにイスラエルの支持を得てレオポルドビル（現キンシャサ）に拠点を移した。UPAはレオポルドビルで他の組織と合併し、アンゴラ民族解放戦線（FNLA）として再編され、同地に亡命アンゴラ政府を樹立した。

一方、一九六一年二月の蜂起失敗後、MPLAもレオポルドビルに逃れ、レオポルドビルでFNLAとの組織統一を訴えたが、FNLAの攻撃を受けて壊滅の危機に陥った。このため、MPLAは一九六三年中にレオポルドビルを退去してコンゴ民主共和国のブラザビルに本部を移転して、反ポルトガル闘争を継続した。

こうして、アンゴラでは独立を目指す諸派の対立抗争も交えながら、一九七五年三月まで、独立戦争が続くことになる（図42）。

図42「アンゴラはポルトガルの領土だ！」とのスローガンが入ったポルトガルのプロパガンダ・ラベル。

③モザンビーク

チェが三番目に挙げたモザンビークに関しては、一九六一年のアンゴラ独立戦争に刺激を受けて、一九六

図43　FRELIMOの徽章

二年六月二十五日、マルクス・レーニン主義を奉じるモザンビーク解放戦線（FRELIMO 図43）が隣国タンザニアの最大都市、ダルエスサラームで結成されたが、独立派の政治活動はポルトガル当局の弾圧により、国外のみに限られていた。翌一九六三年、FRELIMOは社会学者のエドゥアルド・モンドラーネ（図44）を首班にダルエスサラームに司令部を設置し、当初は平和的独立を模索したが断念。一九六四年以降、独立の手段を平和的手段からゲリラ戦とする方針に転換し、一九七五年の独立達成まで戦った。

プエルトリコとパナマ

続けて、チェは中南米に残された列強の植民地について言及する。

まず、国連総会直前の一九六二年十一月十五日、プエルトリコ独立運動の指導者、ペドロ・アルビス・カンポスが長年の拘留から釈放されたことを受けて、チェはプエルトリコを話題とした。

図44　モンドラーネ

> プエルトリコの国民とその指導者ペドロ・アルビス・カンポスに対しても、我々は団結の意を表明する。プエルトリコ政府の行ってきた偽善的行為の一つとしてアルビス・カンポスは七十二歳で釈放されるに至ったのだが、長年に渡る監獄生活の末、ほとんど喋ることもできず、体は麻痺した状態だった。アルビス・カンポスは、いまだ自由

ではないが不屈の精神を持つラテンアメリカの象徴である。何年も何年も監獄にいて、忍耐の限界に近いほどの圧力、精神的拷問、独房監禁、仲間や家族からの完全な孤立、生まれ故郷に巣食う支配者とその下僕の傲慢さなどにさらされたが、いかなる苦痛にも負けず、彼は己の意志を貫き通した。そういった人々の味方として、キューバの使節は我々のアメリカ大陸に名誉を授けてくれた愛国者に尊敬と感謝の言葉を贈るものである。

米国は長年に渡りプエルトリコを交雑文化の模範へと変えようとしてきた。英語の抑揚のあるスペイン語、出自背景によって異なるスペイン語など、米兵の前に屈従するにはより適した言葉だ。プエルトリコ兵は、朝鮮でそうだったように帝国主義の戦争の中で捨て駒として扱われてきたし、米軍が数ヵ月前にパナマで丸腰の民間人に行った虐殺のように、自分の兄弟のような仲間たちを狙撃させられてきた。アメリカ帝国主義による犯罪行為で最も記憶に新しいものの一つだ。だが、プエルトリコ国民は、民族の意志と歴史を左

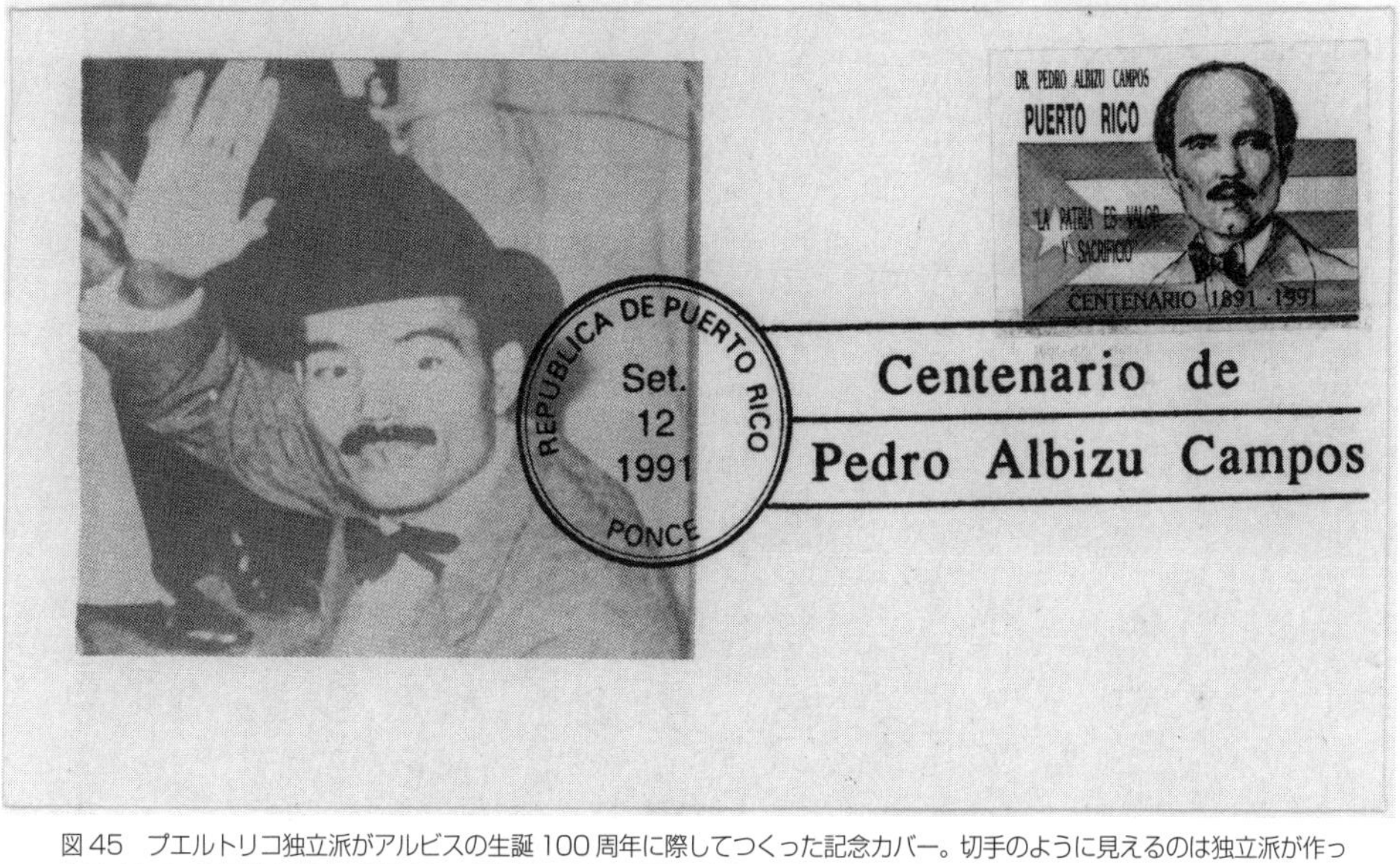

図45　プエルトリコ独立派がアルビスの生誕100周年に際してつくった記念カバー。切手のように見えるのは独立派が作ったラベルで、郵便料金前納の証紙としては無効。また、消印のように見える印も実際の郵便印ではない。

右する運命への侵害を受けながらも、自分たちの文化、ラテン人としての特質、国民意識など、ラテンアメリカの島々から集まった群衆の中にある独立への渇望を自らに証すものを維持してきたのだ。

ペドロ・アルビス・カンポス（図45）率いるプエルトリコ国民党は、急進独立派勢力として、一九五〇年には武装反乱とトルーマン大統領の暗殺未遂事件を起こしたこと、そして、この事件の余波で、マイアミ滞在中のチェは、トルーマンの悪口を言ったプエルトリコ人と親しくしたことから、ＣＩＡに目を付けられたことは、第2章でも述べた通りである。

事件後、アルビスは逮捕され、懲役八十年の有罪判決を受けたが、一九五三年、プエルトリコ知事、ルイス・ムニョス・マリン（図46）の恩赦により釈放された。しかし、一九五四年三月一日、ロリータ・レブロン以下四名の国民党員がワシントンの米下院を襲撃し、プエルトリコの旗を掲げる事件が発生。アルビスは事件に関与したとして逮捕された。

図46　プエルトリコ知事ムニョス

獄中でアルビスの健康状態は悪化した。その原因として、アルビスは、監獄当局が彼に放射線を当て、人体実験を行っていると主張。これに対して、監獄側は、アルビスは精神障害を患っており、その主張は事実無根であると反論したが、キューバ癌協会の会長で放射線学者のオルランド・ダウミーがアルビスを直接診察したところ、アルビスには人為的に放射線が当てられた可能性が高いとの結果が発表された。

こうしたこともあって、一九五六年、アルビスの身柄はサン・フアンの長老会病院に移送され、そこで警察の監視下に置かれていたが、一九六四年十一月十五日、ムニョス知事は再びアルビスに対して恩赦を発令した。

チェが国連総会で演説したのは、その約一ヵ月後のことで、当時のホットな話題として、〝プエルトリコの愛国者〟アルビスを讃えたのであった。ちなみにアルビスは釈放の翌年、一九六五年四月二十一日に亡くなっている。

なお、プエルトリコの独立派としては、国民党以外にも、一九四六年にヒルベルト・コンセプシオン・デ・ガルシアが結成したプエルトリコ独立党がある。同党は暴力を否定し、選挙で多数を獲得することで独立を目指す姿勢を取っているが、ビエケス島からの米軍の撤退と米軍施設の返還、キューバにある米軍のグアンタナモ基地の返還要求、米軍の施設の撤退運動を行い投獄されたプエルトリコ人や、「米国に対する反逆の罪」により投獄された政治犯の釈放運動への支援も行っており、キューバの革命政権との親和性も高い。

チェの演説には「プエルトリコ兵は、朝鮮でそうだったように帝国主義の戦争の中で捨て駒として扱われてきた」との文言があるが、実際、朝鮮戦争には多くのプエルトリコ兵が動員され、犠牲となっている。

すなわち、朝鮮戦争に動員された米軍の兵力は四十八万だったが、このうち、六万千名がプエルトリコ出身者（しかも、その多くは志願兵）だった。この数字には、プエルトリコから米本土に渡った移民の二世・三世は含まれていないから、〝プエルトリコ人〟とのアイデンティティを有する者を含めると、その数はさらに増えるはずだ。

プエルトリコ出身の志願兵の多くは第六十五歩兵連隊に所属していた。同連隊は、朝鮮戦争勃発後間もない一九五〇年八月二十七日、プエルトリコを出発し、九月二十三日に釜山に到着。兵士の全員がヒスパニックであるにもかかわらず、指揮官は白人であったため、上下の意思疎通が必ずしもスムーズではないという困難を抱えながらも、共産側と勇敢に戦い、中国人民志願軍の参戦によって韓国・国連軍が北緯三十八度線以南に撤退を余儀なくされた後、一九五一年一月のキラー作戦で、最初に漢江渡河に成功した舞台となった。このほか、一九五二年九月の〝アウトポスト・ケリー〟の攻防戦では、中国人民志願軍の猛攻から重要拠点を守り抜いた。また、プエルトリコ出身兵は海兵隊にも参加しており、朝鮮戦争の全期間を通じての死傷者は七百五十六名、行方不明者は百二十二名であった。

一方、演説中の「米軍が数ヵ月前にパナマで丸腰の民間人に行った虐殺」とは、いわゆる〝パナマ国旗事件〟のことである。

チェが、一九五三年秋のごく短期間、パナマに滞在したことは第2章でも述べたが、その後、パナマ情勢安定化のためには経済的な支援が不可欠と考えた米国は、一九五五年、パナマに支払う運河地域の年間使用料を四十三万ドルから百九十三万ドルに引き上げた。ところが、翌一九五六年、エジプトがスエズ運河を国有化し、米国もそれを支持したことから、パナマでも運河の国有化要求が高まった。

　ところで、パナマ運河条約の下では、運河地帯でのパナマ国旗の掲揚（図47）は禁止されていたが、そのことは、パ

図47　パナマ運河地帯に掲げられたパナマ国旗を取り上げた1980年の切手。1977年の新パナマ運河条約（1999年の運河返還が決められた）調印後、運河地帯でもパナマ国旗の掲揚が認められた。

図48　運河地帯内の大西洋岸に置かれていたグリック米軍基地内郵便局の消印

ナマ人の反米感情を増幅させる要因の一つとなっていた。

　たとえば、一九五九年十一月、独立記念日にデモを行ったパナマ大学の学生たちは、米国大使館前で抗議行動を行った後、運河地帯に侵入してパナマ国旗を掲げようとして米陸軍部隊と衝突。これにより、八十名以上の死傷者が発生し、マーチャント国務次官の訪問に抗議して六千人がデモを行ったため、アイゼンハワーは境界線地区に限り、両国の国旗を掲げることで妥協をはかっている。

　また、一九六〇年九月、ケネディは軍事施設（図48）を除くすべての運河地帯施設へのパナマ国旗の掲揚を許可し、学校・病院などは国旗の掲揚そのものを自粛することを指示し、パナマの国民感情に配

慮を示したが、上院米州委員会委員長のダニエル・フレイドは「たとえパナマ国旗を掲げても、屋根はわれわれのものだ」と発言し、大統領に対する強い不満を表明した。

こうした背景の下、一九六四年一月九日、運河地域内のバルボア高校で、米国人の右翼学生が星条旗を掲揚すると、これに対抗してパナマ人学生二百名が、パナマ国旗を星条旗と並べて掲揚するよう要求してデモを行った。その過程で、パナマ国旗を掲揚しようとしたパナマ人学生代表六人に対して米国人集団が暴行し、パナマ国旗を引き裂いたため、パナマ市民数千人が境界線に殺到。鉄道駅を襲撃し、パンナム・ビルを焼き打ちするなどの騒擾状態となったため、米軍は狙撃班を配置して無差別射撃を指令する。

翌十日には、暴動はコロンにも拡大し、境界地帯のいたるところで放火、発砲事件が発生。二日間で死者二十七名、負傷者四百名以上の惨事となった。

図49　ロベルト・チアリ

さらに、十一日には抗議デモは十万人規模に拡大したため、米国は運河地帯への交通を完全に遮断。これに対して、パナマ大統領のロベルト・チアリ（図49）は米国との国交を断絶し、事件の処理をめぐり国連安保理に提訴し、米州機構理事会ならびに国連の緊急安保理が開催された。

その結果、三月二十一日、米大統領ジョンソンがパナマ問題で譲歩の姿勢を示すと、四月三日、チアリは米国との国交回復案を受諾し、新運河条約をめざし交渉を開始することで合意。五月の大統領選挙では、反米色の強いアルヌルフォ・アリアス・マドリードが当選したものの、米国の意を汲んだ国家警備隊は彼の大統領就任を実力で阻止。チアリの支持を受けた前国家警備隊長官で保守派のマルコ・ロブレスが勝利宣言を行い、これに抗議するアルヌルフォ派の街頭デモで三人の死者が出るなど、十月のロブレスの大統領就任の前後まで、混乱が続いた。

英領ギニアの独立運動

ブラジル（ポルトガル語圏）を除く中南米地域の大半

はスペイン語圏だが、ベネズエラ東隣のガイアナは、かつては英国の植民地として〝英領ギアナ〟と呼ばれており、独立後の現在も英語が公用語になっている。また、フランスも、第二次世界大戦後も、中南米地域でグアドループ、マルティニーク、仏領ギアナ等の領土を維持していた。

チェの国連演説では、英領ギアナについて、以下のように言及されている。

我々が警告しておかねばならないのは、平和的共存の原則が、英領ギアナと呼ばれる場所で起きたことのように、民族の意志を蔑ろにする権利など許容していないということだ。チェディ・ジェーガン首相政権は、あらゆる種類の圧力や謀略の犠牲となってきた。民族の意志を蔑ろにするやり方を見つけ、権力者の裏工作によって据えられた新たな政府の御しやすさを確実にするための猶予があったために、チェディ政権は独立に遅れをとることになったのだ。これは、こういったアメリカ大陸の諸国に、去勢された自由を与えるためのやり方である。ギアナが独立獲得のためにどのような道を歩むことを強いられたとしても、キューバによる道徳的軍事的支援は彼らと共にある。

南米大陸北部の大西洋に面したギアナ地方は英仏蘭の三国によって分割されていた。一六二一年以降、オランダ西インド会社の管轄下にあった地域のうち、エセキボ・デメララ・バービスの三植民地は、ナポレオン戦争を経て一八一四年に英領となり、一八三一年、英領ギアナとして統合された。

英国は一八三四年、全植民地で奴隷制を廃止したが、これに伴い英領ギアナでも、砂糖工場の労働力として、英本国のみならずアイルランド、マルタ、ドイツ、ポルトガルなどからの移民がその欠を補うことになる。なかでも一八三八年以降、インド系の労働者が大量に流入。その数は、英領インド政府によりインド人移民が禁止される一九一七年までに三十四万人にも達した。当初、インド系移民とその子孫は農業に従事していたが、次第に首都ジョージタウンをはじめ都市部に出て

図50　ガイアナで発行されたディーワーリー（インド暦新年の祝祭）の記念切手。最大勢力のインド系住民に対する配慮から発行されたもの。

商業などで財を成すようになる。ちなみに現在、ガイアナの人口は約七十六万人だが、インド系はそのうちの四三・五％を占め、約三〇％のアフリカ系（かつての奴隷の子孫、または彼らとの混血）を凌駕し、最大勢力を構成している（図50）。

第二次世界大戦後の英領ギアナでは、大幅な自治を認めた憲法が制定され、一九五三年に最初の総選挙が行われた。その結果、インド系のチェディ・ジェーガンを党首としてスターリン主義を掲げる人民進歩党（ＰＰＰ）が勝利。このため、英領ギアナの社会主義化を恐れた英国は、同年十月、四隻の軍艦と千六百名の兵士を派遣し、憲法を停止して暫定政府による統治がスタートした。

図51　バーナム

一方、インド系を中心とする急進左派政党であったＰＰＰの躍進に危機感を持ったアフリカ系は、ＰＰＰから分裂するというかたちをとって、弁護士のフォーブス・バーナム（図51）を党首として穏健左派政党の人民国民会議（ＰＮＣ）を結成して対抗。南米に社会主義政権が誕生することを恐れた宗主国の英国や南米を自国の裏庭と考える米国はＰＮＣを暗に支援し、ＣＩＡはアフリカ系住民に対して「このままではインド系に支配される」と宣伝し、民族対立を煽っていた。

その後、一九六一年に新憲法が制定され、英領ギアナは完全な自治を獲得。これを受けて、同年八月に行われた総選挙ではＰＰＰが第一党となり、同年九月、首相に就任したジェーガンは、砂糖産業（アフリカ系労働者が多数を占めていた）や電力会社の国営化などの社会主義的政策を推進した。

このため、一九六二年四月五日にはＰＮＣ主導でゼネストが宣言され、英領ギアナ全土で暴動が発生。混乱は一九六四年まで続き、この間、職場や住宅が放火されて約百八十名が犠牲になった。そこで、英領ギアナ知事サー・ラルフ・グレイは英軍の派遣を要請。暴動は鎮圧された。

混乱の収束後、一九六四年十二月に行われた総選挙では、PNCが白人とも連携して勝利を収め、バーナムが首相に就任した。これに対して、ジェーガンは選挙の無効を主張したが、バーナム政権は憲法改正によって、ジェーガンを追放する。このジェーガン追放の正統性を認めないというのが、国連演説に示されたチェの立場である。

なお、ジェーガンの追放により、とりあえず、英領ギアナの社会主義化が阻止されたと判断した英国は、一九六六年五月二十六日、英領ギアナに対して英連邦内の自治領として独立（図52）することを承認。国名は先住民の言語の呼称である〝ガイアナ〟と改称され、新国家の首相にはバーナムが就任する。

図52　ガイアナ独立時に記念文字を加刷した切手

図53　エセキボ地域の領有権を主張するガイアナ切手

ところで、チェの演説では〝英領ギアナと呼ばれる場所〟との表現が用いられているが、これは、ベネズエラとの国境紛争を意識してのことと思われる（図53）。

すなわち、英領ギアナの政治的・経済的中心は、当初、エセキボ川の東岸だったが、後に、カリブ海のトリニダード島以外にも英国＝南米間の貿易のために大型船が停泊できる居留地が必要となったため、英国はエセキボ川西岸にも進出。これに対して、一八三〇年、コロンビアから分離独立したベネズエラはエセキボ川までのグアヤナ・エセキバの領有権を主張して対立した。ちなみに、ベネズエラ側の主張を全面的に認めると、ガイアナは現在の領土の三分の二を失うことになる。

その後、いったんはグアヤナ・エセキバの地を両国の中立地帯とすることで妥協が成立したものの、十九世紀後半に金鉱が発見されたことで対立が再燃。このため、一八九九年、米英露三国の調停により、係争地の大半は英領ギアナに属するものとされ、ベネズエラ政府もこれを受け入れたが、一般国民の間では不満がくすぶっていた。このため、一九六六年に英領ギアナがガイアナとして英国から独立すると、ベネズエラは再びグアヤナ・エセキバの領有権を主張。現在にいたるまで対立が続いている。

グアドループとマルティニーク

続けて、チェは、カリブ海のフランス海外県のグアドループとマルティニークについても言及する。

さらにもう一つ、我々が指摘しておかなければならないのは、グアドループとマルティニークが未だ勝ち得ない自分たちの政府を求めて長い間闘い続けてきたということだ。この紛争もすぐ終わるはずだと私は確信している。

グアドループは、西インド諸島のリーワード諸島の一角をなす島嶼群で、バス・テール島とグランド・テール島（この二島で〝グアドループ島〟を構成する）を中心に、マリー・ガラント島、ラ・デジラード島、プティト・テール諸島、レ・サント諸島などの島々から構成されている。かつては、サン・マルタン島とサン・バルテルミー島もグアドループに属していたが、二〇〇三年、両島はそれぞれ分離して独自のフランス海外準県となり、現在に至っている。

一方、マルティニークは、西インド諸島のウィンドワード諸島に属する火山島で、ドミニカ国の南、セントルシアの北に位置する。

いずれも、一六三五年以降、一時的な例外を除いて、フランスが支配しており、第二次世界大戦以前は、行政上は仏領植民地と位置付けられていた。

第二次世界大戦中の一九四〇年、フランス本国はドイツに降伏し、パリを含む北部フランスはドイツに占領され、南部はフィリップ・ペタンを国家主席とし、ビシーを首都とする親独派政権の支配下に置かれた。これに対して、ドイツへの降伏を潔しとせず、抗戦継続を主張するシャルル・ド・ゴールらはロンドンに亡命して〝自由フランス〟を結成。フランス本国が親独派と抗戦派に分裂する中で、植民地政府の対応も割れることになったが、グアドループとマルティニークの植民地政府は、いずれも、親独中立のビシー政権に属し（図54）、島にはビシー政権の水兵が上陸した。

こうした中で、一九四〇年六月、フランス本国からカナダ・ハリファックスまでフランス銀行の金塊を輸送していた軽巡洋艦エミール・ベルタンは、本国降伏の報を受けて、急遽行き先を仏領マルティニークに変更。フランスの降伏後、英海軍が各地でフランス軍艦を攻撃する事件があったが、マルティニークではフランスが軍艦を出航させない代わりに英国は島内に係留

図54　1941年にグアドループ（上）およびマルティニーク（下）で発行された切手。いずれも、ビシー政府主席のペタンの肖像が入っている。

図55　1940年10月、マルティニーク停泊中のフランス軽巡洋艦、エミール・ベルタン宛の郵便物。

されている軍艦を攻撃しないという協定が結ばれ、これによりエミール・ベルタンはしばらくマルティニークに留まることになった（図55）。

一九四一年、シュルレアリスムの詩人、アンドレ・ブルトンはマルセイユからニューヨークへの亡命途中、偶然、マルティニークに立ち寄り（彼が乗っていた船がマルティニークに強制寄港させられたためである）、地元の詩人・思想家のエメ・フェルナン・ダビッド・セゼール（図56）と出会う。

図56　エメ・セゼール

セゼールは、一九一三年、マルティニーク島のバス・ポワントでアフリカ系カリビアンの税務署職員の子として生まれた。祖父のフェルナン・セゼールはサン＝クルーの高等師範学校卒業後、サン＝ピエールのリセで文学教師そしてマルティニークで最初の黒人小学校教師となった人物で、祖母は、同世代の現地女性の中では、例外的に読み書きができた。

一九三一年、奨学金留学生としてパリのリセ・ルイ＝ル＝グランへ入学。在学中の一九三四年、後にセネガルの大統領となるレオポルド・サンゴールらと共に学生新聞『黒人学生』を創刊し、〝ネグリテュード（黒人性）〟を提唱する。

ネグリテュードは、黒人が〝ニグロ（フランス語ではNégre ネグル）〟として受けてきた差別や抑圧、〝歴史の最悪の暴力を経験し、周辺化と抑圧に苦しんできた人間集団〟としての自覚を抱き、植民地主義を拒絶して〝ニグロの言葉〟で語ることを訴えるもので、黒人固有の文化を称揚するものとして、後に、アフリカ、北米、カリブ海地域の黒人知識人に大きな影響を与えることになる。

さて、一九三五年、セゼールは高等師範学校に合格したが、この頃から、精神的、肉体的な不調に見舞われるようになる。翌一九三六年、長詩『帰郷ノート』の執筆を開始し、一九三七年には同郷の留学生、シュザンヌ・ルーシィ（後に作家として活動する）と結婚したが、教授資格試験に失敗。失意のセゼールは『帰郷ノート』を発表した後、一九三九年にマルティニークに帰郷し、母校シェルシェール高等中学校の文学教師となった。ちなみに、後にポストコロニアル理論の先駆者として世界的に有名になるフランツ・ファノン（一九二五年、マルティニークの首府、フォール・ド・フランス生まれ）は、シェルシェール高等中学校でのセゼールの教え子である。

さて、一九四一年、セゼールは妻のシュザンヌらと文芸雑誌『熱帯』を創刊した。

当時のマルティニークでは、島に残ったフランス兵は〝典型的な人種差別主義者〟となり、アフリカ系の住民に対して多くの厭がらせを行い、性犯罪も絶えなかった。そうした中で、セゼールの主宰する『熱帯』も創刊早々、発禁処分を受けてしまう。

こうした中でマルティニークに寄港したブルトンは、セゼールの『帰郷』を〝発見〟して絶賛。ブルトンはセゼールの次の詩集『奇跡の武器』の序文を引き受けるとともに、彼を通じて、セゼールと雑誌『熱帯』はニューヨークで注目を集め、〝ネグリテュード〟の概念も拡散していった。

図57　自由フランスのロレーヌ十字が入ったガドループ（上）およびマルティニーク（下）の切手。

一九四三年七月十四日、フランス革命の記念日にあわせて、マルティニークとグアドループでは反独レジスタンスが蜂起し、自由フランス側に転向（図57）。これに伴い、マルティニークおよびグアドループ出身の黒人兵たちがアルザスの戦いなどに動員され、連合国の兵士として戦った。ファノンも、マルティニークでのレジスタンスの放棄以前に島を脱出して英領ドミニカに渡り、自由フランス軍に参加。アルザスの戦いに従軍したほか、一九四四年にはコルマールで負傷し、軍功章を受けている。

しかし、フランス軍がライン川を渡ってドイツ領内に入る段になると、自由フランス軍の兵士はすべて白人に〝漂白〟され、ファノンを含む非白人兵はトゥーロンに送られるという屈辱的な体験をする。

第二次世界大戦後、仏領植民地では戦時中の戦争協力の代償として、自治の拡大を求める動きが広がった。マルティニークでは、一九四五年の選挙でセゼールがフランス共産党から立候補して首府フォール・ド・フランスの市長に当選する。さらに、共産党のフランス国民議会議員に選出された。

翌一九四六年、セゼールは、自治権の拡大を求めて、マルティニークの海外県化法案を起草。同法案は成立し、それまでの〝植民地〟時代には、行政上の長である総督は住民の意思とは無関係に本国政府が任命していたのに対して、マルティニーク知事は住民の選挙によって選ばれることになった。ちなみに、マルティニークと同時に、グアドループも仏領植民地から海外県に昇格する。

しかし、ド・ゴールの理解では、マルティニークもグアドループも〝海の上の小さな埃〟ではなく、住民の自治は拡大されなかった。その証拠に、一九五〇年、フランス政府は海外県における言論の自由を制限する法案を提出。セゼールはこれに抗議したが、フランス共産党の賛同は得られず、失望した彼は『植民地主義論』を発表し、以下のように主張する。

植民地化がいかに植民地支配者を非文明化し、痴呆化／野獣化（アブリュテイール）し、その品性を堕落させ、もろもろの隠された本能を、貪欲を、暴力を、人種的憎悪を、倫理的二面性を呼び覚ますか、まずそのことから検討しなければならないだろう。

そして、ベトナムで一つの頭が切り落とされ、一つの目がえぐりとられ、フランスでそれが容認されるたびに、ひとりの少女が強姦され、フランスでそれが容認されるたびに、マダガスカル人がひとり拷問され、フランスでそれが容認されるたびに、自らの重みに沈み込む文明はますます死の重みを加え、全般的な退行が進行し、壊疽が始まり、瘴気が拡がっていくことを示さねばならないだろう。

さらに、踏みにじられたすべての条約、撒き散らされたすべての虚偽、容認されたすべての討伐派兵、捕縛され「尋問」されたすべての囚人、拷問されたすべての愛国者たちの彼方、そして奨励された人種的傲慢、ひけらかされた高慢の彼方には、ヨーロッパの血脈に点滴注入される毒素があり、ヨーロッパ大陸の野蛮化の緩慢な、しかし確実な進行があるということを。


さらに一九五六年、フルシチョフによるスターリン批判の後も、フランス共産党はスターリン主義的体制を支持し、アルジェリア独立戦争に対するフランスの武力弾圧に同意したほか、同年十月のハンガリー動乱(ハンガリー一九五六年革命)ではソ連軍による武力鎮圧を支持。こうした姿勢に絶望したセゼールは共産党を離脱し、一九五七年、マルティニーク進歩党を結成し、〝自治〟をスローガンに活動を続けた。

チェの国連演説は「(グアデループとマルティニークは)自分たちの政府を求めて長い間闘い続けてきた」が、「この紛争もすぐ終わるはずだ」と評している。しかし、前述のように、セゼールは、フランス海外県としての〝自治〟の拡大を求め、フランスの国会議員として活動していたのであり、独立活動を展開していたわけではないから、その点では、チェのマルティニーク理解は正確さを欠いている。

ただし、ハンガリー動乱の際に見られたソ連の帝国主義的な性格や、それに追従するフランス共産党に対するセゼールの批判的な姿勢には、チェとも通底する面があり、それゆえ、マルティニークとの連帯の意思を示したということなのだろう。

一方、グアドループに関しては、フランスの海外県に昇格した後も、かつての奴隷商人の子孫やフランス本土から来た白人植民者の子孫、〝ベケ〟が政治・経済を牛耳る体制は変わらず、水やコメ、ガソリンなどの生活物資の輸入はベケによって独占されているためフランス本土の一・五〜二倍の高値で売られており、一般労働者は貧困状態に置かれ続けていた。このため、一九五二年二月十四日にはサトウキビ労働者が大規模な待遇改善のデモを起こし、多くの死傷者が発生したほか、一九五〇～六〇年代には大規模な騒乱が何度か発生している。

反アパルトヘイト闘争とキューバ

このように、事実上の人種による差別と格差が固定化されているグアドループからの関連で、チェは、続けて南アフリカ共和国（以下、一九六一年以前の南アフリカ連邦も含めて南アと略）のアパルトヘイト政策を批難する。

もう一度言おう、南アフリカで起きたようなことからこの世界を守らなければならない。残酷なアパルトヘイト政策が行われるのを、世界中の人民が目の当たりにした。たった一つの人種の優越の下に置かれていることで政策は公的に維持され、人種的優越の名の下に殺人鬼が無罪のまま放置されている。アフリカの民族たちは、アフリカ大陸にのしかかるその事実を忍受することを強いられているのだ。このような事に対して、国連は何の手も打たないつもりなのか。

〝アパルトヘイト〟とは、もともとは〝分離〟ないしは〝隔離〟を意味するアフリカーンス語（南アのオランダ系住民アフリカーナーの言語）だが、この語による極端な人種差別政策は、一九四八年の総選挙に際して登場した概念である。

一九三九年に発足した南アのヤン・スマッツ連合党政権は英連邦、すなわち連合国の一員として第二次世界大戦に参戦。大戦は連合国側の勝利に終わり、南アは戦勝国としての地位を確保したが、戦争を銃後で支えた黒人の発言力も増大する。当時の南アでは、他の欧米のアフリカ植民地と同レベルの有色人種に対する差別的な制度が機能していたが、連合党が有色人種に対する譲歩の姿勢を示すと、もともと、第二次世界大戦への参戦そのものにも反対していたダニエル・フランソワ・マランの国民党は連合党政権の〝対英従属・

図58　南アの歴代首相の肖像を描く1960年の切手。左から2人目がヤン・スマッツ、右から3人目がマラン。

アフリカーナー軽視〟を徹底的に批判することで、アフリカーナーの支持を獲得していった（図58）。

こうした背景の下、一九四八年の総選挙で国民党が大々的に掲げたのが〝アパルトヘイト〟のスローガンで、これにより、彼らは地滑り的な勝利を収める。

もともとオランダ改革派教会の聖職者だったマランは「アフリカーナーによる南ア統治は神によって定められた使命である」との信念の下、「国内の諸民族をそれぞれ別々に、純潔を保持しつつ存続させることは政府の義務である」と主張。一九五〇年、全国民をいずれかの〝人種〟に分類するための人口登録法を制定し、これと前後して、人種間通婚禁止法や背徳法（異人種間の性交渉を禁止する法律）を制定し、さらに、都市およびその近郊の黒人居住地から黒人を強制移住させ、その跡地を白人（主としてアフリカーナー）のために区画整理するなどの、差別的政策を強行していく。

これと並行して、国軍を含む公職からアフリカーナーの国民党員以外の人物を締め出し、全国の選挙区の区割りを政権側に都合の良いように変更した上で、集会の自由などの国民の権利を制限した。もちろん、〝抑圧された人々〟の団結を唱える共産主義は禁止された。

こうして、一九五四年にマランが八十歳で引退するまでの間に、国民党政権はアパルトヘイト体制の基盤を確立する。

当然のことながら、独立運動組織のアフリカ民族会議（ANC）はこれに抵抗。一九五五年六月には、人種差別に反対する多人種の人民会議の開催を呼びかけ、ヨハネスブルグ近郊のクリップタウンで、〝人種差別のない民主南アフリカ〟を目指す「自由憲章」を採択し、一九六〇年には当時議長のアルバート・ルツーリがアフリカ出身者として初のノーベル平和賞を受賞した。

ところで、当初、ANCは非暴力主義を掲げていたが、一九六〇年三月、通行証制度（南アの非白人は身分証に相当する〝通行証〟の携帯を義務付けられ、不携帯

図59　マンデラ生誕90周年の記念切手の初日カバー。封筒には1963年の逮捕前のマンデラの写真を配し、切手に取り上げられた2008年のマンデラと対比させている。

図60　ロベン島。アパルトヘイト撤廃後の1996年、ロベン島の監獄はすべて閉鎖され、1999年12月、ロベン島はアパルトヘイトの記憶を伝える"負の世界遺産"として、ユネスコの世界文化遺産に登録された。

の場合は特定の地域に入れなかったり、甚だしくは逮捕されたりすることもあった）に抗議するデモ隊に警官隊が発砲し、六十七名が犠牲となるシャープビル事件が発生すると、これを機に、副議長のネルソン・マンデラ（図59）を指揮官とする軍事部門、ウムコント・ウェ・シズウェ（民族の槍）を設立し、武装闘争路線に転換する。これに対して、南ア政府は非常事態宣言を発してANCを非合法化。一九六三年にはマンデラら幹部が一斉逮捕され、ケープタウン沖合のロベン島（図60）の監獄に送られた。その後マンデラの身柄は、一九八二年、ケープタウン郊外のポルスモア刑務所に移監されたが、一九九〇年二月十一日の釈放まで、彼は二十七年間を獄中で過ごし、アパルトヘイトに抵抗する南ア黒人の象徴的な存在となった。

　チェが国連演説を行った一九六四年の時点では、キューバは反アパルトヘイトの立場を取っていたものの、ＡＮＣの闘争を具体的に支援していたわけではない。また、彼自身はマンデラと直接会うことのないまま、一九六七年に亡くなっている。

　キューバが本格的にＡＮＣの反アパルトヘイト闘争を支援するようになるのは、一九七五年にアンゴラが独立した際、独立運動を主導したアンゴラ解放人民運動（ＭＰＬＡ）が親ソ派だったことから、南アの国民党政権が米国をも巻き込んで、対立組織のアンゴラ民族解放戦線（ＦＮＬＡ）を支援して、内戦に介入してからのことである。

　すなわち、〝第三世界の連帯〟を掲げるキューバは、一九七五年十一月から一九七六年四月までの間に三万六千人の兵力を派遣し、南ア軍をナミビア（当時は南アの実効支配下）に押し戻した。このことは、ＡＮＣを含むアフリカの反アパルトヘイト勢力を大いに鼓舞。さらに、その後もキューバの軍事顧問団はアンゴラにとどまり、ＡＮＣに対して軍事訓練を施している。

図61　キューバ革命の成果として〝アパルトヘイト廃止〟を取り上げた切手には、フィデルと抱き合うマンデラが取り上げられている。

　こうしたことから、キューバとＡＮＣの間には緊密な関係が築かれ、フィデルとマンデラとの間にも個人的な深い友情関係が結ばれた。マンデラは、釈放後の一九九一年、ＡＮＣ議長に就任すると、キューバを訪問してカストロに直接会って謝意を述べている（図61）。

　余談だが、二〇一〇年、筆者は南アのケープタウン近郊、ワインの産地として有名なステレンボッシュを訪れたが、その際、店内にゲバラ・グッズを数多く並べた〝ケープ・トゥ・キューバ〟というカフェを見つけた（図62、63）。

　前年（二〇〇九年）に発行された図61の切手と併せて、かつてのキューバと南アの敵対的な関係を考えると、隔世の感を禁じ得なかったことを鮮明に覚えている。

図62 “英雄的ゲリラ”がディスプレイされたケープ・トゥ・キューバの店内

図63 南ア・ステレンボッシュのカフェ“ケープ・トゥ・キューバ”の名刺

コンゴ情勢についての認識

続いて、チェはコンゴ情勢についても言及する。なお、チェは反政府勢力を支援するため、一九六五～六六年、コンゴに渡ることになる。彼のコンゴについての活動は、第9章で詳述するので、背景となるコンゴ情勢についても、その時に説明することにして、ここでは、彼の演説の該当箇所を引用するにとどめたい。

コンゴで起きた痛ましい出来事についても、とりわけ重要なこととして述べておきたい。それは現代の歴史の中では他にないような例で、全く罰せられることなく、最も非礼な冷笑主義により、どのようにして人民の権利が蔑ろにされているのかを表している。そもそもの直接的理由になっているのはコンゴの持つ巨大な富としての資源であり、それは帝国主義諸国が支配下に置きたがっているものである。我々の同志フィデル・カストロが初めて国連に登場して演説を行った際、彼は平和的共存についての問題のすべてが、外部の人間が富を不当に私物化している点にあると看破した。「同じように終わりを迎えるであろう略奪の哲学と戦争の哲学を今こそ終わらせるのだ」フィデルはそんなふうに言っていた。

しかし略奪の哲学はいまだ終わりを迎えていないだけでなく、今までよりも力を増している。それこそが国連の名の下にコンゴ首相ルムンバを殺戮するなどということが今なお行われる理由であり、白人の保護の名の下に多くのコンゴ人を殺戮するなどということが行われる理由なのだ。パトリス・ルムンバが国連に託していた希望に対する裏切りを、何があっても忘れることはできないだろう。国連軍が占領に続いて、彼らの支援の下にアフリカの偉大な愛国者を暗殺させ、無罪のまま放置されているという、その陰謀と奸計を、何があっても忘れることができないだろう。特別使節の皆さん、コンゴにおいて国連の権威を蔑ろにした人物を、我々は何があっても忘れることができないだろう。それは正確には愛国的な理由からではなく、帝国主義者同士の争いの倫理によるものだった。そしてその人物とは、ベルギーの支援の下、カタンガ州の分離を先導したモイーズ・チョンベである。そこで行われた国連の全活動の末に、結局はカタンガ州から追放されたチョンベが再び舞い戻ってコンゴの君主となるなどということを、いったいどうやって正当化し、説明をつけるというのか。誰か国連が帝国主義者から課せられている悲しい役割を果たすことを拒否できる者はいないのか。

さらにはまるでこれだけでは物足りないとでもいうように、我々の目の前に世界中が怒りに震えるような真新しい動きが飛び込んできた。その犯人が誰なのかご存知だろうか。それはベルギーの落下傘部隊であり、それを輸送したのは米国の飛行機、そしてその飛行機が飛び立ったのは英国の基地だ。ヨーロッパの小国であり、文明化され工業化されたベルギー王国がヒトラーの大軍に侵略を受けたことが、まるで昨日のことのように思い出される。さらに苦々しいことに、この小国はドイツ帝国主義による虐殺を受けたことは周知の事実であり、犠牲になった人々は同情を誘う存在なのだ。しかし帝国主義者のコインのこの裏面は我々の多くには今まで見えていなかったものだ。おそらくは、祖国の自由を守るために死んでいった愛国者の子供たちが、今は白人という名の下に冷血な殺人鬼として数多くのコンゴ人を殺している。アーリア人の血を充分に受け継いでいないという理由によって、自らもドイツ人の踵に踏みつけられて苦しんだのと全く同じだというのに、だ。今こそ我々の自由な目を新たな地平へ向けて見開いて、植民地支配の奴隷だったその過去において、我々がいったい何を見落としていたのかをしかと見届けよう。「西欧化」というものは、その華々しい外観の後ろに、ハイエナとジャッカルの姿を隠しているのだ。コンゴにおける「人間的」作業を完遂するために赴いた連中に相応しい名前はこれくらいだ。この肉食獣は非武装の人民を餌にしている。これが帝国主義の人間への仕打ちだ。これが帝国主義「白人」の、目に余る姿なのだ。

すべての自由な人間はコンゴでの犯罪に報いるよう態勢を整えなければならない。おそらくその兵士たちの多くは、帝国主義的組織によって人間性を失わされ、優越人種の権利を守ることが善い行いなのだと信じこまされている。しかしこの総会において、それぞれの太陽と色素によって肌を黒く染められた民族たちは依然として多数派なのだ。そして完全に、はっきりと、人間の格差は自らの肌の色によるものではなく、生産手段の所有形態と生産関係によるのだと理解しているはずだ。

アフリカと中東の抑圧された国々

続いて、チェは、南アとコンゴ以外にも、アフリカおよび中東で植民地解放闘争を戦っている国々を列挙し、彼らとの連帯を訴える。

キューバの使節はさらに、少数派の白人植民地支配者に抑圧された皆さんにもご挨拶を申し上げる。南ローデシア、南西アフリカ、バストランド、ベチュアナランド、スワジランド、フランス領ソマリ、アデン保護国、オマーン、そういう国民の皆さんにだ。そして帝国主義と植民地主義と戦うすべての人民の皆さんにもだ。我々はそういう人々を支援するということを、改めて述べておく。

以下、演説に登場した順に、各地域の状況をまとめておこう。

①南ローデシア

本章の冒頭でも述べたように、一九六四年、ニヤサランドがマラウイとして、北ローデシアがザンビアとして、それぞれ独立したことでローデシア・ニヤサランド連邦は解体されたが、残る南ローデシアでは、連邦の解体以前から、ソ連の支援を受けたジンバブエ・アフリカ人民同盟（ZAPU）や中国の支援を受けたジンバブエ・アフリカ民族同盟（ZANU）が独立闘争を展開していた。

これに対して、植民地政府首相に就任したイアン・スミスは白人による支配体制の維持を主張して黒人の抵抗運動を徹底的に弾圧。一方、宗主国の英国は、周辺国と足並みをそろえて、黒人にも参政権を保障した上での独立を南ローデシアにも求めたが、白人政権はこれを拒否し、一九六四年末の時点では緊張が高まっていた。

そして、チェの国連演説からほぼ一年後の一九六五年十一月十一日、白人政権は英本国から派遣されていた総督を追放し、白人中心のローデシアの独立を宣言する（図64）。

図64　ローデシア独立の記念切手。ローデシアは英国王（エリザベス２世）を憲法上の幻視としていたため、切手にも女王の肖像が描かれているが、女王本人はそれを認めていなかった。

当然のことながら、スミス政権に対しては黒人の抵抗運動が組織されたが、ローデシア政府は国民民主党（NDP）の活動を禁止したのをはじめ、黒人による独立運動を徹底的に弾圧した。このため、国際社会はローデシア政府を非難し、一九六六年以降、国連は経済制裁を科したが、南アやポルトガル領モザンビークはローデシア政府を支援。これに対して、中ソの支援を受けた黒人勢力が武装闘争を展開し、一九七八年まで続く内戦を経て、一九八〇年にジンバブエとして独立を達成する。

②南西アフリカ

現在のナミビア国家の領域は、第一次世界大戦以前はドイツ領南西アフリカとしてドイツの統治下に置かれていたが（図65）、第一次世界大戦中の一九一五年三月、英連邦の一員として参戦した六万七千の南ア軍が進攻し、七月九日にはその全域を占領（図66）。これにより、ドイツ領南西アフリカは崩壊し、戦後、この地域は国際連盟によって南アの委任統治領となる（図67）。

図65　ドイツ領南西アフリカの切手

一九四六年に国際連盟が解散すると、南アは国際連合への引き継ぎ期間の隙をついて南西アフリカの併合を宣言。しかし、国際社会はこれを認めず、南アによる南西アフリカの併合は不法占領であると非難した。

一九六〇年の国連総会では、南西アフリカを、南アを施政権者とする信託統治領（委任統治領と異なり、国連信託統治理事会が、三年に一度、現地を視察して住民に対する人権侵害や搾取がないか、自治・独立に向けた施政が行われているかを調査するほか、地域住民から国際連合への請願が認められる）とすることを決議したが、南アはこれを無視して、国連の〝干渉〟を排した実効支配を継続した。

これに対して、一九六二年、南西アフリカでは民族

図66　第1次世界大戦中の1918年、南占領下のウィントフックで使用された南アフリカ切手。消印中にあった“DEUTSCH（ドイツ）”“SUDWESTAFRIK（南西アフリカ）”等のドイツ語表記は削られて押されている。

図67　南ア委任統治領南西アフリカとしての切手。南ア切手に、英語とアフリカーンス語で“南西アフリカ”の地名が加刷されている。

解放組織として〝南西アフリカ人民機構（ＳＷＡＰＯ）〟が結成され、以後、独立運動が展開されていくことになる。

チェの演説は、こうした情勢を踏まえてのものだったが、その後、一九六六年になると、南アは本国に倣って南西アフリカでも〝自治国〟としてバントゥースタンを設置し、アパルトヘイト政策を強行。独立運動を徹底的に弾圧した。

このため、同年八月二十六日、ＳＷＡＰＯは武装闘争を開始し、いわゆるナミビア独立戦争が勃発。国際社会はＳＷＡＰＯを支持し、一九六八年には国連総会で南西アフリカをナミブ砂漠に由来する〝ナミビア〟と改称した上で、国連ナミビア委員会の統治下におく決議が採択された（図68）ほか、一九七三年の国連総会ではＳＷＡＰＯがナミビアの正統政府として承認された。

しかし、南ア政府はその後も〝南西アフリカ〟の支配を続け、一九七五年にアンゴラでの内戦が勃発すると、ナミビアを拠点としてアンゴラ内戦に介入。内戦には東西冷戦の代理戦争として米ソ両国も関与したた

図69　SWAPO支持を訴えるキューバ切手

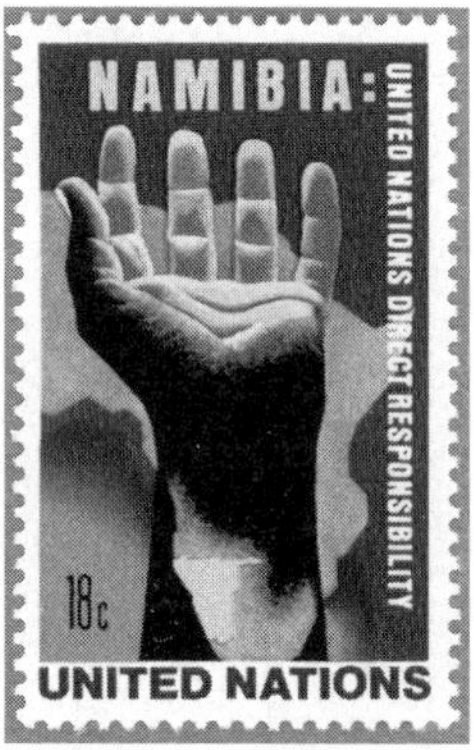

図68　ナミビアが国連ナミビア委員会の管理下にあることを訴えた国連切手

右：図70　国連監視下で行われたナミビア総選挙の記念切手

左：図71　ナミビア独立時に発行された記念切手

め、ナミビアとアンゴラの国境付近では南ア軍とMPLAおよび彼らを支援するキューバ軍が対峙する状況が延々と続いた（図69）。

その後、一九八八年のクイト・クアナバレの戦いを機に、南アはアンゴラからの撤退を表明。同年十二月のニューヨーク協定で、南アは、キューバ軍のアンゴラからの撤退を条件にナミビアの独立を承認する。そして、翌一九八九年、国連監視下で行われたナミビアの選挙（図70）ではSWAPOが過半数を制し、一九九〇年三月、ようやく、ナミビアは完全独立を達成した（図71）。

③バストランド

南ローデシアや南西アフリカと異なり、バストランド（現レソト）の場合は、必ずしも、過酷な独立闘争を経験したわけではなく、その意味では、前二者と並列に扱うのは無理がある。

十八世紀末、金やダイヤモンドの鉱脈を狙ってアフリカ南部に到来した英国人は、すでにこの地に住んでいたオランダ系のアフリカーナーと戦い、ナポレオン戦争中の一七九五年、ケープタウンを占領。一八〇六年には、ケープ植民地全体を接収した。

ナポレオン戦争後の一八一五年、ケープ植民地が正式にオランダから英国へ譲渡されると、これに伴い、英国人の移民が大量に流入したため、アフリカーナーは英国の圧迫を逃れて北東部の奥地へ大移動を開始し、先住アフリカ人諸民族と戦いながらトランスバール共和国やオレンジ自由国、ナタール共和国を建国した。

これに対して、現在の南ア北部を拠点として一八二二年に即位したセーイソ家のモショエショエ一世（図72）は、アフリカーナーに対抗するため、英国の保護を受けることを選択。王室の存在は維持したまま、軍事・外交を英国にゆだねることとし、一八六八年の条約で英保護領バストランドが誕生した。

図72　モショエショエ1世

ちなみに、この地の多数派を占めるソト人の言語であるソト語では〝レソト国民〟を意味する単語の単数形が〝モソト〟、複数形が〝バソト（バストとも）〟であり、これが〝バストランド〟の名前の由来である。

一八七一年、バストランドは英保護領から植民地となったが、一八八四年には植民地から保護領に戻り、一九〇二年には地方自治が認められた。ちなみに、バストランドでの近代郵便は、一八七二年、マセルをはじめ域内各地に英国の郵便局が設けられたのが最初で、これらの郵便局では、一八七六年以降、英領ケープ植民地の切手が持ち込まれて使用された（図73）ほか、一九一〇年に南アフリカ連邦が発足すると、同年から同連邦の切手が使用されるなど、バストランドの経済・流通が南アと深く結びついていたことがよくわかる。なお、バストランドとして独自の正刷切手が発行されるようになったのは、一九三三年のことである。

その後、一九五九年にバストランドは英自治領となり、一九六六年十月四日、レソト王国として独立（図74）する。この間、セーイソ家の王権は維持されており、王家と英国の関係は良好であった。

図73　英領ケープ植民地切手のモリジャ（現在のレソトの首都マセルの南35キロの地点にある都市）での使用例。

図74　英領バストランド時代の切手に、独立後の新国名“レソト”を加刷した切手

④ベチュアナランド

アフリカ南部の内陸に位置するベチュアナランド（現ボツワナ）の地域には、十九世紀前半、トランスバール地方からツワナ系の人々が移住し、クウェナ支族のセチェレ一世によるバクウェナ首長国やタワナ支族によるバタワナ首長国などの首長国が成立していた。

十九世紀後半になると、そうしたツワナ系の首長国は、トランスバール共和国から西進を狙うアフリカーナーと、南ナミビアを保護領化したドイツ帝国の間に挟まれ、両者の標的となったため、英国に保護を求めた。これを受けて、一八八五年、英国は遠征隊を派遣してアフリカーナーを追放し、東はリンポポ川、西は

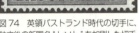

図75　英領ケープ植民地の切手に"英領ベチュアナランド"と加刷した切手

ドイツ保護領のモロポ川の北にまで領域を広げて〝ベチュアナランド保護領〟を建設（図75）。一八九〇年にはドイツとの協定により、チョベ川まで北に保護領を拡大、現在のボツワナ共和国の前身となる領域を確立した。

ベチュアナランド保護領の成立後、ウィットウォーターズランド（現・南ア）で発見されていた金鉱脈が北にも存在すると信じた人々はベチュアナランド保護領への進出を企て、植民地相のセシル・ローズはベチュアナランド保護領を英国南アフリカ会社に移管するように要求したが、カーマ、セベレ、バトエンのツワナ系首長三人が英本国を直接訪問して強く抗議したため、一八九五年十一月、ベチュアナランド東部の一部を割譲することを条件に、大英帝国内でのベチュアナランド保護領の自立性は保持されることになった。

第一次世界大戦後、旧ドイツ領南西アフリカが南アの委任統治下に置かれると、ベチュアナランドはアフリカーナーおよび彼らと協調する白人国家に包囲されてしまう。このため、ベチュアナランドのツワナ人にとっては、英国を最大限に利用して、周囲のアフリカーナーの圧力をいかに減じるかが最大の課題となった。

第二次世界大戦中、ベチュアナランドのツワナ人成人男性は、その約半数が英連邦軍の一員として従軍し、北アフリカや中東、イタリア戦線に派遣された。そうした海外での体験は、自然とツワナ人の民族意識を高揚させていく。

第二次世界大戦後の一九四六年、南アは一方的に南西アフリカの併合を宣言したばかりか、一九四八年には、アパルトヘイト政策を掲げる国民党が政権を獲得。ベチュアナランドにとって深刻な脅威が生じていた。

こうした状況の下、一九四八年九月、ングワト首長の王子（王位継承権者）で、英国留学中のセレッツェ・カーマ（図76）が英国人女性のルース・ウィリアムズと結婚すると、アパルトヘイト政策を掲げる南アがこれに介入をほのめかしただけでなく、ングワト族の長老たちも、カーマが事前の相談なしに外国人との結婚を決めたことから、難色を示した。ングワトの慣習では、王の結婚相手は一族の中から選ばれ、王の妻とし

図76　カーマ

て、王の後継者の母として、また一族の母としてふさわしい人物かどうか長老たちの許可が必要だったからである。

このため、カーマ夫妻はベチュアナランドに渡り、ングワト族の大半を説得した上でロンドンに戻ったが、南アはこの結婚に反対し続け、英国にカーマの王位を放棄させるよう圧力をかけた。当時の英国は戦後復興のために南アの資源を必要としていたので、英国議会はカーマに王位継承権の放棄を求め、それが認められるまでカーマの帰国を認めなかった。

その後、膠着状態が長らく続いたが、一九五六年、カーマの叔父で夫妻の結婚に反対していたツェケディが訪英してカーマを説得。カーマは、英国の承認の下、王位を放棄し、一市民としてベチュアナランドに戻ることになった。

帰国したカーマはングワト議会に機会を得て、副議長となり、一九六二年、クェット・マシーレらとベチュアナランド民主党（現ボツワナ民主党）を結成し、独立運動を展開した。

ベチュアナランド民主党の結成以前、この地の民族運動・独立運動は、フィリップ・G・マタンテらが一九六〇年に結成したベチュアナランド人民党が中心であった。しかし、人民党は急進左派政党で、白人入植者の追放、首長を中心とする伝統的政治体制の打破などの過激な主張を展開しており、必ずしも一般の支持を得られなかった。また、強大な隣国である南アへの敵意を剥き出しにしていたため、同党の存在を南アが軍事介入の口実とし、結果的に、ベチュアナランドが南アに併合されてしまうことを恐れる人も少なくなかった。

これに対して、カーマの民主党は穏健な現実主義路線を唱えたため（たとえば、西側の南西アフリカ、南側の南ア、東側のローデシアと三方をアパルトヘイト諸国に囲まれているという現実を踏まえ、アパルトヘイトに反対し、反アパルトヘイト運動を支援しながらも、経済封鎖や軍事衝突はさけるべく、それら三国との決定的な対立は避けるよう、言動には細心の注意が払われた）、当初はングワト族の部族政党だったが、次第にベチュアナランド全体へと支持を拡大していった。また、英国もカーマの民主党であれば、独立後も影響力を残せると考えた。

この結果、一九六三年、英国はベチュアナランド独立の予定を公開。翌一九六四年にはベチュアナランドの選挙人登録を行い、同年末の国連総会の時点では、ベチュアナランド最初の議会選挙に向けた準備が着々と進められていた。

したがって、チェが、カーマの民主党ではなく、急進改革路線の人民党を支持していたのなら話は別だが、ベチュアナランドの実情は、南ローデシア、南西アフリカとは大きく異なっていた。

なお、一九六五年に実施されたベチュアナランド議会選挙では、カーマの民主党が八割の票を集め、三十一議席中二十八議席を獲得。カーマは英領ベチュアナランドとして最初で最後の首相に就任して独立の準備を進め、一九六六年、ボツワナ共和国としての独立を達成する。

⑤スワジランド

南部アフリカの国としてチェが挙げた最後の国、スワジランド（二〇一八年に〝エスワティニ王国〟に改称）は、南アフリカとモザンビークに囲まれた内陸国で、現在のスワジ人の王家であるドラミニ家による支配体制は一七四五年に確立された。

十九世紀後半のムスワジ二世の時代、ドラミニ家はズールー人およびトランスバールのアフリカーナーに対抗すべく英国に接近。一八九〇年代には、一時、英国とトランスバールによる共同統治を受けたが、その後、スワジ人の反対を押し切ってトランスバールが単独支配下に置いた。こうした事情を反映するかのように、一八八九年にスワジランドの地で発行された最初の切手（図77）は、トランスバール切手に〝スワジランド〟の文字を加刷したものであった。

（第二次）ボーア戦争が勃発すると、一九〇二年、英国はトランスバールを駆逐してスワジランドを英国高

図 77　トランスバール切手に加刷したスワジランド最初の切手

図 78　ソブーザ2世

等弁務官領としたが、ドラミニ家の王制は温存した。

　当時のスワジランド王政は、国王ソブーザ二世（一八九九年生。図78）が幼少であったため、祖母のラボツィベニ・ムドルリが摂政として国務を代行しており、一九二一年、ソブーザ二世の成人により国王の親政が開始された。

　親政の開始後、ソブーザ二世は英国人による土地収奪問題に取り組み、英国王ジョージ五世と直接会談してスワジ人への土地返還を求め、一九二九年には枢密院に問題を提起した。この請願は、保護領法により拒否されるが、以後、ソブーザ二世は次第に影響力を拡大していく。

　第二次世界大戦後、英国はソブーザ二世に対して、英国式の立憲君主制の導入を提案したが、国王はこれを拒否。一九六〇年に多くのアフリカ諸国が独立すると、その影響で、スワジランドでも独立に向けた具体的な動きが検討されるようになり、一九六三年には制憲議会が招集。英国王の任命する弁務官の下、行政評議会と立法評議会を設置する態勢が整えられ、高等弁務官領から自治領への昇格が決められた。

　翌一九六四年には、新憲法の下で総選挙が行われ、国王を党首とする王党派のインボコドボ国民運動が圧勝。チェの国連演説は、こうした状況下で行われたもので、立憲君主国としての独立に向けて着々と事態が進展していたことを考えると、彼がスワジランドの状況について正確な知識を持っていたのかどうかはかなり疑わしい。

　なお、スワジランドは、一九六七年に内政の自治を得て保護領に昇格。一九六八年九月六日、ソブーザ二世を頂く立憲君主国、スワジランド王国の独立が達成する。

　このように、チェが挙げたアフリカ南部の英領五国（地域）に関しては、南西アフリカおよび南ローデシアと、残り三国を同列に論じるのは、かなり無理がある。おそらく、〝いまだ独立が達せられていない英領植民地〟ということで一括して考えてしまった結果なのだろうが、そうした〝アフリカ〟認識の甘さは、後に、チェに深刻なダメージを与えることになる。

⑥フランス領ソマリ

英領の南部アフリカに次いで、チェが言及した仏領ソマリは、現在のジブチである。

一八六一年、コーチシナ方面に進出を開始したフランスは、一八六二年、アデン湾に面したオボックをアファル人（エチオピア系）の首長から租借した。その後、一八六九年のスエズ運河開通を経て、一八八〇年代にフランスのインドシナ進出が本格化すると、一八八一年、フランスはオボックにフランス・エチオピア通商会社を設立。さらに、一八八四〜八八年、現地司令官のラギャルドはエチオピア帝国の皇太子、サーレ・マリアム（一八八九年、皇帝メネリク二世として即位）との関係を構築してジブチの土地を獲得する。

一八八四年には英国が英領ソマリランド（現在のソマリランド国家の領域に相当）が成立したほか、一八八九年にはイタリアがエチオピアとのエリトリア戦争に勝利し、ウッチャリ条約でエリトリアを割譲していた。さらに一八九二年、イタリアは現在のソマリアの首都・モガディシュを租借地とし、イタリア語風にモガディシオと改称した。

こうしたイタリアの進出に対抗すべく、エチオピア皇帝メネリク二世はフランスに接近し、一八九四年、ジブチからエチオピアのハラールまでの鉄道敷設権をフランス企業に付与（図79）。これを受けて、一八九六年、フランスは、オボックとジブチを含む紅海の入口・アデン湾奥の西岸を〝仏領ソマリ（ソマリコースト）〟として植民地化した。なお、仏領ソマリの民族構成は、ソマリ系のイッサ人が六〇％、エチオピア系のアファル人

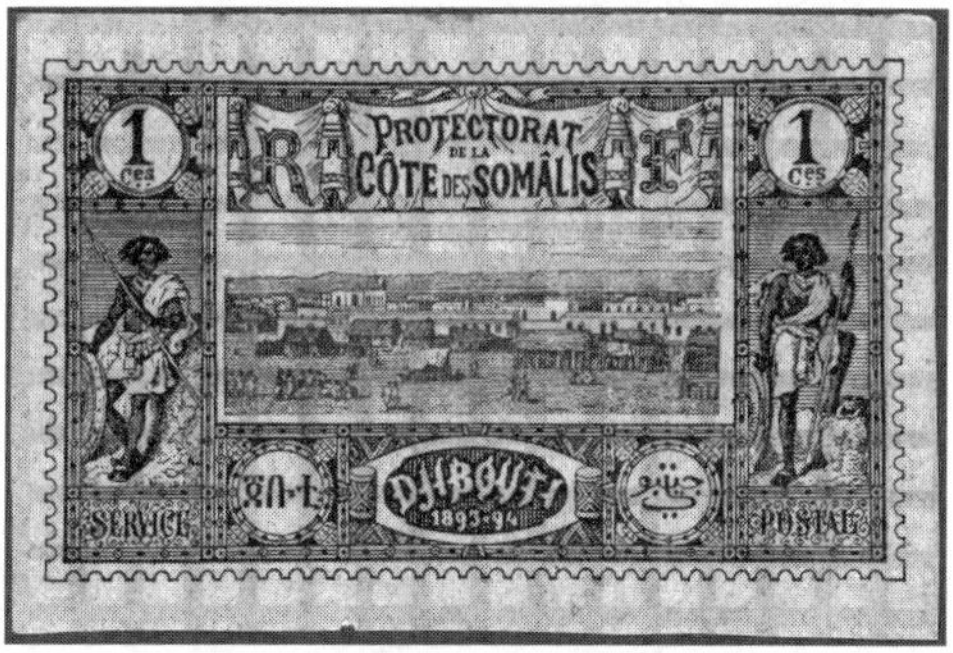

図79 “仏領ソマリコースト／ジブチ”の表示がある1894年の切手

が三五%である。

その後、イタリアは一九〇五年にモガディシオを買収し、一九〇八年に現在のソマリアの南東部に相当する地域を植民地化し〝イタリア領ソマリア〟を確立。さらに、現在のエチオピア東部、ソマリ州に相当する地域はエチオピアが支配し、英領ケニア植民地の一部もソマリ人の居住地域にかかるなど、ソマリ人の居住地域は英仏伊とエチオピアの四国により五分割された。

第二次世界大戦後の一九四七年、連合諸国とイタリアの講和条約が結ばれ、敗戦国のイタリアはイタリア領ソマリアを含むアフリカの全植民地を放棄させられたが、イタリア撤退後の旧イタリア領ソマリアの帰属については連合国の間でも合意が成立しなかった。このため、一九四九年十一月、十年以内にこの地域を独立させることを条件に、この地域を国連の信託統治下に置き、その間、イタリアが統治権を行使することが決定された。

こうして、一九五〇年四月一日、イタリア信託統治領ソマリアが成立。イタリアによる南部ソマリアの信託統治期限切れを受けて、一九六〇年六月二十六日、北部の英領地域がソマリランド共和国として独立。七月一日には南部のイタリア領地域も独立し、この両者を統合して、現在、国際社会が認知しているソマリア国家が誕生する（図80）。

この間、独立が確定したイタリア信託統治下のソマリアを中心にソマリア人の民族運動が高揚し、すべてのソマリ人はソマリアの国の元に集結すべきとする〝大ソマリア主義〟が勢力を持つようになった。

一九六〇年のソマリア国家独立後、初代大統領に就任したアデン・アブドラ・ウスマンは、国家統合を進めるため、大ソマリア主義を強調し、仏領ソマリならびにケニアとエチオピアのソマリ人居住地域の併合をはかり、摩擦を引き起こしていた。

一方、一九六〇年代初頭、アフリカの仏領植民地が相次いで独立する中で、仏領ソマリではソマリ系のイッサ人とエチオピア系のアファル人の対立のため、単一国家としての独立は困難な状況が続いていた。

したがって、チェが国連総会で演説を行った一九六四年の時点では、仏領ソマリに関しては、白人植民地支配者による抑圧よりも（黒人の民族主義としての）、大

図 80　ソマリア独立の記念切手を貼り、記念印を押して差し出された郵便物

図 81　ジブチ港を宣伝する標語印が押された " 仏領アファル・イッサ " 表示の切手

ソマリア主義の脅威のほうが大きかったと見てよい。

その証拠に、演説から三年後の一九六七年、仏領ソマリでは独立の是非を問う住民投票が行われたが、住民は仏領への残留を選択。これを受けて、住民構成に考慮して、仏領ソマリは仏領アファル・イッサに改称された（図81）。ちなみに、仏領アファル・イッサが、首都ジブチの名を冠して〝ジブチ共和国〟として独立するのは、一九七七年のことである。

⑦アデン保護国

アラビア半島の南岸、現在のイエメン共和国南部は、かつては群小首長国が割拠する地域だったが、十九世紀、首長国同士の争いに調停者として介入した英国は、インドとのシーレーン上の重要拠点であるアデン港を直轄植民地としたほか、周囲の首長国を保護領とした。（図82、83）ただし、英国はアデン港を確保しさえすればよいとの方針であったため、周辺の首長国に対しては年金を支給して懐柔し、アデンを攻撃しない限りにおいては放任するとの姿勢をとっていた。

一九五六年、ナセルのエジプトがスエズ運河を国有化し、英仏の干渉を退けて第二次中東戦争に勝利すると、ナセルの掲げるアラブ民族主義の権威はアラブ世界で絶大なものとなり、一九五八年にはイエメン王国（現在のイエメン共和国北部）がアラブ連合に加盟し、〝占領されたアデン〟の奪還を主張してアデン保護領に駐留の英軍を攻撃し始めた。

このため、一九五九年、英国はアデン保護領の首長たちを徐々に組織化し、南アラブ首長国連邦を結成。さらに一九六〇年の国連総会で「植民地独立付与宣言」が決議されたことを受けて、一九六二年には南アラブ

図82　アデンの郵便事業は英領インド帝国の管轄とされたため、1854年から1937年まで、英領インド切手が持ち込まれ使用された。

図83　1937年に発行された、英領アデンとして最初の切手

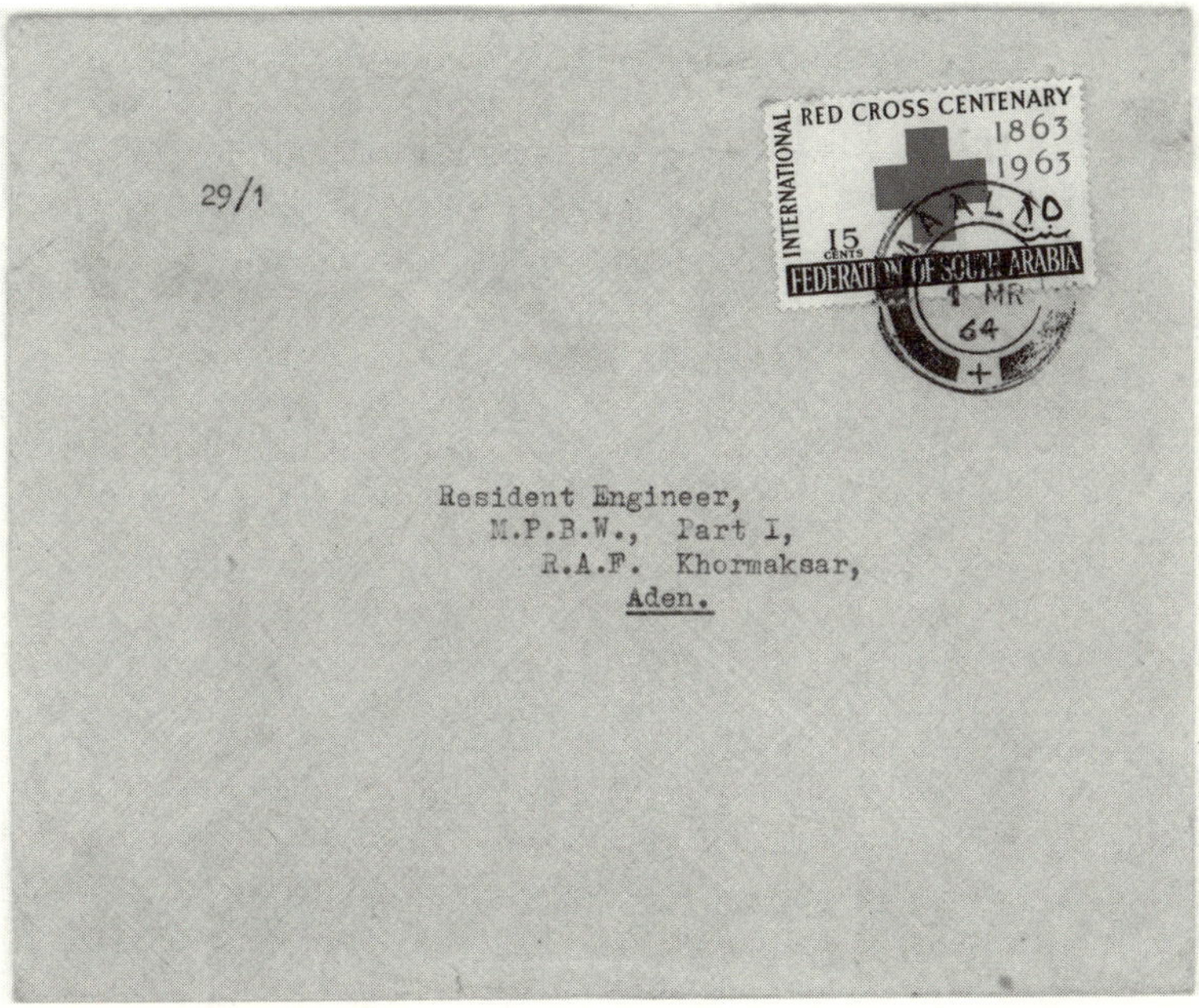

図84　南アラビア連邦の切手が貼られた郵便物

首長国連邦を南アラビア連邦に発展させた（図84）。

さらに、一九六二年九月、北イエメンで、イマーム・アフマドの死に伴う政権交代の隙をつくかたちでクーデターが発生し、伝統的なザイド派（シーア派の一派）イスラムに基づく王朝が倒れ、〝イエメン・アラブ共和国〟の革命政権が樹立された（図85）。

王党派はサウジアラビアとの国境を越えた山岳地帯に逃れて抵抗を続けると、革命政権はエジプトに支援を要請。これに対して、サウジアラビアは、エジプトに始まるアラブ民族主義の共和革命がついにアラビア半島へと上陸したことに深刻な脅威を感じて王党派を支援し、イエメン内戦は、エジプトとサウジアラビアの代理戦争として展開することになる。

このため、内戦が南アラビア連邦に波及することを

図85　1962年のイエメン革命後、王制時代の国名表示を抹消して“イエメン・アラブ共和国”ならびにその略称であるYARの文字と1962年9月27日の日付を加刷した切手。

恐れた英国は、一九六三年、直轄植民地のアデンも同連邦に加盟させ、外交と防衛を除く自治権を与えた上で、一九六八年までの独立を公約した。

ところが、ある程度近代化されたアデンとそれ以外の首長国との間の文化的・経済的格差が大きかったことから、アデン住民は南アラビア連邦に組み込まれたことに強く反発。一部は、占領下南イエメン解放戦線（FLOSY）や、南イエメン民族解放戦線（NLF）などの武装組織を結成し、英国人の立法評議会議長や親英派アラブへのテロを展開した。

チェの演説は、そうした反英武装闘争を念頭に置いたものだが、闘争の背後には、反英独立の意思の他に、文化的・経済的格差から生じる〝野蛮なアラブ〟への反感があったことも見逃してはなるまい。

その後、より急進的な社会主義路線を掲げるNLFが勢力を拡大し、一九六七年十月、アデンを占領。十一月には、英国は南イエメンから撤退して南アラビア連邦は解体され、代わってハドラマウト保護領やカラマン島などを加えた英領アデン全域は、NLFの下で社会主義政権の〝南イエメン人民共和国〟として独立する。

⑧オマーン

アラブ連盟加盟国のうち最も東側に位置しているオマーンの地は、交通の要衝であるがゆえに対岸のペルシャ人がしばしば侵攻したほか、一時的にポルトガルに占領されたこともあった。

一七四九年頃、マスカトを拠点に成立したブーサイード朝はオマーンからペルシャ勢力を追い払い、ザンジバルからグワダル（現パキスタン）にいたる海洋帝国を樹立。十九世紀前半のサイイド・サイードの時代に全盛期を迎えた。一八三三年、サイイド・サイードは首都をマスカトからザンジバルに移したが、その後も、オマーンは大英帝国とインド洋の勢力を二分する海洋帝国としての地位を維持し続けた。

しかし、一八五六年にサイイド・サイードが亡くなると、ザンジバルを中心としたアフリカ東部沿岸地域が分離独立したことに加え、蒸気船の登場やスエズ運河の開通により、帆船貿易は打撃を受け、オマーンは次第に衰退。これに乗じて英国が進出し、一八六四年

図86　マスカトで使用された英領インド切手

にはマスカトに英国の郵便局が設けられ、英領インド切手が使用された（図86）。

英国による実質的支配が強まるなか、マスカトのスルターンに反発する内陸部では別個の首長としてイマームが擁立され、両者が激しく対立。第二次世界大戦後、スルターンとイマームとの抗争は、イマームを支援するアラブ諸国とスルターンを支援する英国との代理戦争の様相を呈し、一九六〇年には南部のドファール地方で南イエメンのアラブ民族主義者の支援を受けた反乱が発生したが、当時のスルターン、サイード・イブン・タイムールは有効な手だてを打てず、オマーンは危機的な状況に陥っていた。

したがって、一九六四年の国連演説の時点では、チェの認識としては、スルターンは英国の傀儡であり、アラブ民族主義勢力によって打倒されるべきということになろう。

なお、演説後の一九六五年、ドファール地方の分離独立を唱える共産主義グループは〝ドファール解放戦線（DFL）〟を結成。一九六八年には、DFLはより急進的な社会主義路線を掲げる〝占領下アラブ湾岸解放人民戦線〟に発展改組した。

これに対して一九七〇年、英国の支援を受けたスルターンの息子のカーブースはクーデターを起こして自ら国王として即位。即位後は、一九一三年以来の国号〝マスカト・オマーン〟をかつてのオマーン・スルターン国に戻すとともに（図87）、一九七一年中には〝オマーン〟としての国連加盟を実現。それまでの鎖国政策から開国政策に転換して、人材開発を柱とした近代化政策に乗り出すとともに、一九七五年までにドファール地方の反乱をほぼ制圧するなど、国家再建に精力的に取り組み、現在のオマーン繁栄の基礎を築いた。

図87　1970年の国号改称に伴い、旧マスカト切手の国名表示を抹消し、新国名“オマーン・スルターン国”を加刷した切手。

インドネシアとマレーシアの対立

アフリカと中東における〃少数派の白人植民地支配者に抑圧された（とチェが認識している）人々〃に続けて、チェは、新興独立国同士の対立の事例として、インドネシアとマレーシアの問題にも言及する。

インドネシア共和国がマレーシアとの関係において抱えている紛争にも解決の手段があるよう私は望んでいる。

英国から独立したマレーシアとオランダから独立したインドネシアとの現在の国境は、基本的には十九世紀の英蘭協定によって両国が現地住民の意向を無視して画定したもので、民族や言語、文化などの面では、インドネシアのうち、スマトラ島からジャワ島の西半部にかけては、マレー世界の一部だった。

蘭印での独立運動を主導していたスカルノが、インドネシア人とマレー人の統一を掲げる〃大インドネシア主義〃を唱え、マレー半島からインドネシアにかけての交易語であったマレー語リアウ州方言を、独立後の〃インドネシア語〃としたのも、こうした背景事情による。

ところで、第二次世界大戦以前、英国支配下のマレー半島は、

①ペナン、マラッカ、シンガポールを中心とした直轄の海峡植民地

②スルターンを通じて間接統治を行うマレー連邦州（ペラ、スランゴール、ヌグリ・スンビラン、パハン）

③マレー連邦への加盟を拒否したスルターンの非連邦州（ジョホール、プルリス、クランタン、クダー、トレンガヌ）

に分かれていた。

第二次世界大戦中、これらの地域は日本軍に占領されたが、戦後日本軍が撤退すると英国は植民地支配の再開にあたって、シンガポールを除くマレー半島をすべてマラヤ連合として統合しようと考えたが、旧蘭印との統合は全く考えなかった。このときのマラヤ連合の構想では、スルターンの権限を縮小し、各州に配置

される英国人知事が行政を担当することとし、中国系やインド系を含むすべての人種に平等な市民権を与えるなどの方針となっていた。

　ところが、人口的には多数派を占めていながら、経済的には、少数派の華人の後塵を拝し続けてきたマレー人は、英国の提案した〝平等〟に猛反発。このため、一九四六年にマラヤ連合が発足したものの、英国は翌一九四七年にマラヤ連合との間でマレー人の特権を認める連邦協定を結び、一九四八年にマラヤ連邦が発足する。その後、英国との交渉で独立の確約を得たトゥン・アブドゥル・ラーマン初代首相（図88）は、一九五六年二月二十日、マラッカでマラヤ連邦の独立を宣言。各種の手続きを経て、一九五七年八月三十一日、マラヤ連邦の独立が正式に承認された（図89）。

　こうして発足したマラヤ連邦は、旧宗主国である英国の支援の下、シンガポールとボルネオ島北部の英領地域（サラワク、ブルネイ、ノース・ボルネオ）を併合したマレーシア連邦の成立を目指していた。

　シンガポールはマレー半島の重要な商業・貿易拠点であるとともに、当時は華人の間で左派勢力が強く、単独で独立した場合には共産政権が誕生し、マレー半島でゲリラ戦を展開していたマレー共産党を勢いづかせる可能性があった。このため、シンガポールの共産化を防ぐためにも、マレーシア連邦に取り込んでおく必要があった。

　その一方で、マラヤ連邦が華人の多いシンガポールのみを併合した場合、新国家の人口は華人が過半数を占めることになるため、ボルネオ島北部もあわせて併

図88　アブドゥル・ラーマンとマレーシア連邦の国旗

図8　1957年5月5日、マラヤ連邦として発行された最初の切手のうち、連邦の国章を描いた1枚。中央の盾には、それまでのマレー連合州の4州を表す赤白黒黄に加え、非連合州を表す5本のクリスを上方に、左と右に海峡植民地のペナンとマラッカの紋章がデザインされている。

合することで、マレー人の優位を確保する必要もあった。さらに、ボルネオ島は石油をはじめ天然資源に恵まれていたことも、マラヤ連邦にとっては非常に魅力的だった。

ところが、こうしたマレーシア連邦構想にはフィリピンが異議を唱える。

もともと、現在のマレーシア・サバ州の地域（旧英領ノース・ボルネオ）は、フィリピン諸島とボルネオ島の間に連なるスールー諸島を領土とするスールー王国が支配していた。

一八六五年、ブルネイ駐在の米領事クロード・リー・モーゼズはサバの十年間租借権を獲得したが、南北戦争の直後ということもあって、米国政府には植民地経営の余裕がなく、租借権は米国ボルネオ貿易会社に売却される。しかし、同社はボルネオ経営に失敗し、租借権はオーストリア＝ハンガリー帝国の香港領事フォン・オーバーベックに売却された。フォン・オーバーベックは、当初、本国政府にボルネオ経営を持ちかけたものの失敗し、さらに、イタリアへの売却交渉も不調に終わったため、一八八〇年、ボルネオから撤退した。

こうした事態を受けて、英系商社のデント商会の係累に当たるアルフレッド・デントが、英国の外交官、ラザフォード・オールコックらの支援を受けて、一八八一年七月、英国ノース・ボルネオ会社を設立。翌一八八二年、ビクトリア女王の勅許を得てこの地の統治を始め（図90）、一八八八年七月、サバを英国の保護領とし、英国ノース・ボルネオ会社がこれを統治する体制を確立した。これが、いわゆる英領ノース・ボルネオである（図91）。

ただし、フォン・オーバーベックとスールー王国のスルターンとの間で結ばれた条約は、あくまでもノース・ボルネオの賃貸契約であり、売買契約ではないため、その後も一八九八年にスールー王国が米領フィリ

図90　英国ノース・ボルネオ会社が1883年に発行した切手

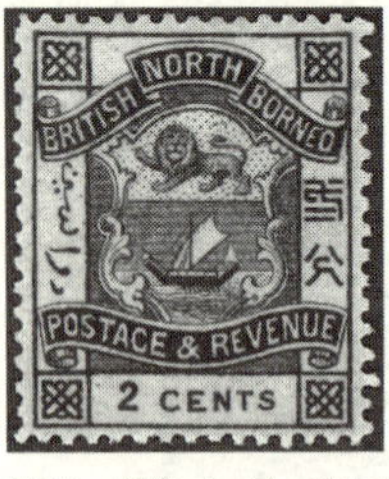

図91　英領ノース・ボルネオとして発行された切手。ノース・ボルネオ会社の切手と同図案だが、国名表記に"BRITISH"の語が加わっている。

ピンの一部に組み込まれるまで、建前上は同国がノース・ボルネオの主権者ということになっていた。

こうした過去の経緯から、一九四六年に米国から独立したフィリピンはサバの領有権を主張し、一九五七年の独立後、〝マレーシア連邦〟構想を唱えていたマラヤ連邦と対立した。

そこで、一九六一年末にフィリピン大統領に就任したディオスダド・マカパガル（図92）は、フィリピンとマラヤ連邦の国家統合によりサバ領有権問題を解消するという〝大マラヤ連邦〟構想を発表する。

図92　大統領就任に際して宣誓を行うマカパガル

一方、マラヤ連邦によるマレーシア連邦構想に対しては、一九六二年十二月にブルネイ人民党がスルターン制の廃止と統合反対を唱えて武装蜂起を起こし（アザハリの反乱）、これをブルネイ政府の要請により介入した英軍が鎮圧するという事件があった。これに対して、ボルネオ島南部を領有していたインドネシアが激しく反発し、マレーシア連邦構想は西欧諸国に代わる新たな植民地主義であると批難。この結果、マラヤ連邦とインドネシアは対立することとなった。

そこで、マカパガルは、マレー人種の居住地域である〝マフィリンド（マラヤ、フィリピン、インドネシア）〟は植民地による人工的な国境で分割されているから、それを再統合すべきだとする〝大マラヤ連邦〟にインドネシアを加えた〝大マレーシア連邦〟構想を発表。もともと大インドネシア主義者だったスカルノはこれに賛同し、彼の協力の下、マカパガルはマラヤ連邦に大マレーシア連邦構想を提案する。

一九六三年五月のスカルノ＝ラーマン会談で〝大マレーシア連邦〟構想に基づいた三国による地域協力が合意され、翌六月、経済・社会・文化協力を明記したマフィリンド設立宣言としての〝マニラ協定〟が採択された。さらに、七月には、マラヤ連邦、フィリピン、インドネシアの共同声明として、

①マフィリンドは精神的な一致を基にした、共通の関心的問題にアプローチする地域連合である

②民族自決の観点からサバとサワラクにおけるマレーシア連邦参加を問う住民の意思確認を国連に要請し実施する
③大マレーシア連邦の枠組み形成に向けての協議を継続する

などとしたマニラ宣言が発表された（図93）。

一九六三年九月、国連調査団が派遣され、サバとサワラクでマレーシア連邦案に対する住民意思調査が実施された。しかし、この調査は、フィリピンとインドネシアのオブザーバー参加を認めないなど、調査の実態は不透明なものであった。さらに、マラヤ政府はこの調査結果が発表される以前に、九月十五日、マラヤ連邦にシンガポール、サバ、サワラクを含めたマレーシア連邦の成立を発表し、マニラ宣言の合意を反故にした。そればかりか、九月十七日には、新生マレーシア政府はフィリピ

図93　マニラ宣言に署名する三国首脳を取り上げたフィリピン切手。“マフィリンド（タガログ語の表記ではMAPILINDO）”の語が入っているが、切手発行時の1965年にはマニラ宣言はすでに空文化していた。

図94　マレーシア連邦成立記念の切手の初日カバー

ン・インドネシア両国との断交を発表。マカパガルの唱えた大マレーシア連邦構想は完全に破綻し、インドネシアとマレーシアの関係は極度に緊張した。

図94は、マレーシア連邦成立に際して、一九六三年九月十六日に発行された記念切手の初日カバーである。切手はロンドンのハリソン・アンド・サン社が製造したもので、マレーシア連邦の地図が描かれているが、この切手を九月十六日に発行するためには、マラヤ連邦は数ヵ月前にはロンドンに切手制作を発注しておく必要がある。したがって、同年七月、マニラ宣言に署名した時点で、すでにアブドゥル・ラーマンとマラヤ連邦にはマニラ宣言を尊重する意思などなかったのだろう。なお、切手に押されている消印はシンガポールのもので、シンガポールもマレーシア連邦に含まれていたことが示されている。

非同盟主義に親和的なチェの立場からすれば、こうしたインドネシアとマレーシアの対立に関しては、非同盟諸国の旗手たるスカルノをほぼ無条件で支持し、マレーシアないしはその背後にいると思しき英国を批難する文言が演説中にあってもおかしくはないのだが、そうした表現は見られない。

チェが、一九五九年にインドネシアでスカルノと会談した際、スカルノに対してあまり良い印象を持たなかったことは第4章でも紹介したが、あるいは、そうした個人的な感情が反映された面もあった可能性は否定できない。

しかし、それ以上に、キューバとしては、スポーツと政治という点から、スカルノ政権とは少し距離を置きたい事情があったことは指摘しておいてよかろう。

一九六二年八月、インドネシアのジャカルタで第四回アジア競技大会が開催されたが（図95）、その開催に先立ち、〝第三世界の盟主〟を標榜していたスカルノ

図95　インドネシアが開催国として発行した第4回アジア大会の記念切手

政権は、アラブ諸国および共産中国との連携を重視して、参加資格を有するはずのイスラエルと台湾の選手団に対してビザを発給せず、インドネシア入国を認めなかった。

これに対して、国際オリンピック委員会（IOC）、国際陸上競技連盟、国際ウェイトリフティング連盟は、参加資格がある国の参加を認めないことを理由に、第四回アジア大会を正規の競技大会とは認めないとの方針を表明。さらに、翌一九六三年四月にIOCがインドネシアのIOC加盟国としての資格停止（オリンピック出場停止）を決議すると、これに対抗しアラブ諸国十二ヵ国が一九六四年の東京五輪のボイコットを示唆して、対立が深まった。

このため、一九六三年四月二十八日、インドネシアはIOCからの脱退を表明し（ただし、実際には脱退しなかった）、中国を含む共産諸国、新興アジア・アフリカ諸国と同調して一九六三年十一月にジャカルタで新興国競技大会（GANEFO 図96）を開催。五十一ヵ国二千七百名が参加した。

もっともIOCをはじめ既存の国際競技連盟は、GANEFOに出場する選手は五輪参加資格を失うと宣言していたため（ちなみに、JOCは日本人選手が参加した場合は国体への参加資格も剥奪するとしていた）、IOCに参加していなかった中国以外は有力選手を出場させず、スポーツの競技大会としては、一部を除き低調に終わった。

ところで、社会主義宣言後のキューバは、スポーツを国威発揚の重要な手段と位置づけ、ソ連に倣ってステート・アマ方式を導入し、政府がトップ選手の育成

図96　インドネシアが開催国として発行したGANEFOの記念切手

図97　キューバが発行した東京五輪の記念切手のうち、陸上競技を取り上げた1枚。

に積極的に関与する政策を採用した。

したがって、キューバ政府としては、スカルノの掲げる非同盟主義の理念には共感するものの、スカルノに同調して現実のスポーツ大会から締め出されることは避けなければならなかった。実際、国連総会の二ヵ月前に開催された東京五輪（図97）では、エンリケ・フィゲロラが陸上の男子一〇〇メートルで、キューバ選手としては一九四八年のロンドン大会以来のメダルとなる銀メダルを獲得し、革命政府のスポーツ政策がそれなりの成果を上げていることを示した。したがって、その後の大会にも順調に国内のトップ選手を出場させていかねばならず、そのためには、一方的にスカルノに与しているわけではないという姿勢を示すことも必要だった。ちなみに、キューバの五輪での成績は、一九六八年のメキシコ大会では銀四、一九七二年のミュンヘン大会では金三、銀一、銅四のメダルを獲得するなど、年を追うごとに上昇している。

こうした事情があったため、チェの演説でも、インドネシア全面支持という立場は取りづらく、そのことから、インドネシアとマレーシアの対立について「解決の手段があるよう望んでいる」という曖昧な表現を取らざるを得なかったのだろう。

核廃絶をめぐる議論

続いての演説のトピックは、核廃絶と軍縮である。

一九六一年十二月四日、国連総会は、（既存の核保有国を除き）すべての国の核保有を禁止する国際条約の作成を主張するアイスランド提出の決議案を全会一致で採択していたが、一九六二年のキューバ・ミサイル危機を受けて、米ソ両国は核戦争の発生を防ぐため、より具体的な対応に迫られることになった。また、核実験に伴う〝死の灰〟による健康被害・環境破壊に対しても、一九六〇年代に入ると、国際的な批判が強まった。

このため、一九六三年六月十日、ケネディは、アメリカン大学の卒業式で「平和のための戦略」と題して演説し、ソ連、米国と核実験禁止条約について話し合うことを明らかにし、約一ヵ月後の八月五日、モスクワで米英ソ三国による部分的核実験禁止条約（ＰＴＢＴ図98）が結ばれた。

しかし、同条約に対しては、核開発で先行している米ソ両大国が核戦略で優位を保ち、後発国の参入を阻止する条約として、一九六〇年に核保有国となったフランスが強く反発。国連の代表権を有していなかった中華人民共和国も、中ソ対立という国際環境を反映して、東京五輪会期中の一九六四年十月十六日、新疆ウイグル自治区のロプノール湖で原爆実験に成功し、新たに核保有国になっていた。

一九六四年の国連総会では、こうした状況を踏まえて〝平和共存〟が主要テーマの一つとなっており、この問題について、チェは以下のように演説した。

図98　部分的核実験禁止条約の調印を記念するソ連切手

議長殿、この会議の最も根本的な議題とは、全般的で完全な武装解除ではないだろうか。我々はその全般的で完全な武装解除への支援を表明するものである。さらに、我々はすべての国々による核融合設備の解体を支持し、世界中のすべての国々による会議を開き、この全人類の理想に現実感を与える試みを支援する。この総会において我々の首相が以前に警告したのは、武装した種族は必ず戦争を巻き起こしてきたということだ。世界には新たな核兵器の力が存在し、対立の可能性は高まっている。このような会議によって核融合兵器の全般的な解体を成す必要があり、まずその第一歩として、核実験の全般的な禁止を行うべきだろう。そして同時に、すべての国々が今現在においての互いの国境線を尊重し、侵略と核兵器以外の武器についての使用を控えるという義務をはっきりとした形で定める必要がある。

世界の全人類が求める全般的で完全な武装解除と核保有の解体、新たな核施設建設とあらゆる種類の核実験の完全な停止を、我々もまた声高く求めるものである。そして、国の領域不可侵性は尊重されなければならず、帝国主義は武器を握りしめた手を引っ込めなければならない。そのために、強制力を働かせることが必要だと我々は考えている。

核兵器以外の武器も非常に危険な存在なのだ。コンゴでたくさんの無防備な市民を虐殺した連中は、原子爆弾を使わなかった。連中が使ったのはそれ以外の兵器だ。そのような兵器は今までから帝国主義者によって使用され、多くの死者を出すことになった。

ここで支持を得た方策が、効果を発揮し、もはや言うまでもないようなことになったとしても、米国が我々の領域内で攻撃態勢にある基地を維持する限りは、どのような地域協定も維持することはできないと指摘しておかなければならない。その領域とは、核兵器とそれ以外の武器を制限なしに常備する権利を持っているという感覚の、プエルトリコ、パナマ、その他ラテンアメリカの国々だ。米州機構での最近の決議によりキューバが除名されたということを考えれば、リオ協定の行使による攻撃を受けるということも想定できるため、我々は自らの防衛のための軍備を整えられるようにしなければならないとも感じている。先に言及した会議が、それは不運にも困難なものではあるがこういった目的を達成するためのものならば、それは人類の歴史上最も重要なものの一つになるだろう。

演説中の〝核融合設備〟とは、具体的には水素爆弾の製造施設のことで（原子爆弾ならびに原子力発電は、核分裂を利用したもので、核融合によるものではない）、一九六四年当時の水爆保有国は米英ソの三国のみである。また、「核実験の全般的な禁止」とあるのは、前年のPTBTが地下核兵器実験を禁止していなかったため、同条約成立の後も核開発国による地下核実験が継続されていたことを踏まえての提案である。

演説において、チェは「核保有の解体、新たな核施設建設とあらゆる種類の核実験の完全な停止」を主張するとともに、核兵器以外の通常兵器に関しても軍縮を求めているが、その一方で、プエルトリコやパナマ、その他のラテンアメリカ諸国の米軍基地に核兵器が配備される可能性がある以上、「我々は自らの防衛のための軍備を整えられるようにしなければならない」として、自衛のための核配備は許容され得るとの姿勢も示している。

なお、核廃絶を「世界の全人類が求める」としていながら、国連総会開催の約二ヵ月前、新たに核保有国になったばかりの中国について、国際世論の意向を無視するものとして批難する文言があってもいいはずだが、その点についての言及は一切ない。

中国代表権問題

いわゆる中ソ対立に関して、キューバ政府はソ連寄りの中立という立場を取っていたが、中国を〝友好国〟と見なしていたことも事実で、一九六四年には中国との友好宣伝の切手（図99）も発行されている。こうした背景の下、キューバ政府高官の中では、特に親中的な傾向が強かったとされるチェは、世界的な軍縮のためにも、（核保有国となった）中国が台湾に代わって、〝CHINA〟としての国連の代表権を持つべきだと主張する。

図99　1964年に発行されたキューバ・中国友好宣伝の切手。1センタボ切手に描かれているのは、首都ハバナに建てられたキューバ・中国友好記念塔。2センタボ切手は、帽子をかぶりヒゲをはやしてサトウキビを持つキューバ人男性が、麦の穂を持つ中国人男性と肩を組んでいるデザインとなっているが、中国人男性の顔はかなりラテン化されているように見受けられるほか、服装もどこか珍妙なスタイルになっている。

このことを明確にするために、中華民国ではなく中華人民共和国に代表権を持ってもらう必要があり、それこそがこういった会議を開催しなければならない理由なのだ。非常に簡単なことではあるが、世界中の国々の人々は、その国民を単独に代表する中華人民共和国の存在を無視できないということを悟ることだろうし、そして米国の支援の下で台湾を支配する党派に現在は奪われている一つの相応な議席を与えることだろう。

国連における中国の代表権の問題は、どう考えても組織への新規加盟といったことと同様でなく、中華人民共和国の国民の正当な権利の回復ということなのだ。

我々は二つの中国という筋書きが誤っていると力説しなければならない。蒋介石一派の台湾が国連に残るということはあってはならないのだ。繰り返して言うが、我々が問題にしているのは、中国の代表を僭称する者を追放し、中国国民の正当な代表を据えるということだ。

国連において、三分の二の多数派の代表とその票を求め、中国の正当な代表権に「重大な問題」があるとして無理のある問題提起をしている米国政府に対しても警告しておきたい。中華人民共和国が国連に加盟するというのは、確かに世界全体にとって重大な問題である。しかしそれは国連の機構にとっての問題ということではなくて、それが単なる手続きの問題という性質のものに違いないという点においてそれは問題なのだ。こういうやり方でこそ正義は行使されうる。そして正義の実現とほぼ同じくらいに重要なのは、この威厳ある総会がものを見聞きし、話すための自らの眼と耳と舌を機能させており、決断を下すためにしっかりした基準を持っているということをきっぱりと示すということだ。

一九四九年十月、中国共産党が中国大陸の大半を制圧して建国された中華人民共和国も、台湾に遷移した中華民国も、いずれも、自分たちこそが〝(台湾島を含む)中国〟を代表する唯一の正統政府であると主張していた。

中華人民共和国は、北京での建国宣言から間もない一九四九年十一月十八日、国連に対して中華民国の追放を提起した。以後、中国は幾度となく〝中国代表権問題〟を提議し、そのたびに否決されるという状況が続いてきた。特に、一九六一年の第十六回国連総会以降は、中国代表権問題は、国連憲章第十八条の〝重要事項（三分の二以上の賛成票が必要）〟に指定される決議案が可決され続けたことで、中華民国の追放も否決され続けた。ちなみに、チェが演説を行った一九六四年の国連総会でも、（中ソ対立では明確に中国寄りの姿勢を示していた）アルバニアなどが、中華人民共和国の代弁者として、中国代表権問題を提案している（最終的に、中華民国が国連を追放され、中華人民共和国が国連の代表権を獲得するのは、一九七一年のことであった）。

なお、一九四五年の敗戦により、日本は台湾島と周辺諸島の領有権を放棄したが、その後、領有権を移転するために必要な正式の条約は調印されていない。したがって、台湾の地位や主権は現在に至るまで国際法上は未確定であり、〝中国〟の正統政府であることが、そのまま、台湾の領有権を意味することになるわけではない。その意味で、いわゆる〝一つの中国〟論は、国際法上は全く根拠のない妄想にすぎないのだが、チェの演説では、中華人民共和国の主張に追従する内容となっている。

東西ドイツ問題

中国代表権問題に続き、チェが言及したのは、西ドイツにおけるニュークリア・シェアリングであった。

NATO加盟国内での核兵器の拡散、とりわけドイツ連邦共和国（西ドイツ）による大量破壊兵器の保有は、武装解除への賛同の可能性をずいぶん遠ざけてしまうものであり、そういった同意がドイツの平和的統一の問題になってしまうということに関連している。その明確な理解なしには、民主共和国と連邦共和国という二つのドイツの存在が認知されることはない。ドイツの問題を解決する唯一の方法は、全権をもってドイツ民主共和国（東ドイツ）の交渉に直接的な参加をすることだろう。

ニュークリア・シェアリングは〝核兵器の共有〟というNATOの核抑止における政策上の概念で、NATOが核兵器を行使する際、独自の核兵器をもたない加盟国が計画に参加すること、および、特に、加盟国が自国内において核兵器を使用するために自国の軍隊を提供することも含まれる。また、ニュークリア・シェアリングの参加国は、核兵器に関する政策に対して決定力をもち、核兵器搭載可能な軍用機などの技術・装備を保持し、核兵器を自国領土内に備蓄するとされ、東西冷戦期は、ソ連とその衛星国に配備された核兵器に対応するために、西ドイツ、イタリア、ベルギー、オランダなどに米国が所有する核兵器が置かれていた。

　このうち、米国による西ドイツへの核持ち込みは一九五五年三月から開始された。NATOへの核兵器の持ち込みは、一九六〇年までに約三千、一九六五年までに約六千、ピーク時の一九七一年には約七千三百と急増したが、西ドイツにはその約半分が貯蔵されていたという。ただし、西ドイツに対するニュークリア・シェアリングには、西ドイツに独自の核保有をさせないための措置という面もあった。

　これに対して、ソ連もまた、東ドイツ領内に、西ドイツを攻撃目標とした中距離核ミサイルの発射台を配備していた。

　一方、演説中にある〝二つのドイツの存在が認知されること〟の文言だが、これは、当時の西ドイツが採っていた〝ハルシュタイン原則〟と関係している。

　ハルシュタイン原則は、東ドイツを経済的に孤立させることを目的に、西ドイツを「ドイツ地域で唯一民主的に選出され、ドイツ人民を代表する正統性を持つ国家である」と位置付けた上で、ソ連（一九五五年に西ドイツと国交を回復）を除き、東ドイツを国家承認した国家との国交を断絶するとした外交方針で、一九五五年九月二十二日、コンラート・アデナウアー（図100）政権下の外務次官（外相はアデナウアーが兼任）だっ

図100　アデナウアー

図 101　ハルシュタインの肖像入りの記念印が押された葉書

たバルター・ハルシュタイン（図101）が発表した。

同原則の最初の適用例は、一九五七年、東ドイツと国交を樹立したユーゴスラビアで、一九五九年の革命後、東ドイツと国交を樹立したキューバに対しても、一九六三年、西ドイツは断交している。

ただし、一九六〇年代以降、アフリカの新興独立諸国が相次いで東ドイツと国交を樹立したことから、それらの国々との国交樹立を妨げるハルシュタイン原則は、かえって、西ドイツ外交にとっての足かせとなっていた。このため、一九六九年五月三十日、ハルシュタインは事実上破棄され、一九七二年十二月十二日に調印された東西ドイツ基本条約で、両国は互いが主権国家であることを認め合い、外交路線による統一を目指していくこととなる。

国連貿易開発会議について

続けてチェは、一九六四年三月にジュネーブで開催され、自らも出席した国連貿易開発会議（UNCTAD）について、以下のように総括する。

そしてあとは、この総会の議題に広く取り上げられている経済発展と国際貿易の問題にだけ触れておこう。まさにこの一九六四年、議論になっている国際関係の中で、これらの面に関する山積みの問題について話し合うために、ジュネーブ会議が開催された。我々の使節による警告と予想は完全に的中し、経済的に他国に依存する国々は不幸に見舞われたのだ。

キューバの関与によって、せめて米国にあからさまな会議開催を提言させないようにできればと思う。そしてその米国政府にも、キューバへの薬物販売を近々禁止することにしてもらったらどうかと思う。そうすることによって、キューバ国民に対する経済封鎖を行うような攻撃的性質を覆い隠そうとする博愛主義者の仮面を自ら完全に引き剥がすことができるのだ。

植民地主義によって残された傷跡は、民族の発展を阻害し、それは政治的関係の中においてのみ表現されるものではないということも繰り返しておく。いわゆる貿易条件の悪化とは、原材料生産国と工業製品生産国の間の不平等な取引の結果にすぎない。そういう取引が市場を支配し、価値の対等な交換が公正に行われているという幻想を作り出している。

経済的依存状態にある国民が資本主義市場から自らを開放し、社会主義国に対する強固な経済封鎖の中で、搾取される者と搾取する者の関係を一新させない限りは、着実な経済成長など望むべくもない。いくつかのところでは、退行してくことになる。小国は帝国主義と植民地主義の政治的支配の下に突き落とされるのだ。

ジュネーブでのUNCTAD会議については第7章で詳述したとおりである。

なお、演説中にある〝キューバへの薬物販売〟というのは、一九六二年十二月二十一日、米国の弁護士、ジェームス・ブリット・ドノバンの仲介により、プラヤ・ヒロン事件での捕虜解放と交換に、五千三百万ドル相当の食糧および薬品（これらは免税処置を受ける予定の個人および会社から提供された）の交換に調印したことを意味している。

米国の経済封鎖により、経済的に苦境に陥っていたキューバにとって、人質の〝身代金〟として得た食糧と薬品は、まさに干天の慈雨というべきものであった。しかし、革命原理主義者ともいうべきチェからすると、米国と妥協する現実主義的な対応は〝堕落〟と受け止められたのかもしれない。ただ、米国による薬品の提供を拒否し、あえて、キューバの医療状況を悪化させることで、米国の〝偽善〟を糾弾するという強硬論が、一般のキューバ国民やリアリストのフィデルを中心とする革命指導部の主流派から受け入れられるかどうかは、別の次元の話である。

中米諸国の脅威

米国からの薬品の提供を偽善として切り捨てたチェは、あらためて、米国が中米諸国を尖兵として、キューバへの攻撃を準備していることを、具体的な国名を挙げながら批難する。

特別使節のみなさん、明確にしておかなければならないのは、カリブ海の領域においてキューバに対する侵略のための作戦行動と準備が行われているということだ。とりわけニカラグアの海岸線上、同様にコスタリカ、パナマ運河の地域、プエルトリコのビエケス島、フロリダと、もしかすると米国の領域内、そしておそらくホンジュラスでも。こういった地域ではキューバや他国の傭兵たちが訓練を行っているのだが、その目的とされているものは、平和を目指すには最善ではない。大きなスキャンダルの後で、コスタリカ政府が国内キューバ難民の全訓練地に対する撤去命令を下したと言われている。

この立場が誠実なものかどうかは誰にも分からないし、単純なアリバイなのかどうかも分からない。そこで行われる傭兵の訓練は何らかの過ちを起こしそうになっている。我々が過去に非難した侵略の基盤の存在が現実的なものであるということを、みなさんに認識していただきたい。

キューバを攻撃するために傭兵を訓練することを公に行い促進している国の政府の国際社会での責任について、世界中の人々に考えていただきたい。カリブ海の様々な箇所で傭兵の訓練が行われているというニュースと、米国の新聞で全く当たり前のように書かれているこういった行動への政府の参加のニュースに、注意をしておくべきだ。ラテンアメリカからは、公には明らかに抗議の声が全く上げられていない。ここには、米国政府がその尖兵の駒を動かすことについての冷笑主義が表れている。

演説中で名指しざれた国・地域のうち、パナマ運河地帯とプエルトリコについてはすでに述べたので、それ以外の国々について、以下、演説が行われた一九六四年前後の状況を簡単にまとめておきたい。

①ニカラグア

一九五六年、ニカラグアの独裁者、アナスタシオ・ソモサ・ガルシア（タチョ）は暗殺されたが、彼の構築した独裁体制は崩壊せず、長男のルイス・ソモサ・デバイレ（図102）が後継大統領となり、ソモサ体制は王朝化した。

図102　ルイス・ソモサ

ルイスは、一九二二年、ニカラグア西部、チキト川沿いのレオン生まれ。米国で教育を受けた後、帰国して国会議員に当選し、上院議長となった。

父親のタチョが国家警備隊を使った強権的な政権運営を行ったのに対して、ルイスは米国の意を汲んで、メキシコの制度的革命党の一党制に倣い、国家主義自由党による〝民主的な統治〟の体裁を取り繕った。

ルイスの任期中、ニカラグア国内では、住宅建設、農地改革、福祉制度の拡充、言論の自由の一部解禁など、一定の自由化改革も行われた。一方、外交面では反共・

親米路線を堅持し、一九六一年のプラヤ・ヒロン事件に際しては、亡命キューバ人部隊の出撃基地を引き受け、四月十五日には「カストロの鬚をお土産に」との軽口をたたきながら、空爆に向かうB26戦闘機を送り出している。

一方、ニカラグア国内では、キューバ革命の影響を受けたトマス・ボルヘ、カルロス・フォンセカらがサンディニスタ民族解放戦線（FSLN）を創設。一九六三年以降、ソモサ体制に対する武装闘争を開始した。これに対して、ルイスの弟で国軍司令官のアナスタシオ・ソモサ・デバイレ（タチート）は武力での弾圧を主張したが、ルイスは民主国家の体裁を維持するため、これに反対。兄弟間の緊張が徐々に高まることになる。

一九六三年の任期満了に伴い、ルイスは形式的には大統領職を退いたため、一九六四年の国連総会時には、レネ・シック・グティエレスが大統領だったが、彼はソモサ家の傀儡で、実権は依然としてルイスが握り続けた。

なお、一九六七年、ルイスが心臓発作で亡くなると、タチートが後継大統領に就任。国家警備隊の暴力を背景に国家の私物化をいっそう進めることになる。

②コスタリカ

一九四九年憲法の制定後、コスタリカの政局は安定化し、一九五〇年以降、経済成長の時代に突入し、人口も急増した。

一九四八年内戦の英雄であったホセ・フィゲーレス・フェレールは、一九四九年憲法の制定後、いったん政治の表舞台から身を引いていたが、一九五一年、国民解放党を結成。一九五三年の大統領選挙ではフィゲーレスが勝利した。フィゲーレス政権は「兵士の数だけ教師を」を合言葉に、軍事予算を教育予算に回し、コスタリカは教育国家に転換。主要輸出品のコーヒーの値段が暴騰したこともあって、コスタリカ経済は好況期を迎え、人口も急増した。

フィゲーレスは一九五八年に任期満了で退陣し、後継大統領には野党・国家統一党のマリオ・エチャンディ・ヒメネスが就任するが、一九六二年の大統領選挙では、再び、国民解放党のフランシスコ・オーリ・ボルマリク（図103）が当選。一九六四年の時点では、オー

図103　1963年3月にコスタリカのサンホセで開催された中米首脳会議に際して、参加国のパナマが発行した記念切手に取り上げられたフランシスコ・オーリ・ボルマリク。

リが大統領だった。

一九四八年の内戦後、コスタリカは反共を国是とし、共産党は非合法化されていた。また、一九四九年憲法を擁する民主国家としての自負もあり、ラテンアメリカに散見される独裁国家に対しては概して批判的であった。こうしたこともあって、革命後のキューバが社会主義宣言を行うと、コスタリカはキューバとの国交を断絶した。また、一九六〇年八月には、コスタリカの首都、サンホセで開催された米州機構外相会議で、中ソ両国のキューバ支援を内政干渉と批難する〝サンホセ宣言〟が採択されるなど、コスタリカが米国によるキューバ包囲網の一角を担っている。

ところで、コスタリカは、ニカラグアとの間にサン・フアン川の河口にあるポルティージョ島（ニカラグア名・ハーバーヘッド）の帰属をめぐる領土問題を抱えており、内戦時代の一九四八年十二月には、旧政府軍がニカラグアの支援を受けた傭兵部隊とともにコスタリカに侵攻し、コスタリカの武装警察がこれを撃退するということがあった。

また、フィゲーレス政権下の一九五五年一月には、元コスタリカ大統領だったテオドロ・ピカード・ムチャイスキの息子、ピカード二世が、またしても、タチョに支援された傭兵軍と共にニカラグアからコスタリカに侵攻。ピカード二世軍はいくつかの都市を攻略したものの、コスタリカ武装警察の反撃と米州機構の仲介により、同年二月には停戦となり、侵攻軍は武装解除されている。

こうした国境紛争に加え、コスタリカの民主国家としての自負も強く、ニカラグアのソモサ体制との関係は険悪で、一九七八年にFSLNが蜂起してニカラグア革命が勃発すると、コスタリカ政府は革命側を支援した（後に、FSLNが分裂し、反政府組織のコントラが生まれると、コスタリカは米国の対ニカラグア作戦の基地となる）。

③ホンジュラス

一九三二年から一九四九年まで続いたティブルシオ・カリアス・アンディーノ政権は典型的な開発独裁体制で、財政と教育状況は改善され、道路網などのインフラが整備され、軍の近代化も進められた反面、秘密警察により、反対派と労働者運動は徹底的に弾圧された。

一九四八年、政権の長期化に伴う腐敗があまりにもひどくなったため、米国はカリアスに対して、一九四九年の任期満了後（もともと、ホンジュラスの大統領は一期四年で連続再選は禁止されていたが、カリアスは憲法改正により連続再選を可能にしたほか、任期そのものを六年に延長。一九四九年までの大統領在任が可能になっていた）は引退して自由選挙を行うよう圧力をかけた。

カリアスもこれに同意して、表向き引退と自由選挙を発表したが、権力を維持するための傀儡大統領として、カリアス政権下で戦争相を務めていたフアン・マヌエル・ガルベスを与党・国民党の候補として擁立し、当選させた。図104は、一九四九年に発行された〝ガルベス新大統領就任〟の記念切手で、左側に新大統領のガルベスの肖像が、中央に前大統領のカリアスの肖像が、右側に副大統領のフリオ・ロザーノ・ディアスの肖像が並べて描かれている。切手の中央に描かれているのが、本来の主役であるべき新大統領ではなく、前大統領であり、その下には〝ガルベス博士に権力を移譲するティブルシオ・カリアス博士・将軍〟とのキャプションが付けられていることからも、この時点での真の権力者が誰であったのか、一目瞭然である。

図104　ガルベス大統領就任の記念切手

大統領就任後のガルベスは道路建設やコーヒー輸出の推進など、カリアスの政策を継続、強化し、一九五三年には政府予算の四分の一近くを道路建設に支出したほか、教育予算も大幅に増額された。その一方で、言論統制を若干ゆるめて、自由党など野党の再結党を許可したほか、一部の労働者組織も許可。八時間労働制、

図105　ビジェダ

年次有給休暇制度、労働災害における限定的な雇用者責任、女性と子供の雇用に関する規制など、労働者保護の政策も打ち出した。

一九五四年十月、ガルベスの任期満了に伴う大統領選挙が行われ、中道左派の野党・自由党のラモン・ビジェダ・モラーレス（図105）が四八・一％の票を獲得して第一位になり、政権復帰を目指して与党・国民党から立候補したカリアスは三〇・八五％しか得票できなかった。

ところで、ホンジュラスの憲法では、国民の直接投票による大統領選挙で過半数を獲得した候補がいなかった場合は、国会で決選投票を行うことになっていた。当時の国会の議席は、自由党が第一党だったものの、国民党と第三党の国民改革運動を合わせた議席数は過半数を上回っていたため、国民党と国民改革運動はビジェダの当選を阻止すべく、二位・三位連合を組み、審議をボイコットしたため、選挙後も大統領が決められない異常事態となった。

こうした中で、現職大統領のガルベスが病に倒れ、治療のため国外に出国。そこで、副大統領のロザーノが大統領の職務を代行することになった。

十二月六日、ロザーノはあらためて臨時大統領に就任すると、国会を解散。さらに、一九五六年六月には、選挙を延期する一方、国会を諮問機関に格下げし、国民統一党を創設して他党の活動を制限した。そして、七月には、ビジェダら野党指導者を突然逮捕して強引に飛行機に乗せて海外に追放してしまった。

これに対して、八月、大規模な反政府デモが発生したほか、サントス・オソルト・パス陸軍大尉の率いる自由党の武装蜂起が発生。オソルト大尉の叛乱はすぐに鎮圧されたが、十月二十一日にはロベルト・ガルベス少佐（前大統領の息子）ら陸海軍学校教官が無血クーデターを敢行。ロザーノを追放し、暫定軍事政権を創設した。

暫定軍事政権は、女性にも参政権を与えて議会選挙への準備をはじめ、一九五七年九月、制憲議会を実施し、十一月には制憲議会による投票で自由党のビジェダが大統領に選出された。

その後、制憲議会は、鉄道の部分的国有化、労働法制定、土地改革の準備などガルベス政権の自由化政策を踏襲する内容の新憲法を制定した上で、そのまま任期六年の国会となった。

これに対して、自由党の改革に反対する保守層は、一九六一年五月、反共組織の民主団体連合委員会を結成するなどして抵抗する。

そして、ビジェダの任期終了が迫った一九六三年十月三日、オスバルド・ロペス・アレジャーノ空軍大佐の部隊が総選挙に先んじてクーデターを起こして、議会を解散して憲法を停止するとともに、大統領・議会選挙の中止を発表。大統領のビジェダと自由党幹部は飛行機で海外亡命した。

翌四日、アレジャーノは自ら大統領に就任。共産党、〝カストロ主義者（彼らの理解では、キューバ革命政権の支持者は、共産主義者の中でも特異な存在と見られていたようだ）〟、その他の左翼勢力を解散させて非合法化し、全国農業協会への資金供与をストップし、ビジェダ政権下での農業改革法を事実上無効化した。さらに、軍事政権は、十月十三日、キューバと断交する。

アレジャーノのクーデター当初、米国のケネディ政権は軍事政権と断交したが、十一月二十三日にケネディが暗殺されると、後継大統領となったジョンソンは、十二月十四日、軍事政権を承認。さらに、ホンジュラスに対する軍事援助も再開した。以後、アレジャーノは、米国の庇護の下、反対派勢力を弾圧して一九七一年まで政権を維持することになる。

チェの演説に、「ホンジュラスでも……キューバや他国の傭兵たちが訓練を行っている」との文言が見られるのは、一九六三年十月のクーデターによりホンジュラスで反カストロ主義、反キューバの旗幟鮮明なアレジャーノ軍事政権が発足したことを踏まえたものと推定できる。

ただし、当時のホンジュラスにとっては、ニカラグアとの国境紛争や移民の流入をめぐるエルサルバドルとの対立*が外交問題としてはより深刻で、反キューバのための傭兵を受け入れて大々的に訓練を施す余裕はなかったというのが実情であった。

＊ホンジュラスは、歴史的にエルサルバドルからの移民を数多く受け入れてきたが、一九六〇年代に入ると、ホンジュラス国内の人口増加やバナナ農園の近代化・機械化に伴う労働需要の激減、牧畜や綿花農園の拡大による農地不足が問題となり、移民の制限を求める声が国内で高まっていた。その反面、当時のエルサルバドルはホンジュラスに比べて工業化が進んでおり、ホンジュラスの国内市場はエルサルバドル製品が席捲していることに不満をもつホンジュラス国民も少なくなかった。こうした不満は、一九六九年六月、一九七〇年サッカーW杯の予選として行われたホンジュラス＝エルサルバドル戦をきっかけとして、両国の軍事衝突（いわゆるサッカー戦争）を誘発することになる。

米国はベネズエラに兵器を置いている

中米に続き、チェは、南米北端、カリブ海に面したベネズエラも米国の支援を受けてキューバと対峙していることを指摘している。

米州機構の外相たちは鋭い目を持っており、キューバを象徴と見ているし、米国の人間がベネズエラに兵器を置いていることの「動かぬ」証拠を見つけている。しかし、外相たちがケネディ大統領の言葉に注意を払おうとしなかったのと同じように、米国において侵略の準備が行われていることまでは見ていない。米国は図々しくもプラヤ・ヒロンでのキューバ侵略を宣言したというのに、だ。いくつかの事例において、我々の革命に対するラテンアメリカ支配層の憎悪によって引き起こされた盲目状態が散見される。そして、さらに悲しく嘆かわしいことに、それは富の輝きに目のくらんだ人々が陥る盲目状態なのだ。

ベネズエラでは、一九五八年一月、マルコス・ペレス・ヒメネス独裁政権が倒れ、ウォルガング・ララサーバル将軍の暫定政権を経て、同年十二月の民主的選挙で、若き日のチェがコスタリカで出会ったロムロ・エルネスト・ベタンクール・ベージョが四九%の得票率で大統領に当選した。

ベタンクールは一九五九年二月に正式に大統領に就任するが、これに先立ち、同年一月二十三日、キューバ革命に成功したばかりのフィデル・カストロは、自ら政府代表団を率いてカラカスを訪問し、シレンシオ広場で開かれた歓迎集会には、三十万人が参加したという。フィデルは集まった聴衆に対して、シエラ・マエストラ山中から発せられたラジオ・レベルデの放送が、周波数の関係から、ベネズエラ経由でキューバ国内に届けられたことなど、ベネズエラ国民の支援に対する謝意を表明した。なお、後のフィデルの回想によれば、演説の途中で、彼がベタンクール次期大統領に言及したところ、会場からは巨大な嘲笑が沸き起こったというが、当時はベタンクールと左派勢力との対立は表面化しておらず(ベネズエラ共産党は、一九五九年一月の第十九回中央委員会総会では、ベタンクール政権を〝合憲的政権〟として支持することを決議している)、証言の信憑性には疑問が残る。

一方、キューバ革命政権の性格をつかみかねていた米国務省は、フィデルの行動を、カリブ海における米国の覇権に挑戦する〝ナセル流の野心〟として、早くも警戒感を強めていた。

一九五九年二月十三日、ベタンクールが大統領に就任し、新政権が正式に発足した。ベタンクールは、新労働憲章を制定し、労働者の団結権と団体交渉権を保証する一方で、国内宥和のために旧ヒメネス派と和解し、独裁時代の人権犯罪を容認。また

①国家財政の破綻
②膨大な対米債務
③原油国際価格の低迷

という三重苦から、極度の緊縮財政と石油産業を握る米国への屈服を迫られた。

このため、〝民主化〟を期待していたリベラル勢力は失望し、八月四日、失業者五千人の抗議デモが発生。以後、学生等の反政府デモが相次ぎ、政府の取り締まりにより、一九六三年までに八百名が亡くなり、一万八千名が逮捕された。

一九六〇年三月、農地改革法が公布され、土地の再

分配、農業金融制度の充実、流通面の整備などが行われたが、その内容は、地主層の離反を恐れて公有地とヒメネス派の私有地の再分配に留まり、大土地所有制の根本的な解体には手を付けない微温的なものであったため、与党・民主行動党内のアルベルト・ドミンゴ・ランヘルら左派勢力が激しく反発。四月以降、コロンビア国境附近のスクレ州でホセ・アントニオ・パエス戦線を結成してゲリラ戦を開始する。さらに、彼らは独自の政治組織として左翼革命運動（ＭＩＲ）を結成し、ベタンクールを「革命の裏切りと米国帝国主義への屈伏」と非難し、キューバ革命をモデルとした武装闘争路線を開始した。

さらに、六月二十四日には、米州機構総会でベタンクールから〝人権侵害〟を批難されて激怒したトルヒーヨ（ドミニカ共和国の独裁者）が、報復のため、旧ペレス派を支援してカラカスでの観兵式の機会をとらえてベタンクール暗殺未遂事件を起こす。

そこで、七月一日、ベネズエラ政府は暗殺未遂事件を米州機構へ提訴するとともに、「右翼であれ左翼であれ、軍事力によって権力を獲得した政権は一切承認し

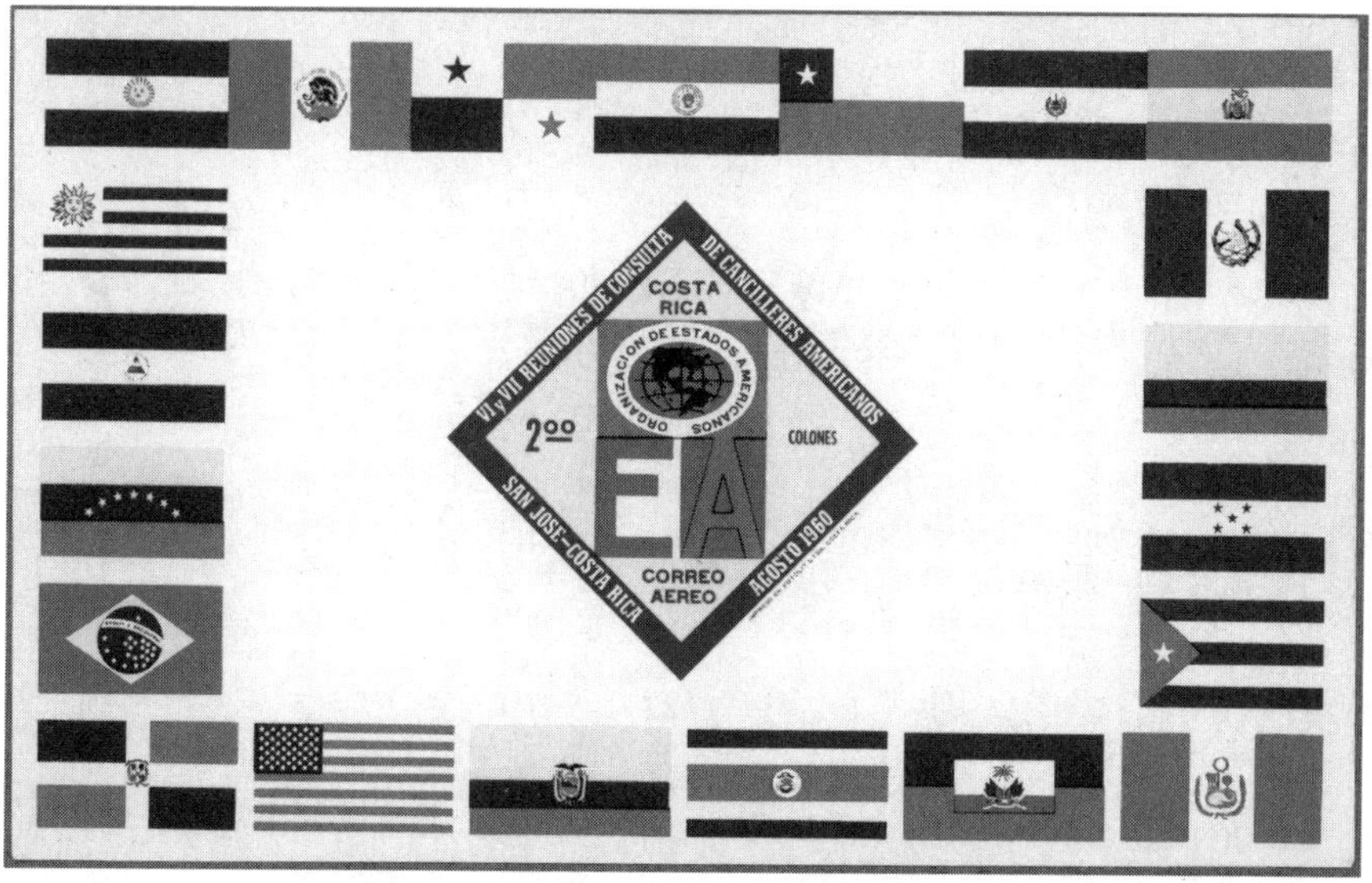

図 106　1960 年 8 月の米州機構外相会議に際して、開催国のコスタリカが発行した記念切手。切手発行の時点では、ドミニカ共和国とキューバは資格停止になっていなかったため、両国の国旗も描かれている（ドミニカ共和国は左下角、キューバは右列下から 2 番目）。

ない」とするベタンクール・ドクトリンを発表。ドミニカ共和国とキューバを敵視する姿勢を明らかにした。実際、八月十五日にコスタリカの首都、サンホセで開催された米州機構外相会議（図106）では、ベネズエラの訴えが認められ、米州機構はドミニカ共和国との断交を決議するとともに、米国がキューバの権利停止を提案し、ベネズエラはこれに同調している。

これに対して、キューバの支持を背景にしたMIRは共産党とともに武装闘争を展開したため、ベタンクールは軍を総動員して弾圧に乗り出し、一九六一年十月までに数百人規模の死者が発生した。このため、十一月十二日、ベタンクールはキューバを左派暴動の黒幕と断罪して断交すると、キューバは「ベタンクールは米国に追随し、反政府運動を弾圧する独裁政権と化した」と応酬する。

こうした状況の下で、民主行動党内の左派がキューバとの断交に反対して離党し、下院では野党が過半数となったため、政権は不安定化。一九六二年以降もMIRと共産党の主導による大規模なストライキや反政府暴動、武装反乱などが相次いだため、一九六二年四月、ベタンクールは混乱を理由に共産党とMIRを非合法化し議員資格を剥奪。五月には両者の政治活動を全面的に禁止した。

一方、左派勢力は、一九六二年十二月、農民連盟、労働者連合、大学センター連合など全勢力が結集して、民族解放戦線（FLN）を結成し、その軍事組織として民族解放軍全国司令部（FALN）を設置。FALNは三千の兵力を動員して、全国二十州のうち七州で作戦を展開し、一九六三年二月八日には、闘争目標として、

①政治犯の釈放と迫害されている政党の活動保障
②軍民一体の政府の樹立
③外国の干渉から独立した民主政治の実施

を掲げた。

FALNは、貨物船アンゾアテギ号のシージャック、アルゼンチンのサッカー選手デ・ステファーノ誘拐、カラカスのフランス印象派展覧会の絵画の窃取と自発的返却、米大使館付武官の誘拐、米国系企業への攻撃などのテロ活動を展開。これに対して、政府軍は、米軍の指揮・支援の下、FALNのゲリラ軍に対してナパーム弾爆撃を含む大規模な掃討作戦を行い、ファル

コン州以外のゲリラ支配地区をほぼ壊滅させた。

追い詰められた左派勢力は、MIRがシウダ・ボリーバルでベタンクール暗殺未遂事件を起こしたほか（一九六三年六月）、FALNはカラカス市内のラプランタ刑務所を襲撃し、政治犯六百名を〝解放〟するなど反撃し、そのたびに政府軍が大規模な掃討作戦を展開するなど、同年十二月一日の大統領選挙を前に緊張が高まっていく。

ベタンクールの任期満了に伴う大統領選挙（と議会選挙をあわせた総選挙）は一九六三年十一月一日に告示されたが、FLNとFALNは選挙のボイコットを呼びかけ、十九日にはカラカス市内で総選挙反対のゼネストを行った。FALNによるテロを恐れたカラカス市民はゼネストに参加せざるを得ず、首都機能は麻痺したため、翌二十日、政府軍が介入してカラカス市内では大規模な戦闘が発生し、三十四名の死者が出るとともに、米国軍事使節団のシュンノート大佐（副団長）がゲリラにより誘拐される事件も発生したほか、二十八日にはFALNによるハイジャック事件も発生した。

この間、政府はパラグアナ半島の無人の海岸でFALNの武器貯蔵庫を摘発し、キューバから持ち込まれた携帯兵器三トンを捕獲。FLNがハバナで南ベトナム解放民族戦線と共同声明を発表していたこともあり、ベタンクールはFALNの背後でキューバが暗躍していると名指しで非難。投票日前日の十一月三十日にはキューバの反乱援助問題を米州機構に提訴する。

こうして、十二月一日、政府が五万の軍隊を動員し、八千名の逮捕者を出すという騒然とした空気の中で大統領選挙が行われ、与党・民主行動党のラウル・レオーニ・オテロが当選した。

大統領選挙の終了を受けて、十二月三日、米州機構会議は、アルゼンチン、コロンビア、コスタリカ、米国、ウルグアイからなる査問委員会を設け、ベネズエラでの現地調査を実施。翌一九六四年二月十八日、キューバに対するベネズエラの訴えが実証されたと発表した。

三月十一日に発足したレオーニ新政権は、和解政策を提唱し、共産党とMIRを合法化すると発表。これを受けて、八月までに共産党とMIRの主流派は武装闘争路線を放棄し、十月にはFLNが和平アピールを発表したが、FALNは武装闘争を継続。また、国連総会直前の十一月にハバナで開催されたラテンアメリカ共産党大会ではベネズエラ、コロンビア、グアテマラ、ホンジュラス、ハイチにおける武装闘争を正規の路線として承認するなど、一九六四年末の時点では、ベネズエラ政府軍とゲリラ組織の戦闘が依然として続いていた。

こうした経緯を見ると、チェは「米国の人間がベネズエラに兵器を置いている」と主張しているが、ベネズエラ側から見ると、むしろ、「キューバこそがベネズエラ（の反政府組織）に武器を置いている」であり、それに起因する社会的混乱を鎮めるため、ベネズエラ政府は米国の支援を仰がざるを得ないというのが実情であったというべきであろう。

ミサイル危機について

続いて、チェは一九六二年のミサイル危機とその後の状況について、以下のように述べている。

よく知られているように、カリブ危機（キューバ危機）と呼ばれている大きな騒動の後で、米国はソ連としっかりとした関係づくりに着手した。米国による侵略の継続的活動を示す特定の種類の兵器を撤収させるか否かという緊張の高まりによって、正当な行動と原則的防衛としてキューバでの核兵器設置がやむなしとなったのだ。プラヤ・ヒロンへの傭兵による攻撃と我々の祖国に対する脅威がそうであったのと同じように。

さらに、米国は国連に働きかけて我々の領域に立ち入り調査をさせようとしている。しかし、我々はそれを断固として拒否する。米国、そして世界のどんな国であれ、キューバがその国境内で保有する兵器の種類を決定して良いという権利があるなどと、我々は認めないからだ。

このような状況下において、派閥に関係なくその同等の義務に忠実であるためには、多国間の合意が不可欠だ。フィデル・カストロはこう言っている。

「国民と自律的民族固有の権利として、全人類の権利として、主権という概念が存在する限り、我々の仲間たちがそこから排除されることは是認しがたい。このような原則により世界が統治される限り、そして世界に遍く人民たちの誰もから受け入れられ認められることで普遍的正当性を持つ概念によって世界が統治される限り、そういった権利を我々から奪おうとする企みを黙って見てはおけないし、我々はそういった権利のいっさいを放棄するつもりもない」

国連事務総長のウ・タントもこのような理屈を分かっている。それなのに、米国は新たな特権を手に入れようと企んでいる。それは恣意的かつ不法な特権であり、小国の領空を侵犯するものである。そのために、U－2などの偵察機が我々の国の上を飛び、領空を横切って行けるのだ。我々は領空侵犯をやめさせるためにあらゆる必要な警告を行った。米国海軍によるグアンタナモ地帯治安部隊への挑発や、公海において我々や多国籍の船のそばで騒音を立てながら飛び回ることや、様々な旗を掲げた船に対する海賊的攻撃や、スパイの侵入、工作員と兵器を我々の島へ持ち込むことなどをやめさせるのと同様である。

ミサイル危機についてのフィデルの公式な立場は、最大の支援国であるソ連の意を汲んで、「ソ連の介入で米国はようやくキューバ侵攻を断念した。その結果、ともかくも戦争を回避することはできたのだ」というものになっていたが、チェの演説には、米国への非難を基調としつつも、キューバの頭越しに米ソの妥協で事態が収められたことへの不満が感じられる。

また、「世界のどんな国であれ、キューバがその国境内で保有する兵器の種類を決定して良いという権利があるなどと、我々は認めない」とはいうものの、現実の問題としてキューバ軍の兵器・装備は、キューバが独自ルートで調達することはほぼ不可能で、ソ連と東側諸国に依存せざるを得ない。したがって、この一節は、米国批判という形式を取りつつ、ソ連に対する不満も滲ませていると理解できる。

なお、国連演説終了後の十二月十四日、チェはCBSのテレビ番組〝フェイス・ザ・ネイション〟に出演し、ミサイル危機後の査察について、「なぜ我々が互いに査察しあわないのか？　もしあなたが望むなら、核基地はすべて撤去する」と述べている。

ちなみに演説に登場する国連事務総長のウ・タント（図107）は、一九〇九年、英領インド帝国ビルマのパンタナウ生まれ。ラングーン大学卒業後、教師、ジャーナリストを経て、ビルマ独立後の一九四八年、初代大統領ウー・ヌにより放送大臣に抜擢された。一九五五年にはバンドン会議に出席し、一九五七～六一年は国連総会の会期中におけるビルマ政府代表団の団長を務めている。

図107　ウ・タント

一九六一年十一月、当時の国連事務総長、ダグ・ハマーショルドが在任中に飛行機事故死すると、ウ・タントは総会の満場一致で国連事務総長代理に任命。ハマーショルドの残任期間終了後の一九六二年十一月、事務総長に任命され、一九六六年に再任されて一九七一年までその任にあった。

在任中の主な業績としては、コンゴ動乱への積極的武力介入、キューバ・ミサイル危機および第三次中東戦争などでの和平仲介、国連貿易開発会議の開催、国連開発計画や国連大学の創設、国連人間環境会議の開催などがある。このうち、ミサイル危機と国連貿易開発会議は、チェも当事者として関わっていたものであり、その時の誠実な対応から、ウ・タントもフィデルの主張を理解しているとの発言になったのであろう。

マルクス・レーニン主義とキューバ式共産主義

次いで、チェは、社会主義国にして中立国というキューバの立場を以下のように説明している。

> 我々は社会主義の確立を望んでいる。我々は平和を築くために奮闘する人間の味方だとすでに宣言したところだ。我々はマルクス・レーニン主

義者とはいえ中立国の一つである。我々のような中立国は、帝国主義と闘っているのだ。我々は平和を求めている。国民のより良い暮らしを築こうとしている。だからこそ、米国の連中による挑発にできる限り乗らないようにしているのだ。しかし、我慢の限界というものがあるのも事実だ。こういった連中は平和を求める我々に非常に高い対価を払わせようとしている。言っておくが、支払える対価が尊厳というものの範囲を超えることはない。

チェは「社会主義の確立を望んでいる」、「我々はマルクス・レーニン主義者」というフレーズを何気なく並べているが、キューバの〝社会主義〟とオーソドックスなマルクス・レーニン主義との間には、微妙なずれがある。

そもそも、キューバ革命は社会主義革命として始まったわけではなく、バティスタ政権下での極端な富の偏在と社会的不公平、米国の政治的・経済的な実質支配を是正する〝改良主義〟の立場からスタートした。その背景にあったのは、マルクス・レーニン主義ではなく、キューバ独立の英雄、ホセ・マルティの思想である。

ホセ・マルティの思想は多岐にわたっているが、その主なポイントは以下のように要約できよう。

①自由

マルティは「自由は人間にとって空気のようになくてはならないものであり、本質的なものである」が、〝既に存在しているもの〟ではなく、〝実現すべきもの〟と位置付けている。したがって、自由の実現のために戦うことは、人間にとって義務であり、名誉である。

さまざまな自由の中で最も重要なのは政治的自由であり、政治的自由が十分に機能していれば、他の自由はそれに伴ってやってくる。植民地は国の自由が剥奪された状態であるので、まず独立が第一の大義となる。

また、個人としては、人間が最も自由を奪われた状態は奴隷であるので、独立後には最も虐げられた人々（マルティが想定しているのは、制度的には奴隷から解放されたが、依然として差別の対象となっている黒人である）の解放を最優先課題とすべきである。

自由な人間同士、または人種間、民族間、国家間の関係は、〝公正なコンセンサス〟と〝愛と平和〟によって律せられるべきである。

②教育の重視

自由が〝既に存在しているもの〟ではなく、〝実現すべきもの〟である以上、自由の実現には社会変革が必要であり、そのためには〝知ること〟が重要である。人間は生まれ育った環境により、現実の存在や意識を規定されているので、その本質を見極めるためには、〝表層を除去して真実を見極める〟必要があり、他者の自由を拡大するためにも相手をよく知ることが重要である。

③人種問題

マルティの人種問題についての見解は、一八九三年に発表した論文「私の人種」での以下の一節に要約される。

白人が黒人を差別してはならないように、黒人が白人の上に立つことがあってはならない。白人が白人の優位を主張することが間違いであるのと同じように、黒人が自らを特殊なものとして捉え、優位性を主張するのも間違いだ。

マルティは、この意味で「人種問題は存在しない」としたが、これは、有色人種に対する白人の優越性が自明の理とされていた当時の世界では画期的なことであった。

④アメリカ論

マルティは、自らの米国生活の経験から、スペインどの欧州諸国に比べると米国は個人の自由が尊重される国ではあるが、それでも、〝米国的自由〟と資本主義には限界があると指摘。「私は怪物の体内にいたので、その内臓をよく知っている。米国に併合しても決してキューバは幸せにならない」として、米国への併合や米国との関係強化を主張するキューバ人に警鐘を鳴らした。

また、アングロサクソンの〝北のアメリカ〟に対して、混血の（＝人種的にも文化的にも多様な）〝南のアメリカ〟高く評価し、欧米の模倣ではない、固有の国づくりを訴えた。そして、独立後のキューバでは、二つの自由（個人の自由と集団としての人間の自由）と二つの尊厳（国家の尊厳と民衆の尊厳）が実現されるべきだと主張した。ただし、そのためにはどのような国家体制が相応しいかという点について、具体的なモデルが提示されていたわけではない。

⑤マルクスに対する評価

以上のことを踏まえて、一八八三年、同時代人のカール・マルクスの死に際して、マルティは、マルクスが弱者の味方であったこと、人間が人間の上に立つことを拒否したことに深い共感を示しつつも、「彼（＝マルクス）は急ぎすぎた。しかも影の中を早く、自然で苦難に満ちた懐胎機を経ずに生まれた子供たちは、人民の中から生まれようと、家庭にある女性の子宮の中から生まれようと、歴史上、生命力を持つことはなかった」と評価している。

マルティの理解では、マルクスのいう〝プロレタリアートの社会〟を実現するためには、その前提として生産力の発展、さらには、人間の自由や人権の確保のための熟成期間が必要であった。また、「それぞれの人民はその特性によって治療される。さまざまな必要を考え、薬をどのくらい使うかを決める」として、新たな社会の建設は、それぞれの土地の固有性に即してなされるべきで、特定の思想やイデオロギーを全世界一律に適用すべきではないとした。

フィデルをはじめキューバ人革命家にとっては、以上のようなマルティの思想と理想を実現することが一九五九年の革命の目標であったから、一九六一年四月、プラヤ・ヒロン事件を受けて発せられた「社会主義革命宣言」の後も、彼らはソ連や中国のような社会主義体制を目指したわけではなかった。

実際、社会主義革命宣言の後は、一九二五年創設の〝コミンテルン・キューバ支部〟にルーツを持つ人民社会党（PSP）の発言力が一時的に増し、同党のアニバル・エスカランテが全国組織委員長として、各種の革命組織を糾合した統一革命組織（ORI）の結成が進められた。オーソドックスなマルクス・レーニン主義者としてのエスカランテは、他の社会主義国の党組織の先例に倣って、ORIのメンバーにも、PSPや労組での活動歴を重視しようとした。しかし、革命を担ってきたM26のメンバーは、大半が未組織の労働者・農民であり、エスカランテの基準を適用すれば、彼らはORIの中枢から排除されることになる。しかも、バティスタ政権時代、実際にシエラ・マエストラ山中で革命を戦っていたM26に対して、PSPは〝冒険主義的〟と批判しており、革命後、政権に接近してきたという経緯もあった。

このため、エスカランテ主導でのORIの組織化は、権力の簒奪として強い反発を招き、最終的には、フィデルの介入により、一九六一年七月二十六日、M26を中心とした指導部の下、ORIが創設され、エスカランテはソ連に出国する。前衛党がプロレタリアートや大衆運動、革命を指導するという、マルクス・レーニン主義の基本原則からすれば、極めて異例のことである。

また、標準的な社会主義者の理解では、キューバのような生産力や技術水準の低い国・地域では、まずは市場原理を取り入れて資本主義を開花させ、その後に社会主義段階を経て、最終的に共産主義を目指すべきとされていたが、革命政府は、〝キューバ式共産主義〟の名の下、配給制度を基礎とした平等な基本的生活保障と中央集権的経済体制を並行して構築し、〝社会主義と共産主義を同時実現〟を目指すとともに、(特にチェが強調したように)個人の利益ではなく、社会の発展のために働く〝新しい人間〟を創造することを目標として掲げていた。

こうしたキューバ式共産主義は、既存の社会主義諸国のあり方に不満を抱いていた世界各国の左派リベラル勢力を惹きつけたものの、マルクス主義経済学者の目から見れば、経済の法則とキューバの実力を無視した暴論でしかなかった。

結局、キューバ式共産主義による国家建設は、米国による経済制裁という外的要因もあって、なかなか成果を上げられず、リアリストのフィデルは建前としてその理想を掲げつつも、現実にはソ連と妥協して、社会主義国家の標準モデルに徐々に接近していくことを模索するようになった。これに対して、革命ロマン主義者としてのチェはそうした〝変節〟を潔しとしなかったため、ソ連からは〝トロツキスト〟呼ばわりされたことは、第7章でも述べたとおりである。

「我々は〝マルクス・レーニン主義者とはいえ中立国の一つ〟である。我々のような中立国は、帝国主義と闘っているのだ。我々は平和を求めている」とのチェの演説の一節は、表面的には、帝国主義の米国を批判しているが、〝マルクス・レーニン主義者とはいえ中立国の一つ〟という文言により、ソ連とも微妙な距離があることを吐露している。

ちなみに、マルクス・レーニン主義を奉じる社会主義諸国では、マルクスとレーニンの肖像を並列させて描いた切手が当たり前のように発行されているが（図108）、キューバでは、一九六四年にレーニンの肖像を描く最初の切手としてレーニン没後四十周年の記念切手（図109）が発行されたものの、マルクスを描く切手の発行は遅れ、二人を並べた切手は一九八二年になってようやく発行された（図110）。

このことは、最大の支援国であるソ連との友好は重

図108　北朝鮮が1965年に発行した“朝鮮労働党創建20周年”の記念切手は、同党がマルクス・レーニン主義政党であることを示すため（この切手が発行された時点では、まだ、現在の同国の国家理念である“主体思想”は整備されていない）、赤旗を背景に2人の肖像を並べて描いている。

図109　1964年にキューバが発行したレーニン没後40周年の記念切手

図110　キューバ切手としては初めて、マルクスとレーニンを並べて描いた“ソ連創設60周年”の記念切手

視しつつも、キューバ式共産主義は既存の〝マルクス・レーニン主義〟とは一線を画している姿勢を示すという、フィデルの意思と切手政策が連動した結果と見ることも可能かもしれない。

カリブ海和平とグアンタナモ基地問題

続いてチェは、ミサイル危機後の和平計画についての提案を行う。その最大の眼目は、一九〇二年のプラット修正条項に基づき、米軍が駐留を続けるグアンタナモ基地（図111）の返還要求である。

キューバがもう一度だけ確認しておきたいのは、適当と思われる程度の兵器を領域内に保有する権利と、地上のどのような権力であれ、それがいかに強大だったとしても、我々の領土、領海、領空を審判する権利など認められないということだ。

キューバがあらゆる総会における集団性質的必然性を想定するならば、文字通りそれらを満た

図111　1959年の革命後もグアンタナモの米軍基地ではキューバ員労働者が働いていた。（基地に入る前に米軍のボディ・チェックを受ける労働者を取り上げた報道写真）

することになるだろう。このことが実現されない限り、他のあらゆる国々同様にキューバはすべての権利を守る。帝国主義の要求に対して、我々の首相はカリブ海の平和維持に必要な五つの点を並べている。

1．世界の至る所で米国が我が国に対して行っている、経済封鎖とあらゆる経済及び貿易に関する圧力の停止

2．飛行機と船舶による武器と爆弾の持ち出し及び持ち込み、傭兵部隊の組織、スパイと工作員の侵入、米国と他の共犯関係にある諸国の領域内から一貫して行われる活動など、キューバに対する破壊工作の停止

3．米国とプエルトリコに存在する基地を拠点とする海賊行為の停止

4．米戦闘機と軍艦によるあらゆる領空及び領海侵犯の停止

5．グアンタナモ海軍基地からの撤退と米国が占拠するキューバ領域の返還

こうした提案の背景として、チェは、米国がグアンタナモ基地を拠点にキューバに軍事的圧力をかけている実態を数字を挙げながら説明する。

こういった初歩的な要求ですら全く実現されず、我々の軍隊はあいかわらずグアンタナモ海軍基地からの挑発行為を受けている。グアンタナモ基地は盗賊の巣窟になり、そういう連中が我々の領域に侵入する際の拠点になっているのだ。この総会に参加している皆さんをうんざりさせるような、ありとあらゆる種類の挑発行為の数々について詳細をお話しよう。十二月初めの頃までには、その回数は一九六四年の一年間で千三百二十三回に及んでいたということを述べれば既に充分にうんざりする話だろう。国境線の侵犯、米国支配下の領域からの物品の持ち込み、米国の男女の性質である露出過剰な姿を見せつける行為、口頭での侮辱など、軽い嫌がらせのようなものも含んではいるが。他にも、我々の領域に向けた小型銃器の発砲、キューバ国旗への侮辱行為な

ど、より深刻なものがある。国境線に侵入したり、キューバ側の建物の中で発砲し始めたりというのも、極端な挑発行為の例として存在する。今年は七十八回に及ぶ発砲事件があり、痛ましいことに一人の人間が犠牲になった。その兵士の名はレイモン・ロペス・ペーニャといい、北端の海岸線から三・五キロ離れた米軍基地から二発の射撃を受け、命を落としたのだ。この常軌を逸した挑発行為は重く受け取らざるを得ないものであり、それが行われたのは一九六四年七月十九日の七時七分のことだった。七月二十六日、キューバ政府の首相は公式に声明を出し、「再びこのようなことが起きるようであれば、侵略者を駆逐すべく軍隊に命令を下すことになるだろう」と述べた。そして同時にキューバ軍配備の前線を国境線からより離れた位置まで後退させ、必要とされる防衛態勢を構築するよう命令が下されたのだ。挑発行為が三百四十日間で千三百二十三回行われたということは、一日四回のペースということになる。キューバ軍が士気と完璧な規律を持っていたからこそ、自制心を失うことなく無数の悪意に抵抗することができたのだ。

さらに、チェはグアンタナモ基地の返還要求は、一九六四年十月にカイロで開催されたばかりの第二回非同盟諸国首脳会議での決議を経て、国際世論の支持を得ていると主張する。

四十七国が集まりカイロで開催された第二回非同盟諸国首脳会議において、全会一致で採択されたことを読み上げよう。

国家への圧力と、自身のイデオロギー、政治、経済、文化的思想に基づく解放と発展の阻止の手段として実用される外国の軍事基地という懸案事項について、領域内に外国の軍事基地が無くなることを求めて、他国に軍隊と軍事基地を保有する全国家に対し即座に基地を撤去するよう訴える国々に対して、非同盟諸国首脳会議は惜しみない支援を与えることを宣言する。米国のグアンタナモ軍事基地の維持について、それがキューバの政府と国民の意思に反するものであり、ベオグラードで開催された第一回非同盟諸国首脳会議での採択に盛り込まれた規定に反するものであり、キューバの主権と領域不可侵性を侵害するという性質のものであるというのが、非同盟諸国首脳会議の見解である。

キューバ政府がグアンタナモ基地をめぐる米国との論争に対等な立場での話し合いによる決着をつける用意があると示していることについて、非同盟諸国首脳会議は米国が基地の撤去についてキューバ政府との交渉の場を設けるよう訴える。

カイロでの会議で出された要求に米国政府は何ら回答をよこしてはおらず、キューバ領域の一部を占拠する軍隊によって、先ほど詳細に述べたような侵略行動の実行をはじめとするそういった行為を漠然と続けようとしている。

キューバと断交しなかったメキシコ

続いて、チェの批判の矛先は、米国によるラテンアメリカ支配の道具となっている米州機構の中にも、キューバ問題について、必ずしも米国と共同歩調を取っているわけではない国があることを指摘する。

米国の植民地省とも呼ばれる米州機構が、その中からキューバを排除してもなお、参加国に対してキューバとの外交及び貿易関係を断絶するよう迫っている。米州機構は我が国への、いつ、いかなる口実によってであれ、侵略を正当化し、最も基本的となるはずの国際法を破り、国連など完全に無視している。ウルグアイ、ボリビア、チリ、メキシコはこういったやり方に反対し、メキシコ政府などは米州機構で承認された経済制裁措置を認めていない。それ以来、キューバはメキシコ以外のラテンアメリカの国々とは関係が途絶えている。このことによって、帝国主義による直接的侵略の必要条件の一つを満たすことになってしまうのだ。

この一節で、チェが特に強調しているのが、メキシコとの関係である。

メキシコはチェとフィデルが運命的な出会いを果たした場所で、一九四六年に発足したミゲル・アレマン・バルデス政権が親米路線に大きく舵を切った後も、リベラルな空気が強かった。実際、一九五八年の大統領選挙で当選したアドルフォ・ロペス・マテオス（図112）は〝メキシコのケネディ〟を自称し、外資導入に対する一定の規制や、労働者・農民保護策を打ち出していた。

図112　ロペス・マテオス

しかし、一九五九年一月、キューバで革命政府が成立すると、そのことに刺激を受けた鉄道、石油、電話、電気などの公団労働者や教員などは、二月に入ってゼネストを敢行。このため、労働攻勢のさらなる高揚を恐れたマテオス政権は、反共強硬策に転じ、警察軍を動員してゼネストを粉砕。さらに、三月に鉄道ストが発生すると、こちらも警察軍を動員して鎮圧し、指導者二百名を逮捕した。さらに、一九六〇年八月には、メキシコ共産党書記長テラサス・ゲレロがデモの最中に国家保安法違反の罪で逮捕されて懲役八年の実刑判決を受けている。

こうした状況の中で、一九六一年四月、プラヤ・ヒロン事件が起こると、メキシコは米国を批難して米州機構に問題を持ち込む一方、社会主義宣言を行ったキューバの影響が自国に及ぶのを最小限に食い止めるべく、翌五月にはキューバへの民間航空路線（図113）を閉鎖している。

その後も、マテオス政権は一九六四年十一月末の任期満了まで、労働者・農民の闘争に対しては強圧的な姿勢で臨んでいたが、その一方で、キューバとの外交関係を完全に途絶することはなかった。

その背景にあったのが、いわゆる〝エストラーダ原則〟である。

本書でもいくつかの事例を紹介したが、二十世紀以降、ラテンアメリカでは革命による政権交代が頻繁に発生してきた。このため、一九〇七年、エクアドル外相のカルロス・トバールは、新政府の成立にあたって憲法違反および武力を用いて成立した政府は承認せず、合憲的手続によって国家が再組織されたときに承認を与えるべきだとする〝トバール原則〟を提唱。同年締結された中米五国の平和友好条約にも同原則が盛り込まれた。さらに、同原則は米国も支持し、一九二三年には、大統領が革命後の合憲的手続によって選出された場合であっても、革命の首謀者またはその近親にあたるときには、その政府を承認しない旨の条項が加えられた。

これに対して、一九三〇年、メキシコ外相のジェナ

図113　1960年10月、革命後、キューバ＝メキシコ間の航空路で運ばれたエアメール。

図114　エストラーダ

ロ・エストラーダ（図114）は、トバール原則は他国への内政干渉にあたると反論。いかなる方法で新政府が成立しても、領域の実効支配を確立していれば、諸外国は承認問題を留保して外交使節の交換を維持すべきであると主張した。これが、エストラーダ原則である。

一九六四年七月の米州機構外相会議で、キューバとの国交断絶が決議された際にも、メキシコはエストラーダ原則を掲げることでキューバとの外交関係を維持し、米国に対して自律的な立場をある程度保つことに成功した。ただし、当然のことながら、メキシコはキューバとの国交を維持しても、その革命路線を支持しているわけではなく、国内への革命の波及は絶対に阻止するという姿勢は変わらなかった。

それでも、キューバ側からすれば、メキシコが他の米州機構諸国に同調せず、キューバと経済・外交関係を維持していること対外的に重要な意味を持っており、チェの演説でもその点が強調されたというわけだ。

内政干渉問題

すでに述べたように、キューバの革命政権はラテンアメリカ諸国の左翼勢力の反政府活動を支援していた。当然のことながら、そうしたキューバの姿勢は、関係諸国からは内政干渉との批判を受けることになる。この点について、チェの演説では以下のように説明されている。

> 我々のラテンアメリカへの関与について今一度明確にしたいのは、それが我々を団結させる結び付きに基づいていることである。その結び付きとは、我々の話す言語、我々が守る文化、我々が共に仕える主人などだ。米国の植民地支配の軛からラテンアメリカを解放したいと願う理由は、ただそれだけである。ここに集うラテンア

メリカ諸国がキューバとの関係を再構築する決断をするならば、我々は平等を原則とし、世界の中での自由な国家という称号は、キューバ政府が天から授かったものだったという見解を持つことなく、それをやる意思がある。我々は自由を求める戦いの日々をくぐり抜け、自らの血によってその称号を勝ち得たのだ。米軍連中の侵略に対して海岸線を防衛する中で、自らの血によってそれを手に入れたのだ。

他国の内部における問題についてキューバが干渉を行っているのではないかという批判に我々は同意しないが、自由を求めて懸命に戦う人々に共感していることは否定できない。自らが道義的に支援する世界に対して、はっきりかつ断固として自らの見解を述べるという義務をキューバの政府と国民は果たさなければならないし、国連憲章で宣言されている完全なる主権を手にする権利の実際的行使を求めて世界の至る所で戦う人々との団結を、そのよう人々に代わって示さなければならないのだ。

チェの論法では、革命キューバは、あくまでも、〝自由を求めて懸命に戦う人々〟を支援しているだけであり、それは、国連憲章の理念にもかなうものだから、内政干渉には当たらないとされている。ただし、ニカラグアやベネズエラなど、キューバの直接的な支援を受けた反政府勢力の鎮圧に追われている国々は、そうしたチェの主張に納得することは絶対になかったが……。

しかし、チェはそうした点は棚上げにし、そもそもラテンアメリカ諸国に対する内政干渉は、米国が歴史的に行ってきたものではないかと批判の矛先を転じている。

そもそも干渉を行っているのは米国なのだ。もうずいぶんと長年に渡って、ラテンアメリカへの干渉を行ってきた。前世紀の終り以来、キューバはそれを真実として経験してきている。

我々のみならず、ベネズエラ、ニカラグア、中米国の全体、メキシコ、ハイチ、ドミニカ共和国も同様の経験をしてきた。近年、我々のような国民とは例外的に、パナマは直接的な侵略を経験することになった。運河地帯にいた海兵は冷血にも丸腰の人々に向かって銃撃を開始したのだ。

ドミニカ共和国の海岸線は、トルヒーヨ殺害によるドミニカ国民たちの激昂から逃れようとする米軍艦隊に侵犯された。

チェの演説が行われた一九六四年の時点では、ドミニカ共和国はラファエル・トルヒーヨ政権崩壊後の混乱の中にあった。

一九三〇年以来、長期独裁政権を維持していたトルヒーヨは、一九五二年、大統領職を弟のエクトルに譲った後も政治の実権を握り続けていた。

一九五六年、秘密警察がニューヨークで反体制派知識人、ヘスス・デ・ガリンデス・スアレス（元サント・ドミンゴ大学教授で、トルヒーヨの悪事を暴露する書籍を刊行後、米国に亡命し、コロンビア大学の講師を務めていた）の誘拐事件を起こし、国際的な批判を浴びることになる。また、トルヒーヨは、ベネズエラ元大統領のペレスをはじめ、クーデターで祖国を追われた（元）独裁者の亡命を相次いで受け入れていたことから、そのことを問題視する国も少なくなかった。

一九六〇年一月、トルヒーヨは自身に対する暗殺計画が発覚したとして、反対派に対する大弾圧を行うと、翌二月、ベネズエラはこれを〝人権に対する野蛮な侵害〟として米州機構に告発。これを受けて、米州機構は現地に調査団を派遣し、トルヒーヨによる人権侵害の事実を認め、トルヒーヨ非難決議を採択した。

これに激怒したトルヒーヨは、六月、カラカスでベネズエラ大統領、ベタンクールの暗殺を試みたが、未遂に終わった。そして、米州機構の調査により、事件の背後にトルヒーヨがいたことが明らかになると、米州機構はドミニカ共和国との国交を断絶し、経済制裁を発動した。

事態を打開するため、トルヒーヨは大統領職を弟のエクトルから、腹心で副大統領のホアキン・バラゲール（図115）に差し替えたが、十一月二十五日、反政府活動家のミラバル姉妹がトルヒーヨの手下に虐殺される事件が起きると、独裁政権に対する国民の不満は沸点に達した。

図115　バラゲール

こうした中で、一九六一年五月三十日、CIAの支援を受けた軍事クーデターが発生し、トルヒーヨは殺害された。バラゲールは野党との連立政権樹立を約束した上で、同年十一月、米州機構諸国が軍事介入を示唆すると、エクトルを含むトルヒーヨ一族を国外に追放する。

その後、一九六二年十二月の大統領選挙では、反トルヒーヨを掲げてきたドミニカ革命党の設立者で、チェとも面識のあるファン・ボッシュが大統領に当選した。

一九六三年に発足したボッシュ政権は、四月二十九日、文民による軍部の統制、共産党など左翼政党の合法化、政教分離原則の徹底など、リベラル色の強い新憲法を制定。キューバに対しても融和政策を採用したほか、トルヒーヨ一族の資産の接収、高所得者への増税、私有財産の規制、労働者の保護、大土地所有の禁止、農地改革法制定、米国資本に対抗するヨーロッパ資本の誘致、教育と宗教の分離等の改革プログラムに着手するなどの急進改革に着手した。

ところで、新憲法が公布された四月二十九日、ハイチでは独裁者フランソワ・デュバリエの息子、ジャンクロードの誘拐・暗殺未遂事件が発生し、犯人グループがペチオンビルのドミニカ共和国代表部に逃げ込む事件が発生。これを機に、デュバリエ政権は反対派の大規模な弾圧に乗り出したため、関係者五百名が各国大使館に避難したが、ハイチの大統領警護隊はドミニカ代表部に侵入し、関係二十二名を連行した。

このため、ボッシュ政権はハイチと国交を断絶し、国境地帯に軍を配置。国境地帯で両軍の衝突が発生した。

事態が緊迫する中で、ボッシュの急進的改革に対して教会、軍部、財界の保守派は攻撃を強め、九月二十五日には空軍司令官、エリアス・ウェッシン・イ・ウェッシン大佐がクーデターを起こす。

ウェッシンが統括していた武装軍事訓練センターは、

もともと、トルヒーヨ政権下で政府を防御し、国軍や海軍、空軍を監視するため、正規の陸軍部隊とは別に設立された約二千名のエリート歩兵部隊で、戦車、無反動ライフル銃と大砲を装備し、独自の攻撃機も保有していた。その指揮官であるウェッシンは、常々、「共産主義の原理、マルクス・レーニン主義者、カストロ主義者、その他何であれ、現在は違法である」と主張しており、ボッシュの〝容共〟姿勢を苦々しく思っていた。

ウェッシンのクーデターにより、ボッシュは逮捕され、プエルトリコに追放される。

翌二十六日、保守派実業家のドナルド・レイド・カブラルを首班に、トルヒーヨ政権の残党を中心とする三頭政府、〝トリウンビラーテ〟が組織され、ボッシュ憲法の廃止、国会解散、左派政党の非合法化が断行され、ボッシュ路線はすべて否定された。

これに対して、米国のケネディ政権はドミニカ共和国と断交し、外交制裁、経済制裁、軍事制裁を発動。ベタンクールのベネズエラもこれに同調し、外交関係を断絶した。

ところが、十一月に入ると、英国、フランス、西ドイツ、イタリア、スペイン、ポルトガル、日本など西側諸国が相次いで軍事政権を承認。米国も、十一月二十二日のケネディ暗殺を経てジョンソン政権が発足すると、十二月十四日、軍事政権を承認し、経済援助を再開した。

一方、ドミニカ共和国内では、外資を優遇するトリウンビラーテに対する民族主義者の叛乱が相次ぎ、経済状況は急速に悪化。労働者による大規模ストも頻発するなど、混乱が続くことになる。

その後、一九六五年四月には、ボッシュ憲法の復活を要求する大規模なデモを機に民衆蜂起が発生し、ボッシュは政権に返り咲くが、これを認めない軍・警察はボッシュ支持の民衆を戦車と爆撃機で攻撃した。さらに、米国が〝米国市民の保護〟の名目で海兵隊を派遣し、民衆蜂起は鎮圧された。その際、ジョンソン政権は「ラテンアメリカのある国が共産化する可能性がある場合、米国はその国に軍事介入することができる」との〝ジョンソン・ドクトリン〟を介入の根拠とした。キューバの存在はあくまでも例外として黙認するものの、「第二のキューバは絶対に許さない」ことを行動で示したのだ。かくして、チェの演説中にある「ドミニカ共和国の海岸線は……米軍艦隊に侵犯された」との文言が予言として的中することになる。

コロンビアとグアテマラの内戦

続いて、チェは一九六四年末の時点で内戦下にあったコロンビアとグアテマラについて、上述のベネズエラと並列させて論じる。

コロンビアでは、その首都がガイタン暗殺を引き金とする反乱軍の襲撃により占拠されることになった。米国は軍隊任務という形で、内乱鎮圧、多くの国の思惑を反映した軍隊の組織、近年においてラテンアメリカ大陸で頻繁に繰り返されてきたクーデターに参加し、影でこそこそと干渉を行っている。米軍は現実に、ベネズエラ、コロンビア、グアテマラといった自らの自由のため武器を取り闘う国民たちを抑圧する行為に手を貸しているのだ。

ベネズエラでは、米軍は兵団と警察に指示するだけでなく、反乱を蜂起した地域の小作農民のような人々に対して空爆により直接的に虐殺行為を行っているのだ。そしてあらゆる圧力行使を意のままにする米国の仲間たちは、直接的干渉をますます行うようになっている。帝国主義者はアメリカ大陸に生きる人々を抑圧する準備を整え、国際犯罪組織を作り上げようとしているのだ。

以下、コロンビア、グアテマラの順に状況をまとめておこう。

①コロンビア

チェの演説でも取り上げられた一九四八年のホルへ・エリエセル・ガイタンを機に、コロンビアは以後十年に及ぶ〝ラ・ビオレンシア（暴力の時代）〟に突入。一九五〇年代初頭の時点では、保守党のラウレアーノ・ゴメス大統領は反共政策を展開し、その一環として朝鮮戦争にも派兵する一方、その開発独裁政策は一定の成果を収め、工業生産は増加した。

しかし、地方での民兵組織による暴力が拡大し、ゴメス（とその傀儡のロベルト・ウルダネタ・アルバレス）の独裁が激しさを増すと、一九五三年六月十四日、朝鮮戦争派遣軍の司令官だったグスタボ・ロハス・ピニージャ将軍がクーデターで政権を握り、軍事政権が発足する。

ロハスは民兵の武装解除を行い、部分的に暴動を鎮めることに成功したが、一九五五年には〝ビジャリカ戦争〟と呼ばれる大規模な農民蜂起が発生。さらに、一九五六年には反ロハス派の市民が多数虐殺される〝牛の首輪事件〟が発生したため、ロハスは国民の支持を急速に失い、一九五七年五月、大統領辞任に追い込まれた。

退陣後の十年間に及ぶビオレンシアで二十万人弱の国民が犠牲になったことを踏まえ、保守、自由両党は〝サン・カルロス協定〟を結び、両党の連立による〝国民戦線〟を樹立し、「今後十二年間、両党は政争を中止し、共同で政治の安定を図る」と声明を発表。これにより、ビオレンシアには終止符が打たれたが、両党が議会での議席を折半し、大統領を交互に出す〝政権たらいまわし〟の体制が構築され、一九五八年五月の大統領選挙を経て、同年八月、アルベルト・リェーラス・カマルゴが大統領に就任した。

これに対して、保守党との妥協に納得できない自由党農民は、一九五八年四月、国民戦線に反対する〝自由回復運動（まもなく自由革命運動と改称。どちらも略称はＭＲＬ）〟を結成。彼らは、一九六〇年以降、左翼ゲリラ化し、山間部に自治区を形成するようになる。また、武装解除に応じない一部の地方軍閥は山賊化して中央政権への抵抗を続けただけでなく、共産主義勢力が山間部に樹立していた〝社会主義独立共和国〟も勢力を維持していた。ちなみに、独立共和国のゲリラ勢力は十一のグループで総勢約二千、非共産系のゲリラは二十九組織で約四千五百とみられていた。

国民戦線樹立後も、農村と山岳地帯でゲリラの活動が続いていたことに憂慮した米国のアイゼンハワー政権は、一九五九年九月、ゲリラ対策の戦専門家からなる特別調査団を派遣。チェが「米国は軍隊任務という形で……」と述べているのは、これ以降の米国によるコロンビアへの関与のことを意味している。

米国の特別調査団は、一九六〇年三月

①大統領の権威を高め、政府に諸権限を集中させる
②機動的な〝ランセーロ（レンジャー部隊）〟を創設すれば、山賊とゲリラは一年以内に激減させられる
③軍の戦略と組織を対外的な性格から国内治安対策を重視したものに変える
④国内の情報組織を充実させ、心理戦争と住民の動員体制を実現させる
⑤〝内政干渉〟との批判を避けるため、これらの活動は厳密に秘密を保つ

ことなどを骨子とする最終報告をまとめた。

一九五九年のキューバ革命はコロンビア国内の左翼勢力にも大きな刺激を与え、一九六〇年一月には、ボゴタ大学の学生アントニオ・ラーロタらが、キューバ革命を支持する大衆組織として〝労働者・学生・農民運動（ＭＯＥＣ）〟が結成された。これに対して、キューバ革命の拡大を防ぎたい米国のケネディ政権は、コロンビアを〝進歩のための同盟〟のモデル国家として支援し、国民戦線もこれに応えて、一九六一年十二月にはキューバと断交。さらに、一九六二年八月、パナマ運河地帯にラテンアメリカ特殊行動軍が配置された際には、当時のギジェルモ・レオン・バレンシア・ムニョス（図116）政権は対ゲリラ訓練の九〇％を担当するなど、キューバを震源地とする左翼革命の波及を食い止めようと奮闘した。

一方、ＭＯＥＣは、一九六一年五月に指導者アントニオ・ラーロタが暗殺され、以後、衰退していったが、それに代わるコロンビア国内の親キューバ勢力は日を追って拡大し、一九六二年には、コロンビア共産党のマヌエル・マルランダ・ベレスを指導者とする〝マルケタリア共和国〟の存在が発覚しただけでなく、ガイタンの娘グロリア・ガイタンとエニロ・バレンシアの

図116 ムニョス

夫妻が革命行動連合戦線（ＥＬＡＲ）を結成し、キューバ革命の影響を受け農村運動の組織に乗り出した。

一九六三年に入ると、北部地帯でゲリラによる農場の占拠や都市部での米系企業への襲撃などが相次いだ。キューバ政府は、こうしたゲリラ闘争を支援し、ブカラマンガのサンタンデル工科大学の学生たちが結成したゲリラ組織〝ホセ・アントニオ・ガラン解放旅団〟の中核メンバーは、キューバに渡って訓練を受けている。

この他にも、トリマ州を拠点に活動していた盗賊集団〝デスキテ〟、ウイラ州の東部山岳地帯からリオ・チキート、カウカ両州にかけて活動していた盗賊集団のマルランダなどは、キューバの革命体制を信奉し、キューバからの支援を受けて活動を行っていたが、ボゴタの共産党や労働組合、共産青年同盟も、募金を集めて彼らを支援していた。

このように、コロンビア国内の左翼反政府勢力はキューバと密接に結びついており、米国の支援を受けたコロンビア政府の掃討作戦には、キューバと米国の代理戦争という一面もあった。したがって、コロンビアに対する〝内政干渉〟という点では、米国のみを一方的に攻めることはできない。

また、ソ連もラテンアメリカの特殊性から、コロンビアにおける〝暴力革命〟を容認。一九六四年以降、コロンビア国内は事実上の内戦状態に突入することになった。

②グアテマラ

一九五四年六月、ハコボ・アルベンス・グスマン政権を崩壊させ、〝グアテマラの春〟と呼ばれたリベラルな社会改革の時代に終止符を打ったカルロス・カスティージョ・アルマスは、米国の支援を受けて国内の反共独裁体制を固めていった。しかし、このことは軍内のアルベンス派とアルマス派の激しい対立を生み出すこととなり、アルベンス派の青年将校らは軍を離脱し反政府軍としてゲリラ活動を展開するようになる。

一九五七年七月、アルマスは大統領官邸内で警備兵ロメオ・バスケス・サンチェスにより暗殺され、ルイス・アルトゥーロ・ゴンサレス・ロペス副大統領が暫定大統領に就任したが、以後、アルマス時代の強権体制は綻びはじめ、労働者や学生による反政府デモが高

図117　イディゴラス

揚する。

　同年十月の大統領選挙は、アルマス政権の内相をつとめた前最高裁長官のミゲル・オルティス・パサレリと、ウビコ政権時代に活躍したミゲル・イディゴラス・フエンテス将軍（図117）のとの争いとなり、オルティスが勝利した。しかし、これに対して、イディゴラス派は不正を叫んで抗議デモを展開し、グアテマラ市内は暴動状態となったため、オスカー・メンドーサ・アスルディア大佐らによる軍事クーデターが発生。翌一九五八年、議会での再投票の結果、イディゴラスが勝利するなど、混乱が続いた。

　一九五九年のキューバ革命後、米CIAは革命政権の転覆を目指して、同年三月、アイゼンハワーの了承の下、グアテマラでキューバ人亡命者の軍事訓練を開始する。大統領のイディゴラスはこれを積極的に支持し、副大統領ロベルト・アレホス・アルスの所有するタラルレウの農場を訓練基地として提供した。

　これに対して、キューバ外相のラウル・ロアは、グアテマラがCIAに亡命キューバ人の軍事訓練基地を提供していると批難。グアテマラはこれに抗議するかたちで、キューバと断交したが、同年十月末には、グアテマラ紙『ラ・オラ』が、国内におけるキューバ侵攻部隊の訓練を暴露する。

　一方、軍事学校教官でアルベンス派のアレハンドロ・レオンは、反米独立、土地改革、腐敗の一掃などを掲げて、反イディゴラス政権のクーデター計画を進めていたが、一九六〇年十一月、レオン派の若手将校四十五名が蹶起した。これに対して、グアテマラ政府はキューバが叛乱軍を支援していると米州機構に提訴。米国もグアテマラ政府支援のために軍事介入を行い、叛乱を鎮圧した。

　その過程で、亡命キューバ人の傭兵部隊が叛乱の鎮圧に参加。アイゼンハワーは、グアテマラとニカラグアでの共産主義侵略防止の努力を支持するとして、両国の要請に従い、米海空軍のカリブ海派遣を発表する。これを受けて、空母を含む米軍艦五隻が中米海域に到着し、キューバからの侵攻に備えグアテマラ沖合を約一ヵ月間、遊弋《ゆうよく》した。

これに対して、反米傾向の強い左派勢力および軍内のアルベンス派は反発。一九六一年四月、プラヤ・ヒロン事件で米国が撤退を余儀なくされると、キューバの勝利を祝い、グアテマラ政府の反革命加担を非難するデモを行い、公安当局の発砲により三人が死亡する事件が起きた。

また、一九六〇年叛乱の残党やその支持者たちは、一九六一年半ば頃から、山岳地帯でのゲリラ闘争を本格化し、七月以降、グアテマラ国内は内乱状態に突入。一九六二年一月には、前年十一月に逮捕・処刑されたレオンの名を冠した〝アレハンドロ・デ・レオン十一・十三革命運動（MR13）〟が結成され、労働党員・農民から選抜された五十余名の兵士がホンジュラス国境から侵入し、ラスミナス山地を中心にゲリラ闘争を展開した。

さらに、各地で大規模デモ、農民蜂起やゲリラ闘争が展開される中、一九六二年十二月、労働党、MR13、学生によるゲリラ組織の〝四月十二日革命運動（MR12）〟の三者が合同して、労働党の指導の下、〝武装反乱軍（FAR）〟が結成された。FARは、キューバを経由してソ連からの支援を受けつつゲリラ戦による徹底抗戦を宣言。キューバのゲリラ戦をモデルとし、遊撃ゲリラ戦を主体として農民の支持獲得を目標とする長期抵抗戦略を取り、都市部では労働党指導下の大衆組織、統一抵抗戦線（FUR）が結成され、反政府闘争を展開する。

一九六三年三月十八～二十一日、コスタリカでケネディと中米五ヵ国首脳が会談し（図118）、キューバ包囲網の形成で一致すると、二十二日、FARはこれを阻止すべく、ユナイテッド・フルーツ社の農場を襲撃。このため、イディゴラス政権は、二十五日、〝大掛かりな政府転覆の陰謀〟がなされたことを理由に非常事態を

図118　ケネディと中米五国首脳の会談に際してグアテマラが発行した記念切手

発令する。

一方、イディゴラスの指導力に不安を感じた米国は、三月三十一日、ペンタゴンの指導下にクーデターを起こし、大統領のイディゴラスを拘留してニカラグアに追放した上で（図119）、国防相のエンリケ・ペラルタ・アスルディアを首班とする軍事評議会を設置した。

ペラルタ軍事政権はすべての政党活動を禁止し、反政府指導者十二名を処刑。これに対して、七月、FARはさらに武装闘争を進める声明を発表し、東北部でゲリラによる軍事攻勢を開始した。

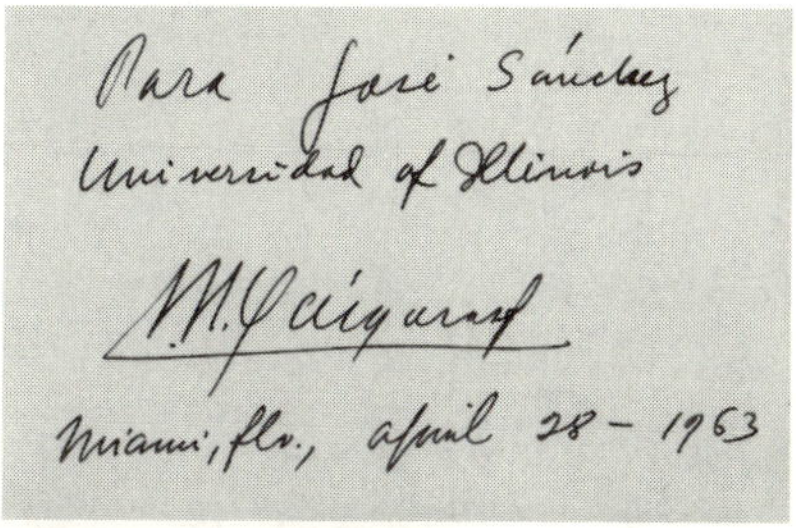

図119　1963年3月末に失脚したイディゴラスが、その直後の4月28日、米マイアミ大学での講演に際して行った署名と肖像写真。

このため、米国はグアテマラに特殊部隊を派遣するとともに、十二月、グアテマラ市に本部を置く中米防衛評議会（CONDECA）を設立し、米国とコスタリカをのぞく中米四国はキューバ革命の波及を防ぐため、相互介入しうることで合意。一九六四年以降、大規模なゲリラ掃討作戦を展開した。

これに対して、ゲリラ側は、FARに加え、東北部で結成された〝エドガル・イバラ＝ゲリラ戦線（FGEI）〟がゲリラ戦を展開し、内戦は泥沼状態に突入していた。

このように、コロンビア同様、グアテマラの内戦にもキューバは深く関わっており、それゆえ、内政干渉という点では、無条件に米国を批判する資格はない。

米国内の人種差別撤廃

続いて、チェは米国内で進んでいた人種差別撤廃に向けた制度改革と結び付けて、ラテンアメリカ諸国への差別的・抑圧的姿勢をあらためるべきだと主張する。

米国の自由体制を守ることを求めて、米国はラテンアメリカに干渉した。この総会がより成熟したものになり、米国政府に国内に住む黒人とラテンアメリカの人民が生きていくことに対して必要な保証を与えることを求める時がくるだろう。彼らの多くはそこで生まれたか養子になったかであり、米国の市民なのだ。

自らの子供たちを殺し、肌の色を理由に日常的に子供たちを差別する人々、自由な人間であるという正当な権利を求めたという理由で黒人を殺した人間を放任し、保護し、むしろ黒人たちを罰している人々、そういった人々がいったいどうして自らを自由の守護者だなどと考えることができるというのか。この総会が米国に自らの行動について説明をするよう求めるような立場にないことは理解している。しかしながら、はっきりと認めさせなければならないのは、米国の政府が自由にとっての最高の守護者ではなく、世界の人民と大部分の国民に対して搾取と抑圧を行う張本人であるということだ。

米国内におけるマイノリティ、特に黒人（アフロ・アメリカン）が合衆国憲法で認められた個人の権利の保障を訴えた公民権運動は、アイゼンハワー政権下の一九五四年五月、連邦最高裁が下した〝ブラウン判決〟を画期に高揚していくことになる。

十九世紀以来、南部各州では、学校や病院、交通機関や公園など、公共施設において白人と有色人種（主に想定されていたのは黒人）とを分離する人種差別法（ジム・クロウ法）が制定され、人種差別が制度化されていた。

こうした状況の下で、アッチソン・トピカ・アンド・サンタフェ鉄道の工場に勤める溶接工、オリバー・ブラウンの自宅から七ブロックの距離に白人学校のサムナー小学校があったが、娘のリンダは家から一マイル離れた黒人学校のモンロー小学校へ通うためにスクールバスの停留所まで六ブロック歩き、そこからスクールバスに乗らなければならなかった。そこで、ブラウンは他の黒人家庭とともに、子供を最も近い学校に登録することを試みたが、彼らの登録申請は拒否され、黒人の子供は分離された学校に振り分けられた。そこで、ブラウンらはこれを不当として提訴。連邦最高裁は「分離された教育施設は本質的に不平等」との判断を下し、分離は合衆国憲法第十四条修正のうたう法の平等な保護を奪う、として、原告側の訴えを認めた。

これは、人種の分離や隔離そのものを原理的に非とした画期的な判決で、以後、これを根拠に、一九五五年のマーティン・ルーサー・キングJR牧師（図120）の指導した〝バス・ボイコット運動（アラバマ州モンゴメリーで市営バスの白人優先席に座ったローザ・パークスが、後から乗車した白人のために席を空けなかったため逮捕されたことに抗議し、多くの市民が市営バスの利用をボイコットした。最終的に、連邦最高裁はモンゴメリーの人種隔離政策に対して連邦最高裁の違憲判決を下した）〟、一九六三年の〝ワシントン大行進（リンカーンの奴隷解放宣言百周年を記念して、米国の首都ワシントンのリンカーン記念堂前で、自由と職をテーマに二〜三十万人が参加して行われた政治集会。キングの演説「私には夢がある」が有名）〟を経て、一九六四年七月、ジョンソン政権下で人種差別撤廃をうたった公民権法が成立した。

図120　キング牧師

このように、一九六四年末の時点では、米国内では人種差別撤廃は制度的には一定の成果を挙げていたが、米国は世界的に見ると、依然として〝世界の人民と大部分の国民に対して搾取と抑圧を行う張本人〟となっているというのが、チェの認識である。

第二次ハバナ宣言を読み上げる

以上のようなことを踏まえ、チェは、キューバは米州機構と対立し、地域において孤立している状況はいずれ改称されるだろうとの見通しを示す。

各国使節の中にはキューバと米州機構の対立についてあいまいな態度で語る者もいるが、我々は歯に衣着せぬ言葉でそれに答えよう。そして我々が求めるのは、ラテンアメリカの国民たちが、盲従と裏切りを行う自分たちの政府に対し、民衆の意思に背く行為を行った責任を取らせるようにすることだ。

キューバは自由な主権国家であり、何者によっても拘束されず、領域内への外国資本を受け付けず、植民地総督によって政治に対する支配を受けずに、頭を高く上げてこの総会において声を上げ、すでに動き始めている「アメリカ大陸における自由の領域」という言葉の正当性を示すことができる。我々が示した実例はこの大陸において、グアテマラ、コロンビア、ベネズエラといったところですでに一定の広がりを見せているのと同じように、実を結んでいくだろう。

その上で、チェは演説を締めくくるにあたり、一九六二年二月にフィデルが発表した第二ハバナ宣言を一部引用、朗読する。

弱小な敵も取るに足らない軍隊もあり得ない。もはや孤立した国民などあり得ない。これからそれを示すためにハバナ第二次宣言を読み上げよう。

ラテンアメリカには弱い国など一つもない。それぞれが二億人におよぶ共同体を形成する同胞である。同胞たちは皆同じような惨めさに苦しみ、同じ傷を心に抱き、同じ敵と戦い、同じ素晴らしい未来を夢見て、世界中に生きるすべての誠実な男女と団結しようとしているのだ……

我々が目にしているこの叙事詩は、飢餓に苦しむ先住民や、土地を持たない小作農民、そして搾取される労働者によって著されようとしている。進歩的な群衆、誠実で優れた知識人、そして苦しみを抱く我らがラテンアメリカの大地に溢れる無数の人々によって著されようとしている。それは群衆と思想による闘争なのだ。この叙事詩は帝国主義によって虐待と蔑みを受ける我々の同胞たちの力によって前に進んで行くだろう。我々の同胞は今日まで一顧だにされずにいたが、今この時、そのまどろみを振るい落とすようにして眠りから覚めようとしている。帝国主義者は我々のことを弱小で従順な群れだと考えているが、しかし今はその群によって脅かされようとしている。米国の連中による独占的資本主義が、自らの墓堀人の姿を、ラテンアメリカ二億人の巨大な群れの中にみているのだ……

そして今、この大陸の端から端に至るまで、その住人たちが時が来たということを示している。彼らの正当性を証明する時が来ているのだ。この名もない群衆、有色人種のアメリカ大陸、雲に覆われ、言葉貧しいアメリカ大陸、その至る所で同じ悲しみと打ち砕かれた夢を抱いて声を上げている。この群衆は確実な足取りで自らの歴史を始めようとしている。自らの血でもってその歴史を著し、その歴史のためならば、苦難も死も受け入れる覚悟をしているのだ。

アメリカ大陸の山々と草原で、平地と密林で、荒野と都市の往来で、広大な海と川の岸辺で、この世界は身震いをし始めている。おそるおそる前に手を伸ばし、己の手にするもののために死を覚悟し、五百年間に渡りどんな人間からも嘲笑されてきた権利を勝ち取ろうとしている。そう、今こそ歴史はアメリカ大陸の貧しい人々について考えることになるのだ。搾取と冷遇を受けてきた人々、自らの手でその誕生から今に至る歴史を著し始めることを決断した人々について。すでにそういう人々は路上に現れて、その足で立ち、何日も何日も、彼らの権利を手にするために、統治機関のある頂上へ向けて長い距離を行進している。

あるいはすでに、その人々は石や棒切れ、マチェーテで武装した姿をあちらこちらで毎日でも見せており、土地を占拠し、自らの物であるその土地に鉤を深く差し込んで、自らの生と共にそこを守っている。象徴を、スローガンを、旗を手にし、それを山々や平原を吹き抜ける風にはためかせた姿を見せているのだ。怒り、正義の希求、足蹴にされ踏みにじられた権利を求める叫びによって生まれたうねりは、ラテンアメリカの大地を覆い尽くそうとしており、もはや止まることはないだろう。来る日も来る日も、そのうねりは膨らみ続ける。そのうねりは、あらゆる箇所において、その労働によって富を築き、その手によって歴史の糸を紡いでいるような、膨大な数に上る多数派の人々から成っているのだ。長きに渡る服従の残酷な眠りから、今こそ人々は目を覚まそうとしている。

　大群衆は声を上げた。「もう沢山だ！」と。そして行進を始めた。その歩みはもはや止まることはないだろう（図121）。真の独立を手にするまでは。もちろん今までには報われぬ死も一度ならずあっただろう。しかし、ここで死ぬ人間は、プラヤ・ヒロンで死んだキューバ人のように死ぬのだ。自らの真実と不撓不屈の独立のために死ぬのだ。

　最後に、チェは、聴衆ならびに革命キューバの支援者、特にソ連に対する謝辞を述べて、以下のように演説を締めくくる。

　ここにおられるすべての特別使節の皆さん、ラテンアメリカ大陸に満ちる新しい意志は、日々はっきりと聞こえている叫び声の中で作られた宣言である。彼らには、闘うための、侵略者が武器を抱える手を動かないようにさせるための決意があり、その宣言は彼らの決意についてのくつがえしようのない表現なのだ。世界の、とりわけソ連に先導される社会主義陣営に生きる、すべての人々への理解と支援の意を込めて一つの叫びを上げよう。

　祖国か死か！

図121　チェの国連演説のうち、「大群衆は～止まることはないだろう」の部分の原文を引用した切手。

図122　スティーブンソン

反論演説

チェの演説に対しては、米国のアルダイ・スティーブンソン国連大使（図122）のほか、コスタリカ、ニカラグア、パナマ、ベネズエラ、コロンビアの各国代表がそれぞれの演説において怒りをあらわにした。

これに対して、チェは反対演説を行い、彼らをさらに挑発した。なかでも、辛辣だったのは、「チェのスペイン語演説にはアルゼンチン訛り、さらには〝ソ連訛り〟があり、はたして〝キューバ代表〟たる資格があるのか」としたニカラグア代表の演説だった。

これに対して、チェは次のように反論する。

アクセントに関する意見は何を言っているのかよくわからない（キューバ、アルゼンチン、そしておそらくはソ連のことを言っているのだと思うが）。いずれにせよ、ニカラグア代表が私の話の中に米国風のアクセントを発見することのないよう期待したい。それは危険なことだからだ。実際、話す時のアクセントがアルゼンチン風になることはあり得る。私はアルゼンチン生まれだ。これは誰にも秘密ではない。私はキューバ人であり、またアルゼンチン人でもある。ラテンアメリカの紳士諸君は怒るかもしれないが、私は人並みに、ラテンアメリカの、すなわちラテンアメリカのあらゆる国の愛国者であると感じている。必要があれば、誰に何を求めることなく、何も要求することなく、誰も搾取することなく、ラテンアメリカのいかなる国であれ、その解放のために命を捧げる用意がある。これは、本総会の一時的代表である私だけのことではない。キューバ人民全体が同じ意志を持っている。

次いで、チェはスティーブンソンに矛先を向け、プラヤ・ヒロン事件に関する米国の説明は虚偽であるとした上で、次のように米国を批難した。

何が起きようと構いはしない。総会であろうと、何の会議であろうと、我々は頭痛の種であり続けるだろう。我々は、物事を字義通り、すなわち、米国を全世界の抑圧の憲兵と呼ぶつもりだ。

その反面、十二月十四日のテレビ・インタビューでは「我々は米国との関係正常化のために条件を受け入れたり、押し付けたりするつもりはない。一番良いのは、米国政府が我々のことを忘れることだ」とも述べている。

もっとも、国連総会での挑発的な反論演説に応えるかのように、十二月十六日、米国議会は対外援助法の修正案を可決し、米国の援助を受ける国に対してキューバに対する経済封鎖への協力を求めている。米国は、〝頭痛の種〟を決して忘れることはなかったのだ。

第9章　別れの手紙

アルジェでファノン未亡人に会う

国連総会での演説を終えたチェは、一九六四年十二月十七日、ニューヨークを発ち、アイルランドのダブリンを経由して、翌十八日、アルジェに入った。

アルジェでのチェは、マルティニーク出身の革命家、フランツ・ファノンの未亡人、ジョウンと会っている。

ファノンは、仏領マルティニークに生まれ、エメ・セゼールの下で学んだ後、第二次世界大戦中は自由フランスの兵士として従軍した。終戦後の一九四五年、いったんマルティニークに戻ったが、バカロレアの資格を得ると、フランスに渡って医学・精神医学を学んだ。一九五一年、精神科医の資格を得ると、臨床医を続ける傍ら、一九五二年、自らが受けた人種差別の体験と精神科医としての知見から、黒人と白人の関係や皮膚の色に閉じ込められた人間の意識を理解する試みとして、論文『黒い皮膚・白い仮面』を発表し（図1）、注目された。

図１　フランツ・ファノンの『黒い皮膚・白い仮面』を原作とする映画の宣伝葉書。

一九五三年、ファノンはアルジェリアに渡り、ブリダ＝ジョアンビル精神病院で医療主任となったが、アルジェリア人独立運動家の捕虜を診療するうち、徐々にフランスの植民地支配に対する反対の意思を固め、アルジェリア民族解放戦線（FLN）に参加し、そのスポークスマンとして、アフリカの独立運動家たちからアルジェリア独立への支持を取り付けるべく、アフリカ各地を駆け回っていた。しかし一九六一年、アルジェリア独立を目前にして、白血病のため滞在先の米国で亡くなった。享年三十六歳。

ファノンは一九六一年に発表した著書『地に呪われたる者』において、「植民地支配下で人間以下に虐げられ、劣等感を植え付けられたアフリカ人民は、〝新しい人間〟となって武装蜂起することで浄化される」と説いたが、この考え方は、チェの主張する〝新しい人間〟の概念にも大きな影響を及ぼしたとされている。

さて、ジョウンからラテンアメリカにおける革命の展望を問われたチェは、次のように応えた。

> 私にとっては心臓のすぐそばにある最も強い関心事だ。米国は、ゲリラ戦の開始時にゲリラを掃討しなければ根絶が困難になるという正しい認識に到達している。ゲリラの力が人民に根差すことを理解したのだ。我々は、全大陸規模での戦線構築が可能だと考えているが、それには長い時間がかかるだろう。

また、アフリカでの武力闘争については、「アフリカでは闘争が成功する可能性も高いが、危険も大きい。最大の危険は、アフリカの人々の間で分裂傾向が強まりつつあることだ」と指摘した上で、ソ連の影響下に組み込まれてしまったキューバの経験を踏まえ、経済開発についても「組織体として動くこと。自分の頭で問題に取り組むこと」が重要だと強調した。

ジョウンとの会談後、チェは、キューバ、アルジェリア、アフリカ諸国の連帯を強化するための、最も効果的なアフリカ歴訪のプランについてベンベラとも打ち合わせ、十二月二十二日にはアルジェリア戦争の戦争孤児の収容施設も訪問している。

ブラック・アフリカ歴訪はマリからスタート

一九六四年十二月二十六日、チェはアルジェからマリに向かい、二十八日、大統領のモディボ・ケイタ（図2）と会談した。

ケイタは、一九一五年、バマコ近郊の村（バマコ・クラー）の生まれ。リュフィスク（ダカールの東二五キロの都市）にあったウィリアム・ポンティ高等師範学校に学んだ。

図2　モディボ・ケイタ

図3　ウフェ・ボアニ

ウィリアム・ポンティ高等師範学校は、フランスが現地人官吏養成のために一九〇三年に設立した高等師範学校がルーツで、一九一三年にゴレ島に移転。一九一五年、仏領アフリカ植民地の経済発展と教育に尽力した仏領西アフリカ総督、ウィリアム・メルロ・ポンティが亡くなると、彼の名を冠するようになった。その後、校舎はセネガルのリュフィスク近郊に移り、現在はコルダに置かれている。

同校には仏領西アフリカ全域からアフリカ系の優秀な人材が集められ、卒業生は、彼らの出身地とは必ずしも関係なく仏領西アフリカ全域に配属・派遣された。このため、仏領西アフリカのアフリカ人エリート層の間には出身地を越えた人的なネットワークが形成されたが、その一方で、彼らの主導した民族運動は、フランスとの対立を極力避けようとする穏健な性格のものが主流となった。その総帥が、フランス本国での閣僚経験があり、後にコート・ディボワールの初代大統領となるウフェ・ボアニ（図3）である。

ケイタは一九三六年にウィリアム・ポンティ校を卒業した後、教師としてバマコやシカソ、トンブクトゥなどに派遣されたが、一九四六年にアフリカ民主連合（ＲＤＡ）が結成されると、その支部としてスーダン連合を創設し、その党首として民族運動を展開していた。

ところで、一九五八年、フランス第五共和

政憲法の公布に伴い、本国と植民地の関係は共和国（本国・海外県・海外領土）と共同体構成国からなるフランス共同体に改編され、共同体構成国には、外交・国防・通貨・経済などの権限を除き、大幅な自治が認められることになった。そして、同憲法の可否をめぐり、一九五八年九月二十五日、仏領西アフリカ全域で国民投票が実施され、ギニアのみがこれを否決して完全独立したものの、十一月二十日に仏領スーダンが、同月二十五日にセネガルが、十二月四日にダホメ（現ベナン）とコート・ディボワールが、同月十一日にオート・ボルタ（現ブルキナファソ）が、そして同月十八日にニジェールが、それぞれ、フランス共同体内の共和国となった。

　これを受けて、一九五八年十二月末、スーダンの首府バマコにスーダン、セネガル、オート・ボルタ、ダホメ各地の汎アフリカ主義者らが集まり、新たな連邦を創設してフランスからの完全独立を目指して会議を開催。その結果、年が明けた一九五九年一月十七日、セネガルのダカールで開催された憲法制定会議において「〝マリ連邦〟憲法」が承認され、各共和国で国民投

図４　1959年、ダカールで開催された憲法制定会議に参加の４自治共和国の切手を貼り、会議当日のダカールの消印を押した記念カバー。

図５　トンブクトゥの象徴、サンコーレ・モスク。

票にかけられることになった（図４）。

新たな連邦の国号として採用された〝マリ〟は、黄金の都といわれたトンブクトゥ（図５）を擁し、十四世紀に最盛期を迎えた栄光の〝マリ帝国〟に由来するもので、脱植民地の意気込みを示すものである。

ところが、フランス共同体から離脱してマリ連邦を独立させるとのプランに対しては、ウフェ・ボアニが強硬に反対。コート・ディボワールの連邦への参加は早々に見送られた。その結果、内陸国家でコート・ディボワールへの経済的な依存度が強かったオート・ボルタも連邦への参加を見合わせる。

さらに、連邦発足の暁には、当時の西アフリカ最大の都市であったダカールがその政治的・経済的中心地となることは明白であったため、地理的にダカールから遠く、オート・ボルタが連邦に参加しない場合には飛び地となってしまうダホメでは、もともと、連邦への参加に消極的な声が強かった。そうした事情に加え、フランス共同体から離脱すれば、中核都市であるコトヌー港の改良工事へのフランスの投資も完全に停止されることになるため、ダホメも連邦への参加には踏み切れなかった。

こうしたことから、〝マリ連邦〟が、一九五九年四月四日、セネガルと旧スーダンの連合体としてスタート。仏領西アフリカは正式に解体された。

新生マリ連邦の首都はダカールに置かれ、首相にはスーダン出身のケイタが、国会議長にはセネガル出身のレオポール・セダール・サンゴールが就任する。

当初、フランスは〝マリ連邦〟の独立を承認せず、ド・ゴール憲法の規定通り、フランス本国との国家連合を求めていたが、最終的に一九五九年十二月、セネガルのサン・ルイで開催されたフランス共同体委員会で、マリ連邦の独を実質的に承認。その後、フランス軍の基地を維持し、フランスからの〝援助〟も引き続き受け入れるという条件の下に、一九六〇年六月二十日、マリ連邦は正式に独立を達成した（図６）。

図６　マリ連邦発足の記念切手。切手に印刷されている日付は、ダカールの憲法制定会議で"マリ連邦"憲法が承認された1959年1月17日。

ところが、マリ連邦は正式発足から二ヵ月後の一九六〇年八月、連邦内の主導権争いから、あっけなく崩壊してしまう。

旧スーダンとセネガルを比較すると、人口と面積においては旧スーダンがセネガルを圧倒していたが、経済的には、ダカールやサン・ルイ、ゴレなどを有するセネガルが旧スーダンに比べてはるかに豊かだった。このため、旧スーダン出身のケイタは、中央集権的な国家体制をつくってセネガルと一体化することで、セネガルの資金を利用して旧スーダンの開発を進め、連邦全体の底上げを図ろうと考えたが、そのことは、セネガルにとっては、フランス植民地時代よりも、さらに過重な負担を強いられるものと受け止められた。

こうした状況の下、一九六〇年八月二十日、首都ダカールに閣僚が集まり、連邦の新制度や正式な大統領の選出方法などについて討議していたところ、突如、セネガル出身の閣僚たちが「ケイタ大統領はあくなき野望を持ち、セネガル人圧迫のクーデターを企てた」として、セネガルのマリ連邦からの独立を宣言。大統領のケイタ以下、旧スーダン側の閣僚や公務員たちは軟禁され、翌二十一日、ダカール駅から臨時列車に乗せられて、スーダンへ追い返されてしまった。

当然のことながら、ケイタらスーダン側は激怒し、ケイタはセネガルの独立阻止のために国連軍の派遣を要請する。

しかし、国連側は、セネガル独立はマリ連邦の〝内政問題〟として部隊の派遣を拒否。このため、ケイタもセネガルの独立を承認せざるをえなくなり、一九六〇年九月二十二日、旧スーダンの領域のみで、あらためて現行の〝マリ共和国〟として独立し、ケイタが大統領に就任した。新生マリ共和国は「アフリカ統一のためなら主権の一部もしくは全部を放棄する」と規定した憲法を採択したが、その第一歩となるべきマリ連邦は地上から姿を消した（図7）。

こうした経緯のゆえに、発足当初のマリとセネガルとの関係は険悪で、セネガル側は旧スーダン出身者に関しては官民を問わず追放し、マリとの国境を封鎖。セネガルのダカール港に貿易の八〇％近くを依存していたマリ経済は、輸出入の激減により壊滅的な打撃を受けた。

その後、一九六三年になって、通商や関税、債務、鉄道の運行再開、セネガルの港湾利用について協定も結ばれ、マリとセネガルは通常の国家間の正常な国交を樹立したが、マリとセネガルの貿易量は回復せず、マリ経済は長期にわたって低迷を続ける。

図７　マリ連邦の消滅に伴い、“マリ連邦（FEDERATION du MALI）”との表示の入った切手（左）は、その部分を塗りつぶし、“マリ共和国（REPUBLIQUE DU MALI）”と加刷して（右）使用された。

マリ連邦の破綻により、ド・ゴール憲法に規定されていたフランス共同体は空中分解に陥り、親仏派の総帥、ウフェ・ボアニのコート・ディボワールを中心とする十二ヵ国は、コンゴ共和国（旧仏領）の首都ブラザビルに集まり、フランスとの関係維持を前提に、フランス共同体に代わるアフリカ諸国の連合体を結成することを決定した。この参加国は対外的には穏健路線を採る国々として〝ブラザビル・グループ〟と呼ばれた。

一方、ブラザビル・グループにモーリタニアが含まれていたことに反発したモロッコ（モロッコはモーリタニアの自国領編入を主張していた）は、北アフリカ諸国の加盟するアラブ連盟の支持を背景に、フランス共同体への参加を拒否したギニア、セネガルとの連邦が破綻した後、汎アフリカ主義者として急進化したケイタのマリ、旧英領アフリカ諸国で独立運動の中心となったガーナを糾合して、一九六一年にカサブランカ会議を開催し、〝カサブランカ・グループ〟を構成した。

マリは、カサブランカ・グループの一員であり、隣国でもあるアルジェリアの独立闘争を熱心に支援しており（図8）、アルジェリアのベンベラ政権とは親密な友好関係にあった。このことも、チェがアルジェの次の訪問先としてマリを選ぶ要因の一つとなった。

ところで、マリ大統領のケイタは、一九六一年九月にベオグラードで開催された第一回非同盟諸国首脳会議に参加したのち、訪米してケネディとも会談している（図9）。

ケイタの考える反帝国主義は、あくまでも英仏をターゲットとしたもので、当初、米国は対象とはなっていなかった。というよりも、独立当初のマリと米国の間には、ほとんど接点がなく、マリ国内で大規模な反米感情が発生する余地がほとんどなかったというの

図8　アルジェリア独立後の1962年12月24日、マリが発行した"マリとアルジェリアの人民の連帯を示す全国キャンペーン"の寄付金付切手。

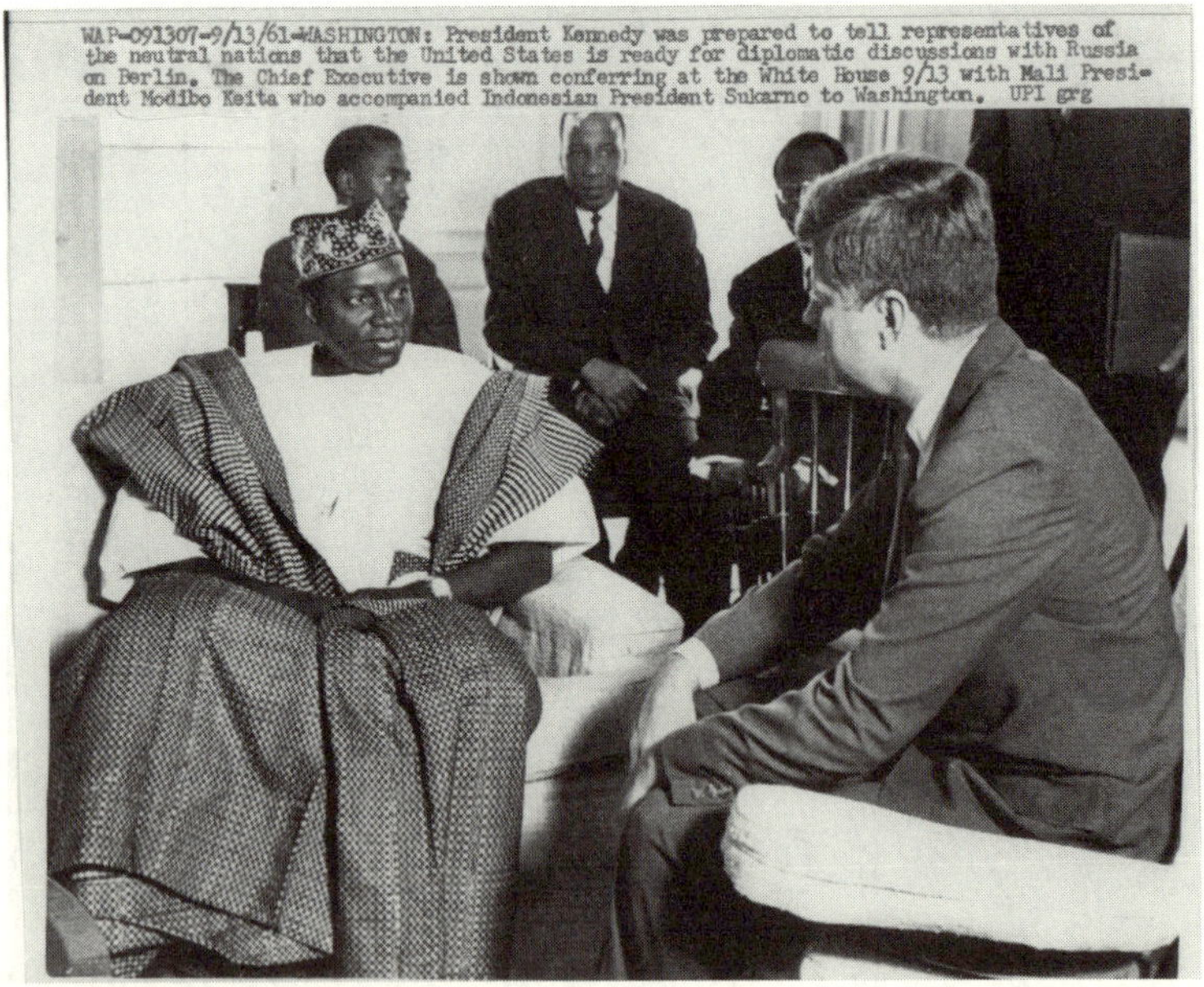

図9　ケネディと懇談するケイタ。

が実態だったろう。

一方、内政面では、ケイタ政権はソ連への傾斜を強め、ソ連の指導を仰ぎつつ、銀行国有化や共同農場の創設などの社会主義的政策を遂行するとともに、一九六一年中には経済・社会開発五ヵ年計画を発動する。

しかし、計画の目玉とされたニジェール川流域での大規模灌漑工事と農地の造成計画は、巨額の財政負担に比して、その経済的な成果は極めて小さかった。

さらに、反仏・民族主義路線の一環として、一九六二年、マリは、CFAフラン（西アフリカの旧仏領共通通貨）から離脱し、独自のマリ・フランを導入した。しかし、仏フランの裏付けがない新通貨は国際金融市場からは全く相手にされず、通貨の暴落により、輸入品に頼らざるを得ないマリの国民経済は一挙にインフレの大波に飲みこまれた。それでも、経済原理ではなくナショナリズムから導入されたマリ・フランは、CFAフランと等価との建前を放棄しなかったため、闇両替が横行し、貧富の差が拡大した。

こうして苦境に陥ったマリに対して、中国が支援に乗り出す。

早くも一九六一年二月には、中国はマリとの間に貿易協定を調印。一九六三年五月には文化協力協定を調印するなどして関係を深め、一九六四年一月十六～二十一日の国務院総理（首相）の周恩来のマリ訪問（アジア・アフリカ諸国歴訪の一環として行われた）を機に、マリを親中派として確保することに成功する。

当時、国連の代表権を有していなかった中国は、〝国連の一票〟としての新興独立諸国を親中派として育成することを重要な外交課題としていた。国連の代表権を台湾の国民党政権から奪取するためには、そうした親中派諸国の票固めが不可欠だったし、中ソ対立が激化していく中で、〝国際世論〟の圧力により、西側諸国に借りを作ることなく、ソ連を牽制することも可能になると考えられたためである。

こうしたことから、中国は、一九五四年にインドとの共同声明の形で発表した「平和五原則」の応用編として、アフリカ諸国との外交の基本方針となる〝五原則〟を掲げた。その内容は、
①帝国主義に反対し、民族独立を勝ち取り、これを守る闘争を支持する

②平和中立・非同盟政策を支持する
③自ら選んだ方式で団結と統一を実現する戦いを支持する
④平和的教義による紛争の解決を支持する
⑤主権尊重、いかなる侵略・干渉にも反対する

というものであった。

その上で、一九六四年一月、マリを訪問した周恩来は、ケイタとの共同コミュニケにおいて、前記の五原則からさらに踏み込んだ「対外経済援助八原則」を発表する。

その内容は、

①平等互恵に基づく相互主義
②援助にはいかなる条件も付けず、援助国である中国にはいかなる特権を与える必要はない
③援助に際しては、無利子または低利借款など、受領国の負担を軽減する措置を講じる
④自立更生・自立化を支える援助を行う
⑤資金蓄積に役立つ建設項目を重視する
⑥価格の決定は国際市場価格による
⑦援助受領国の要員に技術を完全に把握させる
⑧援助のために派遣される中国人専門家の待遇は現地スタッフと同じものとする

という破格のもので、援助を受けるマリにとっては良いことづくめであった。

当然のことながら、ケイタは中国の〝善意〟を喜んで受け入れ（図10）、以後、この八原則が中国による低開発国援助のスタンダードとなった。一九六四年十一月にはケイタが訪中し、中国から一九六五年三月には国家副主席の劉少奇が、同年九月には国務院副総理兼外交部長（副首相兼外相）の陳毅がマリを訪問するなど、両国首脳の緊密な交流も行われ、マリは国連の代表権問題でも一貫して中国を支持するなど、西アフリカにおける親中派の代表格となった。

なお、こうした外交関係の変化を反映して、一九六四年八月のトンキン湾事件

図10　毛沢東の没後1周年に際して発行された追悼切手。毛の背後には、中国によるマリへの援助の象徴とされる巨大繊維工場、コマテックスが描かれている。

図11　南ベトナムとの連帯を訴えた1964年の切手。

を機に、米国が本格的にベトナム戦争に介入するようになると、マリも米国を非難し、北ベトナムならびに南ベトナム解放民族戦線への支持を鮮明にし、「マリの労働者と南ベトナムの労働者・人民との連帯キャンペーン」の切手（図11）を発行している。

ちなみに、一九二二年、ホーチミンがパリで組織したフランス植民地出身者の左派系民族運動組織〝植民地同盟〟の設立大会には、当時の仏領スーダンからティエモコ・ガラン・クウヤテらが参加。機関誌の『ル・パリア』は、ダホメを中心に、西アフリカの民族運動に大きな影響を与えたとされており、マリとベトナムとの間には、ベトナム戦争以前から接点があったことも付記しておく。

さて、一九六四年の時点では、ソ連はアルジェリア大統領のベンベラにソ連邦英雄称号を贈っており、ソ連から見れば、アルジェリアとの関係は悪くはなかった。しかし、非同盟諸国の一員として、米ソどちらにも与さないという立場のベンベラは〝ソ連帝国主義〟に対しても批判的であり、そのことがチェとの個人的な友情の土台となっていた。

したがって、ソ連が〝親中派（の危険人物）〟と見なしているチェが、アルジェリアを経由して、アフリカにおける親中派の筆頭、マリを訪問するということは、アルジェリアとマリとの緊密な関係と併せて、ソ連に警戒感を抱かせたことは間違いない。

なお、年が明けて一九六五年一月二日、チェはマリを出発してブラザビルに向かうが、出国時の記者会見で「米国の干渉に対する革命の戦いは、西半球の大陸の多くの人をとらえるだろう」と述べている。

フルシチョフ以上に米国との共存路線を模索していたソ連のブレジネフ政権にとって、世界革命を唱えるチェの存在は、それ自体、目障りな〝冒険主義〟の象徴だったが、チェの発言にある〝（グリニッジ以西の）西半球〟の語も、彼らを刺激したに違いない。西半球の範囲には、南北アメリカ大陸を中心に、西アフリカも含まれるが、ソ連の領域は一切含まれないから、チェの発言は、南北アメリカ大陸と西アフリカの革命には、ソ連の干渉は不要であるとの解釈も可能だからである。

コンゴ・ブラザビルで軍事支援を約束

マリに続き、チェはコンゴ・ブラザビルへ向かう。

コンゴ川流域の平地部のコンゴ盆地は、周囲を高原や山地に囲まれた三七〇平方キロの広大な地域で、現在は、中央アフリカ、カメルーン、コンゴ共和国、コンゴ民主共和国、アンゴラ、ルワンダ、ブルンジの七国に及んでいる。

十九世紀のアフリカ分割の過程で、ベルギーは探検家ヘンリー・モートン・スタンレーをコンゴに派遣し、多数の基地を設けて現地勢力の長たちと様々な取り決めを結んでいたが、十五世紀から沿岸部の権益拡大を進めていたポルトガルはこれに反発し、一八八二年にはコンゴ川河口地域における主権を宣言。英国はポルトガルを支持したが、フランスはベルギーを支持する一方で、自ら探検家ピエール・ブラザ（図12）をアフリカ内陸部に派遣した。ブラザは、一八八〇年、コンゴ川下流のンタモと呼ばれていた町に到達。この地は、彼にちなんで〝ブラザビル〟と命名される。

図12　コンゴ川を探検するピエール・ブラザ。

このように、各国の思惑が錯綜する中で、一八八四年十一月十五日から一八八五年二月二十六日まで、問題解決のためのベルリン会議が開催され、コンゴ盆地はベルギー国家でなくベルギー王の私財となり、フランスが権益を築いたコンゴ盆地北西端は〝中央コンゴ〟としてフランス領となった。

一九一〇年、フランスは、ガボン、中央コンゴ（現コンゴ共和国）、ウバンギ・シャリ（現・中央アフリカ）、チャドの連邦として仏領赤道アフリカを設立し、ブラザビルに総督が常駐する体制を構築する。

一九二〇年代、ラリ族出身のアンドレ・マツワは、コンゴ人を対象とした自己啓発団体〝仏領赤道アフリカ出身者友愛協会〟を設立。同協会は、一九二六〜二九年に黒人差別反対を主張し、マツワ本人もフランス共産党主催の大会に出席して、黒人基盤の労働組合の設立に協力していた。このため、一九二九年、マツワは逮捕されてコンゴに強制送還された後、フランス領赤道アフリカの植民地政府に投獄されてチャドに流刑となり、一九四二年一月、獄死した。

マツワの獄死は、フランス統治下のコンゴ人の間で〝殉教〟とみなされ、マツワを救世主として彼の再臨を信じる人々は、マツワの意思（遺志）とは無関係に、彼を信仰する宗教運動〝マツワニスム〟を展開するようになり、マツワニスムは反仏運動の一つの基盤となっていく。

第二次世界大戦中の一九四〇年六月、フランスはドイツに降伏して本土の大半が占領され、親独ビシー政府とドゴールの自由フランスに分裂するが、ブラザビルには一九四〇年十月にドゴールが入城し、仏領赤道アフリカは自由フランス軍の拠点となった（図13）。

自由フランスが発足した当初、フランス白人の大半はビシー政府によってともかくもフランス国家が存続したことを肯定的にとらえており、ドゴールを軍事的に支えたのは仏領赤道アフリカのアフリカ人兵士たちだった。その割合は、最大時、自由フランスの全兵力の三分の二を占めており、一九四〇年の戦闘だけで、一万七千のアフリカ兵が戦死し、多くが枢軸側の捕虜と

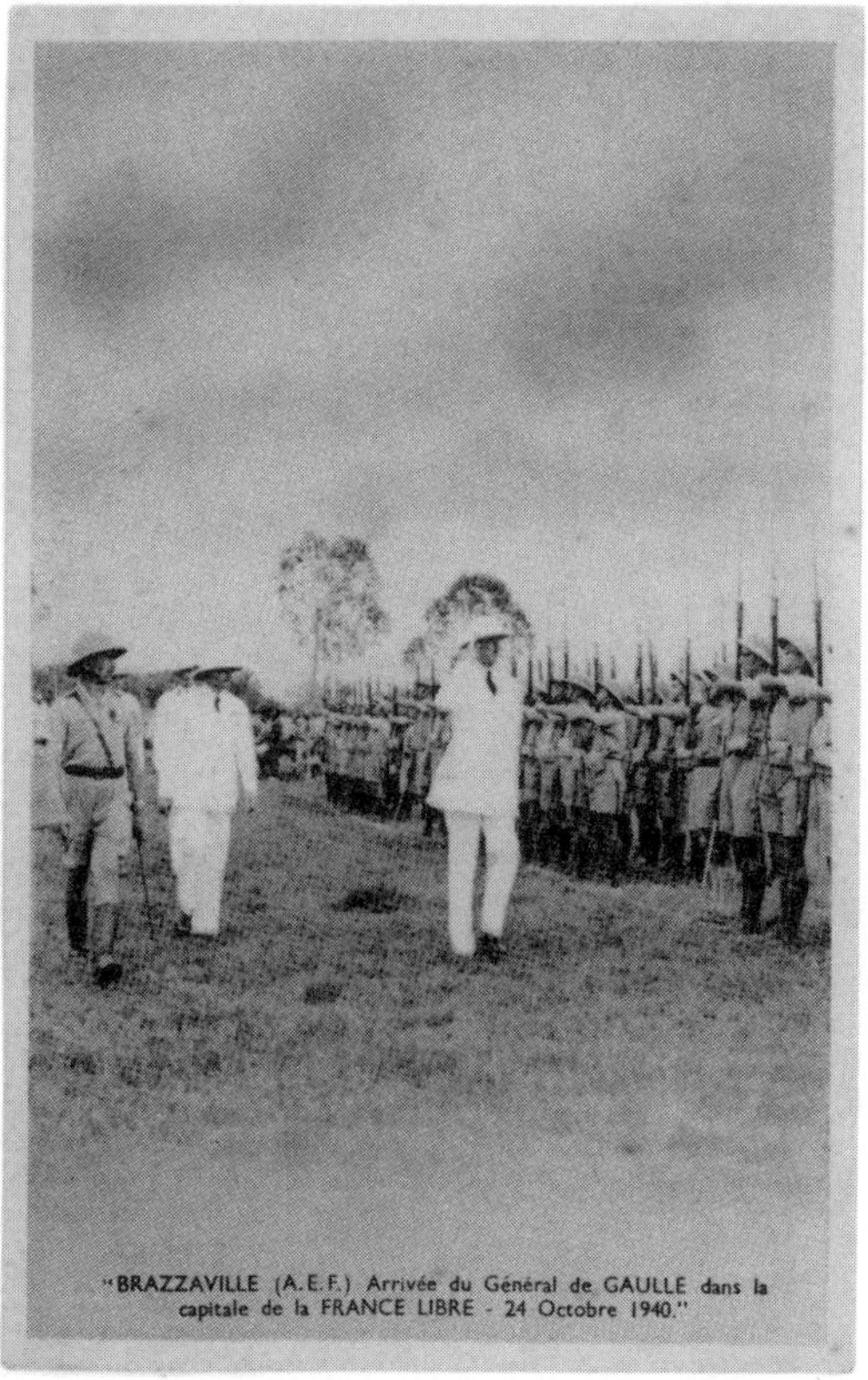

図13　ドゴールのブラザビル入城の場面を取り上げた仏領赤道アフリカの絵葉書。

なっていた。自由フランス軍の勝利は、アフリカによる多大な犠牲なくしてはありえなかったのである。

　こうした経緯を踏まえて、一九四四年一月、ブラザビルで〝フランス＝アフリカ会議〟が開かれ、アフリカのフランス植民地は戦争協力と引き換えに、戦後の自治権拡大を約束するブラザビル宣言が発せられた。同宣言を元に、戦後、仏領中央コンゴにはフランス本国の議会に議席が割り当てられた。

　この議席をめぐる軋轢から、独立運動の闘士となったのが、フルベール・ユールー（図14）である。

　ユールーは、一九一七年、仏領中央コンゴのマイドゥで商人の息子として生まれ、九歳で洗礼を受けた後、神学校に入学。一九四六～四九年には司祭として神学校で教鞭をとっていたが、上司と対立してフランス国会選挙に出馬したものの落選。このため、司祭としての資格を剥奪され、強制的に還俗させられた。

図14　ユールー

　ところが、ユールーはこの処分に納得せず、抗議のため教会服を着用し続け、自分の還俗は黒人に対する政治的迫害であると主張した。また、マツワニスムが社会的に一定の影響力を持っていることを踏まえて、自らを〝殉教者マツワ〟の後継者であるかのように自己演出し、支持を拡大していった。

　この結果、一九五六年の選挙では、ユールーは二七・六％の票を得て、トップのフェリックス・チカヤ（三一％）、二位のジャック・オパンゴール（二九・一％）に次ぐ三位となり、政治家としての社会的認知を獲得。この実績をもとに、チカヤのコンゴ進歩党（ＰＰＣ）やオパンゴールのアフリカ人社会主義運動（ＭＳＡ）と対抗すべく、ユールーはアフリカ人利益擁護民主連合（ＵＤＤＩＡ）を立ち上げる。

　国会議員選挙に続けて行われた一九五六年十一月のブラザビル市長選挙は、ラリ族のユールーとムボチ族のオパンゴールの事実上の一騎打ちになったが、ユールーはブラザビルの人口の過半数を占めるラリ族への利益供与を公約として選挙戦に圧勝。フランス領赤道アフリカ初の黒人市長となった。

オパンゴールは急速に勢力を伸張してきたユールーと結んでチカヤを追い落とし、一九五七年五月、仏領コンゴ自治領の首相に就任。ユールーは農業大臣として入閣した。さらに、同年九月の自治領議会選挙ではユールーのＵＤＤＩＡが過半数を獲得。同年十二月、ユールーはコンゴ自治領の首相に就任した。

一九五八年、仏領コンゴも他のアフリカの仏領植民地に倣って自治共和国となると、翌一九五九年、新体制の下での議会選挙が行われた。コンゴ自治領政府の首相だったユールーは、職権を利用してゲリマンダリング（自らに有利な不自然な区割）の選挙区を設定。一九五九年の選挙では、ＵＤＤＩＡは五八％の得票で八四％の議席を獲得。さらに三ヵ月後には、正式独立後はオパンゴールを名誉職に就けるとの密約をかわし、ＭＳＡは政権に吸収する。

こうして、一九六〇年八月十五日、コンゴ共和国（隣国の旧ベルギー領から独立したコンゴ共和国と区別するため、首都の名を取って、以下、〝コンゴ・ブラザビル〟と呼ぶ）が正式に独立すると、ユールーは初代大統領に就任。以後、ユールー政権はフランスと緊密な関係を維持し、フランスからの資金援助による国家建設を推進したが、その配分は、彼の出身部族であるラリ族の多い南部が偏重され、北部は冷遇された。また、露骨な利益誘導が行われたため、政権の腐敗も深刻であった。さらに、外交面では、明確な対仏追従路線を取り、隣接する旧ベルギー領でのコンゴ動乱に関しては、民族派のルムンバではなく、カタンガのモイーズ・チョンベを支持したため、政権に対する国民の不満は徐々に募っていった。

図15　8月革命3周年の記念切手に描かれたマサンバ＝デバ

ユールーはこれを強権で乗り切ろうとして、一九六三年八月、ＵＤＤＩＡ以外の政党を禁止し一党制に移行しようとしたが、これを機に、北部を中心に反政府暴動が発生。暴動の拡大に伴い、軍部もユールーを見限ったことで、一九六三年、ユールー政権は崩壊した。

いわゆるコンゴ八月革命である。

革命後、ユールー政権の元閣僚だったアルフォンセ・マサンバ＝デバが臨時政府の首班となり、一九六三年十二月十九日、大統領に選出された（図15）。

マサンバ＝デバ政権は、民族主義的な色彩の濃い社会主義路線を掲げ、ユールー政権時代の対仏追従外交を放棄し、反仏路線に転換。外国系企業の国有化、フランス軍基地の撤去、計画経済の導入などを推進。一九六四年一月には〝革命国民運動（ＭＮＲ）〟を結成し、一党体制を構築していた。

一九六五年一月二日にコンゴ・ブラザビル入りしたチェは、一月五日、マサンバ＝デバと会談する。その主たる目的は、隣国で展開されているコンゴ動乱に関して、民族主義勢力を支援すべく、キューバとの連帯を提案することにあった。

はたして、反仏民族主義路線に転換したマサンバ＝デバ政権はこの提案を受け入れ（図16）、ホルヘ・リスケートが指導するキューバの軍事ミッションが直ちにコンゴ・ブラザビルに派遣された。

図16　チェのコンゴ・ブラザビル訪問により、キューバ＝コンゴ・ブラザビル間の国交が樹立されて55周年になるのを記念して発行された切手。

図17　ングアビ

ただし、キューバの支援を受けたＭＮＲの若年層の一部は、その後、民兵を組織して過激化。マサンバ＝デバは、民兵組織を政権に取り込むことで、彼らを去勢しようとして、一九六六年、民兵組織の代表としてアンブローズ・ヌアザレイを任命した。しかし、彼らは穏健化せず、一九六八年一月、マサンバ＝デバはヌマザレイを首相から解任。一方、民兵組織を統御しきれないマサンバ＝デバに対しては、軍部の実力者で空挺隊司令官のマリアン・ングアビ（図17）とも対立を深め、徐々に孤立していった。

結局、一九六八年八月、マサンバ＝デバはクーデター容疑でングアビを逮捕したものの、兵士の反乱で釈放せざるを得なくなり、九月四日、退陣に追い込まれた。

その後、コンゴ・ブラザビルの実権を掌握したングアビは民兵組織を抑え込むが、キューバとの友好関係は維持し続けた。その証として、一九六九年、すでにチェは亡くなっていたが、コンゴ・ブラザビルはチェの肖像切手（図18）を発行して、チェの同国訪問以降、キューバからもたらされた支援に感謝の意を示している。

また、ブラザビルでは、チェは、フィデルの指示を受けて、アンゴラ革命の指導者、アゴスティーニョ・ネトとも接触し、アンゴラ解放人民運動（ＭＰＬＡ）への援助を申し出たほか、アンゴラのゲリラ戦士、ルシオ・ララに署名入りの自著『ゲリラ戦争』を手渡している。後に、一九七五年にアンゴラ内戦が勃発すると、キューバはＭＰＬＡを支援すべくアンゴラに派兵する

図18　コンゴ・ブラザビルが1969年に発行したチェの肖像切手。

図19　アンゴラ内戦中のクイト・クアナバリでの戦いでのアンゴラ・キューバ連合軍の勝利（1988年）10周年の記念切手。

図20　キューバが発行した〝チェのコンゴ訪問35周年〟の記念切手。

（図19）が、ブラザビルでのチェとネトの邂逅は、その原点になったともいえよう。

ちなみに、二〇〇〇年、キューバは〝チェのコンゴ訪問三十五周年〟の記念切手（図20）を発行している。チェとコンゴ訪問といえば、次章で述べるコンゴ動乱との関連で語られることが大半で、コンゴ・ブラザビルが話題になることは少ないのだが、この切手では、コンゴ・ブラザビルの地図を背景にしたチェを描いており、一九六五年一月のチェのコンゴ・ブラザビル訪問を記念する意図を明確にしている。

この切手が発行された二〇〇〇年は、アンゴラ内戦は最終局面を迎えていた時期にあたっていたから（休戦協定の成立は二〇〇二年）、最後の勝利に向けて、キューバとアンゴラ（内戦）の絆は、三十五年前のブラザビルでのチェとネトの邂逅から始まるとの認識をあらためて示そうとしたということなのかもしれない。

自由の下での貧困

コンゴ・ブラザビルに続いて、一九六五年一月八日、チェはギニアの首都、コナクリに到着する。

第二次世界大戦後の仏領ギニアでは、かつてサモリ帝国を率いてフランスに抵抗したサモリ・トゥーレの曾孫で郵政職員出身のセク・トゥーレが、一九四七年にアフリカ民主連合の支部として〝ギニア民主党（PDG）〟を結成し、激しい独立運動を展開していた。

一九五八年、仏領植民地をフランス共同体の〝構成国（＝自治共和国）〟に格上げするフランス第五共和政憲法が制定され、住民投票の結果、大半の仏領西アフリカ諸国はこれを受け入れたが、唯一ギニアのみは、賛成五万六千九百八十一、反対十三万六千三百二十四で新憲法の受け入れを拒否し、十月二日、完全独立を宣言した（図21）。

この結果に激怒したフランスは、ギニアの独立は認める一方、ギニアとの国交を断絶（一九七五年に回復）

図21　ギニア独立時、仏領時代の切手に加刷して発行された暫定切手。

図22　初代大統領のセク・トゥーレと地図を描くギニア独立1周年の記念切手。

し一切の援助を停止。そればかりか、植民地時代に建設した道路などの公共インフラを破壊し、官公庁の書類はもちろん、机や椅子、さらには便器にいたるまですべて破壊ないしは持ち去った。ちなみに、一九五九年に発行されたギニア独立一周年の記念切手（図22）も、フランスとの国交断絶により、フランス製の切手の供給が途絶えたため、英国で製造されている。

ギニア独立に際して、初代大統領となったトゥーレは「隷属の下での豊かさよりも自由の下での貧困を選ぶ」と高らかに宣言したものの、新生ギニアの国家機能は麻痺状態から出発。豊富な水と地下資源に恵まれていたはずのギニアはあっという間に世界最貧国に転落する。

このため、トゥーレはソ連の支援を受けて難局を乗り切ろうと考え、社会主義路線を採択するとともに、PDG一党独裁下で反対派を徹底的に弾圧するなどの恐怖政治を展開する。

さらに、一九六〇年三月、民族主義の象徴として、旧仏領西アフリカ諸国の共通通貨、CFAフランから離脱して、独自通貨のギニア・フランを導入したが、国際的な信用のない新通貨の導入はインフレを昂進させるだけだった。これに対して、トゥーレ政権は輸出入部門の国有化で事態を乗り切ろうとしたが、問題の解決にはならなかった。

トゥーレ政権の強権姿勢と経済無策は国民生活に深刻なダメージを与え、独立時五百万人と言われた人口のうち、二百万人がセネガルなど隣国に難民として脱出する。

こうした状況の下で、一九六一年十一月、教職員組合による政府転覆計画が発覚すると、トゥーレは、事件の背後にマルクス・レーニン主義グループがいたとの理由で、ソ連大使のダニエル・ソロドを追放してしまう。この結果、頼みの綱だったソ連からの援助も大幅に減額された。

チェが訪問した一九六五年一月のギニアは、まさに〝自由の下での貧困〟の苦境に喘いでいる時期であった。革命ロマン主義者のチェは、心情的には、トゥーレの主張にも共感する部分があったに違いない。

また、チェはコナクリで、ギニアビサウ・カボベルデ独立アフリカ党（PAIGC）議長のアミルカル・カブラルとも会談している。

カブラルのことを、アフリカの指導者のうち最も知的でカリスマ性のある人物と高く評価していたチェは、PAIGCに対する軍事支援を申し出た。これに対して、カブラルは、武装闘争が民族解放のための唯一の手段であることを認めつつも、解放軍に〝外国人〟が入ることを潔しとせず、国内の部族が団結すれば勝利は可能であると、軍事支援の申し出は丁重に断った。その一方で、カブラルは、アルジェリアでの実績を踏まえ、チェに対して、教師、医師、看護師、農業技術者の派遣と薬品の提供を求めている。なお、一九六七年十月にチェが亡くなると、カブラルは、チェに敬意を表して、〝チェは死なない〟作戦の名の下、ポルトガル植民地軍に対する攻撃を行った。

ンクルマとアフリカ式社会主義

ギニアで一週間ほど過ごしたチェは、一月十四日にガーナに移動し、翌十五日、旧知の友人でもある大統領のンクルマと会談する。

一九五九年のアジア・アフリカ歴訪の途中、チェは独立後間もない時期のガーナを訪問したが、当時のガーナは英連邦内で英国王を元首とする立憲王国でンクルマの肩書は首相だった。しかし、翌一九六〇年七月、ガーナは共和制に移行し、ンクルマは初代大統領に就任する。

すでに共和制への移行以前からンクルマは独裁傾向を示しており、ガーナ国内では彼に対する批判も少なくなかった。その先頭に立ったのが、ジョゼフ・ダンクァ（図23）である。

ダンクァは、一八九五年、ガーナ東部伝統首長の家系に生まれた。伝統的なガーナ社会の序列でいえば、一

図23　ダンクァ

図24　1960年の“建国の父の日”の記念切手。国旗を背景にンクルマの肖像が大きく描かれている。

九〇九年に鍛冶職人の子とした生まれたンクルマをはるかに凌駕する権威の持ち主である。

独立運動家としてのダンクァは、一九二七年、ロンドン留学を経て帰国し、ゴールド・コースト青年会議の結成に関わり、一九三一年、『西アフリカ・タイムス』紙を創刊。この点でもンクルマの先達にあたる。

一九四七年には連合ゴールド・コースト会議の結成に関わり、以後、ンクルマと共に独立運動を指導し、一九四八年には植民地当局に逮捕された経験もある。まさに、ガーナ建国の元勲の一人ともいってよい存在だった。

しかし、一九五七年の独立後、ンクルマが独裁傾向を強めると、彼とは袂を分かち、一九六〇年の大統領選挙にンクルマの対立候補として出馬したものの、ンクルマの百一万票に対して、十二万票しか獲得できず、惨敗する。

大統領就任後のンクルマはその傾向に拍車がかかり、国民に対する個人崇拝キャンペーンが展開された。その一環として、一九六〇年以降、彼の誕生日（九月二十一日）は〝建国の父の日〟として国家の祝日に指定され、ンクルマを讃える切手も毎年発行されるようになる（図24）。

しかし、独立後の経済建設は思うように進まず、一九六一年には物価の高騰と賃金の上昇がそれに追いつかないことへの国民の不満が爆発し、大規模な反政府デモが発生。これに対して、ンクルマは〝政敵〟となったダンクァを反政府活動の容疑で逮捕しただけでなく、デモに参加した多くの労働者を逮捕し、デモを禁止するという強硬手段に出た。独立闘争時にデモ戦術を多用してきたンクルマが自らデモを弾圧しただけでなく、かつての同志までをも逮捕したことに、多くのガーナ国民の失望と不信を招くことになった。

こうした中で、一九六二年、ンクルマの暗殺未遂が起こると、ンクルマはさらに独裁の度合いを強め、国民に個人崇拝を強制。一九六四年には野党を禁止するとともに、高等裁判所の判事を解雇する権限を大統領に付与した。この結果、三権分立は崩壊し、ガーナはンクルマ率いる会議人民党の一党独裁制国家となった。

こうした国内事情にもかかわらず、ンクルマは非同盟主義を掲げるインドのネルーやユーゴスラビアのティトーとの協力関係を元に、一九六一年九月、ベオグラードで開催された第一回非同盟諸国首脳会議にも参加し、非同盟主義の主導者の一人と見なされていた。

一九六五年一月十八日、ンクルマと会談したチェが、反帝反植民地闘争について合意を元に、「反帝闘争のため、アフリカ、ラテンアメリカ、アジアの社会主義国家は団結しなければならない」と表明しているのは、そうした事情によるものだ。

ところで、チェのこの発言には〝アフリカ、ラテンアメリカ、アジアの社会主義国家〟との文言が見られるが、キューバの革命政府が、オーソドックスなマルクス・レーニン主義とは異なる〝キューバ式社会主義〟を追究していたのと同様に、当時のンクルマは〝アフリカ社会主義〟を標榜する経済政策を展開していた。

図25　ルイスのノーベル賞受賞を讃えて出身国のセントルシアが発行した切手。

一九五七年のガーナ独立とともに、ンクルマは、一九七九年にアフリカ系として初めてノーベル経済学賞を受賞するアーサー・ルイス（図25）を経済顧問として招聘した。

ルイスは、一九一五年、西インド諸島のセントルシア生まれ。英国ロンドン大学で博士号を取得し、途上国が抱える問題を説明するため、二重経済モデルを提唱。発展途上国の経済を資本家的部門（近代部門）と生存維持的部門（伝統的部門）とに分けた上で、農村の農業部門と都市の工業部門を共栄させ、経済発展のためには相互に有機的な関連を持つことが必要だと主張した。この観点から、彼は新生ガーナ国家の経済建設には、独立小農を育成し、農業革命を目指すべきだと主張したが、ンクルマは都市と工業化を重視した。このため、一九五八年、ルイスはガーナを去る。

その後、ンクルマは〝アフリカ社会主義〟を掲げ、カカオのモノカルチャー経済からの脱却のためには、急速な工業化を進め、工業をカカオに代わる経済の柱にすることを主張した。この点では、砂糖モノカルチャーからの脱却と工業化の推進を主張したチェとも相通じる面がある。

図26　アコソンボダム

アフリカ式社会主義の実践のため、ンクルマ政権は国家主導の開発政策を展開したが、その代表的な事例が、アコソンボダム（図26）の建設である。このダム建設は、ボルタ川に世界最大の人造湖ボルタ湖とアコソンボダムをつくり、その電力によってテマのアルミニウム精錬工場などのコンビナートを稼動させ、さらに、余剰電力を周辺諸国に売却して外貨を得るという計画で、一九六二年一月に着工した。工事は一九六六年に完成し、ダムは稼働したものの、その経済効果は当初の予想には遠く及ばなかった。

それでも、アコソンボダム計画は、ンクルマのアフリカ式社会主義の中では数少ない成功例として数えられており、工業化を目指して設立された政府系企業は会議人民党関係者の利権の巣窟となった。

また、農業集団化政策に基づく国営農場も惨憺たる失敗に終わった。

独立前の英領ゴールド・コーストでは、一九四七年に設立されたカカオ流通公社が、同地で生産されたカカオをすべて買い取り、輸出するシステムになっており、それにより、カカオ農家は安定した収入が得られていた。このため、ゴールド・コーストのカカオ農家の大半は独立した小規模農家で、ラテンアメリカのサトウキビやコーヒーに見られるような大規模プランテーションはほぼ存在しなかった。

ところが、ンクルマは、独立以前の一九五四年、カ

図27　ンクルマ政権による農業集団化を宣伝する切手。

カオの生産者価格を凍結。政府による買取価格を低く抑えることで、国家財政の増収を目論んだが、このことは、独立小農の生産意欲を大幅に減退させた。

そうしたところへ、ンクルマは農業集団化（図27）を強行。もともと、小規模農家でも採算がとれるため、集団化させる必然性に乏しかったカカオ産業は、かえって、集団化によって非効率的になり、機械化に伴う費用負担だけが重くのしかかる結果となった。

さらに、ンクルマのアフリカ式社会主義は、「伝統的なアフリカの流儀で経済資源を共有する」ことを掲げていたため、国内経済への外国資本の介入を防ぐとして、外国企業の国内への直接投資を認めなかったため、欧米の援助は事実上停止されたほか、国内開発を進める民間資本を海外から導入することさえ不可能になった。この結果、独立時の一九五七年に外貨準備高が二億ポンド（英ポンド。以下同）、負債二千万ポンドだったものが、一九六五年には外貨準備高はゼロになり、負債は四億ポンドにまで膨らんだ。

こうした経済的苦境に対して、ンクルマはアフリカ式社会主義からの路線転換を図るのではなく、アフリカ式社会主義をさらに急進化させ、ソ連や中国との関係を強化。これに応えて、ソ連は一九六二年にンクルマにレーニン平和賞を贈った。

しかし、そうしたことから、西側諸国との関係をさらに悪化させるという悪循環を招き、チェとの会談からほぼ一年後の一九六六年二月二十四日、ンクルマが北京とハノイに外遊中のすきをついて、ＣＩＡの支援を受けたエマヌエル・コトカ大佐とアクワシ・アフリファ少佐による軍事クーデターが発生。ンクルマは失脚し、セク・トゥーレのギニアに亡命することになる。

キューバとの国交樹立は良い印象を与えない

続いて一月二十二日、チェはガーナの首都、アクラを出発し、陸路、海岸沿いにトーゴを経由してダホメの最大都市、コトヌーに入った。コトヌー滞在後は、ガーナのアクラに戻り、そこからアルジェを再訪するというルートをたどっているから、ダホメ訪問は、経由地として偶然立ち寄ったのではなく、明確な意図があってのことだったはずだ。しかし、彼が訪問先として、あえてダホメを選んだ理由はよくわからない。

現在のベナン共和国の領域は、かつてのダホメ王国の領土とほぼ重なっている。

一六五〇年頃に建国されたダホメ王国は、当初、政治的・軍事的に隣国のオヨ王国に臣従していたが、奴隷貿易で実力を蓄え、一八一八年、女性戦士の軍団〝アマゾネス（図28）〟で有名なゲゾ王の下で自立を果たす。しかし、一八五一年、フランスはダホメと友好条約を結んでこの地域への進出の足掛かりとし、一八九四年、ダホメを軍事制圧（図29）。一九〇四年、仏領ダホメとして仏領西アフリカ植民地に組み込んだ。

図28 “アマゾネス”の女性戦士

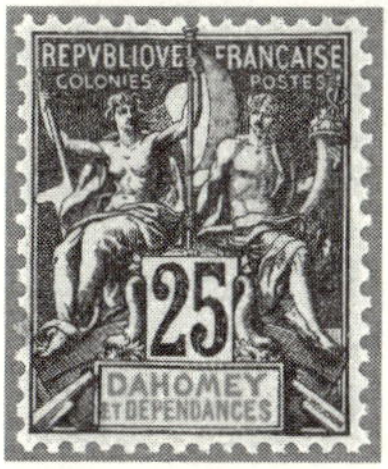

図29 仏領ダオメとして現地で発行された最初の切手。

一九五八年の自治共和国を経て、一九六〇年に独立したダホメ共和国は、バリバ人のユベール・マガ（図30）率いるダホメ民主連合と、ヨルバ人のスル・ミガン・アピティ率いるダホメ共和党、フォン人のジャスティン・アホマデグベ率いるダホメ民主同盟の主要三党の勢力が拮抗しており、大統領に就任したマガの政権基盤は脆弱で国家建設も進まず、政権幹部の腐敗もあって経済は低迷していた。

図30 ダホメの初代大統領マガ。切手では肩書が“首相”となっているが、これは誤記で、当時のダホメ共和国首相は、マガの宿敵、アピティである。

このため、一九六三年十月、国軍参謀長のクリストファ・ソグロがクーデターを敢行し（図31）、マガ政権を打倒。ソグロはすぐに民政移管の手続きを取り、一九六四年一月、アピティが大統領、アホマデグベが副大統領に就任した。しかし、政権はフォン族とヨルバ

図31　アピティ政権を誕生させた“1963年10月革命”2周年の記念切手。この切手が発行された直後の同年11月、ソグロは再びクーデターを起こし、大統領のアピティを追放する。

族の敵対関係からすぐに行き詰まり、一九六五年十一月にはソグロが再びクーデターを起こし、アピティは国外に亡命。以後、マガ、アピティ、アホマデグベの三派に軍を加えた四大勢力による政争が繰り返され、一九七二年に陸軍少佐のマチュー・ケレクが軍事クーデターを敢行し、自ら大統領に就任するまで、クーデターによる政権交代が頻発する。

一九六五年一月時点のダホメ大統領のアピティは、旧ダホメ王国の貴族出身で、フランスとカトリック教会の強い支持を得ており、思想的にいえば、チェとはむしろ対立する立場にあった。また、当時のダホメは綿花とパームオイルを若干輸出しているだけの農業国で、鉱産資源もほとんど産出しないから、経済協力が目的ということも考えにくい。

図32　トゥーサン・ルーベルチュールを取り上げたダホメ切手。

あえてチェの関心を惹きそうなものといえば、ダホメが〝ブラック・ナポレオン〟と呼ばれたハイチ建国の英雄、トゥーサン・ルーベルチュールの故地（トゥーサンの父親はダホメ王家の出身だが、捕えられて奴隷としてハイチに送られた。トゥーサンは、一七四〇年頃、ハイチで生まれたが、ベナンでは自国にゆかりの英雄として尊敬を集めている。図32）ということが挙げられるが、一九六四年末の国連総会の演説では、チェはハイチとデュバリエ独裁体制については言及しておらず、ハイチとその歴史さほどの関心があったとは考えにくい。

実際、コトヌー駐在の米国大使、クリントン・ノックスは、チェがコトヌーに到着したという情報を得ると、〝全く予想外のこと〟とし、チェが訪問先としてダホメを選んだことは〝奇妙な選択〟とさえ評している。

ただし、コトヌーでの記者会見で、チェがダホメ政府がキューバの現政権を承認することを強く希望する」と述べると、ノックスは、ダホメ政府に対して、「もし貴国政府がキューバと外交関係と樹立すれば、そのことは米国の世論に不幸な印象を与えることになり、貴国は〝アフリカの過激派諸国〟と同類だとみなされることになるだろう」とただちに警告。アピティをはじめダホメ政府首脳部はラテンアメリカ事情には疎かったこともあり、当初、「我々は、先方から望まれれば、いかなる国であっても外交関係を結ぶ」としていたが、米国の助言に従い、キューバとの国交樹立交渉には応じなかった。ちなみに、ダホメがキューバと外交関係を樹立するのは、社会主義化を志向したケレク政権下、一九七四年のことである。

かくして、一月二十二日にコトヌー入りしたチェは、その後、首都のポルト・ノボに向かったものの、なんら成果を上げることなく、二十五日にアクラへ戻ることになる。

アルジェリア経由で北京へ

一九六五年一月二十五日、アクラからアルジェへ戻ったチェは、二十八日、アルジェで「国連を救うためには新しい手段が必要である。国連を救わなければならない。しかし、世界の人民の大多数の利益に奉仕するという、新しい基準の下で救われるべきである」と語った後、しばらく表舞台から姿を消す。

実は、この時のアルジェ滞在は、キューバからオスマニ・シエンフエゴスとエミリオ・アラゴネスが到着するのを待って、彼らと合流して中国へ向かうためのものであった。

はたして、一月二十九日、一行はアルジェを出発。二日後、北京に到着する。

チェがキューバ本国からのスタッフとともに訪中することになったのは、キューバ政府として、中ソ対立におけるキューバの立場を中国に説明するためであった。

実は、チェが訪ソ中の一九六四年十一月、ハバナでは〝ラテンアメリカ共産党会議〟が開催されたが、この会議には、ソ連代表が招待されていたにもかかわらず、中国代表は招待されていなかった。それどころか、会議では、〝ラテンアメリカ諸国の共産党に関して〟という限定は付けられたが、〝あらゆる分派活動〟を批難する決議が採択されていた。さらに、この会議に合わせて、親ソ派の筆頭であった東ドイツ大使館がハバナに開設されている。これらは、明らかにフィデルとキューバ政府が、中ソ対立において親ソ派としての立場を選択したことを物語っていた。

　こうしたキューバ側の姿勢は中国を大いに苛立たせたが、キューバとしては、中国からも相応の支援を受けている以上、中国とも一定の関係は維持しておく必要があった。そこで、フィデルは、親中派のチェを北京に派遣し、中国を宥めようとしたのである。

図33　劉少奇

　さて、一二月二日に北京入りしたキューバ使節団は、劉少奇（図33）と周恩来とは会談した。彼らを遇する中国側の態度は冷ややかで、一行は、キューバの〝裏切り〟に対する中国側の批難を辛抱強く聞くしかなかったという。

　なお、この時の訪中では、チェは毛沢東には会っていない。これは、キューバ側に対する冷遇のあらわれと見ることも可能だが、中国側の権力闘争の余波と見ることも可能かもしれない。

　一九五八年、毛沢東が発動した大躍進政策は惨憺たる失敗に終わり、中国国内には飢餓が蔓延した。このため、同年十一月の第八期六中全会（中国共産党第八期中央委員会第六回全体会議）で、毛は大躍進失敗の責任をとるかたちで、国家主席の辞任を表明。翌一九五九年の第二期全国人民代表大会（全人代）で党副主席の劉少奇が新国家主席に選出された。ただし、国家主席退任後も、毛は中国共産党中央委員会主席と中央軍事委員会主席には留まり、党内序列も第一位のままで、中国の最高権力者であることには変わりなかった。とは

図34　彭徳懐

いえ、形式的にせよ、国政の最高責任者を劉に譲ったことで、毛の権威は大きく傷ついた。

こうした経緯を経て、一九五九年七月二日から江西省廬山で中国共産党中央政治局拡大会議が開催された。

会期中の七月十四日、国防部長だった彭徳懐（図34）が毛沢東に私信を送り、その中で総路線は正しかったとしつつ、「一九五八年の基本建設は一部でいささか急ぎすぎ、目標達成が遅れた」と進言した。この批判は穏当なもので、会議参加者の一部もこれに賛同したが、批判を自らの権威に対する脅威ととらえた毛は、二十三日の大会演説で、彭の手紙を「ブルジョワジーの動揺性」であり、党に対する攻撃、右傾機会主義の綱領であると激しく批判した。

これを受けて、八月二日から始まった八中全会は、彭徳懐ら四人を〝彭徳懐反党集団〟とし、『彭徳懐同志を中心とする反党集団の誤りに関する決議』、『党の総路線を守り、右傾機会主義に反対し闘争する決議』を採択。大躍進の失敗は、社会主義建設の総路線・大躍進・人民公社の〝三面紅旗〟に問題があったのではなく、天災によるものと結論づけられ、彭徳懐は国防部長と中央軍事委員会副主席を解任され、林彪がその後任となった。

一方、劉少奇は、会議中は三面紅旗に肯定的で、彭の解任決議にも同意したが、会議後、郷里の湖南省を視察してその疲弊ぶりに衝撃を受け、徐々に軌道修正を図っていく。

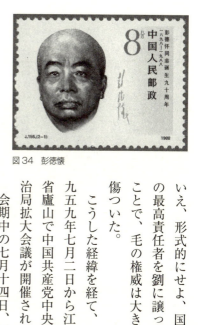

そして、一九六二年の七千人大会（党中央の拡大工作会議）において、劉少奇は「今回の大災害は天災が三分、人災が七分であった」と党中央の責任を自ら認め、毛も出席者からの批判に対して「社会主義の経験が不足していた」との自己批判を余儀なくされた。

以後、劉は党総書記の鄧小平とともに市場主義を取り入れた経済調整政策を実施し、大躍進政策で疲弊した経済の回復に努めたが、「絶対に階級闘争を忘れてはいけない」と主張する毛は「矯正しすぎて右翼日和見の誤りを犯している」と批判。これに対して、劉は「飢えた人間同士がお互いに食らい合っているんです。歴史に記録されますぞ」と毛に反論するなど、両者の亀裂は深まっていた。

ちなみに、一九六五年二月にキューバが〝修正主義（当時の中国ではソ連ないしはその手先を意味する罵倒語）〟に与したことを批難した劉少奇だが、それからわずか一年余ののち、一九六六年五月に文化大革命が始まると、毛沢東ら文革派によって〝資本主義の道を歩む実権派〟、〝修正主義者〟、〝中国のフルシチョフ〟などと罵倒され、同年十月には事実上の軟禁状態に置かれて失脚（国家主席からの正式な解任と中国共産党からの〝永久除名〟は一九六八年十月）。一九六九年十一月、非業の死を遂げることになる。

なお、キューバの立場に対する中国の理解を得るという点では、チェは訪中の目的を達することはできなかったが、中国が武器を供給していたコンゴの解放人民軍（ＥＰＬ）とともに、コンゴで戦う意思があることを伝え、中国の了解を得ている。すでにこの時点で、チェはキューバを離れ、コンゴで戦う決意を固めていたのであった。

乗継の時間を利用してルーブルへ

一九六五年二月五日、中国を発ったチェは、翌六日、乗り継ぎのためにパリに立ち寄った。二十四時間の限られたパリ滞在中、チェはルーブル見学に四時間をあてている。

かつてマチュピチュに魅せられ、古代遺跡に深い関心を持っていたチェは、ギリシャとエジプトの部屋を観賞したほか、エル・グレコ、ルーベンス、ダ・ビンチなど、定番の展示を見学している。特に、『モナ・リザ』の前では、かなりの長時間、立ち止まって感涙にむせんでいたともいう。

そうした中で、チェがヒエロムニス・ボスの作品を探して館内を歩き回ったというエピソードは興味深い。ヒエロムニス・ボスは、一四五〇年頃、ネーデルランド南部のス・ヘルトーヘンボス（デン・ボス）の画家一族のもとに生まれた。その作品は聖書に基づく寓話を絵にした作品が多いが、怪物、悪魔、天使、聖人などが登場する幻想的で怪異な作風が特徴で、ピーテル・ブリューゲルを始めとする後世の画家に大きな影響を与えた。また、スペイン国王、フェリペ二世はボスの絵画の熱烈な愛好者で、ヨーロッパ各地の王侯貴族たちからの依頼に応じ、多くの作品を制作したが、その作品の大半は、十六世紀の宗教改革運動での偶像破壊のあおりを受けて紛失し、現存するのはわずか三十点ほどである。

　ボスの作品としてルーブルが所蔵しているのは（＝チェが苦労して探し出してまで見たかったのは）、一四九〇～一五〇〇年頃に制作された『阿呆船』（図35）である。

　ボスの『阿呆船』は、人文主義者セバスティアン・ブラントが一四九四年に発表した『阿呆船』（あらゆる愚者たちが集結し、阿呆の国ナラゴニア目指して航海するという設定の風刺文学）、または、ジョス・ド・バードによるその続編『阿呆女たちの船』から着想を得たとされる作品で、十名の人物が小舟に集っている光景が描かれている。

図35　阿呆船

　人々を乗せた舟のマストにはオスマン帝国を暗示する三日月の旗が掲げられているが、これは、ブラントの『阿呆船』の中で「（当時の）キリスト教の混乱は、オスマン帝国を中心とする異教徒によってもたらされた」とあることを踏まえたものと解釈されている。

　そして、舟の中央には、フランシスコ会の修道士とリュートを奏でる修道女が向かい合っており、小舟の中央にぶら下がったクレープに噛みつこうとしている。

舟上の人々は酒を飲んで乱痴気騒ぎの最中だが、舟の外、修道士の足元には裸の貧者が誰にも顧みられることなく、舟にしがみついている。

この絵については、さまざまな解釈がなされているが、放埓な聖職者は、オスマン帝国という外的の脅威に目を瞑って教会という船を漂流するがままにし、魂の救済をなおざりにしていることへの風刺が込められたものと解釈されることが多い。

限られた滞在時間の中で、チェが『阿呆船』を見ることに拘った理由は定かではないが、あるいは、米帝国主義の脅威にさらされながら、不毛な中ソ対立が続くことで、結果的に、社会主義諸国の貧困が解消されないままになっていることへの苛立ちを、この絵に重ね合わせていたと推察することは可能かもしれない。

タンザニアとフリーダム・ファイターズ

パリを後にしたチェは、次の目的地であるタンザニアに向かった。

現在のタンザニア連合共和国は大陸部分のタンガニーカとインド洋島嶼部のザンジバルから構成されている。

このうち、タンガニーカの地域は、第一次世界大戦までは、現在のブルンジ、ルワンダとともに、ドイツ領東アフリカとしてドイツの支配下に置かれていたが（図36）、第一次世界大戦でドイツが敗れると、旧ドイツ領東アフリカは解体され、英委任統治領タンガニーカとベルギー委任統治領のルワンダ＝ウルンディに分割される（図37）。

一方、東アフリカにおける英領植民地は、第一次世界大戦後、ザンジバル、タンガニーカ、ケニア、ウガンダの四地域体制となったが、このうち、ザンジバルを除く三地域では、一九二一年、共通通貨として、英国東アフリカ通貨局（一九一九年創設。ＥＡＣＢ）の発行す

図36　ドイツ領東アフリカの切手

図37　第一次世界大戦後の旧ドイツ領東アフリカ解体の過程で、英領東アフリカおよびウガンダ保護領の切手に“（旧）ドイツ領東アフリカ”を意味する“GEA”と加刷した切手。

図38　ケニア・ウガンダ・タンガニーカ3地域共通名義の切手。

る東アフリカ・シリングが導入され、一九二二年には三地域を包括する関税同盟が結成された。なお、ザンジバルは歴史的にインド世界との経済的な結びつきが強かったため、一九〇八年以来、英領インド・ルピーと等価のザンジバル・ルピーが使用されていたが、一九三六年一月一日、一ザンジバル・ルピー＝一・五東アフリカ・シリングの交換レートで、東アフリカ・シリング圏に組み込まれた。こうした事情から、一九三五年以降、ケニア・ウガンダ・タンガニーカ（KUT）の三地域では、共通の切手（図38）が使用されている。

第二次世界大戦が勃発するとタンガニーカからも多くの兵士が英連邦軍に参加して出征したことから、タンガニーカでも民族意識が高揚。タンガニーカ・アフリカ人民族同盟による独立運動が展開され、一九六一年十二月九日、独立国家としてのタンガニーカが誕生し（図39）、ジュリウス・ニエレレが初代首相（一九六二年以降大統領）に就任した。その後、一九六二年にはウガンダが、一九六三年にはザンジバルとケニアが、それぞれ独立するが、独立当初、各国は植民地時代からの東アフリカ・シリングをそのまま使っていたこともあって、各国独自の切手と並行して、一九七六年までKUT共通切手の発行も継続されていた。

図39　タンガニーカ共和国の独立を宣言するニエレレ。1971年のタンガニーカ独立10周年に際して、KUT共通切手として発行されたもの。

東アフリカ・シリングは、一九六六年にEACBが解体されたことで廃止され、各国は旧東アフリカ・シリングと等価の独自通貨を導入する。これに対して、ニエレレは、旧東アフリカ・シリング圏の政治的・経済的ネットワークの維持・発展を目指して、一九六七年、ケニアのジョモ・ケニヤッタ、ウガンダのミルトン・オボテの両大統領とともに東アフリカ協力条約を締結し、タンザニアの首都アルーシャに東アフリカ共同体の本部と事務局を設置。ニエレレのタンザニアは、東アフリカにおける汎アフリカ主義の中核を担うことになる。

一方、ザンジバルは、もともとアラビア半島・オマーンの支配下にあった土地が英国の保護領になったという経緯があり、保護領時代もアラブ系スルターン（地方君主）の支配が継続していた。

第二次世界大戦後の一九六三年、ザンジバル・スルターン国は英連邦加盟の立憲君主国として独立したが（図40）、国名通り、独立後もスルターンの地位は維持された。

図40　スルターンの肖像と国土の地図を描いた〝ザンジバル・スルターン国〟の切手。

また、独立に際して行われた総選挙では、選挙区の区割りが原因で、五四％の得票率だったアフリカ系主体のアフロ・シラジ党（ＡＳＰ）が十三議席だったのに対し、アラブ主体の国民党（ＺＮＰ）が得票率三〇％で十二議席、アフリカ系だが親アラブのシラジ人主体のザンジバル＆ペンバ人民党（ＺＰＰＰ）が得票率一六％で六議席を獲得。ＺＮＰとＺＰＰＰの連立政権が発足したことで、得票率で過半数を得た第一党のＡＳＰは野党に甘んじることになった。

これに対して、選挙結果に不満を持つＡＳＰ青年団のリーダー、ジョン・オケロは、ＡＳＰ中央の意向とは無関係に、〝自由の戦士〟と称する若者三百人を集めて、一九六四年一月十二日、暴動を起こした。

オケロは、一九三六年、ウガンダ生まれ。幼少時に孤児となり、貧困の中で職を転々する中で各種の犯罪にも手を染め、性犯罪で投獄されていた時期に革命思想に触れる。出獄後の一九五九年にザンジバルのペンバ島に渡り警察官になっていたが、一九六一年から二年間、キューバへ渡って武装訓練を受けた。その後、ザンジバルに戻り、ペンキ職人として働きながら、同志を募っていた。

当初、オケロの計画では市内に放火して混乱を引き起こすだけだったが、計画の途中で次第に過激化。最終的に、一九六四年一月十二日未明、政府転覆を企図して、ライフル銃や槍、自動車の部品などを武器にして郊外の警察署を襲撃した。
〝自由の戦士〟は、わずか四十五分で警察署を占拠し、朝までに首都の警察署と憲兵隊を制圧。オケロは放送局に陣取り、〝大元帥〟を自称して「十八歳から五十五歳までのアラブ人の男はすべて殺せ」、「処女は強姦しないように」などの指示を出して暴動を煽り続けるとともに、スルターンに対しては、二十分以内に家族を殺して自殺するよう要求した。

このため、スルターンと政府首脳部はザンジバルから逃亡。その後、島内ではアラブ系に対する略奪と殺戮が相次ぎ、五万人といわれたアラブ系ないしはアジア系住民のうち一万二千人が犠牲となった。また、辛くも虐殺を逃れた人々も、財産の半分を没収されて出国を余儀なくされた。

図 41　ザンジバル・スルターン国の切手に“共和国”を意味する“JAMUHURI”の文字を加刷した切手。

図 42　“タンガニーカ・ザンジバル連合共和国”名義の切手。

いわゆるザンジバル革命である。
革命が起きた当時、対岸のタンガニーカにいたＡＳＰの指導部は、〝自由の戦士〟の暴走に驚愕。ＡＳＰ議長のアベイド・カルメはザンジバルに戻ってザンジバル人民共和国（図41）の成立を宣言し大統領に就任したが、オケロらの暴走は止まらず、アラブ系やアジア系が所有していた土地や産業を強引に国有化したほか、アラブ系・アジア系の大量虐殺を行い、革命政府に対して批判的な国の大使を追放するなどしたため、社会状況は大いに混乱した。

このため、一九六四年四月、カルメはオケロを追放し、治安回復のため、対岸のタンガニーカに警官隊投入を要請。四月二十六日、国家統合によるタンガニーカ・ザンジバル連合共和国を成立させ（図42）、ザンジバル国家そのものを消滅させることで事態を収拾するという荒業に打って出た。

同年十月二十九日、新国家は、タンガニーカとザンジバル、それにアフリカ南部で栄えたアザニア文化の名前をあわせて〝タンザニア連合共和国〟と命名され

図43　タンザニア連合共和国の発足に伴い発行された〝タンザニア〟名義の切手。

（図43）、タンガニーカ大統領のニエレレが連合共和国の大統領に就任する。

前年の一九六三年、アフリカ統一機構の発足に積極的にかかわったニエレレは、汎アフリカ主義者として〝アフリカ統一〟を究極の目標として掲げていた。このため、自らの連合共和国をそのモデルとすべく、旧タンガニーカと旧ザンジバルが完全に対等の連合関係とし、ザンジバルには大幅な自治権を与えて新国家の建設に乗り出した。

また、（アフリカ式）社会主義路線を志向しており、汎アフリカ主義にも親和的と見られた中国との関係が深かった。

たとえば、一九六五年十一月、アパルトヘイト政策を掲げて独立したローデシアに対して国連が経済制裁を発動し、その副作用として、内陸国のザンビアから銅鉱石の輸出ができなくなると、その打開策として、ニエレレはローデシアを経由せず、ザンビアとタンザニアのダルエスサラームを結ぶタンザン鉄道の建設を構想した。その際、ニエレレが支援を仰いだのは、ソ連ではなく、中国だった。ニエレレの要請を受けた中国は、文化大革命さなかの一九六七年、タンザニアとザンビア両政府首脳を中国に迎えて協議し、一九七〇年七月、三国間でタンザン鉄道建設協定を最終調印する。協定は、中国がタンザニア、ザンビア両国に無利子で計四億三百二十万ドルの借款を与え、約二万人の中国人労働者を派遣するというものだった。ちなみに、タンザン鉄道は一九七六年七月十四日に完成し、中国からタンザニア、ザンビア両政府に引き渡されている。

この間、ニエレレは一九六七年にアルーシャ宣言を発し、中国の人民公社に倣った〝ウジャマー村構想〟を実施したほか、中国から軍事顧問を受け入れ、さらに、中国の人民服風の〝タンザニア・スーツ〟（図44）を導入することも行った。

図44　タンザニア・スーツを着用して英国女王を迎えるニエレレ。

このように、東アフリカの域内大国として、汎アフリカ主義と（アフリカ式）社会主義路線を掲げるタンザニアは、第三世界外交を掲げるキューバにとっても、外交上、重要な存在であった。

このため、革命後のキューバはタンザニアとの関係を緊密化するため、チェが同国を訪問した一九六五年二月の時点で、革命戦争中、チェとともにラス・ビジャスで戦ったパブロ・リバルタを大使として派遣していた。

チェはダルエスサラーム（当時の首都）の大統領宮殿でニエレレと会談し、キューバからタンザニアへの支援として、織物工場や医療・技術支援などについての協議が行われた。

しかし、チェのタンザニア訪問には、ニエレレとの会談以上に重要な課題があった。

すなわち、タンガニーカ湖を挟んで対岸のコンゴ民主共和国（旧ベルギー領。一九六四年にコンゴ共和国から改称）のルムンバ派コンゴ人組織と接触し、彼らに対する支援網を構築することであった。

パトリス・ルムンバの後継者として、コンゴ内戦を戦っていた左派革命勢力のコンゴ全国評議会は、タンザニアを国外の拠点とし、以前からフィデルに支援を要請していた。そこで、フィデルはチェをタンザニアに派遣し、まずは〝フリーダム・ファイターズ〟と総称されていたルムンバ派の活動家と接触させることにしたのである。

一方、ダルエスサラームで、チェが実際に見聞したフリーダム・ファイターズたちの状況は以下のようなもので、彼は失望を隠せなかった。

（フリーダム・ファイターズの）大部分はホテルで快適に暮らしており、それを自慢していた。こうした生活そのものが、ときには実入りの良い仕事になっていることさえあった。ほとんどの場合、快適な仕事だ。そんな中で会見が次々行われた。だいたいが、キューバでの軍事訓練と金銭的援助の申し入れだった。

また、フリーダム・ファイターズといっても、決して一枚岩ではなく、各派の関係は極めて複雑であった。こうした中で、チェは、彼らに対して軍事訓練はコンゴで戦闘をしながら行うべきだと諭したが、反応は鈍かった。この時の失望を、チェは次のように語っている。

革命戦士は戦争の中で作られる。……訓練は遠いキューバの地ではなく、近くのコンゴで行うことを彼らに提案した。コンゴで行われているのは……新植民地主義の形を取った帝国主義との闘いである。

しかし、反応は冷淡という以上のものであった。大多数は何のコメントもしなかったが、発言を求め、そのような助言をした私を激しく非難した者もあった。

そこで、ここでは問題は国境内部の闘いではなく、モザンビークでも、マラウイでも、強大な権力を持つ共通の主人、ローデシアないしは南アフリカ、コンゴないしはアンゴラとの闘いが問題なのだと説明した。しかし、誰も理解してくれなかった。

我々には、アフリカの道は先が長いという印象だけが残った。……キューバ人の黒人グループを作り、言うまでもなく自発的に、コンゴ闘争の強化のため派遣することが提起された。

アルジェ演説

タンザニアでコンゴ闘争の困難さを実感したチェは、一九六五年二月十九日、フランス経由でカイロに入った。

当初の予定では、そこからスーダンを訪問し、一九五九年八月のスーダン訪問時に会談したイブラヒーム・アブードと再び会見することになっていたが、アブードは一九六四年十月の政変で失脚し、一九六五年四月にウンマ党と国民統一党の連立政権が成立するまでの過渡期にあたっていたため、チェのスーダン訪問は見送られた。

スーダン行きを断念したチェは、アジア・アフリカ人民連帯機構会議に出席すべく、アルジェに向かう。

アジア・アフリカ人民連帯機構は、反帝国主義、反植民地主義の旗印の下、アジア、アフリカ諸国人民の連帯強化とその経済的・社会的・文化的発展を目指す国際組織として、一九五七年十二月から一九五八年一月、カイロで開かれた第一回アジア＝アフリカ人民連帯会議で設立された。

その第二回会議は、一九六五年二月二十四日、アルジェで六十三国と十九の解放組織を集めて開催され、チェは、その第二回経済セミナーで演説した。

演説の冒頭、チェは、自らが〝アジア・アフリカ〟の会議で発言するのは、ラテンアメリカ人民を代表するだけでなく、開発途上国、そして社会主義を建設しつつある国の代表としての立場に拠っていることを明らかにする。

チェによれば、帝国主義に対する闘争は、植民地主義ないしは新植民地主義との闘いであり、それゆえ、貧困と後進性に対する闘いと連動しており、帝国主義という共通の敵を前に途上国と社会主義国は連帯すべきである。また、「帝国主義に対するどの国の勝利も我々全員の勝利であるのと同様、どの国の敗北も我々の敗北」だが、途上国・社会主義国の勝利は、ただ単に（植民地支配からの）独立を宣言し、武力革命において勝利することで達成されるものではなく、帝国主義国による経済支配を終わらせてこそ、達せられる。

こうした前提を踏まえ、チェは次のように述べる。


社会主義国は、新しく解放への道を歩み始めた国家の発展に力を貸さねばならないこと。我々がこのように述べるのは、決して脅迫でもなければ演技でもなく、ましてや、アジア・アフリカの人民に近づく安易な手段でもなく、深い信念からの宣言である。あるいは、建設途上社会の個人レベルと、帝国主義者の抑圧に苦しむ全人民に関わる世界的なスケールの両方において、ヒューマニティに向けた新しい兄弟的関係の結果として生じる意識改革なくしては存在しえない。

我々は、まだ独り立ちできない国への援助はこの精神のもとになされるべきであると確信する。価値法則の結果である不平等為替制度という国際関係によって発展途上国が強いられる価格に基づいて互恵貿易を展開しようなどという目論見について、これ以上語る必要はない。

開発途上国が汗と苦しみの代償として生み出した原料を（安すぎる）国際市場価格で売り、最新の自動化された大工場で生産された完成品を（高すぎる）国際市場価格で買う現実を、どうして〝互恵〟と呼べようか。

先進国と発展途上国という二つのグループ国家の間にこのような関係を作り上げようというのであれば、たとえそれが社会主義諸国であったとしても、ある意味では帝国主義者の搾取の共犯者だと認めねばなるまい。一方で、社会主義諸国の貿易のうち、開発途上国相手の取引高はごくわずかであるとの反論もあるだろう。それは確かに事実である。しかし、その事実は交易の不道徳性と相殺するには十分ではない。

社会主義国には、西側の搾取国との間に成立している暗黙の連座を終息させる道義的義務がある。

その上で、チェは、社会主義とその定義について、次のように説明する。

我々にとって社会主義のたしかな定義は、人間の人間による搾取の撤廃以外にない。それが達成されない限り、たとえ社会主義の途中段階であっても、搾取の撤廃が停滞したり、最悪の場合、逆行したりするようであれば、我々には社会主義建設を口にする資格さえない。

演説では、ソ連を名指しして批難しているわけではないが、平素からソ連とその対米宥和路線に対して批判的で、中ソ対立の文脈では親中派と見られていたチェの発言である以上、この部分が、東側諸国の盟主として、東欧諸国やキューバの〝宗主国〟になっているソ連への辛辣な批判と受け止められたのも自然なことであった。
ただし、チェは自らの発言が国際関係の微妙な磁場に波紋を及ぼすことを避けるべく、この発言の直後に、「ソ連邦とキューバは政治協議の結果、五〇〇万トンの砂糖を輸出するにあたって、いわゆる国際自由砂糖市場におけるより高い価格という、我々の側に有利な条件のもとで協定を結んだということである。中華人民共和国もまたこの購入価格に同意してくれている」として、ソ連をフォローしてはいるが……。
さらに、演説の後段で、チェは社会主義諸国による途上国への軍事的について、次のように述べる。

抑圧者の政治支配からの武力闘争による解放については、プロレタリア国際主義の原則に従って対処すべきである。戦時下の社会主義国においては、自国の工場で生産した戦車を前線に送る前に、工場長が代金の保証を求めることはない。解放を求め、あるいは自由を守るために闘い、武器を必要とする人民に対して、支払いができるかどうかの保証を確認することもまた、考えられない。

我々の世界では、武器は商品ではない。武器は共通の敵に対する戦いに使用するために、それを必要とする人民に、必要なだけ無償で供与される。ソビエト連邦と中華人民共和国が我々に提供してくれた軍事援助の精神がこれである。我々は社会主義者である。武器の適切な使用を保証されている。我々だけでなく、すべての人民がこの処遇に浴するべきである。

当時のソ連が世界各国の左派革命勢力に対して軍事支援を行っていたことは紛れもない事実だが（ちなみに、ソ連はアフリカで武器を販売していたから、無償での提供を要求したチェの演説は、それ自体、ソ連に対する痛烈な批判となる）、その一方で、ソ連は、〝冷戦〟の構造を維持し、米国との直接衝突による第三次世界大戦の勃発を避けることを至上命題としていた。一九六二年のミサイル危機は、そうしたソ連の姿勢が端的に表面化した典型的な事例である。
チェの演説は、そうしたソ連の〝穏健路線〟に対する不満の表れでもあったが、ソ連の立場からすれば、キューバ代表としての立場でありながら、反帝国主義の大義名分の下、全世界の反米勢力に対する無制限の支援を要求し、世界革命を煽って米国との緊張を無用に高めようとするチェは、ソ連の〝保護国〟としての分際を弁えず、社会主義世界の秩序を乱す〝危険人物〟に他ならなかった。

さらに、経済建設の道筋についても、チェの演説では、段階的な発展を主張するマルクス・レーニン主義のオーソドックスな理論を真っ向から否定するかのように、「封建制から原子力、オートメーションの時代に至る長い階段を、一段ずつ登っていく余裕はない。その道は果てしなく遠い、無用の犠牲が多いからである」と述べられていた。

チェの演説は、アルジェでは大きな反響を呼び、本人もいたって満足していたが、ソ連は激怒した。

一方、キューバ本国では、とりあえず、新聞は演説の一部のみを抜粋して報道することで、国内への影響を最小限に食い止めるとともに、三月一日、急遽、ラウルが訪ソしてアンドレイ・グロムイコ外相らと会談。ラウルは、「フィデルは〝ゲバラの妄想〟とは無関係だ」と説明。チェに対する懲戒処分を約束し、モスクワを安堵させている。

こうした本国の事情を知る由もなかったチェは、すぐにはキューバへ帰国せず、キューバ大使のホルヘ・セルケーラや大統領のベンベラと会談し、コンゴでの闘争支援等について話し合った後、三月二日、カイロに向かう。

ターザンはフィクションだ

一九六五年三月二日、カイロ入りしたチェは、ギーザのピラミッドを訪れ、ラクダで周囲を廻るなどの観光を楽しんだ後、ナセルと会談した（図45）。

二月のアルジェ演説では、最後に、彼らが連帯すべき解放闘争の実例として、前年の国連演説でも言及されたベトナム、ラオス、ポルトガル領ギニア、南アフリカに加えて、パレスチナが挙げられていたが、これはナセルとの会談を意識しての追加だったのかもしれない。

一九五九年にチェが最初にエジプトを訪問した当時、

図45　ナセルと久闊を叙すチェ。右側は、ナセルの下で1962～65年に首相を務めたアリー・サブリー。

ナセルの権威は絶頂期にあった。すなわち、一九五六年のスエズ運河国有化とその後の第二次中東戦争での（政治的）勝利、さらに一九五八年のエジプト＝シリア合邦などは、彼の掲げるアラブ民族主義の理想を体現したものとして、眩いほどの光彩を放っていたからである。

しかし、ナセルの声望を高からしめた第二次中東戦争は、純粋に軍事的な見地から見ると、英仏との密約によりエジプト領内に侵攻したイスラエル軍が、いともたやすくシナイ半島を横断してスエズ運河地帯まで進軍したにもかかわらず、エジプト軍はそれを全く阻止することができず、惨敗に等しい状況だった。当然のことながら、イスラエルとの全面戦争になればエジプトには勝ち目はないことをナセルも思い知り、イスラエル打倒の勇ましいスローガンとは裏腹に、本音では、イスラエルとの戦争を回避しなければならないと考えるようになる。

エジプトとシリアの連合共和国も、対等の国家統合を望んでいたシリアに対して、人口・経済規模ともにシリアを圧倒していたエジプト側には、シリアを事実上の属国として扱う空気が強く、これを不満とするシリアは、一九六一年九月、連合から離脱し、連合共和国はあっけなく崩壊した。

さらに、一九六二年、イエメン革命後の内戦に介入し、サウジアラビアとの代理戦争を展開したことで、エジプト経済は急速に疲弊していく。

こうした状況の下で、次第に追い詰められていったナセルは、起死回生の切り札として、一九六四年一月十三日、カイロで開催されたアラブ連盟首脳会議で、対イスラエル闘争の統一司令部を設置することを提案。これが連盟の方針として決定されると、同年五月、ナセルの肝煎りでヨルダン統治下の東エルサレムで第一回パレスチナ民族評議会が開催され、パレスチナ解放機構（ＰＬＯ）の結成が宣言された。

アラブ諸国としては、さまざまな立場の違いはあっても、「イスラエル国家を打倒してパレスチナを解放する」という原則論には反対できない。したがって、曲がりなりにも、アラブの盟主ということになっているエジプトが、対イスラエル闘争の統一司令部を作るということになれば、他のアラブ諸国は（少なくとも表面上は）賛同・協力せざるをえない。したがって、ＰＬＯの創設は、ナセルにとっては、シリアとの合邦失敗やイエメン内戦への介入などで傷ついた自らの権威を回復する格好の機会であった。

また、統一司令部の傘下にパレスチナ人の武装組織を組み込んでコントロールできれば、強硬派の暴走を抑え、イスラエルを決して本気で怒らせない（＝全面戦争には突入しない）程度に〝抵抗運動〟を継続して、アラブ世論のガス抜きをするという、微妙な調整も可能になるはずだから、まさに、一石二鳥であるというのが、ナセルの本音である。

ところが、パレスチナ人武装勢力の中には、ナセルの微温的な姿勢を拒否して、ＰＬＯには参加せず、イスラエル領内での武装闘争をエスカレートさせるものも少なくなかった。

その代表的な存在が、ヤーセル・アラファート（以下、アラファト）ひきいるファタハ（図46）である。

アラファトは、本人の語るところによれば、一九二九年八月四日、エルサレムで生まれた。カイロとエルサレムを往来する少年時代を過ごした後、カイロ大学

図46　ファタハが制作した宣伝ラベル。武装ゲリラが描かれている。

工学部を卒業。一九五六年の第二次中東戦争では、エジプト軍の工兵大尉として従軍。戦後は、技師としてクウェートで働きながら、一九五七年にパレスチナ解放闘争の運動組織としてファタハを創設し、反イスラエルの武装闘争（イスラエル側から見ればテロ活動）を展開した。

一九六三年、アラファトとファタハはシリアに迎えられる。

当時のシリアは、エジプトとの合邦を解消して間もない時期で政治状況が安定せず、クーデターが頻発していたが、いずれの政権も国民の支持を得るため、イスラエルとの対決姿勢を鮮明にし、イスラエル領への砲撃を繰り返していた。もっとも、シリア政府も、単独ではイスラエル軍に対して圧倒的な劣勢にあることを十分に認識していたから、イスラエルとの戦争が勃発した場合には、〝アラブの大義〟に照らして、アラブ諸国はシリアを孤立させずに支援をすべきだと主張していた。シリアにしてみれば、自分たちに代わってファタハがイスラエルを攻撃してくれれば好都合であり、ファタハを支援する代わりに、最悪の場合は、ファタハに責任を押し付けて、イスラエルとの直接対決を回避したいというのが本音であった。

これに対して、あくまでもパレスチナの解放と難民の帰還を目標としていたファタハは、ナセルらの微温的なＰＬＯ構想を拒否。イスラエルに対するテロ活動をエスカレートさせていく。

当時のアラファトは、テロ活動をエスカレートさせてイスラエルの報復攻撃を引き出せば、アラブ諸国も対イスラエル全面戦争に参加せざるを得なくなると考えていた。このため、ファタハはソ連、東欧はもとより、中国を含む反西側諸国から武器を調達し、シリアの庇護下で戦闘能力を強化していった。

一方、イスラエル国内の世論は次第に〝パレスチナ・

ゲリラ〟への報復を求める強硬論へと傾いていく。イスラエルの政府と国民にしてみれば、PLO傘下の団体であろうとなかろうと、国内の治安を乱すテロリストは駆逐すべき存在である。

ナセルをはじめ、アラブ諸国の指導者たちは、反イスラエル闘争が自分たちの思惑を超えて動き始めたことに困惑を隠せなかったが、そこに、米ソの冷戦がさらなる影を落とす。

すなわち、エジプトやシリアの民族主義政権は、手持ちの外貨が乏しいこともあって、ソ連からバーター取引で武器を購入していたが、イスラエルからの要請を受けた米国は、一九六五年以降、イスラエルに大量の戦闘機や戦車を売却。イスラエルの軍事的保護者としての立場を鮮明にし、緊張は徐々に高まっていた。

こうした複雑な関係を、当時のチェがどこまで把握していたかは定かではないが、アラブ諸国として、対イスラエル闘争の統一指令部としてPLOが結成されたことに倣い、コンゴやラテンアメリカの解放闘争についても同様の統一指令部設立の可能性を考えたであろうことは想像に難くない。

さて、ナセルとの会談で、チェは自らコンゴの解放闘争に関与する計画を打ち明けた。おそらく、アルジェでの演説にアフリカ諸国の指導者たちが共感を示してくれたことをも踏まえて、自分が乗り出せば、コンゴの解放勢力の統一も不可能ではなく、それゆえ、勝利が得られるだろうという趣旨のことを力説したのだろう。

しかし、ナセルは次のように言って、チェのコンゴ行きに反対した。

君は白人なのに、どのようにしてブラック・アフリカの地下活動に必要な匿名性を保持できると思っているのか。ターザンは周囲の光の中に溶け込むことができたが、あれはフィクションだ。君がやろうとしていることは、現実のことなんだ！

ナセルの説得に対して、チェは、別れ際、コンゴでの活動を断念する旨を伝えたという。しかし、それとは裏腹に、ナセルの側近だったムハンマド・ヘイカルは、チェが次のように語ったと証言している。

人生の転換点は誰にとっても死に直面する時だ。死に向き合う者は、成功しようとしまいと英雄だ。世界革命のために闘い、死に挑戦する場所を見つけたい。

かくして、一九六五年三月十二日、チェはアフリカ歴訪の旅を終え、カイロから出国し、プラハ経由でハバナに戻った。

別れの手紙

一九六五年三月十四日、ハバナの空港に戻ったチェは、フィデル、ラウル、大統領のドルティコスら革命政府指導部の出迎えを受けた。

フィデルは、アルジェでの演説によりソ連との対立を招いたとして、〝規律の欠如〟を理由にチェを叱責した。

その後、フィデルとチェは四十時間、二人きりで話し合った。その当時の詳細は明かされなかったが、後年、フィデルは当時のことを次のように回想している。

チェは実行困難な計画を提示した。我々は先遣隊を出し、ゲリラ戦の前段階の準備をするよう勧めた。彼は、条件が整うのを待てば最良の状態にあった体調が損なわれるとわかっていた。(一九六四年にアルゼンチン山岳地帯でのゲリラ戦で亡くなったマセーティの死後、チェは独自の計画を練り始めた。私は「君は戦略家だ。十分堅固かつ確かなゲリラ部隊ができてからボリビアに行くべきだ」と忠告した。ゲリラ戦の初期に危険を冒すべきではなかった。我々はコンゴでルムンバの部隊を支援しており、チェはアフリカでの戦いに惹きつけられていたから、私はアフリカで任務を遂行するよう提案した。その間、ボリビアでは、ゲリラ戦開始のための条件を最低限整えればよかった。

ソ連の支援なくしては国家の運営が立ち行かなくなっていたキューバにとって、〝反ソ派〟認定されたチェを指導部にそのままとどめておくことは困難であった。

一方、チェ本人も、亡命時代にフィデルと交わした「キューバでの革命が成就した暁には、アルゼンチンに闘いに行くことを国家の論理で阻止しないでほしい」との約束に加え、一九六一年に工業省に赴任した際、「ここで五年やったら出ていく。五歳年をとっても、まだゲリラはできる」と宣言していたこともあって、キューバを退く潮時と考えていたことは間違いない。

ただし、アルゼンチンに関しては、一九六四年にアンデス作戦が失敗に終わり、革命派の拠点が壊滅状態にあったことから、ただちにチェ本人が潜入してゲリラ活動に従事するのは困難だった。

そこで、チェ本人も関心を持っていたコンゴで〝予行演習〟を行うことで、ラテンアメリカでの革命に乗り出す時機をうかがうというプランが採用されることになった。「米帝国主義に対しては地域や大陸とは無関係に人民が連帯して戦うべきだ」というアルジェ演説の趣旨からすれば、コンゴでの戦いは、ボリビア、アルゼンチンへと至る革命の一道程だというのがチェの認識である。

なお、フィデルの提案では、行き先は漠然と〝アフリカ〟だけだったが、アンゴラやモザンビーク、ギニアなどのポルトガル領ではなく、コンゴ（旧ベルギー領）が対象となったのは、ゲリラにより解放された広大な地域があり、中ソ両国からも武器の支援があったからである。また、隣接するコンゴ・ブラザビル（旧仏領）からはキューバに対して援助の要請があり、コンゴを拠点に周辺アフリカ諸国、とくに南部アフリカのアパルトヘイト諸国へ革命を輸出することも可能と考えられた。

かくして、三月十六日には、チェのコンゴ行きは決定され、チェは慌ただしく出国の準備を進めることになった。

三月十六日付の母セリア宛の手紙では、「革命指導部の地位を捨ててサトウキビ畑で三十日間過ごしてから、五年間かけて工場で働きながら、その実情を内側から知りたい」と記したが、他にも、友人たちに〝形見分け〟のようなことをして、さりげなく、別れを告げていた。

そして、三月二十二日、工業省で運営委員会を開き、しばらくカマグエイにサトウキビ刈りに行くので留守にすると告げた。その日の午後には、省内でアフリカ出張の帰朝報告行う。これが、工業省の一般職員との最後の別れとなった。また、同日付のウルグアイの『マルチャ』誌には、チェが探究して続けてきた〝新しい人間〟に関する論考の集大成となる論文「キューバにおける社会主義と人間」（論文そのものは二月のアルジェリア滞在中に執筆されたもの）も掲載された。

その後、チェは人々の前から姿を消し、三月二十八日ないしは二十九日頃までに、髪を剃り、眼鏡をかけ、眉を濃くして〝ラモン・ベニテス〟の変名を名乗った。

そして、三十一日付で工業省を辞任し、キューバ国籍を返上。翌四月一日、フィデルに「別れの手紙」（図47）を直接手渡した。

チェの「別れの手紙」は、フィデル宛のもののほか、両親と子供宛のものもあるが、最も有名なフィデル宛の文章を引用しておこう。

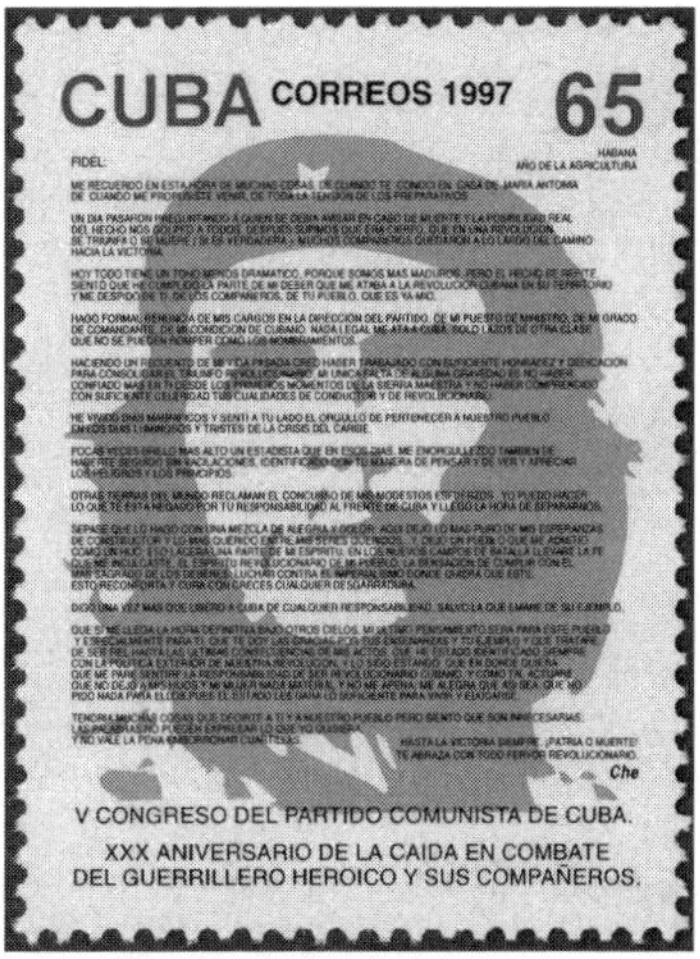

図47　チェの肖像を背景に、フィデル宛の「別れの手紙」の文言を記した切手。

ハバナ、農業の年

フィデル

いまこの瞬間に、僕は多くのことを思い出している。マリア・アントニアの家で初めて君に逢った時のこと、僕に一緒に来ないかと誘ってくれた時のこと、そして準備を進めている時のあの緊張のすべてを

ある日、死んだ場合には、誰に報せたらよいか、と訊かれたことがあった。そして、そういう現実の可能性に、僕らはみな打ちのめされてしまった。その後、僕らはそれがありえたことで、革命

においては——それが真の革命であれば——人は勝利を得るか死ぬかだということを学んだのだ。多くの同志が勝利に至る道程で斃れてしまった。

今日ではあらゆることがさほど劇的には感じられないが、それは僕らが成熟したからで、現実は繰り返されているのだ。僕はキューバ革命において、その地で僕に課せられた義務の一部を果たしたと思う。そこで、君に、同志に、そして君の、今は僕のものでもある国民に別れを告げる。

党指導部における地位、大臣の地位、少佐の階級、キューバの市民権を、僕は公式に放棄する。法的に僕をキューバに結び付けるものは、もはや何もない。といっても、事例を出せばできるようには、あっさりと断ち切ることのできぬ種類の絆は残るが。

過去を振り返ると、革命の勝利を不動のものとするため、僕は誠実かつ献身的にこれまで働いてきたと信じている。僕に何らかの誤りがあったとするなら、それは、シエラ・マエストラの初期の頃、君に十分な信頼を置かなかったことと、指導者ならびに革命家としての君の資質をさほど早く理解しなかったことだ。僕は素晴らしい日々を生きてきた。そしてカリブ危機の輝かしくも苦しい日々に、君の傍らにあって、わが国の国民であることを誇らしく感じたものだ。

あのころの君よりも優れた政治家は存在しないだろう。そしてまた、僕は君に躊躇なく従い、君の考えを身につけ、僕らが置かれていた危険や原則を理解し、評価したことを誇りに思っている。

いま世界の他の国が、僕のささやかな力添えを望んでいる。君はキューバの責任者だからできないが、僕にはそれができる。別れの時が来てしまったのだ。

喜びと悲しみの入り混じった気持ちでこんなことをするのだ、と察してほしい。僕はこの地に、建設者としての希望の最も純粋なもの、そして僕が最も愛している人々を残していく。また、僕を息子のように受け入れた国民からも去っていく。それは僕をとても悲しい気持ちにするのだが、僕は、新しい戦場に、君が教えてくれた信念、わが国民の革命精神、最も神聖な義務を遂行するという気持ちを携えて行こう。帝国主義のあるところなら、どこでも闘うために。それが僕を慰め、深い心の傷をいやしてくれる。

繰り返すが、これまで模範だったことから生じる責任を除いて、キューバにおける一切の責任から解放されたことを言いたい。もし、異国の空の下で最期の時を迎えるようなことがあれば、僕の最後の想いは、この国の人々に、特に君に馳せるだろう。君の与えてくれた教えや規範に感謝したい。そして、僕の行動の最後まで、それに忠実であるように努力するつもりだ。僕は、わが革命の外交政策にいつでも自分を同化してきたし、これからもそうであり続けるだろう。どこにいようとも、僕はキューバの革命家たる責任を自覚するだろう。そのように行動するだろう。僕は妻子には何も残さなかった。それを後悔するどころか、むしろ満足している。国家が彼らの必要とするものや教育を与えてくれるだろうから、僕が彼らのために求めるものは何もない。

君やわが国民に言いたいことは尽きないのだが、その必要はないようだ。言葉は僕の言わんとすることを表現できないし、これ以上は紙を汚すに値しない。

僕は勝利するまではキューバには戻らない。必ず勝利するのだ。祖国か死か！

ありったけの革命的情熱をこめて君を抱擁する。

手紙を読んだフィデルは感情を抑えることができず、近くにいた部下たちに、「チェをよろしく頼む、守ってやれ」ということしかできなかった（なお、僕は勝利するまで以後文末までの三行は、現在公開されている文面と異なっているが、ここでは、伊高浩昭が再現したオリジナルの文面を引用した。オリジナルの文章と、現在、広く一般に流布している文章との差異については、次章で述べることにしたい）。

翌二日、チェは〝ラモン・ベニテス〟名義の旅券を携え、キューバを出国した。彼が出立した後、隠れ家には、三着の古い軍服と一九五六年型の中古車、そして本と書類が満載の書庫が残された。

第10章　ここにいるべき人物がいない。それはチェだ。

ベルギー領コンゴ

中部アフリカのコンゴ川流域は、十四世紀末に成立したコンゴ王国の支配下に長らくあったが、コンゴ王国は一六六五年のアンブイラの戦いでポルトガル軍に敗れてから急速に衰退。十九世紀後半には、列強諸国によるアフリカ分割のターゲットになる。

一八六五年に即位したベルギー国王レオポルド二世は、即位当初から植民地獲得の必要性を訴えていたが、一八七六年九月、コンゴ探検を支援する〝国際アフリカ協会〟（のちにコンゴ国際協会に改組）を創設し、一八七九〜八三年、英国の探検家ヘンリー・スタンリー（図1）にコンゴ川流域を探検させ、先住民部族の部族長たちと独占的な貿易協定を締結した。

これに対して在地のコンゴ王国と関係のあったポルトガルが反発し、コンゴ川河口周の主権を主張。英国がポルトガルを支持すると、独仏はベルギーを支持し、列強の対立が深まった。

このため、一八八四〜八五年、欧米十四ヵ国によるベルリン会議が開催され、コンゴを中立化し、門戸を開放して自由貿易の地にすることを条件として、コンゴをレオポルド二世の〝私有地〟とした。これを受けて、一八八五年、レオポルド二世の私領〝コンゴ独立国〟が創設される（図2）。なお、同国は自由貿易の国という意味で〝コンゴ自由国〟と呼ばれることが多い

図1　コンゴ川流域を探検したヘンリー・スタンリー

図2　レオポルド2世を描く“コンゴ独立国”最初の切手（1886年発行）。

が、これは俗称である。

コンゴ独立国はあくまでもレオポルド二世の私領という扱いで、ベルギーの国家とは無関係という位置づけであったため、国王は専制君主として君臨するとともに、巨額の私費を投じ、さらには、個人の信用で国内外の投資家の投資を募り、マタディ＝レオポルドビル鉄道の建設など、近代化政策を推進した。

しかし、莫大な開発コスト回収のため、一八九一年以降、象牙と天然ゴムが国王の独占事業とされ、先住民には過酷なノルマが課せられただけでなく、未達の場合には手足切断などの刑罰が科された。

このため、一八八五年に三千万人と言われたコンゴ独立国の人口は、一九〇一年までに九百万人にまで激減したが、二五〇トン以下だった天然ゴムの生産量は六〇〇〇トンに増大した。

こうした圧政に対しては国際世論の批判も強かったため、一九〇六年、ベルギー議会はコンゴを国王の私領からベルギー国家の植民地へ転換させる決議を採択。国王はこれに抵抗したが、一九〇八年十月、ベルギー政府は植民地憲章を制定。国王はベルギー政府からの補償金と引き換えにコンゴ自由国を手放し、同年十一月、コンゴ自由国はベルギー政府の直轄植民地ベルギー領コンゴ（図3）になった。

図３　“コンゴ独立国”の切手に“ベルギー領コンゴ”の国号を加刷した切手。

コンゴの独立

第二次世界対戦中、ナチス・ドイツに本国全土を占領されたベルギーは、戦後復興のため、コンゴの資源を重視し、一九四九年には〝コンゴ社会経済十年計画〟を発動して本格的な経済開発に乗り出した。その結果、ベルギー領コンゴは、一九五三年までに世界の工業用ダイヤモンドの七〇％、ウラニウムの半分を産出するようになり、国際空港をはじめとするインフラの整備も進められた。

図4　ベルギーが開催国として発行したブリュッセル万博の記念切手のうち、ベルギー領コンゴおよびルアンダ・ウルンディのパビリオンを取り上げた1枚。

急速な経済発展に伴い、コンゴ住民の政治意識も高揚し、労働争議が頻発。このため、ベルギー植民地当局は、一九五七年に主要都市における民主的選挙を導入したほか、一九五八年のブリュッセル万博（図4）に多くのコンゴ人を招待するなど、不満のガス抜きをはかったが、ベルギー本国に渡ったコンゴ人は、他のアフリカ植民地では独立運動が高揚していることや、ベルギー本国のリベラル派知識人は植民地の権利向上に前向きであることなどを知り、かえって、彼らの民族主義を刺激する結果となった。

一九五八年、フランスで第五共和政が実施され、コンゴ川対岸のコンゴ・ブラザビルを含め、アフリカの仏領植民地の多くがフランス共同体に再編されて大幅な自治が認められたほか、ギニアが独立した。

こうした状況の中で、ベルギー領コンゴにおける左派系民族主義の指導者として頭角を現してきたのが、パトリス・ルムンバ（図5）であった。

ルムンバは一九二五年、ベルギー領コンゴの中央に位置するオナリアの農家に生まれた。プロテスタント系のウエンボ・ニヤマ学校で教育を受けた後、東部州のスタンレービル（現キサンガニ）の郵便局に務め、組合運動を組織した。その後、一九五八年十月十日、独立運動組織としてコンゴ国民運動（MNC）を結成する。

当時のベルギー領コンゴでは、元教師のジョゼフ・カサブブ（図6）の下、西部のコンゴ人居住地域の独立を指向するアバコ党が、黒人の政治的権利・集会・思想・出版の自由を訴え、独立運動組織としては主導的な立場にあった。

図5　ルムンバ

図6　カサブブ

カサブブは、一九一七年、クマ・ディジ生まれの（狭義の）コンゴ人。キズのカトリック伝道団で教育を受けた後、ブリュッセルの植物技術学院で農業を学んだ。一九四六年には、植民地当局による政党禁止令に抵触しないように設立された〝コンゴ社会利益〟のメンバーとなり、一九五〇年、アバコ党の前身となるバコンゴ協会に加入。一九五四年には同協会の会長に就任した。

一九五七年の選挙ではアバコ党は首都レオポルドビルで多数の議席を獲得したほか、カサブブ自身もレオポルドビルのダンダル地区長に当選していた。

一方、コンゴ南端のカタンガ州の諸部族は、アバコ党の西部偏重路線に反発し、ルンダ人のモイゼ・チョンベ（一九一七年、カタンガ州カパンガ近郊生まれ。図7）を指導者としてコナカ党を組織し、黒人のみならず、白人入植者も党指導部に加えてベルギーとの友好関係を損なわない、穏健独立路線を主張していた。

アバコ党とコナカ党は、いずれも、地域間・部族間の対立（それらは、ベルギー植民地当局の強権的な支配によって抑え込まれていたが、住民の感情的なしこりが解消されたわけではなかった）を反映して、ベルギー領コンゴが統一国家として独立することには否定的で、統一国家を構成する場合にも、地域分権の自立性が強い連邦制を採用すべきと主張していた。

これに対して、ルムンバのMNCは独立後の中央集権国家樹立を主張し、都市部のホワイトカラー層の支持を集めていた。しかし、党内では、カサイ州北部出身のルムンバに対して、同州南部出身のアルバート・カロンジとその支持者が強い反発を示すなど、ルムンバの基盤も盤石とはいいがたかった。

図7　チョンベ（カタンガ政権が発行した切手）

図8　全アフリカ人民会議の成功を受けて、翌1959年4月、ガーナが"アフリカ自由の日"を記念して発行した切手。AAPC参加国の国旗が描かれているが、独立国ではなかったベルギー領コンゴの旗は省略されている。

こうした中で、一九五八年十二月、ルムンバは、ガーナの首都、アクラで開催された全アフリカ人民会議（AAPC。図8）にはコンゴ国民運動を代表して参加した。会議では、主催者のンクルマが、汎アフリカ主義者として、いまだヨーロッパ諸国の植民地支配下にある黒人たちに対して決起を呼びかけ、大いに刺激を受けたルムンバらは、帰国後、精力的に独立運動に取り組むことになる。

民族主義の気運が高まる中で、アバコ党、コナカ党、MNCの主要政党は、大衆の支持を得るため、次第にその主張をエスカレートさせていった。

当時のコンゴでは、教会による初等教育はそれなりに普及していたものの、中等以上の教育を受けた者はほとんど存在せず（一九五九年の時点で、小学生百四十六万人に対して、中学生は三万人弱。しかも、小学生の半分は二年生で中退している）、黒人の大学進学が認められたのは一九五五年になってからのことであった。したがって、独立運動家の大衆に対するアジテーションも「独立すれば給料を倍増する」、「白人の女を買えるようにする」といった類の内容が多く、大衆の中にも〝独立〟という名の神が汽車に乗ってやってくると信じ込んでいた者さえいたという。

キューバで革命政権が成立した直後の一九五九年一月四日、ベルギー領コンゴでは、首都のレオポルドビルで植民地政府がアバコ党大会の開催を禁止したことから大規模な暴動が発生した。

ベルギー政府は軍隊の投入を検討したが、本国の労働組合とベルギー社会党は独立運動を支持する立場から、「軍隊を植民地に投入する場合には、志願者に限る」との憲法の条文を理由に、兵士たちにコンゴ派兵に参加しないよう呼びかけた。隣国のフランスがアルジェリア独立戦争の泥沼にはまり込んでいたことに加え、そもそも、一般のベルギー国民はコンゴに利害を持っていなかったこともあって、この訴えに同調する国民も多かった。

結局、暴動は公安軍によって鎮圧され、アバコ党幹部の多くが農村に追放されたが、このことは、地方でのアバコ党の勢力を伸張させる結果となった。勢いに乗るアバコ党は税金の支払いボイコットを先導するなど、独立運動はさらに高揚した。

このため、一九六〇年一月二十四日、ベルギー政府はコンゴの独立運動諸派を招集して〝円卓会議〟を開催。同年六月三十日付でのコンゴ独立を約束した。

ベルギー政府としては、〝早期独立〟を訴えてきた独立派の主張を逆手に取り、独立までの十分な準備期間を与えないことで主要三派が自ら政策調整を行うことを困難にした上で、調停者としての立場から、独立後も旧宗主国としての影響力を維持しようとしたのである。

はたして、独立に先立ち五月十五～二十日に行われた総選挙では各派が激しい選挙戦を展開。一部の地域では流血事件も発生し、その遺恨は独立後の火種となった。

五月二十九日に発表された開票結果では、ルムンバのMNCが第一党となったものの、少数党の分立状態となったため、調整は難航し、アバコ党、コナカ党を含む十党連立政権（閣僚数二十三）が発足したのは、独立一週間前の六月二十三日のことであった。

一方、コナカ党のチョンベは、あえて総選挙には出馬せず、地元カタンガ州の地方選挙に出馬して当選し、カタンガ州の首相となった。銅（当時の世界の総生産量の七割を占めていた）やコバルト、ウランなどの天然資源に恵まれ、コンゴ全体の外国貿易の四〇～五〇％、歳入の四〇％を占めるカタンガ州を掌握することで軍閥としての基盤を確保し、いずれ、独立割拠することを目論んでいたためである。

図9　旧宗主国のベルギーが発行したコンゴ独立の記念切手の１枚。

一九六〇年六月三十日、アフリカ諸国が相次いで独立する中で、ベルギー領コンゴもコンゴ共和国（旧仏領の隣国も正式な国名が〝コンゴ共和国〟だったため、区別するため、コンゴ・レオポルドビル、コンゴ・キンシャサなど呼ばれることもある。以下、単に〝コンゴ〟と記す場合には、原則として、旧ベルギー領コンゴから独立した国を指す）として独立（図9、10）。新国家の首相はルムンバ、大統領はカサブブで、首相と大統領の関係は、旧

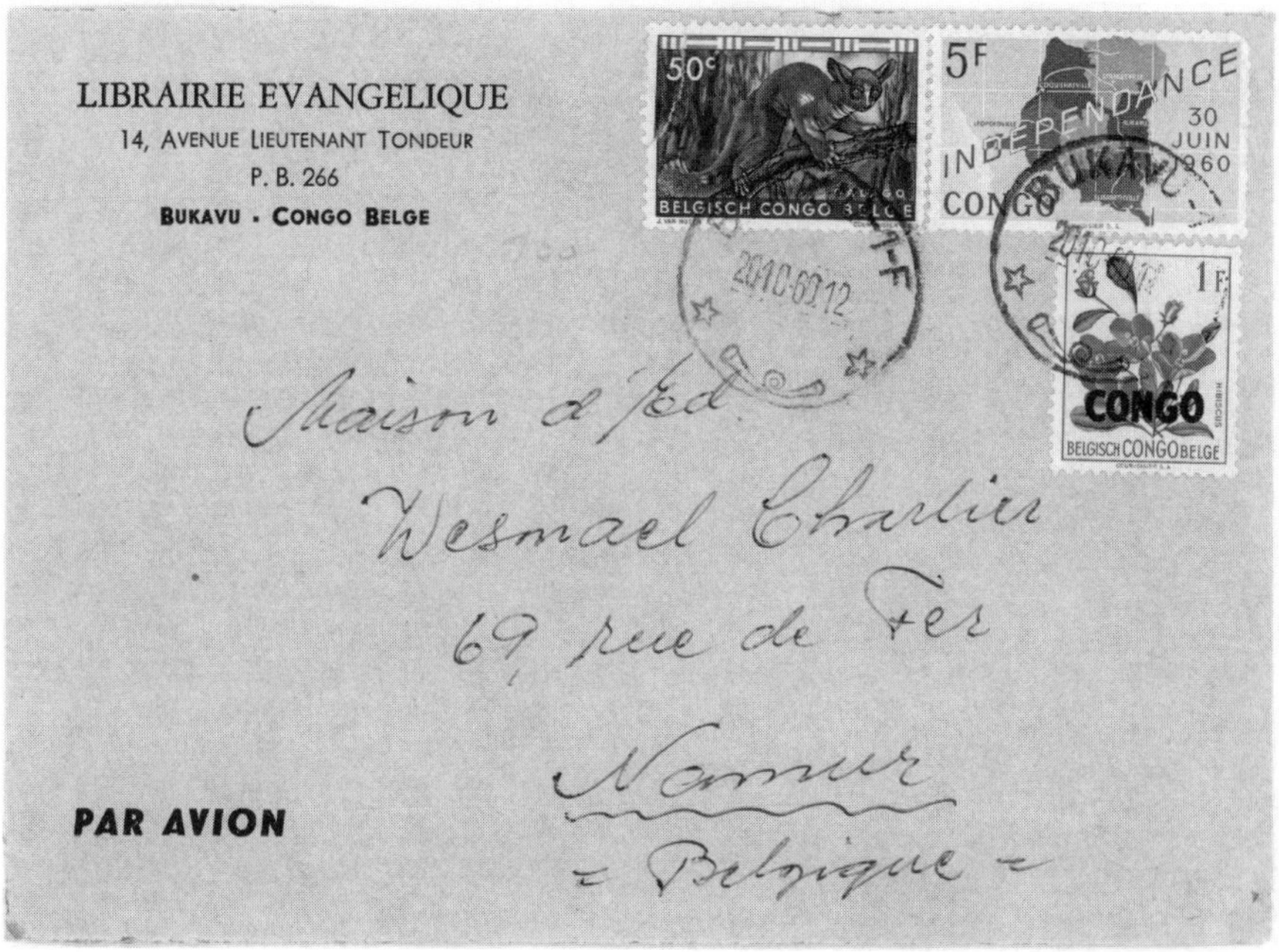

図10　独立直後のコンゴから差し出された郵便物。ベルギー領時代の切手とベルギー領時代の切手に加刷した暫定切手、コンゴ郵政として発行した独立の記念切手が混貼されている。

宗主国ベルギーの首相と国王の関係にパラレルである。

六月三十日に行われた独立記念式典では、ベルギー国王のボードゥアンが〝コンゴ植民地の父〟としてのレオポルド二世を讃え、ベルギーが開発した素晴らしいコンゴの国を黒人たちが立派に引き継いでくれることを願う、と祝辞を述べたが、カサブブに続いて演壇に立ったルムンバは、国王を指さしながらベルギーの植民地支配を糾弾し、「我々は、自由の下で仕事をすることを許された場合、黒人にできる成果というものを、全世界に示すだろう。そして我々は、コンゴを全アフリカの輝かしい実例にするだろう」と叫び、聴衆を熱狂させた（ただし、式典後、ルムンバはボードゥアンに非礼を詫びているが……）。

コンゴ動乱の勃発

さて、十分な準備期間のないままに独立したコンゴでは、多くの面で、ベルギー時代の制度を継承するところからスタートせざるを得なかったが、それは、軍事も例外ではなかった。

植民地時代のベルギー領コンゴの公安軍は、ベルギー人の士官約千百人が黒人の下士官・兵士約二万四千人を指揮するという形態となっていた。独立の決定後、急遽ベルギーの士官学校に黒人初の留学生が派遣されたが、彼らの卒業予定は一九六四年のことで、一九六〇年の時点では黒人の士官は存在しなかった。

このため、独立後のコンゴ公安軍も、最高司令官のジャンセン将軍以下、ベルギー人士官が指揮を執る体制が維持されており、首都のレオポルドビルには、コンゴ政府の許可なしには出動できないとはいえ、ベルギー軍二個大隊（首都軍）が駐留し続けていた。当然のことながら、コンゴの黒人兵は不満である。

こうした中で、独立間もない七月五日、ジャンセン将軍が命令を拒否した黒人下士官を降格処分とし、独立後も独立以前と事態は変わらないとの趣旨の文言を黒板に書いたことから、黒人兵士の暴動が発生。翌六日には暴動は基地外にも波及し、在留白人への危害が生じ、七日以降、白人たちの海外脱出が始まった。

事態を鎮静化するため、ルムンバは、ジャンセン将軍を解任した上で、八日、黒人としては最高位の軍人

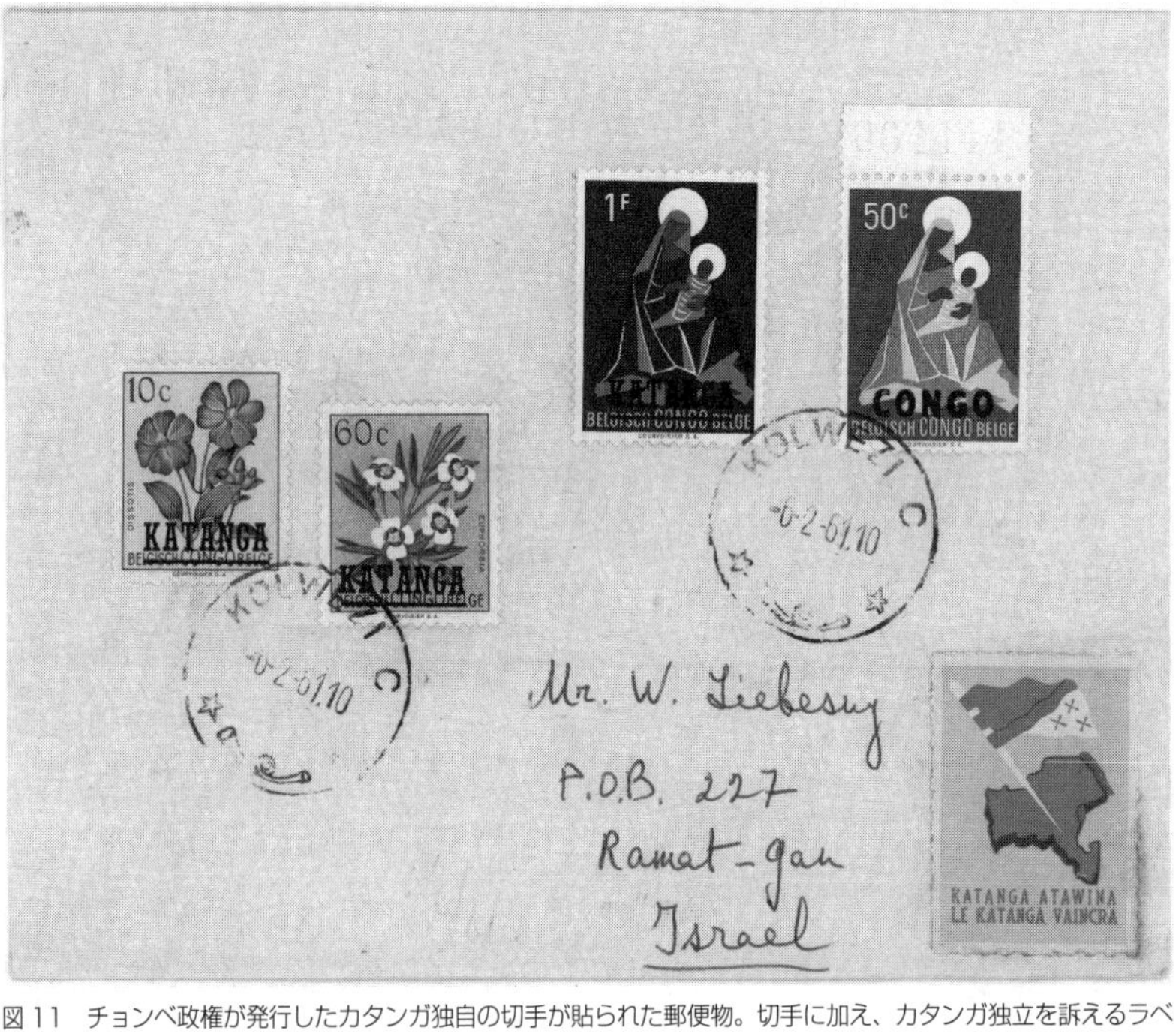

図11　チョンベ政権が発行したカタンガ独自の切手が貼られた郵便物。切手に加え、カタンガ独立を訴えるラベルも貼られている。

であったビクトル・ルンドラ准尉を一挙に少将に昇進させて公安軍最高司令官に、同じくジョセフ・モブツ曹長を大佐に昇進させて参謀総長に任命した。九日には、ベルギー人軍事顧問の下、地方の部隊でも黒人が指揮官に任命され、最終的にすべての黒人兵士が昇進し、コンゴ公安軍には兵卒が一人もいないという異常事態になった。

情勢が緊迫する中で、七月十日、ベルギー政府は白人保護を目的としてルムンバの許可のないままベルギー首都軍を動かし、いくつかの軍事拠点と空港を占領。さらに、ルムンバ政権からの自立を目論んでいたコナカ党のチョンベはベルギーに対して武力介入を要請し、十一日、「現在のコンゴ首相ルムンバは実は共産主義者であって、現在の軍の暴動はコンゴからヨーロッパ勢力を追い出すための彼の陰謀である。カタンガ州はかような中央政府による強権に対抗する」として、カタンガ州の分離独立を宣言した（図11）。

第一次コンゴ動乱の勃発である。

以後、チョンベ政権下のカタンガは、ベルギー軍の支援を受けて、カタンガの独立を阻止しようとするレオポルドビルの〝コンゴ中央政府（カサブブおよびルムンバ政権）〟と対峙。ベルギー本国もカタンガ独立支持へと傾き、西側諸国のなかにも、反共の観点からカタンガに好意的な姿勢を取る国もあった（ただし、カタンガの独立を正式に承認した国は一つもなかった）。

一方、中央政府の支配地域では、混乱を嫌った白人が雪崩を打って帰国したことで、行政機能が完全に麻痺。ルムンバはチョンベとベルギーが背後で繋がっているとして、ベルギー軍の撤退を求めるとともに、国際連合に支援を要請した。

当時の国連事務総長、ダグ・ハマーショルド（本人の母語であるスウェーデン語読みではダーグ・ハンマルフェルド）が、アフリカの新興独立諸国を支援することが国連の責務と考えていたこともあり、七月十四日、国連安保理はベルギー軍の撤退を要求し、国連事務総長に今後の秩序回復のための国連軍編成の権限を与える決議第一四三を採択した。

ハマーショルドは国連軍及び技術援助計画を〝コンゴ国連機構（ONUC）〟と命名。二十四日までに七ヵ国八千五百人の部隊がコンゴに空輸され（図12）、カタ

図 12　コンゴへの国連軍派遣を記念して発行された国連切手。

ンガ以外のコンゴ各地に駐留し、公安軍の暴動はひとまず終息に向かった。

ところで、ルムンバは当初、〝ベルギー帝国主義打倒〟を優先し、米国、ソ連、カナダに支援を依頼し、国連の活動が始まると「もはやソ連の援助は必要としない」とまで述べていた。ところが、支援を求めたルムンバに対して、米国が「そういう話は国連を通してくれ」と冷たく突き放したことに加え、コンゴ駐在米国大使が黒人兵による白人女性暴行の被害を本国に報告し、それを受けた米国政府が、ベルギーはあくまで単に居留民保護のために軍隊を動かしただけだったとの声明をしたことで、一挙に反米感情を募らせ、親ソ路線に舵を切ってしまう。これに対して、米国はルムンバを〝アカ〟もしくは〝自分の安定勢力を育成するためにアカ戦術を用いている〟と見なすようになり、ルムンバの〝除去〟に向けて具体的な計画を練り始めた。

ところで、ONUCは、カタンガ問題はコンゴの〝国内問題〟であるとの認識から、当初カタンガには派兵しなかった。

ベルギー首相のガストン・エイスケンスも「カタンガでは秩序が支配し、経済生活は回復され、人命の安全保障は確保されて」おり、そうした地域に国連が派兵するのは「コンゴの純然たる内政問題に干渉する大問題」であると主張したが、ルムンバとソ連および東側諸国はカタンガへの、ONUC派遣を強硬に主張。ONUCがカタンガに進駐しなければ、ソ連が直接介入してくることを恐れたハマーショルドは、アフリカの新興独立諸国が冷戦構造に巻き込まれるのを防ぐとして、八月二日、国連軍をカタンガに進駐させると発表した。

ところが、カタンガ側は国連軍の進駐宣言に激しく反発。現地では、白人・黒人を問わず徹底抗戦の声が溢れ、八月四日、カタンガの独自憲法の制定を経て、七日にはチョンベが大統領として正式に選出された。

このため、八月十二日、ハマーショルドはカタンガの〝首都〟エリザベートビルを訪問し、カタンガに残留するベルギー軍を国連軍と交代させるかわりに、国連機構としてはカタンガ問題に一切関知しないと約束。これを受けて、十五日、スウェーデン部隊やモロッコ部隊を主力とする国連軍（親ルムンバ的なガーナ部隊やギニア部隊は除外された）がカタンガ進駐を開始した。

　ルムンバとソ連、アフリカ諸国は国連軍のカタンガ進駐に対して、進駐部隊は黒人のみで構成し、コンゴ中央政府の人間を国連機でカタンガに移送するよう求めたが、ハマーショルドは「国連機構はカタンガと中央政府間の政争に介入しないし、いかなる場合にも、中央政府の代理人として行動することもない」として要求を退けた。すると、ルムンバは「カタンガ進駐部隊にスウェーデン（ハマーショルドの母国）が入っているのは、〝（ベルギー国王の母がスウェーデン王女という）スウェーデンとベルギー王室の特殊な関係〟によるものだ」と批難。また、ONUCには、コンゴの行政機構を再建するために派遣された顧問団もいたが、現地の黒人スタッフの大半は国連顧問の助言を理解して実行する能力を持たず、ルムンバ（派）と国連の関係はいっそう険悪になった。

　さらに、中央政府の政権与党であるコンゴ国民運動（MNC）内でも、ルムンバと対立していたカロンジ派が、カロンジの地元で鉱産資源に恵まれたカサイ州南部の分離独立を画策。カロンジは、工業用ダイヤモンド企業のフォルミ・ミニエー社とも共謀して、八月六日、〝南カサイ自治国〟の独立を宣言した（図13）。

　こうしたなかで、八月十五日、フランス領コンゴが

図13　南カサイ自治国の名義で発行された難民救済募金の切手。肖像は同国指導者のアルベール・カロンジ。

コンゴ共和国（以下、コンゴ・ブラザブビル）として完全独立を達成。明確な親仏路線を掲げるコンゴ・ブラザビルのユールー政権は、ルムンバ政権への敵対姿勢を鮮明にし、南カサイを支援してルムンバを〝コンゴをソ連に売り渡す売国奴〟とする宣伝工作を大々的に展開した。

追い詰められたルムンバは独裁傾向を強め、野党系の新聞『アフリカ時報』を閉鎖するなど言論統制に乗り出し、コンゴ中央政府が自らカタンガ（と南カサイ）を武力で制圧することを決断。コンゴ公安軍を〝コンゴ国軍〟に改称した上で、ソ連からイリューシン輸送機二十九機とトラック百台、技術顧問二百人の支援を受け、カタンガおよび南カサイ攻略の準備を開始する。

八月二十五日、ルムンバは、カタンガ・南カサイ攻撃を前に、レオポルドビルで「全アフリカ人会議」を主催して自らの軍事行動に対するアフリカ諸国の支援を訴えた。しかし、会場の外では反ルムンバ派がデモを行い、会議に招かれた各国代表もルムンバに自制を求め、武力行使の停止と国連へ協力を求めたため、ルムンバは孤立した。

こうした状況の下、翌二十六日、ソ連製の輸送機とトラックに分乗したコンゴ国軍が南カサイの首都バクワンガに侵攻し、現地を制圧。カロンジはカタンガに逃亡した。ところが、兵站を全く準備していなかったコンゴ国軍は〝現地調達〟と称して食糧を略奪したばかりか、抵抗した一般住民を虐殺。この蛮行は、ルムンバ政権に対する国際社会の信用を大いに失墜させ、米国メディアも「ルムンバとルムンバ政権は、モスクワからの遠距離操作の指令で動かされ、ソ連の援助で支えられている」と批難。コンゴ動乱は一挙に東西冷戦の最前線に放り出され、親ルムンバ派のガーナも事態を大いに憂慮した。

それにもかかわらず、ルムンバは南カサイ制圧の〝戦果〟に満足し、引き続き、カタンガ攻略の準備に着手する。

ことここに至り、九月五日、ついに大統領のカサブブは、ルムンバの暴走を止めるべく、彼を首相の地位から解任した。

ちなみに、当時の「コンゴ基本法」（憲法）の第二十および二十二条では、ベルギー憲法に倣い、首相を解任するには、議会が不信任動議を可決するか、大臣一名の副署のある条令を大統領（ベルギー憲法では国王）が発するか、二つの方法があったが、カサブブは、ルムンバ派の重鎮でありながら、ルムンバに愛想を尽かしつつあった外相のボンボコのサインを得て、ルムンバ解任に踏み切ったのである。

ルムンバの逮捕・処刑

ルムンバの解任を受けて、ハマーショルドは「コンゴ基本法第二十二条により元首（大統領）は首相を解任できるが、同十九条により元首の地位は〝不可侵〟である」、「現状況では国連は元首を唯一の明確な権威として扱わざるをえない」と声明。さらに、ＯＮＵＣは「内乱を回避して法と秩序を維持する」との名目でコンゴ国内の飛行場を閉鎖し、地方のルムンバ派がルムンバの救援に首都レオポルドビルに向かうのを阻止した。

カサブブは、カタンガの独立を阻止するという点ではルムンバと同意見であったが、一九六〇年七月以降のルムンバは明らかに冷静さを失っていると考え、冷却期間を置くために（一時的な）首相解任に踏み切ったというのが本音であった。

ところが、首相解任の報を聞いたルムンバは激昂し、ただちに、ラジオを通じて「私は議会の信任を得ているのだから大統領には私を解任する権利はない。そんな非合法な権利を主張するなら、むしろ私の方が大統領を解任する」と宣言。夜間外出禁止令等の強硬措置で対抗しようとした。

九月七日のコンゴ議会は、とりあえず、カサブブとルムンバの双方の解任宣言を無効にすると決議。翌八日の議会では、ルムンバが壇上で二時間に及ぶ大演説を行って、カサブブの宣言のみを無効とする決議を勝ち取った。

一方、カサブブはルムンバの後継としてジョセフ・イレオを首相に任命する。ルムンバは十二日にいったん逮捕されたが、ルムンバ派兵士の圧力ですぐに釈放され、翌十三日、〝議員評議会〟による監視をつけるという条件付きで議会から〝全権〟を付与された。

議会の大勢は、ルムンバに不満を持っていたものの、カサブブによるルムンバ解任も行きすぎであり、イレオにも信頼を置いていなかったから、ルムンバを首相に留任させた上でカサブブと和解させるのが望ましいという判断だった。これに対して、首都レオポルドビルとその周辺はカサブブ支持、東部州と北カサイはルムンバ支持、国際的には、ギニア、ガーナ、ソ連、アラブ連合（エジプト）が明確にルムンバ支持、米国とベルギーは反ルムンバ、それ以外は事態を静観していた。

混乱が続く中、九月十四日、カサブブが大統領権限を用いて一ヶ月の議会休会を命じると、同日、国軍参謀総長のジョゼフ・モブツ（図14）がクーデターを敢行し、「現在の難局から国家を救済するため、十二月三十一日まで国家元首（カサブブ）と二つの政府（ルムンバとイレオ）、そして議会を無効とする」と宣言した。

図14　モブツ

モブツは、一九三〇年十月十四日、ベルギー植民地時代のコンゴ北西部、リサラでンバンディ族のカトリック家庭に生まれた。カトリック系の学校で学んでいたが、フラマン語（オランダ語の一種）を母語とするベルギー人教師のフランス語の誤りを指摘したことから、一九四九年に退学処分となり、公安軍に入隊。軍人としての基礎的な訓練を積んだ。

七年の軍隊経験を経て、レオポルドビルで会計兼タイピストの主任や公安軍機関紙の編集者として生活するうち、一九五六年、世俗リベラル主義の日刊紙『ラブニール』の編集者として採用され、ルムンバと知り合った。一九五八年、ルムンバがコンゴ国民運動を創設すると、すぐに参加し、ブリュッセルでの独立交渉に参加した。なお、ベルギー側との交渉に際しては、ベルギー警察にMNCの情報を流していたことが確認されている。ルムンバもそのことに気づいていたが、有能なモブツが反対派に回ることを危惧し、大目に見ていたという。

一九六〇年九月、コンゴ共和国が独立すると、ルムンバの推挙でカサブブ大統領付きの武官に任命され、公安軍の暴動の時に参謀長に抜擢された。

生え抜きの将校がほとんどいなかったコンゴ軍においては、有能な少壮軍人としてのモブツは重宝され、ルムンバ、カサブブの双方から自陣営に加わるよう求められ、両者の板挟みで苦悩したとされる。

クーデター後のモブツは、まず、レオポルドビルのソ連大使館を閉鎖し、軍事政権は西側陣営に属する姿勢を鮮明にする。また、自らは政権の座に就かず、黒人の大学卒業者・在学者（その数は、当時はごくわずかだった）を集めて、〝委員会内閣〟を組織し、行政の実務をゆだねる姿勢を取った。

クーデターの発生時、ルムンバは首相官邸に陣取り、モブツと委員会内閣を激しく糾弾したが、その結果として、官邸に軟禁され、国連軍ガーナ部隊の警護によって身体の安全を守るしかなかった。一方、カサブブは、（話し合いによる）カタンガの独立阻止を最優先させる立場から、委員会内閣を承認してモブツと結んだ。

こうした中で、東部州ではルムンバ派の有力な国軍部隊が展開しており、彼らは、中央政府との連絡が途絶した状態のまま、ソ連から提供された戦闘機等を用いてカタンガ北部に進攻。これに対して、ルムンバ派がカタンガを制圧すれば、彼らを通じてソ連の影響力が強まることが懸念されたため、国連は国軍に対して「食事も給料も提供する」と説得し、カタンガ進攻を止めさせた。さらに、国連は南カサイからも国軍を撤退させ、南カサイ自治国はカタンガの援助で再建されることになった。

これに対して、ルムンバ政権を存続させることで今後への影響力を確保したかったソ連は、国連の場で、〝世界監視の中で国連の信用に泥を塗った元凶〟などとハマーショルドを糾弾したが、親ルムンバ派のギニアやガーナなどを含め、大半の国はハマーショルドの権威が失墜して国連軍が撤収するようなことになればコンゴ問題はさらに大規模な内乱へと発展すると考えたため、ソ連は孤立した。

ところで、委員会内閣は行政機構再建のため、自分たちの恩師にあたるベルギー人教授を通じてベルギー人顧問を招いた。カタンガ問題に関しては、ベルギーと中央政府の溝は埋まらなかったが、それでも、ベルギーは国立銀行に五億ベルギー・フランを融資するなどして、徐々にコンゴに対する影響力を回復しようとした。しかし、地方に土着の支持基盤を持たない委員会内閣は地方に対する統制が効かず、北カサイと東部州ではルムンバ派の勢力が強く、カタンガと南カサイは独立を取り下げようとしなかったばかりか、他の諸州でも地方軍閥が割拠し、コンゴは四分五裂の状態となっていた。

こうした事態を打開すべく、ハマーショルドはルムンバの復権を画策する。ソ連大使館が閉鎖された以上、ソ連がルムンバを通じてコンゴに影響力を拡大する可能性も低くなったことに加え、やはり、ルムンバのカリスマ性と政治的な豪腕は混乱を収拾する上で有用なものと思われたからだ。そこで、ハマーショルドと国連は、モブツのクーデターで停止されていたコンゴ議会を再開し、ルムンバとカサブブら各派との関係修復の場としようとした。

しかし、このプランには、今やコンゴ軍最大の実力者となったモブツが猛反発しただけでなく、米国とベルギーも国連を強く非難した。

さらに、ルムンバ復権の是非をめぐっては、旧仏領アフリカ諸国のうちの親仏穏健派諸国で十一ヵ国で構成される〝ブラザビル・グループ〟が強く反対し、ルムンバ支持のギニア、ガーナ、エジプト、インド（図15）、マリ、モロッコ、セイロン、インドネシアの〝アジア・アフリカ・グループ〟と激しく対立した。

ちなみに、アジア・アフリカ・グループは、コンゴに展開する国連部隊一万七千のうち八千の兵力を提供していたが、残りの人員は、チュニジア、スーダン、エチオピア（図16）、リベリア、リビア、ナイジェリア、ソマリア、トーゴの八ヵ国が中心となっていた。チュニジア以下の八ヵ国は、カタンガの独立には反対する一方、ルムンバ問題に深入りすることも望んでおらず、いわば是々非々の立場である。

こうして、各派・各国の思惑が複雑に絡み合う中で、国連の場では、〝コンゴ〟の代表権をめぐり、カサブブ派とルムンバ派がそれぞれ代表を送り、互いに一歩

図 15　コンゴ派遣のインド軍部隊用の切手

図16　コンゴ派遣のエチオピア兵。

も退かない姿勢を示していたが、十一月二十二日の総会で、カサブブ派をコンゴ正統政府とする動議を提出。これにブラザビル・グループが同調し、五十三対二十四（棄権十九）で、カサブブ派がコンゴの代表権を獲得した。

十一月二十七日、首都のレオポルドビルでは、カサブブ派が勝利の祝賀会を行っていたが、ルムンバは、支持者の多い東部州のスタンレービルに逃れて新政府を樹立すべく、秘かに首都を脱出した。しかし、自己顕示欲の強かったルムンバは、スタンレービルに向かう途中の村々で車を止めて演説を行っていたため、十二月一日、レオポルドビルから一三〇キロほどの地点で国軍部隊に逮捕されてしまう。

ルムンバは飛行機でレオポルドビルに連れ戻され（その途中の機内では、モブツの意を汲んだ兵士たちから激しい暴行を受けた）、シスビル陸軍兵舎の監獄にぶち込まれた。この間、逮捕現場の近くにいた国連軍ガーナ部隊がルムンバを救出しようとしたが、国連の上部からは「絶対に介入するな」と厳命されたという。

一方、ルムンバ派の拠点となっていたスタンレービルには、ルムンバ逮捕の報を受けて、ルムンバ派の勢力が結集。現地在住のベルギー人を逮捕・暴行し、ルムンバを釈放しなければベルギー人を殺すこともあり得ると恫喝するとともに、十二月十二日、旧ルムンバ政府の副首相だったアントワンヌ・ギゼンガを首班とする新政府の樹立を宣言した。

ギゼンガは、一九二五年、レオポルドビル州クウィル地区生まれのペンデ人。カトリックの神学校で学んだが、聖職者にはならず、教員になった。

ギゼンガはコンゴ独立を前に、レオポルドビルを地盤にアバコ党と連携した左派系政党〝アフリカ連帯党（ＰＳＡ）を創設し、初代党首に就任。一九六〇年五月の選挙では代議員議員に当選し、ルムンバ政府が発足すると副首相に抜擢された。

一九六〇年九月のモブツによるクーデターの際には、ルムンバに従いスタンレービルに脱出し、モブツの委員会内閣に対抗するルムンバ派の体制の構築に務め、いわば、ルムンバの右腕として辣腕をふるっていた。

以後、モブツが掌握しているレオポルドビル政府と、ギゼンガ率いるルムンバ派のスタンレービル政府が、どちらも〝コンゴ中央政府〟を自称して併存する。スタンレービル政府は、ソ連を中心とする東側諸国とアジア・アフリカ・グループの支援を受け、十二月二十五日のクリスマスの日に、東部州に隣接するキブ州に進撃し、ここを制圧した。

一方、レオポルドビル政府は軍事的には弱体だったが、カタンガ問題での最強硬派であったルムンバが失脚したことにより、レオポルドビル政府とチョンベの間に和解の機運が生じてくる。ところが、カタンガ域内でも、北部を拠点とするバ・ルバ族の一部が八月頃から叛乱を起こしてチョンベ派の族長を殺害。ルムンバ派との連携を模索して、九月頃、ジェイソン・センドウェを指導者とする〝北部カタンガ共和国〟の樹立を宣言。これを受けて、十月、国連はチョンベと協議し、カタンガ北部に二ヵ所の中立地帯を設定し、その内側では国連軍が法と秩序の維持に責任を持つという条件で、カタンガ憲兵隊は干渉しないことが決められた。

カタンガ北部は錫以外にはほとんど資源がないため、チョンベのカタンガ政府も、経済的には南部のみを掌握していれば十分ではあったのだが、対立するスタンレービル政府軍やレオポルド政府軍がセンドウェと連携して南カタンガに進攻する可能性があった。そこで、「我々は共産主義（彼らの理解ではルムンバ派や国連を指す）の魔の手からアフリカの白人を護るための十字軍である」との大義名分の下、南アフリカ連邦（以下、南ア）や中央アフリカ連邦（現在のジンバブエ・ザンビア・マラウイで構成）で身体頑健で軍隊経験のある白人をリクルートした。いわゆる〝白人軍団（インターナショナル・カンパニー）〟である。基本給は、士官が月二百五十ポンド、下士官が百八十ポンド、兵卒が七十〜百二十ポンドだった。

さらに、カタンガ政府はさらに米英にも協力を依頼。米国はモブツを中心とした親米政権の樹立を期待していたため、チョンベとカタンガに対しては冷淡だったが、英国では、中央アフリカ連邦および南アの白人権益を守るための〝楯〟として、カタンガを支援した。

一九六〇年末、レオポルドビル軍（カサブブおよびモブツ派）がスタンレービル軍（ルムンバ派）の支配するキブ州に進攻して敗退すると、一九六一年一月七日、スタンレービル軍はカタンガ方面に進出し、北部カタンガ共和国と同盟。北部カタンガ共和国は〝ルアラバ州政府〟に改称された。

スタンレービル軍は各地で勝利を重ね、レオポルドビル政府に逮捕・投獄されているルムンバの奪還も現実の可能性として論じられるようになった。時あたかも、一九六一年一月二十日には米国で民主党のケネディ政権が発足することになっており、反ルムンバを基調とする米国のコンゴ政策が転換されてしまう可能性もあった。

そこで、カサブブとボンボコ（元ルムンバ派）は、ルムンバの身柄をカタンガに引き渡すことにした。当初、チョンベは（少なくとも表向きは）ルムンバを引き取ることを拒否したため、レオポルドビル政府が南カサイの自治権を認めるという条件で、ルムンバの身柄はカロンジの南カサイ政府に移送されることになった。ところが、直前になってカロンジはルムンバを乗せた飛行機が着陸する予定の飛行場を閉鎖してしまったため、やむなく、飛行機はカタンガのエリザベートビル飛行場に着陸。

突如、ルムンバを押しつけられた格好になったカタンガでは（ルムンバの国際的な声望から、チョンベは処刑には及び腰であったが）、内相のムノンゴが強硬に処刑を主張。この結果、一月十七日、カタンガ政府のベルギー人顧問により、ルムンバの処刑が執行された。

ルムンバの遺体は、いったん、飛行場に埋められたが、スタンレービル軍の進攻により発見される可能性があったため、掘り起こされて硫酸で溶かした上で、あらためて埋められたという。この件に関しては、事件から約四十年後の二〇〇二年、ベルギー政府が「ベルギー政府の役人と軍がルムンバの死と死に至った経緯に関与した」ことを公式に認め、ルムンバの遺族とコンゴ国民に謝罪したことで一応は決着した。

統一の回復

一九六一年二月九日、レオポルドビルでは、前年のキブ州での敗戦の責任を取るかたちでモブツの影響下にあった委員会内閣が解散し（ただし、モブツ本人は内閣解散の代償として少将に昇進した）、あらためて、モブツのクーデターで政権を追われていたジョセフ・イレオを首班とする新内閣が発足した。

　レオポルドビルでの新内閣成立直後の二月十二日、カタンガ政府は「ルムンバはカタンガ当局の手から脱走したところ、とある村の住民に殺害された」として

図 17　カタンガ政府が発表した“ルムンバが脱走した壁の穴”の写真。

図 18　ガーナの発行したルムンバ追悼の切手は、彼が実際に亡くなった 1 月 17 日ではなく、カタンガ政府により、ルムンバの死が発表された 2 月 12 日から起算して 1 周年の日に発行された。

（図17）、ルムンバの死を発表し、世界に衝撃を与えた。当然のことながら、多くの人々はカタンガ政府がルムンバを〝処刑〟したと考えていたが、カタンガ政府内相ムノンゴは「ルムンバが死んで残念であるかのようにみせかけるつもりは、私にはさらさらない」、「民衆は、暗殺したのだといって、我々を非難するだろう。それに対して私は、ただ、一言、その証拠を示せ！　と答えるだけだ」と開き直っていた。

　ルムンバ派の拠点であったスタンレービルでは兵士が激昂し、ルムンバの殺害にはレオポルドビル政府が関与しているとの思い込みから（事実は、前述のように、カタンガ政府のベルギー人顧問が殺害の実行犯である）、キブ州制圧戦で捕虜となっていたレオポルドビル軍の士官が処刑された。

　国際世論は、一挙にスタンレービル政府に同情的になり、各国でルムンバ追悼のデモが行われたほか（図18）、ソ連はルムンバの死の責任を問うとして（図19）、ハマーショルドの解任とベルギーへの制裁、モブツおよびチョンベの逮捕を要求した。また、ギニアとエジプトは、事件を機に、スタンレービル政府を正式に国

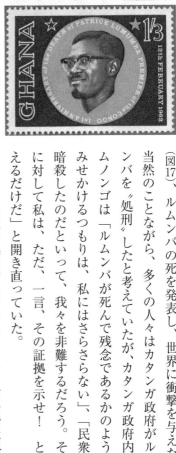

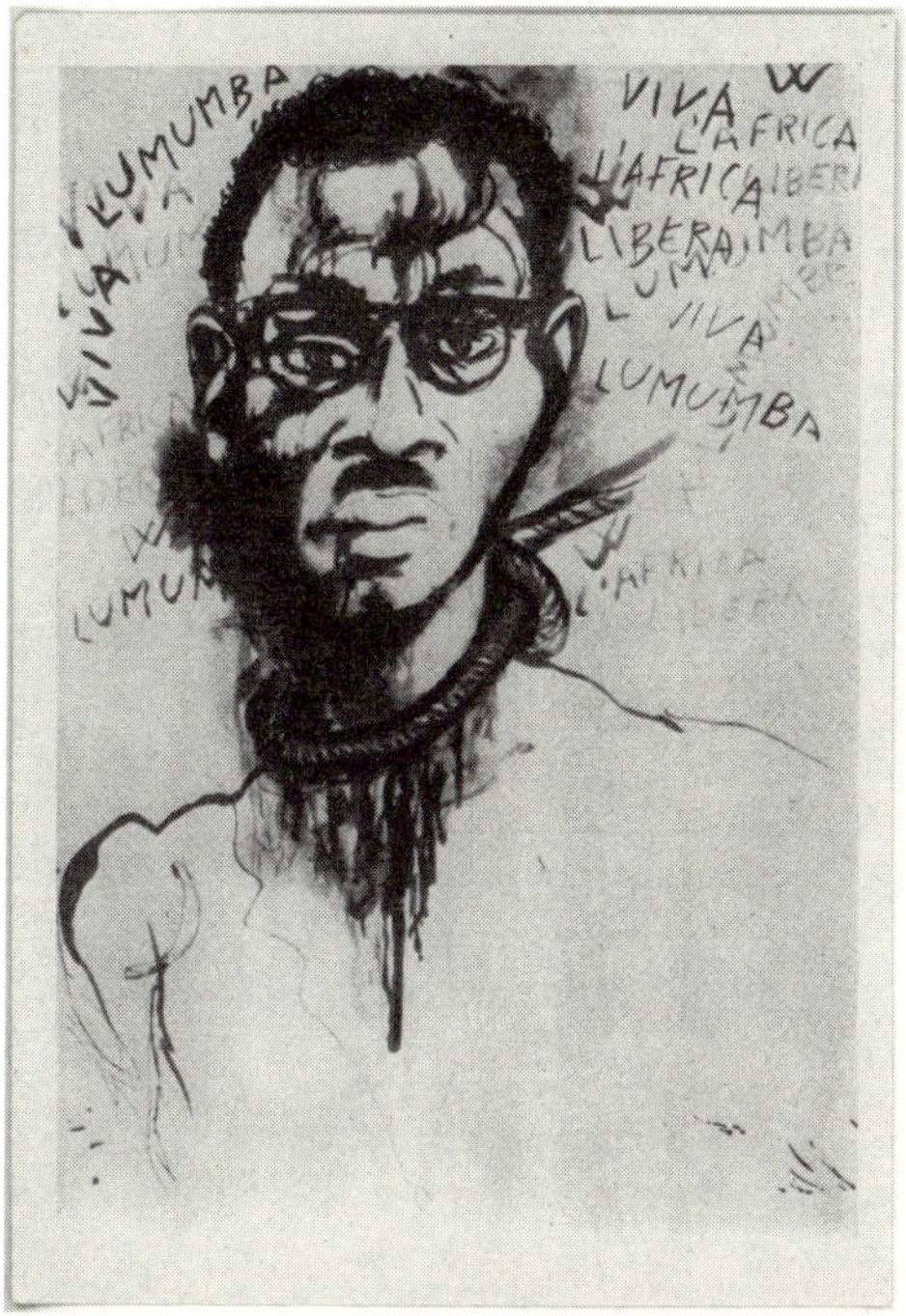

図19　ルムンバの処刑に抗議するソ連のプロパガンダ絵葉書。

家承認した。

二月十七日の国連安保理では、エジプト、リベリア、セイロンの共同提案として、ルムンバの死を悼んだ上で、

①国連が、休戦の取り決め、一切の軍事作戦の停止、衝突の阻止、必要な場合に限ってあくまで最後の手段としての武力の行使を含む、コンゴの内乱の発生を阻止するための一切の適切な措置を即時とること

②あらゆるベルギー人および他の外国の軍人および軍属、国連司令部の管轄に属しない政治顧問、および傭兵をコンゴから、即時撤退させ、引揚げさせる措置を講ずること

③すべての国に、上記の要員がコンゴに向かって、その領土から出発するのを防止し、彼らに輸送およびその他の便宜をはかることを拒否する措置を、即時且つ効果的に講ずること

などを要求する決議案を提案。二十一日、同決議案は「コンゴ問題にかんする決議S四七四一」として採択された。

決議S四七四一のうち、「国連が……武力の行使を含む……一切の適切な措置を即時とる」との文言（前記の①）は、コンゴ各派の戦闘を止めさせるためには〝国連の武力〟を使うこともあり得るという意味であり、特定の勢力を壊滅させたり、諸勢力の統合・統一を促進するために国連が武力を行使できるという意味ではないというのが一般的な解釈で、〝傭兵の即時撤退〟についても、関係各国の合意がなければ、国連の武力を使うことができるわけではないなど、国連の武

力行使には強い制約が課せられていた。

しかし、レオポルドビル政府およびカタンガ政府は、決議S四七四一を機に、国連が無制限に武力介入してくると〝誤解〟。レオポルドビル政府首班のイレオは今回の国連決議を「コンゴの主権を侵害するもの」、カサブブは「国連はコンゴを裏切った」と声明し、カタンガのチョンベも「決議はコンゴ全体に対する国連の宣戦布告である」と猛反発し、南カサイのカロンジもこれに同調した。

かくして、二月二十八日、カタンガの首都エリザベートビルに集まったイレオ、チョンベ、カロンジの三首脳は国連およびスタンレービル政府に対抗するための軍事協定を締結。三月三日には、レオポルドビル政府軍と国連軍スーダン部隊の間で武力衝突も発生した。

軍事協定の締結を受けて、三月八日から十二日まで、チョンベの主導により、レオポルドビル政府のカサブブとイレオ、同政府内の各州の代表、南カサイのカロンジがマダガスカルの首都タナナリブで会談し、あらためて、カサブブを大統領とする〝ゆるやかな連邦国家〟の設立を目指すとする「タナナリブ協定」が結ばれた。同協定では、コンゴ中央政府は権限を持たず、外交に関しては合同会議で協議するものの、内政に関してはカタンガをはじめとする〝州国家〟が実質的な独立国として扱われることになっていた。従来、カサブブが強く反対していたカサブブの〝独立〟を事実上認めるものであったが、国連とスタンレービル政府に対抗するには、ベルギーの支援の下、軍事的・経済的に強大なカタンガとの同盟もやむなしというのが、カサブブの判断だった。

タナナリブ協定に対して、三月十日、ハマーショルドはコンゴ国連機構の現地代表代理としてスーダンのメッキー・アッバースを派遣。三月三日の国連軍スーダン部隊との衝突について、スーダンの関係者と和解の糸口を探っていたレオポルドビル政府は、アッバースとの会談を通じて、決議S四七四一が必ずしもコンゴに対する無制限の武力行使を意味するものではないことを理解した。

さらに、三月二十三日、チョンベがコンゴ・ブラザビルを訪問し、カタンガがコンゴ・ブラザビル領内のダム建設を支援することを骨子とする経済援助協定を調印した。しかし、これは「外交に関しては合同会議で処理する」とのタナナリブ協定を無視するものであり、そもそも、外国を援助する資金があるならコンゴ国内の社会・経済再建のために提供すべきではないかとレオポルドビル政府は反発した。

　このため、レオポルドビル政府は再びカタンガとは距離を置き、スタンレービル政府との関係改善を模索するようになり、四月十七日、カサブブはその一環として、安保理決議S四七四一を受け入れると表明した。

　こうした経緯を経て、四月二十四日、赤道州コキラビル（現ムバンタカ）でコンゴ諸勢力による会議が開催され（図20）、タナナリブ協定の原則について具体的な協議が行われた。会議には、カサブブ、イレオ、アドゥラなどレオポルドビル政府首脳、チョンベ、カロンジに加え、タナナリブ会議には参加しなかったスタンレービル政府代表団、さらに、カタンガ憲兵隊と交戦中のルアラバ州政府の代表団も参加した。席上、チョンベはルアラバの参加を認めるべきではないと抗議したが、カタンガ代表団以外の全員がルアラバを支持したため、チョンベは席を立ってカタンガに帰ろうとしたが、空港へ向かう途中で拘束された。

図20　コンゴの正統政権としてコキラビル会議を主催したことをアピールしたレオポルドビル政府の加刷切手。

　こうして、議場ではチョンベ欠席のまま議事が進行し、安保理決議S四七四一の受け入れを宣言した上で、

①国連の強い指導のもとで諸問題の解決をはかるべきこと

②六月二十五日にレオポルドビル近郊のロバニウム大学で議会を（九ヵ月ぶりに）再開し、新しい中央政府を選出すること

が決められた。そして、安保理決議S四七四一の「外国人の即時撤退」の適用第一号として、チョンベが連れてきていた外人顧問を逮捕・追放し、チョンベを正式に拘束した。

　当初、チョンベは六月の議会（当時のコンゴでは〝コンクラーベ〟と俗称された）への参加を拒否していたが、会期直前の六月二十二日、モブツの説得を受けてコン

クラーベへの参加を表明し、拘束を解かれた。ところが、二十五日にカタンガに戻ったチョンベは「コンクラーベ参加の約束は脅迫されてしたものだから無効」としてその破棄を宣言した。

こうした経緯を経て、七月二十四日、国連軍一個大隊が警備する厳戒態勢の中で、当初より一ヵ月遅れでコンクラーベが開催された。議場ではスタンレービル派が僅差で優勢だったため、米国はチョンベの参加を強く求めたが、拘束の可能性を恐れた彼は姿を見せず、旧ルムンバ派の出身でレオポルドビル政府の内相のシリル・アドゥラを首相とし、スタンレービル派、レオポルドビル派、カロンジ派、ルアラバ州政府代表を含む挙国一致内閣が組織された。スタンレービル政府首班のギゼンガは第一副首相である。

アドゥラは、一九二一年、レオポルドビル生まれ。中央銀行等に勤務した後、一九五四年、社会主義同友会に参加。翌一九五五年にはベルギー社会主義労働組合運動のベルギー労働総道営コンゴ支部に参加し、最終的に事務局長となった。一九五八年十月、コンゴ国民運動（ＭＮＣ）が結成されると、副党首に就任したが、一九五九年七月、党が分裂すると、ルムンバと袂を分かった。

コンゴ独立後は赤道州選出の上院議員になったが、一九六〇年九月、モブツのクーデターで成立した委員会内閣への参加は拒否し、一九六一年、イレオ政府の内相に就任。内相として不法拘留者の釈放や政治犯虐殺の阻止に務めたことで各派の信頼を集め、同年六〜七月、スタンレービル政権との折衝で指導力を発揮。その功績が認められるかたちで、挙国一致内閣の首相に任じられた。

さて、一九六一年九月、戦闘目的ではなかったはずの国連部隊とカタンガの兵力が交戦状態に陥ると、国連事務総長のハマーショルドは停戦交渉のため、現地

図21　殉職したハマーショルドのノーベル平和賞受賞を讃えるコンゴの切手シート。ノーベル賞は死者に対する追贈は行われないが、ハマーショルドの場合は、すでに生前に授賞が決定されており、死後にそのことが発表されたかたちとなった。

に向かおうとしたが、その途中、九月十八日にローデシア・ニヤサランド連邦のンドラ（現ザンビア領内）付近で乗機が墜落し、ハマーショールドを含む乗客乗員十六名全員が死亡する（図21）。しかし、後任のウ・タントは、ハマーショルドの穏健路線とは対照的に、アドゥラの挙国一致政府を支援するかたちで、国連軍が外国人傭兵の逮捕・追放のための大規模な作戦を開始。カタンガ政権に対する経済制裁も発動した。

こうして、資金源を断たれたカタンガ政権は急速に弱体化し、一九六三年一月に降伏。チョンベもスペインに亡命。ともかくもコンゴの統一は（外面上）回復した。

第二次コンゴ動乱の勃発

こうして安定を回復したかに見えたコンゴだったが、一九六四年四月、国連軍が撤退するとピエール・ムレレ率いる共産ゲリラの〝シンバ（スワヒリ語でライオンの意）〟が中国の支援を得て（図22）叛乱を起こした。いわゆる第二次コンゴ動乱の勃発である。

図22　1964年4月、中国はコンゴを含むアフリカの反米民族主義を支援するため、“アフリカ自由の日（本来は5月25日）”の切手を発行した。なお、切手に描かれたアフリカの兵士は民族服姿だが、実際には中国人民解放軍に似た黄茶色の軍服を着ていた。

ムレレは、一九二九年八月十一日、コンゴ南西部のクウィル州生まれのンブンダ人。クウィル中学校卒業後の一九五一年、公安軍に入隊して暴動鎮圧の技術と理論を学び、能力が認められてレオポルドビルに送られ、植民地支配下の黒人としては異例の伍長に昇進して除隊した。コンゴ独立後、ルムンバ政権が発足すると、教育大臣として入閣。ルムンバをはるかにしのぐ急進的かつ戦闘的な人物で、ルムンバ亡き後、スタンレービル政府の外交官としてカイロに赴任したものの解任され、モスクワを経てベイルートに入り、中国と接触。一九六二年三月から中国に滞在して、ゲリラ戦術や政治教育の方法、銃器や爆発物などの知識と技術を身につけ、一九六三年七月、秘密裏にレオポルドビルに戻り、毛沢東主義に倣って農村を拠点とする革命運動を展開する。

ベルギーの植民地支配下のコンゴではキリスト教の布教が奨励されたが、その反動として、独立後は伝統的な呪術信仰のダワが復権する。

ダワの儀式は、草の絞り汁と〝魔力を持つ（とされる）物質〟を混ぜた液体（時として、〝ムレレの水〟とも呼ばれた）を兵士にかけ、あるいは、兵士に飲ませた上で、呪術師が兵士の頭部や腹部に十字の弾除けの印を、炭で額に描くことで、敵のあらゆる武器から守られるというもの。ムレレとシンバは、こうした土俗信仰を最大限に利用して少年兵を洗脳。呪術の力で無敵と思い込み、恐怖心をなくしたシンバの兵士は、「マイムレレ、マイムレレ」と叫びながら鉈や槍、弓や棍棒を手に国軍に向かっていった。ちなみに、ダワでは、女性に触れたり恐怖心が芽生えたりすると呪術の効力が失われるとされており、戦死・戦傷者は呪術者の責任ではなく、当人の〝弱さ〟が原因とされた。

国軍兵士の中にもダワの〝効能〟を信じる者は少なくなかったから、呪術的なパワーをもって向かってくるシンバ兵に対して、彼らはパニックに陥り、戦わずして逃亡するだけでなく、叛乱側に寝返る者も続出。シンバは兵力を拡大しながら、破竹の勢いで進撃を重ね、一九六四年六月ごろには国土の三分の二を支配下に置いた。

シンバの支配地域では、非シンバの一般住民に対する暴行・略奪が常態化し、中央政府の官僚や教師、黒人宣教師、尼僧たちに対して、舌を切り、耳、手、足を切断した上で、最後に竹を肛門に刺して殺害するという残忍な手口の虐殺が横行。数千人のコンゴ人が犠牲になった。

このため、レオポルドビルのカサブブは、スペインに亡命していたチョンベを呼び戻して首相に据えるという荒業に打って出る。呼び戻されたチョンベは、国連軍の攻撃を受けてアンゴラに逃げていたカタンガ憲兵隊と白人傭兵を呼び戻し、コンゴの赤化を恐れる米国やベルギーからの支援も取り付け、七月以降、反撃の準備に取り掛かった。また、トマス・マイク・ホアーに対して傭兵千人を集めるようにとの依頼が出されたのもこの頃である。

ホアーは、一九一九年、インドでアイルランド系の両親の下に生まれた。八歳でロンドンの寄宿学校へ入学し、高校卒業後、英国国防義勇軍に入隊した。その後、下士官養成学校と将校養成学校を首席で卒業し、偵察連隊へ配属。第二次世界大戦ではビルマで戦い、コヒマの攻防戦にも参加した。

退役後、一九四九年に南ア・ナタール州に移住し会計士として働いていたが、一九六一年二月、白人傭兵部隊〝インターナショナル・カンパニー〟を設立し、第一次コンゴ動乱に参戦した。

インターナショナル・カンパニーは、一九五四年のインドシナ戦争休戦により除隊した将兵や、アルジェリア独立戦争（一九六二年休戦）でド・ゴールの命に反してコロン（アルジェリア在住のフランス人）に味方して解雇されたフランス軍将兵の再就職口となっていたが、一九六三年に第一次コンゴ動乱が休戦となると、一時、事実上の活動休止状態になっていた。

第二次コンゴ動乱の勃発は、それだけで、十分ホアーの活動再開の契機となったが、さらに、一九六四年八月二日、ベトナムでトンキン湾事件が発生し、米国がベトナム戦争への本格的な介入に踏み切ると、ベトナム問題に集中するためにも、中ソの支援を受けたシンバを一刻も早く壊滅させることが米国にとって重要な課題となった。

こうした背景の下、一九六四年八月以降、南アでは傭兵の募集が開始され、ホアーの下、〝ワイルド・ギース〟として知られる第五コマンド部隊（約三百名）が組織されることになった。

一方、この間にもシンバの勢いは衰えず、七月にはキブ州の要衝キンドウが陥落。翌八月にはコンゴ第二の都市、東部州のスタンレービルが占領され、ベルギー人と米国人を中心とする千五百人以上の白人を人質とした叛乱軍は、西側諸国が中央政府への支援を撤回しなければ、人質を順次殺害していくと脅迫。九月にはスタンレービルで〝コンゴ人民共和国〟の建国を宣言し（図23）、アドゥラ政権の内相だったクリストフ・グベニエが大統領に就任した。

グベニエは、一九二七年、東部州バウェレ地区出身のブア人。ベルギー植民地時代はスタンレービル政庁に勤務し、ルムンバの側近としてＭＮＣ（コンゴ国民運動）の組織化に尽力した。

　コンゴ独立直前の一九六〇年五月の選挙で下院議員に当選。ルムンバ内閣の内相となったが、同年九月、モブツによるクーデターでルムンバとともに追放され、スタンレービルに脱出。ギゼンガ政権の内相となり、アドウラの挙国一致内閣でも内相となった。しかし、ルムンバの宿敵でルムンバ拘束の責任者でもあったビクトル・ネンダカ保安警察長官を解任し、諜報部を掌握しようとしたため、ネンダカの後ろ盾となっていたモブツと対立。モブツの派遣した国軍部隊が内務省を包囲し、諜報部を内務省から分離させたため、アドゥラ内閣とは距離を置くようになり、一九六三年には、隣国コンゴ・ブラザビルに逃れて、コンゴ解放委員会（ＣＮＬ）を設立していた。

図23　“コンゴ人民共和国”の支配下で発行された暫定的な加刷切手。

　さて、シンバに拘束された人質の救出が急務となる中で、ワイルド・ギースはシンバとの小規模な戦闘の後、十一月、スタンレービルを目指して本格的な進軍を開始。白人傭兵の近代的・組織的な攻撃を前に、明らかに装備に劣るシンバは太刀打ちできずに壊滅。大統領のグベニエも国外に逃亡した。

　シンバに対する掃討作戦について、後に、ホアーは次のように語っている。

> 共産主義者たちを殺すことは、虫けらを殺すようなものだ。アフリカのナショナリストを殺すことは、動物を殺すようなものだ。そんな奴らはどちらも好きになれない。自分と部下たちでコンゴにいた二十ヵ月の間に、コンゴ人の反乱者を五千人から一万人ほど殺した。それでも十分とは言えなかった。それは、知っての通りコンゴの人口は千四百万人にも及んでおり、恐らくその半分が当時反乱の徒となっていたからである。

ワイルド・ギースの攻勢が続く中、十一月二十四日、ベルギーは、米軍の支援を受けて、スタンレービルに空挺部隊（レッドベレー）三百二十人を投入。人質救出のための〝ドラゴン・ルージュ〟作戦を発動した。

十一月二十四日早朝、スタンレービル空港近くのゴルフ場に降下した空挺部隊は、空港を占拠した後、人質のいる市内中心部のホテルへ急行。シンバ側は、「殺せ！　殺せ！　白人を殺せ！」と絶叫するラジオ放送を流しながら、無差別に発砲し、白人三十人余、黒人市民千人以上が虐殺されたが、数十分以内に、千五百人以上の人質が解放され、輸送機で首都レオポルドビルへ運ばれた。この間、空挺部隊の死者はわずか一名である。

次いで、ベルギー空挺部隊は、東部州パウリスに降下し、近郊も含め白人三百七十五人余を救出する。

一方、ホアー率いるワイルド・ギースも各地へ出撃し、白人人質を救出。一一月末までにシンバ政権を崩壊させたが、その過程で、シンバによる住民への虐殺、暴行、強姦の悲惨な実態（特に標的にされたのが白人の聖職者たちだった）が徐々に明らかになっていた。最終的に千六百人以上の白人が救出されたものの、分かっているだけで死者の数は百五十人を超え、数百人の白人が反乱軍に連れ去られたまま行方不明となった。また、黒人住民の犠牲は数千人を超えたという。

一九六四年十二月十一日、米国とベルギーの介入により、シンバが崩壊したことを受けて開催された国連安保理で、キューバ代表として登壇したチェは、米国のコンゴへの軍事介入を激しく非難したが、シンバによる一般住民に対する非道な行為については触れなかった。その後、彼はアルジェリアを皮切りにアフリ八ヵ国を歴訪し、その過程で、一九六五年二月十一日、タンザニアに入り、シンバ崩壊後も逃げ延びたローラン・カビラをはじめとするコンゴ反政府勢力、解放人民軍（ＥＰＬ）の幹部と会談したのは、すでに述べたとおりである。

カビラは、一九三九年、カタンガ北部マノノ生まれ。フランス留学を経験した後、一九六〇年に始まる第一次コンゴ動乱ではルムンバ派のカタンガ・ルバ人協会（バルバカ党）青年団の〝副司令官〟となり、スタンレービル政権の情報相にも任命された。一九六四年十一月のシンバ政権崩壊後は、人民革命党を組織して党首に収まり、タンガニーカ湖対岸のタンザニア・キゴマから越境作戦を展開していた。一九六五年初、タンザニアを訪問したチェが、現地でカビラと会談したのも、こうした事情による。

チェ、コンゴに入る

一九六五年四月二日、〝ラモーン・ベニーテス〟の変名でハバナを出発したチェは、各地を経由し、四月十九日、コンゴ遠征の前進基地となるダルエスサラーム（タンザニアの首都）に到着する。

国際会議の場で、〝コンゴの解放〟を訴えていたチェだが、タンザニア到着時に、彼がアフリカに対して抱いていたイメージは、「数多くの猿、ジャングル、シマウマやゾウ、動物の群れ、コブラ、アフリカ住民の獰猛さ、吹き矢……」など、ステレオタイプの域を出ない貧弱なものでしかなかった。少なくとも、前述のようなコンゴ情勢の経緯と、そこに伴う複雑きわまりない人間関係や目まぐるしく変化する組織の対立・共闘関係、現地の風俗習慣や伝統的な価値観などについて、十分な知識があったとは言い難い。

また、チェがタンザニア入りした際、カビラをはじめ、コンゴ反政府勢力の指導者たちは会議のためカイロに集まっていてタンザニアには不在で、その後の計画についても具体的なプランは何もなかった。チェは、革命家としての己の声望を過信し、彼が動けば自然と支持・支援が集まってくると思っていたのかもしれない。いずれにせよ、チェのコンゴ遠征に関しては、コンゴ側と事前の調整が全く行われておらず、チェの個人的な思いとは裏腹に、客観的に見ると、無計画な思い付きの域を出なかった。チェはこう語っている。

ここで闘うという僕の決意はいかなるコンゴ人にも伝えていなかった。僕がここにいるということもそうだ。カビラとの最初の話し合いの時にもそれを伝えることはできなかった。まだ何も決まっていなかったからだ。計画が承諾された後も、目的地に僕が着くまでは計画を知らせるのは危険だった……拒否されれば、僕が危険な状況に陥ることは否定できない。もう、戻ることはできないからだ。しかしまた、彼らには拒否することも難しいのではないかと計算していた。現に来てしまっているからだ。

さらに、チェはアフリカ大陸南部全体の解放を視野に、その手始めとしてコンゴを闘争の場として選んだのだが、これは、レオポルドビルのチョンベ政権を打倒し、白人植民地主義者を追放してコンゴ統一を目指すというＥＰＬの目標とはかけ離れていた。そもそも、ＥＰＬの兵士たちは、白人と戦う自分たちを支援するため、なぜ、〝白人〟のチェがやってきたのか、まったく理解できずにいた。

結局、四月二十日、チェはダルエスサラームの郊外にいたキューバ人部隊と合流。ボートを手配して、キゴマからタンガニーカ湖を渡り、対岸のコンゴに潜入するための準備に着手する。

南北六七〇キロに細長く伸びたタンガニーカ湖は、東岸はタンザニア、西岸はコンゴ、南端部はザンビア、

500
MICKEY'S 65th ANNIVERSARY TOUR
TANZANIA
Mickey arrives at the Kigoma railway station, terminus of the 773-mile-long railway line from Dar es Salaam to Lake Tanganyika.

図24　タンザニアの観光宣伝切手に取り上げられたキゴマ駅。切手は、ミッキーマウスがダルエスサラームから1244キロの鉄道旅行をしてきたという設定になっている。

北東端はブルンディに面している。沿岸都市のキゴマはブルンディ国境からも近く、ダルエスサラームからは鉄道で結ばれた交通の要衝（図24）である。ただし、チェの部隊十四名は、鉄道ではなく、キューバ大使館の手配したランド・ローバー一台とメルセデス・ベンツ三台、軽トラックで移動している。

出発に先立ち、チェはキューバから来た同志たちに「我々は解放軍の援助に行く。なによりも与えに行くのであって、なにかを受け取りに行くのではない。犠牲を覚悟せよ。現地のゲリラ戦士よりも先に食事をしてはならない。（キューバ人が現地の住民より）優位であるというそぶりも示してはならない。謙虚であれ。この国は四世紀遅れた国であるということを忘れるな。現地の女性に手を出した者は、その女性に対して責任を取って、ゲリラから離れなければならない」と訓示した。

四月二十三日早朝、ダルエスサラームを出発した一行は、同日夜、キゴマに到着。ボートはエンジンに欠陥があり、荒天で湖も荒れていたが、チェは出発を強行し、翌二十四日未明、キバンバ近郊の浅瀬に座礁した。それはあたかも、一九五六年のグランマ号の上陸を思い起こさせる光景だったという。

キバンバに上陸した一行は、湖岸に待機していたEPLのゲリラの先導で、カタンガ州北東端、アルベールビル（現タンガニーカ州カレミ）近郊の山中に陣地を設けた（図25）。EPLのゲリラたちは中国の提供した黄色の軍服を着ており、ソ連とキューバからも武器の支援を受けていたが、兵力は約四千人。ルワンダ人も混ざっており、部隊は部族別の編成だった。

無為の日々と母の死

キバンバ上陸翌日の一九六五年四月二十五日、チェは、ダルエスサラームから同行してきたEPL（解放人民軍）のタンザニア駐在代表、アントワーヌ・ゴデフロア・チャマレーソに自らの身分を明かした。驚いたチャマレーソは、チェがコンゴにいることをカビラに報告すべく、タンザニアに戻っていった。

しかし、カビラからの応答・指示はなかなか来ず、コンゴ人に対して訓練の開始を申し入れても、コンゴ側

図 25　コンゴ山中の陣地でのチェの姿を取り上げたキューバの航空書簡。

は言を左右にして、なかなか動こうとはしなかった。

このため、チェは地元住民の信頼を得るため、山中に無料診療所を開設し、しばらくは医師として活動していたが、自らもマラリアに感染し、持病の喘息に加え、高熱に苦しんだ。

五月八日、ようやく、野営地に十八人のキューバ人とEPLの中堅幹部、レオナール・ミトゥディディが到着した。チェはミトゥディディの合意を取りつけ、翌九日、より標高の高い山中のルルアブール（西カサイ州の現カナンガとは別の地名）に移動し、新たな陣地を築いた。

ルルアブールの野営地に到着すると、ミトゥディディがタンザニアの司令部からの命令として、キューバ人の参加も得て、アルベールビルを攻撃する計画が提案された。

アルベールビルはタンガニーカ湖西岸の港湾都市で、湖から流出する唯一の川、ルクガ川の流出口に位置する。銅やコバルト、亜鉛、錫、石炭が産出する。また、タンガニーカ湖を経由して対岸のキゴマ（タンザニア）、ムプルング（ザンビア）、ブジュンブラ（ブルンディ）と船で連絡しており、特に、キゴマからはダルエスサラームへと伸びる鉄道によってインド洋に出ることが可能となる。こうした交通の要衝であるが故に、かつてのシンバ軍もここを占領していたが、一九六四年八月には、マイク・ホアー率いるワイルド・ギースの攻撃を受けて撤退していた。

したがって、アルベールビルはEPLにとって重要な攻略目標であったが、現場ではほとんど準備が整っておらず、司令部の命令は実情を無視した無謀なものだった。

カビラをはじめ、反レオポルドビル派の幹部たちは、タンザニアの首都ダルエスサラームで安穏と暮らすか、カイロやアルジェ、モスクワ、北京を訪問して海外の支援ネットワークを構築することには熱心だったが、闘争の前線には姿を見せず、部族を背景にした内部抗争に明け暮れていた。そんな彼らにとって、アルベールビル攻略作戦も、コンゴ解放のための大局に立ったものというより、自派の手柄を誇示するための道具にすぎず、兵士たちの犠牲はほとんど顧慮されていなかった。

一方、コンゴ人兵士たちはバレーラスと呼ばれた山中のアクセス困難な野営地を拠点としていたが、敵軍の攻撃がないことをいいことに、ほとんどを攻撃や訓練を行わず、農民に無償で食糧や物資を運ばせ、労役を要求する寄生生活を送っていた。彼らのあまりにも怠惰な生活に業を煮やしたキューバ兵が、食糧を彼ら自身で運ばせようとすると、「俺はトラックではない」、「俺はキューバ人ではない」と不平を漏らす始末であった。これでは、山岳地帯の農民が叛乱軍を支持するはずがなかった。

こうした絶望的な状況の中でも、チェはミトゥディディを説得して作戦を延期させた上で、偵察要員を各所に派遣し、二週間かけて敵軍の配置や集落の位置、地形などについての情報を集めるなど、攻略戦を成功させるための準備を重ねていた。

そんなチェのもとに、五月二十二日、オスマニ・シエンフエゴスがキューバ人兵士十七人とともにやってきた。旧友の来訪を喜んだチェだったが、オスマニから母セリアの死を知らされ、彼女の手紙を渡された。

チェは、キューバを発つ前に母親宛の〝別れの手紙〟を書き、それは四月十三日に彼女のもとへ届けられた。すでに彼女は末期の乳癌と肺癌に冒されていたが、翌十四日には〝世界が社会主義に変わるのをこの目で見たいと願う一老人〟と自称する返信をしたためていた。返信はハバナに届けられ、それを預かったオスマニがチェのもとへ届けたが、彼がその手紙を受け取る三日前の五月十八日、セリアはブエノスアイレスの病院で亡くなっていた。

ストイックに革命の理想を追求し、部下たちの前では個人的な感情を露わにすることの少なかったチェだが、それでも、母の死はさすがに堪えたようで、しばし同志から離れて悲しみに耐えていたという。

六月七日、ミトゥディディはチェに、「カビラはタンザニア訪問中の周恩来（図26）とダルエスサラームで会談するため、またしても、コンゴには戻ってこないだろう」と報告した後、水路、タンザニアに向かった。しかし、その途中、荒天の中、ミトゥディディはボートから落ちて溺死した。

ミトゥディディの死という事態に直面したカビラは、さすがに、チェに直接手紙を送り、新たな連絡係としてムテバを派遣。キューバ人とコンゴ人の混成部隊を

図 26　1965 年のタンザニア訪問中の周恩来とニエレレ。

二つ作り、中央基地は訓練基地として維持することを提案した上で、あらためて、アルベールビルへの攻撃を求めた。

しかし、チェはコンゴ側の体制が整っていないことを理由に、アルベールビルに対する作戦には改めて反対した。

アルベールビルは少しずつ、かつ執拗に行動すれば陥落する。敵が放棄すると言った方が適切かもしれない。いまのところ（敵の）士気は相対的に高いので、初めは連絡網や増援部隊を組織的に攻撃することによって、その士気を全面的に喪失させることである。カビンバ、フロン・ド・フォルス、ルリンバ等の部隊を殲滅ないしは撤退させることである。

フロン・ド・フォルスの戦い

アルベールビル攻略の拠点としてチェが挙げた地名のうち、フロン・ド・フォルス（フォルス・ベンデラとも）はキンビ川に面した発電所の町で、小さいながら飛行場もあった。政府側は、白人の傭兵も含めて五～七百人の守備隊を配置しており、これに対するＥＰＬ（解放人民軍）側はコンゴ人部隊ではなく、亡命ルワンダ人部隊を配していた。

現在のルワンダ国家に相当する地域は、一三五〇年頃に創建されたルワンダ王国が長らく支配していたが、一八九七年、同国は、現在のブルンディ、タンガニーカ（タンザニアの大陸部）に相当する地域とともに〝ドイツ領東アフリカ〟に編入され、ドイツ支配下の在地領主となった。

第一次世界大戦中の一九一六年、ドイツ領東アフリカのうち、現在のブルンディとルワンダに相当する部分はベルギー軍によって占領され、戦後、〝ルアンダ＝ウルンディ〟として正式にベルギー領になる（図27）。

ベルギー支配下のルワンダ王国では、人口の八五％がフツ（人）、一四％がツチ（人）、トゥワ（人、ピグミーとも）が人口

図27　ベルギー占領下のドイツ領東アフリカ、キガリでの閲兵風景を取り上げた官製絵葉書とその印面部分。

の一%という構成になっていた。

　もともと、フツとツチは同じ言語を話し、フツが農耕を、ツチが遊牧を主たる生業としていた程度の違いしかなかったといわれているが、ベルギーによる植民地支配下では、分割統治として王家と同じツチが優遇されていた。一方、ルワンダ王のムタミ三世もカトリックに改宗するなど、親ベルギーの姿勢を鮮明にしていた。

　ところが、一九五九年七月二十五日、ムタミ三世がベルギー人医師によるワクチン接種を受けた直後に死亡。王位を継承したキゲリ五世は兄である先王の死は毒殺であるとしてベルギーを批難。ベルギー当局と激しく対立するようになった。

　一方、ルワンダでの独立運動は、少数派であるツチの支配からフツの解放を唱えるムボニュムトゥワやカイバンダらがパルメフツ（フツ解放運動）を組織して主導していたが、キゲリ五世とベルギー当局の関係が悪化した機会をとらえて、一九五九年、パルメフツは〝革命〟を起こした（図28）。

　これに対して、ベルギーはルワンダに軍政を施行するとともに、キゲリ五世を抑えるため、〝革命〟を支援。追い詰められたキゲリ五世は、事態の打開に向けて、一九六一年、国連事務総長ダグ・ハマーショルドとの会談のためにキンシャサへ外遊したが、その隙をついて、ムボニュムトゥワはベルギー政府の支援を受けてクーデターを敢行。王政を廃止し、〝民主的主権国家ルワンダ共和国〟の樹立を宣言するとともに、自ら暫定大統領に就任した。

　こうした経緯を経て、一九六二年に行われた大統領選挙では、フツ系のカイバンダが当選し、一九六二年七月一日、ルワンダ共和国が正式に独立（図29）。独立後、植民地時代に優遇されていたツチの中には、報復を恐れ、近隣諸国へ難民として脱出する者も多く、そ

図28　1959年革命（キゲリ5世に対するフツ族の叛乱）10周年の記念切手。

図29　ルワンダ共和国独立の記念切手に描かれた初代大統領のカイバンダ

の一部は、同じく旧ベルギー領だったコンゴに逃れてＥＰＬ（解放人民軍）に参加していたのである。

さて、フロン・ド・フォルスのルワンダ人部隊の司令官、ムンダンディは、当初、チェに対して戦闘で敵に三十五人の損害を与えたと話していたが、よくよく問い詰めてみると、実際には彼は件の〝戦闘〟に参加しておらず、部下からの報告を誇張して話していただけだったことが明らかになった。

ムンダディは、六月二十五日にフロン・ド・フォルスを攻撃するよう、カビラから命令を受け、チェに対して、キューバ兵五十人の参加を求めた。

チェは、カビラ指導部の杜撰な計画と、ムンダディの指揮官としての能力・適性に疑問を持っていたが、ルワンダ人とキューバ人という〝外国人〟の犠牲により戦果を挙げられれば儲けものと考えていたカビラは、あらためて、作戦を予定通りに行うようチェに回答してきた。ただし、成功する見込みが少ないことを自覚していたためか、チェと身辺警護の側近二人に対しては、戦闘に参加せず、野営地にとどまるよう求めていた。

かくして、六月十九日、キューバ人部隊に対して、フロン・ド・フォルス攻略作戦が伝達された。

ところが、まさに同日、アルジェリアで国防相のウアリー・ブーメディエン（図30）によるクーデターが発生し、チェの盟友、ベンベラが失脚する。ベンベラから〝アフリカ革命〟の理想を託されて戦っていたチェにとって、ベンベラの失脚は精神的なダメージも大き

図30　ブーメディエン

かったが、それ以上に、アルジェからコンゴ戦線に届けられるはずだった武器がオランで止まってしまうという物理的な打撃が大きかった。

さて、キューバ人部隊は、六月二十九日未明、ルワンダ人部隊とともにフロン・ド・フォルスへの攻撃を開始した。これに対して、政府軍の傭兵部隊が迫撃砲と機関銃で応戦してくると、ルワンダ人の多くが逃亡した。さらに、ルワンダ兵は銃の扱い方が未熟で、連射式の銃の引き金を引き続けて貴重な銃弾を空費し、敵側に自らの居場所を知らせるだけでいたずらに犠牲を増やしていた。

また、言語の問題でキューバ兵とルワンダ兵の意思の疎通が十分ではなく、キューバ兵の一人が戦場日記を奪われたことで、キューバ人が戦闘に参加していることが全世界に広く知られることになってしまった。

結局、フロン・ド・フォルスの戦いでは、キューバ人部隊が戦死四、負傷十四、ルワンダ人部隊が戦死十三という犠牲を出しながら、要塞を奪取するという所期の目的を達せぬまま、六月三十日、撤退を余儀なくされた。

ついで、六月三十日、フロン・ド・フォルスの戦いと並行して、キューバ人部隊は、コンゴ人部隊とともにカテンガでも戦ったが、フロン・ド・フォルスでの攻撃を機に戦闘機も出動させた政府軍の前に、こちらも惨憺たる失敗に終わった。ちなみに、百六十人の兵のうち、コンゴ人六十人は戦闘開始前に一発も発砲することなく逃走し、戦闘で数人の死者が出ると一挙に四散した。

コンゴ遠征に参加したキューバ兵の中には、シエラ・マエストラ山中での革命戦争を経験した歴戦の勇士も少なからずいたが、そんな彼らからすると、恐怖にとらわれて〝敵前逃亡〟する者が多く、一瞬にして部隊は解体し、敗走時には貴重な武器を放棄していくばかりか、負傷者もそのまま放置し、ましてや、遺体の収容など全く考えていないなど、アフリカ人部隊の士気の低さは唖然とするばかりで、大いに落胆させられた。

こうした状況に耐えかねたチェは、カビラに対して、指揮官にキューバ人を含め、自分も前線に行かせてほしいと直訴した。

これを受けて、七月七日、ようやく、カビラ本人がチェとの会談のためにキバンバにやってきた。

最高司令官の登場で、チェは、事態が多少なりとも好転することを期待していた。実際、カビラはカイロでの会議の内容をコンゴ兵に説明し、農民の話を聞いて回答を与え、塹壕づくりを指示するなど、野営地の雰囲気は好転した。しかし、その一方で、彼は愛人と思しきギアナ人女性を含む多くの従者を従え、大量のウイスキーを持ち込んでおり、そうした姿勢に、チェは不信感をぬぐいきれなかった。はたして、カビラは、わずか五日後の七月十一日、タンザニアに引き揚げてしまう。ゲバラとキューバ人兵士が大いに落胆したのは言うまでもない。

カビラが去った後、コンゴ兵とルワンダ兵の士気は一気に弛緩し、脱走者が相次ぐようになった。

八月十二日、チェは「戦士たちへのメッセージ」として、以下のような現状認識を示す。

情勢は良好とはいえない。運動の指導者たちはほとんどの期間を国外で過ごしている。組織活動はほぼすべて無である。これは中間幹部が活動せず、その能力がないためだけではなく、皆が信頼していないからだ。規律の欠如と犠牲的精神の欠如はすべての（これら）ゲリラ部隊の最も重要な特徴である。当然、このような部隊では戦争に勝利できない。

チェは、部下たちを前に、EPL（解放人民軍）幹部の怠慢を批難し、EPLは〝寄生虫〟とまで言い切った。その上で、数日間待った後、状況に変化がなければ、EPLの許可なしで前線に向かうことを決断する。

こうした中で、八月十七日、チェの補佐官、ホセ・マリア・マルティネス・タマーヨ（コンゴでの活動名はムビリ）の部隊が、アルベールビルから来た敵の戦車二台とジープを待ち伏せして攻撃し、戦車を破壊する戦果を挙げた。翌十八日、チェはついに我慢できなくなり、フロン・ド・フォルスに向けて野営地を出発。ウビラ、フィジ、バラカ、ルリンバ、カソンゴなどの前線を視察し、自ら待ち伏せ攻撃に参加し、機銃を撃ちまくった。その捨て身の戦法は、あまりにも危険すぎると部下たちからたしなめられたが、戦いの大勢にはほとんど影響はなく、チェの支援する反政府勢力が圧倒的に不利な状況であることには変わりはなかった。

一方、この頃、コンゴ反政府勢力内部では、旧ルムンバ派の流れを汲むものの、カビラとは対立関係にあったガストン・スミアロが〝コンゴ代表団〟を率いてハバナを訪問していた。

スミアロは、一九二二年頃、東部コンゴ生まれ。父親はソンギェ人だったが、自身はクス人と見なされていたため、マニエマ、南キブ、カタンガ北部が活動の基盤となった。ルムンバのコンゴ国民運動（MNC）の組織化に尽力し、ルムンバ政権時代はキンドゥ州の政府高官に任命され、一九六一年には、短期間、ブカブ州の法務大臣を務めた。一九六三年九月にカサブブが議会を解散すると、マサンバ・デバ政権下の隣国、コンゴ・ブラザビルに渡り、十月三日、反体制派のルムンバ主義者による亡命政治団体、コンゴ解放委員会（CNL）が結成されると、その幹部となった。さらに、翌一九六四年一月、おそらく、中国共産党の指示を受けて、ブルンディの首都、ブジュンブラに派遣され、CNLブジュンブラ支部を開設し、ウビラとブカブでアドゥラを批難するパンフレットを配布したほか、ブカブで騒乱を起こし、同年五月、ウビラを制圧した。しかし、一九六五年にはクベニエ派と決裂。コンゴ革命最高評議会を結成して、自らその議長に収まっていた。

さて、フィデルをはじめハバナ政府の中枢は、コンゴ反政府勢力の状況をある程度把握していたが、スミアロは、カイロのキューバ大使館を通じてナセルが紹介してきたこともあって、粗略に扱うわけにもいかなかった。そこで、公式会談は大統領のドルチコスと外相のラウル・ロアが対応するものの、フィデルとは非公式会談にとどめるという微妙な対応を取っていた。

絶縁

ところで、この時期、キューバの革命政府にとっての最優先課題となっていたのは、社会主義革命統一党をキューバ共産党に改組することだった。

前述のとおり、キューバには、もともと、一九二五年にコミンテルンの指導下に結成された〝キューバ共産党〟が存在していた。同党は一九三〇年代後半にはバティスタ政権に閣僚を送り込み、党名も人民社会党と変更したが、一九五二年にバティスタがクーデターを敢行するとこれに反対し、その後、非合法化されていた。

キューバ革命の時代には、M26との主導権争いから、都市部でのゼネストに非協力的な態度を取ったものの、一九五九年の革命後は合法化された。

一九六一年四月、プラヤ・ヒロン事件を受けて「社会主義革命宣言」が発せられると、"正統派のマルクス・レーニン主義政党としての人民社会党の発言力が一時的に増し、同党のアニバル・エスカランテが全国組織委員長として、各種の革命組織を糾合した統一革命組織(ORI)の結成が進められた。しかし、その過程で独自の〝キューバ式社会主義〟を掲げるM26との主導権争いが生じ、最終的に、フィデルの介入により、一九六一年七月二十六日、M26を中心とした指導部の下、ORIが創設され、エスカランテはソ連に出国した。

チェはそうした〝キューバ式社会主義〟の象徴的な存在だったが、その結果、一九六二年のミサイル危機を経て、彼はソ連の〝修正主義〟を批判する中国への傾斜を強め、ソ連に頼らない〝自力更生〟路線を標榜する(とソ連からはみられる)ようになったため、ソ連はチェを〝反ソ的〟として危険視し、フィデルに対してチェの排除を求めていた。

一方、フィデルは、ミサイル危機後の一九六三年五月、モスクワを訪問してフルシチョフと和解。キューバが中ソ論争においてはソ連を支持するという立場を明確にした。これに先立ち、同年二月、統一革命組織は〝社会主義革命統一党〟に改組され、以後ソ連に倣った革命体制の組織化が準備されていったが、チェはそれに抗うかのように、一九六四年十二月の国連総会で〝帝国主義との全面的な戦い〟を宣言し、一九六五年二月にはアルジェで「先進国と発展途上国という二つのグループ国家の間にこのような関係を作り上げようというのであれば、たとえそれが社会主義諸国であったとしても、ある意味では帝国主義者の搾取の共犯者だと認めねばなるまい」として、名指しこそ避けたが、ソ連を批難した(と取られても仕方のない発言を行った)。

こうした経緯を経て、チェは、ソ連の支援なくしては国家経営が立ち行かなくなっていたキューバを後にした。そして、それは、ソ連から見れば、キューバが自ら好ましい解決方法を選択したことを意味しており、チェの出国を受けて、ブレジネフ政権下のソ連外国貿易銀行はキューバに対して一億六千七百万ドルの融資を決定した。

一九六五年十月三日、社会主義革命統一党が〝キューバ共産党〟へと改組されたのも、フィデルのキューバが、ソ連の属国として、〝普通の社会主義国〟としての道を歩んでいくという既定の路線の延長線上にすぎない。

そして、そのことを最も劇的に演出するための儀式として、フィデルは、キューバ共産党の成立を宣言するのに合わせて、チェの「別れの手紙」を公開する。

すでに、チェがキューバを出国してほぼ半年が過ぎ、キューバ内外ではチェの不在をめぐってさまざまな憶測が飛び交っていた。

たとえば、精神に異常をきたして病院に入院した、突然死した、フィデルに粛清された、ペルーでゲリラ活動に従事している、ドミニカで米軍と戦って戦死した……などである。

こうした情報の真偽を確かめようと、記者たちがフィデルにチェの所在を尋ねると、フィデルは「チェは生きている。とても健康だ。私や家族や友人たちはたびたび手紙を受け取っている」と応じた上で、「(チェの所在が明らかになるのは)彼が望んだ時だ」と煙に巻いていた。

こうして、人々の想像を最大限に煽った上で、一九六五年九月二十八日、フィデルは「チェがキューバを発つ前に書いた手紙を近く公表する」と発表する。

それから五日後の十月三日、フィデルはキューバ共産党中央委員会の名簿を発表し、委員たちを一人ずつ紹介していった。その模様はテレビの全国放送を通じてキューバ全土に伝えられたが、最後に次のような文言で始まる演説を行った(図31)。

図31　キューバ共産党の設立に際して、中央委員を紹介するとともに、チェの「別れの手紙」を読み上げるフィデル。

必要な功績と徳がすべ

ての点で最も高いにもかかわらず、我々の中央委員会に入っていない者がいる。それはチェだ。この人物について、敵は幾千もの推測を行ってきた。混乱させ、不和や疑惑の種を播こうとしてきた。じっと待つ必要があったので、我々は待った。

会場から起こった拍手が鳴りやむのを待って、フィデルは、チェが出国前日に書いた「別れの手紙」を読み上げた。ただし、手紙の末尾については、実際にチェが書いた通りではなく、一部、巧妙に改竄されていた。ジャーナリストの伊高浩昭が、チェの娘、アレイダ・ゲバラ＝マルチへのインタビューを通じて、彼女の母親（＝チェの妻）、アレイダの証言として発掘した事実によると、オリジナルの文面では、チェは「私は勝利するまではキューバに戻らない。だがいつも私の心には『祖国か死か、勝利するのだ』の標語がある（原文は“No vorveria a Cuba hasta la victria,pero en mi siempre ¡patroia o muerte,venceremos!”）」と書いていたが、フィデルの読み上げた文面では、この部分から、“hasta la victria siempre ¡patroia o muerte!”の部分のみが意図的に抽出され、他の語が省略されているという。

後半の「祖国か死か」のスローガンは、本書XX頁でも紹介したように、カストロの有名なスローガンだから、特に問題はない。これに対して、前半の“hasta la victria siempre”は、直訳すると「勝利まで、必ず」という意味になるが、ここでのポイントは、「私は……戻らない」の部分が削除されている点にある。

「勝利するまではキューバに戻らない」という文章の趣旨は、〝戻らない〟ことにではなく、〝勝利した後にようやくキューバに戻る（凱旋する）〟ことにあることはいうまでもない。しかし、チェを〝危険人物〟と見なしていたソ連からすれば、せっかくフィデルから切り離されたチェが、コンゴの革命を成功させ、英雄として再びキューバに凱旋することだけは何としても避けなければならなかった。

そうしたソ連の意を汲んだフィデルは、「別れの手紙」の末尾を改竄することで、チェが「勝利しても帰れない」、すなわち、「別れの手紙」は、文字通り、チェからフィデルへの〝永遠の別れ〟の手紙であると人々が解釈するように仕向けたのである。換言するなら、キューバ共産党の設立にあわせて、冷徹なリアリスト政治家としてのフィデルは、キューバ国民の間に抜きがたく浸透していたチェへの敬慕の情が損なわれることのないよう、細心の注意を払いつつ、現実政治の世界では、チェおよびチェが体現しようとしていた革命の〝理想（ないしは誇大妄想）〟と絶縁することを宣言したのである。

そうしたフィデルの政治的技巧とアンビバレントな立ち位置を正確に理解できたキューバ国民がどれほどいたのかは定かではない。ただ、フィデルの読み上げる「別れの手紙」を聴いた彼らは、チェがフィデルによって追放されたのではなく、自らの意思で、新たな革命の理想を求めて、キューバを去ったのだと理解し、大いなる喪失感にとらわれたことだけは間違いない。

ちなみに、フィデルが「別れの手紙」を読み上げるのをリアルタイムで聞いていたホセ・イグレシアスは、次のように証言している。

> フィデルがチェの手紙を読み上げたとき、テレビカメラは、黒い服をまとったチェの奥さんの姿を映しました。その瞬間、わたしは涙があふれてくるのを抑えることができませんでした。

コンゴを去る

フィデルがチェの手紙を公開する意向を示した一九六五年九月二十八日、コンゴではホアー率いるワイルド・ギース二千四百名の攻勢により、反政府勢力の拠点であったバラカが制圧され、キューバ兵への食糧の補給も滞るようになっていた。

すでに、チェの勝利とキューバへの凱旋が不可能になったことは誰の目にも明らかだった。

十月初め、キューバ本国の保健相、ホセ・ラモン・マチャド（かつてシエラ・マエストラでの革命戦争中に、チェの体から銃弾を摘出した戦友である）がコンゴを視察に訪れ、「希望を捨てるな」と書かれたフィデルからの手紙をチェに手渡した。

十月三日、キューバ共産党大会の創立を宣言し、「別れの手紙」を読み上げる放送を聴いたチェは愕然とした。

後年、フィデルは手紙を公開した理由を「中央委員会にチェがいない理由を説明する必要があった」と語っており、そのこと自体は、チェにも理解できたはずだ。しかし、それならなぜ、コンゴでキューバ人同志と戦っている最中に、末尾を改竄した〝手紙〟を公開したのか――その答えが一つしかないこと、すなわち、もはやキューバ国家にとって、自分は〝厄介者〟になっていることをチェは正確に理解していた。

放送から二日後の十月五日、チェはフィデルに宛てた長文の手紙を書き、マチャドに託した。この手紙の内容は現在に至るまで公表されていないが、三日の放送について一言も触れていなかったとは考えにくい。

そうしている間にも、チェを取り巻く戦況は悪化の一途をたどり、十月十日、ホアーと傭兵たちは反政府勢力の残された拠点、フィジを制圧し、政府側による掃討作戦が事実上終了した。

これを受けて、コンゴ中央政府大統領のカサブブはモブツの軍事力を背景に首相のチョンベを追放するとともに、十月二十一日からガーナの首都、アクラで開催されたアフリカ首脳会議（図32）で、〝（中ソの影響下にある）反植民地戦線〟を打破するための各国の連携、コンゴ・ブラザビルとの和解、白人傭兵の帰国を約束し、「謀反は終わった」と宣言する。

その後も、キューバ兵とワイルド・ギースの戦いは続いたが、十月二十四日の砲撃戦でキューバ側は多数の犠牲者を出し、もはや戦闘の継続は不可能な状況に陥った。

十一月一日、アクラでの首脳会議の結果を踏まえ、タンザニア政府はダルエスサラーム駐在のキューバ大使、パブロ・リバルタに対して以下のように申し渡した。

図32　1965年10月、アクラで開催されたアフリカ首脳会議の記念切手。描かれているアフリカの地図ではガーナの国境が示されているが、大陸の外側に延びている放射状の線の中心はコンゴ領内と思しき場所に置かれており、コンゴ問題が会議の中心的な議題であったことが含意されている。

他国の内政への不干渉というアフリカ諸国の決定に鑑み、我々も、またこれまでコンゴ解放運動を支持してきたその他政府も、援助の性格を変えなければならない。そのため、不干渉政策に資するため、諸君はここに持っているものを携えて撤退してほしい。諸君がアフリカ諸国以上の者を与えてくれたことを認める。当面は、諸君が撤退するまでコンゴ解放運動には何も言わない。撤退後に大統領自らその指導者を呼び、アフリカ諸国の決定を伝える。この点についてはすでにハバナに報告した。君の意見を聴きたい。

ついで、フィデルからは、以下のように撤退を促す書簡が届けられた。

我々はばかげたことだけはしないようにしなければならない。チェ自身が我々の存在を正当化できず無効であると判断するならば、我々は撤退を考えなければならない。客観的状況とわが人員の精神的状況を考慮し行動するのでなければならない…もしも出国を決定するのであれば、チェは現状を維持できる。ここに戻っても良いし、他の場所へ行っても良い。いかなる決定であれ、我々は支持する。全面的壊滅を避けるように。

しかし、この時点では、チェはまだ残留と戦闘継続の可能性を探っていた。その一環として、自分を切り捨てたフィデルにあてつけるかのように、周恩来に書簡で支援を求めたが、周からの返信は「戦闘をせず、部隊を維持して残留するように」という冷淡なものだった。

すでに、コンゴ兵は寝返ったり、逃亡したりする者が相次いでおり、タンガニーカ湖畔には難民が溢れていた。こうした状況の中で、EPL幹部が戦闘の放棄を決定したため、十一月十九日、ついにチェも〝秩序ある撤退〟を決意。二十一日夜、彼らは三隻の船に分乗してコンゴを去り、翌二十二日朝、対岸のタンザニア領キゴマに到着した。

船を降りる直前、チェは次のように語ったという。

> 同志諸君、別れの時がきた。その理由は諸君が十分承知だ。僕は諸君とは降りることはできない。あらゆる種類の挑発を避けなければならない。我々が行ってきた戦いは大いなる経験をもたらした。大きな困難はあったが、いつの日かまた、フィデルがこのような使命を提案したならば、それに応じる者があるだろう。二十四日に子豚を食べることを待ち焦がれている者もあろう。そのときに間に合うよう帰国できたならば、このつつましい人民やコンゴに残してきた同志たちのことを思い出してほしい。他国に行くために、戦いに行くために、あらゆる快適さを捨てようとするときにこそ、革命家となることができる。おそらく、キューバか、あるいは世界の他の場所で再会できるであろう。

遠征隊の副隊長であったビクトル・ドレーケは、再会を約束するチェの別れの言葉を聞いて「みんな、泣いた」と回想している。もちろん、彼らがチェと二度と会うことはなかった。

ナセルが予見した通り、チェは〝ターザン〟になることはできず、コンゴでの革命の試みは惨憺たる失敗に終わった。キューバ革命の英雄は〝それまで経験したことのないような孤独〟をいやというほど味わい、屈辱の中で隠密裏に帰国せざるを得なくなった。

なお、チェらキューバ兵が撤退して間もない十一月二十五日、モブツが再び軍事クーデターを敢行してカサブブを追放。この結果、モブツ独裁政権の時代が開幕し、コンゴ動乱はようやく終結した。

モブツの独裁政権はその後三十二年の長期にわたるが、一九九七年、〝チェの盟友〟を僭称するカビラがモブツを打倒して大統領に就任する（図33）。

図33　モブツ追放後、コンゴ民主共和国の成立（復活）を宣言するカビラ。

第11章　俺はただの男にすぎない。撃て！

三大陸人民連帯会議

一九六五年十一月二十二日、コンゴを脱出したチェは、ダルエスサラームのキューバ大使館の最上階の〝隠れ家〟に滞在し、コンゴでの敗北の経験を総括すべく、『革命戦争断章　コンゴ』を口述筆記でまとめた。年が明けて一九六六年一月半ばには、キューバから妻のアレイダがカイロ経由でダルエスサラームに到着し、数日間、チェと過ごしている。

ところで、一九六六年は、キューバでは〝連帯の年〟とされており、年初の一月三日から十五日まで、ハバナでは八十二の国・地域の代表を集めて〝アジア・アフリカ・ラテンアメリカ三大陸人民連帯会議〟（図1）が開かれた。

革命後間もない一九五九年から各国を歴訪してきたチェの努力の成果だったが、「別れの手紙」が公表されてしまった以上、コンゴで勝利できなかったチェが凱旋将軍としてハバナに戻り、会議に参加する機会も失われた。

図1　第1回三大陸会議の開催国として、キューバが発行した記念切手

会議では、米国をはじめとする帝国主義と新旧植民地主義を批難し、ベトナム民族解放闘争を支援する宣言などが採択され、武力闘争を旨とするキューバ革命路線の優位性が決議された。

また、会議での決定を受けて、ギニア、コンゴ共和国、南アフリカ共和国、アンゴラ、ベトナム、シリア、北朝鮮、キューバ、プエルトリコ、チリ、ドミニカ共和国の左翼政党およびパレスチナ解放機構（PLO）

図2　OSPAAAL30周年の記念切手は、同機構創立の功労者として、チェの肖像を大きく取り上げている。

の代表らが集まって、三大陸人民連帯機構（OSPAAAL。書記局ハバナ。図2）が設立され、ベトナム人民支援の国際的共同行動が展開され、機関誌『三大陸』が発行されたほか、ハバナ文化会議も開催された。

OSPAAALは本部をハバナに置き、三大陸から四ヵ国ずつ、十二の理事国を互選することになっており、創立趣旨は、モロッコの左派政治家、メフディー・ベン・バルカが起草した。しかし、ベン・バルカは、ハバナでの会議開催を目前に控えた一九六五年十月二十九日、パリで警察に身柄を拘束され、そのまま行方不明になってしまった。ちなみに、彼の暗殺が報じられたのは、それから十年後、一九七五年のことである。

ベン・バルカは、モロッコのハッサン二世独裁体制を激しく非難し、国内では活動が不可能になっており、それゆえ、パリで亡命生活を送っていたこともあって、最終的に、彼の拉致・暗殺にはモロッコの諜報員によるものとされたが、このほか、米国のCIA、イスラエルのモサド、フランスの諜報機関も関与していた可能も濃厚だった。西側世界全体が、そもそも、キューバ主導の〝三大陸の連帯〟に対して強い警戒感を抱いていたからである。

一九六五年から始まる米軍によるベトナム北爆は、米軍の軍事力と直接対峙してきた革命キューバにとって、決して他人事ではなかった。フィデルとチェは、ベトナムが米軍を相手に戦っているからこそ、当面は米軍の矛先がキューバに向かっていないだけだと自覚しており、両国は運命共同体だと認識していた。

チェが一九六六年四月に執筆した論考「三大陸人民連帯機構へのメッセージ」は、それから約一年後、OSPAAALの機関誌『三大陸』に掲載されることになるが、第二次世界大戦以降の戦争として、朝鮮戦争とインドシナ戦争を経て、一九六五年から米国がベトナムで始めた北爆を批難し、ベトナム人民と運命を分かち合い、ともに戦うことを訴えている。

チェの批判は、米国だけではなく、「社会主義陣営の二大国の代表の間で、かなり前から始まった悪罵と取引の争いを支持している者も同罪である」として、中ソ対立についてもいら立ちをあらわにしている。

その上でアジア、中東、アフリカの状況を概観し、(ちなみに、チェ自らも関与したコンゴ動乱に関しては、チョンベらの勢力が「自派の利益のために国土の大部分を『平定』はしたものの、戦争はなお深部で進行している」と総括している。ただし、事実関係としては、一九六六年四月の時点では、コンゴではモブツが軍事クーデターで実権を掌握し、情勢は良くも悪くも安定してはいたが……)、ラテンアメリカについては、グアテマラ、コロンビア、ベネズエラ、ボリビアで武装闘争が進行しており、ブラジルでもその萌芽が出ていると指摘する。

図3 “「第2、第3、数多くのベトナムを作れ」とのチェの言葉が入った切手”

そして、キューバ革命を〝大陸人民の前衛〟と位置付けた上で、「(ラテンアメリカにおける)第二、第三のベトナム、あるいは世界的規模の第二、第三のベトナムを創り出すこと」が自分たちの任務であり、「武装闘争による帝国主義の全面的打倒に関して、我々は妥協してはならない」と主張する(図3)。

最後に、チェは次のような一節で文章を締めくくっている。

どこで死が我々を襲おうとも、我々の戦いの雄叫びが誰かの耳に届き、誰かの手が我々の武器を取るために差し伸べられ、誰かが進み出て、機関銃の連続音や戦争と勝利の新たな叫び声で葬送歌に唱和してくれるなら、それでよいのだ。

この一節は、フィデルが公開した「別れの手紙」以上に遺書としての性格を濃厚に示しているだけでなく、米国との冷戦を前提とした〝平和共存〟を唱えるソ連に対して明確に異議を唱えるものとなっている。

キューバ国籍を返上し、建前としてはキューバとは無関係になったチェが、どれほどソ連を批難しようと、キューバ政府としては関知する必要はないから、この点でソ連から難詰されても、フィデルは、キューバ政府の方針がチェの個人的な見解に影響されることはないと釈明することができる。その一方で、既存の社会主義とは異なるキューバ革命の理想に共鳴してくれた支持者たちに対しては、キューバ革命を連想させるシンボルとしてのチェが世界革命の理想を掲げ続けていることを見せることで、フィデルのキューバも革命の操を捨てきってはいないと主張することができる。

その意味では、「別れの手紙」の末尾を改竄し、公の建前としてはチェとの〝絶縁〟を公宣言したフィデルの立場を、チェは（かなり鬱積していたはずの内心のわだかまりを超克して）自らの〝メッセージ〟によって補強していたとも言ってよい。

バリエントス政権

一九六六年三月、妻のアレイダはいったんハバナに戻ったが、チェは彼女に同行せず、変装した上で、リカルド（本名ホセ・マルティネス・タマヨ）ら三人の護衛とともに、カイロ、ベオグラード経由でプラハへ移動した。

プラハではアレイダと再び合流し、市川昆の映画『東京オリンピック』を観るなどして過ごしつつ、ラテンアメリカでの革命に向けて新たな計画を具体的に練り始める。

一九六五年四月にキューバを出国した時点でのチェのプランでは、〝予行演習〟としてのコンゴでの活動を終えた後、まずはペルーで活動し、次いでボリビアに支援基地を作り、最終的に祖国アルゼンチンに革命の核を作るつもりだったようだ。この時点では、エクトル・ハベル率いるELNがペルーで活発なゲリラ活動を展開していたためである。

ところが、ELN内部には敵への内通者が潜入しており、その密告により、一九六五年末までに組織は崩壊。ペルーでの作戦は断念せざるを得なくなった。

次いで、候補として上がったのは、かつて左翼政権が存在したことのあるグアテマラとボリビアだった。しかし、グアテマラは地理的にアルゼンチンから離れているうえ、すでに〝武装反乱軍（FAR）〟がゲリラ活動の主導権を確立しており、チェないしはキューバの〝指導〟を受け入れる余地が少なかった。

そこで、チェは活動の場としてボリビアを選び、タンガニーカ湖を渡ってダルエスサラームに逃れる船中で、シエラ・マエストラ以来の副官で、コンゴでもスワヒリ語の偽名〝ポンボ・ポホ〟を名乗って行動を共にしていたハリー・ビジェガスに、ボリビアへの遠征計画を明かしている。

ボリビアは、チェにとっての最終目的地であるアルゼンチンと隣接しているだけでなく、錫をはじめとする鉱産資源に恵まれており、自陣営に取り込めば経済的なメリットも大きい。また、鉱山労働者も多く、かつてのエステンソーロ左翼政権の支持基盤でありながら、一九六四年以降、軍事政権によって彼らが抑圧されていたことから、労働者の支援や彼らとの連帯が期待できると考えられたのである。

ボリビアでは、一九五四年に発足したビクトル・パス・エステンソーロの民族革命運動（ＭＮＲ）政権は、インディオに選挙権や公民権が付与された新憲法の採択や農地改革など、ボリビア革命と呼ばれたリベラルな政策を推進。一九五六年、一期目の任期が満了すると、大統領の連続再選を禁止した憲法の規定に従い、一九五六～六〇年にはエルナン・シーレス・スアーソ（エステンソーロ政権の副大統領）が大統領を務めた。

ところが、一九六〇年六月、ボリビアの主要輸出品である錫の国際価格が暴落。経済的苦境に陥ったシーレスは、「米国は、私に首を吊るのに必要なだけの長さのロープをくれた」との発言を残して退陣に追い込まれた。このため、駐英公使に転じていた前大統領のエステンソーロが大統領に復帰し、ボリビア労働連合（ＣＯＢ）のファン・レチンが副大統領に就任した。

これを機に、エステンソーロ政権は経済再建のため対米協調路線に舵を切り、外資の導入と国軍の強化、民兵の削減をはかったが、レチンら政権内左派は米国への屈服を激しく非難し、政権は不安定化した。このため、一九六一年六月、エステンソーロは全土に戒厳令を公布。翌一九六二年九月には憲法の再選禁止条項を削除して、独裁への道を開いたが、そのことがますます左翼急進派の反発を招くという悪循環に陥っていく。

情勢が混沌とする中で、ボリビアには、周辺諸国の反政府左翼ゲリラが徐々に集まり始める。
一九六三年五月、ハビエル・エラウドの指揮するペルー人ゲリラ部隊がボリビアからペルーへ侵入し、政府軍に撃退された事件や、同年七月、チェの個人的な友人でもあったアルゼンチン人のリカルド・マセーティが南部のサルタに根拠地を建設し、同年十一月以降、ボリビアからアルゼンチン北部に侵入してゲリラ活動を展開していたことなどは、第7章でもふれたが、それらの背景には、こうしたボリビア国内の事情があったのだ。

これに対して、ボリビア政府も一九六三年、米軍の支援を受けて、コチャバンバの第七連隊内に特殊部隊訓練センター（CITE）を創設し、山岳地帯でのゲリラ掃討作戦を展開した。

閣内の左右対立が激化していく中で、一九六四年一月に開催されたMNR全国大会ではレチンが除名処分となるが、彼はただちに民族主義左翼革命党（PRIN）を組織してMNRに対抗する。

一方、三月には、マセーティの指揮下で、キューバ人、ボリビア人なども参加した〝人民ゲリラ軍〟に対して、アルゼンチン憲兵隊が越境掃討作戦を展開。ゲリラ軍は壊滅され、親ソ派で武装闘争に否定的だったボリビア共産党も〝外国による干渉〟としてマセーティの行動を非難した。

図4 バリエントス

こうした状況の下、一九六四年五月に行われた大統領選挙ではエステンソーロが三選を達成。反対派を抑えるため、副大統領には空軍司令官のレネ・バリエントス・オルトゥーニョ（図4）が任命され、MNRは右派のバリエントス派、中間派のエステンソーロ派、ルーベン・ジュリアン派に事実上分裂し、シーレスは追放されウルグアイに亡命した。

左右対立の微妙なバランスの上に成立していたエステンソーロ政権は、一九六四年八月、キューバと正式に断交する一方、九月の米州機構（OAS）総会ではキューバ制裁に反対票を投じた。

この頃、シーレス派による反政府の陰謀が発覚。また、十月二十六日には鉱山労働者がゼネストを起こし、各地で民衆暴動が発生。労働者民兵はソラソラにおいて正規軍を撃破した。

こうした危機的な状況の中で、十一月四日、バリエントスは、アルフレド・オバンド・カンディア将軍とともにクーデターを敢行し、エステンソーロはペルーに亡命した。翌五日には軍事評議会が結成され、バリエントスが暫定大統領に就任した。なお、レチンは思想的にはバリエントスと対立していたが、反エステンソーロの立場から当初はクーデターを支持していた。

バリエントスのクーデターへの対応をめぐり、ボリビア共産党(PCB)は分裂状態に陥る。早くも一九六四年中には、PCB反主流派の指導者、オスカル・サモーラがキューバを訪れてチェと会談し、チェの唱える武装闘争路線に支持を表明。中ソ論争を口実に、PCB書記長で、武装闘争に否定的な親ソ派のマリオ・モンヘに対する攻撃・分派活動を開始した。このため、モンヘはキューバを訪問し、党内の毛沢東派が党中央の意に反してゲリラを準備中のサモーラを支援していることに抗議している。

一方、キューバ側は、一九六四年十一月、〝タニア〟ことタマラ・ブンケを諜報員としてボリビアの事実上の首都、ラパスに派遣する。

タニアは、ナチスの迫害を逃れてアルゼンチンに移住した両親の下、一九三七年、ブエノスアイレスで生まれた。一九五二年、一家は東ドイツに移住したが、一九五九年に起きたキューバ革命に感激し、独西バイリンガルという特性を活かして、キューバ支援の運動に加わった。その活動が認められ、一九六〇年、チェがベルリンを訪問した折には通訳を務め、その後、キューバに渡航し、ハバナ大学に通いながら、チェのスタッフとして通訳・翻訳などに従事。一九六三年から一年間、キューバで諜報活動の訓練を受けた。一九六四年四月、マセーティのゲリラ部隊が壊滅すると、同年十一月、地下工作の使命を帯びて、〝ラウラ・グティエレス・バウエル〟の変名でボリビアに入国。現地の大学生と結婚し、考古学およびドイツ語講師としてボリビア社会の中枢に接触し、軍事政権トップのバリエントスや政権中枢の高官の知遇を得て、情報活動と人脈の構築に尽力した。

一九六五年四月、チェのコンゴ行きと前後して、ボリビア共産党大会が開催されたが、バリエントス政権への対応をめぐって大荒れとなり、ルイス・ゴンサレス前書記長らが離党して新たにボリビア共産党（マルクス・レーニン主義）を結成してフェデリコ・エスコバル、オスカル・サモーラら中国派が実権を握り、マリオ・モンヘ、ホルヘ・コリェら従来からのボリビア共産党（PCB）と対立する。

　翌五月、鉱山労働者が軍事政権に対して叛乱を起こすと、軍事政権はその背後にレチンがいるとして彼を国外追放。レチンの追放に抗議するゼネストは全土に拡大し、ボリビア労働連合（COB）の武装民兵が各地で武装蜂起し、ボリビアは事実上の内戦に突入した。

図５　共同大統領としてのバリエントスとオバンドを並べて描いたボリビア切手

　バリエントス政権は、鉱山労働者のストに対しては強硬方針で臨み、米国の援助を受けて、軍を三千から三万に増強し、五月二十三日までに労働側を完全に鎮圧。レチンはパラグアイに亡命し、叛乱鎮定の功労者としてのオバンド将軍はバリエントスと並ぶ〝共同大統領〟に就任する（図5）。

　さらに、バリエントス政権は、潜伏中のナチ戦犯で元リヨンのゲシュタポ長官、クラウス・バルビイを軍情報部の幹部として受け入れ、六月以降、米国の訓練を受けた特殊部隊ならびに空挺部隊を動員して鉱山地区を制圧。労働者民兵を武装解除した。

　その後、九月には労働者民兵の残党が農民民兵と共同しゲリラ闘争を開始したが、政権側は年末までにPRIN、共産党、POR（革命労働党）等の左派勢力を非合法化し、左翼反政府勢力をほぼ壊滅に追い込んだ。また、左派勢力の支持基盤となっていた鉱山労働者の賃金は四五％切り下げられ、日当も〇・八ドルに抑えられるなど、経済的な締め付けも強化された。

　その反面、バリエントスは、先住民のケチュア語を理解するという特技を生かし、〝二十五エーカー構想〟による自作農の創出など、農民を保守化させ、支持基盤として確保することに努めていた。

　チェがコンゴを脱出してきた頃のボリビアは、以上のような状況にあり、左派勢力としては態勢立て直しのため、外部からの支援を必要としていた。その点では、ボリビアを革命の前線基地として確保したいチェの思惑とも利害の一致する面があった。

ところが、ボリビア共産党（ＰＣＢ）の書記長に就任したマリオ・モンへは、チェとキューバの支援を、反政府闘争より、党内での権力闘争に活用しようとする姿勢が露骨だった。たとえば、一九六六年一月、ハバナでの三大陸人民連帯会議に出席したモンへは、フィデルと直談判し、チェとキューバ兵のボリビアでの活動を支援するのはＰＣＢ主流派のみであり、サモーラら反主流派を含む諸派の参加を封じ込めるよう、強く要求。さらに、同会議には、ＰＣＢ主流派以外にも、ボリビアから、ＰＲＩＮやＰＯＲなどの左派系政治団体が参加を希望してハバナに来ていたが、モンへは彼らの会議への出席を阻止している。

〝平和共存〟の路線を掲げる親ソ派のモンへは、思想的に、チェとは水と油の関係にあったが、それでも、バリエントス政権下で左派勢力がほぼ壊滅状態に陥っている中では、フィデルやチェも、残存勢力の中では最大のＰＣＢ主流派に頼らざるを得ない。そもそも、ラパスの政界は規模が小さいため、外国人がゲリラ戦の工作活動をすれば、すぐにＰＣＢ主流派の知るところとなるのは必至だった。その際、猜疑心の強いモンへが、チェを〝敵〟と認定すれば、彼は平気でキューバ人を軍事政権に売り渡すのではないかとの懸念もあり、当初から、モンへには計画を伝えて、協力を仰ぐのが現実的なプランだった。

極秘裏の帰国

さて、一九六六年三月から数週間、プラハに滞在した後、チェはコロンビアに渡り、トリーマの山岳地帯でコロンビア革命軍（ＦＡＲＣ）の下、キューバとは異なる地形でゲリラ戦の訓練を積んでいる。

一九六四年五月二十七日に結成されたＦＡＲＣは、ガイタンの流れを汲む自由党系の武装農民運動から出発したが、一九六六年、コロンビア共産党員で元爆破技師のマヌエル・マルランダ・ベレスが最高司令官に就任。彼の下で急速に勢力を拡大し、コロンビア最大の左翼ゲリラとして、寡頭制の打倒、農地改革、富の再分配を掲げ、社会主義革命政権樹立を目指して、二〇一七年にコロンビア政府との和平が成立するまで、長きにわたり武装闘争を展開した。

　コロンビアでの訓練を経て、七月二十一日、ボリビア行きの準備のため、極秘裏にキューバに帰国した。帰国後のチェは、まず、キューバ島西端、ピナール・デル・リオ州山岳地帯（図6）の訓練基地に直行する。

　一方、チェがキューバに帰国したのとほぼ時を同じくして、七月半ば、副官のポンボとトゥマ（本名はカルロス・コエージョ）がボリビア東部、サンタクルスに入り、すでに現地で活動していたタニアならびにリカルドと合流し、作戦の後方基地となる農場探しに乗り出した。

図6　ピナール・デル・リオ州山岳地帯の景観

　基地の候補地としては、

①ペニ川上流のラパス州ユンガス地方（図7）
②コチャバンバ地方北東郊外のチャパーレ
③アンデス山中の盆地で人里離れたニャンカウアス渓谷

の三ヵ所が挙げられた。『カストロ主義——ラテンアメリカの長征』の著者でフランス人ジャーナリストのレジ・ドゥブレ（図8）は、フィデルの命を受け、前記三ヵ所を調査し、チャパーレが最適との報告をまとめたが、それとは行き違いに、九月十一日、リカルドはニャンカウアスで一二〇〇ヘクタールの農場を購入してしまう。さらに、リカルドはユンガスでも農場を購入したが、購入後、その農場が陸軍の駐屯地近くであることがわかり、基地としてではなく、武器の隠し場所として使うしかなかった。

　ニャンカウアスの農場は、もともと、レンベルト・ドン・ビヤという地主の所有地で、マリオ・モンへか

図７　ユンガス地方のコカの葉畑

図８　ドゥブレ。ボリビアでの記者会見時の写真。

らキューバ人連絡員とのコンタクトを命じられたボリビア共産党員、〝ココ〟ことロベルト・ペレド・レイゲが購入。同じく、ボリビア共産党員で軍事部門の活動家だった〝ロロ〟ことホルヘ・バスケス・ビアニャとともに、同農場の所有者を装っていた。後に、彼らはチェの求めに応じてゲリラ活動に参加する。

リカルドの失態にチェは不快感を示したが、ともかくも、ボリビアでの作戦開始を急いでいたチェは、ニャンカウアス渓谷の農場を後方基地として使うことを決断し、武器や平坦物資をユンガスから移動させた。

この間、ポンボはボリビア共産党のマリオ・モンへと会談したほか、ペルーのゲリラ幹部に対して、戦いが敗北に終わりつつあるペルーではなく、ボリビアであらたにゲリラ活動をはじめるべきと説明し、ペルー人ゲリラ三名を味方に加えている。ただし、この時点では、モンへはキューバ人部隊の主目的はペルーにあり、ボリビアはあくまでもその後方基地にすぎないとの認識で、チェが自らボリビアに乗り込んでくることは想定していなかった。

一方、ボリビア政府の側では、一九六六年一月にいったん大統領を辞職したバリエントスが、自らの政党として〝キリスト教人民運動〟を結成。ここに小政党を結集した〝ボリビア革命戦線〟を選挙母体として農民運動の指導者も取り込み、九月の大統領選挙で当選し、政治基盤を固めていた。

こうして、ボリビアでの活動の準備が整いつつある中で十月後半、頭髪を剃り落して初老のウルグアイ人に変装したチェは、ハバナ市内の隠れ家で家族と別れの夕食を共にした。この時、テーブルの周りで転んだ娘アレイダを抱き上げたチェに対して、それが自分の父だと知らされていなかったアレイダは「この人、私が好きみたい」と無邪気に言い、これが父娘の最後の別れとなった。

その後、隠れ家から空港に直行したチェは、ウルグアイ人エコノミスト〝アドルフォ・メナ・ゴンザレス〟として、十月二十三日、ハバナを発ち、プラハ、ベルリン、フランクフルトを経由してマドリードに向かった。この間、フランクフルトの空港でチェは合成皮革の表紙のダイアリーを買い、そこに、絶筆となった『ボリビア日記』を書き綴っていく。

さらに、マドリードから大西洋を渡ってサンパウロに入り、十一月三日、ボリビア・ラパスのエル・アルト空港（図9）に到着する。入国の名目は「米州機構の委託でボリビアの農村問題を調査すること」とされていた。

『ニューヨーク・タイムズ』の記者として、キューバ革命戦争の最中にフィデルにインタビューをした経験もあるハーバート・マシューズは、後に、ボリビア到着時のチェの心境を「異教徒を改宗させるため未開の土地に分け入る伝道者のような激烈かつ深い使命感を

図９　ラパスのエル・アルト空港を取り上げた絵葉書。"高地"の空港名の通り、標高 4000 メートルのアンデス大高原の中にあり、滑走路からはアンデスの山並みが至近に見える。

覚えていた」と描写している。

ボリビア共産党との決裂

ラパスに到着したチェは、副官のポンボらの出迎えを受け、市内に投宿。行動計画について打ち合わせた後、十一月五日、二台のジープに分乗してラパスを出発し、アンデス前衛山脈を大移動し、七日夜半、ニャンカウアスの農場に到着する。途中、チェは部下たちに次のように訓示した。

ボリビアが南米のゲリラ戦基地として最適だから戦いに来た。勝利には時間がかかるだろう。ボリビア一国だけでの勝利を夢想してはならず、少なくとも海岸線を持つ一国での革命、さらにはラテンアメリカ全域での革命を目標にせねばならない。さもないとボリビアでの革命は潰されてしまう。この国から出国する際は遺体としてか、もしくは戦いながら国境を超えるか、どちらかになるだろう。

チェが思い描いていたボリビアでの計画は、（実際の地理的条件を無視すれば）ペルー、チリ、アルゼンチン、パラグアイ、ブラジルからほぼ等距離にあるボリビア北部の山岳地帯を拠点に、現地の農民を革命兵士に育て上げ、訓練施設を拡充し、ついで近隣諸国から送り込まれる志願者を革命兵士として教育し、その見返りとして資金的・物質的援助を得て、活動の範囲を広げていくという壮大なものだった。

図10　ボリビア山中で撮影されたゲリラ部隊の写真。左から３人目のベレー帽の人物がチェで、１人おいてその右側、眼鏡の人物がチノである。なお、右端はニャンカウアスの農場主を装っていたボリビア人のロロ、その隣は、ロロとともに農場主を装っていたココの兄、"インティ"ことギド・ペレド・レイゲである。

実際、チェの到着から間もない十二月二日、中華系であるがゆえに〝チノ〟と呼ばれていたファン・パブロ・チャン（図10）ら五人のペルー人が、ペルーでのゲリラ組織再興への協力を求めてニャンカウアスのチェを訪ねてきたが、彼らは、将来的にペルー戦線の構築をチェが支援するとの言質を取り付けた上で、チェの部隊に参加することになった。なお、ペルーとの国際連携の打ち合わせのため、チェはチノをキューバに派遣する。その際、チノはアレイダ宛の手紙を託されている。

チェの計画通りに事態が進めば、モンカダ襲撃の記念日にあたる一九六七年七月二十六日には、国際活動家のゲリラ部隊が、ボリビアの首都、スクレの兵営を襲撃し、第二のモンカダ事件として、新たな革命の出発点となるはずだった。

ところで、ボリビア共産党のマリオ・モンへは、ポンボとの会談を踏まえて、一九六六年十月、キューバを訪問し、フィデルとも会談した。親ソ派で平和共存主義者のモンへは、ボリビアがラテンアメリカ全体に波及する革命の震源地となることだけは、なんとしても避けたいという思いがあり、フィデルも、キューバ兵のボリビア遠征は〝ボリビア以外の国で行う武力闘争を準備するためのもの〟と説明して、モンヘを安心させていた。

ところが、会談の最後にモンヘは、今回の計画の最大の目的が、実は、〝ある友人〟をアルゼンチンに行かせることにあるとフィデルから聞かされ、愕然とする。〝ある友人〟が、革命の輸出を唱えてソ連と対立したチェのことを指しているのは明らかだったからだ。

このため、成り行きに不安を感じたモンヘは、急遽、モスクワへ飛び、ソ連共産党中央委員会国際部長のボリス・ポノマレフに状況を報告。自分はフィデルに〝騙された〟と弁明する。その上で、モスクワからの帰路、ハバナに立ち寄ったモンヘには、再びフィデルと会談し、「自分の指揮下に入るのなら、ボリビア国内でのキューバ兵の作戦行動を支援する」と伝えた。この時のフィデルの返事は、「現地ではチェと上手くやってくれ」だったという。

こうした経緯を経て、一九六六年十二月三十一日、夕ニアの案内でモンヘがニャンカウアスの野営地を訪問する。

都市部を中心に工作活動に従事していたタニアは、モンヘのボリビア共産党（ＰＣＢ）の組織力を頼りにしており、チェが率いる山岳ゲリラも都市工作との連携なくしては上手くいかないと考えていた。これに対して、チェは、ラパスを拠点とする支援網の重要性を否定はしないものの、かつてのシエラ・マエストラでの経験から、都市部の活動を一段低く見ていた。

はたして、年をまたいで一九六七年一月一日まで続けられたチェとモンヘの会談は、最初から平行線をたどっていた。

ＰＣＢ指導者としてのモンヘには、ボリビアで活動する限り、ゲバラらもＰＣＢの指導に従うよう、具体的には、ゲリラ指導部は中国路線を放棄し、モンヘを政治・軍事面での指導者とし、チェは副司令官ないしは顧問となるよう、求めた。

当然のことながら、自らが最高司令官になることを自明の大前提ととらえていたチェは猛反発する。

この点に関して、モンヘへのことを、教条的でチェに対する嫉妬と猜疑心にとらわれた狭量な人物と評する指摘は多い。たしかに、モンへにそうした面があったことは事実だろうが、「国民がこのゲリラ戦が、外国人によって指導されていると知ったなら、背を向け、支援を拒むであろう。ボリビア人が指揮するのでなく、外国人が指揮するということになれば、必ず失敗するであろう。君たちは大いに英雄的に死亡するであろうが、未来の展望はない」との言葉は、たしかに正論である。

　また、後にボリビア共産党書記長となったホルヘ・コージェも、一九七一年六月、ＯＣＢ第三回大会で、すでに故人となっていたチェについて、以下のように総括している。

> 　キューバ革命の勝利の結果、一部の知識人たちによってそれが一般化され、新しいこの概念が革命闘争の雰囲気の中で有効性が追求された。農村及び都市の非プロレタリア階層がその支持の源泉であった。その方法論、ゲリラ闘争、より適切には〝フォコ〟論、その社会主義の待望、こうした概念は、大陸的な広がりを見せたが、少なくともわれわれ、ボリビアの現実には沿わなかった。
>
> 　ボリビアの革命は、ボリビア人によって指導されなければならなかった。ゲバラの失敗は、その民族的性格を無視しようとしたところにあったのではないか。したがって、ゲバラは、顧問か、志願兵でなければならず、ゲリラの司令官であってはならなかった。

　コージェの指摘した〝ボリビアの現実〟とは、すでに農地改革により農地を手に入れた農民が、むざむざ自分の土地を手放してまでジャングルに潜み、ボリビア軍の兵士、すなわち、徴兵された彼ら自身の息子たちに銃を向けることなどありえないという〝常識〟であった。

　さらに、モンへは、一九六五年四月、米海兵隊がドミニカ共和国に侵攻し、チェとも面識のあったフアン・ボッシュの大統領就任を阻止した例を挙げながら、「帝国主義の支援が得られる軍部相手の戦いに勝ち目はない。この点に配慮しないのは自らを欺くことになる」と警告する。仮に、一時的に革命が勝利したとしても、内陸国のボリビアは周辺諸国に国境を封鎖され、攻め込まれたら勝利を維持することは困難だからだ。

しかし、ボリビア山中の農民をゲリラとして組織し、革命闘争を南米全体に拡大するとの〝信仰〟にとらわれていたチェは、モンへの指摘したボリビアの（弱点としての）〝内陸性〟がまさに周辺諸国に革命を輸出するための拠点としてのアドバンテージであると理解し、モンへの説得を一蹴する。

図 11　ボリビア共産党との決裂後。ボリビア山中で撮影されたチェと同志の集合写真を取り上げた切手。左端はボリビア共産党員でチェのもとに残留したインティ。

いわく、我々の作戦はラテンアメリカ大陸規模であり、大陸連帯主義はモンへの地元第一主義、国籍主義を超越するのだ、と。

それでも、モンへは、ラテンアメリカ随一の革命家としてのチェの名声と権威に配慮して、ボリビアが南米革命の起爆剤になるというなら、「ペルーが主戦場で、ボリビアが後方基地になる」というチェの言葉を解釈し直して、ＰＣＢが勢力を築いているラパスで蜂起し、ついで、山岳地帯でゲリラ戦を展開してはどうか、との妥協案を提示した。キューバ革命でも、シエラ・マエストラでのフィデルやチェの闘争は、都市部での反バティスタ闘争によって支えられた面があったという史実を踏まえての提案である。

しかし、チェは納得せず、モンへに対して、次のように言い放った。

> 私はキューバ人、ボリビア人、アルゼンチン人、ベネズエラ人だ。君と私、我々には一つの国しかない。それはラテンアメリカだ！
>
> 私はすでにここにいる。ここから私を引き出すことができるのは死んだときだけだ。

革命ロマン主義者としてのチェのカリスマ性は、ボリビアでは完全に裏目に出た。こうなると、もはや両者は決裂するしかなかった。

会談を終えたモンへは、ゲリラに加わったボリビア人を集め、「共産党はゲリラ闘争には加わらない。党員・活動家は町に戻るように。そうしなければ除名する」と言い渡したが、彼らはチェのもとに残留することを選択した（図11）。

コカイン密造工場の疑い

チェとモンへの間で論争が行われた元日は、キューバ革命勝利八周年の記念日（図12）でもあった。モンへがアルゼンチンに向かうタニアとともに山を下りた後、チェは兵士たちを集めて革命の意義を語りつつ、モンへとの決裂について以下のように説明したという。

私は軍事顧問の立場にとどまることはできない。間違った謙虚さは何の益ももたらさない。軍事的にも政治的にも、私はモンへより優れている。私には経験があるからだ。モンへはボリビアのための闘いだけを考えているが、私はボリビアだけではなく、大陸規模の闘いを望んでいる。

図12　キューバ革命８周年の記念切手

図13　ペドロ・ドミンゴ・ムリージョ

また、山中に留まったボリビア人青年たちを意識して、ボリビア独立運動の先駆者で、一八一〇年、スペイン植民地政府に処刑されたペドロ・ドミンゴ・ムリージョ（図13）の言葉「愛国者とともに私は死ぬ、しかし私が灯したまま遺すトーチは誰も消すことができない。自由よ、万歳！」を引用しつつ、「革命という偉業の前に我々の命など何の意味も持たない」と強調。その上で、ボリビアでのゲリラ戦の体制が整った後は、指揮権をボリビア人に渡し、自らはアルゼンチンに行く意向であることを明言した。

その後、しばらくの間は偵察や基地の設営作業を行いながら、各種の訓練とケチュア語の学習に明け暮れる日々が続いたが、一月十九日、日系ボリビア人のゲリラ兵士、フレディ・マエムラが警官五人を目撃したと報告したことから、チェは迂回路を設定した。

フレディ・マエムラ（マイムラとも）は、一九四一年十月十八日、鹿児島県揖宿郡頴娃町（現南九州市）出身の移民一世、前村純吉（スペイン語名アントニオ）とボリビア人の母ローサの次男としてベニ県トリニダに生まれた。

チェの革命構想では、ボリビアを拠点にそこからペルーにも勢力を拡大するというプランだったが、ボリビアの日系人社会は、それとは逆に、ペルー経由で形成された。

すなわち、一八九九年二月、日本郵船会社の佐倉丸で横浜からペルーに向けて出航した日本人移民は、「ペルーの甘蔗耕地あるいは精糖工場で四年間働き、その報酬として一ヵ月二ポンド十シリング（約二十五円）に相当するペルー貨を支給される」との契約を移民斡旋会社と結んでいたが、現地ではトラブルが絶えず、移民の中には逃亡する者も少なくなかった。

一方、当時のアマゾン地方は世界的なゴム需要もあって空前の好景気だった。このため、ペルーに嫌気がさした日系移民九十一人が、一八九九年九月、アンデス山脈を越えて、ボリビア国内有数のゴム産地だったベニ県に再入植する。これがボリビアへの最初の日本人移民となった（図14）。

その後も、ゴム景気につられたペルーからの転入者は後を絶たず、ベニ県のゴムの集積地、リベラルタとその周辺には、ピーク時の一九一八年には約七百人の日本人移民が居住していた。しかし、第一次世界大戦の終戦とともに、ゴム景気は終焉を迎え、リベラルタ

図14　1999年に発行された"日本ボリビア移住100周年"の記念切手

の日本人の多くは、ボリビア国外に出るか、国内に留まる場合にはラパス、トリニダなどに転住し、商業活動等に従事するようになった。

　フレディの父、純吉は、一九三〇年頃、ペルーに渡った後、ボリビアに移り、トリニダで洋服生地店を経営していた。

　一九四一年の日米開戦を受けて、翌一九四二年四月六日、ボリビアは日本に対して宣戦布告し、これに伴い、二十九人の日系ボリビア人が米国に送還され、強制収容所に送られたが、それ以外の日系移民は戦前とほぼ同様の生活を維持できた。また、交戦国となったとはいえ、ボリビア国内の反日感情は強くなかったため、第二次世界大戦後、ボリビア政府はサンタクルス県の東部低地開発の労働力として、日本本土および沖縄からの移民を積極的に受け入れていた。

　こうした環境の中で育ったフレディだったが、大学予科生時代にボリビア共産党の青年組織に加入。トリニダ市政の腐敗を糾弾し、市長を汚職容疑で告発したため投獄され、ボリビア国内の医科大学本科への入学ができなかった。

　そこで、一九六二年、キューバの国費留学生に応募してハバナに渡り、一九六一年十月に設立された〝プラヤヒロン勝利基礎・前臨床科学校〟に入学した。同校のキャンパスは、一九六二年十月のミサイル危機の際には地対空ミサイルの基地になり、フレディも志願して防衛任務に参加した。

　ミサイル危機後の一九六三年初め、フレディは留学生仲間とともにハバナでチェと接触し、すぐにチェに心酔した。そして、一九六五年、ピナール・デル・リオ州内の基地でゲリラ戦の訓練を受け、チェの作戦に参加して祖国ボリビアに潜入した。ゲリラとしてのコードネームは、チェの本名と同じ〝エルネスト〟だったが、医師を意味する〝エル・メディコ〟とも呼ばれた。

　さて、フレディが目撃した警官たちは、この時点では必ずしもゲリラを警戒していたわけではなく、付近の住民から、コカインの密造工場があるらしいとの噂を聞きつけて捜査しに来たのであった。

　コカインの原料となるコカの葉は、ボリビアを含む南米の山岳地帯では、そのまま噛んだり、茶として飲用するなど、嗜好品や薬用として伝統的に利用されてきた。特に、ボリビアでは鉱山労働者などの重労働者がコカの葉を噛みながら仕事をする習慣があるほか、貧しい人々はコカの葉を噛むことで空腹を紛らわすのが常だった。コカの葉そのものはコカイン濃度が薄いため、依存性や精神作用は、抽出されたコカインに比較して弱く、ボリビア国内ではコカの葉を茶などとして嗜むことは違法ではない。

一方、コカの葉から抽出されたコカインは幻覚症状を引き起こし、薬物依存症の原因となるため、〝麻薬〟として一九二二年には米国で禁止されたのをはじめ、多くの国では、原料となるコカの葉、コカの木を含め、規制の対象となっている。

コカの葉を嗜む伝統的な習慣を維持するためにも、ボリビア警察としては、違法薬物としてのコカインをコカの葉とは峻別して取り締まる必要があり、〝コカイン密造工場〟の噂があれば、見過ごすわけにはいかなかったのだが、警察が野営地の周辺を徘徊するようになったことは、チェの作戦準備にも支障が出ることになった。

一九六七年二月に入ると、チェは訓練を兼ねた行軍を開始し、ニャンカウアス渓谷からグランデ川を渡河し、北方を目指した。ボリビア共産党からの支援が得られない一行は食糧不足に悩まされ、ゲリラの中には、偶然出会った農民に「自分はゲリラの隊長だ」と口を滑らせたり、石油技師に武器を見せびらかしたりするなどの不注意な言動が見られるようになり、さらには、疲労と空腹に耐えかねての脱走者も出始めた。

特に、武器を持ち出して売りさばこうとした脱走者二名は、警察に捕まると、〝偉大な隊長（＝チェ）、フランス人ドゥブレ、タニア〟ら外国人の存在を含め、ゲリラ側の細かい情報を自白してしまう。

三月二十日、三十七日ぶりに野営地に戻ったチェのもとに、六十人の陸軍部隊が接近しているとの情報が届けられた。このため、チェは部下たちに野営地からの撤退準備をさせるとともに、野営地に戻ってきたタニアや、フィデルとも面識のあるフランス人ジャーナリストのドゥブレ、アルゼンチンの画家でジャーナリストのシロ・ブストスと話し合った。このうち、ドゥブレは、一九六七年一月に『革命の中の革命』をパリとハバナで出版したばかりで、その続編の取材のため、三月に入り、新著とアレイダの手紙を携えてチェのもとに来ていた。

ラパスとの連絡担当のタニアは、野営地に近づかぬよう、チェから指示を受けていたが、モンヘがチェと決裂したことで、彼女がボリビア共産党との協力の下で築いてきた人脈や情報網が機能しなくなっており、対応を協議せざるを得なくなっていたのである。

一方、ドゥブレに対しては、チェは、ボリビア解放運動への募金運動を組織するため、帰国後に渡してほしいと哲学者のサルトルとバートランド・ラッセル宛の書簡を託すとともに、ブラジルの反体制活動家、カルロス・マリゲーラとの接触を依頼。ブストスには、アルゼンチン国内の左翼勢力と接触し、支援を求めるよう依頼した。

ラッセル法廷との接点

一九六七年三月二十三日、ゲリラ部隊は、脱走者の情報を元に野営地に接近してきた政府軍の先遣隊を待ち伏せして吸収し、七人の兵士を射殺し、負傷者四人を含む十四人を捕虜とする戦果を挙げた。ゲリラ側は迫撃砲やバズーカ砲などの武器と弾薬を奪った後、捕虜を解放した。

解放された捕虜たちの報告から、ゲリラの存在を知ったボリビア政府軍は、翌二十四日、山岳地帯への空爆を開始する。さらに、同日、タニアが山中に入る前にカミリ（ボリビア東部、アンデス東麓のサンタクルス南南西約二五〇キロの地点にある都市。一九五三年以降、ボリビア政府と米系石油会社による油田開発の中心地となっていた）の車庫に駐車していたジープと車内に置かれていた書類が政府側に押収され、彼女がゲリラ側の工作員としてラパスでボリビア政府関係者と接触していたことが露見してしまう。この結果、彼女はラパスに戻れなくなり、何の訓練も受けぬまま、チェに同行して山中でゲリラ活動に従事せざるを得なくなった。

事態の急転に対応すべく、チェは〝ボリビア人民解放軍（ＥＬＮ）〟の成立を宣言する。部隊の構成は、前衛隊（隊長はキューバ人の〝ミゲル〟ことマヌエル・エルナンデス・オソリオ、キューバ人三人、ボリビア人八人）、本隊（隊長はチェ、キューバ人九人、ボリビア人六人、ペルー人三人)、後衛隊(隊長はキューバ人の〝ホアキン〟ことフアン・ビッタリオ・アクニャ・ヌニェス、キューバ人四人、ボリビア人六人)である。

ＥＬＮの成立を受けて、チェは、三月二十七日付で「コミュニケ第一号　ボリビア人民へ　反動の虚偽に対する革命の真実」と題する文書を作成。「労働者を殺害し、我々の全資源をアメリカ帝国主義に完全に譲渡する下地を拵えた後に権力を強奪した非情きわまる軍部は、いまや、道化芝居を演じて人民を嘲っている」との一文で始まるこの文書は、二十三日の戦闘でのＥＬＮの戦果と政府側の戦死者・捕虜の名簿を明らかにした上で、以下のように締めくくっていた。

戦いの火ぶたは切って落とされた。先々発布するコミュニケの中で、我々の革命家としての立場を鮮明に打ち出す所存である。本日、我々は、巨大に厚切りされてヤンキー独占企業に順次売り払われつつある我らが国土を救出し、日々ひもじさを募らせている我らが人民の生活を向上させるために、暴力をもって暴力に立ち向かう時機が到来したと感じている労働者、農民、知識層、そしてすべての人々に向かって呼びかけるものである。

文書の署名は〝ボリビア人民解放軍〟となっており、文面も、ボリビア国民有志がバリエントス政権に対して立ち上がったという体裁が採られている。モンへとの論争もあり、ボリビアの山岳ゲリラが、外国人の指揮下にあるのではなく、あくまでもボリビア人の自発的な意思によるものであるとの建前を強調しなければならなかったからだ。

翌二十八日、ＥＬＮは政府軍の兵士を乗せたトラックを襲撃、制圧したが、政府軍兵士を殺傷することなく解放した。

一方、脱走者の証言などから、ボリビア政府はチェがゲリラ活動に加わっているとの情報も得ており、同日、陸軍が「ゲバラが国内でゲリラを組織している」と発表。ＣＩＡもカミリに要員を派遣し、バリエントス政権による掃討作戦の支援を決定。三月末には、パナマ運河地帯の米軍基地からボリビア軍支援のため、ベトナムでの実戦経験のある陸軍特殊部隊の現役士官を含む軍事顧問団が派遣され、戦闘機がゲリラ地域を空襲した。

図15　ニャンカウアス河畔のチェ

四月六日、ＥＬＮは政府軍の包囲網をかいくぐってニャンカウアス川を渡河し（図15）、峡谷の入口で待ち伏せ攻撃を仕掛けようとしたが、百人を超える政府軍部隊が待機していたことから断念。安全な場所を求めての逃避行を開始する。

その過程で四月十日、イリピティで後衛隊が政府軍兵士十五人と遭遇。銃撃戦で政府軍に戦死三、負傷二、捕虜六の損害を与えた。チェは、捕虜となった政府軍少佐に、三月二十七日付で作成した「コミュニケ第一号」を報道機関に配布することを約束させて解放した。四月十二日には、ルビオの埋葬に際し、〃最初に血を流した者〃が（ボリビア人ではなく）キューバ人であったことを述べ、先遣隊のボリビア人の中にキューバ人を見下すような風潮があることを戒めた。

一方、イリピティでの戦いを経て、ＥＬＮの基地を捜索した政府軍は、四月十一日、チェの写真を発見。掃討作戦に本腰を入れるべく、ボリビア全九県のうち四県で戒厳令を施行し、カミリに第四師団本部を設けて二千の兵を動員。翌十二日には、米国軍事顧問団のマルトン・バッド大佐が現地に到着し、グリーンベレーによる対ゲリラ作戦の指導も開始された。

これを受けて、チェは「コミュニケ第二号」を書き、四月十日の戦闘の戦果をまとめた上で、ボリビア政府による米軍事顧問団の受け入れを批難した。さらに、十六日には、チェが前年に書いていた「三大陸人民連帯機構へのメッセージ」がＯＳＰＡＡＬの機関誌『三大陸』の特別号に掲載された。「三大陸人民連帯機構へのメッセージ」は、翌十七日付のキューバ共産党機関紙『グランマ』にも転載され、これにより、もはやチェがボリビアで活動していることを疑う者はいなくなった。

なお、「三大陸人民連帯機構へのメッセージ」が公表されたことを受けて、バートランド・ラッセルは、キューバ政府を通じてベトナム支援のアピールにチェの署名を求めており、その要請は、四月二十九日にはチェにも届けられている。

一九五五年七月、物理学者のアインシュタインとともに、核兵器廃絶・科学技術の平和利用を訴えた宣言文〝ラッセル＝アインシュタイン宣言〟を発したラッセルは、一九六一年には英国の核政策に抗議して〝百人委員会〟を結成して委員長に就任。国防省前での座り込みの際に逮捕され、有罪判決を受けていたが、米軍によるベトナム戦争への介入と北爆に対してもサルトルとともに激しい抗議行動を展開しており、一九六六年には米国の戦争犯罪を裁くための〝民衆法廷〟の開催を提唱していた。このプランは、一九六七年五月二〜十日、スウェーデン・ストックホルムの国民会館で開催された〝国際戦争犯罪法廷（ラッセル法廷とも。図16）〟で実現するが、チェの「三大陸人民連帯機構へのメッセージ」が発表されたのはまさに同法廷の開催準備が佳境に入った時期にあたっており、キューバ革命のカリスマ、チェの「第二、第三のベトナムを！」という言葉は、会議の意義を広く世界にアピールする上で大いにインパクトがあったのである。ちなみに、法廷は、当初の予定通り、ニュルンベルク法廷憲章第六条の平和に対する罪、通例の戦争犯罪、人道に対する罪である。さらにジェノサイド条約のジェノサイドを適用して、「米国政府は、国際法に照らしてベトナムに対する侵略行為を犯したことにつき有罪」などとする判決をサルトルが読み上げて閉廷している。

一方、ボリビア山中のチェは、一九六七年四月十六日、状況の悪化に対応するべく、ゲリラ部隊を二つに分け、自らは前衛隊と本隊を率いてカミリ近郊のムユ

図16　ラッセル法廷（5月のストックホルム法廷および12月に行われたデンマークのロスキルド法廷）を讃えた北ベトナム切手

パンパに向かった。残りの後衛隊には、タニアや体調を崩した本隊のキューバ人アレハンドロ、ボリビア人のモイセーズ・ゲバラらが合流したが、その後、両者が再会することはなかった。

四月十九日、米誌『ライフ』の契約記者、ジョージ・ロスがチェのもとを訪れ、周囲の農民たちが賞金目当てにELNの行動を政府軍に通報しているとの情報が寄せられた。そこで、ロスが山を下りるのに合わせて、ドゥブレとブストスの二人のジャーナリストを帰すことにした。

ところが、翌二十日、ドゥブレら三人はカミリ近郊のムユパンパで逮捕されてしまう。チェがそのことを知ったのは、同日、ムユパンパの副市長、医師、ドイツ人司祭が和平の仲介を求めてチェのもとを訪れ、そのことを明かしたためである。チェは副市長らの申し出を一蹴したが、すると、彼らが帰った後、野営地の一帯が空爆された。

出発前、ドゥブレは、万一、ボリビア軍の捕虜になってもチェの存在だけは明かさないという〝男の誓い〟を立てて山を下りたが、拘束が長引き、処刑命令も出される中で、誓いを守り通すことは困難だったようだ。また、フランス人であるドゥブレに関しては、フランス大統領のド・ゴールとローマ教皇パウロ六世から、ボリビア政府に対して〝人道的処遇〟を要求する親書も届けられていた。こうしたこともあって、結局、ドゥブレは五月六日までにチェの存在とELNの部隊構成などを自供。その代償として、七月にカミリで始まった軍事法廷では指導者の名前を明かさず、〝誓い〟を守った形式を取りつつ、事実上の司法取引によって死刑判決を免れ、懲役三十年の判決を受けた。その後、ド・ゴールやパウロ六世のほか、サルトルやアンドレ・マルローも関わった国際的な釈放運動により、一九七〇年には釈放された。

一方、ドゥブレとともに逮捕されたブストスは、画家としての技量が注目され、ゲリラ全員の似顔絵とキャンプ地や物資倉庫の場所を強制的に描かされ、ELNの組織の実態がボリビア政府側に把握されてしまう。

ドゥブレとブストスの情報から、あらためて、チェがボリビア山中で活動していることを確認したボリビア政府は、チェに五万ボリビア・ペソの懸賞金をかけ、農民たちの密告を奨励した。現金収入に乏しく、日常的には補助通貨のセンタボしか使っていなかった山間部の農民にとって、五万ペソは途方もない大金である。

さて、ドゥブレの逮捕によりチェはキューバとの連絡手段を失い、ブストスの逮捕によりアルゼンチンとの連携も不可能となった。さらに、短期間のボリビア滞在の後、ペルーに戻るつもりだったチノもペルーに戻れなくなり、チェの下に留まらざるを得なくなった。

四月二十二日、タペリリャス近郊のコリポテ農場でELNはボリビア政府軍と戦ったが、その際、前衛隊のロロがはぐれて山中に迷い込んだ。ロロはその後も単独でボリビア政府軍と戦い、死傷者二名の損害を与えたものの、二十九日に逮捕され、両腕を折られた後、生きたままヘリコプターから投下される拷問を受けた。五月四日、ラジオの前で自白を強要されているので、この時までは生きていたことが確実だが、月末の裁判を受ける前に処刑された。

図17　エリセオ・レエス・ロドリゲスと、彼の死を悼んでチェが日記に書き記したネルーダの詩の一節

さらに、四月二十五日には、ティクチャとイキラ川間のエル・メソンの戦闘で、シエラ・マエストラ以来のチェの副官で、キューバ共産党中央委員の〝ロランド〟または〝サン・ルイス大尉〟ことエリセオ・レエス・ロドリゲス（図17）が敵の待ち伏せを受けて戦死する。チェの悲しみは深く、当日の日記に「我々はゲリラ戦士の中で最高の男を喪った」と記しただけでなく、パブロ・ネルーダの「シモン・ボリバル讃歌」の一節「勇敢な小隊長の亡骸は、その金属のしろもののなかで無限の空間に向かっていっぱいに伸び広がっていった」が彼に捧げられている。

さらに、二十八日にはボリビア陸軍参謀総長のオバンドと米軍が第二レンジャー大隊の創設で合意し、CIAは対ゲリラ戦の軍事顧問としてロバート・シェルトンを派遣。ニャンカウアスの製糖工場に対ゲリラ戦訓練センターを設立し、ゲバラ捕獲を目的とする部隊が編成された。その数は、ボリビア兵六百五十、米軍特殊部隊二十、キューバ人亡命者数名である。

チェとELNへの包囲網は徐々に狭められていった。

挫折した鉱山労組との共闘

ボリビア政府軍の掃討作戦が本格化していく中で、五月七日、チェの部隊はニャンカウアス渓谷の野営地へ戻った。

翌八日、ELNは待ち伏せ攻撃により兵士三人を殺害し、十人を捕虜にした。チェは自分たちの襤褸《ぼろ》と捕虜たちの服を交換した上で、彼らを解放する。また、二十八日にはジープを奪い、三十日には政府軍兵士四人を殺傷、三十一日には軍用トラックを襲撃して少尉と兵士の計二人を殺害した。

こうした戦果の一方で、この頃になると、ゲリラ部隊の食糧事情は極端に悪化し、食べ物をめぐって部隊内の規律も乱れがちになっていた。また、腐った、あるいは、腐りかけの食材を利用せざるを得なくなったことで、チェを含め、下痢や嘔吐の症状を訴える者が続出する。

ELNの苦境が続く中、六月六日、ボリビアの鉱山労組がELNへの連帯を決議し、八日、賃金の半減を決めたボリビア政府に対するストライキに突入した。

これに対して、政府側が戒厳令を布告し、すべてのストライキを禁止。ボリビア最大の労働者組織であるボリビア労働者中央本部（COB）を非合法化して労組の指導者を追放する。

このため、十六日、労組側は〝非常事態態勢〟をとり、チェも「コミニュケ第四号　ボリビア人民へ」と題する文書を発表。ボリビア人のインティ・ペレドがELNの総司令部のメンバーであることを明らかにした上で、「ボリビアを解放するという我々の最小限の目標に賛同する市民であれば誰でも革命の戦列に受け容れられる」、「わが祖国を解放するための武装闘争に参加する者は誰でも、名誉あるボリビア市民の称号を受けるに値し、またその敬称を実際に受けるであろう」として、闘争への支援を呼びかけた。

ELNとの連帯に手応えを感じた労組側は、二十三日、ポトシ県ジャジャグアのシグロ・ベインテならびにカタビの錫鉱山地帯を〝解放区〟と宣言したが、翌二十四日、ボリビア政府軍は両鉱山地区を急襲。両地区で少なくとも八十七人（一説には四百人）が虐殺された。六月二十四日は、カトリックでは、イエスに洗礼を授けた聖ヨハネの祝日とされていることから、この事件は〝サンファン（聖ヨハネのスペイン語読み）の虐殺〟と呼ばれる。さらに、二十六日、政府軍はウヌアニ鉱山の労組に対しても同様の攻撃を行った。

虐殺事件を受けて、チェは「コミュニケ第五号 ボリビア人鉱山労働者諸君へ」と題する文書を発表する。「またしてもプロレタリアの血が我々の鉱山内に流れている」との一文で始まる文章は、虐殺での犠牲の大きさを踏まえて、〝誤った兵法〟により労働者の被害を拡大させることがあってはならないとしつつも、労働者には「共通の敵に向かって全精力を傾注して戦いを挑む義務」があり、鉱山労働者が地下活動のゲリラと連携するよう訴えている。

コミュニケ第五号は「諸君、我々は待っている」との一文で締めくくられているが、結果的に、チェの発表したコミュニケとしては最後のものとなったため、この一文がＥＬＮとして発せられた最後の一言になった。

六月の総括として、チェの日記には「鉱山での虐殺事件は我々の展望に松明を掲げてくれる。我々の声明書が広く流布された暁には、真相を解明する上で最適の要因ともなるだろう」との楽観的な記述も見られるが、当初、ゲリラ戦の戦力として期待していた農民に関しては「農民を補充兵として取り込めないままでいる。彼らは扱いにくい集団である」として、なかなか勢力を拡大できぬまま、戦死者が増え、兵力が先細りになっていることへの焦燥が吐露されている。

七月六日、ＥＬＮはサマイパタのボリビア陸軍駐屯地を襲撃し、ここを攻略した。

サマイパタは、サンタクルスとコチャバンバを結ぶ国道沿いに位置しており、近郊にはインカ文明の遺跡で、世界遺産にも登録されている〝サマイパタの砦〟(図18)がある。幹線道路沿いでの戦闘であったため、ＥＬＮが政府軍を打ち破るのを目撃していた住民も多く、宣伝効果は非常に大きかった。

チェのプランでは、ここを拠点に、北西方向にあるチャパーレで第二戦線を開くべく、サンタクルス州内に第二の拠点を設けるつもりだった。しかし、サマイパタを攻略したものの、すでに、チェの部隊には兵力

図 18　サマイパタの砦

を遠方で展開するだけの余裕はなく、第二戦線は実現しなかった。

さらに、七月九日、虐殺事件を体験した恐怖感から、鉱山労組は国営鉱山会社と協定を結び、彼らの闘争は一月強で敗北に終わった。

生前唯一の肖像切手発行

鉱山労組の闘争が惨憺たる結果となったことを受けて、ソ連首相のアレクセイ・コスイギンは、ラテンアメリカ諸国共産党の合法的な活動を無視して、チェらがゲリラ闘争を行っていることを批判した。さらに、コスイギンは米大統領のリンドン・ジョンソンから、チェがボリビアで活動していることへの抗議（当時の米国は、共産主義諸国はソ連を盟主として一枚岩の結束を誇っていると誤解していた）を受けたことを理由に、フィデルに対して、チェを完全に見捨ててボリビアから手を引くよう、圧力をかけた。しかし、フィデルがこれを拒否したため、ソ連はキューバに対する石油の供給を削減した。

また、チェコスロバキア共産党は、「数多くのベトナムを作ろう」と訴えたチェを〝新しいバクーニン〟と呼び、〝ベトナム〟が増えればさらに犠牲は拡大すると批判した。ミハイル・バクーニンは、十九世紀の無政府主義者で、〝プロレタリア独裁〟を批判してマルクスと対立し、一八七二年に第一インターナショナルを除名された人物。ソ連およびその影響下にあった共産主義諸国では〝マルクスの敵〟と見なされていた人物だから、〝平和共存〟路線にあだなすチェは東側諸国の敵であると公式に認定されたに等しい。

これに対して七月二十四日、ハバナのマクシモ・ゴメス士官学校の卒業式での革命防衛相としての演説で、ラウルが論駁を加えている。さらに、二十六日のモンカダ兵営襲撃十四周年にあわせて、フィデルはチェの大きな写真を前に記念演説を行い、ボリビア作戦についても言及した。

ソ連からの経済支援を受け入れるため〝平和共存路線〟に反対せず、事実上、チェを追放したかたちのキューバ政府にとって、そうした現実を甘受した上で、革命の大義に殉ずべく、キューバ国籍を捨ててコンゴ、そしてボリビアに向かったチェ（この時点ではいまだ存命であったが、彼が生きてキューバに凱旋しうる可能性がほとんどないことは、キューバ政府とチェが一番よくわかっていた）は、第三世界の旗手としての彼らのレゾンデートルを国際的に担保するための唯一最大の装置であった。それは、人類の原罪を背負って磔刑に処せられたナゼレのイエスがキリスト教において占めているポジションとパラレルなものだと言っても良い。

したがって、クリスチャンにとって、イエスを罵倒することが許されないのと同様、革命キューバにとっては、チェに対するソ連やチェコスロバキアの批難は絶対に許容できなかったのである。

七月三十日、ボリビアでは、政府軍の奇襲により発生したロシータ川での戦闘で、先遣隊のラウル・キスパヤ・チョックと本隊の〝リカルド〟ことホセ・マリア・マルティネス・タマヨが亡くなった。リカルドは、シエラ・マエストラでの反バティスタ闘争以来のチェの同志で、革命後はキューバ内務省の設立に尽力。コンゴでもチェに従い、チェに先駆けてボリビアに入国してラパスでチェを出迎えた側近である。この時の戦闘で、ゲリラ部隊は医薬品や双眼鏡などの入った背嚢十一を失ったが、なかでも、録音機を失ったことでキューバからの暗号通信の解読が困難になったことが大きな痛手であった。

一方、同日、ハバナでは〝サロン・ド・マヨ美術展〟が始まった。

サロン・ド・マヨ美術展は、『レボルシオン』紙の元編集長で著述家のカルロス・フランキが中心となって開催したもので、展覧会名はドイツ占領下のパリで、反ナチス派の芸術家たちが創設した〝五月サロン〟を意識している。パブロ・ピカソ、ホアン・ミロ、アレクサンダー・カルダー、ルネ・ポルトカッレロ、ウィルフレド・ラム等、当代一流の芸術家の作品が展示されたほか、キューバを拠点に活動をする若手芸術家を集め、支援することも目的の一つであったため、展覧会に参加した芸術家の中には、主催者側から滞在費その他の支援を受け、会期の数週間前からハバナに滞在して作品を制作する例もあった。

同展の目玉のひとつが、会場入口に設置された横十メートル、縦五メートルの巨大な合作壁画「クーバ・

図19　巨大壁画「クーバ・コレクティバ」を取り上げたサロン・ド・マヨ美術展の記念切手。チェの肖像が取り上げられた最初の切手である。

コレクティバ」である。

「クーバ・コレクティバ」は、ウィルフレド・ラムが描いた中央の円の周囲に渦巻き状に他の画家たちの作品を加えていくことで作られた作品で、作品の左方にはチェの肖像も取り上げられている。この壁画は、同展の開催に合わせて発行された記念切手（図19）にも取り上げられたため、これが、チェの肖像を描く最初の切手となった。なお、この切手は、チェの生前に発行された唯一の肖像切手でもある。

一九六八年以降、キューバ政府は、革命のイコンとしてチェの肖像を取り上げた切手を国家の名において盛んに発行するようになるが、その最初の一枚が、すでにチェの生前から始まっていたことは、同時期のラウルおよびフィデルの演説と併せて、彼の神格化のプロセスを考える上で、極めて示唆に富んでいる。

さらに、美術展の開幕を経て、七月三十一日から八月十日まで、ハバナでは、ラテンアメリカおよびカリブ海諸地域の二十七の共産党、労働党その他の革命組織の代表が出席して、ラテンアメリカ連帯機構（OLAS）の第一回会議が開催された。

会議では、ラテンアメリカの革命に共通した戦略や戦術をめぐって激論がたたかわされ、最終的に、「武力革命をラテンアメリカにおける革命の基本的路線とする」との一般宣言が採択された。フィデルとチェの〝キューバ革命路線〟がラテンアメリカの左派勢力にとっての正統教義として認知された格好である。

ただし、武力革命路線については強く反発する出席者もあり、ボリビア共産党は同路線に反対し、あらためてチェとの絶縁を宣言。また、フィデルは、会議の閉会宣言で「ゲリラを都市から指導しようとすることは愚かであるばかりでなく犯罪でさえある」と発言し、ベネズエラ共産党指導部を〝えせ革命家のマフィア〟と酷評。ベネズエラ共産党を〝日和見主義〟として名指しで批難した。

ベネズエラでは、一九六四年三月十一日に発足したレオーニ政権が、左派勢力との和解を提唱し、共産党ならびに民主行動党の左翼分派である革命的左翼運動（MIR）を合法化。これを受けて、八月までに共産党とMIRの主流派は武装闘争路線を放棄し、十月には左派強硬派の民族解放戦線（FLN）も和平アピールを発表した。しかし、FLNの軍事組織である民族解放軍全国司令部（FALN）は武装闘争を放棄せず、その後も、キューバの支援を受けながら、ベネズエラ政府軍の戦闘を続けていた。

そうした中で、一九六六年六月、カラカス市内に潜伏していたFALN議長のファブリシオ・オヘダが密告により捕えられ、拷問のすえに虐殺されたが、フィデルは、オヘダの逮捕は、平和路線に転じたベネズエラ共産党の裏切りによるものと考えた。

そこで、七月二十四日、ルベン・ペトコフ率いるFALN部隊がキューバからファルコン州に上陸作戦を行い、イラカラ山系のゲリラ部隊との合流に成功。八月に入ると、FALNは独自の政治機構を確立した。

実は、このタイミングで、キューバ政府は、キューバに極秘裏に帰国していたチェのベネズエラ派遣をベネズエラ共産党に内々に提案していたが、ベネズエラ共産党はこれを拒否している。

その後も、FALNはカラカス市内でのゲリラ活動を展開し、一九六七年三月一日にはフリオ・イリバーレン・ボルヘス元社会保障庁長官を誘拐・殺害。FALN司令官のエリアス・マヌイト・カメロは、キューバ紙『グランマ』で〝犯罪者〟イリバーレンを処刑したことを明らかにした。

事件を受けて、共産党中央委員でカラカス中央大学教授のエクトル・ムヒカをはじめ、共産党の有力者たちが、イリバーレンの殺害は革命とは無関係の単なる犯罪と断じ、ベネズエラ政府も、事件に関与していたとしてキューバを批難した。

さらに、ムヒカはベネズエラ共産党を代表して「FALNの名においてイリバーレン殺害を命じたエリアス・マヌイトとの関係を断絶する」と発表。前海軍大尉で一時FALNの司令官を務めたペドロ・メディナ・シルバも「我々の戦闘組織の名を悪用する人々は、敵の共犯者である。イリバーレン殺害者には人民の正義が適用されるだろう」との声明を、主なゲリラ指導者との連名で発表する。

これに対して、三月十三日、フィデルはベネズエラ共産党の武装闘争中止の方針は〝革命に対する裏切り〟と公に批難したが、四月二十二日、ムヒカらベネズエラ共産党中央委員会は武装闘争の停止を正式に決定する。

そこで、五月八日、キューバを出発したモイセス・モレイロら十二人のゲリラ部隊が、レオポルド・シンケ・フリーアスらキューバ軍将校四人の作戦参謀とともに、ミランダ州に上陸し戦闘開始する。結果的に、この作戦は失敗に終わり、参加者の多くは逮捕・投獄され、ベネズエラの提訴を受けて、七月二十六日に開催された米州機構（OAS）査問委員会ではキューバがベネズエラの反乱軍を支援し訓練したと報告。OAS理事会はキューバ批難決議を採択した。

OLASの第一回会議は、このようにキューバとベネズエラの関係が緊張状態にある中で行われた。そうした事情を反映して、開催国としてキューバが発行したOLAS会議の記念切手の一枚には、ベネズエラの位置を示したラテンアメリカ地図とオヘダの肖像が取り上げられており（図20）、ベネズエラ共産党の〝裏切り〟に対する憎悪が表現されている。

閉会宣言でのフィデルの激越な論調の背景には、こうした事情があったのだ。

図20　ファブリシオ・オヘダを取り上げたOLAS会議の記念切手

図21　トーレスを取り上げたOLAS会議の記念切手

なお、OLAS会議の記念切手には、このほかにも、ラテンアメリカの〝革命烈士〟三人が取り上げられているが、コロンビアのカミロ・トーレス・レストレポ（図21）を取り上げた一枚にも注目したい。

トーレスは、一九二九年二月三日、ボゴタ生まれ。ボゴタの〝ロサリオの聖母学院〟に通っていたが、教員を批難したことが原因で退学処分となった。一九四六年、リセオ・デ・セルバンテスで中等教育課程を修了。コロンビア国立大学法学部にごく短期間在籍した後、ボゴタのコンシリアール神学校に転入し、一九五四年、司祭として叙階され、ベルギーのルーベン・カトリック大学に留学した。

帰国後、研究者としてコロンビア国立大学に籍を置きながら、貧困の根本的な解決と労働者階級への積極的な支援を訴え、さらには、絶望的な社会的格差を解消して社会正義を確立するためには、キリスト教徒は武装闘争に加わらなければならないと主張した。

一九六〇年、オルランド・ファルス・ボルダたちとともに、同大でラテンアメリカ最初の社会学部の設立者の一人となったが、その急進的な主張に対しては毀誉褒貶が激しく、ついには大学を辞して、一九六五年、コロンビアの左翼ゲリラ組織、民族革命軍（ＥＬＮ）に参加する。

ＥＬＮは、マルクス・レーニン主義による反米・親キューバ路線を掲げて、爆弾テロや誘拐を実行していた組織で、トーレスは一ゲリラとして非合法の地下活動に従事し、一九六六年二月十五日、コロンビア軍との戦闘で殺害され、ＥＬＮの〝殉教者〟となった。

カトリックの司祭からゲリラへの転身という異色の経歴もさることながら、トーレスを広く世に知らしめたのは、「もしイエスが生きていたら、ゲリラになっていただろう」との言葉である。この言葉は、ラテンアメリカでは広く人口に膾炙し、一九七〇年代にペルーのグスタボ・グティエレスが著書『解放の神学：歴史、政治、救い』で体系化した〝解放の神学（従来の欧米のキリスト教神学は白人の神学ないしはブルジョアジーの神学の制約を脱することができないとして、これを否定し、被抑圧・被差別人民の解放こそキリスト教の福音の本質であるとする現代キリスト教神学の一潮流）〟の源流の一つとなった。

前述のように、ＯＬＡＳ会議が開催された一九六七年七月の時点では、キューバ政府は、チェがキューバに凱旋帰国しないことを大前提に、〝革命のキリスト〟としてのチェの神格化にすでに着手していた。トーレスの肖像切手と、そこから連想される「もしイエスが生きていたら、ゲリラになっていただろう」との言葉は、そうした彼らの意図を側面からサポートする役割を担うことになったのである。

チェ、捕らわる

一九六七年八月に入ると、ゲリラ部隊を取り巻く環境は一層厳しさを増し、食糧と水の不足は深刻な状況になった。それでも、八月八日、チェは「この種の闘争を通じて、我々は、人類の中で最も崇高な部類の人間、すなわち革命家になる好機を得ることができる」と部下を鼓舞していた（図22）。

　前衛隊・本隊とはぐれた後衛隊は、八月三十日、グランデ川を渡河するため、地元の農民、オノラート・ロハスの家を訪ね、物資・食糧の入手について協力を求めた。実は、ロハスは、一九六七年二月にも一度、ゲリラ部隊を家に招き入れて歓待していたが、それを機にゲリラの存在を政府に密告し、賞金を稼ぐことを考えるようになっていた。

　ロハスは、言葉巧みにゲリラたちに翌三十一日の渡河を勧め、その間に政府軍に通報。はたして、三十一日夕刻、後衛隊が渡河を始めたところ、政府軍の一斉射撃により後衛隊はほぼ全滅に追い込まれた。

　後衛隊に参加していたタニアは、渡河の途中で負傷し、流されながら死亡（図23）。九月八日には、彼女と親交のあった大統領のバリエントスも参列して、彼女の葬儀が行われた。バリエントスは、ゲリラ部隊に参加したボリビア人に向けて「頭上に手を組んで至近の駐屯地に出頭すればいっさい咎められない」とのメッセージを発する。

　ゲリラの活動が追い詰められていく中で、今度はブダペストの日刊紙が、チェのことを〝感傷的で自分勝手な人物〟と酷評した。

　当時のハンガリーは、一九五六年革命の挫折後、権力を掌握したカーダール・ヤーノシュの時代で、集団農場の農民に対して大規模な私有地を許可したり、政治犯の釈放やローマ教皇庁との和解が進められたりす

図22　1967年8月8日のチェの言葉を取り上げた切手

図23　タニアと彼女の亡くなった場所の地図を描いたキューバの切手

るなど、穏健な政策が採られていた。特に、一九六六年に導入された〝新経済メカニズム〟では市場経済が一部導入されたほか、同年十一月には国民議会選挙の候補者を複数候補制にするなどの政治改革も進められた。

穏健社会主義路線のハンガリーからすれば、チェの〝極左冒険主義〟は到底許容しがたいものだが、チェも「臆病者たちとあらゆるおべっか使いたちの化けの皮を剥いで、彼らの大鼻を彼ら自身の汚物にこすりつけてやれるだけの権力を手にできたらとつくづく思う」と日記に記し、苛立ちをあらわにしている。

九月十五日、民族解放軍（ＥＬＮ）の都市工作を担当していたボリビア人女性のロヨラ・グスマンが逮捕され、山中のゲリラ部隊は完全に孤立した。これと前後して、ボリビア政府はチェの身柄拘束につながる情報を提供した者には、五万ペソ（米ドルで四千二百ドル）の賞金を出すとのビラを散布した。

山岳地帯の農民たちは政権に対して親和的で、ゲリラの密告も厭わなかったが、その反面、サンフアンの虐殺事件などもあり、バリエントス政権に批判的なボリビア国民も少なくなかった。

彼らの中には、たとえば、一九六七年八月九日、ボリビア人ゲリラの〝ペドロ〟ことアントニオ・ヒメネス・タルディオがイニャーオ山脈で戦死した際には、彼の出身地、コチャバンバで抗議のデモが発生したほか、九月十九日にはロヨラ・グスマンに逮捕に抗議するデモも行われた。しかし、そのいずれもボリビア政府によって鎮圧されてしまい、チェは民衆に支持を広げることができなかった。

政府軍による包囲網がさらに狭まっていく中で、逃避行を余儀なくされたゲリラ部隊は、山中を彷徨し、九月二十二日にアルト・セコ村に入り、二十四日には近郊のロマ・ラルガ牧場に到着。二十六日にはサンタクルス州の僻村で標高一八〇〇メートルのラ・イゲーラ村に移動した。

事前にゲリラ接近の情報を知らされていた村人はすでに村から離れて避難しており、午後一時から始まった銃撃戦では、ペレド四兄弟のひとりでボリビア人最高幹部の〝ココ〟ことロベルト・ペレド・レイゲら三人が戦死した。

チェは村を出た後、道路沿いにグランデ川方向に向かうよう指示。一方、政府軍の特殊部隊はゲリラの脱出を防ぐためサンアントニオ川に沿って包囲網を形成し、九月二十九日には第二大隊六百五十人がバジェグランデに到着した。

一行が山中での逃避行を続けている中、十月六日付の『ライフ』誌がボリビアの戦況を特集し、〃居所不明〃とされていたチェの写真三枚（一枚は一九六四年のアルジェリア訪問時に撮影されたもので、残りの二枚がボリビア山中で撮影されたもの）を掲載した。このレポートは、当時、世界的に話題となり、チェ率いる不敗のゲリラ兵がボリビア政府軍相手に勝利を重ねているとのイメージが作られたが、実際には、戦況はゲリラ側にかなり不利な状況が続いていた。

図24　チェと終焉の地、チュロ渓谷（切手上の表記は“ユーロ”になっている）の地図

十月七日、チェら一行はチュロ（かつては、ジューロ、ユーロとも呼ばれていた）渓谷に入る（図24）。山羊を追いながら部隊のもとに紛れ込んできた老女の証言によると、その場所は、「ラ・イゲーラからおよそ一レグワ（レグワは距離の単位で地域によりばらつきがあるが、南米大陸では概ね一レグワ＝五〇〇〇メートル）、ハグエイからもう二レグワ、プカラからさらにもう二レグワ」の位置にあるものと推定された。

この日の日記の最後に、チェは次のように記した。

> 軍が、包囲されている三十七名（ゲリラ）の逃亡を封鎖する目的でセラーノ一帯に二百五十兵を配置したとの途方もない報道発表を行った。我々の避難場所はおそらくアセロ川とオロ側の中間だとしている。
>
> この放送は陽動作戦のように思える。
>
> 標高＝二〇〇〇メートル。

これが、チェの残した日記の最後の文章となる。

翌八日未明、一行は脱出路を探るため周囲を偵察したが、その際、月明かりの下で地元の農民、ペドロ・ペニャに目撃され、ラ・イゲーラ村の村長に通報された。

通報を受け、ボリビア軍特殊部隊は早朝五時頃から渓谷の捜索を開始。午前十一時三十分、ボリビア人のアニセート・レイナガ・ゴルディィヨが発見されて射殺されたことから、本格的な銃撃戦が始まった。

チェはボリビア人鉱夫の〝ウィリー〟ことシモン・クーバ・サラビアとともに撤退を開始したが、尾根を上る途中で右ふくらはぎに被弾。さらに、携行していたM2ライフル銃も被弾して破壊され、使用不能となってしまう。その後も、チェはウィリーに支えられて移動していたが、午後二時三十分頃、特殊部隊の兵士三人に発見され、銃口を突き付けられた。現場に駆け付けたガリ・プラド・サルモン大尉に対して、チェは低い声で言った。

私はチェ・ゲバラだ。私を殺すより生かしておいたほうが役に立つ。

かくして、チェは逮捕された。

ボリビア軍はその後も掃討作戦を展開し、さらに五人のゲリラを拘束。夕方六時前までにラ・イゲーラ村に送られ、小部屋が二つだけの小学校の校舎に監禁された。

革命家の最期

チェ逮捕の報を受けて、ボリビア政府は「チェは戦闘中に死亡した」との偽の情報を流すとともに、大統領のバリエントス、国軍参謀総長のオバンド、陸軍司令官のフアン・ホセ・トーレスらで構成される国軍最高会議は、チェを反逆罪で処刑することを決定した。

スペインからの独立以来、チリとの〝太平洋戦争〟に敗れて海岸線を失っただけでなく、ブラジルにも領土を奪われ、パラグアイとのチャコ戦争にも敗北し、さらには、一九五二年のボリビア革命では人民軍にも敗北してきたボリビア軍にとって、民族解放軍（ＥＬＮ）を撃退し、敵将のチェを捕えたことは、歴史上、ほぼ初めての勝利だった。この勝利を劇的に演出するためにも、彼らはチェの首級をあげることが絶対に不可欠であった。

しかし、当時のボリビア刑法では、最高刑は懲役三十年で死刑はなかった。また、正規の手続きでチェを起訴して公判が始まってしまうと、かつてフィデルがそうしたように、公判を通じてチェが理論闘争を展開し、国内世論に〝悪影響〟が出るおそれがあった。

一方、チェを外国軍の〝捕虜〟と見なした場合、裁判なしに処刑することは国際法違反となる可能性があり、政権の庇護者たる米国（とＣＩＡ）にとっても不都合が生じかねない。実際、米政府とＣＩＡはチェをパナマの米軍基地に連行し尋問することを強く主張していた。

ボリビア政府が、ともかくもチェの〝戦死〟をいち早く発表した背景には、こうした事情があったのだ。

翌九日早朝、ボリビアに派遣されていたキューバ系ＣＩＡ要員のフェリックス・ロドリゲスは、ボリビア軍のヌニョ・デ・グスマン将軍、ホアキン・センテーノ・アナヤ大佐とともにヘリでラ・イゲーラに飛んだ。

チェはロドリゲスとは面識がなかったが、ロドリゲスが、あえてキューバ訛りの粗野な口調で尋問したことで、反革命派の亡命キューバ人であることを察知すると、彼を蛆虫と罵り、「売国奴とは話さない」と告げた上で、唾を吐きかけた。

その後、ロドリゲスは〝反米ゲリラの哀れな末路〟を記録に残すべく、校舎の壁の前でチェと記念写真を撮影する。そして、撮影が終わったころ、ラパスからチェを即刻処刑せよとの暗号電文がロドリゲスのもとに届けられ、センテーノに伝達された。

ラ・イゲーラにいた兵士たちは、チェが処刑されるであろうことを薄々察知していたが、自分がその処刑役になることには尻込みした。そこで、司令部は処刑した者には報奨金を出すことにし、整列した下士官九名のうち、マリオ・テラン・サラサール軍曹にチェの処刑を、ベルナルディーノ・ウアンカ軍曹にチェとともに逮捕されたウィリーとチノの処刑を命じた。

まず、ウアンカがチェとは別の教室に拘束されていた二人を銃殺。ついで、テランがチェの部屋に入っていた。

十月九日が誕生日だったテランは、処刑の報奨金を

〝誕生日プレゼント〟として受け取ることになったが、緊張をほぐそうと、処刑の前にビールを飲んでいた。しかし、極度の緊張からか、サラサールは部屋の入口で嘔吐してしまったばかりか、銃口をチェに向けたものの、どうしても指を動かせない。

ついに、たまりかねたチェが言った。

俺はただの男にすぎない。さあ、撃て！

チェに命じられたテランは、ようやく自分の任務を自覚し、一歩退いて目を瞑り、チェの腰から下に向けて銃を連射した。一発目の銃弾は脚に、二発目は腕に、次いで、肩と心臓に撃ち込まれた。その直後に、二名の兵士が至近距離から心臓に二発撃ち込み、チェは絶命した。享年三十九。死亡日時は、一九六七年十月九日午後一時十分頃である。

チェを拘束したプラド大尉が死亡を確認した後、午後一時五十分、バジェグランデの司令部に、そこからラパスの総司令部に処刑完了が報告された。

三人の遺体は布袋に入れられ、午後四時、ヘリコプターでバジェグランデのサンホセデマルタ病院に運ばれ、洗濯室の水槽の上に置かれて検死と洗浄作業が行われた後、軍関係者の立会いの下、報道陣に公開された。

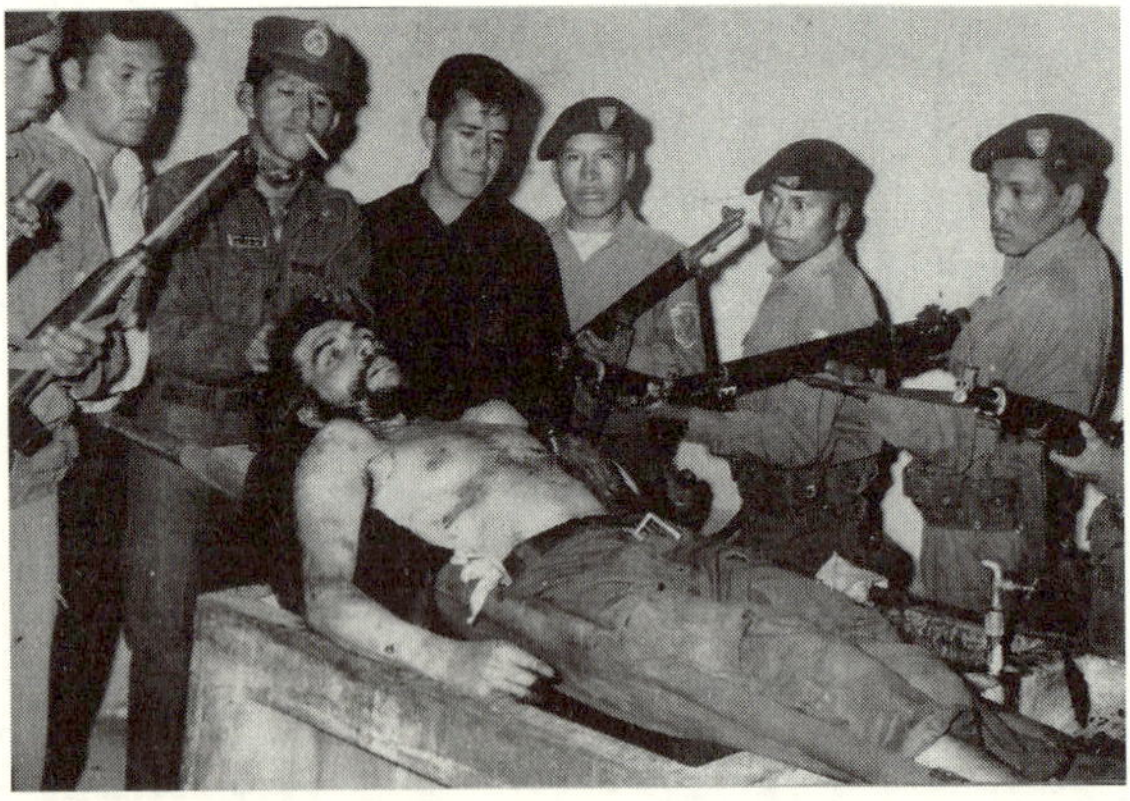

図25　公開されたチェの遺体。

翌十日、遺体はデスマスクを取られ、指紋照合のために両手を切断された上で、十一日未明、市内の滑走路の地中に埋葬された。

第12章　「英雄的ゲリラ」の半世紀

〝英雄的ゲリラ〟の誕生

処刑されたチェの遺体は、現地ですぐに処理されてしまったため、一九六七年十月九日に処刑の第一報がハバナにもたらされた後も、フィデルは、ＣＩＡが攪乱のため偽の情報を流している可能性を考慮して、慎重に事実関係を確認した上で、十月十八日、革命広場で追悼集会を開催する。

フィデルの演壇は内務省前に設けられ、広場に面した内務省の壁面には、〝コルダ〟ことアルベルト・ディアス・グティエレスが、一九六〇年三月五日、クーブル号爆破事件の追悼集会に際して撮影したチェの写真〝英雄的ゲリラ〟（図１）が大きく引き伸ばされて掲げられた。

写真を撮影したコルダは、一九二八年九月十四日、ハバナで生まれた。

鉄道作業員だった父親のカメラ、コダック35を使って、十代半ばから写真を撮り始めた。〝コルダ〟の職名は、アルベルトが敬愛していたハンガリー出身の映画監督、アレクサンダー・コルダに由来する。

一九五九年の革命以前は主として女性モデルを使用

図１　英雄的ゲリラを取り上げた1968年の切手。チェの没後１周年に合わせて設定された"英雄的ゲリラの日"に発行された。

した流行写真ないしは広告写真の撮影で成功し、一九五六年にはハバナの革命広場からも近い新市街のベダド地区で、ルイス・ピアス・ビエルと共に〝スタジオ・コルダ〟を設立。同スタジオは、撮影助手二人を雇い、コルダ本人もポルシェを乗り回すほど繁盛したという。

一八五九年一月一日、バティスタが亡命して革命軍がハバナに入城すると、コルダは連日市内を歩き回り、革命後の市内の光景を撮影して歩いていたが、一月八日にフィデルがハバナに到着した後、革命政府の依頼でフィデルの専属カメラマンとなる。

一九五九年四月十五日から、フィデルはルフォ・ロペス蔵相、フェリペ・パソス国立銀行総裁、レヒノ・ボティ経済相などを率いて米新聞編集者協会の招きで米国を非公式訪問し、セントラル・パークで三万人の聴衆を前に演説したほか、副大統領のリチャード・ニクソンと会談（大統領のアイゼンハワーは〝ゴルフの先約〟を理由にフィデルと会うことを避けた）した。コルダも公式カメラマンとして使節団に同行したが、その仕事の合間を縫って、著名な写真家だったリチャード・アベドンをニューヨークのオフィスに訪ね、自分の作品を見せて感想を聞いている。

アベドンは、一九二三年ニューヨーク生まれで、コルダより五歳年長。一九四四年に雑誌『ハーパース・バザー』でデビューし、一九四六年以降、『ヴォーグ』や『ライフ』などでも写真を撮るようになったほか、四十年以上にわたりパリ・コレクションの撮影も担当した。いわば、ファッション写真界の大御所である。

コルダの写真を見たアベドンは、彼のファッション誌での仕事については〝感性的に時代遅れ〟と評する一方、革命後のキューバを撮った写真については「見たことのない力強さを感じる。このまま続けた方がいい」と絶賛。これを機に、コルダは仕事の中心を報道・ドキュメンタリー写真にシフトしていく。

帰国後、コルダは観光パンフレット用の写真撮影のため、キューバ島西部のピナール・デル・リオ州の農村を行脚し、その作品は『レボルシオン』（現『グランマ』）紙に掲載されて大きな反響を呼んだ。

翌一九六〇年一月、コルダは『レボルシオン』紙の写真記者になるが、クーブル号の爆破事件が発生し、後に「英雄的ゲリラ」として知られることになるチェの写真を撮影したのは、それから間もない三月五日のことである。

クーブル号爆破事件とその追悼式の詳細は前述の通り（第5章）だが、この日、コルダは愛用のライカM2に九〇ミリのレンズをつけ、曇天の下、フィデルの追悼演説や壇上に列席した著名人の姿などを撮影していた。そこへ、群衆の様子を確認しようとしたのか、突如、チェが壇の前方にやってきたため、コルダは反射的に、二回シャッターを押した。一枚目は縦の構図、二枚目は横の構図で、一枚目はチェのみが写っていたが、二枚目（フィルム全体としては二十二枚目）には、チェの盟友で後にアルゼンチンでのゲリラ戦で亡くなったホルヘ・リカルド・マセーティが写り込んだ。この二枚目が、「英雄的ゲリラ」の元になる（図2）。

追悼式の終了後、コルダは写真を現像し、『レボルシオン』編集部に持ち込んだが、紙面に採用されたのは、演説するフィデルの写真とサルトルとボーボワールの写真だけで、チェの写真は掲載されず、写真のネガはポートフォリオにファイルされ、人知れず保存されていた。

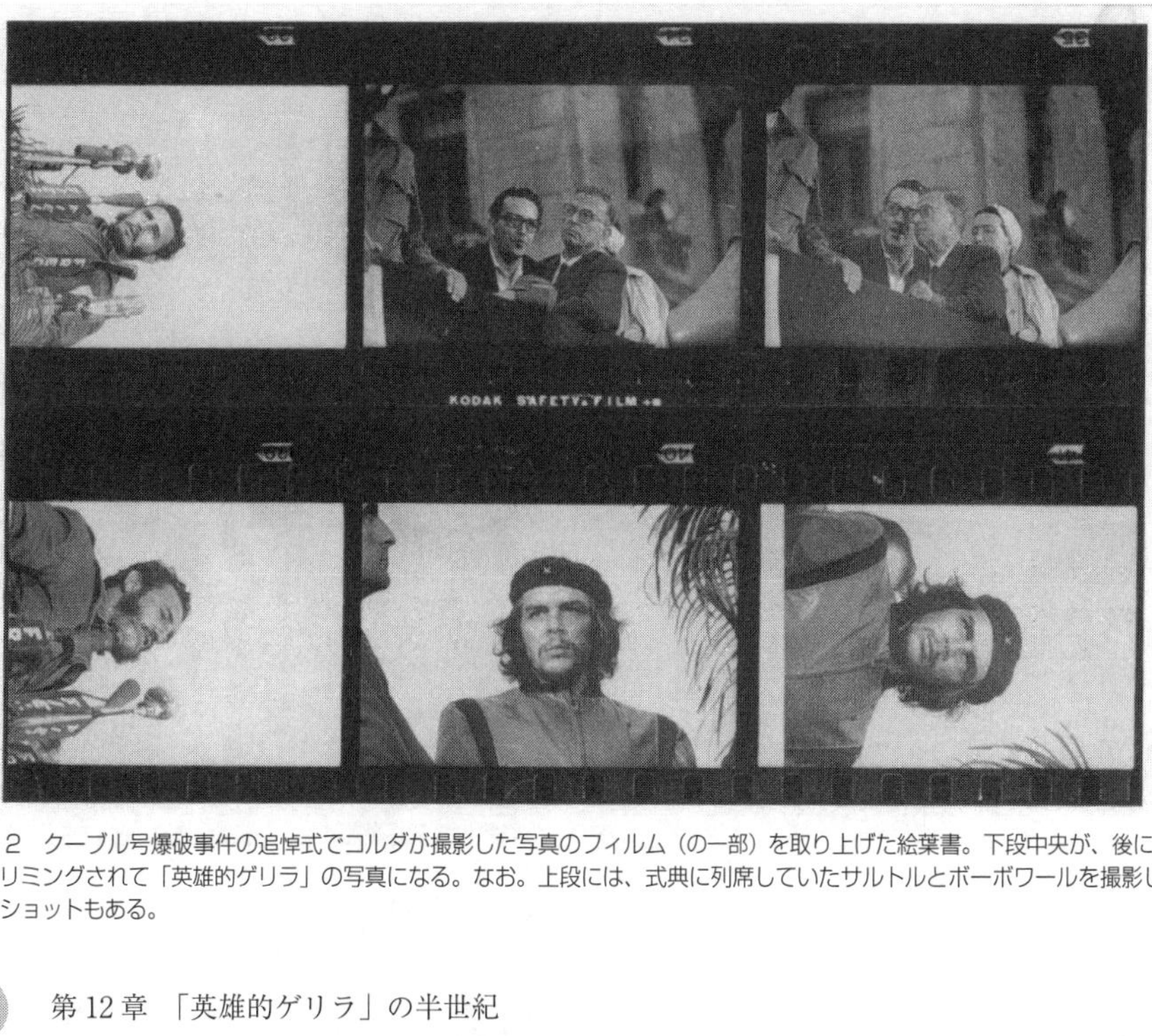

図2　クーブル号爆破事件の追悼式でコルダが撮影した写真のフィルム（の一部）を取り上げた絵葉書。下段中央が、後に、トリミングされて「英雄的ゲリラ」の写真になる。なお。上段には、式典に列席していたサルトルとボーボワールを撮影したショットもある。

その後、撮影から一年以上も経った一九六一年四月、チェの写真はギリギリまでトリミングし、椰子の木をカットした上で、同十六日付の『レボルシオン』紙で、テレビ番組「人民大学」でチェの講演が放送されることを告知する際のカットとして使われ、ようやく、日の目を見ることになった。しかし、放送前日の四月十五日、CIAの支援を受けた亡命キューバ人によるハバナ空爆が始まり、さらに、十七日にはプラヤヒロン事件が発生したため、番組は放送延期になってしまう。結局、事態が沈静化した後で、あらためて、チェの講演が放送されることになり、件の写真はその時の告知用にも使われた。ただし、この時点では、件の写真は数あるチェの肖像写真の一枚でしかなく、「英雄的ゲリラ」とのタイトルも付けられていない。

むしろ、当時コルダの代表作とされていたのは、一九六二年、キューバ政府による「革命前史を回顧する」との企画で、フィデルがシエラ・マエストラ山中のかつての活動拠点を歴訪する際に同行して撮影された「山頂に立つフィデル」(図3)であろう。この写真は、『オイ』紙に掲載されただけでなく、同年十月のミサイル危機勃発の際、キューバ青年同盟のポスターにも採用されて、有名になった。

図3 「山頂に立つフィデル」の絵葉書。

その後も、一九六〇年三月にコルダが撮影したチェの肖像写真が公のメディアで使われることはほとんどなかったが、コルダ本人はこの写真を気に入っていたため、小遣い稼ぎを兼ねて、その焼き増しを一枚三百ドルで個人的に販売し、複数の欧州の出版・メディア関係者が購入していた。本書の冒頭でご紹介したジム・フィッツパトリックが手にした『スターン』誌に写真を提供した〝サルトルの友人〟もその一人である。

キューバが国際的な著作権管理のためのベルヌ条約に加入したのは一九九七年のことだが、それ以前、特に革命後間もない時期のキューバ政府首脳部は、著作権や肖像（使用）権などの知的所有権が保護されるべきものとの認識がなく、むしろ、著作権などは人間の精神の産物を金銭化しようとする資本主義の悪弊であるとさえ考えていた。このため、一九九七年以前の革命キューバの文化政策では、著作権などの知的所有権はすべて国家と国民に属する（事実上の）パブリック・ドメインとみなされていた。

当然のことながら、写真を撮影したコルダには、『レボルシオン』の写真記者としての給与しか支払われず、個別の写真についての彼の権利は全く考慮されなかったから、彼としては、自衛手段として、個人的に焼き増しした写真という〝モノ〟を個人として販売することで、撮影者としての権利を補填していたつもりだったのだろう。

フェルトゥリネッリの登場

こうした状況下で、一九六七年四月頃、イタリア人の出版エージェント、ジャンジャコモ・フェルトゥリネッリがハバナのコルダのスタジオを訪問する。フェルトゥリネッリは、キューバ共産党中央委員で『レボルシオン』紙の元編集長のアイデ・サンタマリア・クアドラドとローマで知り合ったとして、彼女の紹介状を携えていた。

フェルトゥリネッリは、自らもイタリア共産党員で、一九六五年頃から、フィデルもしくはチェに革命の理念や思想的背景についての著作を依頼するため、二万五千ドルの前渡し金も用意していたという。

フェルトゥリネッリの来訪を受けたコルダは、彼にチェの写真を何枚か見せ、求められるままに何枚かの焼き増しを渡した。サンタマリアの紹介もあったためか、その際、材料費や手数料などの請求はいっさいなかったという。

写真を受け取ったフェルトゥリネッリは、いったんイタリアに帰国した後、同年八月、ボリビアに渡る。

ボリビア渡航の目的は、チェが実際にボリビアで活動していることを確認するとともに、四月に逮捕されたレジス・ドゥブレの裁判を傍聴し、可能であれば、ドゥブレに執筆を依頼することであった。しかし、フェルトゥリネッリ自身も共産党員であったため、ボリビア入国時に逮捕され、一週間拘束されてしまい、ドゥブレの裁判を傍聴することもできずに帰国せざるを得なかった。

一方、フェルトゥリネッリがボリビアで難渋していた頃、ヨーロッパでは、フランスの雑誌『パリス・マッチ』一九六七年八月十七日号に作家のジャン・ラルテギーがチェについての記事を寄稿し、コルダが撮影した〝あの写真〟も掲載されていた。

コルダの写真は関係者の間でパブリック・ドメインと認識されていたとはいえ、このまま放置していたら、写真に目垢がついて情報としての鮮度が落ちてしまう。そこで、フェルトゥネッリは、十月十二日からフランクフルトで開催される国際ブックフェアで件の写真を使ったポスターを販売すべく、ボリビアからの帰国後まもなく準備を開始した。

そうしているうちに、十月九日、チェはボリビア山中で処刑され、翌十日、そのことが全世界にニュースとして配信された。

こうして、チェに対する世界中の関心が集まる中で、フェルトゥリネッリは「チェの訃報を聞いてただちに制作を開始した」との触れ込みで、ポスターに「英雄的ゲリラ」のタイトルをつけて販売を開始した。

一方、ハバナでは十月十八日のフィデルの追悼演説を前に、内務省の壁面には、チェの巨大な肖像画を掲揚するため、建物とほぼ同じ高さの木製パネルが組み上げられた。その肖像として、それまでキューバ国内では半ば忘れられた存在になっていて「英雄的ゲリラ」が選ばれる。

巨大な「英雄的ゲリラ」を前に、撮影者のコルダでさえ感動に打ち震えたと回想しているが、革命広場に集まった数十万の民衆の多くは、チェを背景に「彼の生涯は歴史の輝かしい一ページであった」、「類稀な軍事的才能は彼をゲリラ戦の芸術家に押し上げた」と演説するフィデルの姿に、キリストのイコンの前で熱く説法するパウロのイメージを重ね合わせていたかもしれない。

その光景がメディアを通じて全世界に報じられると、「英雄的ゲリラ」の存在は広く知れ渡るようになり、フェルトゥリネッリの制作したポスターも、販売開始から半年間のうちに、全世界で百万枚を超える売上を記録したという。

ただし、コルダの写真はパブリック・ドメインであるとの認識から、ポスターのクレジットには〝ジャンジャコモ・フェルトゥリネッリ・エディトーレ〟とあるのみで、コルダの著作権表示はおろか、被写体としてのチェの名前さえ記載されなかった。当然のことながら、英雄的ゲリラが全世界に流通することによって、革命キューバが金銭的な利益を得ることはなく、コルダに〝印税〟が支払われることもなかった。しかし、「英雄的ゲリラ」の大ヒットは〝革命のキリスト〟としてチェを神格化するというフィデルの目論見に大きく貢献し、莫大な政治的利益を革命キューバにもたらしたことは言うまでもない。

なお、革命広場に掲げられた「英雄的ゲリラ」は、耐久性に問題があり、その後いくつかの作品に交換された（図4）が、一九九三年、現代美術家のエンリケ・アビラ・ゴンザレスによる鉄製シルエット作品（図5）「勝利まで、必ず（hasta la victria siempre）」が掲げられて現在に至っている。

一九五二年生まれのゴンザレスは、当時四十歳。作品の制作にあたっては無数のデッサンを制作した上で幼い息子に模写をさせて、息子が容易に描けるレベルにまで単純化したものを最終的なデザインとしたという。作品はキューバ建設省が一五トンの鉄材を使って制作し、「別れの手紙」の（フィデルが改竄した）一節をタイトルとし、その文言を右下に配している。

共産主義青年同盟のエンブレム

ところで、現在でこそ「英雄的ゲリラ」はチェの最も有名な肖像として定着しているが、当初、フィデルとキューバ政府としては、別のバージョンの肖像画を公式のイコンとして定着させようとしていた可能性がある。すなわち、共産主義青年同盟（ＵＪＣ）のエンブレムに描かれている横顔の肖像である

図4　内務省壁面に掲げられたチェの巨大肖像を取り上げた絵葉書の例。

図５　キューバ内務省50年の記念切手には、チェの鉄製シルエット作品が掲げられた内務省庁舎の外壁が取り上げられている。

図６　1962年以前の革命青年協会のエンブレム。

図7　ビルヒリオ・マルティネスの代表作『クーチョ』を取り上げた切手。

革命キューバにおける政権側の青年組織としては、一九六〇年に設立された革命青年協会が最初である。当初、同協会のエンブレムは、赤い星を背景に、一九二〇年代の旧キューバ共産党の共同設立者で、大学学生連合を設立したフリオ・アントニオ・メリャ（一九二九年没。享年二十六歳）の肖像のみを配したものだった（図6）。

一九六二年四月、革命青年協会の第一回全国大会が開催され、組織名を共産主義青年同盟に改称することが承認されると、これに伴い、ビルヒリオ・マルティネスにより、新たなエンブレムが制作されることになった。

マルティネスは、一九三一年四月二十七日、ハバナ生まれで、一九四九年、商業美術家としてデビューした。商業誌での活動のかたわら、反バティスタの地下出版でバティスタ批判の風刺漫画を描いていたが、一九五五〜五九年、左派系の雑誌『メリャ』誌に、擬人化された犬のプーチョを主人公とする冒険物語『プーチョ』を連載。後に、そこから派生した漫画『クーチョ』（図7）は現代キューバを代表するコミック作品となった。

一九五九年の革命後、フィデルは国民教化の手段として漫画を重視したが、マルティネスは革命以前からの活動もあって、左翼系の著名漫画家として革命政府の庇護を受け、キューバ共産党中央委員会の機関紙『グランマ』をはじめ、多くの媒体で作家のみならずアート・ディレクターや編集代表としても活躍した。その作風は、クーチョのような愛嬌のあるものだけでなく、キューバ革命史に題材を取った写実的なものまで多岐にわたっている。

マルティネスの制作したエンブレム（図8）は、UJCの文字の入った円と星を背景に、メリャとともに、早逝したキューバ解放の英雄、カミーロ・シエンフエゴス（一九五九年没。享年二十七歳）の肖像を並置したもので、背後には、青年同盟のスローガンである学習・労働・銃（＝革命軍）の語と、それに対応した白（学習）・青（労働）・濃緑（銃）の旗が配されていた。ただし、この時点ではキューバ政府の現職閣僚であったチェの肖像は含まれていない。

一九六五年、現在のキューバ共産党が創設され、青年

図8　1962年にマルティネスがデザインした共産主義青年同盟（UJC）のエンブレム。

図9　チェの横顔の肖像を加えた現在のUJCのエンブレム。

図10　チェを含むUJCのエンブレムが入った1969年の切手。

図11　UJCのエンブレムの肖像の元になった写真を並べたUJC45周年の記念切手。

同盟はその下部組織になったが、当初エンブレムは従来の物がそのまま使われていた。ところが、一九六七年にチェが亡くなると、急遽、チェの肖像を最前面に加え、ついで、カミーロ、メリャの順で並べた現在のデザイン（図9、10）に変更された。このデザインでは、チェの肖像が前面に出ていることから、革命キューバとしては、三人の中でチェを最も重要視していることがうかがえる。

エンブレムのデザインと、その元になったと思しき写真（図11）を比べると、エンブレムの肖像は単純化され、コインに刻まれた国王の肖像にもそのまま転用できそうな雰囲気である。西洋のデザインの伝統では、国定の肖像としてはこちらの方がオーソドックスなスタイルになるのだが、その分、肖像としての訴求力という点では「英雄的ゲリラ」に比べるとおとなしい印象は否めない。

結局、マルティネスによる横向きの肖像はUJCのエンブレム以外にはほとんど使われなかったが、その反面、「英雄的ゲリラ」の理想化されたイメージは、青少年の目指すべき人間像として、UJCの活動においても繰り返し強調されていくことになる。

そうした「英雄的ゲリラ」のイメージが効果的に使われていたのが、一九九四年に公開のキューバ・メキシコ・スペイン合作映画『苺とチョコレート』である。

物語は、UJCのメンバーで（キューバ式）共産主義を信奉する男子学生ダビドと自由主義者で（自称）芸術家のゲイ男性ディエゴとの友情を主題としたもので、当初、ダビドはディエゴを〝同性愛者のスパイ〟として監視していたが、やがて、インテリであり、純粋で温かい人柄と芸術への熱意の持ち主であるディエゴに理解を示すようになり、真の友情をはぐくむものの、最終的に、ディエゴは〝同性愛者〟として国を追われるというのが大まかなストーリーである。

革命当初、フィデル、チェ以下、同性愛（者）を激しく嫌悪していた政府首脳部は、カトリックの価値観を背景に同性愛に対する差別感情が強かった一般市民の支持も得て、同性愛を刑法の規定する〝公的破廉恥行為〟として処罰の対象とし、同性愛者であることが発覚した者は矯正センターに送られて再教育されたり、亡命を余儀なくされることも少なくなかった。

一九八一年になって、ようやく、文化省が〝性の多様性〟の観点から、同性愛の排斥を非とする声明を発し、一九九三年にはフィデルも同性愛を容認する姿勢を示すようになったが、現在でもなお、キューバでは同性愛者に対する有形無形の差別・迫害は根強く残っているとされる。

映画『苺とチョコレート』はそうした社会的な背景の下で制作され、国際的にも高い評価を得て、現代キューバを代表する映画作品と見なされるようになった。この結果、二〇〇九年、〝キューバ映画五十年（実際には、革命後の全キューバ映画の制作・上映を管理するキューバ芸術・映画産業庁：ＩＣＡＩＣの創立五十年）〟を記念して発行された切手シートにも『苺とチョコレート』が大きく取り上げられたが（図12）、映画の内容を要約するものとして、シート下部には、ダビド役のウラディミール・クルスが「英雄的ゲリラ」の掲げられた部屋にいる場面が取り上げられているのは見逃せない。

ここでの「英雄的ゲリラ」は、ダビドがＵＪＳのメンバーであり、キューバ政府の考える〝あるべき青年〟であり、確固たる共産主義者であることを暗示する小

図12 『苺とチョコレート』を取り上げた“キューバ映画50年”の切手シート。

道具として用いられているのは明らかだ。その意味では、チェの顔がいかなる方向を向いていようが、〝若者はチェの如くあるべし〟というキューバ政府の姿勢は一貫しているといってもよいだろう。

ウォーホル風の偽作

さて、「英雄的ゲリラ」はパブリック・ドメインと見なされたがゆえに、アート・シーンでは、さまざまにアレンジして使われることになった。そのうち、アンディ・ウォーホル風に着色されたシルクスクリーンの作品にはさまざまなバリエーションがある。ただし、ここで〝アンディ・ウォーホル風〟と書いたように、このスタイルの「英雄的ゲリラ」（以下、〝ウォーホル風〟と略す）を最初に考案したのは、実は、ウォーホルではなく、フェルトゥルネッリの甥でイタリア系米国人の芸術家だったジェラール・マランガである。

ニューヨークを拠点に、詩人・画家として活動していたマランガだったが、経済的には苦境が続き、一九六七年には、叔父のフェルトゥルネッリを頼ってミラノに渡り、彼の家に居候していた。そこで、叔父の大ヒット作である「英雄的ゲリラ」のポスターを目にしたマランガは、これを当時ニューヨーカーの間で人気のあったウォーホルのスタイルを真似てアレンジしたシルクスクリーン版画を制作すれば、多少の売上を得られるのではないかと考え、さっそく実行に移した。この時点では、ウォーホルはチェを題材とした作品を制作しておらず、マランガ自身も自分の作品がそれほど注目を集めることもないだろうから、事前にウォーホ

図13　マランガの制作した“ウォーホル風”の「英雄的ゲリラ」。

ルの許諾を得るまでもないと考えていたという。

ところが、〝ウォーホル風〟の偽作（図13）はマランガの予想をはるかに超える反響を呼び、彼にはローマでの個展開催の話も持ち上がった。そうなると、本家ウォーホルに無許可のまま偽作が注目を集め、経済的にも巨額の利益を生み出すことになれば、訴訟社会の米国を拠点にするウォーホルが裁判を起こすことも十分に予想された。

そこでマランガは、ウォーホルに対して、〝ウォーホル風〟の偽作について事後承諾を求めたが、ウォーホルはこれを無視。このため、マランガはやむを得ず、作者のクレジットをつけないまま、当初の予定通り、一九六八年二月に個展を開催したが、完売した偽作の代金、三千米ドルはウォーホルに支払われた。まったく労せずして作品の売上を手にしたウォーホルは、当然のことながら、マランガを訴えることはしなかった。

マランガが〝ウォーホル風〟の偽作について自らのクレジットをつけなかった（つけられなかった）ことで、その後、彼の〝オリジナル〟に倣ったウォーホル風の「英雄的ゲリラ」が無数に作られ、全世界に流布していくが、その際、マランガの偽作がウォーホルの作品と誤認されることも少なくなかった。

たとえば、二〇一一年、西アフリカのギニアは、マランガの偽作をウォーホルの〝代表作〟として、ウォーホルの肖像とともに並べた切手（図14）を発行しているが、これなどは、その典型的な例である。

ギニアは、国際的な切手エージェントと結託し、全世界の切手収集家をターゲットに、国内の郵便に使う

図14　アンディ・ウォーホルの肖像とマランガによる“ウォーホル風”英雄的ゲリラを並べて取り上げたギニアの切手。

ためではなく、外貨獲得のための輸出商品として〝いかがわしい切手〟を濫発することで知られている。

〝いかがわしい切手〟というと、郵便料金前納の証紙という、切手の本旨から外れるものとして、まじめなコレクターの収集対象としてはそれだけで忌避されることも多いのだが、少し視点を変えて考えてみると、興味深い情報が浮かび上がってくる。

すなわち、切手を（郵便料金とは無関係な）輸出商品ととらえるなら、切手の題材は、発行国の国内事情とは無関係に、より国際市場で人気を得られるようなもの、すなわち、より多くの売り上げが見込めるものこそが適切であるということになる。〝いかがわしい切手〟を発行する国（正確にはそうした切手に発行者としての名義を貸す国）や、そうした切手を企画・販売する切手エージェントにとっては、どれほど立派な主義主張や思想信条、愛国心などを掲げてみても、〝商品〟としてその切手が売れないのであれば、全く意味がないからだ。

したがって、〝いかがわしい切手〟の題材を丹念に分析していけば、どこにそうした切手を買うだけの資金があるのか、マーケットがその時点で何に関心を持っているのか、逆算して理解することが可能になる。たとえば、一九六四年の東京五輪に際して諸外国が発行した切手の多くが、日本の収集家を意識して日本的な題材を盛り込んだものというよりも、五輪切手のコレクターを意識して純然たるスポーツ切手だったのに対して、一九七〇年の大阪万博に際して諸外国が発行した記念切手の多くが〝日本〟を強調した内容となっているのは、一九六四年の時点では〝日本〟よりも〝五輪〟のほうがマーケットとしては大きいとエージェントが判断した結果といってよい。

〝ゲバラ〟と〝ウォーホル〟は、どちらも世界的に人気のある（＝多くの売り上げを期待できる）コンテンツだから、この両者を一枚に収めたギニアの切手は輸出商品の企画としては大いに妥当性がある。ただし、実際にはマランガの偽作を、十分な調査もないままウォーホルの作品として切手にしてしまうあたりは、やはり、実際に国家の名において郵便に使用するために発行する（本来の）切手ではなく、〝いかがわしい切手〟ならではの安直な仕儀と評価せざるを得ない。

褐色のチェ

一方、米国で「英雄的ゲリラ」の図像が商業的に流通したのは、一九六八年初め、隔月刊の文芸誌『エバグリーン・レビュー』の同年二月号でチェの特集が組まれた際、コルダの写真を元にポール・ブルックス・デイビスが描いたイラストが掲載され、その宣伝ポスターがニューヨークの地下鉄構内に貼り出されたのが最初とされている（図15）。

『エバグリーン・レビュー』は一九五七年創刊。ウィリアム・バロウズやアレン・ギンズバーグらビート・ジェネレーションの作家を中心に、サルトル、ギュンター・グラス、さらには大江健三郎まで寄稿していることからもわかるように、左派・リベラル色の強い雑誌だった。折からのベトナム反戦や公民権運動という（彼らにとっての）追い風を受けて、一九六八年二月号から、紙面を大幅に刷新してリベラル色をさらに強調することになり、各号のキーパーソンのイラストを表紙に掲げることになった。デイビスのイラストによる「英雄的ゲリラ」は、その嚆矢として選ばれたのだ。

図15　褐色の肌のチェの肖像を取り上げた『エバグリーン・レビュー』1968年2月号の表紙。

ところで、デイビスのイラストでは、チェは褐色の肌で描かれている。

前述の通り、アイルランド系の父親とバスク系の母親の間に生まれたチェは、人種的には白人であり、肌の色も褐色ではない。したがって、デイビスのイラストは事実と異なるのだが、イラストの元になった「英雄的ゲリラ」を見ればチェが白人であることは明らかだから、デイビスが〝非白人〟のチェを描いたのは、単純な調査不足ないしは事実誤認によるものではなく、明らかに意図的なものである。その場合、公民権運動が高揚していた当時の米国という状況を勘案するなら、アジア・アフリカ・ラテンアメリカの解放闘争の旗手としての側面を強調するための〝演出〟と考えるのが自然ではあるまいか。

実際、チェの生前、一九六七年にキューバで発行された〝サロン・ド・マヨ美術展〟の切手シートに取り上げられた「クーバ・コレクティバ」では、チェは褐色とも黄色とも認識される肌の人物として描かれている。また、ハバナの革命広場に面したキューバ内務省の壁面に掲げられたチェの肖像にも、肌を褐色に彩色したものが見られる（図16）。

そうした〝非白人〟のイメージでチェを取り上げたことの意図が最も端的に示されているのが、一九六八年にラウル・マルティネスが発表した「フェニックス」（図17）であろう。

ラウル・マルティネスは、一九二七年十一月一日、キューバ島の中央部に位置するシエゴ・デ・アビラで生まれた。ハバナのサン・アレハンドロ美術アカデミーで学んだ後、渡米してシカゴ美術館付属美術大学でデザイ

図16　キューバ内務省壁面に掲げられた褐色の肌のチェの肖像。

図17　ラウル・マルティネスの「フェニックス」を取り上げた1971年の切手。

ンを学んで帰国し、革命以前は広告代理店のＯＴＰＬＡで働きながら、主として抽象絵画を制作していた。一九五九年の革命後は、『ルネ・デ・レボルシオン』誌のアート・ディレクターを務める傍ら、ハバナ大学でも教鞭をとっていたが、一九六五年頃までには抽象絵画に対する興味をほぼ失っていたという。その一方で、芸術至上主義的な絵画制作にも違和感を覚えるようになっていたため、米国留学時代に接したポップ・アートの手法を取り入れた作品を制作するようになる。

革命後のキューバ芸術界は、一時期ソ連の影響を受けた社会主義リアリズムが主流になりかけたが、独自の作風でフィデルやチェ、カミーロ・シエンフエゴスらを描いたマルティネスの作品は芸術家たちに大きなインパクトを与え、キューバ美術がソ連の亜流に堕するのを食い止める上で大きな役割を果たした。

切手に取り上げられた「フェニックス」は、画面を三×三の九分割にして、チェの顔を並べた構図をとっているが、これは、マランガの〝ウォーホル風〟英雄的ゲリラを意識したものである。しかし、チェの肖像は、写実的ではなく、民画風に大胆にアレンジされており、顔の色も赤茶色になっている。ここに、ラテンアメリカ解放のための戦いに殉じたチェは、その精神において〝白人〟の枠を超越し、ラテンアメリカの歴史と多種多様な人種を包摂した存在であることが含意されているのは容易に見て取れる。そして、念を押すように、〝CHE A ME RI CA〟の文字を三段に分けて配することで、チェの死後も彼の目指したラテンアメリカ解放の理想は不滅であることを表現し、それが画題の「フェニックス（不死鳥）」につながるという仕掛けになっている。

ちなみに、マルティネスは一九六九年には「英雄たち」と題して、フィデル、チェ、カミーロの革命の三傑とさまざまな国民を組み合わせたポスターを制作しているが（図18）、こちらではチェは白人として描かれており、「フェニックス」が明確な意図をもってチェを〝有色人種〟風に描いたことが裏付けられる。

フランス五月革命と「英雄的ゲリラ」

「英雄的ゲリラ」の世界的な拡散という点でいうなら、やはり、一九六八年のフランス五月革命についても触れないわけにはいかないだろう。

一九三八年に六万人だったフランスの大学生は、一九六一年に二十四万人、一九六八年に六十万五千人にまで膨れ上がった。この結果、特権的なエリート教育・研究の場だった大学は大衆化したが、新たに〝知識人〟の資格を得た（はずの）若者たちにはそれにふさわしい（と彼らが考える）社会的発言の場が与えられたわけではなく、彼らの不満が鬱積していた。

一九六六年、ストラスブール大学で、教授独占の位階体制に対する民主化要求の学生運動が始まる。学生たちの矛先は、既存の学生運動組織だったフランス全国学生連盟（ＵＮＥＦ）や、ソ連との関係が深く〝官僚主義的〟なフランス共産党にも向けられ、一九六四年に創立されたばかりのパリ大学ナンテール分校（現パリ第十大学）へも波及。さらに、一九六八年三月二十二日、〝ベトナム戦争反対を唱える国民委員会〟のメンバーが逮捕されると、これに抗議する学生が校舎の一部を占拠。ソルボンヌ（パリ大学）でも学生の自治と民主化を要求する運動が本格化。三月末にはナンテール分校の授業も中止された。

こうした状況の下、一九六八年五月一日、反共を掲げる右派系の学生組織、〝オキシデンタル・グループ〟がナンテール校を攻撃しようとしているという噂が広まり、翌二日にはソルボンヌの学生組合ビルの一部が燃える事件が発生した。パリの大学を取り巻く情勢が急速に緊張する中で、五月三日、ナンテール校の学部長がキャンパスの閉鎖を決定すると、追放された学生約五百名がソルボンヌを占拠。警察、保安機動隊との衝突で、百名以上が負傷し、数百名が逮捕され、ソル

図 18 「英雄たち」のポスターを取り上げた絵葉書。中央上から 2 人目、星のついたベレー帽をかぶっているのがチェ。

ボンヌは閉鎖された。

いわゆる〝パリ五月革命〟の開幕である。

学生たちはパリ市街ラテン地区（カルティエ・ラタン）に拡散してパリ中心部で大規模なデモを敢行。これを警察が鎮圧しようとすると、さらに多くの学生がデモに参加するようになり、一般市民も巻き込んで騒乱が拡大。五月六日にはフランスの各地で高校生や大学生による連帯ストライキが発生し、翌七日には四万人の大規模デモが発生して、カルティエ・ラタンは中央政府の統制が及ばない〝解放区〟の様相を呈するに至った。


さらに、学生運動は各国の左翼過激派の闘争とも連携して、大学占拠・街頭進出という形で地方にも爆発的に拡大。これに呼応して、労働組合は大規模なストライキを決行し、五月十四日には、労働者が約五十のルノー工場を占拠して工場責任者を拘束し、工場に紅旗を掲揚する。以後、ストライキは雪だるま式に拡大し、ピーク時にはフランス人労働者のおよそ三分の二に相当する約一千万人が参加し、五月二十〜二十一日には「労働者と学生の闘争は同じである」とのスロー

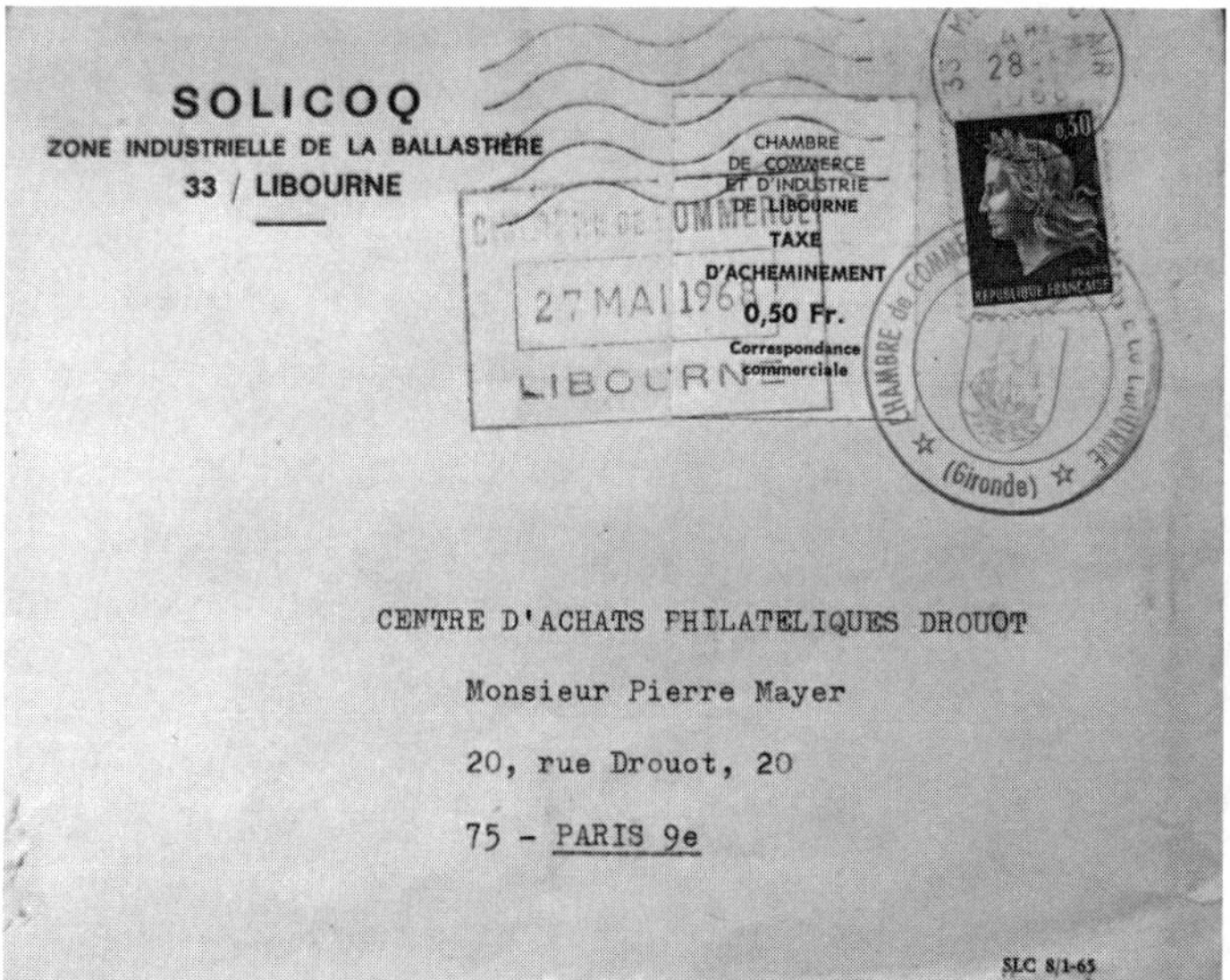

図19　5月革命のゼネストで国営の郵便事業も事実上停止となったため、一部の地域では商工会議所などが一般市民向けの通信サービスを提供することもあった。ここに示すのはその一例で、1968年5月27日、フランス南西部リブルヌ郡からパリ宛に差し出された郵便物で、30サンチームの切手の左側に、郡商工会議所が行っていた“郵便”の料金（50サンチーム）を納付するための証票が貼られ、商工会議所のスタンプで消印されている。

ガンの下、銀行や繊維産業等も含めた大規模なゼネストが行われ、フランスの交通・流通システムは麻痺状態に陥った（図19）。

　結局、五月二十七日に政府、労働組合、および雇用主連合間の交渉により、最低賃金を三分の一引き上げ、労働組合への公的権利が確立される「グルネル協定」が締結され、五月三十日にド・ゴール大統領が国会の解散を宣言したことで事態は沈静化し、六月に入ると労働者の大部分は職場復帰したが、その後も散発的な暴力は続いた。

　革命当初、フランス共産党は影響下にある労働総同盟（CGT）を通じて労働者のストライキを組織し、〝ソ連を非難する急進的な学生運動〟をアナーキストないしはトロツキストと非難していたが、革命全体を通して主導権を握っていたのは、反スターリン主義・反ソ連の新左翼グループだった。学生グループの指導者としては、たとえば、ドイツ系ユダヤ人で無政府主義者のダニエル・コーン＝ベンディット、統一社会党のジャック・ソバジョ、毛沢東主義者のアラン・ジェスマル、トロツキストのアラン・クリビーヌ等がいた。

デモに参加した学生たちは、既存の左翼勢力を否定する新左翼の立場から、革命のシンボルとして、反ソ・反スターリン主義の象徴である毛沢東とチェの落書きを壁に描いたり、プラカードとして掲げて街中を練り歩いたりした。

　このうち、チェの肖像に関しては、コルダの「英雄的ゲリラ」とそれに由来するフィッツパトリックのイラストのほか、ゲルト・ビーシャーによる「チェ萬歳！」（図20）も好んで用いられた。

　ビーシャーは、一九四四年七月二十六日、ドイツ・

図20　ビーシャーの「チェ萬歳！」を取り上げたフランス製の絵葉書。

ブラウンスバッハで生まれた。十四歳の時にパリに渡り、モンマルトルの似顔絵描きで収入を得ながら美術を学んだ。一九六〇年代に帰国してベルリンの芸術アカデミーでグラフィック・デザインを学んだが、その間も生計の手段として肖像画を描いていた。コルダの「英雄的ゲリラ」を元に制作された「チェ萬歳！」もこの時期の作品である。

「チェ萬歳！」は、フィッツパトリックの「英雄的ゲリラ」とほぼ同じだが、チェの顔の部分が背景と同じ赤色となっているほか、髪型や影の付け方、首から下の服のトリミング等も若干異なっている。また、画面の下には「VIVA CHE」の文字が入っているのも、フェルトリネッリのポスターやフィッツパトリックのイラストとの大きな違いである。

グラフィックデザイナーとしてのビーシャーは、その後、十八世紀イタリアの書家、ジャンバッティスタ・ボドニの文字をフォントとして再現したほか、多くの文字フォントを考案したことで有名になるが、その片鱗は「チェ萬歳！」の中にも見いだすことができるのかもしれない。

図21　1968年のローマでの学生・労働者のデモ風景。参加者は毛沢東とチェの肖像を掲げて歩いている。

いずれにせよ、フランスの五月革命は、西ドイツや日本、イタリアなど西側先進国の左翼学生たちに影響を与え、各国の学生運動を過激化させる結果をもたらしたが、その副産物として、各種の「英雄的ゲリラ」を中心とするチェの肖像も、新左翼のシンボルとして、各国に拡散・浸透していくことになる（図21）。

『ゲバラ日記』

一方、キューバ国内では、一九六八年初、チェがボリビア山中で遺した日記の写しが持ち込まれていた。チェの日記をキューバ側に引き渡す上で、主導的な役割を果たしたボリビア内相のアントニオ・アルゲダス・メンディエタは謎の多い人物で、生年も一九二九年説と一九三〇年説がある。

アルゲダスはもともと、ソ連の影響下で組織された革命的左翼党（ＰＩＲ）のメンバーで、ボリビアの主要な共産主義者たちと交流があった。十代で通信士としてボリビア空軍に入ったが、基地内で党の宣伝文書を配布するなどの左翼活動を続けていた。一九五〇年、法律を学び、法務官となり、バリエントスと親しくなり、右派に転向。民族革命運動党（ＭＮＲ）に加入し、一九六四年十一月のクーデターでバリエントスが政権を掌握すると、内務省勤務となった。

アルゲダスを内務省で雇用することについては、彼がもともと左翼活動家だったことから、ラパスの米国大使館付き武官のエドワード・フォックスが再考を求めたが、ＣＩＡのボリビア担当の責任者だったラリー・スタンフィールドはアルゲダスの能力を高く評価し、むしろ、彼をＣＩＡのエージェントとして取り込むことを主張。アルゲダスも「半分は好奇心から」ＣＩＡ側のリクルートに応じ、その結果、一挙に内相に抜擢された。

一九六七年、チェのゲリラ部隊に対する掃討作戦が本格的に始まると、アルゲダスはＣＩＡのアレンジにより亡命キューバ人のチームを編成して工作活動を展開し、一九六七年六月のサンファアンの虐殺を承認したほか、同年九月にはゲリラ部隊の都市組織で資金を管理していたロヨラ・グスマン・ララを逮捕し、山岳ゲリラへの支援ネットワークを壊滅に追い込んだ。

しかし、CIAの送り込んだ亡命キューバ人部隊が、徐々にボリビア内務省の統制を無視し、ボリビア国内に独自の拠点を設けるようになると、CIAへの反感から、左派勢力との妥協を考えるようになる。

一九六七年十月九日、チェの処刑後、CIAは遺体が〝聖遺物〟化されることを恐れて頭部を切り取るよう求めたが、検死を担当した医師のホセ・マルティネス・カッソとモイセス・アブラム・バプティスタは「キリスト者として受け入れられない」と拒否したため、代わりに、急遽買い集められた蝋燭を材料としてデスマスクが取られることになった。

その後、遺体から切り落とした両手の指紋から遺体が間違いなくチェであることが確認されると、アルゲダスは内相として、ホルマリン漬けの両手とデスマスク、押収した日記の写しを保管することにした。

チェの日記を入手したアルゲダスは、内務省技術局長で、個人的な友人でもあったリカルド・アネイバに命じて撮影させた

ついで、一九六八年一月、アルゲダスは新聞記者のビクトル・サニエルをチリのサンティアゴに派遣し、キューバの通信社、プレンサ・ラティーナのオフィスでチェの日記が撮影されたマイクロフィルムをキューバ側に渡し、それがハバナに届けられた。

マイクロフィルムを受け取ったキューバ側は、当初、その日記の真贋については確証を持てなかったようだが、ともかくも、チェ未亡人のアレイダの協力で判読作業を開始する。

そこへ、三月六日、ボリビアでチェとともに戦っていた〝ポンボ〟ことハリー・ビエガス・タマヨらがハバナに生還。彼の日記との照合により、ボリビアからもたらされた日記が真正の写しであることが確認された。

ポンボは、キューバ人のベニグノ（ダリエル・アラルコン・ラミレス）、ウルバノ（レオナルド・タマヨ・ヌネス）、ボリビア人のインティ（ギド・アルバロ・ペレド・レイケ。図22）、ダリーオ（ダビー・アドリアソラ・ベイサガ）とともに、チューロ渓谷での窮地を脱した。その後、ポンボらキューバ人の三人は、三ヵ月間、ボリビア山中を彷徨し、一九六八年二月十七日、チリ北部に逃げ込んだところを拘束され、イキーケ、アントファ

図22　インティは、その後、ボリビアに戻り、民族解放軍（ELN）の再建に奮闘していたが、1969年9月9日、ラパスの隠れ家を急襲され、銃撃戦の末に逮捕され、拘置所での拷問の後、薬殺された。キューバ郵政は、チェとともに戦った彼に敬意を表し、終焉の地であるラパスの位置を示す地図と彼の肖像を描く切手を発行した。

ガスタを経て首都サンティアゴに身柄を移された。

チリ政府は、チェの友人で当時は上院議長だったサルバドール・アジェンデ（後に大統領）の働き掛けで三人の一時滞在を許可した。米国は三人の身柄を〝犯罪者〟としてボリビアに引き渡すよう圧力をかけたものの、二月二十五日、チリ政府は三人を特別機でイースター島に移送。そこにアジェンデが来島し、三人を連れて仏領タヒチのパペーテに飛び、駐仏キューバ大使に身柄を引き渡された後、ヌメア（仏領ニューカレドニア）、コロンボ（セイロン）、アディスアベバ（エチオピア）、パリ、モスクワを経由して、ハバナに帰還したのであった。

ちなみに、こうした経緯もあって、一九七〇年の大統領選挙を控えた一九六九年、フィデルは、二度に分けて合計一千万ドル（一度はパリで代理人からアジェンデに二百万ドルを手渡し、もう一度は外交行嚢を使って八百万ドルがメキシコに届けられたという）の選挙資金をアジェンデに貢ぎ、アジェンデの当選に大きく貢献している（図23）。

さて、ハバナの空港では、フィデルがポンボら三人を出迎え、山中でのゲリラ活動、特に、チェの最期となったチューロ渓谷での戦闘について詳細に話を聞いた。

チェの遺著となった『ゲバラ日記』（スペイン語版の原題は *El Diario del Che en Bolivia* で、直訳すると『ボリビアにおけるチェの日記』となる）は、こうした経緯を経て、フィデルによる「なくてはならない序文」を加え、六月二十六日に刊行された（図24、25）。

『ゲバラ日記』初版本の表紙に取り上げられたチェの肖像は、コルダの「英雄的ゲリラ」が元になっている

図23　1973年、アジェンデが軍部のクーデターにより失脚、殺害されると、ハバナの革命広場では大規模なアジェンデ追悼集会が開催された。その際、内務省壁面のチェの巨大肖像と対置させるようにアジェンデの巨大肖像も広場に掲げられた（集会の様子を撮影した絵葉書）。

ことは一目瞭然だが、文字などのレイアウトの都合からか、左右が反転した〝裏焼き〟の状態になっている。また、顔の輪郭や鬚、帽子の星の形などから、フィッツパトリックの「英雄的イラスト」とは別に、キューバ側でイラストとして描き起こしたものであることもわかる。

　フィデルの「なくてはならない序文」では、チェが〝想像を絶するほど過酷な物理的状況下〟で革命ゲリラ闘争の発展のためのメモランダムとしてこの日記を書

図24『ゲバラ日記』初版本の表紙と発売日のハバナの書店風景。

図25『ゲバラ日記』初版本の表紙とチェの横顔。

き、自らが模範的な闘士として、多くの優秀なゲリラたちを感化したことが強調されている。

その一方で、フィデルは、ボリビアとその歴史的首都のスクレの名が、ラテンアメリカ独立戦争の英雄、シモン・ボリバルとアントニオ・ホセ・ド・スクレに由来することからも、ボリビアは反帝国主義闘争において国際的に連帯することが宿命づけられているにもかかわらず、ボリビア共産党のマリオ・モンへは狭量なセクト主義やチェへの嫉妬、復讐心などからボリビア人のゲリラ部隊への参加を妨害した、と批難した。

そして、〝ヤンキー帝国主義〟を批難し、米国に対抗するための国際連帯を呼び掛けるとともに、「革命運動を附帯する連携を捨て去ることは……実際にはヤンキー帝国主義と、世界を支配して隷属化しようとする政策の保持に利便するのである」として、それゆえ、チェの日記を公開する必要があると説明する。また、日記の公開は、チェのゲリラ闘争がボリビアのバリエントス政権に大きな打撃を与えていたことを明らかにするものであるともしている。

その上で、フィデルは、チェと彼の革命（の大義）が、広く国際的にも認知されていることを示すために、次のように述べる。

チェとそのうち立てた稀有な範例は全世界で味方を増やしつつあった。彼の理想、そのイメージ、そしてその名前は、圧政と搾取の犠牲者たちが強いられた不正に抵抗する闘争の旗印となった。それは全世界の学生と知識人の間に熱烈な関心を呼び起こした。

合衆国内でも、参加者の増大しつつある黒人（公民権）運動と進歩的学生運動が揃って、チェの人物像を彼らのものとして掲げている。公民権を要求する、あるいはベトナム侵略戦争に反対する最も闘争的なデモ行為において、彼のイメージは闘争のシンボルとして大々的に登場させられている。一人の人物が、一つの名前が、一例の模範像がこれほど迅速に、これほどの感動を伴い、これほどまでに全世界的な象徴として広まった例は、歴史上あったとしてもごくたまさかであり、あるいは存在しなかったかもしれない。これはチェが、今日の世界を特徴づけると共に明日の世界の目標ともなるべき国家を超えた精神を、最も純粋で最も無私無欲な形で体現しているからである。

前述の通り、フェルトゥルネッリの制作した「英雄的ゲリラ」のポスターは、フィデルが『ゲバラ日記』の序文を書くまでの間に百万枚以上を売り上げる大ヒット商品として全世界に拡散した。また、それと並行して、フィッツパトリックのイラストによる「英雄的ゲリラ」も広く流布した。

こうした状況下で発生したフランスの五月革命では、学生たちは既存の体制に対する反抗の意思を示すアイコンとして「英雄的ゲリラ」を掲げ、その光景がメディアを通じて全世界に配信された。同様の現象は、米国内のベトナム反戦運動や公民権運動のデモ、一九六八年十月二日にメキシコで起きたトラテロルコ事件（同年のメキシコ・シティ五輪反対デモに端を発する流血事件）などにおいて観察され、「英雄的ゲリラ」の拡散の度合いは指数関数的に増大していった。したがって、『ゲバラ日記』の刊行の目的（のひとつ）が、革命勢力の国際的な連帯を呼びかけることにあるのであれば、当時の状況からして、その表紙に最もふさわしい題材は「英雄的ゲリラ」以外にはありえない。フィデルのこの一文は、まさに、そうした状況を説明したものとなっている。

なお、「英雄的ゲリラ」のポスターで巨万の富を築いたフェルトゥリネッリは、（元）共産主義者としての良心がとがめたのか、『ゲバラ日記』が刊行されると、そのイタリア語版をいち早く出版し、その表紙に「本書の売上の純益は全額、ラテンアメリカの革命運動に寄付する」と刷り込んだ上で、版権料を取らずに翻訳可能とのメモを添えて全世界の出版社に配布した。この結果、「英雄的ゲリラ」のイメージは、『ゲバラ日記』に記された悲劇的な物語によって肉付けされ、さらに世界に浸透していくことになった。

ちなみに、革命への情熱を捨てきれなかったフェルトゥリネッリは、一九七二年、（その動機は不明だが）ミラノ郊外で高圧送電用の鉄塔によじ登り、プラスチック爆弾を仕掛けようとしたところ、誤って転落し、〝テロリスト〟としてこの世を去っている。

〝英雄的ゲリラの年〟と一〇〇〇万トン計画

このように、ソ連に追従せず、独自の社会主義路線を追究する革命キューバの象徴として「英雄的ゲリラ」が全世界に拡大していくことは、革命キューバの〝正統性〟を広くアピールし、アジア・アフリカ・ラテンアメリカ地域におけるフィデルの発言権を確保するという点では大いに有用であったが、そのことは、キューバにとって必ずしも手放しで喜べることではなかった。

一九五九年の革命以来、経済的な苦境が続いていたキューバは、もはや、ソ連と東側諸国の支援なしには立ち行かない状況に陥っており、〝独自性〟を強調してソ連との本格的な対立を惹起することは、国家の運営という点で命取りになりかねなかったからである。そもそも、チェがキューバを去らざるを得なかったのは、彼が〝反ソ派〟と認定されたからであり、ソ連との関係を断絶するわけにはいかないというフィデルの立場と相容れなくなったからに他ならない。

したがって、チェ亡き後のフィデルは、〝革命のキリスト〟としてのチェの権威を最大限に活用しつつ、チェを悪魔視したソ連とも友好関係を維持しなければならないという難題を背負い込むことになった。

図26　キューバが発行した〝ロシア十月革命50周年〟の記念切手。

たとえば、チェの没後間もない一九六七年十一月五日、キューバ郵政が〝ロシア十月革命五十周年〟の記念切手（図26）を発行し、社会革命の先達としてのソ連に敬意を表しているのは、そうした革命キューバのアンビバレントな立場の一端を示している。

こうした難題の解決策として、急浮上してきたのが〝一〇〇〇万トン計画〟である。

もともと、一〇〇〇万トン計画は、ミサイル危機後の一九六三年五月、ソ連との和解のためにモスクワを訪問したフィデルに対して、ソ連側が提案したものだった。

革命直前の一九五八年に五八〇万トンだった砂糖の生産量は、革命後の混乱に加え、砂糖モノカルチャーを貧困と従属の元凶として、そこからの脱却を掲げる革命政府の方針もあって、一九六二年には四八〇万トン、一九六三年には三八〇万トンにまで落ち込んだ。当然のことながら、バーター貿易によるソ連への砂糖の輸出は滞り、債務が累積し始める。

このため、ソ連は、砂糖モノカルチャーを敵視するのではなく、経済建設の原資として砂糖の輸出を最大限に活用すべきではないかと提案し、資金の供与と砂糖の長期引き受けを約束した。ソ連が提示した砂糖の購入価格は（一ポンドあたり）六・一一セントの固定相場で、これは、一九六三年の国際市場価格の八・四セントに比べると安いが、その後の相場の暴落で、一九六七年には一・九九セントにまで市場価格が落ち込んだことを考えると、決して悪い条件ではなかった。

しかし、砂糖モノカルチャー経済への復帰は、米国に代わってソ連を新たな〝宗主国〟として選択することに他ならないから、革命の大義に照らして容認しがたい。

そこで、両者の折衷案として、砂糖の増産を機械化によって実現し、それを軸に工業化を進めるという方針が採択された。

図27　1000万トン計画を宣伝するプロパガンダ切手のうち、製糖作業の機械化の理念を表現した1枚。

これが、〝一〇〇〇万トン計画〟の基本的な考え方である（図27）。

〝一〇〇〇万トン計画〟の実施に先立ち、一九六三年十月、第二次農業改革が実施され、農地所有の上限が五カバジェリーア（＝約六五ヘクタール）まで引き下げられた。この結果、革命以前は中間層を構成していた富農が解体され、生産額のほぼ三分の一、農地面積の六割が国庫に吸収された。土地所有の制限にかからない小規模農家二十三万は、ANAP（全国小農協会）による農産物の買上や農機具・肥料・資金の配分などを通じて、国家の管理下に置かれるようになった。

こうした前段階を経て、一九六五年から〝一〇〇〇万トン計画〟が開始されたが、同年、農業機械化の旗振り役であったチェがキューバを去ったことで、同計画の前提のひとつであった農業の機械化は事実上放棄された。

　それどころか、そもそもキューバ政府の経済運営は極めてずさんで、一九六七年には、国家全体のみならず企業別の経済計画も作成されず、依頼があれば場当たり的に工場を動かし、出荷するというありさまだった。このため、セメント工場には大量のセメントの在庫があるにもかかわらず、建設現場にはセメントがないために工事が進められないといったようなことが常態化していた。

　一九六七年十月にチェが亡くなったことを受けて、フィデルによるチェの神格化が本格的に進められていくなかで、フィデルは一九六八年を〝英雄的ゲリラの年〟とし、チェの命日にあたる十月八日を〝英雄的ゲリラの日〟とするとした上で、チェの提唱した〝新しい人間〟のイメージを援用して「キューバは精神的刺激を重視する」と宣言した。時あたかも、一九六八年は、キューバ独立運動の出発点ともいうべきセスペデスの〝ヤラの叫び〟から百周年という節目の年にあたっており、国民の〝革命意識〟を喚起するには絶好のタイミングとなるはずだった。

図 28　セスペデスとチェの肖像を左右に並べた〝闘争の 100 年　全国切手展〟のロゴが印刷された初日カバー。

たとえば、図28は「闘争の一〇〇年　全国切手展」を記念して発行された切手シートの初日カバーだが、その左下には、セスペデスとチェの間に〝闘争の一〇〇年〟の文字を入れた展覧会のロゴマークが印刷されている。このロゴが、キューバ人民はセスペデスからチェに至るまで一〇〇年間に渡り闘争を続けてきたことを表したもので、見る者に対して、チェの後を継いで闘争を継続していくことを暗に求めている。

一〇〇〇万トン計画の〝大攻勢〟も、そうした闘争の歴史に連なるものとして発動されたのだ。

〝大攻勢〟では、国民の〝革命意識〟に訴えて職場や学校で砂糖キビ収穫隊が組織され、マチェーテ片手に人海戦術での刈取作業に従事させられた（図29）。しかし、動員された隊員たちに対する教育は不十分で、彼らがやみくもにマチェーテを当てることでサトウキビの苗を根こそぎ切り取ってダメにする（本来は、植えてから四年間の収穫が可能なため、新しい芽が出るように刈り取らなければならない）ケースも多かった。また、杜撰な生産計画のため、隊員たちがサトウキビを刈り取ったものの、運搬用のトラックが来ないためにサトウキビがそのまま放置されて醗酵してしまい、その間、隊員たちは無為に遊んでいるという状況が至る所で見られた。

図29　マチェーテ片手に“大攻勢”に動員される労働者を描いた切手。

さらに、収穫隊に労働力を取られたことで工場に残った労働者は残業に加え、休日出勤もしなければノルマをこなせなくなったが、本来、労働者の権利を擁護すべきキューバ労働者連合は時間外手当を返上。これを受けて、ノルマ超過分に対する報奨金も廃止されるとともに、同一労働同一賃金を規定した新賃金体系が導入された。これは、労働の成果に関わらず職種ごとに同じ賃金を支給するという、社会主義的な悪平等政策の典型で、もともと決して高くはなかった国民の労働意欲がさらに減退するのは避けられず、砂糖以外の生活物資の生産性は大幅に低下し、深刻なモノ不足の下、一般国民は粗悪な工業製品さえなかなか入手できなくなった。

飢餓こそ発生しなかったものの、中国で行われた〝大躍進〟の失敗をそのままなぞったような格好である。結局、一〇〇〇万トン計画は、一九七〇年度の砂糖生産が八五〇万トンに留まり、惨憺たる失敗に終わった。

もっとも、一〇〇〇万トン計画は経済的には所期の目的を達せずに頓挫したが、共産党による国家の統制を強化するという点においては、全く無意味だったわけではなかった。

すなわち、大攻勢の推進にあたって、政府は国民に対して〝革命意識〟を強調したが、その流れで、一九六八年三月十三日、「全国民が一丸となって働いている時に楽をして儲けているのはけしからん」、「歓楽街で肌も露わな女性が男たちと戯れているのは好ましくない」などの理由から、バーなどの小規模飲食店や、非農業部門の小売企業の国有化が強引に決められた。

また、五月十七日には、〝農地改革記念日（一九五九年五月十七日に第一次農地改革が実施された記念日）〟の祝賀行事に国民を動員するため、ハバナの映画館が閉鎖されることもあった。

こうした統制は、すべて、国民の〝革命意識〟に訴えるとの大義名分の下で行われたが、生前のチェ（の理想化された）イメージ、そして彼の提唱した〝新しい人間〟のイメージは、まさに、そうした〝革命意識〟の象徴として大いに活用された。一九六八年六月というタイミングでの『ゲバラ日記』の刊行には、そうした国内向けのプロパガンダとしての側面もあったのだ。

こうして、革命キューバにおける〝自由〟が急速に損なわれていく中で、一九六八年八月二十一日、ソ連率いるワルシャワ条約機構軍がチェコスロバキアの首都、プラハに侵攻した。

チェコでは、一九五三年以降、共産党第一書記（一九五七年以降は大統領も兼任）のアントニーン・ノボトニーが長期政権を維持していたが、経済政策の行き詰まりから国民の不満が高まり、一九六七年の第四回チェコスロバキア作家同盟大会では、パベル・コホウトら著名な作家たちが党批判を展開。また、プラハでは学生が学生寮の設備をめぐる抗議デモを行い、ノボトニーのスロバキア軽視の姿勢に対してスロバキア共産党側から強い不満が出された。こうした状況下で、同年末、ソ連共産党書記長のブレジネフがプラハを訪問。ノボトニーはブレジネフの支持表明を期待していたが、ブレジネフはチェコスロバキア共産党内の問題であるとして、ノボトニーを突き放したため、翌一九六八年一月五日のチェコスロバキア共産党中央委員会総会では、スロバキア共産党第一書記のアレクサンデル・ドゥプチェク（図30）がノボトニーに代わって、チェコスロバキア共産党第一書記に就任した。

図30　ドゥプチェク生誕80周年にスロバキアが発行した小型シートの余白には、1968年の“プラハの春”を讃えるデザインが印刷されている。

ドゥプチェクは、三月には検閲制度を廃止して言論の自由を保障し、ついで四月には新しい共産党行動綱領を決定して「人間の顔をした社会主義」を目指すとの方針を明らかに、いわゆる〝プラハの春〟が始まった。しかし、このことは同時に、チェコの急進化に対するソ連および国内親ソ派の懸念と呼び起こした。

こうした中で、六月に入りチェコスロバキア領内でワルシャワ条約機構軍の合同軍事演習〝シュマバ〟が行われると、これを機にソ連が軍事介入するのではないかと恐れた知識人たちは、六月二十七日、「二千語宣言」を発表。ドゥプチェク路線を強く支持し、旧来の体制に戻ることに強い反対を表明する。その中には、東京五輪の女子体操金メダリストとして〝チェコの名花〟と謳われたベラ・チャスラフスカも含まれていた。「二千語宣言」に対して、ソ連共産党機関紙「プラウダ」はこれを〝反革命的〟と断じ、七月末には、ドゥプチェクらチェコスロバキア首脳とブレジネフとの会談が行われたが、その結果、ブレジネフはチェコスロバキアの改革は止まらないと判断。八月二十日、ワルシャワ条約機構五ヵ国軍が一斉に国境を越えてチェコスロバキア領内に侵攻し、首都プラハの中枢部を占拠してドゥプチェク第一書記、チェルニーク首相ら改革派を逮捕し、ウクライナのKGB監獄に連行した。

ワルシャワ条約機構軍のプラハ侵攻から三日後の一九六八年八月二十三日、フィデルは次のように演説して、プラハ侵攻を容認する姿勢を明らかにした。

米国の相次ぐ侵略行為の停止を求め続けてきたキューバにとって、チェコ侵攻の容認という共産党中央委員会の決定はジレンマである。法的な観点からは侵攻は全く認めることができない。しかし、チェコスロバキアは資本主義の復活、反革命へ向かい、帝国主義の軍門に下っている。政治的観点から認めることはできない。

チェコ政変の原因は米国主導の西欧的自由主義・民主主義概念拡大のための戦略の結果であると同時に、政府の官僚主義、ドグマ主義、腐敗、経済的には製品の質や技術力の低さなどに見られる経済運営の悪さによるものである。しかし、東欧諸国（そしてソ連も含め）の問題は、西側の民主主義体制や市場経済化によって解決できるものではない。そのようなことをすれば、社会主義の目指す公正な社会の建設と人間としての正義に反することになる。

〝大攻勢〟政策に、経済政策と並行して、政治的にも共産党の一党独裁体制を強化するという意図があった以上、フィデルにしてみれば、それとは逆の〝民主化〟を求めるチェコスロバキアの風潮が自国に波及することは悪夢のシナリオである。それを食い止めるため、キューバも社会主義国の一員であり、ソ連と足並みをそろえるべきであることを強調するのは必然的なことだった。

ただし、キューバ革命は、マルクス・レーニン主義（＝レーニンの解釈に基づくマルクス主義）とは一線を画す〝キューバ式社会主義〟を目指すというのが建前であったから、そうした革命の大義と独自性を捨ててソ連に追従するだけの存在に堕した印象を内外に与えることは、彼らの正統性を根本から揺るがしかねない。

そこで、フィデルは、「ソ連は〝ワルシャワ条約機構の団結〟を掲げているが、はたして、日々、帝国主義の攻撃にさらされているキューバとベトナムに統一軍を派遣してくれるのか？」と問いかけることで、〝第三世界の一員〟として、無条件にソ連に屈したわけではないという姿勢を演出した。ここで、反米帝国主義闘争の最前線としてキューバとベトナムを並置することは、「第二、第三のベトナムを！」とのチェの言葉を想起させるものでもある。

ただし、ミサイル危機後の一九六三年にモスクワでフルシチョフと会談したフィデルは、すでに、キューバ問題をめぐり米ソの妥協が成立し、米国がもはやキューバに対して直接的な軍事侵攻を仕掛けてくる可能性がほぼ消滅したとの認識をソ連側と共有していたから、〝帝国主義の攻撃にさらされているキューバ〟へのワルシャワ条約機構軍派遣の要求も、現実的な可能性はほとんど度外視したパフォーマンスだったとみることもできる。しかし、同時にそれは、大攻勢政策や親ソ外交路線の正当性を担保する上で必須のパフォーマンスでもあったのだ。

パディージャ事件から共産党大会へ

さらに、ワルシャワ条約機構軍がプラハに侵攻した後の一九六八年十月には、いわゆる〝パディージャ事件〟が発生する。

エベルト・パディージャは、一九三二年一月二十日、キューバ島西部のピナール・デル・リオ州で生まれた。一九四九年、最初の詩集『大胆なバラ』を発表した後、渡米してマイアミで英語教師やラジオのコメンテーターをしていたが、一九五九年の革命後帰国し、創作活動の傍ら、プレンサ・ラティーナ通信やハバナ大学で働いていた。

当初、パディージャはフィデルらの革命を称賛していたが、一九六七年、キューバから亡命したギジェルモ・カブレラ・インファンテの作品「トラのトリオのトラウマトロジー（TTT）」を称賛したことから失職。詩集の発表のため招待されていたイタリア行きも阻止された。

これに対して、一九六八年八月、アルゼンチンの週刊誌のインタビューを受けたインファンテが、パディージャの現状を説明してキューバ革命を公然と非難すると、パディージャに対する風あたりはますます強まった。

こうした経緯を経て、同年十月二十二日、UNEAC（キューバ作家芸術家全国協会）がパディージャの詩集『ゲームの外で』とアントン・アルファトの戯曲『テバイに立ち向かう七人』にフリアン・デル・カサル賞」を授与した。

『ゲームの外で』は、革命の基本理念は十分に評価しつつも、一〇〇〇万トン計画と大攻勢のプロパガンダとそれがもたらす国民の熱狂に無批判に従うことができない知識人の心情と、急進的な社会主義化によって社会の多様性が失われていく現状への疑問を表現したものだったが、UNEAC指導部は、以下のようなコメントを発表し、詩集の出版に際しては反対意見を付け加えることを要求した。すなわち

> 表現の自由は重要だが、絶対的なものではない。キューバが置かれている状況を考えなければならない。米国の侵略の只中にあって革命の流れの外に身を置くことを詠い、革命に水を差すような言動はブルジョア的であり、トロイの木馬になる。そのような姿勢はインテリであるからといって許されるものではない。したがって、この作品は評価できない。

さらに、革命軍の機関誌『ベルデ・オリーボ』には、レオボルド・アビラの筆名で、パディージャを批判する記事が三回に渡って掲載された。

図31　1968年の"英雄的ゲリラの日"の切手の取り上げられたチェの肖像とラテンアメリカ地図。

こうしたあからさまな言論統制事件に対して、内外の芸術家は強く反発し、キューバ革命とフィデルに幻滅したサルトルとボーボワールも、ようやく、キューバ批判派に転じることになる。

革命キューバが急速に多様性を失い、統制色の強い〝ソ連化〟しつつあるとの批判に対して、

図32　OSPAAAL（アジア・アフリカ・ラテンアメリカ人民連帯機構）が制作した1968年のポスター「英雄的ゲリラの日　10月8日」（エレナ・セラーノ作）を取り上げた絵葉書は、ラテンアメリカ大陸と一体化したチェをデザインによって、全ラテンアメリカの解放を唱えたチェの理念を表現している。

キューバ政府は、チェの没後一周年にあたる十月八日を〝英雄的ゲリラの日〟としてチェを大々的に顕彰し（図31、32）、革命当初の大義や理念が依然として失われていないことを強調しようとした。

ただし、チェが称揚されたのは、あくまでもフィデルの政権がチェの衣鉢を継ぐためではなく、むしろ、チェを〝革命のキリスト〟として、その権威を精神世界に封じ込め、現実政治の要請と革命の大義との〝政教分離〟を促すための措置であったのは言うまでもない。

かくして、フィデルと革命キューバは、ソ連との友好関係を維持しつつも、ソ連の掲げる〝平和共存〟路線と正面から対立し、ソ連や東欧諸国からから極左冒険主義者として危険視されていたチェを神格化し、その聖像を革命のイコンとして掲げ続けることの矛盾を解消した。

ここまでくれば、その後の方向性はほとんど固まったも同然である。

一九七〇年七月二十六日、モンカダ兵営襲撃記念日の演説で、フィデルは一〇〇〇万トン計画が失敗に終わったと自己批判した上で、「いかなる体制を取るべきか、議論し、検討してほしい」と訴えたが、もはや、結論として、ソ連型の政治経済体制を導入する以外の選択肢がない（とフィデルが考えている）のは誰の目にも明らかだった。

この演説の後、制度転換のための具体的な準備が徐々に進められ、一九七二年、キューバはＣＯＭＥＣＯＮ（経済相互援助会議）に加盟し、名実ともに社会主義圏に統合された。そして、一九七四年二月のブレジネフのハバナ訪問を経て、キューバ共産党の創立から十年後の一九七五年十二月、第一回共産党大会が開催され、ソ連型体制の導入が決定された。

一九七五年の党大会開催に合わせて発行された記念切手（図33）の一枚は、ホセ・マルティからチェに至るキューバ独立運動・革命運動の志士たちの肖像を並べて描いており、党大会の後も、単にソ連の制度を模倣して移入するのではなく、キューバ革命の固有性ないしは独自性を維持する姿勢が強調されている。

しかし、二〇〇九年、革命五十年の記念切手（図34）に取り上げられた第一回党大会の写真をみると、チェ

図33　1975年の第1回共産党大会の記念切手。

図34　第1回党大会の写真を取り上げた革命50周年の記念切手。

の肖像よりも上にマルクス、エンゲルス、レーニンの肖像が掲げられており、実際には、キューバ共産党がソ連型のマルクス・レーニン主義（＝レーニンの解釈に基づくマルクス主義）政党、すなわち、チェが決して受け入れることのなかった体制を目指していたことが確認できる。ちなみに、党大会翌年の一九七六年に採択された新憲法で「（共産党は）労働者階級のマルクス・レーニン主義のもとに組織された前衛であり、社会と国の指導勢力である」（第五条）と規定されており、明確にソ連化の方向が打ち出されていた。

こうして、キューバは〝普通の社会主義国〟となった。

ブラック・ゲバラ

フィデルのキューバが、独自の政教分離により、チェを現実から遊離した精神世界の権威に祀り上げてしまった一九七〇年代中ば、キューバから遠く離れた西アフリカで、チェのイメージを濃厚に受け継いだ革命家が彗星のごとく現れた。オートボルタ（現ブルキナファソ）のトマス・サンカラである（図35）。

サンカラは、一九四九年十二月二十一日、仏領オートボルタ時代のヤコ近郊で生まれた。

オートボルタは一九六〇年にフランスから独立したが（図36）、一九六六年に軍事クーデターが発生し、サングウレ・ラミザナ中佐（図37）が実権を掌握。ラミザナは自ら国家元首（大統領兼首相）に就任し、一九七〇年六月には国民投票を行って新憲法を採択し、自らは大統領のまま、民政復帰を実現した。

サンカラは、ラミザナ政権下で創設されたカディオ

図 37　ラミザナ

図 35　サンカラの肖像と新国旗を掲げ更新する人々を描く"革命 1 周年"の記念切手。サンカラ本人が個人崇拝を望まなかったことに加え、1987 年にサンカラが暗殺された後、コンパオレ政権はこの切手の販売を停止したため、現存数は少ない。

図 36　オートボルタ独立の記念切手。黒・白・赤の 3 色旗が国旗として描かれている。

ゴの士官学校を経て、一九七〇～七二年には奨学金を得てマダガスカルの軍事学校に留学。当時、オートボルタに比べて経済的に発展していたマダガスカルを実地に見聞したことが祖国の抜本的な改革を志すきっかけになったと、後にサンカラは語っている。

　一方、オートボルタ国内では、一九七〇年代初頭の大旱魃への対応をめぐって、民政復帰後の政府と議会が激しく対立。事態を打開するため、一九七四年二月二十八日、ラミザナは議会を解散し、事実上の軍政を復活させた。

　こうした状況の中で、一九七四年十一月二十五日、オートボルタとマリとの国境地帯に位置するアガシュール地区で偶発的な武力衝突が発生する。

　アガシュール地区は天然ガスとマンガンを中心とした鉱産資源の豊かな土地で、軍事的な衝突自体は小規模なものに終わったが、アフリカ統一機構が調停に乗り出し、一九七五年六月十八日に国境画定のための専門委員会を発足させるという条件で休戦協定をまとめるまで、両国間の緊張が続いた。

一九七二年に帰国したサンカラは、一九七四年の対マリ紛争に従軍し、最前線で部隊を指揮しただけでなく、マリ領内に潜入して敵情を探索し、国民的な英雄として広くその名が知られるようになる。

対マリ紛争の終結後、彼はフランスのポーやモロッコのラバトでパラシュート部隊の訓練を受けた後、ガーナとの国境にも近い南部ポのパラシュート部隊の軍事訓練施設長に就任。ポでは、ブレーズ・コンパオレらと秘密組織〝共産主義将校団〟を結成し、軍の幹部を批判する政治活動を開始した。

一九八二年十一月、盟友のコンパオレがクーデターを起こすと、一九八三年一月、軍事政権は、若き国民的英雄として人気があったサンカラを首相に任命する。

こうして発足したサンカラ政権は、従来の親西側の外交政策を転換し、リビア、キューバ、アルジェリア、ガーナ、ベナンなどとの接近を図った。しかし、独立後もオートボルタに影響力を維持していた旧宗主国、フランスは、当時、チャドをめぐってリビアと激しく対立していたため、サンカラのリビア接近に激怒。フランスの意向を汲んだジャン＝バプティスト・ウエドラオゴ大統領は、一九八三年五月、サンカラを拘束した。

国民的英雄に対する理不尽な拘束に対して、オートボルタ国民の反発は強く、反政府暴動が発生。同年七月、リビアの支援を受けたコンパオレが再度クーデターを起こし、救出されたサンカラは、一九八三年八月四日、三十三歳の若さで大統領に就任した。

獄中にあった三ヵ月の間に、サンカラはジャン・ジグレールの『盗まれたアフリカ』を読んで大いに感銘を受け、政権復帰のあかつきには、一九六四年のUNCTADでチェの謦咳に接し、研究者として多国籍企業と戦うをことを決意したジグレールを政策顧問として招聘することを決めたという。

はたして、一九八三年のクリスマスの日、サンカラはジグレールの家に自ら電話をかけ、ジグレールとの面談を依頼。これに応えて、ジグレールはすぐさまオートボルタの首都ワガドゥグに飛び、「緑色をした豆、トマト、サツマイモ、それから肉の缶詰」と水のみの食事を共にする。

当時のオートボルタは、世界銀行の統計で百七十ヵ国中、国民総生産が百二十四位、一人あたりの国民所得が第百六十四位。農業が主要産業だったにもかかわらず、耕作可能な土地は国土の二五％しかなく、穀物の収穫量は一ヘクタールあたりわずか五四〇キロで、サヘル大旱魃の影響もあって飢餓が蔓延していた。それにもかかわらず、三万八千人の公務員に支払う給与が国家予算の七〇％を占め、毎年十月になると予算を使い果たしてしまうため、年末までは外国の援助で何とか最低限の行政をまわすというありさまだった。

そこで、大統領に就任したサンカラは自らを革命家と称し、社会的な不公正を正すことを最優先課題として〝サンカラ革命〟と呼ばれる大規模な国家改造に着手した。

その一環として、国内を三十の行政区に分け、住民自身が公務員を雇い、道路建設、建物建設、水道事業、保険、医療事業など自分たちの実際の生活に必要な公共サービスを実施する〝自主管理制度〟を導入した。

また、所得の多寡に関わらず課されていた人頭税の負担が加重で、その支払いのために農民が家財や家畜、種籾を供出せざるを得なかったり、村の有力者の下で強制労働に従事させられたりしている現状を打破するため、人頭税そのものを廃止。農地を国有化した上で、村の運営責任者が自主的な判断で各戸に土地を割り当てて農業指導と生産管理を行い、一人一人の作業量に応じて金銭か収穫物、あるいは人的サービスという形で支払いを行うようにした。

軍人・公務員の給与は削減され、公務員向けの無料官舎が廃止されたほか、政府所有の高級車メルセデスも売却され、サンカラ本人を含む政府高官の公用車には大衆車のルノーが採用された。ちなみに、サンカラ本人は質素な生活を好み、アフリカの政治指導者としては例外的に汚職とも無縁の禁欲的な人物だった。

サンカラ革命の具体的な成果としては、以下のようなものが挙げられる。

①キューバの支援を受けて大々的なワクチン接種キャンペーン（図38）を実施。二百五十万人を伝染病から救い、乳児死亡率も激減した。また、アフリカ諸国の政府として、エイズが国家的な危機で

あることを初めて公に認めている。
②サハラ砂漠の進行を抑えるため、一千万本の植林による森林再生プログラム（図39）を開始。
③識字政策の強化（図40）による識字率の上昇（一二年間で一二%から二二%に）
④新しい家族法を公布し、女性の社会進出を促すとともに、一夫多妻を禁止して避妊を奨励。売春を禁止し、政府高官に女性を多数任命した。

また、こうした革命の理念を体現するものとして、一九八四年、国名も〝ボルタ川の上流〟を意味するフランス語の〝オートボルタ〟から、現地語で〝清廉潔白な人の国〟を意味する〝ブルキナファソ〟に変更し（図41）、新国旗を制定した。この新国名には、チェの掲げた〝新しい人間〟のイメージが投影されていたのではないかと推測される。

このように、サンカラ革命は一定の成果を上げたが、その反面、〝人民の敵〟に認定されて既得権を失った旧エリート層やサンカラ革命の波及・拡大を恐れる近隣諸国の指導者、旧宗主国のフランスなどは革命に強く反発し、政権転覆の機会を虎視眈々と狙っていた。

こうしたなかで、一九八五年十二月、マリとの国境紛争が再燃。五日間の戦闘で約百人のブルキナ兵が犠

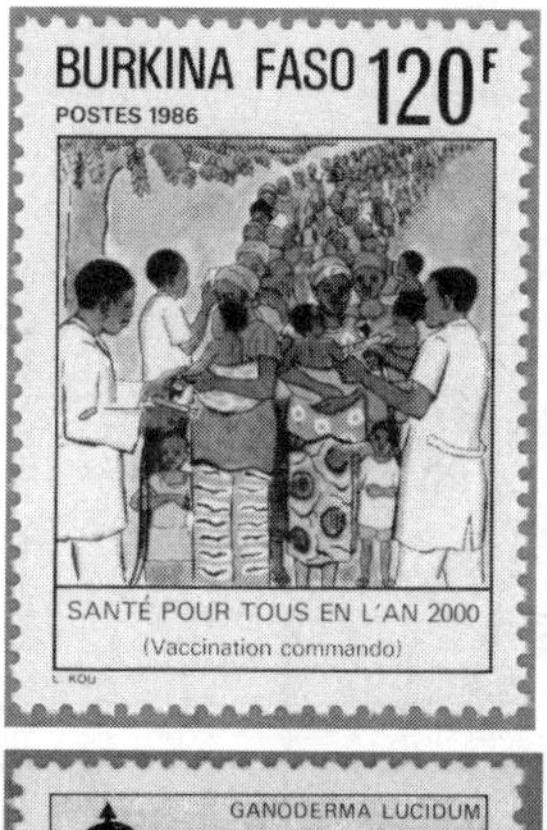

右上：図38　ワクチン接種キャンペーンの成果をアピールする切手。

左上：図39　“砂漠化に対する闘い”と銘打った森林再生プログラムの宣伝切手。

左下：図40　識字教育キャンペーンの切手。

右下：図41　“オートボルタ”の表示を抹消し、新国名の“ブルキナファソ”を加刷した切手。

牲になると、国内でもサンカラに対する批判が高まった。

このため、新たな国民統合の象徴として、一九八七年二月二十五日、サンカラはワガドゥクから国内最北部のタンパオまで約四五〇キロの鉄道建設を着工する。建設工事は〝鉄道建設闘争〟と命名され（図42）、沿線住民には労働奉仕が義務づけられた。当時、サンカラ政権は、多くの住民が自発的に鉄道建設闘争に参加し、灼熱の太陽の下、与えられた水筒と両手一杯の米を腰に、工事に勤しんだと大々的に宣伝したが、当然のことながら、国民の負担は大きかった。

こうした機運を捕えて、国内では反サンカラのクーデターが準備されていったが、サンカラ自身もうすうす不穏な空気を感じ取っていたようだ。

一九八七年九月、エチオピアのアディス・アベバを外遊中だったサンカラは、同地でジグレールと再会し、旧交を温めていたが、ふいに彼は「チェは殺されたとき、何歳でしたか?」とジグレールに問うた。ジグレールが「三十九歳と八ヵ月だったと記憶していますが……」と応えると、サンカラは「そうですか。私はそこまで生きていることができるでしょうかね」と漏らしたという。

はたして、一九八七年十月十五日、かつての盟友、コンパオレによるクーデターが発生し、サンカラは暗殺された。享年三十七歳。生きていれば、同年十二月には三十八歳の誕生日を迎えるはずだった。

サンカラの死とともに、彼の掲げた〝革命〟は破棄され、ブルキナファソは政治腐敗と外国勢力の介入、経済の停滞と絶望する農民が溢れる〝普通のアフリカ〟に戻ったが、現在なお、サンカラの高潔な人格と彼の理念は、〝アフリカのゲバラ〟の異名とともに、ブルキ

図42　鉄道建設闘争のキャンペーン切手。

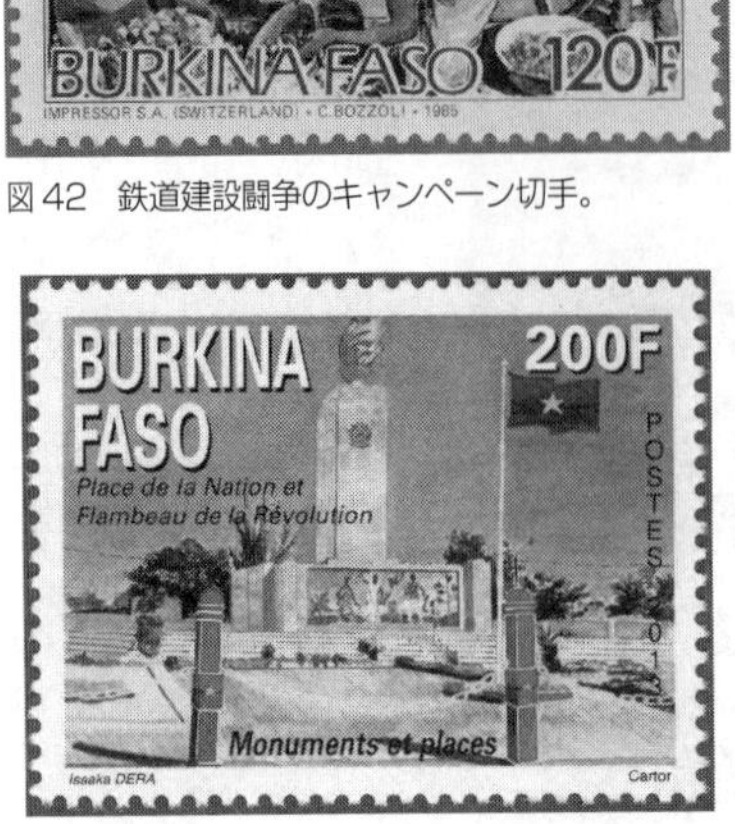

図43　ワガドゥグのサンカラ革命記念碑。

ナファソ国民に敬愛され続けている（図43）。

サンタクララへの埋葬

一九八九年、東西冷戦が終結し、一九九一年にはソ連が崩壊した。

ソ連という最大の後ろ盾を失ったキューバの社会主義体制が危機的な状況に追い込まれる中で、一九九五年、ボリビアの退役軍人で、一九六八年にチェの遺体の埋葬に関わったバルガス・サリナスは、突如、伝記作家のジョン・リー・アンダーソンのインタビューに応えて、チェの埋葬場所に関する情報を公開した。

これに対して、ボリビア陸軍は即座にサリナス証言は事実無根と否定したが、大統領のゴンサロ・サンチェス・ロサダは事実確認のための遺体の捜索を約束する。

これを受けて、同年十一月、キューバとアルゼンチンから専門家がバジェグランデに集まり、バジェグランデ市当局とボリビア政府の協力の下、発掘作業が開始された。

サリナスの記憶があいまいだったことに加え、埋葬場所となった空港敷地内と周辺の状況が一九六八年とは大きく異なっていたこともあり、作業は難航したが、一九九七年六月二十九日、複数の人骨が掘り出された。

七月五日、キューバ人法医学者の一人が、遺骨の両手が切断されていることや歯型などからチェの遺体が特定されたことを宣言。地元の住民たちが、地元伝来の流儀で浄霊と鎮魂の儀式を執り行った後、チェとキューバ人同志の遺骨は木箱に入れられ、キューバ国旗に包まれて空輸され、七月十四日、ハバナに到着した。

その後、ハバナの革命広場での盛大な帰還のセレモニーを経て、十月十七日、遺骨はサンタクララに新たに建設された霊廟の地下に納められた。

サンタクララは、革命戦争末期の一九五八年十二月二十八日、チェ率いる叛乱軍部隊がバティスタ政府軍を破り、戦局の帰趨を決定づけた土地である。このため、市内にはチェを讃える彫刻やオブジェが数多く設置されているほか（図44）、サンタクララ攻略戦から三十周年にあたる一九八八年には広大なエルネスト・チェ・ゲバラ記念公園（図45）も造成された。霊廟は同公園内のチェを讃える銅像の足元に建設された。

図 44　“エルネスト・ゲバラ記念ピオネロス中央宮殿”30 周年を記念して発行された切手シートには、サンタクララ市役所前の子供を抱くチェの銅像が取り上げられている。中央宮殿の所在地はハバナで、サンタクララの銅像と直接の関係はないはずだが、共産主義少年団のピオネロスのイメージに合致するものとして、子供を抱くチェの銅像と中央宮殿の建物を合成したデザインが制作されたものと考えられる。

図 46　ラ・イゲーラ村のセメント像を取り上げたチェ没後 40 周年の記念切手。

図 45　サンタクララのエルネスト・チェ・ゲバラ記念公園を取り上げた切手

図 47　同じくラ・イゲーラ村のセメント像を取り上げたチェ没後 50 周年の記念切手。

一方、遺骨発見のタイミングがチェの没後三十周年と重なったこともあり、チェの終焉の地となったボリビアのラ・イゲーラ村では大々的な記念行事が行われ、殺害場所となった小学校がリニューアルされて村営博物館となったほか、村の中央広場には高さ四メートルの巨大なチェの立像が建立されるなど、チェを観光資源として活用とする動きが進められていった。

その一つのランドマークとなっているのが、ラ・イゲーラ村の中央広場に、早い時期から建立されていた、チェの巨大なセメント像である。セメント像は胸像で、脇には十字架が建てられているほか、下には供物や灯明を置くスペースも設けられている。ちなみに、像の台座にあるスペイン語の〝TU EJEMPLO ALUMBRA UN NUEVO AMANECER〟は「あなたの示した模範は世界に夜明けをもたらす」とでも訳せようか。

没後四十年の二〇〇七年に発行された記念切手（図46）をみると、このセメント像は戦闘服の濃緑色や頭髪と帽子の黒などの彩色が施されているが、十年後の二〇一七年に発行された没後五十周年の記念切手（図47）を見ると、セメント像の彩色は落とされている。全世界から観光客が訪れるようになり、安っぽい塗装は〝悪趣味〟と批判を受けるようになったため、塗装がはがされたということなのだろうか。

いずれにせよ、無神論を奉じる共産主義者だったはずのチェが、いつしか、ボリビア山中で〝ゲバラ大明神〟のような雰囲気で観光資源化されているのは何とも皮肉な話である。

チャベスとチェ

チェの遺骨がサンタクララの霊廟に埋葬されたのは一九九七年。すでに、この時点でソ連の崩壊から六年が経過し、社会主義は歴史上の遺物になったと思われていたが、一九九九年、突如、ベネズエラでウゴ・チャベス（図48）の反米左翼政権が誕生する。

チャベスは、一九五四年七月二十八日、ベネズエラ内陸部のバリナス州サバネータで教師をしていた両親の間に生まれた。中学時代には、共産主義者の友人に影響されて社会主義に共感を持つようになり、左翼活動家だった兄アダンを通じて元共産ゲリラとも交流

図48　ウゴ・チャベス

があったと伝えられている。ただし、チェが亡くなった一九六七年にはわずか十三歳だったから、必ずしも、生前のチェの活動をリアルタイムで強く意識していたということではなかろう。

　高校卒業後、士官学校に進学したチャベスは、ペルーの〝軍事革命政権（ユーゴスラビアの自主管理社会主義をモデルにした左翼軍事政権）〟を率いていたファン・ベラスコ・アルバラードや、米国とパナマ運河返還交渉を行っていたパナマのオマール・トリホスに強い影響を受け、一九七五年に士官学校を卒業し陸軍少尉として空挺部隊に勤務すると、一九八二年には同志を募って軍内にＣＯＭＡＣＡＴＥと称する地下組織を組織した。

　一九八九年二月、首都カラカスで貧困層が暴動を起こすと、鎮圧のために陸軍が出動し、多数の死傷者が発生。このことに衝撃を受けたチャベスは、絶望的なまでに広がっていたベネズエラ国内の貧富の格差を是正することを目指して、一九九二年、同志を募ってクーデターを起こしたものの失敗する。ただし、投降の際に彼が行ったテレビ会見は、クーデターの是非はともかく、ベネズエラ国民の一定の支持を得たとされている。

　その後、チャベスとその同志は武装闘争路線を放棄し、遵法闘争に路線を転換。ソ連崩壊後唯一の超大国となっていた米国とその新自由主義に追従するばかりの既成政党を激しく批判し、富裕層や労働組合幹部による医療・福祉の独占を廃して平等な社会の実現を訴え、一九九九年の大統領選挙で、現状に不満をもつ貧困層の圧倒的な支持を得て当選を果たした。

　政権を掌握したチャベスは、ラテンアメリカ解放の父とされるシモン・ボリバルの名を冠した新憲法、ボリバル憲法を制定し、国名をベネズエラ共和国からベネズエラ・ボリバル共和国に変更したほか、大統領権限を強化し、二院制だった議会を一院制に変更する。

　東西冷戦の終結から十年を経て、新たな〝社会主義〟政権が誕生したことに世界は驚愕したが、その一方で、それまで挫折感を抱いていた全世界の左派リベラル勢力がチャベスに大いなる期待を抱いたことも事実である。同時に、チャベスの側もリベラルないしは反米勢力と連携し、自らの国際的な立場を強化しようとした。

はたして、チャベス政権は、〝反米〟の価値観を共有するキューバから二万人の医師を招いて貧困層のための無料診療制度をととのえるとともに、地主の土地を収用して農民に分配する農地改革や、為替管理や統制価格の導入、石油公団（PDVSA）への統制強化など、反米・社会主義路線を鮮明にしていった。

これに対して、チャベス政権の極端な貧困層重視の政策と強引な政治手法は、当初から、既存のエスタブリッシュメントの強い反発を招き、二〇〇二年にはCIAが関与するクーデター騒ぎも発生した。このクーデターは失敗に終わり、チャベスは政権を回復するが、このときの経験から、あらためて軍の重要性を痛感したといわれている。

こうした状況の下で、二〇〇四年に入ると、国際市場での原油価格が急上昇し、ベネズエラ経済は時ならぬ石油バブルに沸き、潤沢な資金を得たチャベス政権は軍拡路線を邁進する。

米国をはじめとする西側諸国は武器禁輸措置によって、反米のチャベス政権を封じ込めようとしたものの、かえって、その穴を埋めるように、ロシア製を中心に、中国製、スウェーデン製の兵器がベネズエラに大量に流入。具体的には、二〇〇六年のプーチン＝チャベス会談の結果、ベネズエラはロシアのスホーイ30多用途戦闘機二十四機の購入契約を結び、陸軍の制式自動小銃をベルギーのFNFALからロシアのAK103に変更。この結果、二〇〇五～〇六年の間に両国間で交わされた兵器の売買契約は総額およそ三十億ドルにも上った。

米国への対抗上、軍拡路線を選択したチャベスは、二〇〇五年以降、イデオロギーとしては〝二十一世紀の社会主義〟を掲げるとともに、思想上の偉大なる先達としてチェを繰り返し称揚・引用し、自らを〝チェの再来〟と印象付けるような自己演出を盛んに行うようになった。たとえば、チャベスの演説には以下のようなものもある。

集団は個人の上にあるべきだ。あなたたちにエゴイズムがないように、下劣な野心がないように、物質的贅沢や富への野心がないように、それは疑いなく、不可避的に腐敗をもたらす。あなた方自身から解き放たれるのだ。それはチェのような、キリストのような、ボリバルのようなものだろう。

ところで、世界革命論者のチェを称揚するチャベスが急激に軍備を増強させたことは、当然のことながら、近隣諸国にとっての脅威となり、地域の不安定化につながる。

二〇〇八年、隣接する親米国家のコロンビアが国内の反政府左翼ゲリラ〝コロンビア革命軍（ＦＡＲＣ）〟討伐のため、エクアドルに対して越境攻撃を行い、両国関係が緊張すると、チャベス政権はコロンビアを非難し、コロンビア国境に軍を集結させ、アンデス危機と呼ばれる一触即発の状況が到来した。

このときは、米州機構の仲介により、コロンビアが謝罪することで事態は一応収拾されたが、ベネズエラはロシア大統領のドミトリー・メドベージェフをカラカスに招き、ロシアとの合同軍事演習を行い、コロンビアの背後にいる米国を牽制する。

また、二〇〇九年七月、コロンビアはコロンビア革命軍に対してベネズエラ政府がスウェーデン製の対戦車砲を転売したと公に指摘。これに対して、チャベスは即座に否定し、報復措置として、コロンビアとの外交関係凍結を発表した。

さらに、コロンビア革命軍は麻薬カルテルとも深いつながりがあったため、コロンビア政府は、二〇〇九年八月、麻薬組織対策のために駐留米軍の増強を計画していることを発表。その背景にはベネズエラを牽制する意図があるのは明白だったから、チャベスはこれをベネズエラに対する〝敵対行為〟であるとして激昂。ロシア製の戦車を多数調達すると発表して対抗している。

実際に、同年八月十四日、米・コロンビアの軍事同盟が発効すると、チャベスはこれを〝宣戦布告〟とみなして猛反発。チャベスは「コロンビアと米国はベネズエラ攻撃をたくらんでおり、両国政府が一緒になって世界を欺こうとしている」と主張し、コロンビアとの断交も辞さないとの姿勢を明らかにした。

このように、反米左派の姿勢を鮮明にしていたチャベス政権だったが、結果的に、財界との対立は経済の低迷を招いたほか、深刻な格差・貧困問題、特に治安の悪化を抜本的に解決することができないまま、二〇一三年、チャベス本人は癌のために死亡する。

チャベスの没後一周年に際して、友好国のロシアは彼の追悼切手（図49）を発行したが、この切手は、二〇〇九年にロシアが発行した「英雄的ゲリラ」の肖像切手（図50）を想起させるデザインとなっている。

ロシアの切手は、革命後のキューバとソ連との国交樹立五十周年を記念して発行されたもので、キューバでもロシアとの国交樹立五十周年を記念して、ほぼ同図案の肖像切手（図51）が発行されている。

かつて、チェがキューバとソ連との関係を維持するためにキューバを去らなければならなかったことを想起するなら、両国の友好関係を謳いあげる切手に「英雄的ゲリラ」が取り上げられることには隔世の感を禁じ得ないが、件の「英雄的ゲリラ」の切手のデザインを踏襲するかたちで、ロシアがチャベスの追悼切手を発行したということは、ロシア側がチャベスを〝チェの再来〟と認め、米国に対してもひるむことなく対峙し続けた英雄として高く評価していたことの表れと見なすこともできるだろう。

なお、チャベスが亡くなった後、副大統領のニコラス・マドゥロが大統領に昇格するが、マドゥロ政権は

図49　ロシアが発行したチャベスの追悼切手。

図50　キューバとの国交50周年を記念してロシアが発行したチェの肖像切手。

図51　キューバ側で発行されたロシアとの国交樹立50周年の記念切手。

原油価格が国際的に低迷する中でチャベス時代の放漫財政と反米・社会主義路線を維持したことで経済状況は急速に悪化。二〇一六年にはベネズエラの最高額紙幣の百ボリバル・フエルテは、公定レートでも米ドル換算で十五セント、市中の実勢交換レートでは二セントにしかならないほどに下落した。このため、マドゥロ政権は、同年十二月十一日、旧紙幣の廃止と新紙幣の発行を突如発表したものの、新紙幣流通開始予定日の同十五日になっても新紙幣は市中には出回らなかったことに加え、「マフィアがベネズエラの通貨をコロンビアに移動させている」としてコロンビアとの国境を封鎖したことから混乱が拡大。経済が麻痺状態に陥る中で、食糧と医薬品の不足は危機的な状況となり、絶望した国民の出国が激増した。ちなみに、二〇一五年に海外へ脱出したベネズエラ人が七十万人だったのに対して、二〇一七年にはおよそ百六十万人のベネズエラ人が国外に脱出したと推定されている。

国民の不満が高まる中で、マドゥロ政権は、野党を封じ込めるため、二〇一七年五月一日、従来から存在する国会（国民議会）とは別に〝制憲議会〟の招集を発表。内外の反対を押し切って制憲議会選挙を強行した後、制憲議会は国民議会から立法権を剥奪し、行使することを決定し、ベネズエラは事実上の一党独裁体制に移行した。

これに対して、米国が民主化を求めて経済制裁を発動すると、二〇一八年四月二十六日、マドゥロ政権は〝内政干渉〟を理由に米州機構脱退を宣言。その上で、五月二十日、マドゥロは反対派を排除した上で行われた大統領選挙で〝再選〟を果たしたが、米欧は選挙結果を承認していない。

政治が混乱する中で経済状況はますます悪化したが、マドゥロは、ベネズエラの経済の困窮は米欧が仕掛けた経済戦争に責任があると主張。自らの責任で問題を解決する意思は全く見られず、一般市民の生活は苦境が続いている。このため、二〇一九年一月十日、マドゥロが二期目の大統領就任を発表すると、先の選挙の不当性を訴える野党の指導者で、国民議会議長のフアン・グアイドが暫定大統領を宣言、南北アメリカ諸国の大半はグアイドを承認した。キューバは中露、イラン、シリア、トルコ、ボリビアなどとともに、マドゥロを支持し続けてはいるものの、さすがに、彼を〝チェの継承者〟として評価する声は全くない。

エピローグ

チェの遺骨発掘が開始された際のボリビア大統領、ゴンサロ・サンチェス・デ・ロサダは、一九九三～九七年および二〇〇二～〇三年の二期にわたって大統領の地位にあったが、南東部タリハ県の天然ガスの輸出計画をめぐる対立から辞任に追い込まれ、混乱の後、二〇〇五年の大統領選挙では、彼の最大の政敵であった野党、社会主義運動のエボ・モラレスが大統領に当選した。

モラレスは、一九五九年十月二十六日、ボリビア中西部オルロ県で先住民族アイマラの農家に生まれた。様々な職を転々とした後、コチャバンバ県チャパレでコカの栽培農家となり、農民運動に参加。一九九七年に下院議員に当選して政界入りした。

二〇〇二年には暴動を扇動したとして、一時、下院議員を除名されたが、同年六月に行われた大統領選挙に出馬。このときは第一回投票で二位となり、決選投票に進んだものの、サンチェスに敗れた。しかし、ガス輸出問題をめぐる反政府派の中心人物として活動して国民の支持を集め、二〇〇五年の大統領選挙では第一回投票で過半数の得票を得て当選。翌二〇〇六年一月の大統領就任演説でモラレス氏はこぶしを高く上げ、「この戦いはチェ・ゲバラに続くものだ」、「疎外され、さげすまれてきた我々の歴史を変える」と叫んだ。

政権発足早々、モラレスは、公約通り、天然ガス・石油の国有化を宣言。また、その政治姿勢は強硬な反米主義で、キューバならびにチャベス政権下のベネズエラとの連携を強化する一方、米国大統領のブッシュJRを〝テロリスト〟と名指しで非難したことでも注目を集めた。

就任演説での言葉に見られるように、モラレスはチェを〝米帝国主義からラテンアメリカを解放する戦いのためにボリビアにやって来た英雄〟として再評価し、チェをテロリストとして扱ってきた従来の政府見解を全面的に撤回。二〇〇七年、チェの没後四十周年に際しては、モラレスがラ・イゲーラ村での追悼集会

図52　ボリビアが発行したチェ没後40周年の記念切手。

に参加する。

その一環として、二〇〇七年に発行された記念切手（図52）の一枚は、一九五七年ハバナ生まれの画家・グラフィックデザイナーで、キューバとボリビアを拠点に活動しているエルネスト・アスクイが制作した〝英雄的ゲリラ〟のアンディ・ウォーホル風コラージュが取り上げられている。

ボリビア国家の名において、チェを顕彰する切手を発行したことで、ボリビア政府としてのチェの再評価はとりあえず完了したが、それでも、軍関係者や一般国民の間には依然としてチェを〝テロリスト〟として否定的にとらえる見方が根強いこともまた事実である。

たとえば、チェを処刑したマリオ・テラーンは、二〇一四年十一月、スペイン紙のインタビューを受け、チェについて「彼は侵略者だった。ゲリラ活動でボリビア人を説き伏せようとした。あんなに大勢の人が死んだのに、なぜこれほどまでに崇拝されるのだろう」と語っている。

こうした国内の声に配慮して、二〇一七年十月、長期政権を維持し続けてきたモラレスは、ラ・イゲーラ村で行われたチェ没後五十周年の記念式典に再び参列し、「チェは革命戦士であり、帝国主義との戦いのシンボルだ」、「帝国主義の傭兵の弾は彼の精神を殺すことはできなかったし、彼の理想を覆い隠すことはできなかった」、「戦いを続けることがチェへの最大の手向けとなる」などと述べ、チェを称賛する一方、「命令に従うしかなかった兵士らに責任はない。責めを負うのはＣＩＡやそれに服従した（当時の）将軍たちだ」と述べ、国軍の最高司令官として、軍人たちへの配慮も示している。

あとがき

米国の心理学者、アルバート・メラビアンが提唱した「メラビアンの法則」によると、人が誰かと出会った時には、視覚情報（顔立ち、服装、髪型など）、聴覚情報（話し方、声など）、言語情報（話している内容など）の三要素から判断し、その比率は、視覚情報が五五％、聴覚情報が三八％、言語情報が七％になるという。この法則によれば、視覚情報と聴覚情報の合計は九二％になるから、まさに、二〇〇五年に出版されてベストセラーになった『人は見た目が9割』（竹内一郎　新潮新書）の書名のとおりである。

メラビアンの法則が人間関係の全てに有効かどうかはともかく、一定の成功を収めた政治家や革命家は、多くの場合、その民族にとって〝良い顔〟をしているケースが多いように思う。

歴史的な事実を冷静に観察すれば、革命家としては失敗続きで、人格的にも多くの問題を抱えており、ほとんど〝詐欺師〟に等しい人物でしかない孫文が、中国・台湾で〝国父〟の地位を獲得しえたのは、数多いる革命家の中で、彼が眉目秀麗だったことが大きい。わが国でも、二〇〇一〜〇六年の小泉純一郎内閣が、政策の是非よりも、小泉の外見と〝小泉劇場〟とも呼ばれた派手なパフォーマンスによって、任期満了による退陣まで高い支持を維持し続けたことは記憶に新しい。

そうした〝見た目〟を武器として一時代を築いた政治指導者という点でいえば、やはり、かつてジョン・レノンに〝世界で最もカッコいい男〟と評されたエルネスト・チェ・ゲバラを外すわけにはいくまい。

筆者はこれまで、切手や郵便（物）が〝国家のメディア〟であるとの観点から、さまざまな国の肖像切手を眺めてきたが、その立場からすると、ゲバラと彼の肖像切手は非常に魅力的な対象で、いずれはじっくりと取り組んでみたいと前々から考えていた。

しかし、二〇〇五年に上梓した『反米の世界史』で、キューバ革命とミサイル危機について一章を設けて扱った後、二〇一〇年の拙著『事情のある国の切手ほど面白い』で、ごく簡単に二〇〇五年以降のキューバ切手（特に、フィデル・カストロの肖像切手）について考察したものの、なかなかゲバラやキューバについて発表する機会がなく、細々と資料収集を続けるだけに留まっていた。

ところで、二〇一七年四月から一年間、筆者はNHKラジオ第1放送で「切手でひも解く世界の歴史」という隔週レギュラーの番組を担当したが、その十月五日放送の回で、十月九日のゲバラ没後五十周年に合わせて、ゲバラの話をする機会を得た。

その記憶も鮮明なうちに、十月下旬、ブエノスアイレスでゲバラの横断幕などを掲げたデモ行進に遭遇し、そのことが強く印象に残ったので、帰国後の十一月、あらためてレギュラー出演しているインターネット放送の〝チャンネルくらら〟で、ゲバラについてある程度まとまった話をさせてもらった。

NHKラジオ、チャンネルくららともに、予想以上に反応がよく、一定の手ごたえを感じたので、えにし書房の塚田敬幸社長に相談したところ、塚田社長も大いに興味を示していただき、『チェ・ゲバラとキューバ革命』刊行の企画が具体的に動き出した。

ゲバラについては主要著作については邦訳も複数のバージョンがあるし、日本語文献も多いので、単純な切手絵巻として〝チェ・ゲバラとキューバ革命〟をまとめるのであれば、分量としては四百字詰め原稿用紙で三百枚程度、日数としても半年程度でまとめられるものと軽く考えており、二〇一七年末から作業を開始すれば、二〇一八年六月のゲバラ生誕八十周年のタイミングにも十分間に合うものと思っていた。

ところが、実際に作業を始めてみると、ゲバラの足跡や〝ゆかりの地〟は世界中のあらゆる国・地域に及んでいること、また、キューバの革命政権がラテンアメリカやアフリカの革命や紛争にも深くかかわっていることを、あらためて思い知らされ、ゲバラという対象の奥の深さに驚かされ続けることになった。

もちろん、そうであればこそ、ゲバラが見ていた世界と同時にゲバラを見ていた世界を双方向から俯瞰して眺めることで、短いタイムスパンとはいえ〝世界史〟の一端を横断的に理解できるはずなのだが、それこそ、「言うは易し　行うは難し」の典型で、どれほど格闘しても、暗闇の中でマッチを一本だけ擦り、その炎で巨大な空間のごく一部のみを一瞬だけ垣間見るようなもどかしさを感じるばかりだった。

その結果、原稿の分量は当初の予定をはるかに超過し、二〇一八年が過ぎて二〇一九年一月まで、一年間以上、海外出張中の期間も含めて、ほぼ毎日、なんらかのかたちで本書の作業をする〝ゲバラ三昧〟の生活を送ることになった。

当然のことながら、当初の刊行予定だった二〇一八年六月には原稿は間に合わず、刊行予定が夏になり、秋になり、ついには二〇一九年に越年してしまい（ただし、その副産物として、二〇一九年のベネズエラ情勢の混乱まで盛り込めたというオマケはついたが）、多くの方々にご迷惑をおかけしてしまった。

この場をお借りして深くお詫びしたい。

なお、本書の制作に際しては、上記の塚田社長のほか、編集実務とカバーデザインに関しては、板垣由佳氏にお世話になった。

また、筆者がレギュラー出演しているチャンネルくららの出演者諸氏、なかでも、米国の亡命キューバ人コミュニティとも接点があるという上念司氏、国際共産主義運動とその工作の歴史について造詣の深い江崎道朗氏、そして、明治維新の元勲である西郷隆盛と大久保利通をキューバのフィデルとチェになぞらえ、BLという視点から読み解いた倉山満氏の言説には、執筆の過程で大いに刺激を受けたことも付記しておきたい。

末筆ながら、謝意を表して擱筆す。

二〇一九年一月

キューバ革命六十周年の記念日の後、最初の満月の夜

著者識す

内藤陽介 『北朝鮮事典』 竹内書店新社 2001 年
――『反米の世界史』 講談社現代新書 2005 年
――『喜望峰：ケープタウンから見る南アフリカ』 彩流社 2012 年
――『マリ近現代史』 彩流社 2013 年
――『リオデジャネイロ歴史紀行』 えにし書房 2016 年
――『パレスチナ現代史 岩のドームの郵便学』 えにし書房 2017 年
バリオ、H. ジェンキンス、G（鈴木淑美訳）『チェ・ゲバラ―フォト・バイオグラフィ』 原書房 2003 年
ハルバースタム『ベスト・アンド・ブライテスト』 朝日新聞社 1999 年
平野千果子『フランス植民地主義の歴史：奴隷制廃止から植民地帝国の崩壊まで』 人文書院 2002 年
平山亜理『ゲバラの実像 証言から迫る「最期のとき」と生き様』 朝日新聞出版 2016 年
古田元夫『歴史としてのベトナム戦争』 大月書店 1991 年
――『ベトナムの世界史：中華世界から東南アジア世界へ』 東京大学出版会 1995 年
ホスキンズ、C（土屋哲訳）『コンゴ独立史』 みすず書房 1966 年
マリー前村＝ウルタード、エクトル・ソラーレス＝前村（伊高浩昭監修、松枝愛訳）『チェ・ゲバラと共に戦ったある日系２世の生涯－革命に生きた侍』 キノブックス 2017 年
マルチ、A（後藤政子訳）『わが夫、チェ・ゲバラ 愛と革命の追憶』 朝日新聞出版
三好徹 『増補版 チェ・ゲバラ伝』文春文庫 2014 年
村上享二「コンゴ動乱における中国の反政府組織支援」『愛知大学国際問題研究所紀要』第 147 号 2016 年
森口舞「没後 50 年､21 世紀中南米におけるチェ･ゲバラ」 SYNODOS https://synodos.jp/international/20808/2
吉川啓介「ASEAN 経済協力の変遷と進展メカニズム：国際情勢と外部提言への対応｣､横浜国立大学（博士論文）
吉田一郎『消滅した国々』 社会評論社 2012 年
吉田稔「キューバ共和国憲法――解説と全訳――」『比較法学』第 47 巻第 1 号、通巻第 101 号 2013 年
ラフィ、S（神田順子、鈴木知子訳）『カストロ』（上・下）原書房 2017 年
「チェ・ゲバラ国連演説全訳」 Re: Writing Machine ―― Teoreamachine の小説ブログ http://teoreamachine.hatenablog.com/Araujo, L. S., "Del emblema te contamos que…", http://www.pionero.cu/art%C3%ADculos/del-emblema-te-contamos-que%E2%80%A6
Cockrill, P., *The United Fruit Company : the history, ships & cancellations of the Great White Fleet History, ships & cancellations of the Great White Fleet*, Newbury, 1981
ESTUDI FILATÈLIC J.F., *CATALOGO SPECIALIZED CUBA I-III*, Edifil 2002-15
Jović, D., "Razgovor Tito - Che Guevara, 18. augusta 1959". http://blog.b92.net/text/1514/Razgovor-Tito---Che-Guevara-18-augusta-1959/
https://web.archive.org/web/20110316155355/http://www.aleksandramir.info/texts/fitzpatrick.html
Gleijeses, P., *Conflicting Missions: Havana, Washington, and Africa, 1959-1976*, The University of North Carolina Press, 2003
Gott, R., "Antonio Arguedas: Maverick Bolivian linked to the represssion of Che Guevara's guerrillas and publication of his diaries" https://www.theguardian.com/news/2000/feb/29/guardianobituaries1
Guerra Aguiar, J.L. , *Historia Postal de Cuba,* Casa del Sello, 1983
Lee, J., "Che Guevara lauded on his 40th death anniversary", *Stamp Magazine*, 2008 Feb.
McCarty, D., "Ireland's controversial Che Guevara stamp sells out in less than a week", *Linn's Stamp News*, 2017 October 30.
――"Ireland's Che Guevara stamp is voted stamp of the year; also listed as sold out", *Linn's Stamp News*, 2018 May 14.
warholstars.org, "Forged" Warhols, http://www.warholstars.org/andy_warhol_forgery.html

主要参考文献

（紙幅の関係から、日本語の単行本を中心に、特に重要な引用・参照を行ったものに限定した。）

青野利彦『「危機の年」の冷戦と同盟―ベルリン、キューバ、デタント 1961―63 年』 有斐閣 2012 年

アマー、A『フォト・ドキュメント ゲバラ―赤いキリスト伝説』 原書房 2004 年

有賀夏紀『アメリカの 20 世紀（上・下）』 中央公論新社 2002 年

アルセ、R.U（服部綾乃、石川隆介訳）『チェ・ゲバラ　最後の真実』 武田ランダムハウスジャパン 2011 年

伊高浩昭『チェ・ゲバラ――旅、キューバ革命、ボリビア』中公新書 2015 年

江原裕美「『進歩のための同盟』政策化の過程とその意図」『帝京大学総合教育センター論集』vol.3 2012 年

小倉貞男『ベトナム戦争全史』 岩波書店 1992 年

カストロ、F（後藤政子訳）『カストロ　革命を語る』 同文館出版 1996 年

――（柳原孝敦訳）『チェ・ゲバラの記憶』 トランスワールドジャパン 2008 年

加藤薫『イコンとしてのチェ・ゲバラ：〈英雄的ゲリラ〉像と〈チェボリューション〉のゆくえ』 新評論 2014 年

金子絵美「コンゴ紛争とパックス・アフリカーナの模索――1960―65」『国際政治』第 88 号

北原仁「キューバ社会主義憲法とその変容」『駿河台法学』第 22 号第 2 巻 2009 年

キューバ教育省（後藤政子訳）『キューバの歴史（世界の教科書シリーズ）』 明石書店 2011 年

金学俊『北朝鮮 5 十年史：金日成王朝の夢と現実』 朝日新聞社 1997 年

ケネディ、R（毎日新聞外信部訳）『13 日間―キューバ危機回顧録』 中央公論新社 2001 年

ゲバラ、E.C.（選集刊行会編）『ゲバラ選集』（全 4 巻）青木書店 1968 年

――（棚橋加奈江訳）『モーターサイクル・ダイアリーズ』角川文庫 2004 年

――（棚橋加奈江訳）『チェ・ゲバラふたたび旅へ 第 2 回 AMERICA 放浪日記』 現代企画室 2004 年

――（平岡緑訳）『革命戦争回顧録』中公文庫 2008 年

――（甲斐美都里訳）『ゲバラ 世界を語る』中公文庫 2008 年

――（甲斐美都里訳）『新訳 ゲリラ戦争―キューバ革命軍の戦略・戦術』中公文庫 2008 年

――（太田昌国訳）『マルクス＝エンゲルス素描』 現代企画室 2010 年

――（柳原孝敦訳）『チェ・ゲバラ革命日記』 原書房 2012 年

後藤政子『キューバ現代史　革命から対米関係改善まで』 明石書店 2016 年

後藤政子・樋口聡（編）『キューバを知るための 52 章』 明石書店 2002 年

コルコ、G（陸井 3 郎監訳）『ベトナム戦争全史』 社会思想社 2001 年

佐藤美由紀『ゲバラの HIROSIMA』 双葉社 2017 年

島崎博『中米の世界史』 古今書院 2000 年

ジグレール、J（勝俣誠・監訳、たかおまゆみ・翻訳）『世界の半分が飢えるのはなぜ？――ジグレール教授がわが子に語る飢餓の真実』 合同出版 2003 年

シュルツ、T（新庄哲夫編訳）『フィデル・カストロ』 文藝春秋 1998 年

千代勇一「コロンビアの土地所有に関する制度の変遷と農民が土地を所有する意味」 北野浩一編『ラテンアメリカの土地制度とアグリビジネス』調査研究報告書 アジア経済研究所 2013 年

鐸木昌之『（東アジアの国家と社会 3）北朝鮮　伝統と社会主義の共鳴』 東京大学出版会 1992 年

タイボⅡ、P.I.（後藤政子訳）『エルネスト・チェ・ゲバラ伝』（上・下）海風書房 2001 年

武内進一「資料：1960 年代のコンゴ東部反乱とルワンダ系住民」『アジア・アフリカの武力紛争』アジア経済研究所 2001 年

タルボット（編）『フルシチョフ回想録』 タイム・ライフ・インターナショナル 1972 年

戸井十月 『チェ・ゲバラの遥かな旅』 集英社文庫 2004 年

【著者紹介】 内藤陽介（ないとう ようすけ）

1967年東京都生まれ。東京大学文学部卒業。郵便学者。日本文芸家協会会員。株式会社フジホールディングス（旧称：フジインターナショナルミント株式会社）顧問。切手等の郵便資料から国家や地域のあり方を読み解く「郵便学」を提唱し、研究・著作活動を続けている。

主な著書

『なぜイスラムはアメリカを憎むのか』（ダイヤモンド社）、『中東の誕生』（竹内書店新社）、『外国切手に描かれた日本』（光文社新書）、『切手と戦争』（新潮新書）、『反米の世界史』（講談社現代新書）、『事情のある国の切手ほど面白い』（メディアファクトリー新書）、『マリ近現代史』（彩流社）、『朝鮮戦争』、『アウシュヴィッツの手紙』、『リオデジャネイロ歴史紀行』、『パレスチナ現代史』（えにし書房）。

Enishi Shobo

チェ・ゲバラとキューバ革命

2019年 2月25日 初版第1刷発行

■著者　内藤陽介
■発行者　塚田敬幸

■発行所　えにし書房株式会社
〒102-0074 東京都千代田区九段南 2-2-7 北の丸ビル 3F
TEL 03-6261-4369　FAX 03-6261-4379
ウェブサイト　http://www.enishishobo.co.jp
E-mail info@enishishobo.co.jp

■印刷／製本　モリモト印刷株式会社
■ DTP ／装丁　板垣由佳

ISBN978-4-908073-52-6 C0022